谷歌分析宝典

数据化营销与运营实战

〔美〕
费拉斯·阿尔洛（Feras Alhlou）
希拉兹·阿西夫（Shiraz Asif）　◎著
埃里克·费特曼（Eric Fettman）

宋星　◎译

Google Analytics Breakthrough
From Zero to Business Impact

机械工业出版社
CHINA MACHINE PRESS

这是一本完整介绍谷歌分析工具（Google Analytics）功能和报告的指南，先概括性地介绍报告的功能，然后介绍衡量的策略，再介绍账户的建立和跟踪代码的安装，谷歌跟踪代码管理器，事件、虚拟页面浏览、社交操作和错误报告，流量获取，目标和电子商务跟踪，数据视图设置、数据视图过滤器和访问权限，细分、信息中心、自定义报告和智能提醒，实施的定制化，移动App的衡量，谷歌分析工具的集成，谷歌分析工具与CRM数据的集成，用第三方工具实现高级报告和可视化，数据导入和测量协议，最后介绍Analytics 360。每章最后都有要点回顾以及实战与练习，每章更特别邀请了行业内大咖及专家分享业务上的经验和技巧。

本书对于有些谷歌分析工具经验的读者来说，能学到很多实战案例、技巧以及思路。产品经理、交互设计师、市场营销、运营、增长、分析师、内容创作者、用户体验专家、技术人员等岗位的读者通过阅读本书可以建立数据驱动的视角并优化结果。对于数据科学家或者商业智能（BI）人员，阅读关于数据集成和可视化的章节更受益。

图书在版编目（CIP）数据

谷歌分析宝典：数据化营销与运营实战 /（美）费拉斯·阿尔洛（Feras Alhlou），（美）希拉兹·阿西夫（Shiraz Asif），（美）埃里克·费特曼（Eric Fettman）著；宋星译 . —北京：机械工业出版社，2018.8（2023.4 重印）

书名原文：Google Analytics Breakthrough: From Zero to Business Impact

ISBN 978-7-111-61205-6

Ⅰ . ①谷… Ⅱ . ①费… ②希… ③埃… ④宋… Ⅲ . ①网络营销–数据处理 Ⅳ . ① F713.365.2

中国版本图书馆 CIP 数据核字（2018）第 243648 号

机械工业出版社（北京市百万庄大街22号　邮政编码100037）
策划编辑：刘　洁　责任编辑：刘　洁
责任校对：舒　莹　责任印制：郜　敏
北京盛通商印快线网络科技有限公司印刷
2023 年 4 月第 1 版第 4 次印刷
184mm×260mm · 33.5 印张 · 1 插页 · 693 千字
标准书号：ISBN 978-7-111-61205-6
定价：135.00 元

凡购本书，如有缺页、倒页、脱页，由本社发行部调换
电话服务　　　　　　　　网络服务
服务咨询热线：010-88361066　机工官网：www.cmpbook.com
读者购书热线：010-68326294　机工官博：weibo.com/cmp1952
　　　　　　　　　　　　　金 书 网：www.golden-book.com
封面无防伪标均为盗版　　教育服务网：www.cmpedu.com

纪念希拉兹·阿西夫

当我们开始写 *Google Analytics Breakthrough* 这本书时，我们从未想过希拉兹竟无法与我们一起出版这本书。希拉兹于 2016 年 2 月患上了流感，后演变为肺炎，在 ICU 与病魔战斗了几个星期后，他于 3 月 18 日星期五早上去世。他过世后，留下了他的父母、兄弟姐妹、岳父母、爱妻和四个孩子。

无论是通过工作关系还是私交，了解希拉兹的人都知道他是非常勤奋的人，同时也是慷慨的导师和十分有思想的朋友。他始终是发展和变革的"催化剂"，他对知识的渴望使周围的每个人受益。

希拉兹，我们想念你，并将永远记得你。愿你光荣的品格、善良且开放的精神，激励我们所有人，怀着对生命的感激之情拥抱每一天的生活。

费拉斯·阿尔洛、埃里克·费特曼和整个 E-Nor 家族

译者序

《谷歌分析宝典：数据化营销与运营实战》这本书是我见到的关于谷歌分析（Google Analytics，简称 GA）极为难得的一本书。所以，当出版社联系我，希望我能翻译它的时候，我毫不犹豫地答应了下来。

这本书，好在下面几个方面：

第一，这本书是迄今为止我见过的对 GA 这个工具的介绍十分全面详实的书，关于这个工具的所有功能和绝大部分常用场景，都被这本书囊括了。比如，现在日益重要的 GTM（Google Tag Manager，谷歌跟踪代码管理器）虽然并不属于 GA，但却与 GA 有极为重要的关系，所以，这本书中有大量篇幅介绍了 GTM。又如，这本书不仅包括 GA 与谷歌体系内其他产品的数据整合，还特别用一章介绍了它与 CRM 数据的整合。再如，数据导入和测量协议这样的高阶知识也被涵盖进来，令我吃惊之余，也很是赞叹。

第二，这本书很细致，非常注意细节。GA 作为一个功能强大的工具，有很多细节的设置是非常讲究的，因此，一本介绍它的书，也必须同样注意这些细节。这本书，随处可以见到它额外提供的帮助读者注意并搞清楚关键细节的"贴心设计"，比如"术语""笔记""重要提醒""嘉宾观点""窍门"等，体现了原作者的严谨与用心。

第三，这本书易读易懂。尽管它是一本介绍 GA 的工具书，或者你也可以把它看作一本"教科书"，但相较于谷歌官方给出的关于 GA 的帮助，这本书的用户体验实在是好得多。如果你认真研读将会发现，与官方的帮助文档相比，这本书是站在读者的"自然语言"的角度去书写的，并且非常照顾那些对 GA 并不了解的朋友，即这本书不仅要将 GA 的相关知识点讲到位、讲正确，还认真地在必要的地方详细阐述了为了学懂这些知识点所必须先了解的"上下文相关知识"。

所以，我在拿到这本书的英文原版时，确实很兴奋，爱不释手。

当然，让我如此"轻率"地就答应翻译这本书的另外一个原因，是 GA 真的很重要。随着数据在互联网营销和运营中的重要性越来越为大家所关注，人们也迫切需要学习相关的数据知识。不过，数据的重要性虽强，但是如何下手对很多从业者而言，却是一个很棘手的问题。而我总是会给这些朋友们一个建议：了解流量数据知识，因为流量相关数据，以及从流量扩展开来的用户（顾客）相关数据，是互联网数据分析中极为重要的基础和主要发起点。

同样，GA 则是流量相关数据的发起点，即"发起点的发起点"，因为若要从流量数据入手，你必须有玩转这些数据的工具，GA，可以说是这些工具中最为基础、最具有广泛价值的一个，并且这个工具的绝大部分功能是无限时间内完全免费的。所以，通过学习 GA，你能够掌握相当多互联网营销和运营的数据分析方面的基础知识，不仅能够为未来的数据分析能力打下坚实的基础，还同时掌握了一个极为实用的工具，真的是一举两得，又意义深远。

所以，在我和同事们的共同努力下，这本书的中文版得以以同样认真、严谨、用心的"面貌"呈现在大家面前。

我斗胆用了"认真、严谨、用心"这几个很自夸的词汇，是因为翻译这本书看起来简单，实则并不容易，即使像我们这些"内行人"也花费了大量的心力。

举个简单的例子，GA 中文版的官方工具界面其实有一些不合理甚至错误的翻译，这些翻译非常容易误导用户。而在我们翻译这本书时，是否保留官方的（错误的）翻译则是让我们很纠结的事情。最终，考虑到这本译著的用词与 GA 保持一致性便于读者朋友们使用 GA，我们还是决定保留原来官方的翻译，但这并不表示我们对这些不合理的地方视而不见，更不表示我们赞同这样的翻译。这些不合理的官方翻译如下：

1. Funnel

Funnel 这个词无论怎么翻译，都应该是"漏斗"，并且它在 GA 中确实也是用来描述转化漏斗的。但 GA 中文版不知道为什么，翻译为"渠道"（下图中的"渠道"是错误的翻译，应该是"漏斗"）。

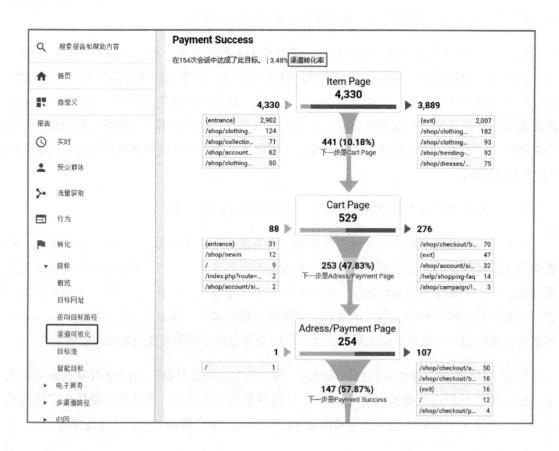

这样翻译实在让人感到莫名其妙。因为，刚好流量渠道（channel）也翻译为"渠道"（左下图中的"渠道"才是真正的"渠道"），这个翻译是正确的，funnel 这个翻译就既不正确，还造成严重误导。

不仅如此，在另外一个同时出现了 channel 和 funnel 作为名称的报告中，官方干脆把 funnel 又翻译为"路径"。这个报告是 Multi-Channel Funnels（见下图）。

2. Hit

在 GA 中，用来说明不同的监测层次范围的表述有三个，分别是 hit、session 和 user。其中，hit 表示单个的行为（比如打开一个页面、单击了一个事件，或是产生了一个电子商务的转化等），session 表示用户的一次连续的访问行为，user 表示用户层级。

一个 user 可以做出多个 session，一个 session 又由一系列的 hit 组成。那么 hit 应该怎么翻译？ GA 官方翻译为"匹配"（见右图）。这让我非常纳闷。不管怎么样，hit 都不应该翻译为"匹配"，尤其是存在另外一个真正的"匹配"——match 的情况下。在我读大学的时候，hit 在课本上被翻译为"命中"，我认为这是一个更合适的翻译。

3. Landing page

Landing page，无论翻译成"着陆页"或者"落地页"都是可以的。但是 GA 在部分地方翻译成"着陆页"，部分地方翻译成"目标网页"，在同一个工具中，同一个词出现了不同的翻译（见下页图，其中"着陆页"是正常的翻译，而"目标网页"的问号提示处还专门解释一下是着陆页）。

4. Demographics

这个词被官方翻译为"受众特征"，我认为不能说是很错误的翻译，但是仍然存在不严谨的误导情况。Demographics 主要指的是人口统计学上的情况，是关于性别、年龄之类的基本人口属性。而"受众特征"则是广告专用词，这个词对应的英文一般是 audience profiling，而不是 demographics。更严格来讲，demographics 属于受众特征，而右图报告菜单中的"兴趣""地理位置"乃至于"行为"也都属于受众特征。

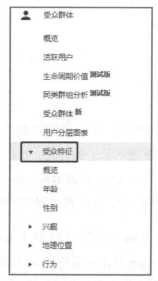

5. User Explorer

这个报告，在 GA 中文版中被翻译为"用户分层图表"（见右图）。但是打开这个报告后，你看不见任何图表。所以，这么翻译实在不知所以。

读者朋友们在阅读这本书的时候可能会注意到这些问题。在相关地方，我们在译文中也会有专门的标注。

另一个大家可能关心的问题是，这本书应该怎么读。或者，换一种问法，看这本书，是不是就能学会 GA 了？无须讳言，这本书是一本非常重要的、为了学习 GA 必读的书籍之一，但是并不意味着，你只是读这本书就能学会 GA。如同你不能只靠听教练讲学会游泳、只靠看视频就学会 Photoshop 图像和照片处理、只靠参加几次培训就玩转 Facebook 的广告推广……GA 如同其他千千万万个互联网营销和运营工具一样，必须经过实践才能加以掌握。

所以，要学会 GA，你要用它，要能够在业务中进行实际操作。这本书的价值，是帮助你在实践中有的放矢，在遇到应用瓶颈和操作困难的时候给你准确可靠的答案，在你缺乏基础的时候给你基础，在你希望了解更多高阶应用的时候，为你指明方向和办法。

翻译这本书，实际上不能只靠我一个人的力量，尽管我对全书的每一段、每一句话甚至每一个文字都进行了斟酌，但我的团队也承担了大量工作。这个团队是一支志愿者团队，这个全体志愿者在一起工作的组织叫"互联网数据官"（iCDO），是一个中立的、为行业提供互联网数据相关知识和内容的非营利性的专业媒体平台。团队中的成员都是互联网营销与运营的从业者和实践者，分别是：董梁（目录、前言、序文、第 1 章～第 4 章）、齐云涧（第 5 章、第 6 章）、汤雅雯（第 7 章、第 8 章）、骆姿亦（第 9 章～第 11 章）、陈佳艺（第 12 章、第 13 章）、吕东昊（第 14 章～第 16 章）、王京（第 17 章、第 18 章）。

对这些成员的辛勤努力致以由衷的感谢！

如果您希望联系我或者我的团队，欢迎您关注我个人微信公众号：网站分析在中国。

最后，希望这本书能够让 GA 更加为你所用，助你有成！

序

我建议你通过购买本书来认真关注数据和分析的力量，这听起来也许有点疯狂，仅仅是因为过去 10 年大肆宣传的东西比数据多？并非如此！

我们许下有能力收集每个人的所有数据的诺言。那些被开启运转着的网站服务器不断喷涌出数据。于是，我们就进入了数据仓库以及之后的分析工具的炒作周期，然后地球被大数据的迷人力量所"催眠"。没有什么是安全的，一切都将被治愈！

然而一切似乎鲜有改变！

具有讽刺意味的是，我们生活在人类进化历程中数据最丰富的时代，但是相较于一切都还不存在的 20 年前，我们并没有变得更加聪明。

那么，究竟发生了什么？我又为什么要强烈推荐这本书呢？

一部分原因是高管们做出决策时会产生分歧（经验第一、数据第二—— 数据是理想化的选项）。当然，"经验第一、数据第二"的情况会随着时间改变。（可悲的是，斗转星移，我们也会老去，也会退休，最终将搬到美国佛罗里达州的金色养老院去！）

另一部分原因是我们最初采用的方法：竭尽所能地获取我们能获得的数据，然后又疯狂随意地大量地滥用它们（好像铺天盖地的报告和指标本身就能让人们变得更加聪明似的）。在局部极大值（Local Maxima）之外，人们所做的任何改变都是失败的，这表明人们已经准备好停止所有的数据滥用。

还有一部分原因是我们缺乏对可能性的整体理解，以及制定制胜策略的能力。这里所说的策略并不是指像核武器那样在一夜之间改变世界，而是指通过循序渐进的方法匹配美妙而又独一无二的业务。

上述的后两个原因就是为什么我对费拉斯（Feras）、希拉兹（Shiraz）和埃里克（Eric）的书感到尤其兴奋，他们采用了面面俱到的方式帮助你了解可能性的全貌（从实施数据收集到数据处理，再到数据分析，最后到提供洞察）。他们手把手、循序渐进地带领你了解成功分析策略所包含的每一个奇妙的元素（包括代码管理、受众群体细分、信息中心和实验）。每个章节都有清晰明了的知识点，通读全书的过程也是你从优秀走向卓越的过程。

在帮助你创造一个有效的分析和优化策略，进而帮助你提升线上和线下业务利润这两点上，本书几乎没有任何遗漏。你唯一必须用心的一点是更深刻地了解你的业务策略（与你的老板的老板的老板成为永远的最好的朋友），并渴望每天都变得更好。

数据在等着你。及时行乐！

阿维纳什·考希克（Avinash Kaushik）

《精通 Web Analytics 2.0》（*Web Analytics 2.0*）和

《精通 Web Analytics：来自专家的最佳 Web 分析策略》（*Web Analytics: An Hour a Day*）

的作者、谷歌数字营销传道者

致　谢

在我们与出版社签署协议之前，就已经开始编写 Google Analytics Breakthrough 这本书了，因为这个想法已经在我们的脑海中酝酿多年。

在我身处 E-Nor 进行了 12 年以上的分析咨询工作的岁月中，我们很有幸地与来自世界上的部分知名品牌的非常聪明的人——市场营销人员、分析师和高管一起工作。在我们进行讨论时，当他们通过分析茅塞顿开的时候，我们在他们的眼中看到了光芒，这令人成就感倍增。要"获取"分析就要问一些伟大的、有些时候很难回答的问题，然后挑战自己找出答案。我们真诚地感谢我们的客户和培训参与者的鼓励、激励，以及要求我们挑战极限，积极地影响他们的组织机构——这同时既是为了谷歌分析（Google Analytics）产品本身，也是为了我们自己。

我们还要感谢那些帮助培养家庭氛围，塑造合作和协作的分析社区的业界资深人士和"创始人"。我们尤其想要感谢阿维纳什·考希克热情地向并不了解分析的人传授知识，感谢吉姆·斯特恩（Jim Sterne）作为唯一的"分析教父"所做的努力，感谢埃里克·彼得森（Eric Peterson）编写了最初几本揭开"分析"的神秘面纱的书籍，以及感谢布莱恩·克利夫顿（Brian Clifton），他的书提供了大量的多年后仍然会使用的技术基础。我们还想感谢更多行业内的朋友们，正是因为你们，我们才能站在巨人的肩膀上，你们将继续激励我们前行！

特别感谢数字分析协会（Digital Analytics Association，DAA）社区、志愿者和敬业的员工为推动行业不断前进所付出的心血。当然，我们也要感谢我们的竞争对手和亦敌亦友的同行（frenemies）。相信你们知道我是对谁说的，我们仍然会阅读你们的博客，向你们学习！

我们希望本书能够包含来自实战的指导和建议，所以邀请了行业意见领袖和顶尖从业者在书中分享更多的观点和经验。感谢所有嘉宾的贡献。

我们还要感谢我们的合作伙伴 Google 的团队，即 Google Analytics（GA）和谷歌跟踪代码管理器（Google Tag Manage，GTM）。从技术和营销能手到产品经理，再到 Analytics 360 合作伙伴经理、销售和支持人员，以及每个为 GA 成为卓越产品而做出贡献的 Google 员工。同时，很少有产品能够如此不可替代地大规模地为企业带来利益。持续创新！

特别感谢 Wiley 团队，其中谢克·周（Sheck Cho）帮助我们精炼了本书的愿景，皮特·高根（Pete Gaughan）和康纳·奥布莱恩（Connor O'Brien）提供了专家级的指导和编辑见解，迈克尔·海顿（Michael Henton）在封面设计中提供了如此多的细节，文森特·诺德豪斯（Vincent Nordhaus）让我们得以完成本书。

我们还要感谢家人、亲人和一直支持着我们的朋友们。盖达阿（Ghaidaa）和阿米娜

（Amina），你们的付出和支持无论对公司，还是对个人都是非常宝贵的。我们爱你们，感谢大家。

最后但绝对不是不重要的是，没有卓越的 E-Nor 人，我们便无法完成本书。团队合作、协作、学习、尊重和强大支持的文化，为 E-Nor 成为地球上最好的公司保驾护航。

举手相庆，感谢 E-Nor 的家人们：

- 约翰·H（John H）——你一直都是对的：我们真幸运能和你一起共事！
- 阿拉埃丁（Allaedin）——你是 E-Nor 的"脉搏"！
- 乔尔（Joel）——我们不知道美国俄勒冈州波特兰的供水系统里有什么（在那些敞开的水库中），但是继续喝吧，亲爱的！哦，把 Stache 带回来。
- 特蕾西（Tracy）——你总是让我们知情，而且总是能让我们看到全局。
- 塔拉（Tara）——地灵人杰！
- 迈克（Mike）——勇士队总是战胜火箭队，希望你能接受这个现实而不是抗拒它。当然，我们仍然爱你。
- 帕特里克（Patrick）——谦逊的举止 + 深邃的思想 = 伟大的组合。
- 阿瓦德（Awwad）——每一个公司都需要的宝石：你是我们的。
- 马德尔（Madel）——不知道在泰国发生了什么，不过，就这样干下去吧。
- 纳比尔（Nabil）——我们的流量警察，谁都糊弄不了你。
- 内丝茵（Nesreen）——感谢你让我们按时完成任务！
- 穆尔西（Morsi）——Campaign Alyzer 是下一个大事！我们没有你可做不了。
- 哈齐姆（Hazem）——善良，热忱，可靠。我们真希望能再"克隆"几个你。
- 比拉尔（Bilal）——BHS（秃头综合征），也可能不是。你的指导、幽默以及洞察真的是无价的。
- 阿布杜拉（Abdullah）——你是明星！下一次，分享一下你的保时捷。
- 巴沙尔（Bashar）——感谢你在新的中东和北非前线付出了具有先锋精神的努力。
- 帕特（Pat）——在得克萨斯州什么都是超大码的，你的支持和帮助也是。
- 蒂娜（Tina）——千言万语汇聚成一句话：你是中流砥柱。
- 斯里（Sri）——内容为王，但你将主宰其 2016 年和未来。
- 约翰.A（John A）——我们自己的法拉利。兄弟，海滩怎么样？
- 法里德（Farid）——你能歌善舞，还有一头秀发。你真棒！这绝不是开玩笑。

当然也特别感谢阿丝玛（Asmaa）为本书的图表设计和插图所付出的贡献和创造力，而且还要满足我们紧凑的时间表和最后一分钟的调整请求。

感谢！

著者

关于作者

费拉斯·阿尔洛（Feras Alhlou）是 E-Nor（成立于 2003 年）的联合创始人和首席顾问。费拉斯热衷于提高客户的投资回报率（ROI）。他建立了一个行业思想领袖组织机构，支持世界上一些知名品牌不断发展的分析和市场情报需求。

他带领他的组织机构取得了多项认证，包括 Analytics 360 经销商、谷歌云平台、Tableau、Optimizely、Crimson Hexagon 等。

作为数字分析协会旧金山分会的认证网络分析师和联合主席，费拉斯也是一位博主和演讲者，他的文章和演讲内容被国内、外媒体所引用。

费拉斯在美国南佛罗里达大学获得了工程管理硕士学位，在美国塔尔萨大学获得了电气工程科学学士学位。他已婚，有三个孩子，喜欢滑雪、听有声读物、参加志愿活动和练习合气道（黑带二段）。

希拉兹·阿西夫（Shiraz Asif）是 E-Nor 的联合创始人和分析副总裁。希拉兹对项目成功和客户满意度有着不可动摇的热情。他的座右铭是"知识是倾诉，但智慧是倾听"（Knowledge Talks. Wisdom Listens）。

希拉兹在解决方案架构和网站 / 移动端分析领域拥有丰富的背景，擅长高级分析实施、报告创建和自动化，以及集成数据分析。

作为分析副总裁，希拉兹为政府机构和财富 500 强公司管理复杂的分析实施，监督端到端的（end-to-end）流程，从定义关键绩效指标（KPI）到确定可行的洞察，再到报告交付和自动化。

埃里克·费特曼（Eric Fettman）作为 E-Nor 的培训总监，利用丰富的开发和营销经验，在现实世界的业务和技术框架中做定位分析。

在埃里克开发的谷歌分析测试网站上（网址为 googleanalyticstest.com），参与者完成了超过 100 000 次测试。该网站已被广泛认可为谷歌分析个人认证资格考试（GAIQ）准备和实用 GA 技能培训的主要资源。

埃里克获得了 Java 程序员认证，以及 ISO 9000 质量管理内部审核员资格，加强了他在客户关注和持续业务绩效提升方面的担当。同时，他还拥有美国哈佛大学高级荣誉学士学位。

作为一名教育学者和终身学习者，埃里克赋予他的学生在所有的尝试中努力、成长和超越的动力。

关于贡献者

（嘉宾名单）

阿纳斯·阿巴尔（Anas Abbar）是一位经验丰富的高管，在跨国和跨区域公司工作超过20年，他的角色是实现一个将想法转变为产品的愿景。阿纳斯是 7awi.com 的首席执行官和联合创始人，7awi.com 是中东和北非地区领先的在线媒体出版商，在生活娱乐、汽车和分类信息领域拥有领先资源。在微软和雅虎，在北美洲、欧洲、中东和新兴市场的多种岗位的职业经历，提高了他在策略、产品开发和市场、商业发展和公共部门角色方面的技能。同时，阿纳斯也是构建产品和解决方案智能团队的信仰者。

西莫·艾哈佛（Simo Ahava），Reaktor 的资深数据倡导者，是一名在提升数据收集、处理和报告的整个"生命周期"方面公认的定制化 Web 分析和跟踪代码管理解决方案专家。他主要的专业领域是 Google Analytics 和谷歌跟踪代码管理器（GTM），Google 已委任他为该领域的 Google 开发专家（Google Develeper Expert）。他对营销和开发之间衔接的部分特别感兴趣，同时，他也专注于围绕数据提升认知、技能和批判性思维。

汉娜·阿尔瓦雷斯（Hannah Alvarez）领导着全球最快、最先进的用户体验研究平台 UserTesting 的内容营销团队。她的团队生产内容，帮助设计师和营销人员创造令人惊叹的产品、网站和营销活动。同时，她也有非营利组织的背景，热衷于创造可以帮助人们的体验，以从地球上消除糟糕的用户体验为己任。

达夫·安德森（Duff Anderson）是一位在数字领域拥有 20 多年客户之音（Voice of the Customer）研究经验的梦想家。达夫是 iPerceptions 的联合创始人和高级副总裁，iPerceptions 是一家领先的数字客户研究公司，该公司正在不断发展数字分析，丰富营销技术，优化 80 个国家 / 地区 1 200 多个品牌的客户体验。

蒂姆·阿什（Tim Ash）是畅销书《Landing Page 优化权威指南》（*Landing Page Optimization*）的作者，以及 SiteTuners 的 CEO。他为谷歌（Google）、亿客行（Expedia）、eHarmony、脸书（Facebook）、美国运通（American Express）、佳能（Canon）、雀巢（Nestle）、赛门铁克（Symantec）和财捷集团（Intuit）等公司开发了成功基于 Web 的方案。蒂姆是全球行业会议上一位备受尊敬的主题演讲者和分享者。他是转化协会（Conversion Conference）的创始人和主席，也是纸质和在线出版物的常客。

米塔 S·布朗（Meta S. Brown）是 A4A Brown 公司的总裁，该公司是一家精品店咨询公司，致力于促进管理层和技术人员之间的有效沟通。同时，她也是 *Data Mining for Dummies* 一书的作者，以及数据分析师故事会（Storytelling for Data Analysts）和技术人员故事会（Storytelling for Tech）的发起人。

乔恩·伯恩斯（Jon Burns）在美国加州圣何塞一家领先的半导体公司领导一个精益化的Web团队，开发和执行所有与数据相关的引人注目的Web体验。几年前刚开始时，几乎没有任何具有洞察力的数据，他通过与业务利益相关者、营销人员和分析专家密切合作，奠定了基础并一步一步建立了内部规范。这一切都从第一步开始。

布莱恩·克利夫顿（Brian Clifton）博士是一名测量策略师、顾问，也是使用GA进行效果优化的知名实践者。他是国际上公认的GA专家，其畅销书已经被翻译了很多次，并被世界各地的学生和专业人士使用。作为Google欧洲Web分析（2005—2008年）的第一任负责人，布莱恩建立了泛欧洲产品专家团队。他的一项工作成果是谷歌分析个人认证资格考试（GAIQ）的在线学习中心。布莱恩还是英国伦敦大学（"网络经济学"理学硕士课程）、丹麦哥本哈根大学和瑞典斯德哥尔摩经济学院的客座讲师。

琼·德肖维茨（June Dershewitz）专注于为主营业务驱动分析策略。她目前是Twitch的数据治理和分析部的负责人，Twitch是全球领先的视频平台和游戏玩家社区（亚马逊的子公司）。她的团队的工作内容之一是确保在整个公司内有效收集、理解和使用数据。琼曾是阿波罗（Apollo）教育集团的数字分析总监，她创建了端到端（end-to-end）的数字客户行为视图，并启用了高级营销归因。在此之前，她是Semphonic领导团队的成员，Semphonic是一家著名的分析咨询公司（现在是安永会计师事务所的一部分）。作为分析社区的长期倡导者，琼是网站分析星期三（Web Analytics Wednesdays）的初始联合创始人；同时，她也是数字分析协会（Digital Analytics Association）的名誉总监。

安德鲁·达尔夫（Andrew Duffle）是APMEX的分析与优化部财务计划与分析（FP&A）总监，是一位数据科学倡导者，他鼓励创新的数据驱动应用程序来提高电子商务公司的竞争优势。安德鲁专注于围绕实施可持续的大数据计划，以提高客户体验并实现业务目标。他有财务基础，但职业生涯全部围绕着数据科学；同时，他也是一位忠实的GA用户和BigQuery冠军。

史密塔·杜加尔（Smita Dugar）是一位消费者洞察专家，领导TiVo的数字和营销分析计划。她负责移动端App分析、网站分析和TiVo数字媒体资源的优化。她热衷于消费者体验和使用数据做出商业决策。史密塔曾在Netflix管理市场研究，并在市场研究公司为微软、IBM、惠普和宝洁等合作客户提供咨询服务。

布莱恩·艾森伯格（Bryan Eisenberg）和杰弗里·艾森伯格（Jeffrey Eisenberg）是培训公司Buyer Legend的联合创始人。布莱恩还是数字分析协会（DAA）的联合创始人兼名誉主席，以及 *Always Be Testing* 一书的联合作者。布莱恩和杰弗里一起合著了 *Waiting for Your Cat to Bark?* 和 *Call to Action*，这两本都是美国《华尔街日报》和《纽约时报》的畅销书。他们最新的书是 *Buyer Legends: The Executive Storyteller's Guide*。自1998年以来，他们培训和服务了惠普、谷歌、GE医疗、Overstock、NBC环球、Orvis和埃德蒙兹（Edmunds）等公司，实施行之有效的数字营销策略，强调优化互动、潜在客户、订阅和销售的收入转换率。

杰夫·冯（Jeff Feng）是 Tableau 软件的产品经理，致力于改变人们从云、大数据和关系数据源中可视化数据的方式。在加入 Tableau 之前，杰夫是麦肯锡公司的管理顾问，在那里他为财富 500 强高科技公司的业务和技术战略提供建议，并在苹果公司担任项目经理，帮助其推出了 iPhone 4。杰夫拥有美国麻省理工斯隆管理学院的 MBA 学位，伊利诺伊大学香槟分校电气工程硕士和理学学士学位。

埃里克·戈德史密斯（Eric Goldsmith）是 TED 大会的数据科学家。他帮助收集和解读数据，以告知和支撑业务决策和战略方向。他的职业生涯始于美国俄亥俄州立大学的计算机科学学士学位，包括在 CompuServe、美国在线（AOL）和 UUNET 的线上和互联网领域的时间，他也在电信和商业网络提供商处工作过。作为一个终身学习者，埃里克不断进步和成长。他在数据分析和可视化领域具有浓厚兴趣和专业知识，但他的部分职业生涯也包括性能工程和软件开发领域。

克里斯·高尔德（Chris Goward）为谷歌、艺电（Electronic Arts）、易贝（eBay）、麦进斗（Magento）和 1-800-Flowers 等公司提供优化营销效果的服务。他创立了 WiderFunnel，坚信营销机构应该证明自己的价值。他是 LIFT 模型和 WiderFunnel 系统背后的智囊，为行业领先的公司持续提供转化优化策略。他写了《测出转化率：营销优化的科学与艺术》（*You Should Test That!*），重新定义了转化优化，并在全球 200 多个会议和活动中发表演讲，展示如何创造戏剧性的业务改进。你可以在 WiderFunnel.com/blog 上阅读他的博客。

斯特凡·哈梅尔（Stéphane Hamel）是数字分析领域经验丰富的顾问和杰出的意见领袖。他被数字分析协会誉为最具影响力的行业贡献者，为该行业做出的重要贡献包括创建数字分析成熟度模型和 Web 分析解决方案分析器（WASP）质量保证工具。他经常被邀请到世界各地的活动中演讲，并且他关于数字智能和分析的主题发言常被媒体引用。斯特凡在几个组织机构担任咨询职位，并拥有电子商务方向的 MBA 学位。

亚历克斯·哈里斯（Alex Harris）是一名转化率优化经理，在电子商务、销售线索生成和用户体验方面拥有超过 15 年的经验。亚历克斯还是两本关于电子商务优化的畅销书的作者，并且是视频播客营销优化（Marketing Optimization Video Podcast）的主持人。

鲍比·休伊特（Bobby Hewitt）是创作的渴望（Creative Thirst）的总裁和创始人，Creative Thirst 是一家转换率优化机构，专注于增加销售直接面向消费者的健康产品和自然保健品的公司的收入和平均订单价值。鲍比在网页设计和网络营销方面有超过 15 年的经验，并拥有罗格斯大学市场营销学士学位。他还通过了在线测试、价值主张开发和着陆页优化认证，是认证的漏斗优化专家，可视化网站优化器（Visual Website Optimizer）认证合作伙伴，以及来自数字营销协会和不列颠哥伦比亚大学网络分析的吉姆·诺沃（Jim Novo）卓越学术奖的获得者。

阿维纳什·考希克（Avinash Kaushik）是谷歌的数字营销传播者，也是 Market Motive 公司的联合创始人。通过他的博客"奥卡姆剃刀原理"（Occam's Razor）和他的畅销书《精通 Web Analytics：来自专家的最佳 Web 分析策略》和《精通 Web Analytics 2.0》，阿维纳什已经成为行业权威，指导执行团队利用数字平台和数据在竞争中创新，实现卓越的财务业绩。他给宝洁、戴尔、时代华纳、大通银行、凯悦、保时捷和 IBM 等公司提出了行之有效的洞察建议。阿维纳什在各种全球会议上发表了主题演讲，这些会议包括搜索引擎策略、广告技术、摩纳哥媒体论坛、iCitizen、JMP 创新者峰会、营销的艺术和 Web 2.0。

凡妮莎·萨比诺（Vanessa Sabino）将数据转化为营销洞察。她于 2000 年开始担任系统分析师，并于 2010 年抓住机会开始与 Digital Analytics 合作，这个机会也使她在商业、应用数学和计算机科学方面的教育背景得以融合。凡妮莎拥有在巴西顶级互联网公司工作的经验，之后她移居加拿大，现在是 Shopify 的数据分析主管，帮助每个人提升业务。

克里斯塔·塞登（Krista Seiden）是数字分析行业的经验丰富的领导者，也是行业活动的常客。她在 Adobe、阿波罗集团和 Google 等公司推动了分析和优化实践。目前，她也是 Google 的分析倡导者，负责教育和倡导分析和优化最佳实践，以及运营 Analytics 360 培训计划。作为数字分析社区的活跃成员，她还担任数字分析协会（DAA）旧金山分会的联席主席。克里斯塔是 2014 年 DAA 新星奖和 2015 年 DAA 年度最佳实践者奖的得主。她拥有加州大学伯克利分校的经济学和政治学学士学位以及沃顿商学院的市场营销认证。

欧弗·夏皮罗（Irv Shapiro）担任 DialogTech 公司的 CEO，负责整体业务战略和企业领导力，该公司是一家在基于语音的营销自动化领域发展迅猛的 500 强公司。在 2005 年 DialogTech 成立之前，欧弗于 1985 年创立了 Metamor 科技公司，并将其发展成为超过 500 名员工就职的企业。继 1997 年将 Metamor 出售给 CORESTAFF 之后，欧弗参与了 10 项收购，指导 Metamor 公司的销售额增长到 5 200 万美元，并为一个 2.5 亿美元的咨询服务集团的创建提供了一臂之力。1999 年，欧弗成立了在线教育平台 Edventions，后来在 2001 年出售给爱迪生学校。2011 年，欧弗被邀请进入芝加哥地区创业名人堂，同年他也获得了年度最佳商业奖金奖。欧弗在圣路易斯的华盛顿大学获得计算机科学学士学位。

马特·斯坦纳德（Matt Stannard）是一位创新者，对 API 发布和新技术具有浓厚兴趣。他坚信创新能提供不同的思考和有价值的同行和客户洞察。马特对数据和技术的兴趣开始已久，他从拥有自己第一台计算机的那一天即开始编程。这种兴趣促使他学习计算机科学，阅读智能互联网商务模块，掌握先进的人工智能和先进的神经网络模块方面的知识。大学期间及毕业后，马特在跨国保险经纪公司 Willis 的开发团队中工作，他在那里从事平台概念证明以及 Willis 的内部、外部和互联网站点等工作。后来，他加入了一家直销公司，该公司代表乐施会、《卫报》和一些英国地方当局处理数据。在 4Ps，马特是一位数字总监，负责维护公司在技术前沿的地位。他的主要目标是使客户从数据中获得最大的利润。马特与诸如塞尔福里奇（Selfridges）百货公司、The White Company、奥迪、Storage King、杰米·奥利弗（Jamie

Oliver）、瑞士莲（Lindt）、WGSN、伟凯律师事务所（White & Case）等客户合作，确保他们处于分析和跟踪的前沿。

詹姆斯·斯坦登（James Standen)是 nModal Solutions 的创始人，也是 Analytics Canvas 框架的创建者。詹姆斯拥有超过 20 年的数据分析经验，研究领域包括先进的流程控制、人工智能、数据仓库、商业智能和数字营销分析。他是 GA 信任的测试团队的活跃成员，自 2010 年起，Analytics Canvas 一直是 GA 和 Analytics 360 的领先集成工具。

吉姆·斯特恩（Jim Sterne）是一位国际顾问，专注于衡量创建和加强客户关系的价值。斯特恩撰写了 8 本关于互动营销的书籍，是数字分析协会的创始主席和现任董事长，并举办了 eMetrics 峰会和媒体分析峰会。

丹·斯通（Dan Stone）是 GA 以用户为中心的分析和受众群体营销的首席产品经理。在加入 Google 之前，丹的经验包括从在风险投资的消费者技术初创公司负责产品和用户获取，到与电信、媒体和技术行业的 100 强公司一起工作，领导高级分析、情感分析和营销优化。丹拥有麻省理工学院管理科学学士学位。

迈克·泰勒姆（Mike Telem）是数字营销软件和解决方案领导者 Marketo 的实时个性化产品营销副总裁。迈克在数字营销方面拥有丰富的经验，特别是在网络个性化和基于账号的营销领域。他之前是 Insightera 的联合创始人（由 Marketo 在 2014 年收购），主导营销和销售运营以及全球商业计划。在联合创办 Insightera 之前，迈克在 RAD-Bynet 集团担任商业开发经理。

霍格尔·坦普尔（Holger Tempel）是德国公司 webalytics GmbH 的创始人。他自 1991 年以来一直担任 IT 和 Web 分析业务领域的顾问和培训师。2005 年，他成为全球首批 14 位 Google 合作伙伴之一，因此大体上他也是 GA 和数字分析领域知名的知识运营商之一。霍格尔还是德国数字分析协会（Digital Analytics Association Germany）董事会的联合创始人和成员，负责发展认证以追踪会在未来成为数字分析师的人才。由于欧洲地区的数据隐私问题，他获得了如何使 GA 符合欧洲国家/地区数据隐私权的高水平专业知识。

目　录

第1章
引 言

1.1 为什么要阅读这本书

关于 Google Analytics（谷歌分析，简称 GA），互联网上已经有非常丰富、有价值、易获取的学习资源：Google Analytics 学院，Google Analytics 和 Google Tag Manager（谷歌跟踪代码管理器）解决方案指南，以及众多聚焦于 GA 的博客、电子书或教程等，这些内容丰富了我们的学习方式，并且提供给我们许多真正有价值的内容。那么，笔者为什么还要冒险专门来写这样一本关于 GA 的书呢？更重要的是，读者为什么要花费时间和精力来阅读本书？

1. 整合学习资源能够带来更好的学习效果

虽然全世界有数以百万计的 GA 用户，但事实上，能够几乎完全发挥 GA 强大功能的人少之又少。

我们服务了数百家客户，从初创公司到财富 25 强，我们看到营销人员正在持续忙碌并困扰于下面的事情：在他们的网站和移动端 App 上完成 GA 的完整部署、掌握专业的报告能力、优化他们的渠道归因、集成 GA 和其他数据源，以及从数据到洞察再到效果提升。这本书的目的是提供一个强化且聚焦的学习经验，能够指引你从潜在的混沌和挫折状态到能够充分理解知识并采取自信的行动，从建立具有核心的具体要素竞争力技能开始，达成更先进的、面向未来的策略和技巧。

2. 本书绝不是一本 GA 的百科全书

本书虽然涵盖了 GA 的丰富内容，但它的初衷并不是为了提供 GA 每个功能的使用说明——那是 GA 帮助文档的使命。此外，一旦你开始浏览、使用 GA 报告，那么大部分的报告功能就会变得很直观，因此花费时间和精力来解释这些显而易见的内容显然是不明智的。

3. 本书聚焦于 GA 难点和最重要的部分

延续上面的观点，本书完全涵盖了衡量策略（measurement strategy）实施和报告的基础知识，并且继续聚焦的内容包括通常容易出现的大部分挑战，或典型的能够产生最多洞察力和可行性的部分。

我们也会努力发现潜在的症结和陷阱，尤其是在存在真正的潜在危机时给你提醒。

4. 转化优化、营销投资回报率（ROI）和竞争优势的知识架构

首先，本书的初衷是帮助你提升 KPI（关键绩效指标），例如电子商务交易、表单提交

或内容互动。同时，本书详细讨论了转化跟踪，包括目标和增强型电子商务渠道（funnel）[⊖]，你将了解如何识别网站或移动端 App 正在促进或阻碍你向成功转化的因素。

但是，对于跟踪转化率而言这是不够的。你必须拥有清晰的流量归因以了解成功的来源和投资回报率（ROI），所以我们会深入讨论归因报告——特别是广告系列跟踪，排查最后一次点击以确定哪些流量来源为完成目标或电子商务交易的会话提供转化前的支持。

当你开始理解促进或阻碍转化的真正因素时，分析已经成为你长期的竞争优势，而获得这种理解是在稳定的情况下。经常在应急情况下分析，通常无法解开谜团或缓解危机。

5. 来自行业杰出人物、前沿分析和优化从业者的贡献

我们邀请了世界公认的专家、GA 团队成员、每天在分析和优化方面做出卓越业绩的从业者，他们的贡献提供了一个不可估量的学习经验，并且提供了一套具有广度和深度的洞察和技术，这样的资源是不可多得的。

6. 图解版式

本书包括了许多带注释的屏幕截图、图表和特殊标注，使内容更加易于被读者接受。总体而言，本书提供了一种有趣、有效的学习体验。

7. 关于技术的深入探究

读者不必担心本书讨论的内容会涉及技术细节。按照阿尔伯特·爱因斯坦所说，我们的目的是使一切尽可能地简单，简单到无法更简单。无论是通过谷歌跟踪代码管理器的数据层进行事件跟踪（Event tracking），还是谷歌网页价值计算方法的公式，或是增强型电子商务所需的编码，我们都会用你听得懂的语言，深入浅出地讲解你在报告和分析的高级用法中所需要的概念和步骤。

8. 用户聚焦，定性输入和测试

从更广泛的角度看，我们在学习用于设计和评估用户体验的技术，包括调研工具、A / B 测试，以及它们与 GA 的集成。

9. 专业技术和高级集成

随着章节的深入，本书讨论了许多专业技术，如再营销受众配置（remarketing audience configuration）和电话跟踪设置，并引入了与客户关系管理（CRM）系统相关的高级集成、数据抽取和可视化工具，以及营销自动化。

10. 善于沟通和改变

如果没有清晰有效的沟通，分析对组织的影响往往微乎其微。在整本书中，我们提供了

⊖ 在 Googlo Analytics 中文版中，funnel 被译为"渠道"而不是漏斗，为保持与界面的一致，本书也将 funnel 翻译为"渠道"，同时保留英文原文 funnel，以与真正的渠道（channel）区分。——译者注

关于向客户和内部业务相关者演示简化 GA 报告的洞察，比如与营销和 IT 部门关于实施计划的沟通和协作。

11. 本章要点回顾、实战与练习

每章以"本章要点回顾"和"实战与练习"结束，你可以从中查看章节的要点和必须尝试的技术，并开始制定更广泛、更长期的目标。

12. 持续学习和取得成就的基石

谷歌创新永不止步。毫无疑问，GA 将在我们完成写作和出版期间引入新功能，但"万变不离其宗"，概念、技术和最佳实践仍将是极为适用的，并将对你继续探索、学习和使用工具的新功能给予很大的帮助。另外，实施和报告列表，以及之前提到的推荐的持续性资源 http://www.e-nor.com/gabook 将帮助你的知识结构与 GA 同步更新 。

甚至，通过本书，一些非常有经验的 GA 用户也可以不断完善现有的技术和学到新的方法。本书旨在建立属于读者自己的分析技能基础，并且伴随每次的衡量挑战和功能更新而发展和深化。

13. 分析和优化的优势

我们亲眼见证了 GA 能产生的卓越提升，但这些只是伴随着良好的实施、正确的报告知识，以及优化用户体验、营销 ROI 和转化效果的长期承诺。本书旨在提供技术构建模块并为保持持续进取的状态而激发用户必要的主动性和奉献精神。

1.2　谁适合读这本书

本书的写作前提和初衷是在组织内部使用，GA 应由市场营销或专门的分析 / 商业智能（BI）团队"拥有"，而不是由 IT 部门所有。但是，IT 支持是至关重要的，因为许多 GA 的实施步骤需要开发人员的密切参与。

虽然本书中的很多探讨主要针对营销人员或分析师，但是其他内容更适合技术团队、需要了解如何将数据注入到 GA 以及需要向技术团队说清楚代码安装需求的营销人员或分析师。为了促进这种沟通，更多技术方面的探讨可以分为可管理、可理解的步骤和概念。

产品经理、设计师、用户体验（UX）专家、内容作者以及在广告、设计机构里担任各种角色的个人也可以从这本书中学习如何利用 GA 和优化思维去帮助他们获得关于数据驱动的见解并改善其结果。

如果你是通过数据科学或更广泛的商业智能的角色接触 GA，后面关于数据集成和可视化的章节应该与你的背景有很大的关联。

这本书还可以作为为经理和高管讲解 GA 功能的范本概述。随着摘要、客户的贡献、插

图和章节要点等内容的展开，即使跳过细节和技术层面的讨论，整本书也提供了通俗易懂的 GA 概述。

无论你的角色定位如何，是刚刚接触 GA 或已经使用 GA 一段时间，还是还没有达到你想要和需要的水平，这本书都可以为你突破自己提供蓝图，让你真正掌握 GA，体验它的有效性；如果你已经相当擅长 GA，本书将提供一个自检的最佳机会，并且你会收获许多新的启示和观点。

另外，这本书不是用来获取 GA 个人认证资格考试（GAIQ）的，但如果你读了这本书并运用这些知识，你应该会被"充分武装起来"并通过这个考试。

1.3 章节概览

第 2 章 Google Analytics 报告概述 用户特征和行为 在接下来讨论衡量的策略和 GA 部署的章节之前，本章提供了"受众群体"和"行为"报告的概述以及帮助你全面浏览这些报告的功能，使你能够充分利用 GA 报告的交互界面。

第 3 章 衡量的策略 本章将讨论进行分析的基础衡量策略。我们将评估当前的分析实施，并评估更具体的跟踪和报告需求。在这一章中我们也将回顾数据处理和沟通的挑战、企业内分析工作的归属，以及抽样测量计划。

第 4 章 账户创建和跟踪代码安装 在这里，我们将回到 GA 账户创建的第一步，并映射账户 / 媒体资源 / 数据视图的架构。我们访问 GA 跟踪代码，演示每个网页流量匹配（hit）所记录的数据范围。我们也会在本章中考虑监测模板网站和独立页面。

第 5 章 谷歌跟踪代码管理器的概念 在前面的章节中，安装原生跟踪代码之后，我们要切换到部署 GA 跟踪代码的更好的方式（本书余下部分均是）——谷歌跟踪代码管理器（GTM）。本章回顾了 GTM 相较于原生部署的优势，并强调 GTM 的三个主要概念：容器（container）、跟踪代码（tag）和触发器（trigger）。

第 6 章 事件、虚拟页面浏览、社交操作和错误 GA 网站实施中的最大的问题或许是：那些不引发页面加载的用户操作不会被记录下来。我们通过事件和虚拟页面浏览跟踪获取视频的播放、页面的滚动以及多屏幕 AJAX 等来消弭这个问题。我们也将学习社交跟踪和错误跟踪，并学习如何利用 GTM 的数据层。

第 7 章 "流量获取"报告 GA 最善于判断网站流量来自哪里，但它需要你以广告系列参数的形式提供大量的帮助，以帮助它正确区分来自电子邮件、社交网络和横幅广告的流量。我们也会讨论付费和自然搜索引擎流量，并且回顾作为 GA 重要补充的谷歌搜索控制台（Google Search Console）。

第 8 章 目标和电子商务跟踪 为了让 GA 能够生成转化报告，你必须告诉 GA 什么样的会话（session）是成功的会话。在本章中，我们学习目标（goal）和渠道（funnel）设置，明确转化率（Conversion Rate）和放弃率（Abandonment Rate）指标，以及配置电子商务和增强型电子商务的跟踪，以实现用产品类别、税金以及从展示到转化的渠道等方式记录交易。

第 9 章　数据视图设置、数据视图过滤器和访问权限　在本章中，我们将对原始的 GA 数据应用数据视图设置和过滤器排除内部流量、整合 URL 变体、配置站内搜索跟踪，以及基于子目录创建特定的数据子集、设备、流量来源或地理位置。我们还将介绍用户权限的四种类型并考虑数据的治理原则。

第 10 章　细分　对于大多数需要执行的分析，囫囵吞枣地只查看整体数据会隐藏重要的数据含义并妨碍我们获得洞察。在本章中，我们使用细分分解了相关数据，映射到不同的受众群体并放大趋势。我们也将定义与用户行为相关联的细分行为，例如用某个页面做定义或用从视频播放到实现最终转化的用户行为做定义。

第 11 章　信息中心、自定义报告和智能提醒　在本章中，我们将介绍 GA 中便捷、灵活的信息中心功能，并将讨论覆盖了针对信息中心和报告的自动化电子邮件选项。我们也会为实现更多的定向化分析和沟通配置自定义报告。我们设置智能提醒，对于指标的波动，GA 会主动发送通知。

第 12 章　实施的定制化　在本章中，我们配置自定义维度、自定义指标和内容分组，以便允许 GA 报告能更紧密地反映我们自己的组织、分类和终端用户体验。我们也为高管层设置跨域跟踪和整合数据的报告。我们还将学到如何跨设备跟踪已登录的用户。

第 13 章　移动 App 的衡量　本章特别关注通过 Android 和 iOS 软件开发工具包（SDK）和通过谷歌跟踪代码管理器（GTM）的 App 跟踪。此外，我们还会介绍针对点击 Google Play 和 App Store 广告系列跟踪，并衡量 App 下载后的打开率。本章也包含 GA 移动端 App 账户结构的最佳实践。

第 14 章　Google Analytics 的数据集成：整合的力量　本章介绍了 GA 针对广告主提供的丰富的 AdWords 报告和针对媒体提供的 AdSense 指标，还介绍了 GA 再营销的受众群体，以及考虑使用电子邮件和社交媒体平台与 GA 集成的强大功能。

第 15 章　将 Google Analytics 与 CRM 数据集成　在本章中，我们分别介绍了两种方法将网站来源数据导入 CRM 系统：直接通过销售线索表单（lead form）上的隐藏字段（hidden field）实现，或通过一个通用主键将 GA 数据导入 CRM。这个数据集成将帮助我们计算每个合格的潜在客户的成本和不同营销渠道的长期价值。

第 16 章　使用第三方工具制作高级报告和可视化　本章将进一步讨论数据集成，即 GA 数据和其他数据源的集成，以及在 Tableau 中实现互动式的数据可视化。我们也探索了将 Google Analytics 360 中的数据自动导入 BigQuery 存储中，以及作为数据抽取和转换的枢纽

角色 [作为中间件（middleware）] 的 Analytics Canvas 和 ShufflePoint。

第 17 章　数据导入和测量协议　本章讨论了两个将数据记录到 GA 的方法：通过管理面板（admin panel）和 GA 管理 API（GA Management API）导入内容、广告系列和营销花费数据。我们也会讨论测量协议（Measurement Protocol）允许你从任何编程和网络环境发送匹配（hit）到 GA。

第 18 章　Analytics 360　为了满足企业（数据工具）安装的需求，Analytics 360（以前称为 GA Premium）提供了大幅降低的数据限制，大幅增加了数据鲜活度和自定义维度。除了这些功能，本章还讨论了非抽样数据的导出、自定义渠道、DoubleClick 集成，以及服务级别的协议和支持。

1.4　开启学习之旅

现在我们已经制定了学习目标，概述了章节内容，是时候开启学习之旅了。你必须花费必要的时间，保持专注，亲自尝试。同时，不要忘记享受学习的过程，并始终牢记：理解、掌握、真实世界的结果，以及持续学习和获得成功的基础。

如果你需要访问测试账户，或者有问题或反馈，请随时与我们联系：GAbook@e-nor.com。

嘉宾观点　**分析的三要素**

吉姆·斯特恩（Jim Sterne）是数字分析协会的创始主席和现任董事长。

你不能取悦每一个人，但如果你想在分析方面获取成功，以下三个要素必不可少：

- 金主。
- 客户。
- 求知欲。

1. 验证原始数据

对于以上每个要素来说，可信赖的数据是分析的基石。没有深刻理解基础数据的出处或在默认实施情况下的内在差异，盲目地使用任何分析工具都是非常莽撞的。

所有数据都以某种方式被收集、清洗、抽样，在你看到输出结果之前就这样混在一起。你的首要目标是要知道数据来自何处以及如何操作它，然后才能获得合适的、其他人看到的"结果"。组织内的其他人会觉得你拥有这方面的优势，一旦发现因为没有验证数据而导致报告出问题，那这也就是"分析的三要素"最后一次相信你的报告中的观点和结论，尤其是手握钱袋的金主。如果原始数据有问题，那么分析的三要素无从谈起。

2. 金主

金主可能是你的领导、副总裁、董事会、客户或者委员会。请记住，无论谁为你提供技术、人力资源方面的资金支持，你都需要了解他们期待得到应有的价值。

如果他们想要关于匹配（hits）的报告，那你就给他们匹配（hits）报告。如果他们想要知道每个月有多少唯一访问者（uniques），你也应该提供给他们，这是你的职责，无论喜欢与否。如果他们对于某个归因模型有强烈的看法或需求，那么你就要优先考虑或者处理。

一定要弄清楚需求，比如他们所说的 hits、uniques 和 attribution（归因）到底是什么意思。在此之后，你才会获取越来越多能够实际推动业务发展的信息。

最终，你将会找到那些理解你在做什么的同事，并且他们也会对获取能够切实支撑业务决策的信息更有兴趣。

3. 客户

为了销售更多的商品，获得更多的读者，增加"粉丝"或转化公众舆论，你的信息必须触达这些人，并说服他们采取相应的行动。无论你的老板想要什么或公司奖金有多么吸引人，"客户"才是你的目标受众或用户。

客户的满意度和可用性不可忽视。测试、优化转化、监测社交互动都属于你的工作范畴。同时，随着报告的迅速进行，你的分析必须服务于那些与你的客户基础息息相关的人，并且提供给他们工作所需的直接信息。

4. 求知欲

求知欲是最后一个要素，但是从根本上来说，求知欲是与生俱来的。无论是数据挖掘、数据驱动，还是数据查询，你的终极目标都是获取隐藏在现象背后的洞察。如艾萨克·阿西莫夫[⊖]（Isaac Asimov）所说，这个过程是很有趣的，求知欲比知识更重要。

是的，你必须埋头验证原始数据；你必须制作那些无论自己相信与否的报告；你必须支持正在进行的 A/B 测试团队和着陆页优化者。但是，如果你没有想出针对特殊情况的好点子，或者针对老板或客户的关注点提出一些虽然模糊但具有可操作性的观察，那么你可能会被取代。

兴趣是最好的老师，寻找隐藏在数据流量背后的东西会培养你对数据分析的兴趣，同时，这也是数据搬运工和数据分析师之间的差别。数据搬运工只知道收集、管理、输出数据，而分析师会挖掘数据所蕴藏的金矿。认准最有价值的目标会让整个过程都令人

⊖ 艾萨克·阿西莫夫是美国最伟大的科幻小说家之一。——译者注

兴奋。分析师想要知道还有什么宝藏会藏在小溪里等待发现。

金主为你提供技术、人力资源方面的资金支持。而客户的满意度决定了预算，这意味着你得以进行数据分析。只有你才能保持自己对数据的兴趣，从数据中发现有价值的洞察。

我在大理石中看到了天使，于是不停雕琢，直到把他放出来（I saw the angel in the marble and carved until I set him free）。

——米开朗基罗（Michelangelo）

第2章
Google Analytics 报告概述：
用户特征和行为

在学习第 3 ～ 5 章之前，本章内容将先为你呈现 Google Analytics 用户界面包括了哪些范围广泛的报告以及不同报告的功能等概览性内容。

在阅读本章和整本书的过程中，你也许会遇到一些比较细节性或者技术性的内容。如果在书中遇到不能马上搞清楚的地方，建议你做一个笔记（比如记在心里、数字化记录或者用墨水笔写下来），然后继续阅读并摸索 Google Analytics（简称 GA）的用户界面。随着你每天学习和使用 GA，相信很多当初难以理解的概念和功能都会变得越来越清晰、简单。

如果你刚开始接触 GA，建议你多看看在线 GA 词汇表（例如 E-Nor 的 Google Analytics Visual Glossary，链接：https://www.e-nor.com/blog/google-analytics/google-analytics-visual-glossary），对理解和使用 GA 也是很有帮助的。

> **笔记 | 访问测试账号**
>
> 当你阅读本书中的各个章节时，我们建议你看一看你或你的组织所管理的网站（或 App）的 Google Analytics 报告。你只需要具有"阅读和分析"（Read & Analyze）权限，就可以访问"报告"（Reporting）部分并使用丰富有趣的功能，例如"细分"和"自定义"报告。第9章将会详细介绍访问权限。
>
> 如果你无法获取任何 GA 数据的访问权，请登录 GAbook@e-nor.com。

2.1 Google Analytics 报告：用户特征和行为

一旦在网站上安装了 GA，那么报告将会提供两种数据基本类型：

1）用户特征（地理位置，流量来源，技术[注]）。

2）用户行为。

在本章接下来的部分，我们将讨论 GA 报告界面左侧导航面板中的每项内容。需要注意的是，四个主要报告组并不在左侧导航面板的顶端呈现，而是在底部，如图 2.1 所示。我们将从此处开始讨论。

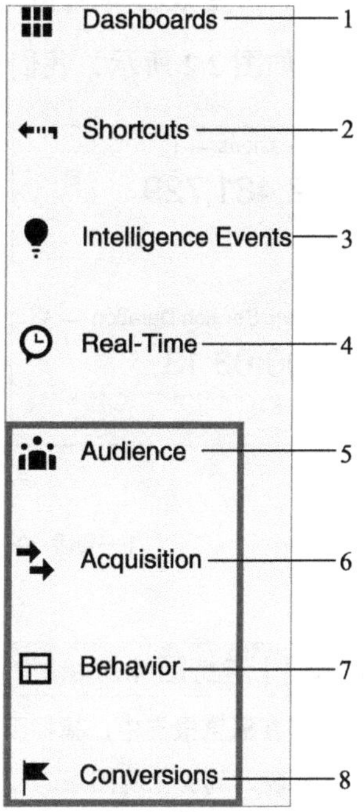

图 2.1　四个主要报告组在
左侧导航面板的底部

1—信息中心　2—快捷方式
3—智能事件　4—实时
5—受众群体　6—流量获取
7—行为　8—转化

[注]　如浏览器、操作系统、网络。——译者注

笔记	小技巧：隐藏和显示左侧导航面板

　　如果你的 GA 报告需要增加一些水平方向的空间，通过点击左侧导航面板顶端的小三角图标，或者直接在键盘上按 <M> 键，即可将其隐藏。

2.1.1 "受众群体"报告

　　"受众群体"（Audience）报告根据不同的用户特征（如地理位置、技术）和行为（如新访者、回访者）对用户进行分类。

　　我们可以宽泛地理解受众群体报告，它会告诉你谁访问了网站。但请注意 GA 不接受任何个人身份识别信息（Personally Identifiable Information，PII），如名字、电子邮箱等。GA 默认不记录个人身份识别信息（PII），而且服务条款规定严禁采集 PII，即使 PII 包括在某些页面 URL 中也不可以（如果格式中包含了姓名或电子邮箱时就会发生这种情况，此时这些页面的 URL 会被配置为 post 操作，而非 get 操作）。在第 4 章中，你应按照布莱恩·克利夫顿介绍的详细的安装步骤操作，以避免采集用户个人身份识别信息（PII）。

　　接下来，我们讨论"受众群体"部分的几个报告。

1. "受众群体概览" (Audience Overview) 报告

　　如图 2.2 所示，我们可以看到"受众群体概览"报告的一些指标。

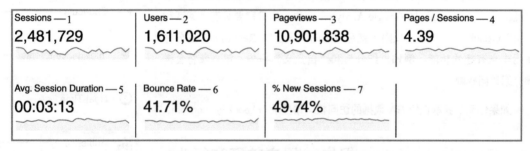

图 2.2 "受众群体概览"报告中的指标

1—会话　2—用户数　3—网页浏览量　4—每次会话浏览页数　5—平均会话时长

6—跳出率　7—新会话百分比

术语	走势图（sparklines）

　　在概览报告中，指标下方的小水平趋势线（见图 2.2）称为走势图。你可以单击走势图以显示相应的指标随时间变化的图表。

　　（1）会话（Sessions）和用户数（Users）

　　用户在你的网站上如果有超过 30 分钟无中断的活动，那么就可定义为一个会话（seession）。下面介绍一个电话被中断的例子：

　　① 黛博拉浏览你网站上的一个网页。

　　② 黛博拉接到一个电话，并且聊了 29 分钟。

③ 黛博拉浏览你网站上的另一个网页。

黛博拉会为你的网站增加 1 个会话和 1 个用户数（user），因为第二次网页浏览（pageview，简称 PV）发生在 30 分钟的会话超时时间内。另一个例子：

① 伊弋尔浏览你网站上的一个网页。

② 伊弋尔接到一个电话，并且聊了 31 分钟。

③ 伊弋尔浏览你网站上的另一个网页。

伊弋尔会为你的网站增加 2 个会话，因为第二次浏览发生在 30 分钟会话超时之后。然而，用户数只增加 1，因为伊弋尔的浏览器中最初存储的跟踪代码（tracking code）_ga cookie 允许 GA 将伊弋尔识别为同一个回访用户（returning user）。在 App 跟踪中，用设备 ID 标识相同用户，并且会话计算也基于默认 30 分钟为超时。

上述两种情况非常简单明了。我们考虑以下场景的指标计算：

① 文森特访问了你网站上一个长文章网页。

② 文森特滚动，浏览，展开网页隐藏区并点击标签显示附加信息，然后观看嵌入的视频，一共花费 40 分钟。

③ 文森特浏览你网站上的另一个网页。

默认情况下，文森特的指标与伊弋尔的相同（即与伊弋尔的情况一样，会话为 2，而用户数为 1）。正如我们将在第 4 章中讨论的内容：基本的 GA 跟踪代码只有在加载网页时才会向 GA 服务器发送数据。但是，如果你跟踪文森特的网页上操作作为事件（Event）或虚拟页面浏览，就像第 6 章所述，每个操作都会刷新超时 30 分钟会话，因此文森特（原文为 Victor，与前文不一致，应该是笔误——译者注）的会话数会增加 1，而用户数则保持为 1 不变。

总体而言，由于单个用户可以产生许多会话，会话数将比用户数更高。

注意，会话也会根据 GA 数据视图中的时区设置在午夜增加。也就是说，如果用户在 11:59 pm 访问一个页面，然后在 00:01am 再访问另一个页面，GA 将记录两个会话。因此，会话只在单个自然日内有效。

术语 | 会话和用户数 vs. 访问和唯一身份访问者（Visits and Unique visitors）

我们可能还记得，GA 是在最近才采用会话和用户来取代过去的访问（visits）和唯一身份访问者（Unique visitors）的。这个术语变化可能是因为每个物理访问实际上可以生成多个会话（如伊弋尔所示的场景），所以会话更准确地描述了这个指标应有的展示状况。

唯一身份访问者（Unique visitors）被更改为用户（Users）是因为一个单独的人可以显示为多个 GA 中的用户，造成这种情况的原因多种多样：不同的浏览器、不同的设备、隐身会话或 cookie 删除。_ga cookie 是识别同一个用户的关键，事实上它允许 GA 将多个网页浏览（和其他匹配（hit）类型，如事件）捆绑到同一个会话。第 4 章中进一步讨论了与 _ga cookie 相关的附属关系。

> 第12章中的跨设备跟踪会话，讨论GA如何识别跨不同设备登录的同一个用户：在移动端App的情况下，用户（users）有时比唯一身份访问者（Unique visitors）更合适。
>
> 编者按，我们在本书中使用会话（session）或访问（visit），用户（user）或访问者（visitor）时，都是同义的。

如第12章中所述，你可以选择更改会话超时，但保留30分钟默认值为常规做法。

默认情况下，小于30分钟中断的匹配（hit）被视为同一会话的一部分，如图2.3所示。30分钟或30分钟以上，下一个匹配（hit）被认为是新会话的一部分，但只要浏览器中存在之前的那个 _ga cookie，就归属于相同的用户。

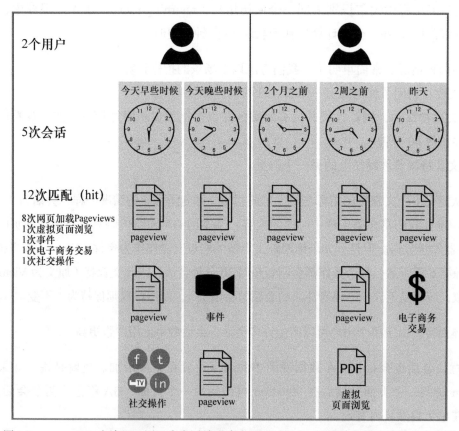

图2.3　_ga cookie 允许 GA 用一个会话关联多个匹配（hit），以及单个用户关联多个会话

（2）跳出率（Bounce Rate）

跳出（bounce）的定义可能比我们最初认为的还要更微妙一些。通常你听到的关于跳出的定义是单页面访问（single-page visit）或"有人来到你的网站并且没有做任何事情就离开了。"第二个定义更贴切地反映跳出的意思：首次 pageview 后没有第二个互动发生，无论第二个互动是另一个 pageview 或任何我们记录为事件或虚拟页面浏览的操作，例如前面例子中文森特在长篇文章页面中的互动。

由于网页浏览（pageview）、事件（event）和虚拟页面浏览都是匹配（hit）的各种类型，也因为我们讨论了为什么会话（session）是一个比访问（visit）更准确的术语，因此让我们提出一个更好、更技术性的对跳出的定义，即**一个只有单次匹配（hit）的会话**（也会有很少的例外情况，比如，一个非交互事件不会影响跳出率，我们将在第 6 章中讨论），如图 2.4 所示。我们会将匹配（hit）作为一个概念在第 4 章和之后的章节内容中进一步探讨。

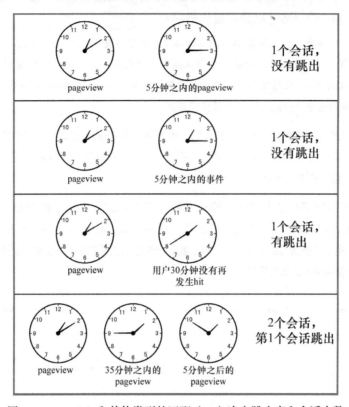

图 2.4 pageview 和其他类型的匹配（hit）决定跳出率和会话次数

（3）每次会话浏览页数（Pages/Session）和平均会话时长（Average Session Duration）

我们可以参考每次会话浏览页数 [或者移动端 App 媒体资源的每次会话浏览屏幕数（Screens/Session）] 和平均会话时长作为互动程度（engagement）指标，因为它们表示网站或 App 上用户互动度的整体水平。

每次会话浏览页数的定义很清楚，但平均会话时长就不是那么直观了。由于 GA 的计算时间基于多次 pageview[或任何其他匹配（hit）类型] 发送的时间戳的时间间隔，因此最后一次匹配（hit）之后的用户的互动参与是不会被计算进去的。让我们思考以下情景：

- 1:00:00—比阿特丽斯浏览你网站上的一个页面。
- 1:01:00—比阿特丽斯浏览你网站上的另一个页面。
- 1:06:30—比阿特丽斯在第二个页面浏览了 5 分 30 秒之后，离开了你的网站。

令人惊讶的是，默认情况下，GA 计算的比阿特丽斯会话时长只有 00:01:00（1 分钟）。 如果比阿特丽斯在第一个页面上只花费了 1 分钟，并且没有访问第二个页面，则会话时长将被记录为 00:00:00。如果某一个页面在比阿特丽斯浏览之后再没有发生一个新的匹配（hit），也就没有新的时间戳产生，GA 也就无法计算比阿特丽斯在该网页上花费的时间。但如果你正在跟踪页面滚动动作，如第 6 章所讨论的内容，每个滚动事件将有它自己的时间戳，这种情况下 GA 计算的比阿特丽斯的会话时长更接近她花在与你的网站上互动的时间 00:06:30（6 分 30 秒）。

笔记 | **平均会话时长（Average Session Duration）和每次会话浏览页（屏幕）[Pages (or Screens) per Session] 高是积极信号吗？**

对于 GA 中的几个指标，指标所处的情境（context）是非常重要的。如果你的网站或移动端 App 的目的主要是提供信息，而不是用于驱动某一个具体操作，特别是如果你通过广告变现，那么平均会话时长 (Average Session Duration) 和每次会话浏览页（或屏幕）数 (Pages or Screens/Session) 是积极的参与度指标，你肯定希望看到这些指标随着时间推移变得更高。

对于电子商务或产生潜在购买意向（带来线索）的网站（或 App），甚或是设计目的是为客户提供支持的网站或 App，平均会话时长和每次会话浏览页（屏幕）数的指标就要含糊很多。这些指标的增加可能代表更大的参与度，但也可能表明部分用户产生了混淆和沮丧。

这种模糊性有助于说明我们为什么需要目标和（或）电子商务跟踪。以电子商务网站为例，增加的会话时长和增加的电子商务转化率和收入在逻辑上似乎表明，用户在更积极地与你的网站进行互动。然而如图 2.5 所示，会话时长增加而电子商务指标反而减少，告诉了我们一个截然相反的情况（除非你的手机或线下转化次数在增加——我们也会在书中讨论这些情况）。

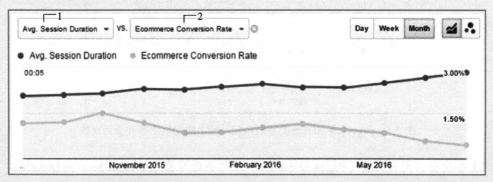

图 2.5　通过在一个 GA 报告中显示主要过渡时间图表上的两个指标，我们发现电子商务转化率趋势向下，这可能说明会话时长的上升趋势代表了负面的用户体验

1—平均会话时长　2—电子商务转化率

如果你在你的用户支持 App 中设置了一个用户响应目标，这个目标在用户产生"将此问题标记为已解决"的操作时被达成，那么对于该目标的达成而言，会话时长 (Session Duration) 增加并且转化率 (Conversion Rate) 提升似乎总体上是一个积极的信号，而如果会话时长减少且转化率提升就是非常理想的情况了。

在任何情况下，如果你观察到衰减趋势，你可以开始进一步分析，如下所述，以确定用户在哪些网页上花费的时间最多，以及从哪些网页最频繁地退出。

---

2. 新访 vs. 回访报告（New versus Returning Report）

新访 vs. 回访报告（见图 2.6）将新用户和回访用户的会话次数进行了细分。该报告的两个基础方面可能容易让你混淆：

1）如果新会话后面跟有一个或多个回访会话，那么同一用户可以在同一时间段内显示为两种用户类型。

2）即使先前的访问在日期选择开始之前发生，也认为该用户是回访。

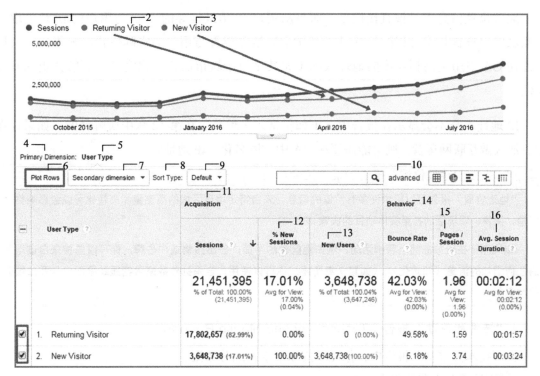

图 2.6 将日期选择设置为过去 12 个月作为横轴进行绘制，我们可以看到来自新访问者和回访者的会话增长

1—会话　2—回访者　3—新访问者　4—主要维度　5—用户类型　6—绘制选定行　7—次要维度　8—排序类型　9—默认
10—高级　11—流量获取　12—新会话百分比　13—新用户　14—行为　15—每次会话浏览页数　16—平均会话时长

另请注意，由于 cookie 删除和之前提到的其他因素阻止 GA 识别回访用户，将毫无疑问地使新访问者数量多于实际情况，回访者数量则少于实际情况。这种差异不会出现在 GA 移动端 App 媒体资源中的新访 vs. 回访（New versus Returning）报告中，因为在这种情况下，GA 可以根据设备 ID 可靠地识别回访用户。

回访者和新访问者随时间而增长都是积极的信号。

3."地理位置"报告（Location Report）

在"地理位置"报告中，你可以根据以下地理区域显示指标：

1）大洲（Continent）。

2）次大陆（Subcontinent）。

3）国家 / 地区（Country）。

4）区域（Region）。

5）都市圈（Metro）[仅限美国；对应于尼尔森指定的市场区域（DMA）]。

6）城市（City）。

区域在不同国家可能意味着不同的东西。例如，在印度、巴西和美国，区域指的是这些国家的州，而对于加拿大而言，区域则是省，对于法国则是部（department）。对于英国，区域则记录为英格兰、苏格兰、威尔士或北爱尔兰。

地理位置信息不是被直接记录，而是从用户 IP 地址推导的。因为用户的 IP 地址取决于互联网服务提供商（ISP），并且有时显示的地理位置与用户的实际位置明显不同，所以考虑在 GA 中用更高粗粒度的地理数据（尤其是对于城市而言）比完全字面解读更加有方向性。

IP 地址本身不会显示在报告中。正如霍格尔·坦普尔在第 12 章中所解释的，如果你在欧盟地区做互联网运营，则可能需要在 GA 中"匿名化"IP 地址。

笔记｜　来自"地理位置"报告的优化机会
"地理位置"报告可以提供许多有价值的信息。来自特定地理区域的高流量和高转化可能会影响你对营销、销售、现场活动甚至实体项目的决策。 　　如果你正在投放非线上营销活动，例如地区性的平面广告出版物或广告牌，你可以监控来自该地区的任何增加的流量（和转化）。（如第 7 章所述，你可以使用广告系列参数来紧密跟踪平面广告和二维码的重定向。）

4. "技术和移动"报告（Technology and Mobile Reports）

在"技术和移动"报告中，你可以按如下维度细分数据：

1）浏览器和浏览器版本。

2）操作系统（OS）。

3）屏幕分辨率。

"技术和移动"报告可以帮助你识别和理解：

1）**设计优化的机会**。例如，假设你有 25% 的流量来自用户使用的移动设备（在 GA 中，移动设备基本上是智能手机），但主要目标的转化率，移动设备仅为 0.5%，桌面设备的转化率为 1.5%。通过实施或改进你的响应式网页设计或移动端重定向的网页，你可以提高转化率——或者可以设计更适合移动端的其他转化类型（如点击拨打你的呼叫中心）。

2）**营销优化机会**。例如，你可以将预算更多地分配到 AdWords 的 PC 端投放，直到你提高了平板电脑的转化率。

3）**浏览器和操作系统的性能问题**。如果特定浏览器或操作系统的跳出率较高或转换率特别低，那么意味着在这些环境中可能出现了某些可用性问题。

4）**设备兼容性问题**。在你的下一个设计中，最大的设备宽度应该在哪个范围？你必须考虑兼容多少不同的屏幕分辨率？

5）**需要测试的设备**。你的访问者访问你的网站或移动端 App 时会用到哪些设备？确保相应地测试任何设计或开发上的变更。

> **重要提醒 | 不要仅在你青睐的平台上测试**
>
> 请务必对所有访问者当前用于访问你的网站或移动端 App 的所有设备、操作系统、浏览器、浏览器版本和屏幕分辨率等全部环境进行设计和开发变更的测试。 如果你喜欢使用 Mac 上的 Chrome，但是大量的访问者在 Windows 上使用 Internet Explorer，则你可能会错过发现存在的可用性问题，并导致你的转化优化工作受损。
>
> 同样的道理，如果只有极少数的用户仍然在使用 IE 7，你不一定需要花很多时间测试和优化针对这个浏览器的体验。
>
> 注意，设备模拟器（包括浏览器中可用的模拟器）可用作在不同设备类型和屏幕分辨率上进行测试的替代品，但实际的物理设备对于测试那些重要的设计更新更加可靠。

5."受众特征"报告（Demographics Reports）和"兴趣"报告（Interests Reports）

默认情况下，"受众特征"报告和"兴趣"报告没有数据显示。作为第 12 章中介绍的启用"受众特征"报告和"兴趣"报告的步骤之一，GA 服务条款要求我们修订我们的隐私政策。这是因为这些报告中的数据不是来自我们自己的网站或 App，而是通过第三方的 DoubleClick Cookie（用于网络流量和移动端 App 的匿名标识符）将人口统计数据和兴趣数据传送给 GA。此数据有三个来源：

1）DoubleClick 广告联盟的网站表单中显示年龄和性别的下拉菜单。

2）兴趣推断，也是来自 DoubleClick 广告联盟的网站。

3）用户已输入其 Google Plus 个人档案的数据。

在 GA 中，受众特征（Demographics）和兴趣数据只是一个总体数据，即如"受众特征概览"（Demographics Overview）和"兴趣概览"（Interests Overview）报告所展示的，GA 只能为你的一部分受众群体记录此数据——通常只占流量的 50% ~ 60%。正是因为这一数据并不全面，并且以不同的方式和不同的准确性进行了汇编，我们建议你有针对性地解读这些报告，而不是只看字面意思。

例如，如果你发现 45 ~ 54 岁年龄段的访问者比例高于你的预期，你可能会考虑测试不同的消息、图像甚至是产品。 如第 14 章所述，"受众特性"（Demographics）和"兴趣"报告的一个有趣的用途是将你网站上效果最好的群体（依照目标和电子商务转化），通过 Adwords 在谷歌展示广告网络（Google Display Network）上展示和重定位广告系列。因为 AdWords 使用与 GA 相同的受众特征（Demographics）和兴趣类别，因此向已展示最高转化率的群组进行广告推广似乎很有意义，无论这些群组是如何实际定义的。

> **笔记 | Google 有自己的受众特征（Demographics）和兴趣数据权限吗？**
>
> 登录 Google，访问 http://www.google.com/ads/preferences 来查看你的年龄、性别和兴趣。（如果你看到你有这么广泛的兴趣，不要吃惊。）

2.1.2 "流量获取"报告

理解为你的网站带来访问的各种驱动因素对于有效的分析至关重要。但默认情况下，"流量获取"报告（Acquisition Reports）存在不准确之处，并且不足以提供清晰的分析。这不是 GA 的失误：通过它所能获取的流量信息，它已经是在其能力范围内做得最好的了。第 7 章详细介绍了流量渠道，并指出了你需要采取的步骤，以帮助 GA 在流量来源报告方面实现必要的准确性和针对性。

2.1.3 "行为"报告

"行为"报告（Behavior Reports）提供了 GA 的 what 部分，即用户在你的网站或 App 中做了什么操作。对于网站，有两种基本类型的行为数据：

1）网页浏览量（Pageviews），当用户在浏览器中加载网页并由默认跟踪代码记录时，产生浏览量。

2）与用户交互相对应的事件（或虚拟页面浏览），如本章前面文森特的例子所示，你必须按照第 6 章中的说明进行明确配置。

对于 App，两种基本类型的行为数据是屏幕浏览量（screen views）和事件，与单个网页上的用户行为相比，用户更倾向于在单个应用程序的屏幕上进行更多的操作，因为 App 设计中屏幕加载的基本规则或频率和网站的页面加载有很大不同。Web App[⊖]情况例外，其设计是为了用最少的页面加载支持丰富的用户互动，在这种情况下，你的 GA 网站（Web）媒体资源也可能最终会比浏览器数据（基于你的实施）有更多的事件数据。

下面我们针对一个网站媒体资源，讨论"行为 > 网站内容"（Behavior > Site Content）部分的报告和指标。

1. 网页（Pages）

"网页"（Pages）在左侧导航面板中指"所有页面"（All Pages），在报告标题中只显示网页（Pages），如图 2.7 所示，GA 中的"行为"报告最直接对应于每次加载网页时记录的数据以及 GA 跟踪代码的执行。正如我们将在第 6 章中所学到的，我们配置的任何虚拟页面浏览都会列在"网页"报告中，以及其他展示实际网页浏览的地方。

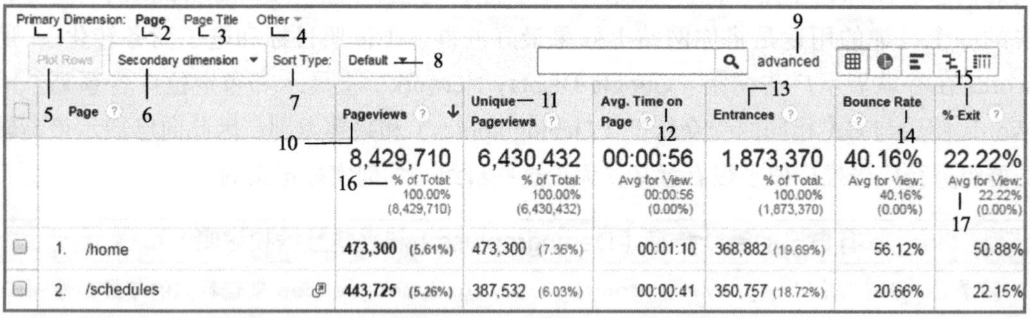

图 2.7 "所有页面"（All Pages）报告的指标

1—主要维度 2—网页 3—页面标题 4—其他 5—绘制选定行 6—次要维度 7—排序类型 8—默认 9—高级 10—网页浏览量 11—唯一身份浏览量 12—平均页面停留时间 13—进入次数 14—跳出率 15—退出百分比 16—占总数的百分比 17—平均浏览次数

⊖ 网页上加载 App 的类型。——译者注

在此报告的左侧列中，"网页"显示为主要维度（我们将在本章后面更详细地讨论维度和指标）。默认情况下，网页与网站域（domain）后面的 URL 的部分（不含任何 GA 广告系列参数）是对应的关系。

术语 | 网页（Page）= 请求 URI（Request URI）

在 GA 中，网页维度对应于域（domain）后面的 URL 部分，并且在 URL 中没有出现任何 GA 广告系列参数。例如，如果用户使用以下 URL 访问你的网页：

```
http://www.mysite.com/article.jsp?id=439&utm_source=twitter&utm_
medium=social-paid&utm_campaign=20160715-summer-highlights
```

网页维度将被填充为

```
/article.jsp?id=439
```

在 GA 的其他一些情境中，特别是在第 9 章中讨论的数据视图过滤器配置中，网页被称为"请求 URI"（统一资源标识符）。你可以将"网页"和"请求 URI"视为同义。

下面，我们将讨论"网页"报告中显示的几项指标。请注意，你可以查看网页浏览量（Pageviews）和其他指标：

1）按网页（page）。

2）按目录（directory）[在"内容深入分析"（Content Drilldown）报告中]。

3）按内容组（Content Group）[如果你已按照第 12 章的描述，实施了"内容组"（Content Groups）]。

4）对于整个网站，或如第 7 章所述的细分后的网站数据子集，或如第 9 章所述的过滤器。

（1）网页浏览量（Pageviews）

网页浏览量指标表示 GA 跟踪代码在该网页上执行的次数。这是"网站内容"报告中最基本的指标。

（2）唯一身份浏览量（Unique Pageviews）和唯一身份屏幕浏览量（Unique Screen Views）

唯一身份浏览量（Unique Pageviews）指标实际上是一个会话次数：至少有一次查看某个网页的会话次数。对于某些分析目的而言，在一次会话中一个页面被浏览的次数与在一次会话中用户至少被页面曝光一次的重要性是不一样的。当我们在第 7 章学习行为细分（behavioral segments），并在第 9 章中学习目标渠道（goal funnels）和网页价值（Page Value）时，我们会发现每次会话（或每个用户）浏览页数的概念比网页总浏览量相关性更高。

术语 | 网页浏览量 vs. 唯一身份浏览量

网页浏览量（Pageviews）和唯一身份浏览量指标似乎命名反了，如果唯一身份浏览量（Unique Pageviews）表示一个网页的总浏览次数的话。你可以将网页浏览量视为网页的总浏览量，将唯一身份浏览量视为至少有一次网页浏览量的会话的数量，从而能够按原本的意思理解这两个定义。

（3）平均页面停留时间（和屏幕平均停留时间）[Average Time on Page (Average Time on Screen)]

正如我们之前比阿特丽斯所举的例子，GA 无法计算在上次匹配（hit）发送后用户仍然与你的网站或 App 互动的时间。此限制会影响"受众群体"报告中的平均会话时长，以及"网站内容"报告中的平均页面停留时间。

让我们看另一个例子：

- 你的博客在一定时间段内会获得 1 000 次访问。
- 在 999 次访问中，访问者阅读博客文章然后登录另外的网站并关闭了浏览器，或者在 30 分钟的会话超时期间内，没有访问其他页面（或产生任何事件）。
- 在 1 次访问中，访问者在第一个页面上花了 5 分钟，然后访问了第二个页面。

在这个例子中，平均会话时长（Average Session Duration）计算如下：

记录的会话时长 00：05：00÷1000 会话 =0.3 秒

该网页的平均页面停留时间（Average Time on Page）可以计算如下：

记录的页面总时长 00：05：00÷GA 针对该网页可以计算的次数 1=5 分钟

就像我们所看到的，总会话次数总是用作平均会话时长的分母，因此对于可能会遇到许多 [没有其他事件匹配（hit）的] 单页面会话（single-page sessions）的情况，造成平均会话时长（Average Session Duration）可能会很低。页面平均停留时间（Average Time on Page），从另一方面来说，仅基于随后其他网页浏览的数量（一个访问中有一个或多个）以及 GA 能够计算页面的时间。（随后的虚拟页面浏览也会被 GA 计算入页面停留时间，尽管虚拟页面浏览和事件都与平均会话时长相关，但是事件不会被计算入页面停留时间。）

笔记 |　更多地利用趋势和对比，而不要太在意绝对数值

我们已经研究了阻碍充分计算时间指标的无法避免的技术困难，但我们还应该考虑以下几个也可能影响时间指标的实际因素：

- 用户会话被打断，如之前所示的 29 分钟电话的例子。
- 用户在浏览器中打开不同的标签。
- 移动端的用户（在你的网站或 App 中）在多个任务中来回切换，只是零星地访问你的页面和屏幕。

这些因素肯定会影响 GA 中的许多指标，如跳出率和会话次数，但对平均会话时长和平均页面停留时间的影响则更加戏剧性，在许多情况下，会将这两个指标夸大到难以置信的时长。

因此，建议通过趋势和对比来解读时间指标，而非字面上的数值本身。例如，如果 GA 显示你卖锤子的页面的平均页面停留时间（Average Time on Page）为 00:01:00，而卖钻头的页面为 00:02:00，并且两个页面都有类似的设计、长度和号召行动用语（call to action），意味着用户在卖钻头的页面花费了约两倍的在卖锤子页面的时间。同样，如果你的新闻 App 在 7 月的平均会话时长为 00:03:00，而上一年的同一时间段为 00:02:30，则你可以为过去一年的参与度增加感到自信和快乐。

GA 中的所有指标都适用于该建议：对于任何特定的指标，精确度可能并不相同，并且对于洞察和优化来说，单个时间点的单指标不如某时间段和多指标的比较更有意义。

（4）进入次数、跳出率和退出百分比（Entrances, Bounce Rate, and Percent Exit）

1）进入次数（Entrances）表示一个网页作为每个用户在每次会话中访问的第一个网页的次数，并且在大多数情况下，完全对应于"着陆页"报告中列出的会话指标（见图 2.11）。跳出（Bounce），如图 2.4 所示，表示单一匹配（single-hit）会话；因此，在"网页"和"着陆页"报告中，跳出率（Bounce Rate）表示网页作为会话中的第一页而未继续有其他网页浏览（或其他匹配（hit）类型）情况的百分比。

请注意，"着陆页"报告不仅限于你指定的用于营销活动的着陆页；网站中任何发生进入（entrance）的网页都会显示在"着陆页"报告中。

2）退出百分比（Percent Exit）（也称为退出率）和跳出率有不同的含义。只在单一 hit 会话中才会发生跳出，而在每个会话中必须产生一个退出。同样重要的是记住，用户不需要主动"退出"网站或 App 也会发生退出，因为退出页面或退出屏幕仅定义为在会话期间访问的最后一页或屏幕。即使用户在会话超时后访问另一个页面或屏幕，用户无须访问其他网站或 App，也不用关闭浏览器或 App，用户在会话超时之前查看的最后一页或屏幕也将被视为上一个会话的退出页面或屏幕。

笔记 | 有退出（exit）就是坏事情吗？

由于每个会话必须有退出页面，因此如果在成功会话之后发生退出，那么退出并不是一件坏事，这通常通过目标达成（Goal Completion）（基于某个具体的页面或参与度阈值）或电子商务交易（Ecommerce transaction）来指示。如"网页"或"退出网页"（Exit Pages）报告中所示，高退出率（Percent Exit）对于多步骤流程中设定好的中间步骤的任何网页而言是负面指标，例如，电子商务网站上的付款页。在指示完成目标或电子商务交易的页面上，退出率是一个更中性的指标。（不过，从优化的角度来看，感谢页面向刚刚完成一种转化的用户提供了更多产品、服务或信息注册的机会，因此可能倾向于帮助实现更多的转化。）

（5）网页价值（Page Value）

虽然图 2.7 中未显示，但网页价值（Page Value）指标也会显示在"网页"报告中。如第 8 章所述，"网页价值"可以帮助你识别并未被你设定在预设转化路径（如"关于我们"页面）中的网页，但这些网页实际上仍然或多或少帮助了转化的发生。

（6）页面标题（Page Title）

在"网页"报告中，"页面标题"是作为可替代的主要维度提供的，以便选择你的报告。通常来说，页面标题在 GA 中不太常用，因为页面标题在网页中可能会重复，而 URL（和网页 / 请求 URI 维度）在定义上是唯一的。如将在第 6 章所述，我们认为页面标题可能会造成错误跟踪。

笔记 | 小窍门：针对搜索引擎优化（SEO），审阅 GA 中的页面标题

按照以下步骤，你可以在"网页"报告中添加"页面标题"作为次要维度，并针对（not set）过滤页面标题。如果你在用户登录前的很多网页中看到（not set）的情况，这意味着这些本该搜索引擎访问的页面无法被搜索引擎访问，则可以通过电子邮件将报告发送给 SEO 团队，以便他们能够解决这个网页上（on-page）明显的 SEO 问题。

> 多个页面的重复标题也可能影响 SEO 的效果，但是如果网页的变化仅仅是由于（URL 尾部的）查询参数不同，则该问题可以视为是因相同页面内容的 URL 碎片化而引起的，搜索引擎能够自己处理，但你必须在 GA 中使用排除 URL 查询参数的数据视图设置来解决这个属于你自己职责范畴的问题，如第 9 章中所述。

2. 导航摘要（Navigation Summary）

"导航摘要"（Navigation Summary）在"网页"报告中显示为标签，而不是在左侧导航面板中显示。导航摘要与其他大多数 GA 报告的不同之处在于它一次只关注单个网页。具体来说，它显示所选择的页面作为进入（即着陆）页面和退出页面的次数，以及在该页面之前和之后访问的其他页面的次数。

导航摘要可以帮助你识别通过你网站的意想不到的访问流向，并相应地执行优化步骤。例如，图 2.8 中的珠宝电子商务网站的导航摘要显示，在 /deals 之后流量最大的网页是 /jewelry，并没有按照你最初的计划引导用户从 /deals 网页到 /purchase 网页。当你检查 /deals 网页，你注意到如果不将网页向下滚动，"购买"按钮就无法被看到，因此你可以赶紧和设计人员一起将"购买"按钮向上移动，把它作为一种更为突出的号召行动元素（call to action）。（或者按照附录 A 中的介绍，设置一个测试。）

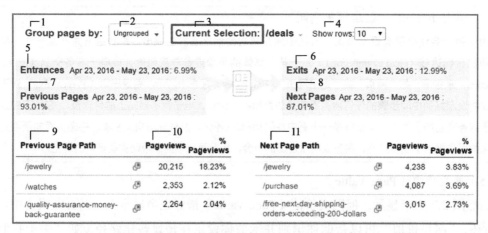

图 2.8 "网页"报告中的导航摘要显示用户如何使用导航访问页面

1—网页分组依据　2—未分组　3—当前选择　4—显示行数　5—进入次数　6—退出次数　7—先前网页　8—后续网页
9—先前网页路径　10—网页浏览量　11—后续网页路径

另外，你还可以将"内容分组"（Content Grouping）应用于导航摘要，以显示用户如何在页面类型或内容类别之间访问。（内容分组将在第 12 章讨论。）

嘉宾观点　**提升移动端导航的三个小窍门**

蒂姆·阿什（Tim Ash）是策略转化率优化机构 SiteTuners 的首席执行官，畅销书《Landing Page 优化权威指南》的作者，以及国际转化会议（international Conversion Conference）的创始人和主席。

让移动端的用户体验走上一条"正路"并不容易。

即使你有将流量重定向到 m.website 或 mobile.website 的能力，或者即使你实施了响应式页面部署，智能手机的某些使用性原则也与桌面和笔记本电脑相差甚远。

你可以通过以下几种方法来优化移动端访问者的用户体验。

■ **不要在每个屏幕上都列出主要导航选项**。相反，当用户单击控件时显示菜单（像一个三层汉堡的菜单）。

■ **组织导航元素**。在 GA 中，将内置（built-in）的移动端流量（Mobile Traffic）细分应用到你的行为和转化报告中，以确定移动端用户当前的热门互动，然后在你的汉堡菜单上显示最常访问的主题或产品区域，不要依赖默认排序。

■ **使用大热点（big hotspots）进行导航**。当访问者点击菜单启动器上的标签时，那么你就拥有使用移动设备整个屏幕的许可，正如右侧的屏幕截图所示，热点可以大一点以便减少用户的误点。

一旦一个用户点击了菜单启动器，你可以使用所需要的屏幕大小，展示大热点。

3. "行为流" 报告（Behavior Flow Reports）

"行为流"报告与"导航摘要"相似，但其显示多个行为流，而不是集中在单个页面上。除了网页浏览量（pageviews）之外，还可以在行为流中显示事件。

在"行为流"中，一个节点（见图 2.9，报告中用绿色表示）可以表示 GA 已经通过算法分组的一个或多个页面，通常基于类似的请求 URI。你还可以通过行为流中的单个节点突出流量，还可以仅显示通过该节点的行为流进行进一步的下钻。GA 左侧导航面板中的"受众群体"部分中的"用户流"（Users Flow）报告与"行为流"非常相似，但不提供显示事件或应用"内容分组"的选项。

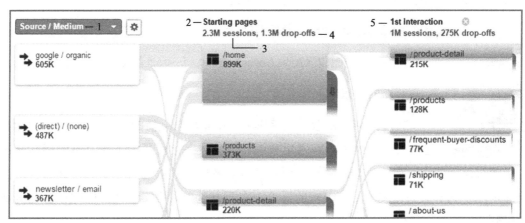

图 2.9 "行为流"报告可以帮助你识别在用户导航几个阶段中的下降点

1—来源/媒介 2—起始页面 3—会话 4—下降 5—首次互动

另外，"行为流"（Behavior）和"用户流"（Users Flow）可能（极为）难以在宏观层面上进行解读，因此如果你刚开始使用 GA，则不一定需要对这些报告给予大量关注，但你可以随时参考它们以了解整体流量模式，并快速识别流程中不同阶段的意外下降点，还可以与导航摘要配合使用以明确导航问题。

如前所述，在"行为流"报告中，你还可以应用你在数据视图中配置的任何"内容分组"，从而在服装网站上查看男士服装、女士服装和儿童服装（这些页面组）之间的行为流，或在新闻网站上查看运动、国际和本地之类板块之间的行为流。（"内容分组"将在第 12 章中讨论。）

除此之外，"行为流"在 GA 移动端 App 数据视图中可用，而"导航摘要"报告则不可用。

2.1.4　转化报告

默认情况下，"转化"报告（Conversions Reports）是不会自动显示数据的，但这绝不表示它不重要。"转化"报告对于衡量成败至关重要，但你必须告知 GA 你认为的成功在网页或者 App 上是对应的何种行为，这样 GA 才可以告诉你有多少会话达成了成功。

在 GA 中，转化代表以下两种情况：

1）**目标达成（Goal completion）**。目标达成通常与感谢或确认页面的浏览量相对应，但也可以基于你配置的事件（如完成视频）或特定的互动阈值（根据平均会话时长或者平均会话页面浏览量设定这个阈值）。

2）**电子商务交易（Ecommerce transaction）**。电子商务交易不是根据现有的作为目标（goals）的 GA 数据计算而来的。对于电子商务或增强型电子商务，你必须向 GA 提供额外的产品、促销和交易细节信息。通常情况下你需要与开发人员合作，从后端提取电子商务数据，然后写入数据层，以便谷歌跟踪代码管理器（Google Tag Manager）中的 GA 代码（tags）可以访问这些电商数据。

在第 8 章中，我们将详细了解目标和电子商务配置和报告。

嘉宾观点　Google Analytics 是一种增长引擎

阿纳斯·阿巴尔（Anas Abbar）是 7awi.com 的 CEO 和联合创始人。

1. 新的中东数字化经验

2010 年年初的政治动荡影响了中东民众生活的各个方面。毫无疑问，这已成为令地区不断强化联系和增进数字化沟通的主要贡献因素。又进一步透过这一变化，促使了全球阿拉伯语社区的紧密联系。曾经备受审查且缺乏自由言论的情况得到解放，促成了不受审查的辩论。在西方世界眼中，该地区的神秘感也得到了提升。

到 2012 年年中，在美国华盛顿州西雅图的一家小咖啡店内，将最大的传统阿拉伯语出版商之一的资产进行数字化的协议被敲定。域名 www.7awi.com（发音为 HAWI）被注册。经过几个星期的市场调研和分析，明确了产品系列——路线图和优先事项、人物角色、技术堆栈和独特的差异化特征（最重要的是创新的交互式用户体验）被明确定义，使 7awi 在中东市场中脱颖而出。

2. 理解内容消费

7awi 的首要任务是基于广受欢迎的 *Layalina*（拉雅林娜）月刊杂志推出创新的数字化媒体产品。为 layalina.com 开发媒体平台只是第一步。而且，一定要意识到，成功取决于我们在多大程度上理解受众对我们各方面的消费情况，这些方面包括了内容、用户体验、产品互动，以及最重要的——时间、日期和国家 / 地区的内容相关性。了解被证明是我们竞争优势的数据，并应迅速成为我们最优先的任务。没有数据支撑就做决定是很难的。每天一起共事的工程、产品和编辑团队都睁大眼睛关注着 GA，以助于理解导致读者激增或下降的因素是什么。

3. 借力 Google Trends

早期的主要经验之一是使用独立的 Google Trends（谷歌趋势）工具来分析用户在 Google 上搜索的内容，然后在我们的网站上创建相应的内容，其结果是来自社交媒体（Facebook，Google+，Twitter，Instagram）的入站流量呈指数级增长。

4. 摩洛哥的突破：地理位置报告中基础但关键的数据

虽然一般生活方式的内容可能和整个中东 / 北非地区相关，但是具体的需求和本地的内容对于每个个体市场的增长以及吸引高付费的本地广告主是至关重要的。

我们最大的突破是我们注意到来自摩洛哥的巨大而意外的流量，这促使我们开始报道当地一位摩洛哥名流的故事。在几个星期之内，我们成为头号名流在摩洛哥的目的地，尽管在此之前，我们的平面杂志和 Layalina 品牌在摩洛哥都还未曾面市。

5. 世界杯：限制假设 vs. 网站搜索现实

实施 GA 网站搜索功能是必不可少的，特别是对于内容网站，我们能够直接报告访问者当下明确想要查看的内容。由于我们的目标受众群体大多是女性，因此我们惊讶地发现，在世界杯开幕前的几周，有大量与世界杯有关的搜索。网站搜索的数据使我们的假设失效，用户与我们快速生产的世界杯内容的强烈互动进一步证实了他们对该主题的兴趣。自此，与体育相关的内容已经成为 layalina.com 的主要内容。

6. 同比增长

在 7awi，伴随着令人兴奋的流量破纪录的日子，以及当流量停滞不前或下降而召开紧急会议的匆忙，GA 成为每台显示器的默认屏幕。随着时间的推移，我们能够基于年度数据设置目标，以预测增长和设置收入预期。对于新年、情人节、斋月，以及其他风俗和活动，我们的历史数据能帮助我们更好地聚焦在日期节点有丰富广告解决方案的合作伙伴。在精神、习惯和食物方面的传统，以及我们的访客在过去几年里与这些内容的互动，使得我们 layalina.com 的斋月包裹在 2015 年相对于前一年的新唯一身份用户数（new unique users）增长了超过 50%，为连续 25 个营销活动画上完美的句号，在广告收入方面产生了良好的投资回报率（ROI）。

7. 分析带来的机会

两年半后，7awi 的网络拥有超过 1 200 万的唯一身份用户数（unique users）以及每月访问超过 3 亿的网页浏览量（pageviews）。专家数据、科学的分析、专业团队的高效执行是 7awi 在阿拉伯在线消费者、广告主、代理公司和客户中树立领导力的关键。坦白地说，没有数据和 GA，我们会错过许多机会。

2.2 维度与指标

我们一起学习了 GA 中的几个报告，现在让我们回头来看看维度和指标。

我们可以将维度视为关于用户及其操作的描述符，以便 GA 对数据进行分类。

1）**访问者是如何访问我的网站的？** "来源"（Source）和"媒介"（Medium）是回答这个问题的维度。

2）**我的网站或 App 访问来自哪个国家/地区？** "国家/地区"（Country）是相应的维度。

3）**哪些网页被浏览？** 被查看的每个网页的 URL 都存储在两个维度中：对应于完整域名的 Hostname 以及 Page（也称为"请求 URI"，前面已经提到）。Page（或 URI）对应的是域名后 URL 的那一部分（但 GA 广告系列参数不包含在 URI 内）。

指标是维度值对应的具体数值数据。

① **访问者观看我们的视频有多少次？** 如果你为视频配置了事件跟踪（如第 6 章所述），则"热门事件"（Top Events）报告通常会将事件名称视为事件标签（Event Label）维度，并将用户与视频的互动次数显示为总事件（Total Events）指标。

② **使用哪些移动设备？** 在"移动设备"（Mobile Devices）报告中，移动设备信息（Mobile Device Info）显示为维度，会话（Session）指标表示该设备用于访问你的数字媒体资源的次数。

③ **在我们的 App 中查看帮助屏幕多少次？** 在 GA App 跟踪中，"屏幕"（Screens）报告会将屏幕名称（Screen Name）列为维度值，并将屏幕浏览量（Screen Views）列为指标。

在使用 GA 时，搞清楚你所需要的报告的维度和指标是很有益处的，尤其是当你在开始配置自己的自定义细分和报告时。

GA 包含 400 多个维度和指标；你可以在 GA 开发者页面中的维度和指标浏览器

（Dimensions & Metrics Explorer）中查看它们的完整列表（https://developers.google.com/analytics/devguides/reporting/core/dimsmets）。你不太可能需要使用每个可用的维度和指标，因此本书将重点介绍那些最关键且最难理解的内容。

请注意，概览报告的顶部会显示所有会话的指标，例如图 2.2 所示的"受众群体概览"（Audience Overview）报告中的指标，而不是显示按行中的维度值细分指标。

2.2.1 主要维度

以下继续讨论维度，GA 中的每个报告都默认左列为主要维度（Primary dimension），用于组成表格，并将指标细分为行，如图 2.10 所示。

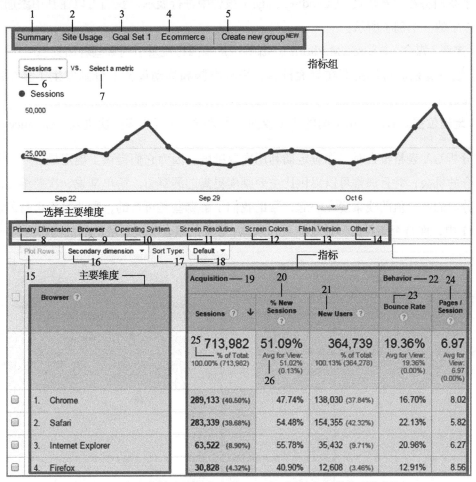

图 2.10　在大多数表格报告中可以显示不同的主要维度和指标组

1—摘要　2—网站使用情况　3—目标集 1　4—电子商务　5—创建新组　6—会话次数　7—选择指标　8—主要维度　9—浏览器　10—操作系统　11—屏幕分辨率　12—屏幕颜色　13—Flash 版本　14—其他　15—绘制选定行　16—次要维度　17—排序类型　18—默认　19—流量获取　20—新会话百分比　21—新用户　22—行为　23—跳出率　24—每次会话浏览页数　25—占总数的百分比　26—平均浏览次数

"浏览器"（Browser）和"操作系统"（Operating System）报告默认将"浏览器"作为主要维度，但你可以切换到其他几个维度（如"操作系统"或"屏幕分辨率"），并将它们作为主要维度。

2.2.2 指标组

在许多"受众群体"（Audience）和"流量获取"（Acquisition）报告中，"摘要"（Summary）显示为默认指标组。摘要包括其他指标组的指标，例如网站使用情况（Site Usage）和目标集 1（Goal Set 1）。除了可以看到它们的摘要，你还可以单击任意指标组以显示它们的具体情况。

2.2.3 次要维度

大多数 GA 表格报告允许我们使用次要维度（Secondary dimension）。借助这个非常实用的功能，GA 还会根据所有组合或根据主要维度和次要维度的值对指标进行细分。

以下我们将在"着陆页"（Landing Page）报告中进行展示，我们可以在其中添加次要维度，如以下的三个例子所示：

1）来源 / 媒介（Source/Medium）。 哪些流量来源将流量引到哪些着陆页？

2）设备类别。 目标网页在桌面设备、平板电脑和移动设备上分别发生了多少次进入（entrances）？

3）地理位置。 着陆页由美国的州（或加拿大的省等）发生多少次进入（entrances）？

在分析 GA 表格报告时，你应定期利用次要维度，因为它们提供了确定最佳和最差表现维度组合的机会，并且通常可以提供比主要维度更高的洞察力。简单来说，次要维度能够让我们将分散的有价值的线索凑在一起，帮助我们了解哪些是可行的，哪些是不可行的。例如在图 2.11 中，你是否能看出哪种着陆页和来源 / 媒介的组合实现了最低的跳出率？

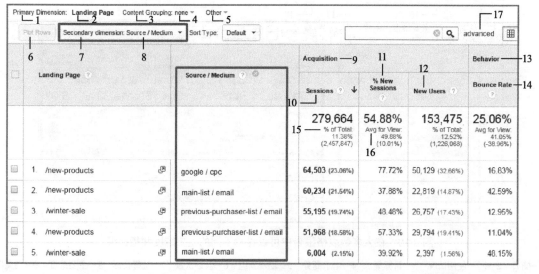

图 2.11 "着陆页"报告，将来源 / 媒介（Source/Medium）设置为次要维度

1—主要维度 2—着陆页 3—内容分组 4—无 5—其他 6—绘制选定行 7—次要维度 8—来源 / 媒介 9—流量获取 10—会话 11—新会话百分比 12—新用户 13—行为 14—跳出率 15—占总数的百分比 16—平均浏览次数 17—高级

2.2.4 表格过滤器

过滤字段直接显示在指标列上方，如图 2.11 所示。我们需要记住，此字段仅与主要维

度直接相关：在此示例中，我们可以输入 winter 或 winter-sale 来过滤"着陆页"维度，但如果想按来源 / 媒介过滤，或按指标阈值过滤（例如，跳出率大于 40%），我们可以改为点击"高级"（advanced）访问高级表格过滤器面板，如图 2.12 所示。

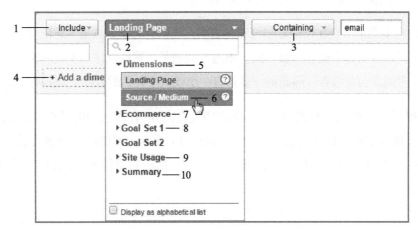

图 2.12　由于来源 / 媒介（Source/Medium）作为次要维度应用于"着陆页"报告，因此我们需要访问高级表格过滤器面板，以按照完整或部分来源 / 媒介（如 email）过滤该表格。你也可以使用高级表格过滤器按指标阈值（如大于 50% 的跳出率）进行过滤

1—包含　2—着陆页　3—包含　4—添加维度　5—维度　6—来源 / 媒介　7—电子商务　8—目标集 1　9—网站使用情况　10—摘要

笔记｜使用"？"字符过滤页面

如果你有一些如"/item.php?id=123""/item.php?id=456"等页面，你针对所有包含"item.php？id="的页面过滤页面报告，则页面报告将显示为没有数据。在数据视图过滤器中，字符如"？"被默认解释为正则表达式元字符，而不是文字字符（literal character）。在这个正则表达式中，"？"代表前面的字符最多只可以出现一次。

要强制 GA 解释"？"作为过滤器文本中的文字字符，请单击"高级"（advanced），然后将"匹配正则表达式"（Matching RegExp）的操作项目更改为任何其他运算项目，如"包含"（Containing），如图 2.12 所示。

另一种解决方案是，你可以在"？"之前添加反斜杠（如在"item\.php\?id="中）以隔开"？"，这样做它就会被解释为一个文字字符而不是一个元字符。我们在第 9 章中会学到一些额外的关于正则表达式的基础知识。

术语｜过滤器

过滤器在 GA 中被用于两个完全不同的东西。表格过滤器通过主要维度值动态过滤表格，在高级表格过滤器中，通过主要维度、次要维度或指标过滤。

如第 9 章所述，你可以使用数据视图过滤器（view filters）对整个 GA 数据视图（包括该数据视图中的所有报告）进行硬过滤（hard-filter）：根据维度值（设备、地理位置、来源、子目录等）包含或排除特定的数据子集，或是修改或完全重写某些维度值（小写所有广告系列参数，将 URL 重写为人可读的格式等）。

虽然在用户界面中细分（segments）和过滤器并不是一回事，但是细分提供了在许多方面与数据视图过滤器相似的过滤方式，细分是动态的和可追溯的，我们将在第 10 章对细分进行探讨。

2.2.5　加权排序

默认情况下，GA 表格报告会根据第一列按降序排序，但你可以通过单击任意指标列的标题更改排序（点击变为升序，再点击又变为降序）。

由于我们在本章中一直在讨论着陆页和跳出率，我们有时需要点击"着陆页"报告中的跳出率列标题，这样最差的那个就能一目了然。不过，问题是，默认排序并不会将会话考虑其中，因此按跳出率排序通常会在报告顶部显示许多只有一个或两个会话的着陆页却具有 100% 的跳出率。

要使排序对于百分比类型的指标（如跳出率、新访问者占比和电子商务转化率）更有意义，你可以将排序类型从默认更改为加权，如图 2.13 所示。加权排序会将会话考虑在内，并根据算法，将那些真正有价值的高跳出率显示出来，这些有价值的高跳出率是对应那些有一定访问量的着陆页的。

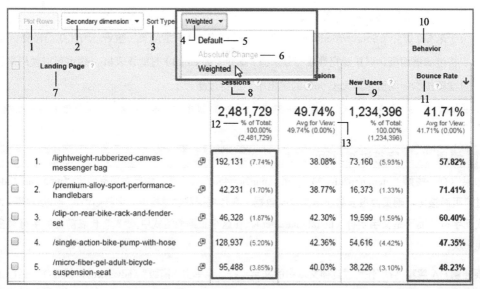

图 2.13　加权排序考虑会话，以生成更有意义和可操作的排序，而不是只对指标（如跳出率）进行直接升序或降序排列

1—绘制选定行　2—次要维度　3—排序类型　4—加权　5—默认　6—变化绝对值　7—着陆页　8—会话次数　9—新用户　10—行为　11—跳出率　12—占总数的百分比　13—平均浏览次数

2.2.6　日期选择

GA 报告默认设置是最近的 30 天。你可以将日期选择更改为短至一天或长至从数据开始的那一天到当前日期。默认情况下，主要的时间趋势图表按日显示所选指标，但你可以将时间的间隔更改为周或月（或某些报告中的小时）。

大多数报告都支持两个不同时间段的数据比较。为了进行最有效的比较，建议将时间段与一周的相同日期保持一致。如果从时段比较的下拉列表中选择"上一年"，则上一个时间段将根据日历日期而不是按照一周内具有相同星期数的某天（day of the week）来进行选择，如图 2.14 所示。若要按相同的星期数排列，你可以手动将时间选择调整一天（如果是闰年，则为两天），以便比较 2016 年 5 月 1 日至 5 月 31 日和 2015 年 5 月 3 日至 6 月 2 日的数据。

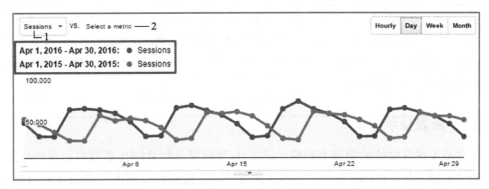

图 2.14　上一年的时间比较产生了一或两天的偏移量，通过一周内的各天（day of the week），可以进行校正以便更好地分析

1—会话次数　2—选择指标

笔记 | 季度对比和年度对比

当你已经在一个清晰全面的 GA 实施的账户中获取了超过一年的数据时，你就可以着手将当前的效果与作为基准的去年的同一时间段进行比较。

假设在医疗领域的认证培训项目的网站上，你正在跟踪作为潜在客户（leads）的咨询，如表 2.1 所示。GA 展示给你如下内容：

84 个潜在客户（leads）提交日期：2016 年 6 月 1 日—6 月 30 日

64 个潜在客户（leads）提交日期：2016 年 5 月 2 日—5 月 31 日

2016 年 6 月是个好月份？也许，但我们还不能非常肯定。如果对培训计划的兴趣随季节变化（如许多企业和组织的情况），从 5 月到 6 月的增长可能仅仅只是由于季节性所致。

有了这个想法后，你决定比较这个 6 月和上一年对应一周内的各天（day of the week）：

84 个潜在客户（leads）提交日期：2016 年 6 月 1 日—6 月 30 日

57 个潜在客户（leads）提交日期：2015 年 6 月 3 日—7 月 2 日

我们现在可以毫不含糊地说，2016 年 6 月是一个不错的月份，对吧？嗯，很可能，但还不是最终结论。我们还需要一些细节数据，并确认如下日期改变后发生的变化：

55 个潜在客户（leads）提交日期：2015 年 5 月 4 日—6 月 2 日

表 2.1　针对季度性的月度比较

	5 月咨询量	6 月咨询量	5 到 6 月的变化
2015	55	57	2（3.64%）
2016	64	84	20（31.25%）

有了这四个月的数据，我们可以合理肯定地说，2016 年 6 月表现出真正的提升。这 84 个咨询不仅相对前一个月有提升，相对上一年的相同月份也有提升；它展示出超出季节性趋势的增长：2016 年 5—6 月有 20 个额外咨询，而 2015 年 5—6 月有 2 个额外咨询。

是时候庆祝了，但更重要的事情是，还应该进一步分析流量来源和着陆页（参考 GA 的注释，如第 11 章中所述，以查看任何设计更改、营销活动，或有助于业务提升的其他影响因素的关联情况）。

> **笔记 | GA 保存我的数据能有多久？**
>
> Google 服务条款规定 Google 必须将你的 GA 数据保存至少 25 个月。这些服务条款不会告诉你会删除任何数据，甚至在已经收集很多年之后，但你在创建 GA 账户时确认的协议允许 Google 删除超过 25 个月的任何 GA 数据。对于 GA 360，你的数据将在你的合同期间保留。如果终止合同，你可以提取你的数据，然后恢复为 GA 的标准条款。

2.2.7 图表显示选项

大多数 GA 报告默认采用基本表格形式。如果你将鼠标悬停在表格右上方的小图标上，你会看到"数据显示"（Data display）模式的解释，就像你能呈现的相同的底层数据报告中的备用格式名称一样。总体来说，GA 中的大部分表格报告提供了五种显示格式，如图 2.15 所示。其他一些报告也提供了词云（word cloud）选项。

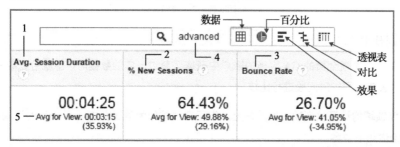

图 2.15　大多数报告默认使用数据显示，但是支持四种备用格式显示相同的底层数据

1—平均会话时长　2—新会话百分比　3—跳出率　4—高级　5—平均浏览次数

1. 对比图

对比图会根据单个指标的网站平均值来显示每个维度行的表现。图 2.16 显示了应用跳出率对比的来源 / 媒介报告。在下面的跳出率案例中，跳出率越低越好，因此在报告中用绿色表示⊖。在电子商务转化率等正面指标的情况下，绿色将出现在中心线的右侧，红色出现在左侧。

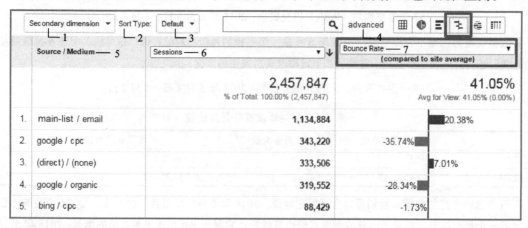

图 2.16　对比图会针对特定指标显示每个维度行与网站平均值的关系图，如此例中的跳出率

1—次要维度　2—排序类型　3—默认　4—高级　5—来源 / 媒介　6—会话次数　7—跳出率

⊖　此处绿色显示在中心线的左侧，如 −35.74%、−28.34% 等。——编者注

> **笔记｜ 分析和演示所用的图形格式**
>
> 很重要的一点是，利用图形格式不仅有助于你自己的分析，更可用于与同事和利益相关者沟通 GA 数据。假如你与设计师正在查看着陆页的跳出率以及你能够做的潜在优化（或初步测试），如果你正在向经理提出设计资源方面的主张，那么对比图将无疑有助于你清晰而有效地传达信息。

2. 百分比和效果图

与对比图类似，百分比和效果图允许你将单个指标（在此情况下为会话）与报告中的维度值以图形化显示（如饼图或条形图），例如图 2.17 中"设备概览"（Device Overview）报告中的三个维度值（移动设备、桌面设备和平板电脑）。

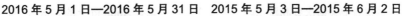

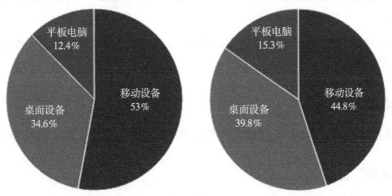

图 2.17　通过将"设备概览"报告切换为百分比显示并比较上一年的相应时段，我们可以看到移动设备（报告中为蓝色）、桌面设备（报告中为绿色）和平板电脑（报告中为橙色）的年度指标百分比（在此例中为会话次数的百分比）（原书中右侧扇形统计图加合有误，应为 100%，——编者注）

3. 数据透视表

数据透视表允许你聚焦在两个维度值的单个指标或一对指标上。在图 2.18 中，我们通过操作系统和浏览器检查会话和跳出率，以区隔潜在的可用性问题。你实际上也可以在这里应用次要维度；通过这种方式，数据透视表是内置 GA 报告中唯一的可以同时显示三个维度的数据显示方法。

> **笔记｜ 你的网站所有会话中有多少比例的会话不是从首页开始的？**
>
> 在"着陆页"报告中的任何报告显示中，特别是在百分比或效果显示图中，你可以轻松查看不是在首页上开始的会话的百分比。一般情况下，高比例的不从首页上开始会话并不是一件坏事情；事实上，这可能表明有大量的自然产生的点击进站，来自其他网站的深度链接 (deep-linked) 引荐，以及将流量引导到指定着陆页的付费广告系列（paid campaigns）。
>
> 如果"着陆页"报告确实表明你有很多或绝大部分会话都未在首页上开始，那么你需要确保不要将最关键的功能和信息放在首页。如果你需要提醒已经计划中断或推销新产品或服务的网站用户，请确保其在着陆页顶部和 / 或共享标题或导航栏中的显眼位置。

12 — Operating System	Total — 11		1. Chrome		2. Safari		3. Internet Explorer		4. Firefox		5. Safari (in-app)	
	Sessions	Bounce Rate	Sessions	Bounce Rate	Sessions	Bounce Rate	Sessions	Bounce Rate	Sessions	Bounce Rate	Sessions	Bounce Rate
1. Windows	181,427	47.31%	68,956	52.38%	57	35.09%	82,173	42.82%	26,452	48.46%	0	0.00%
2. iOS	109,123	68.72%	3,587	65.85%	93,978	66.79%	0	0.00%	0	0.00%	11,545	85.27%
3. Android	55,137	71.46%	46,506	71.09%	0	0.00%	0	0.00%	521	66.22%	0	0.00%
4. Macintosh	52,632	46.77%	16,466	48.12%	29,696	45.95%	3	0.00%	6,435	47.04%	0	0.00%
5. Linux	1,613	73.53%	759	70.36%	111	97.30%	0	0.00%	716	73.18%	0	0.00%
6. Chrome OS	1,549	56.17%	1,549	56.17%	0	0.00%	0	0.00%	0	0.00%	0	0.00%

图 2.18　根据数据透视表中会话次数和跳出率，建议你进一步调查 Android 上的 Chrome 和 iOS 上的 Safari 的高跳出率

1—次要维度　2—排序类型　3—默认　4—高级　5—数据透视依据　6—浏览器　7—数据透视指标　8—会话次数　9—跳出率
10—列　11—总计　12—操作系统

2.2.8　附加报告

现在，我们已经浏览了 GA 报告的基本概念和功能，让我们来看一些更专业的附加报告。

1."搜索字词"报告

在 GA 中，"搜索字词"（Search Term）报告是独一无二的，它显示你的网站访问者实际主动输入的内容。在报告中，你还可以将起始页（Start Page）应用为次要维度，以查看访问者在哪些网页上搜索哪些关键词。

搜索字词和起始页数据可以为网站和营销优化提供许多机会：

1）如果你的访问者正在搜索你网站上没有的关键词，你可以开发相关的内容，甚至考虑提供相应的产品或服务。（在本章前面部分，我们了解到阿纳斯·阿巴尔对在内容开发机会方面关键洞察的搜索词报告的使用）。

2）如果访问者正在搜索你网站上的关键词，你可以优化从起始网页到包含相应搜索关键词的内容的导航，或将搜索关键词直接结合到起始网页中。

3）根据图 2.19 所示的"搜索字词"报告，你还可以向付费广告系列添加关键词，甚至可以考虑将这些关键词补充到搜索引擎优化的内容中去。

另外，搜索结果页有时会在搜索引擎中编入索引，在这种情况下，点击入站仍然会显示在网站搜索报告中，其入口（entrance）将显示为起始页。

另请注意，网站搜索跟踪默认情况下未启用。第 9 章将讲述网站搜索配置，该配置通常仅需要一个简单的步骤就能完成。

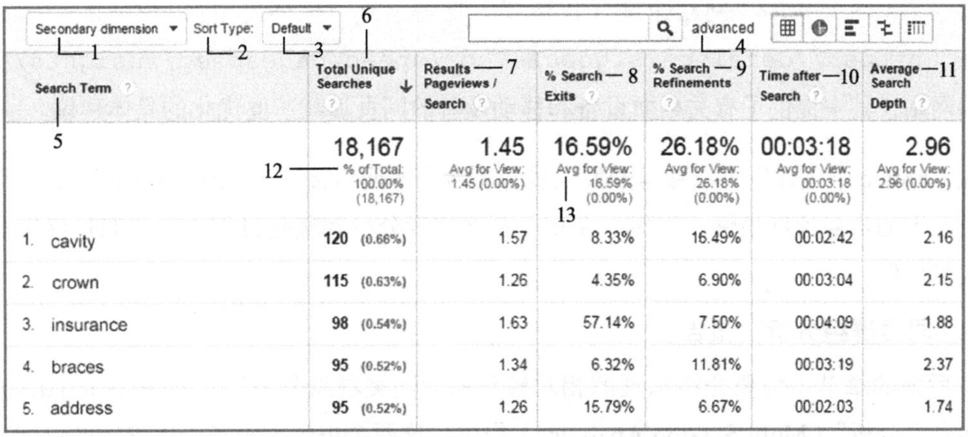

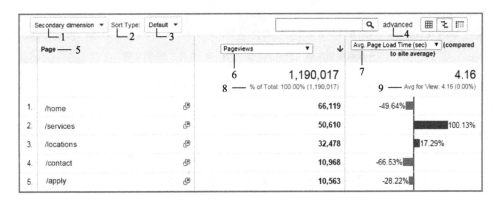

图 2.19 "搜索字词"报告可以为网站优化、内容开发和营销提供支持

1—次要维度　2—排序类型　3—默认　4—高级　5—搜索字词　6—唯一身份搜索次数总计　7—每次搜索的结果页浏览量
8—搜索后退出次数所占百分比　9—搜索优化百分比　10—搜索后停留的时间　11—平均搜索浏览页数　12—占总数的百分比
13—平均浏览次数

术语｜　关键字 vs. 搜索字词，着陆页 vs. 起始页

在 GA 中，关键字（Keyword）是指访问者在自然点击发生之前在搜索引擎中输入的词（或者在付费点击进站情况下可能是匹配的竞价词），而搜索字词（Search Term）指的是访问者在你的内部网站发生的搜索。

着陆页（Landing Page）是指访问者在会话中访问的第一个网页，而起始页（Start Page）指的是访问者在站内搜索中输入搜索词时所在的网页。

---

2. 网站速度

在可用性研究中，更快的页面加载速度已被证明是用户满意度和转化率的重要因素，同时也是影响搜索引擎自然排名的重要因素。"网站速度 > 页面计时"（Site Speed>Page Timings）报告（见图 2.20）按照平均页面加载时间对各个页面进行比较。你也可以查看"网站速度优化建议"（Site Speed Suggestions）报告，了解针对网页速度的具体优化建议。

图 2.20 "页面计时"报告默认为以比较图显示，以便按加载时间显示页面表现

1—次要维度　2—排序类型　3—默认　4—高级　5—网页　6—网页浏览　7—平均网页加载时间（秒）（与网站平均值相比）
8—占总数的百分比　9—平均浏览次数

除了 GA 界面中的"网站速度优化建议"报告之外，你还可以通过 Google PageSpeed Insights（https://developers.google.com/speed/pagespeed/insights/） 分析你的网站，其中提供了有关桌面设备和移动设备的网页加载速度优化的具体建议。

在 Chrome 中，你还可以参考开发人员控制台中的网络标签（Network tab），查看哪些特定网页元素的加载速度最慢。当然，在整个页面速度分析和优化过程中，我们建议你与 Web 开发人员合作。

3."同类群组分析"报告

在后面的章节中将要介绍出现的相对较新的"同类群组分析"（Cohort Analytics）报告和"多会话分析"（Multi Session Analytics）报告。这两个报告表明基于用户的度量标准直到最近才越来越成为 GA 的发展方向，并作为基于会话的报告方式的一个补充。

图 2.21 中的"同类群组分析"报告显示了"用户留存率"指标：你的同类群组中自该群组的用户首次使用用你的网站或 App 之日起一周内返回的用户百分比。在 5 月 11 日—5 月 17 日第一次访问你的网站或打开你 App 的同类群组，自他们成为你的用户之日起的第二周显示有 5.89% 的用户留存率，高于其他同类群组自他们的获取日到第二周的用户留存率。

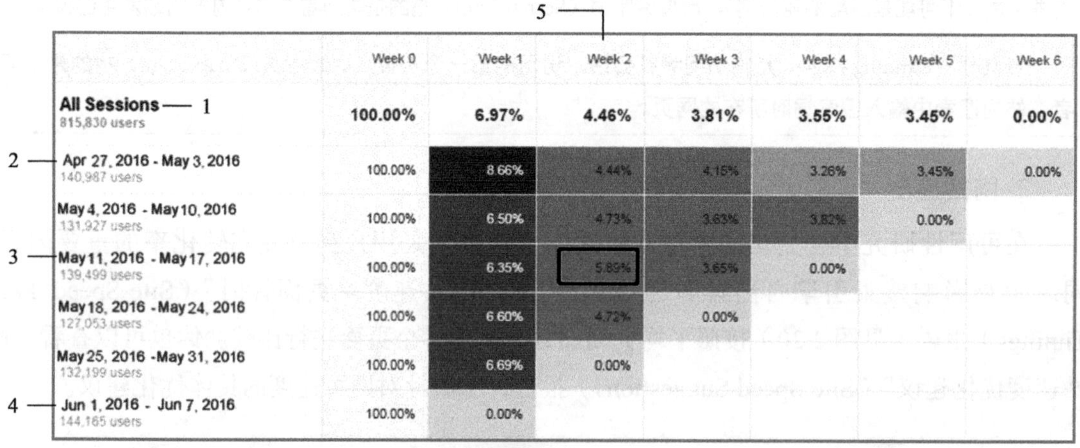

图 2.21　在所有自获取之日起第 2 周内的用户留存率中，5 月 11 日—5 月 17 日的同类群组数据最好

1—所有会话次数　2—4 月　3—5 月　4—6 月　5—第 2 周

我们还可以将目标达成数（Goal Completions）、电子商务交易（Ecommerce Transactions）和电子商务收入（Ecommerce Revenue）作为衡量指标，以确认 5 月 11 日—5 月 17 日在第 2 周的转化率方面的表现良好。对那一周进行回溯，你可以评估任何营销活动或吸引、保留占较大比重的合格访问者的特别优惠，并尝试在未来复制这一成功举措：如果有效，请进行更多的相关活动和优惠。我们还可以将同类群组（在报告中指的是同类群组规模）更改为天或月。

正如我们将在第 11 章中讨论 GA 注释时所强调的那样，维护一个关于你网站或 App 使用和效果的影响因素的时间表是非常重要的，这可以帮助你构建同类群组分析的情况，并解释你的所有 GA 报告中的趋势和异常。

关于同类群组长期价值的讨论，包括你的访问者在初次网上交易后产生的离线收入，请参阅安德鲁·达尔夫在第 15 章中的讨论。

4."多会话分析"报告

"多会话分析"部分中的报告也基于用户而不是会话。例如，"多会话分析 > 参与度"（Multi Session Analytics > Engagement）显示每个用户的平均累积网页浏览量和会话时长，而"多会话分析 > 电子商务"（Multi Session Analytics > Ecommerce）则显示每个用户的平均电子商务收入。

当你查看基于用户的报告时，请注意所有基于用户的指标的 cookie 依赖关系：如果用户已删除 cookie 或正在使用其他浏览器或设备，则 GA 将会视该回访用户为一个新用户。（在第 12 章中将讨论跨设备跟踪，GA 也可以识别跨设备的回访用户，而不依赖于单个 _ga cookie。）

2.3 实时报告

在接收网站或 App 中的被跟踪用户操作的数据的几秒时间内，GA 就会在实时报告 (Real-Time) 中显示数据。我们并不会依赖实时报告进行深入的分析，但至少在功能更新或营销活动启动后，它们可以立即被展示出来，并且它们对于测试事件、目标以及跨域跟踪是非常有用的。第 6 章和第 12 章中将进行解释。

请注意，在图 2.22 所示的"实时概览"（Real-Time Overview）报告中，活跃用户数包括在过去 5 分钟内产生了匹配（hit）的用户。（这与会话超时明显不同，前面我们已经知道会话超时的默认设置是 30 分钟。）

图 2.22 "实时概览"中的活跃用户是以 5 分钟为单位统计的

1—此时此刻 2—网站上的活跃用户
3—移动端 4—桌面设备 5—平板电脑

嘉宾观点 **关于 Google Analytics 的三大窍门和资源**

克里斯塔·塞登（Krista Seiden）是数字分析行业的经验丰富的引领者，也是频繁活跃在行业活动中的演讲嘉宾。

作为 Google Analytics 的倡导者，我经常被邀请讲授、演讲和分享分析世界中新的、有趣的和有见地的内容。很多人问我使用 Google Analytics 的三大窍门是什么，接下来我跟大家分享。

窍门 1：（更好地）使用广告系列跟踪以了解用户流量获取

广告系列跟踪是最简单的实施方式之一，因为它不需要页面上的任何代码。它只是由一段添加到能够导流到你网站的 URL 的参数字符串所组成。虽然这很容易设置，但我必须强调为你的参数使用一致的命名规则和结构的重要性。如果设置得当，可以帮助你了解你的用户来自哪里（电子邮件、社交、搜索等），也能了解具体是哪些电子邮件/新闻稿/关键字驱动了他们。此信息对于帮助你将时间、努力和营销预算分配给效果最佳的渠道非常有用。想要设置你自己的代码 (tag)，请查看此模板（`http://krsta.me/1NohsGw`）；想要了解广告系列代码（campaign tagging）最佳实践，请查看我的博客文章（`http://krsta.me/1W6lZVu`）。（广告系列跟踪将在第 7 章中讨论。）

窍门 2：使用渠道可视化提高用户流

目标渠道 (Goal Funnels) 是一个非常有用（并且未被充分利用）的功能，该功能可以帮助你了解你的新闻稿注册、电子商务购物车、信息流等用户可能会在哪里流失。然后，你可以深入了解这些步骤，尝试优化体验，增加用户流和留存。想要了解更多这方面的内容，请查看我的博客文章：`http://krsta.me/1M73WDD`。（目标渠道将在第 8 章中讨论。）

窍门 3：使用网站搜索优化你的网站

如果你的网站上有搜索框，请务必确保网站搜索有效（只需要两个简单的步骤，如下所示：`http://krsta.me/1NUJ8G1`），以便捕获用户在你的网站上搜索的关键字。如果你在某组特定搜索字词中看到峰值，可能表示用户正在努力查找该内容，或者你应该在网站上贡献更多显著的空间给此类内容。（本章也讨论了网站搜索报告，第 9 章将讨论网站搜索配置。）

其他资源

除了这些窍门之外，我想分享一些资源，以帮助你继续 GA 的学习：

➤ Google Analytics 学院（The Google Analytics Academy，网址为 www.analyticsacademy.withgoogle.com）提供五个免费课程，帮助你开始使用数字分析：数字分析基础知识（Digital Analytics Fundamentals）、平台原则（Platform Principles）、电子商务分析（Ecommerce Analytics）、移动端 App 分析（Mobile App Analytics）、谷歌跟踪代码管理器基础知识（Google Tag Manager Fundamentals）。

➤ "GTM 解决方案指南"（The GTM Solutions Guide）详细介绍了如何通过谷歌跟踪代码管理器以详细、简单的方式安装 GA，想要了解相关内容，请访问以下两个网站：Google Analytics 帮助中心（www.support.google.com/analytics）、GTM 帮助中心（www.support.google.com/tagmanager）。

➤关注我们的 Google Analytics 支持者博客（Advocate blogs），了解一切与分析有关的最新内容：

①贾斯汀·柯特罗尼（Justin Cutroni）的"畅谈分析"（Analytics Talk）：`http://cutroni.com`；

②阿维纳什·考希克的"奥卡姆剃刀原理"（Occam's Razor）：www.kaushik.net/avinash；

③ 丹尼尔·维斯伯格（Daniel Waisberg）的"在线行为"（Online-Behavior）：http://online-behavior.com；

④ 克里斯塔·塞登的"数字汇报"（Digital Debrief）：www.kristaseiden.com。

 本章要点回顾

1）**会话超时为 30 分钟**。如果两次网页浏览（pageviews）的时间超过 30 分钟 [或任何 GA 匹配（hit）类型]，则 GA 会将匹配（hit）视为两个不同会话的各自部分。

2）**会话次数总是高于用户数**。由于单个用户可以生成多个会话，因此会话次数总是高于用户数。

3）**不计算最终匹配（hit）之后的时间**。在发送最终网页浏览、屏幕浏览或其他类型匹配（hit）后，GA 无法记录与你的网站或 App 互动的时间。出于这个原因，以及会打断用户互动和造成匹配（hit）之间超时的许多实际因素，你应该相对地理解 GA 时间指标，而不是绝对地理解。

4）**会话的最后页面 / 屏幕是退出页面 / 屏幕**。一个用户不必主动在导航中点击退出才离开你的网站，关闭浏览器、打开其他 App 或退出当前 App，GA 都将记录一个退出。在所有情况下，退出页面或退出屏幕是会话中的最终页面或屏幕，即使会话刚刚超时并且用户随后访问另一个页面或屏幕。

5）**跳出是一个只有单一匹配（single-hit）的会话**。虽然每个会话都有退出，但只有在用户向 GA 发送单一匹配（通常是一个网页浏览或屏幕浏览），而没有任何其他网页浏览、屏幕浏览、事件或其他匹配（hit）类型的会话中，才会发生跳出。

实战与练习

1）**查看"地理位置"报告**。这些指标是否符合你的预期？报告是否指出任何营销或销售机会？

2）**查看"浏览器"和"操作系统"以及"移动设备概览"报告**。哪种技术在跳出率（目标转化率、电子商务收入等）方面表现不佳？在这些设备上查看你的网站或 App 等，找出报告中这些指标数据表现欠佳的潜在原因。（你也可以使用 Chrome 的设备模拟器，模拟在不同类型的设备上查看你的网站。）

3）**查看"着陆页""退出页""导航摘要"和"行为流"报告**。哪些网页的跳出率和退出率最高？页面之间的流量是否符合你的预期，或者它们是否表明用户体验和转化出现问题？

4）**应用次要维度**。在多个报告中，应用次要维度（如以"着陆页"报告中的"来源 / 媒介"作为次要维度)，并设定适用于次要维度的高级表格过滤器。效果最好和最差的是哪些组合？你发现什么优化营销或设计的机会了吗？

5) **切换报告显示类型**。在多个报告中，在"数据""百分比""效果"和"对比"之间切换报告显示。在"浏览器"和"操作系统"报告中，应用以浏览器为主要维度、操作系统为数据透视维度、跳出率和会话为指标的数据透视表显示，去发现效果方面的问题。

笔记｜ 实施和报告检查列表

　　针对实施情况和多个行业的报告，我们已将 GA 的检查列表发布在 www.e-nor.com/gabook 上——一个用于实施还有几个行业报告，当你完成本书中的章节，特别是当你在评估当前更新的实施，以及进一步开展你自己的报告和分析策略时，都可以进行参考。

第3章
衡量的策略

"未来属于那些可以收集、汇总、细分、集成、可视化和解读数据的人。"

这句话出自在美国加利福尼亚州山景城的 Google Plex 的 GA 合作伙伴峰会期间 Google 副总裁、首席互联网传播人温特·瑟夫（Vint Cerf）的发言。

在前两章中，我们探讨了一些分析和优化的原则，并且介绍了 GA 能够提供的各种报告。在本章中，我们回过头来思考 GA 实施和报告实战所需的衡量的策略，以帮助我们拥有温特·瑟夫演讲中所提到的能力，真正做到今天大家所倡导的"数据驱动"。

3.1　目标：业务影响力

衡量策略的总体目标是业务影响力。通过一开始就明确一个可靠的衡量策略，然后经过安装、衡量和优化任务，你可以：

1）更好地了解你的客户。

2）优化你的网站和移动端 App 的效果。

3）从你的营销计划中最大限度地提高 ROI。

4）获得洞察力并为业务改进提供建议。

5）开始将分析从一次性的事后计划转向已经建立的衡量实践。

6）培养持续优化的心态。

最后两点可能是最关键和难以理解的。虽然分析和优化的概念从字面意思上看似简单明了，但将一个组织的文化改变为"一切都是数据驱动"并不容易。使用以下方法可以帮助你实现这些目标。

3.1.1　优化框架

图 3.1 中所示的优化金字塔可作为从找到现状的不足之处到持续优化再到业务影响的整体推进的指导。

3.1.2　评估你的分析状态

大多数组织已经实施了一定程度的 Web 或移动端分析，因此在大多数情况下，并不是"白手起家"，那么为什么还要评估分析状态呢？这么做的目的是使你的分析流程超越现状。

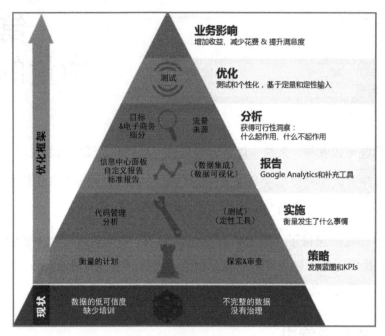

图 3.1　优化金字塔构建了洞察、行动和影响

在评估你当前的分析状态时，请考虑以下问题：

1）当前跟踪代码。你正在使用的是最新版本的跟踪代码吗？

2）桌面设备和移动设备。你目前是否正在跟踪你的网站的桌面设备版本（和移动设备版本）？你有需要被跟踪的相互独立的移动端网页（位于 m.yourdomain.com 或单独的子目录中）吗？

3）移动端 App。你需要跟踪移动端 App 吗？

4）跨设备。你需要跟踪跨设备的用户旅程（user journey）吗？

5）跨域。你需要跟踪不同的域、子域或第三方处理程序吗？

6）其他用户互动。当前实施是否获取所有重要的用户操作（如视频播放和文件下载）？

7）分类。你的数据是否反映了你的组织对客户的分类（如订阅或会员级别）和内容分类（如类别和作者）？

8）个人跟踪。需要单独跟踪用户时，你有保持匿名并遵守不准获取个人身份识别信息（在 GA 等工具服务条款中规定）的限制吗？

9）验证其他系统。你需要根据后端系统验证你的数据吗？（如对于电子商务，GA 的交易计数和收入是否与你的后端系统相符？）

10）客户关系管理（CRM）系统集成。你需要集成 CRM 数据 [根据后端数据衡量客户的长期 / 生命周期的价值（long-term/lifetime value）或营销活动] 吗？

11）广告平台和再营销。你是否正在投放 AdWords 或 DoubleClick 广告系列？你有通过 AdWords、DoubleClick 或其他网络投放的再营销 / 重定向广告系列吗？

12）多渠道归因。你是否会检查多渠道对转化的影响，而不是仅仅依靠最后出发的归因？

13）账户结构。你的分析账户的当前结构是否有效地支持你的跟踪和报告需求？

14）执行汇总（roll-up）。将来自多个网站或来源的数据汇总到一个针对经理和管理人员查看的报告中会有帮助吗？

3.1.3　流程和沟通的挑战

作为评估的结果，在通常情况下，缺乏数据、处于劣势的工具或供应商选择显然都不是问题。在大多数情况下，造成无法实现成功分析的最重要的因素包括：衡量规划不足、角色和流程所有权的混淆、营销人员/分析师和IT人员之间的沟通断档，以及管理层参与度不足。

接下来的章节将帮助你明确和填补数据收集方面的空白，弄清楚分析实践中的责任，并加强你对整个组织的网站端和移动端分析的信心。

在本书的其余部分，我们虽然主要关注 GA，但也探讨作为整个优化框架一部分的其他工具，以及其他数据集的集成等内容。

笔记	谁应该主导网站分析？

在分析的早期，在服务器日志解析风靡之时，也许技术（IT）人员自己分析信息更有意义。多年之后，我们看到分析的主导权从 IT 转向市场营销。不仅如此，现在许多营销部门还有汇报给首席营销官的 IT 资源。我们相信这是一个良性的转变。

可惜的是，一些营销人员仍然缺乏 IT 支持，无法实现基本的分析和营销代码安装。无论你的营销/分析部门是否有专门的 IT 人员，或者你是否依赖其他部门，关键是要确保 IT 资源和周期不仅可以分配给你的分析实施项目，还要用于持续改进和审计。

3.1.4　商务和营销发现

如前所述，当你评估 Web 和移动端 App 分析的当前状态时，你作为分析师或营销人员，应该更进一步构建你的衡量策略，并重新评估以下几个问题：

1）对于你的组织，什么是重要的？

2）对于你的客户，什么是重要的？

3）你的组织向全世界提供的核心、独特的价值观是什么？

4）如何定义组织成功？

5）组织如何努力实现成功？

对这些基本问题的回答将有助于你弄清楚什么才是应该衡量的，并且可以发现当前分析计划中的缺失。

然而不要只是自己一个人埋头承担这项基本的工作，你应当广泛并深入地思考如何主动与每个利益相关者互动。你想要请教的基础问题对他们而言就是最重要的事情。

你可能希望以请教其他分析爱好者和早期采用数据技术的人作为开始，但也请务必考虑以下利益相关者：

1）企业主。

2）营销团队（公共关系、需求生成、内容、社会化媒体）。

3）产品团队。

4）设计和用户体验（UX）团队。

5）Web / App 开发人员。

6）客户支持。

7）销售团队。

每个利益相关者都可以使用数据做出更好的决策，并帮助推动组织成就卓越。有些人可能已经知道哪些指标和关键绩效指标（KPI）对他们很重要。对于一个产生需求的管理者来说，围绕各种广告系列归因到转化的 KPI 肯定是关键的重点，而关于浏览器和操作系统的性能指标可能对设计师更有帮助。

一些利益相关者需要你的一点"指引"，所以应向他们提出问题，并帮助他们明确衡量成功的指标。组织内各方面的看法对于建立或重构有效的衡量策略以及推动持续优化至关重要。

你可以亲自去探究，或者最初通过调查的方式与利益相关者进行互动，然后在面对面访谈中验证他们的回复。在任何情况下，都应主动开放沟通渠道，在合适的时候面对面与别人交谈，并且保持对话的顺畅。

直接来自客户的建议和反馈在探索阶段也是非常有用的，比如，对他们来说最重要的是什么。

笔记｜ 探索性抽样调查

  想要下载可用于衡量计划探索阶段的抽样调查，请访问：http://www.e-nor.com/gabook。

3.2 衡量的计划

谈到衡量的计划，你需要对当前概况非常了解。通过对分析现状的评估，你了解了你的数据的广度和质量，以及来自文化和组织方面阻碍推进分析进程的因素，通过与业务相关者沟通，你明确了他们数据收集需求的优先级。之后，你就可以开始编写衡量的计划了。

以一个软件公司为例，我们需要确定业务目的、KPI 和绩效目标。让我们进一步明确这三个重要组成部分：

1）**业务目的**。这是你想要实现的。 例如，我想卖更多的产品，或获取更多的销售线索（leads）；或将我的 App 内购（in-app purchase）增加 $X\%$，提高我的经常性收入，并使广告支持网页获得更多的曝光和浏览次数。

2）**KPI（关键绩效指标）**。一旦明确了目标，就要衡量进度，这就是 KPI 起作用的地方。

3）**绩效目标**。完成业务目标所需要的数字。 如果你尚未衡量，你可能还不知道当前的数字，因此你需要执行初始的实施以获得基准。 在任何情况下，从基准衡量开始，然后努力持续进行优化。

几个相关注释：

✓ 虽然我们现在听到 mobile-only（只做移动端）或 mobile-first（移动端优先）类型的业务 [如今夜酒店、优步（Uber）等] 较多，但很少有企业纯粹只专注于网络游戏或移动端游戏，因此，当你制定衡量计划时，要包括目的、KPI 和专门针对网站端和移动端的目标。

■ 建立一个整合报告的流程，以便了解线上和线下的整体情况。

■ 要衡量完整的销售线索或客户旅程（customer journey），在大多数情况下，你将依赖于 GA 和其他系统，如你的 CRM 系统、营销自动化系统、电子邮件营销平台等。

✓ 当涉及数字时，应有大量的可用数据。我们的同事特蕾西·拉博尔德（Tracy Rabold）写过一个信息量非常大的帖子："KPIs vs. Metrics"（KPI 和指标的对比分析），我们建议你看一看（https://www.e-nor.com/blog/digital-analytics/kpis-vs-metrics）。

表 3.1 中包括了一个抽样衡量计划。

表 3.1　具有明确目的、KPI 和绩效目标的衡量计划

目　的	行　动	KPI	绩效目标
1. 开发潜在客户	获取销售线索（拿到联系信息）	"需要一次咨询"表单提交	每月 100 个提交
		免费网站的注册诊断工具	每月 1 500 个注册
	培养潜在客户（为潜在客户提供有用的信息，以便促使他们可能在以后购买）	白皮书下载	每月 800 个下载
		电子书下载	每月 150 个下载
2. 塑造品牌 / 创造认知	建立作为互联网营销专家的公信力	到达博客的流量	品牌的流量每月增长 3%
	通过产生内容将流量引到网站	访问案例学习和白皮书部分	网页浏览量每月增长 2%
3. 图书售卖	在网络书店售卖图书	在网络书店售卖图书	每月购买 100 本书
	发布一些免费内容的样本给更多的访问者，促使产生购买	白皮书下载	每月 800 个下载
		电子书下载	每月 150 个下载

3.3　分析有效性的六个步骤

本书旨在帮助你在实施 GA 时，满足本章开头引用的数字分析有效性的六项基本要求。

3.3.1　收集

在本章中，我们介绍了衡量的计划——通向洞察、优化和衡量影响的学习之旅已经开始。在接下来的两章中，我们将学习核心的 GA 实施技术并开始收集数据。

除了最基本的跟踪之外，本书还将详细介绍其他类型的数据收集和自定义，例如视频播放和其他非网页加载用户互动、电子商务或连续性跨域，你必须将其作为完整实施的一部分加以思考。

3.3.2 汇总

为了使数据发挥最大效能，我们必须排除不必要的代码片段（例如，针对相同网页内容，GA"网页"报告中的多个 URL 进入），并且获取能够反映我们了解组织、内容、客户的方式的分类数据。第 9 章和第 12 章将介绍通过数据视图设置和过滤器、内容分组以及自定义维度应用的数据汇总技术。

3.3.3 细分

数据汇总（aggregation）和细分看起来可能是对立的，但它们对于有效的数据分析是必不可少的。在数据收集过程中，我们根据需要合并和重新分类数据。作为分析的一部分，我们将数据分成有逻辑的细分（如买方访问者与卖方访问者类型的对比），以便我们找到分析线索查看数据，从而获得更好、更快的洞察。第 9 章和第 10 章将介绍硬过滤数据子集（hard-filtering data subsets）和通过内置和自定义细分功能动态细分数据方面的内容。

3.3.4 集成

Web 和 App 分析位于更广泛的商业和营销分析生态系统中。第 14 章和第 18 章将介绍 Google AdWords、Google AdSense 和 DoubleClick 平台的集成，用于跟踪搜索引擎营销和货币化 ROI（monetization ROI）。在第 15 章中，我们将广告和 CRM 数据与 GA 数据集成，以便更精确地计算营销 ROI，更好地将 Web 和 App 互动与离线客户互动和生命周期价值相关联。

3.3.5 可视化

关于数据和发现的沟通对于有效的分析和优化方案必不可少，在许多情况下，可视化对有效的沟通至关重要。第 6 章介绍 GA 报告界面的功能时，将以图形格式快速显示数据，在许多情况下，对于同事、经理、客户以及自己，可视化比默认的表格格式更有效率、更聚焦。在第 16 章中，我们将数据从 GA 应用程序编程接口（API）中提取到第三方工具中，用于丰富、交互式的可视化展示。

3.3.6 解读

解读是温特·瑟夫提到的最后一条。解读数据背后的内容是分析师面临的最困难和最重要的挑战。随着继续阅读本书内容，我们将解读报告，也将讨论如调研和可用性测试之类的定性分析的结果，这些结果可以帮助我们理解哪些是有效的，哪些是无效的。我们也将考虑测试在验证结合了定量分析和定性输入的观测报告中的作用。

与我们角色的任何其他方面相比更重要的是，解读将取决于分析师在数据中寻找意义和机会的意愿。工具和书籍可以帮助你，探索却是你自己的事情。

嘉宾观点 推下水、使用踏板，然后继续前进：关于我们公司的增长分析训练（你的公司也一样）

 乔恩·伯恩斯 (Jon Burns) 是美国加利福尼亚州圣何塞一家半导体公司的网络营销运营经理。

过去，我们的网站为现有客户提供信息、产品，以及售前信息。我们就像许多其他组织一样，针对整个买家旅程，正在尝试在正确的时间为正确的人提供正确的信息。

1. 对分析和洞察的极度缺乏

2012 年，我接手了一个投资不足、缺乏分析和洞察力的网络团队。在分析领域，多年来一直被忽视的事实是：只监控网页浏览（pageviews）和访问者（visitors），做决策也只根据意见和推测，而不是根据数据。

后来有一天，那些高层想要更多地了解每月来到我们网站的成千上万的访问者的信息。因此，我们选择把更多资源投在对整个网站进行分析的工作上。

2. 对分析流程的基本承诺

很多时候，我听说很多公司都因为各种原因而努力让他们的分析脱离实际，即使在融资不存在障碍的情况下也是如此。对于分析的投入不仅仅是批准或高薪，还涉及投入时间、精力以及业务流程。

我相信这是我们对改变流程的承诺：不是仅仅简单地投入资金、聘请顾问并呼吁解决问题，而是花时间真正学习工具、分析、获得洞察，以及驱动真正的优化。

3. 数据分析入门

万事开头难。就像一个孩子学习骑自行车一样，刚开始难免会有碰撞和瘀伤。当你刚入门时，你可能会遇到数据清理问题或来自开发人员关于部署的挑战；你也可能会遇到不关心你有多努力的老板。但是，我们都需要开始。推自己下水，使用踏板。一旦你已经开始，就继续前行。做好这项工作，建立一个清晰、准确的数据基础。

4. 关于数据驱动文化基础的对话

在建立数据驱动文化初期，我们的关键举措之一就是询问业务相关者数据能帮助他们解决什么问题。有一天，我们将产品营销人员、企业营销人员、客户支持团队和投资关系人员邀请在一个房间里，简单地访问他们：

■ 你正在试图回答什么问题？

■ 你想了解网站访问者的哪些信息？

■ 你需要哪些验证方式或结论来帮助你在业务领域做出更好的决策？

令我们吃惊的是，他们想要的东西非常基础。确认访问者和我们所认为的保持一致；告诉我们他们在做什么；哪些内容有用，哪些没用；问题点在哪里；他们正在获取他们需要的东西吗？如果没有，告诉我们为什么，或帮助我们弄清楚真正的需求是什么。我们当天听到的回答成为用于执行信息中心面板的基础。

5. 快速获取数据

在我们执行的信息中心面板中，我最喜欢的指标是我们根据访问网站的域名跟踪到的"客户的访问次数"（如客户组织）指标。由于我们的业务模式，销售和营销部门经常表示客户从来没有访问过我们的网站，因为客户从其他销售和负责客户关系管理的营销人员那里满足了需求（见图 3.2）。

你认为的就一定是真实情况吗？事实证明，并非全都如此。仅仅几个月后，GA"网络"（Network）报告给出了答案。由于很多员工上班过程中需要访问公司的网站，这些数据会出现在报告中，但是我们在报告中对这部分 IP 做了排除，这些清楚地表明有大量现有客户正在与网站进行互动。

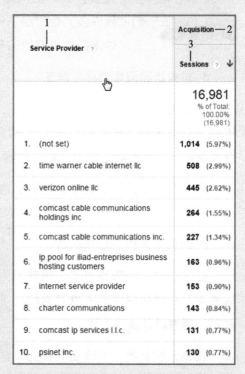

图 3.2 "网络"报告马上打消了现有客户没
有访问过我们网站的说辞

1—服务提供商　2—流量获取　3—会话次数

6. 出乎意料的思想统一

在第一次会议上，我们出乎意料地发现：组织的很多部门都意识到他们想要了解同样的事情，投资关系人员与客户服务人员、产品营销人员，以及其他人员在思想上达成了一致。他们从一种"没有人能真正了解我们做的工作"的姿态，转变为一种自然的共识。我们几乎击掌庆贺！

业务相关部门认可了分析的价值，分析师可以轻装上阵了，数据分析解决方案在组织内部得到贯彻执行。

现在你作为分析师，整个组织已经站在了你的一边。你不再是问题了；你显然正在努力创建一个解决方案。而且，你可以选择把它看作自愿接受的压力和来自那些利益相关者的期望。或者，你也可以把它看成推动你前进的风帆。不管选择哪种方式，都是会起作用的。

7. 做出公共承诺，然后开始分享

如果你正因不知道如何着手而有所困扰，请按照以下建议来做：

1）做出承诺。建立在你身上肩负的所期待的动力。一旦你做出公开的承诺，来自社交、专业的压力是非常有激励作用的。有时候它就像一个问责小伙伴，当你松懈或者想要放弃的时候，激励你前行。

2）早分享，常分享。不要封闭数据。邀请并培训业务相关者如何阅读这些报告、信息中心等，你将在组织中培养出其他"分析师"，也许并不是所有人都想要深入分析，但是仍然可以建立他们分析流程的意识，而且他们也会了解遇到数据问题向谁寻求帮助。

3）继续保持数据驱动决策。一旦你有了适合的工具和方法论，就要使用它们。每个网络项目都需要有分析的部分。无论是新的着陆页还是整个网站的重新设计，必须要有分析人员，并且必须能够解答一个问题：我们将如何使用数据来衡量成功？分析，在任何时候都必须具有一席之地。这绝非事后诸葛亮。

两年后的现在，我们已经打下了基础，我们实施了增强功能，我们正在询问之前不知道如何提出的问题，我们也有了用于回答业务相关者提问的信息中心和相关报告。

最近，有一个需求是这样的："我想提出一个问题，虽然不知道能否得到答案，但是还是想提出来试一试。页面上的三个嵌入的 YouTube 视频，哪一个是最受访问者欢迎的？"她（提问者）需要对现有网页内容做删减，我们为她提供了支撑决策的数据。因为我们现在可以清楚地看到在这个页面上用户观看了哪些视频，以及观看了多长时间，轻而易举就能找到那个最受欢迎的视频。如果你也有类似的需求，我们也可以提供一些有价值的洞察。首先要转变信念，然后就是勇往直前。

🔑 本章要点回顾

1）搞清楚最重要的衡量内容是什么。将衡量需求和优先级与组织目标和计划相结合。

2）全面的衡量是关键。不要留下任何衡量死角：技术、实施、定制、流程、人和技术设置。

3）衡量计划的质量与付出的精力成正比。面对面了解业务相关者的需求，记录有助于解答需求的业务和营销问题，并将以上提到的记录到你的计划中。

4）业务影响导向。不满足于关于访问和网页浏览量的报告。围绕困扰利益相关者的数据进行跟踪和报告。

5）细分，细分再细分。我们会在本书中不厌其烦地强调它。汇总（aggregates）在一起的数据不会使你的优化和洞察之旅走得太远。

实战与练习

1）**与利益相关者交流。**无论是在审核过程中还是在营销探索阶段，请尽可能确保所有利益相关者的认同，同时，在这个过程中一定要获得一位执行发起人的认同——他们的支持将是无价的。

2）**完成探索调查。**下载并完成探索调查，可访问 www.e-nor.com/gabook。

第 4 章
账户创建和跟踪代码安装

在前两章中，我们介绍了一系列 GA 的报告，以及 GA 的衡量策略。本章将逐步介绍 GA 账户的创建和 GA 跟踪代码的基本安装流程。

4.1 创建 Google Analytics 账户

创建 GA 账户的唯一要求是与 Google 账户相关联的电子邮件地址。任何 gmail 地址都有效，就像你已经创建的 Google 账户所使用的任何其他电子邮箱地址一样。

创建 GA 账户的过程非常方便、快捷，但重要的是要理解每个新账户自动生成的层次结构的三个级别：账户（account）、媒体资源（property）和数据视图（view）。

笔记 | 创建实践账户
即使你不直接负责实施，但是了解创建账户和访问跟踪代码的基本流程也将有助于你理解报告和分析。如果你正在已有实施的情况下工作，但是从未或很久未创建账户，我们也建议你完成本章中介绍的步骤。

如果你尚未使用已有的 Google 登录信息访问 GA 账户，则创建 GA 账户的步骤如下：

步骤 1：前往：`http://www.google.com/analytics`。

步骤 2：按照提示登录你的 Google 账户。

步骤 3：注册 GA，如图 4.1 所示。

如果你已经在相同登录情况下创建了 GA 账户，则可以从管理界面的账户下拉菜单中"选择创建新账户"（Create new account），如图 4.2 所示。无论哪种情况，你都可以继续执行步骤 4。

步骤 4：按照以下说明指定你的账户（Account）和媒体资源（Property）设置。

步骤 5：单击"获取跟踪 ID"（Get Tracking ID）以完成账户创建。

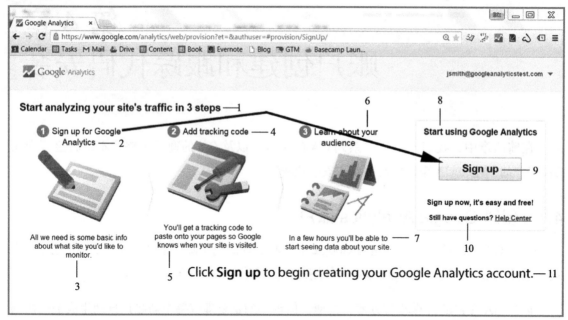

图 4.1　GA 账户注册界面

1—完成以下 3 个步骤，开启你的网站分析之旅　2—步骤 1：注册 Google Analytics 账号　3—我们需要了解你想要监测的网站的一些基本信息　4—步骤 2：添加跟踪代码　5—你将获取到跟踪代码，将它粘贴到你的网页之后，当你的网站被访问时就会被 Google 知晓　6—步骤 3：了解你的受众　7—几小时后，你就能够看到网站的数据了　8—开始使用 Google Analytic　9—注册　10—立即注册，便捷而且免费！如果仍然有疑问，请访问帮助中心　11—点击"注册"开始创建你的 Google Analytics 账号

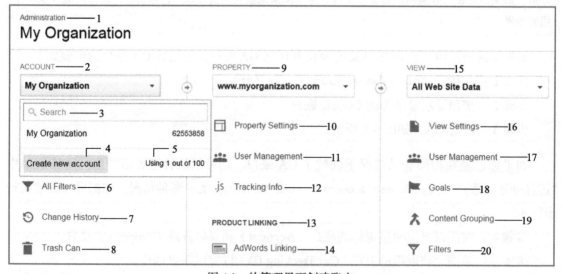

图 4.2　从管理界面创建账户

1—管理　2—账号　3—搜索　4—创建新账号　5—配额已用 1（共有 100）6—所有过滤器　7—更改历史记录　8—垃圾箱　9—媒体资源　10—媒体资源设置　11—用户管理　12—跟踪信息　13—产品关联　14—Adwords 关联　15—数据视图　16—数据视图设置　17—用户管理　18—目标　19—内容分组　20—过滤器

4.1.1　配置账户和媒体资源设置

在创建新账户的同时，GA 会自动在账户中创建一个新的媒体资源，并在媒体资源中创建一个新的数据视图。如图 4.3 所示，"新建账户"（New Account）界面上的大多数设置与媒

体资源相关，而不是账户。

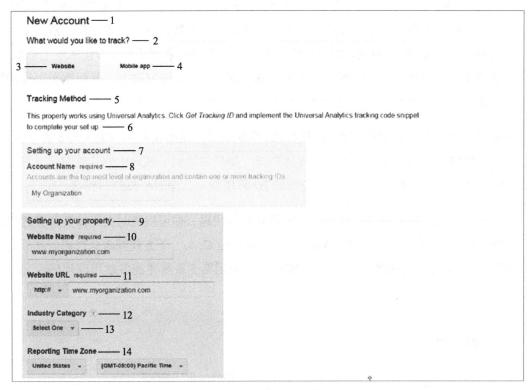

图 4.3 账户和媒体资源设置

1—新建账号 2—您想要跟踪什么内容？ 3—网站 4—移动应用 5—跟踪方法 6—该媒体资源使用 Universal Analytics Click Get Tracking ID 并且安装 Universal Analytics 跟踪代码以完成设置） 7—设置您的账户 8—账户名称 9—设置您的媒体资源 10—网站名称 11—网站 URL 12—行业类别 13—请选择一项 14—报告时区

1. 账户设置

1）网站或移动端 App。你可以在同一账户中将网站和移动端 App 作为单独的媒体资源进行跟踪。现在，选择"网站"（Website）以创建网络媒体资源作为账户设置中的第一步。

2）账户名。你的账户名称可以对应于你的组织、部门或任何逻辑分组的网站和 / 或 App。如果你的组织中有多个账号，那么账户名之间应该加以清晰且有逻辑的区分。

2. 媒体资源设置

1）网站名称。在大多数情况下，建议在此字段中使用网站主机名（即包括子域的主域的完整版，如 www.mysite.com）。

2）网站 URL。在此字段中重复网站主机名。如果你的网页是通过 http:// 和 https:// 访问的，你可以将协议下拉菜单设置为 http://，并在所有网页上添加相同的跟踪代码。

另外需要注意的是，除了媒体资源的网站 URL 设置，你也可以在不同的主机名上使用此媒体资源的跟踪代码；指定一个不会造成问题的主要主机名为网站名称和网站 URL。这可能有悖常理，但当我们在第 12 章中配置跨域和汇总跟踪（roll-up tracking）时非常有用。

3）**行业类别。** 这适用于第 7 章中介绍的"基准化分析"（Benchmarking）报告。

4）**报告时区。** 为想要关联到此账户的任何 AdWords 或 DoubleClick 账户匹配时区设置。

确定了新账户和媒体资源设置后，你通常可以选择四个数据共享设置，然后点击获取跟踪 ID（并同意服务条款）。但是，如果你的组织对任何类型的数据共享（即使采用汇总形式）都有严格的政策，即使是聚合的格式，也请与你的法律/隐私专家联系，并根据需要停用数据共享设置。

下面显示的跟踪代码对应于媒体资源，而不是账户。在图 4.4 中，62553858 表示账户，但 UA-62553858-1 对应于账户中的特定媒体资源。如果你为同一账户中的其他网站或移动端 App 设置了另一个媒体资源，则新媒体资源的 ID 将增加一，即 UA-62553858-2。

不必担心在第一次看到跟踪代码时如何复制跟踪代码，你可以随时在媒体资源管理界面的"跟踪信息" > "跟踪代码"（Tracking Info>Tracking Code）下方找到跟踪代码。此外，你在安装图 4.4 所示的原生跟踪代码之前，应该考虑使用第 5 章所述的谷歌跟踪代码管理器安装 GA。

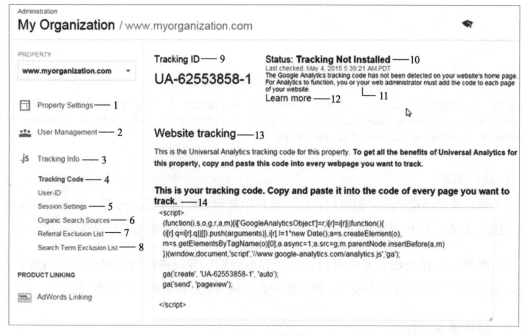

图 4.4　GA 跟踪代码

1—媒体资源设置　2—用户管理　3—跟踪信息　4—跟踪代码　5—会话设置　6—自然搜索源　7—引荐排除列表　8—搜索字词排除列表　9—跟踪 ID　10—状态：跟踪未安装　11—你网站主页的 Google Analytics 跟踪代码还没有删除，想要分析工具发挥作用，你或者你的网站管理员需要将代码添加到网站的每个网页　12—了解更多　13—网站跟踪　14—这是跟踪代码，请将此代码复制并粘贴到要跟踪的每个网页中

4.1.2　账户和安装术语

接下来我们将要介绍和比较与 GA 中的账户、安装和报告选项相关的一些核心术语。

1. 原生监测代码与谷歌跟踪代码管理器的对比

1）**原生监测代码（native）**：在 GA 的原生部署中，你在网站的所有网页上都添加了图 4.4 所示的跟踪代码（如第 13 章所述，对于移动端 App，原生部署可以被解释为包括通过 Android 或 iOS SDK 进行跟踪）。

2）**谷歌跟踪代码管理器（GTM）**：使用 GTM 进行部署时，你可以按照第 5 章介绍的内容，将 GTM 容器包含在你的网站的所有网页上，并在 GTM 容器中添加 GA 代码（tag）。（你也可以通过其他代码管理系统部署 GA）。

2. 传统（Classic）与通用（Universal）的对比

1）**传统（Classic）**：此术语指原生代码和 GTM 中 GA 跟踪器的旧版本。如果你的 GA 早于 2014 年 4 月，那么它可能是 Classic 版本。如果你安装有 Classic 版本，但尚未迁移，请参阅本章后面的 4.3.2 小节内容。Classic 版本 GA 跟踪器有两种版本，分别为异步（asynchronous）和传统（traditional）。

2）**通用（Universal）**：GA 中的所有新功能都通过跟踪器的 Universal 版本生效，无论跟踪器是通过本章中描述的原生代码实现的，还是通过第 5 章中所述的 GTM 实现的。

3. GA 标准版（即免费版）与 Analytics 360 的对比

1）**GA 标准版**：免费版 GA 每月免费提供不超过 1 000 万次会话，为网站和 App 提供了丰富的功能集和足够的存储空间。

2）**Analytics 360**：如第 18 章所述，Analytics 360（以前称为 Google Analytics Premium）提供了更高的存储空间和自定义维度限制、更快的处理速度、大数据集的非抽样报告、可追溯的自定义渠道（funnel）、数据驱动归因、服务级协议，以及增强服务。Analytics 360 可付费使用，它是 Analytics 360 付费套件的旗舰服务，其他还包括跟踪代码管理器（Tag Manager 付费版）、Optimize、Data Studio、Audience Center 和 Attribution。

4. 标准（即内置）与自定义的对比

1）**内置**：报告、维度和指标适用于所有 GA 用户。你可以在顶部导航中的"报告"（Reporting）下访问所有内置报告。常规的、非自定义报告、维度和指标通常称为标准（standard）；在本书中，我们使用术语"标准"（standard）主要是指 GA 的免费版本。

2）**自定义**：自定义维度和指标由你自己进行定义和填写。自定义报告是你自己定义的（基于常规和自定义维度和指标），你可以在顶部导航中的"自定义"（Customization）下访问。

> **术语 ｜ 标准（standard）**
>
> "开箱即用"的报告、维度和指标通常被 GA 从业者称为标准（standard）。在本书中，我们使用标准（standard）主要指 GA 的免费版本，而内置的是指非自定义 GA 元素。

4.2　Google Analytics 的账户结构

创建账户时，GA 还会在账户中创建默认媒体资源，并在属性中创建默认数据视图，如上文和图 4.5 所示。以下是关于账户结构的一些要点：

1）在一个 Google 登录下，你最多可以创建 100 个 GA 账户。

2）单个 GA 账户最多可包含 50 个媒体资源。

3）在大多数情况下，单个 GA 媒体资源对应于单个网站或移动端 App。（对于跨网域和报告，如第 12 章所述，你可在单一媒体资源中跟踪多个网站或 App）。

4）每个 GA 媒体资源最多可包含 25 个数据视图。

5）账户创建者 [以及拥有"管理者用户"（Manager Users）权限的任何用户] 可以在账户、媒体资源或数据视图级别提供对其他 Google 登录信息的访问权限。

6）任何 Google 登录信息都可以访问无限数量的账户、媒体资源和数据视图。

在第 9 章中，我们将更详细地讨论账户访问。

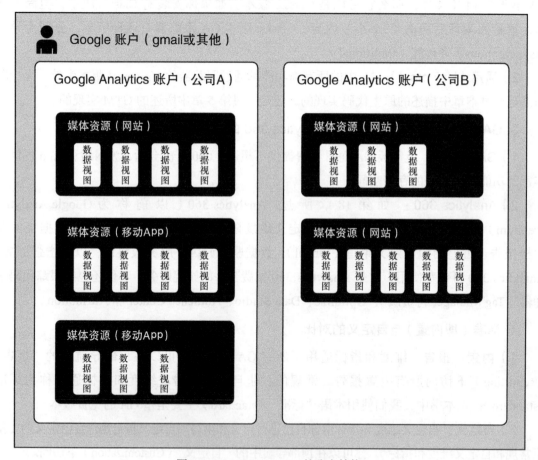

图 4.5　Google Analytics 的账户结构

4.2.1　针对组织中每个额外增加的网站或 App 的新媒体资源

如前所述，一个媒体资源通常对应于单个网站或移动端 App。如果你要为公司或同一客户组织跟踪新网站，通常建议在现有账户中创建新的媒体资源，而不是创建新的账户和媒体资源。（也可以跟踪多个网站作为一个汇总性（roll-up）的媒体资源，在第 12 章中将详细介绍。）

笔记 | **客户应该创建新的账户或媒体资源**

如果你在分析或营销代理机构工作，或者你是一名咨询顾问，则可能会为每个客户创建新的 GA 账户或媒体资源，然后向客户提供对该账户或媒体资源的访问权限。

请你的客户创建新的 GA 账户或媒体资源（如果没有现有的账户或媒体资源），然后为你提供访问权限。因为你可以访问无限数量的账户和属性，你作为顾问，将绕过在本章前面列出的单个登录下对账户和媒体资源创建的限制。此外，由于客户将授予账户或媒体资源的访问权限，你将避免很多意外，比如向某个客户提供访问其他客户数据的风险。

同样，如果你的组织与外部分析代理机构合作，通常建议你创建自己管理的账户和媒体资源，并提供对该代理机构的访问权限作为授权。如第 9 章中所述，在分配"修改"（Edit）和"管理用户"（Manage Users）权限时应谨慎，特别是账户级别的"管理用户"权限。

笔记 | **相比账户而言，应更多思考关于媒体属性和数据视图中的术语**

GA 在媒体资源和数据视图层级的"操作"比在账户层级更多。原始跟踪（raw tracking）发生在媒体资源层级，数据过滤和报告发生在数据视图层级。虽然某些重要功能位于账户层级，但其主要目的是管理。

4.2.2 每个媒体资源的多个数据视图

如果单个网站或 App 通常与 GA 属性相对应，为什么我们需要多个 GA 数据视图？

网站或移动端 App 媒体资源数据通过数据清理、数据子集和添加目标转化率等指标来区分，数据视图提供该数据中相同但未经加工的输出（feed）。正如我们将在第 9 章中讨论的，我们为每个媒体资源中的数据创建多个报告数据视图的能力对于有效的 GA 实施至关重要。

4.3 安装跟踪代码

创建新账户（或现有账户中的新媒体资源）后，有两种主要方法可将数据注入 GA 中：

1）添加原生跟踪代码。如下所述，在你网站的每个网页上包含 GA 跟踪代码。

2）将 GA 代码添加到 GTM。相较于安装原生 GA 跟踪代码，最好通过 GTM 添加 GA 代码，如第 5 章所述。

虽然你可以在单个网站中使用这两种方法，但通常只使用一个或另一个。你肯定希望避免在同一网页上通过原生代码和 GTM 跟踪同一媒体资源的相同匹配（hit）：这会将每个匹配（hit）计算两次，并使指标（如跳出率、目标转化率和每个会话的网页数）无效。

笔记 | **我们强烈建议你使用谷歌跟踪代码管理器（GTM）**

在本章的剩余部分，我们将介绍安装原生 GA 跟踪代码的步骤。除了最基本的实施之外，我们建议你通过谷歌跟踪代码管理器进行安装，详见第 5 章。

下面描述的网页浏览数据同样涉及 GA 的原生和 GTM 部署，并且许多验证工具和技术也适用于这两种方法。

4.3.1 Google Analytics 跟踪代码的位置

如果你选择使用原生跟踪代码，则应将代码 4.1 中的 GA 跟踪代码放置在网站每个网页的 </head> 标记之前。但是，如果你需要将其放置在网页上的其他地方（例如，由于受到内容管理系统的限制），跟踪代码仍会执行，但如果用户在网页解析主要的 GA 跟踪代码之前发起了相应的操作，你有可能会遇到 GA 事件跟踪有误的风险。

代码 4.1　GA 跟踪代码的位置

```html
<html>
  <head>
     <title>Product Description</title>
     <script>
        (function(i,s,o,g,r,a,m){i['GoogleAnalyticsObject']=r;i[r]=i[r]||fun
        ction(){(i[r].q=i[r].q||[]).push(arguments)},i[r].l=1*new Date();a=s.
        createElement(o),m=s.getElementsByTagName(o)[0];a.async=1;a.src=g;m.
        parentNode.insertBefore(a,m)})(window,document,'script','//www.google-
        analytics.com/analytics.js','ga');
        ga('create', 'UA-15155947-1', 'auto'); // 用你的媒体资源ID替换
        ga('send', 'pageview');
     </script>
  </head>

  <body>
     <p>Here is bullet list about our product:</p>
     <ul>
        <li>relieves headaches</li>
        <li>fast-acting</li>
        <li>tastes great</li>
     </ul>
  </body>
</html>
```

1. 网页模板（Page Templates）的优势

如果你的网站上有 2 000 个网页，则不太可能手动将跟踪代码添加到 2 000 个网页。大多数网站是由模板（也称为母版页）构建的，这些模板在你网站的所有页面之间共享，并从内容管理系统（CMS）或其他后端数据库动态提取页面特定数据（见图 4.6）。

图 4.6　大多数网页是从共享模板构建的

模板极大地帮助了 GA 的实施，因为它们允许你通过将跟踪代码包含在 Web 服务器上的一个或多个单一物理文件中，将 GA 应用到网站的每个网页。

笔记｜　不要忘记跟踪独立的页面

请务必记得将跟踪代码加入不使用相同页眉和页脚的网页，例如购买路径中的 no-header 网页或简化的安全性、隐私权或服务条款网页。

2. 浏览器跟踪需求

要使 GA 能够记录网页中的数据，必须在浏览器中启用以下功能：

1）JavaScript。

2）cookie。

3）Images。

幸运的是，不支持以上这些浏览器功能的访问者的占比非常低，最多达 3%，甚至可能低于 1%。此外，即使你可以跟踪这些访问者，在大多数情况下将大量的分析或优化工作聚焦在已经故意选择从典型用户体验退出的用户细分上可能是不明智的。

（1）JavaScript

JavaScript 是一种轻量级的编程语言，广泛用于增强网页功能。网站的 GA 跟踪的所有组件都是用 JavaScript 编写的，包括：

1）网页上包含的 GA 跟踪代码片段。

2）从 GA 跟踪代码片段引用的主要 analytics.js 文件。

3）在网页上执行的任何额外的 GA 跟踪，如电子商务交易。

虽然 JavaScript 和 Java 在结构上都相当松散，但是它们是用于不同目的的不同语言，因此不能互换使用这些术语。

（2）cookie

当执行 GA 跟踪代码时，首先检查当前网站的浏览器中是否存在 _ga cookie。如果未找到，则会创建一个新的 cookie。如果找到 cookie，则会记录 GA 中的回访者的会话。在这两种情况下，有效期限都设置为从当前日期起两年。

如果访问者在浏览器中停用了第一方 cookie，或者如下所述选择停止跟踪，则会话不会记录在 GA 中。

如果访问者在两年内使用相同的浏览器和相同的设备返回，并且尚未删除 cookie，则 GA 会将访问者识别为回访者。

值得注意的是，单个浏览器可以存储多个 _ga cookie：每一个为 GA 跟踪的用户访问过的网站。

（3）Images

有些令人惊讶的是，浏览器也必须启用对图片的支持来生成 GA 数据。这是因为 analytics.js 通过请求名为 _utm.gif 的单像素图像文件（有时称为跟踪像素）将数据传回 GA 服务器。当 analytics.js 请求跟踪像素时，它会附加 GA 数据，例如 URL、时间戳和浏览器版本。你很少需要直接操作跟踪像素，但了解其幕后数据收集功能是有用的。

3. cookie 的从属关系

GA 中的许多计算直接取决于对给定网站的浏览器中现有的 _ga cookie 的探测。以下任何条件都会导致回访者在 GA 中被记录为新访问者:

1)不同的设备。

2)同一设备上的不同浏览器。

3)用户上次会话后已删除 cookie。

4)上一个会话发生在浏览器隐身/隐私模式下。

上述任何因素都会影响你的 GA 报告和功能,具体影响如下所示:

1)回访者数量偏低。

2)访问次数(Count of Visits)偏低。

3)自上次访问以来的天数(Days Since Last Visit)偏低(更新)。

4)用户失准偏高。

5)同类群组显示更近期的数据。

6)在"多渠道路径"(Multi-Channel Funnel)报告中辅助渠道丢失。

7)GA 再营销受众群体的数量丢失。

笔记 | 访客删除 cookie 的频率如何?
虽然很难引用确切的数字,但一些研究表明,平均而言,30% 的网络用户每月至少删除其 cookie 一次。

4. 隐私浏览

让我们来看看额外的隐私设置对 GA 跟踪的影响。

（1）隐私/隐身模式

GA 确定会跟踪来自隐私/隐身模式的浏览器跟踪访问。然而,不同的是浏览器在隐私会话之后自动删除 cookie,所以对网站的任何后续访问都将被跟踪为新访问。(例外情况是 Firefox 中的隐身浏览会阻止 GA 跟踪。)

（2）不跟踪（浏览器设置）

如果用户启用了不跟踪浏览器选项,GA 仍会跟踪该用户。你可以选择为"不跟踪"用户屏蔽跟踪,也可以使用自定义维度记录"不跟踪"(do-not-track)会话的百分比。(有关此讨论的更多信息,请参阅 http://www.e-nor.com/gabook。)

（3）GA 浏览器停用

另一方面,如果用户添加了 Google 或第三方提供的特定 GA 停用浏览器扩展程序/插件,则该用户的任何数据都不会记录在 GA 中。

如第 12 章中的霍格尔·坦普尔关于 gaOptout 浏览器停用的讨论,你也可以在你的 Web 设计中构建一个可选择的"不跟踪"选项,如果这是你的行业或管理隐私法规定的话。

笔记	隐私政策

GA 服务条款要求你告知网站访问者或 App 用户已启用 GA 跟踪，并且如果启用了"受众特征"和"兴趣"或再营销，你还需要另外通知。参见第 12 章中的 12.5 节"受众特征和兴趣"。

5. 内网跟踪

通过原生或 GTM，使用 GA 跟踪内网活动与网站跟踪是基本相同的。唯一的特别要求是内网用户还必须具有外部 Internet 访问权限，以便浏览器可以在 Google 的服务器上访问 analytics.js 和 GTM 容器脚本。

笔记	我可以在自己的 Web（或 Intranet）服务器上托管 analytics.js 吗？

不建议你下载 analytics.js 并从自己的服务器为它服务。通过代替允许原生跟踪代码片段（或 GTM 中的 GA 代码）来引用 Google 服务器上的文件的当前版本，你将确保及时使用最新的 GA 功能集。

6. 从移动设备跟踪

由于移动设备和平板电脑浏览器支持 JavaScript、cookie 和图片，因此在智能手机和平板电脑上观看的网页在 GA 中的跟踪方式与桌面设备相同。如果你使用自适应网站格式，则在桌面浏览器中记录数据的相同跟踪代码也会在智能手机或平板电脑浏览器中记录数据。

但是，如果你要将移动端访问者重定向到独立的移动端网页，则必须确保在这些网页上添加跟踪代码。针对移动设备设计的网页不需要修改跟踪代码本身。

如果你需要跟踪来自较旧的基于 WAP 的手机的网站，有时也被称为"功能"手机，可以使用第 17 章中讨论的衡量协议。以前推荐用于跟踪功能手机的服务器端代码段已被弃用。

7. 网页浏览类的匹配（Pageview Hits）

如果你从代码 4.1 中显示的 GA 跟踪代码中解析出可以看懂的英文，你可能会注意到核心 ga('send', 'pageView') 的 JavaScript 函数。

每次遇到有跟踪代码加载的网页，此函数就会执行并且向 GA 发送数据，包括：

1）页面 URL 和标题。

2）访问者来源。

3）访问者 IP 地址，可从中导出地理数据。

4）技术数据，例如设备类型和浏览器版本。

5）时间戳。

无须特殊配置即可捕获此数据：它会在跟踪代码执行时自动记录。如图 4.7 所示，封装此信息并将其发送到 GA 的数据包称为一个匹配（hit）。匹配（hit）由互动（在这种情况下是网页浏览）触发。不同类型的匹配（hit）包括事件（例如视频播放或外部链接等不会导致网站加载网页的操作）、社交互动和电子商务交易，这些都将在后续章节中讨论。

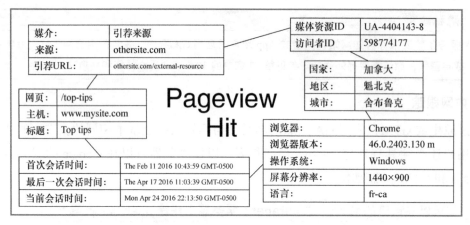

图 4.7　除了网页数据本身之外，Pageview Hit 还包含大量数据

8. 验证跟踪代码安装

要验证跟踪代码是否已经成功安装在网页上，以及 GA 是否正在接收数据，你可以进行以下操作：

1）安装并激活 Chrome 的 Google Tag Assistant 扩展程序（见图 4.8），该扩展程序将证实页面上是否显示跟踪代码。

图 4.8　Google Tag Assistant

2）查看第 2 章中讨论的实时报告。

3）安装并激活 Chrome 的 GA Debug 扩展程序，如下所述。

（1）Google Tag Assistant 记录功能

除了显示网页上有 GA 和 GTM 的存在之外，Google Tag Assistant 还允许你记录在网站上从一个页面到另一个页面进行导航时加载的跟踪代码。此外，如果你可以访问已有网站数据的 GA 的数据视图，那么你就可以显示有关生成的网页浏览量和事件匹配（event hits）的详细信息。

因此，Google Tag Assistant 可用于验证一个 GA pageview 是否在已记录的网页上触发，甚至可用于检查你在网页上产生的任何事件的详细信息。

你可以按照以下步骤在 Google Tag Assistant 中创建记录：

步骤 1：安装 Chrome 上的 Google Tag Assistant 扩展功能，如果你还没有安装的话。

步骤 2：在 Chrome 中，点击浏览器右上方的 Google Tag Assistant 图标，显示 Google Tag Assistant 面板。

步骤 3：在面板底部，单击"记录"（Record）。

步骤 4：浏览网站和执行已配置事件的操作。

步骤 5：随时单击图标以重新显示面板，然后单击"停止记录"（Stop Recording），之后显示完整报告。默认情况下，Tag Assistant 报告显示每个网页加载时出现的每个跟踪代码的相关信息。

步骤 6：点击名为"Google Analytics 报告"（Google Analytics Report）的记录部分，显示有关 pageview 的详细信息，以及在记录的每个网页上生成的所有事件，如图 4.9 所示。

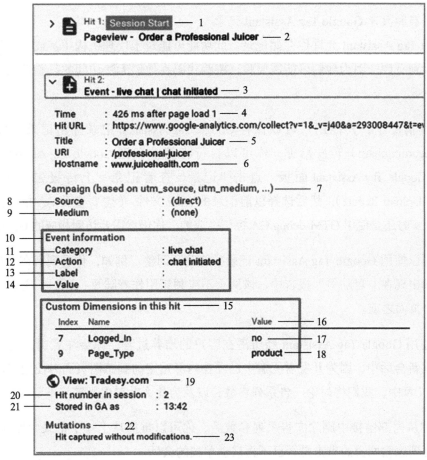

图 4.9　Google Tag Assistant 记录的"Google Analytics 报告"部分显示了在页面上生成的 GA pageview 和事件匹配（hit）数据，并显示其他详细信息，例如事件维度和自定义维度

1—Hit 1：会话开始　2—Pageview—下单 Professional Juicer　3—Hit 2：事件—在线聊天 / 已经开始的聊天　4—时间：1 个页面下载之后 426 毫秒　5—标题：下单 Professional Juicer　6—主机名　7—广告系列（基于 utm-source, utm-medium…）　8—来源：(直接访问）9—媒介：(无）10—事件信息　11—类别：在线聊天　12—操作：已经开始的聊天　13—标签　14—值　15—该匹配中的自定义维度　16—指标　名称　值　17—已经登录　无　18—网页类型　产品　19—浏览：Tradesy.com　20—会话中的匹配次数　21—在 GA 中存储　22—变化　23—获取到的没有任何变动的匹配

请注意，记录还会显示包含在匹配（hit）中的自定义维度。（自定义维度将在第 12 章中介绍。想要查看 GA 报告部分，你必须拥有 GA 中相应数据视图的访问权限。）

（2）通过 GTM Debug 使用 Google Tag Assistant 记录

Google Tag Assistant 记录会捕获在 Debug 模式下触发的未发布的 GTM 代码，包括 GA pageview 和事件代码。例如，如果你在即时聊天中正在调试事件代码，则可以：

1）查看 GTM 调试面板以验证事件代码是否正在触发。

2）访问 Google Tag Assistant 记录的"Google Analytics 报告"（Google Analytics Report）部分，以验证事件类别和操作（和标签）维度是否被正确捕获。

如前所述，想验证你要调试的事件代码，你还可以在 Chrome 控制台中查看 GA 实时事件报告以及 GA Debug 扩展程序的输出内容。

（3）保存和共享 Google Tag Assistant 记录

Google Tag Assistant 允许你存储记录。此功能可能对于代理机构（甚或一个组织内的很多部门）特别有用，因为他们可能需要验证跟踪代码在他们无法访问的已验证或开发的网站上的执行情况。

在这种情况下，其他用户可以保存 Google Tag Assistant 记录并将记录文件（默认命名为 tag_recording.harz）转发给你，你可以自行将其加载到 Google Tag Assistant 中，方法是：打开 Google Tag Assistant 面板，点击"记录 > 查看记录 > 上传报告"（Record>View Recordings>Upload Report），然后选择以前记录的 .harz 文件。（想要查看 GA 报告记录，无论重新编码是实时还是使用 GTM-debug GA 标记生成的，你仍然需要访问相应的 GA 数据视图。）

你也可以使用 Google Tag Assistant 记录功能验证调整。例如，你看到潜在客户培养过程的感谢页面出现在"着陆页"报告中，该网页不应频繁用作着陆页；同时，它应该在会话中的其他几个页面之前。

当你使用 Google Tag Assistant 经历潜在客户的培养过程，你会注意到，实际上最终的网页包含在新会话中，因为开发者无意中已经在内部重定向到感谢页面时使用了广告系列参数。（在第 7 章中，我们将讨论广告系列参数，以及为什么针对内部链接不要使用它们。）

一旦你从内部链接中删除广告系列参数后，你可以重播从上一个记录中保存的 .harz 文件，以验证到感谢网页的点击是否已不再启动单独的会话。

（4）Chrome 浏览器的 GA Debug 扩展程序

Chrome 浏览器的 GA Debug 扩展程序显示发送给 GA 的匹配（hit）的每个维度。关于如何激活 GA Debug 的内容如下所示：

1）在 Chrome 浏览器中，执行 Google Analytics Debugger（GA Debug 扩展程序）的扩展搜索或常规 Google 搜索，根据提示安装扩展程序，然后点击图标打开扩展程序。

2）从 Chrome 浏览器的三个点（three-bar）的菜单中，选取"更多工具 >JavaScript 控制台"（More Tools> JavaScript Console）⊖。

3）重新加载网页。

Chrome 浏览器的 JavaScript 控制台现在应该显示网页浏览匹配（hit）数据，如图 4.10 所示。

⊖ 在 Chrome 的旧版本中有这个选项，但是在新版本中，已经没有这个选项，这一工具目前集成在"更多工具 > 开发者工具"中。下同。——译者注

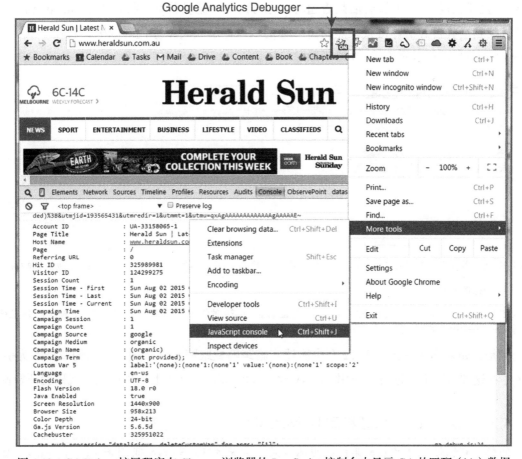

图 4.10　GA Debug 扩展程序在 Chrome 浏览器的 JavaScript 控制台中显示 GA 的匹配（hit）数据

在第 5 章和第 6 章中，我们还将使用 GTM 中的 Preview 和 Debug 模式来确认网页浏览和事件匹配（event hit）。要了解 Debugging 选项的概述请访问 http://www.e-nor.com/gabook。

（5）从引荐排除删除你自己的域以识别缺少跟踪代码的页面

首次创建媒体资源时，GA 会自动将网站域名添加到引荐排除（Referral Exclusion）列表，你可以在管理（Admin）界面的媒体资源（Property）面板中的跟踪信息（Tracking Info）下访问该网站。排除你自己的域是很有用的，因为你的网站会在会话超时的情况下显示为一个引荐来源。也就是说，如果访问者在你的网站上浏览一个网页，然后访问其他网页或在会话超时（默认情况下为 30 分钟）后产生事件，新的事件或网页浏览将启动新会话，并且该新会话的来源将是你自己的网站，而不是实际的流量来源（第 2 章中讨论过午夜会话重置，依据每个数据视图设置中指明的时区，自我引荐功能也会在午夜出现同样的情况）。通过将你自己的域排除为引荐来源，你将保留会话和原始页面、访问的实际来源。

将你的域排除为引荐来源网址的缺点是，GA 不会显示网站上的哪些网页缺失跟踪代码。如果你从排除项中删除自己的域，如图 4.11 所示，从非跟踪页面到跟踪页面的每次点击都将显示为自我引荐，而不管会话是否超时。你可以在"流量获取"报告（Acquisition report）中轻松找到这些自我引荐链接，点击进入你的域以显示缺失跟踪代码的引荐路径（Referrals Paths）（如具体的引荐页面），并修正跟踪缺口。

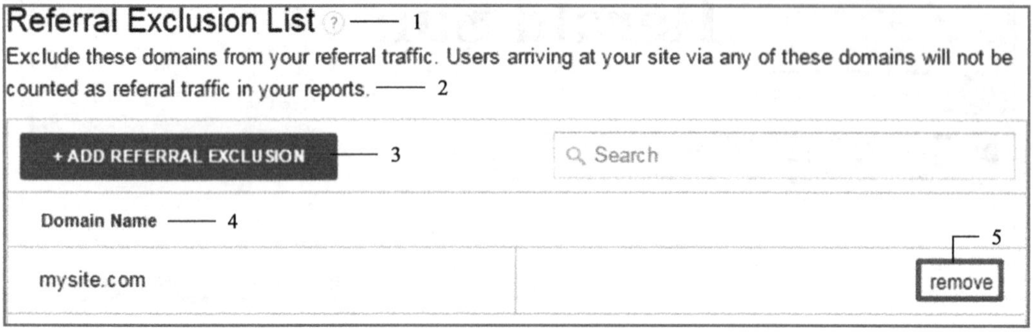

图 4.11　从引荐排除（Referral Exclusion）列表中移除你自己的域可能更有用，以便更轻松地识别缺失 GA 跟踪的网页

1—引荐排除列表　2—从引荐流量中排除这些网域。凡是通过这些网域中的任意一个来到你网站的用户，在报告中都不会被视为引荐流量　3—添加引荐排除项目　4—域名　5—删除

但是，如果你正在按照第 12 章中所述实施跨网域跟踪，则必须将自己的域排除为引荐来源。在这种情况下，你可以使用 www.e-nor.com/gabook 上列出的跟踪代码验证资源。

4.3.2　从 Classic 版迁移到 Universal 版

如果你开始使用新的 GA 账户或媒体资源，则无须迁移到 GA 通用版（Universal），因为 Universal 是现在唯一可以轻松访问的跟踪代码版本（GA 传统版（Classic）仍可通过 GTM 使用，但通常都没有使用）。但是，如果你在 2014 年 4 月之前安装了 GA 原生代码，你可能仍然在使用 Classic 版本，因此可能需要迁移到 Universal 版本。

笔记｜　是什么使 Google Universal Analytics 变得"通用"？

　　虽然大多数 GA 功能并未从 Classic 改为 Universal，但有几项功能会让 Google Universal Analytics 变得"通用"，其中包括以下内容：

- **自定义维度和指标。**虽然 GA Classic 版本每个媒体资源只允许使用 5 个自定义变量，但 Universal 允许 20 个自定义维度和 20 个自定义指标（Google Analytics 360 允许每个媒体资源有 200 个）。通过获取对你的用户（无 PII）、组织和网站/App 的具体的维度值和指标，你可以扩展 GA 数据集，使其对你更有意义。（自定义维度和指标在第 12 章中进行介绍。）

- **跨设备跟踪。**在不同设备上跟踪已登录的用户也是 GA Universal 的一个"通用"的方面。（跨设备跟踪也将在第 12 章中讨论。）

- **衡量的协议。**也许 GA Universal 的最"通用"的方面是衡量的协议，它允许你通过来自任何联网的、编程的环境的 HTTP 请求向 GA 服务器发送数据，而不依赖于 analytics.js 或 Android 或 iOS SDK。（衡量协议将在第 17 章介绍，它虽然非常强大，但也非常特殊，并不属于 GA 实施常用的部分。）

4.3.3　如何能辨别我是否仍在使用 Classic 版

前面探讨的 Chrome 浏览器的 Google Tag Assistant 扩展程序应可显示当前网页的 GA 是哪个版本（见图 4.12）。如果代码版本 / 语法显示为异步（Asynchronous）、Classic，或除 Universal 版本之外的任何内容，则页面上的 GA 尚未更新为 Universal 版本。请注意，Classic 不会作为代码版本显示；Classic 这个词语广泛地应用在 Universal 之前的跟踪代码的异步版本和在异步之前的跟踪代码的 Classic 版本。

图 4.12　Chrome 的 Google Tag Assistant 扩展程序显示该网页仍包含 GA Classic 版本跟踪代码

笔记｜　Google Tag Manager 与 Google Tag Assistant 的对比
请不要混淆 Google Tag Manager 和 Google Tag Assistant。Google Tag Manager 是谷歌的代码管理系统，我们在本书中会一直提到它。Google Tag Assistant 是一种 Chrome 浏览器扩展程序，可用于验证网站网页上是否存在 GA、Google Tag Manager 和其他与 Google 相关的代码片段（如 DoubleClick 广告）。你可以在任何网页上使用 Google Tag Assistant，无论你是否管理网站的网页或 GA 实施。有关 Google Tag Assistant 的详情，请访问 www.e-nor.com/gabook。

此外，跟踪的 Classic 版本和 Universal 版本使用非常不同的语法。如果其中一个网页（或其中嵌入了跟踪代码的独立 JavaScript 文件）的源代码 HTML 包含代码 4.2 所示格式的跟踪代码，或者除了代码 4.1 之外的任何格式，说明你仍然使用 Classic 版本并需要迁移到 Universal 版本。

代码 4.2　GA 的 Classic 版本跟踪代码与 Universal 版本的语法差别很大

```
<script type= "text/javascript">
var _gaq = _gaq || [];
_gaq.push(['_setAccount', 'UA-43490834-2']);
_gaq.push(['_trackPageview']);
(function() {
var ga = document.createElement('script'); ga.type = 'text/javascript'; ga.async
= true;
    ga.src = ('https:' == document.location.protocol ? 'https://ssl' : 'http://
www') + '.google-analytics.com/ga.js';
    var s = document.getElementsByTagName('script')[0];
s.parentNode.insertBefore(ga, s);
})();
</script>
```

如果你通过 Google Tag Manager 部署了 GA，并且 GA 代码类型未指定为 Universal Analytics，同时，你仍然使用 Classic 版本，那么你应该在 GTM 中迁移到 Universal。

1. 迁移到 Universal 的路径

是否迁移到 Universal 取决于你当前的实施，以及你是否还想同时转换到 GTM。可能会有以下几种情况：

1）你目前正在使用的是原生 GA 跟踪代码的 Classic 版本，正在向 Universal 原生 GA 跟踪代码迁移。

2）你目前正在使用的是 Google Tag Manager 中的 Classic 版本 GA 代码，并且你正在向 GTM 中的 Universal GA 代码迁移。

3）你目前正在使用的是原生 GA 跟踪代码的 Classic 版本，并且你正在向 GTM 中的 Universal 版本的 GA 代码迁移。

如第三项所述，你可以有效地从 Classic 版本迁移到 Universal 版本，同时，从原生代码切换到 GTM（见图 4.13）。

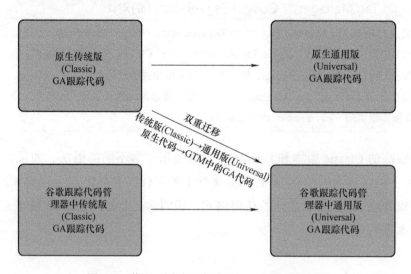

图 4.13　你可以同时迁移到 Universal 和 GTM 中

> **重要提醒**
>
> 如果你已经在 GA Classic 版本中编写了任何事件、社交跟踪、电子商务或自定义变量，那么当你在将主要跟踪代码更新为 Universal 版本的语法或切换到 Google Tag Manager 时，需要对其进行更新。

2. 什么时间之前需要完成迁移？

如果你确定自己仍在使用 GA Classic 版本，则应尽快计划迁移。Classic 版本跟踪代码可能会在 2016 年上半年及以后得到支持，但现在已被弃用，并可能随时终止（GA 团队一定会在完全停止使用 Classic 版本之前发布额外的通知）。此外，新的 GA 功能只能通过 Universal 版本实现，而不是通过原生跟踪代码的 Classic 版本实现，也不能通过 Google Tag Manager 中的 Google Analytics Classic 跟踪代码实现 。

3. analytics.js 意味着 Universal

Universal 和 Classic 版本跟踪代码分别称为 analytics.js 和 ga.js JavaScript 跟踪文件，它实际上完成了将 hit 数据发送到 GA 服务器的所有工作。特别是在原生跟踪代码（而不是 GTM）的环境中，许多 GA 帮助文档引用 analytics.js 和 ga.js 来区分 Universal 和 Classic 版本，如图 4.14 所示。

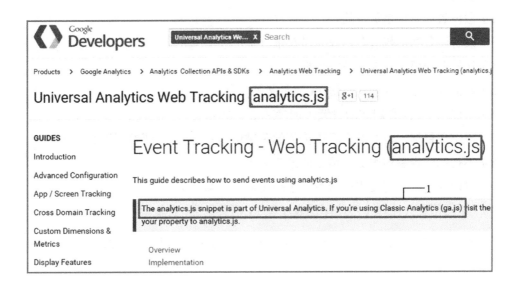

图 4.14 在文档中，analytics.js 通常用于表示 Google Universal Analytics，而 ga.js 对应于 Classic 版本

1—analytics.js 代码段是 Universal Analytics 的一部分。如果你正使用 Classic Analytics（ga.js），
请访问你后台的媒体资源获取 analytics.js

嘉宾观点　Google Analytics 的十大注意事项

　　布莱恩·克利夫顿（Brian Clifton）是搜索集成（Search Integration）的数据洞察总监。

　　GA 自 2005 年发布以来，就提供了免费版本，没错，正是因为免费，GA 被大量使用，目前大约有 3 000 万个网站正在使用 GA（http://trends.builtwith.com/analytics/Google-Analytics）。在此之前，所有网站分析工具的总用户数估计在 30 000 ~ 5 0000 之间。然而，这种千倍增长的缺点是，人们认为免费是廉价、肤浅甚至简单的代名词。正如你所知道的，GA 并非如此。

　　事实上，GA 是相当复杂的，甚至说非常难，除非分析就是你的日常工作。我的意思是说很难做才是对的，这样你的组织才会信任这些数据，使用它制定精明的决策（不仅仅是准备报告），并且通过改变数字化策略或方法从中获益。

　　在本节中，我会讨论如何通过避免可能破坏信任的常见陷阱和错误来获取对数据的信任。作为一位从业者，我经常遇到以下情况。之所以强调这些原因，是因为想要帮助你快速开始积累知识并获得竞争优势。

　　以下 10 个 GA 注意事项都很重要，除了第 1 个，其他重要程度排序不分先后。

1）收集个人信息。

2）假设数据质量是负责的。

3）没有区分客户与潜在客户（没有细分）。

4）比较电子商务数据与后端数据。

5）不清洗数据（或创建备份）（请参阅第 9 章）。

6）不使用 GTM 管理你的设置（请参阅第 5 章）。

7）不定义目标（对业务有真正价值的关键访问者行为）（请参阅第 8 章）。

8）不扰乱广告系列跟踪（请参阅第 7 章）。

9）对内部广告系列使用广告系列跟踪（请参阅第 7 章）。

10）不保留更改注释（不使用图表注释）（请参见第 11 章）。

　　其中第 5 ~ 10 个注意事项在本书的其他地方有讨论。因此，我将聚焦注意事项中的前四条。

1. 收集个人信息

　　在 GA 中收集有关访问者的个人身份识别信息（PII）严重违反 Google 的服务条款（www.google.com/intl/en/analytics/tos.html）。个人信息包括姓名、邮政地址、电子邮件地址、社会安全 / 身份证号、电话号码、信用卡信息、社交媒体名称等。所以你不应该有意在 GA 中跟踪这些内容。例如，不要跟踪电子商务交易的个人信息。但是，PII 的收集时常会发生错误，因为 GA 会默认记录所有 URL 参数。

例如，某位访问者订阅了你的通讯稿，你需要他们点击你发送给他们的邮件中的链接来确认他们的电子邮件地址。该链接如下所示：

www.mysite.com/newsletter?subscriber=y&fname=brian&lname=clifton

当访问者点击此链接时，他们会被带到你的网站，你的后端系统在此确认他们的地址。但是，访问者浏览器中加载的整个 URL 也由 GA 获取 ——包括包含名称（fname、lname）的各种参数。

无意捕获 PII 的另一种常见方式来自表单提交。如果表单是由 HTML GET 请求处理的，则表单字段中包含的所有信息都会附加到感谢页面的 URL，同样也由 GA 捕获。

（1）你收集 PII 吗？

检查你的网页浏览报告"行为" > "网站内容" > "所有网页"（Behavior>Site Content>All Pages）中是否存在 URL 无意收集了 PII 的情况。作为小提示，你可使用图 4.15 所示的表格过滤器快速搜索所有 URL 可疑内容。

搜索标准示例如下：

name = | email = | @ | address = | tel = | mobile =

请注意，这是一个正则表达式（表格搜索的默认匹配类型），其中的管道字符"|"表示 OR。如果获取的 URL 包含任何这些字段，那么它将显示在表格中。当你理解 URL 的结构时，你就可以调整正则表达式。有关正则表达式使用的更多详细信息，请参阅第 9 章。

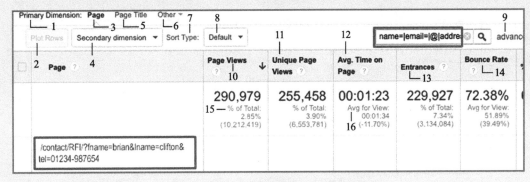

图 4.15 使用表格过滤器在 URL 中查找 PII

1—主要维度 2—绘制选定行 3—网页 4—次要维度 5—网页标题 6—其他 7—排序类型 8—默认 9—高级
10—网页浏览量 11—唯一页面浏览量 12—平均页面停留时间 13—进入次数 14—跳出率 15—占总数的百分比
16—平均浏览次数

为了确保你没有遗漏任何内容，请选择相对较长的时间段以检查数据（例如，过去6 个月）。

如果 PII 已经被有意收集，你很有可能在事件报告中将其找到"行为 > 事件 > 热门事件"（Behavior>Events>Top Events），并可查看在类别、操作和标签字段中获取的名称，如图 4.16 所示。

如果你运营一家电子商务网站，请检查关联字段（Affiliation field），如图 4.17 所示。

（2）如何删除 PII

首先，指导你的 Web 开发团队，说明 PII 在 URL 中传递的后果（一般是坏的结果）。最好能提前避免发生收集 PII 的情况，而不是发生这种情况之后尝试从 GA 中将其删除，因为这种方法并非万无一失。

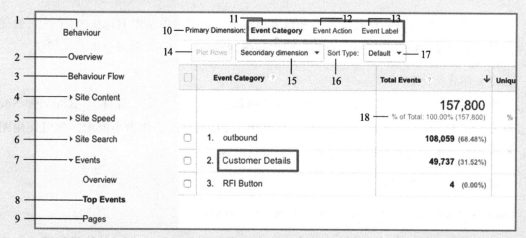

图 4.16　检查 PII 的事件跟踪参数

1—行为　2—概览　3—行为流　4—网站内容　5—网站速度　6—网站搜索　7—事件　8—热门事件　9—网页　10—主要维度　11—事件类别　12—事件操作　13—事件标签　14—绘制选定行　15—次要维度　16—排序类型　17—默认　18—占总数的百分比

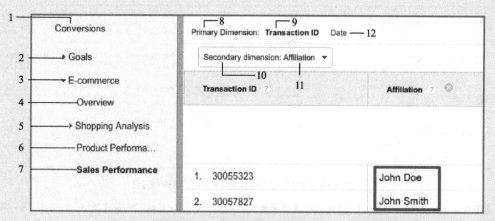

图 4.17　检查 PII 电子商务关联字段（Affiliation field）

1—转化　2—目标　3—电子商务　4—概览　5—购物分析　6—产品业绩　7—销售业绩　8—主要维度　9—交易 ID　10—次要维度　11—关联　12—日期

即便如此，也可以通过添加数据视图过滤器来锁定正在被收集的任何潜在 PII。你需要具有数据视图的"修改"权限才能执行此操作。第 9 章将介绍如何添加过滤器来清理数据。

（3）如果我已经收集了个人信息该怎么办？

最好用最佳实践的方式设置你自己的 GA 账户，以避免收集个人信息的情况。因此，请确保尽快应用本部分介绍的过滤器。但是，过滤器不具有追溯性，也就是说设置了过滤器之后的数据才会生效。

如果问题已经发生，请添加本部分介绍的过滤器，并与 Google 联系以解释情况。在大多数情况下，他们会删除 PII 污染的数据范围，即日期范围内所有会话中的所有数据（而不仅仅是 PII）。之后你应教育你的 Web 开发团队，以避免这种情况再次发生。

如果你明知这种情况却不采取任何行动或故意收集 PII，Google 将保留关闭你账户的权利，这意味着你会丢失所有数据和设置信息。

2. 假设数据质量是负责的

第 1 个注意事项是关于清洗数据，尤其是针对个人信息的收集方面。然而，清洗方法是数据治理整体方法的一部分，并且适用于所有数据。

（1）数据治理为什么很重要

正如一开始所提到的，每个人都要面对的数字化衡量问题就是数据真实性。我听到的高级管理人员和数据业务相关者最常见的问题是："我们如何相信数据？"

在数字化的世界中，绝大多数用户仍然是匿名的，占比可能高达 97%。网络零售组 2013 年第 12 次年度商家调查（www.e-tailing.com/content/wp-content/uploads/2013/04/pressre lease_merchantsurvey2013.pdf）显示，46% 的美国商家报告购买转化率在 1.0% ~ 2.9%。

因为匿名流量无法在不违反隐私法的情况下追溯到可识别的个人，所以对来自企业中不直接做数字化分析工作的人来说，对数据缺乏固有的信任。很多这样的人认为 97% 的数据都是"噪声"，不值得花费大量的精力去调查分析。

像这样缺乏对数据的信任是有根据的，除非你可以完全保证数据质量，也就是说，要执行一个数据质量是否可靠的健康检查和审核。拥有一个可靠的匿名数据平台，你就可以大幅提升网站表现。因为绝大多数的匿名网站访问者都来自于潜在的客户，通常优化提升效果会是惊人的，普遍是基本的 100% 优化的，有时甚至更多。因此在数据质量审核方面的投入非常有价值。

（2）数据质量健康检查

数据质量审核的目的是最小化 GA 数据的噪声和不准确度。该过程虽然烦琐，但是不需要查看代码就可以执行。图 4.18 是从《流量的秘密：Google Analytics 网站分析与商业实战》（*Successful Analytics*）中摘录的健康检查审核摘要页面。摘要主要针对高级管理人员，以便使他们可以对当前的数据质量状况一目了然。

该报告总结了设置的所有方面，根据你的业务的重要性对每行加权。表格底部是一个单独的数字，即你的 GA 质量得分（QS）。这代表你的数据的整体质量。

从健康检查审核报告中可以了解哪些地方是正常工作的，哪些地方按照当前数据设置有所遗失，哪些地方出了问题。你可以聚焦那些应优先考虑的地方，以满足组织的数据需求。

在图 4.18 中，首先看看整体 QS，也就是最后一行中的数字（QS = 13.8），其范围为 0 ~ 100，其中 100 表示组织处于最佳效果的设置状态。例子中的数据质量很低，对于分析而言是不可信的。当前首先需要做的是进一步地设置优化。

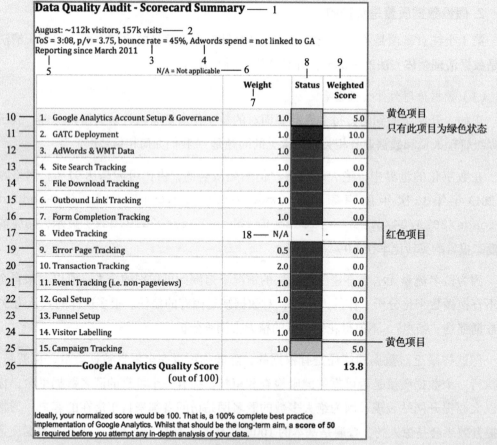

图 4.18　样本健康检查审核摘要

1—数据质量审核记分卡摘要　2—8 月：11.2 万访问者　3—跳出率　4—浪费＝没有关联到 GA　5—2011 年 3 月以来的报告　6—没有　7—权重　8—状态　9—权重分数　10—Google Analytics 账户设置 & 治理　11—GATC 部署　12—AdWords & WMT 数据　13—网站搜索跟踪　14—文档下载跟踪　15—出站链接监测　16—完成表格情况的跟踪　17—视频跟踪　18—无　19—错误页面跟踪　20—交易跟踪　21—事件跟踪（例如：没有浏览量）　22—目标设置　23—漏斗设置　24—访客标记　25—广告系列跟踪　26—Google Analytics 质量得分（最高分数为 100）

（3）数据质量得分的最小值是多少

理想情况下，质量得分为 100，是一个 100% 完整的最佳实践的 GA 实施。显然这是一个长期目标，以我的经验，QS 没有达到 50 之前，不要做任何分析，因为值小于 50 的话，数据中会有太多的漏洞和问题。

当你的数据质量得分很高（QS>80）时，你和同伴将对驱动策略的数据非常有信心。

了解整体质量得分后，请查看记分表的其余部分。它通过显示权重（重要性）、状态（红色、黄色、绿色）和每个项目（权重 × 状态）的加权得分来总结构成最佳实践实施的 15 个关键项目。显然，你希望在状态（Status）列中有多个绿色，并且能够解释报告的支持页面中的黄色和红色项目。

在图 4.18 中，15 个项目中的每个项目的权重由你的业务决定，也就是说它是跟踪该项目对你业务重要性的相对度量。0 表示不重要，1.0 表示最高重要性。2.0 的权重被预留用于交易跟踪，因为其具有特殊的重要性。对于图 4.18 中的每个非绿色项目，请考虑其权重。因为这是你完成改进 QS 工作的优先级列表。

该审核报告的第 1 页（记分卡摘要）是报告的最重要的部分，作为管理者，需要聚焦在此页。报告的其余页面解释了项目接收到黄色或红色状态值的原因。

（4）更多关于质量得分流程方面的内容

我开发的用于评估 GA 质量得分的方法在 *Successful Analytics: Gain Business Insights by Managing Google Analytics*（BrianClifton.com/about-the-book）一书中有详细介绍。你可以从 BrianClifton.com/audit-example 下载完整的示例（摘要和详细信息页面）报告。

3. 没有区分客户与潜在客户（没有细分）

GA 的最佳实践部署之后，你下一步去获得对你的数据的了解是去细分你的访问者。细分是成功分析的关键，因为没有细分，你看到的只是相关数据的平均值。

细分是将具有相似行为（细分）的访问者进行分组的功能。例如，访问者的细分可以是你的客户、高价值客户、订阅者、非客户或参与者。我使用参与者（engagers）这个词来描述在网站上完成了某些互动的访问者，这些访问者在目标、电子商务、会话时长或页面深度等方面对网站表现出极大的兴趣。

下载你的小册子意味着重要的互动参与，就像填写了联系需求表、评论了博客上的文章，或通过社交分享你发布的内容。你甚至可以将这些标准结合到一个序列细分，即用户能够匹配标准 *X* 和直接匹配标准 *Y*。

细分是一种将分析集中在具有相似特征的访问者群体的技术，而非聚焦整个数据池。

这样做的目的是剥离出该类人群的数据噪声，对于分析和优化非常有用。了解细分访问者表现如何比尝试去理解你网站上存在的成千上万的个体访问者模型更实用。

图 10.10 所示是一个关于参与者细分的例子，我们将会就细分话题展开广泛讨论。

4. 比较电子商务数据与后端数据

如果你拥有交易网站，你一定会希望通过 GA 衡量的交易和产品数据与后端系统收集的实际数字相匹配。然而，在实际情况中，下文中列出的一些问题可能会导致无法完全匹配。

（1）什么是可接受的差异水平？

无论是将 GA 电子商务数据还是将其他指标与后端系统进行比较，我通常都使用流量指示系统来确定差异是否需要采取措施：

1）**绿色**：差异在 5% 以内。可接受；继续监测，无须详细调查。

2）**黄色**：差异在 5% ~ 10%。特别提醒，你可能在 GA 中遇到设置问题。使用后端中存在而在 GA 中不存在（或不正确）的交易详情来确认问题。检查交易跟踪代码的正确性。

3）**红色**：差异大于 10%。需要马上关注。决定广告活动（advertising campaigns）成功的效果指标可能完全错误。几乎肯定是由于 GA 设置导致的错误。

这些指示只是每个指标的基础，并不是找到差异原因的总和。

（2）造成 GA 和后端之间电子商务数据差异的原因

以下任何因素都会导致 GA 中的电子商务报告与后端系统之间出现一定程度的差异：

1）**跨域跟踪**。在第三方域（例如 PayPal、Authorize.net 或 WorldPay）的付款网关上完成的交易需要配置跨域跟踪。这涉及将 GA 跟踪代码添加到网关模板页面。如果网关供应商不允许这样做，你必须实施电子商务跟踪的解决方法。这些配置的任何问题都会阻止 GA 正确记录交易。（第 8 章中，将介绍凡妮莎·萨比诺检查针对结算和付款网关的 GA 跟踪。）

2）**处理时间**。付款详情可能直到第二天（或下一个工作日）才会看到，或可能由于批量任务处理而延迟。

3）**阻止跟踪**。尽管这只会影响一小部分受众群体，但阻止第一方 cookie 或明确选择停用 GA 跟踪的访问者不会显示在 GA 报告中，但仍会使用后端销售系统生成交易数据。

4）**退货**。在你的 GA 报告中可能不会考虑后端销售系统中处理的产品退货和订单取消。

（3）你应该在 GA 中处理电子商务收入吗？

你可以通过处理负向交易（negative transaction）来计算 GA 报告中的退货。但是，由于以下两个原因我对此并不推荐：

1）将 Web 访问者数据与内部系统保持一致未必科学，因为退货通常在开始购买之后发生，因此处于不同的报告期间。

2）退货不代表营销或网站效果一定不好。例如，如果我在网上搜索"跑鞋"，然后从你的网站购买，这是一个完美的交易，反映了网站和其营销的成功。如果后来因为产品质量的问题退换，只是因为我退回我的鞋并不意味着该产品的营销投资应该改变。

有关调整 GA 和后端电子商务数据的完整讨论，请参阅 Brian-Clifton.com/top-google-analytics-gotchas]。

🔑 本章要点回顾

1）**只需要 Google 登录**。创建 GA 账户的唯一要求是 Google 登录。任何 Gmail 登录都可以，也可以使用与 Google 账户相关联的非 Gmail 邮件地址。

2）**100 个 GA 账户，每个账户 50 个媒体资源，每个媒体资源 25 个数据视图**。对于每个 GA 登录，你可以创建 100 个 GA 账户。每个 GA 账户将包含一个默认媒体资源，每个新媒体资源将包含一个默认数据视图。每个 GA 账户可以包含 50 个媒体资源，而每个媒体资源可以包含 25 个数据视图。

3）**无限制地访问额外的账户**。其他 GA 用户可以给你权限，使你能够访问不限制数量的 GA 账户、媒体资源和数据视图。

4）**媒体资源：网站或移动端 App**。网站或移动端 App 对应于 GA 媒体资源，而不是直接与 GA 账户相关联。

5）**强烈建议使用谷歌跟踪代码管理器（GTM）部署**。你应该考虑通过谷歌跟踪代码管理器部署 GA，而不是原生跟踪代码。

6）**Universal 迁移**。如果你使用的跟踪代码早于 2014 年 4 月，那么你有可能仍在使用 GA Classic 版本，有可能因此会需要升级到 Google Universal Analytics。

7）**Universal/GTM 双重迁移**。你可以将原生跟踪代码同时迁移到 Universal 和 GTM。通过更新到 Universal，以及将原生跟踪代码迁移到 GTM 作为相同流程中的一部分，你可以执行双重迁移。

8）**pageview hit**。GA 跟踪代码的核心 ga（'send','pageview'）功能不仅会发送有关网页的数据，还会发送有关用户的流量获取来源、设备和地理位置的数据。因此，每当在跟踪的网页上发生 pageview 操作时，一个完整的网页浏览匹配（pageview hit）就会被发送到 GA 服务器。

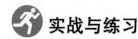 **实战与练习**

1）**根据需要创建一个新账户**。按照第 3 章中的内容查看你的衡量策略，并根据需要创建 GA 账户和媒体资源。你如果刚刚开始使用 GA 或对实施进行重大更改，应该首先在测试环境中进行，然后将更新迁移到产品环境。（第 5 章中针对环境有更详细的讨论。）

2）**创建测试账户**。如果你的组织已经在使用 GA，你可能不需要创建新的账户或媒体资源，但你仍然可以（使用组织的登录信息或你与 Google 账户关联的其他登录信息）创建测试版 GA 账户。

3）**Google Tag Assistant**。将 Google Tag Assistant 扩展程序添加到 Chrome。如果你还没有安装 Chrome，请先进行安装。

4）**Universal 迁移**。确定你是否仍在运行 Google Analytics Classic 版本（作为原生代码或在谷歌跟踪代码管理器中），如果是的话，请尽快计划迁移。

第 5 章
谷歌跟踪代码管理器的概念

在第 4 章中，我们在账户中创建了一个新的 GA 账户和新的 GA 媒体资源。然后，我们将提供的跟踪代码复制到我们的网站模板中，因此每个网页在加载时都会执行 ga（'send', 'pageview'）代码，从而填充我们的 GA 媒体资源。

现在，我们将介绍将数据导入 GA 的另一种方法：通过谷歌跟踪代码管理器（Google Tag Manager，GTM）中的 GA 跟踪代码。请注意，GTM 不能取代 GA，我们仍然需要创建一个 GA 账户和媒体资源，并在每次加载网页时仍向 GA 发送 pageview 的匹配（hit）。

然而，当我们使用 GTM 时，不用再将原生代码（native code）添加到页面中。相反，我们从容器代码（container code）开始。通过容器，我们将添加和修改 GA，同时能够使用容器向我们的网站添加其他类型的营销和分析跟踪代码。

> **笔记｜ 书中的示例将在 GTM 中提供**
>
> 由于 GTM 具备许多优于原生跟踪（native tracking）的优势，因此我们将以 GTM 格式提供以下章节中的代码实施示例（例如，针对事件、电子商务或跨网域跟踪）。所有示例的等效（equivalents）的原生跟踪都可以在 GA 帮助文档中找到，但它们不会在本书中出现。

5.1 GTM 的概念

GTM（Google Tag Manager）是谷歌的免费跟踪代码管理解决方案（GTM360 是另一个付费的选择，被包含在 GA360 中，包括提供客户支持以及一定程度的额外功能）。GTM 使添加、删除和更新网站标签变得更容易，而无须直接编辑网站代码，在组织（即营销人员和分析师）的添加代码（tagging）过程中发挥更直接的作用。另外还有各种其他付费跟踪代码管理解决方案（如 Tealium 和 Ensighten），他们提供与 GTM 相同的核心功能，你可以通过任何其他跟踪代码管理系统创建和部署 GA。

在本章中，我们将回顾一些基本的 GTM 词汇。如果使用其他跟踪代码管理系统，术语可能不同，但无论工具如何，概念是相同的。

5.1.1 账户

创建 GTM 账户的要求与创建 GA 账户的要求相同，如第 4 章所述，你的谷歌账户需要与 Gmail 地址或其他电子邮件地址相关联。

正如 GA 媒体资源（而不是 GA 账户）对应于网站（或移动端 App）一样，GTM 容器（而不是 GTM 账户）也是对应于网站（或移动端 App）的。GTM 账户更多地与组织级别相关：你可以拥有一个单一的 GTM 账户，它容纳了五个容器，其中包含你的组织正在管理的三个网站和两个 App。在 GA 中，我们考虑媒体资源要比考虑账户多，而在 GTM 中，我们考虑容器要比考虑账户多。

笔记 | GTM 用于移动应用（App）

　本章主要关注 GTM 在网站中的使用。在第 13 章中，我们将讨论 GTM 如何更加细致地监测 Android 和 iOS 移动端 App。

5.1.2　容器

顾名思义，将 GTM 容器想象为一个真正的存放东西的容器（container）是有帮助的，你可以通过该容器添加、删除和修改网站或 App 中的营销、分析和其他类型的代码（tag）。

创建 GTM 账户时，会自动创建一个容器。在同一个账户中，你可以为其他网站或 App 建立额外的容器。

对于每个 Web 容器，GTM 提供容器代码，以便将其纳入你网站的每个页面。在你的网站上加入容器代码后，你可以开始通过 GTM 向你的网站发布跟踪代码。

在几乎所有情况下，只向网站或应用添加一个 GTM 容器。然而，在某些情况下，例如跨域或汇总（roll-up）报告的情形下，让多个网站或应用程序共用一个容器可能会很实用，如第 12 章中将讨论的例子。

GTM 中最基本的概念如下，我们在下面也将继续描述：

1）容器。

2）容器所包含的跟踪代码（tag）。

3）触发跟踪代码（tag）的触发器。

下面还将讲到变量和数据层，它们如 GTM 的功能一样，某些方面更先进，但仍然是必不可少的。

5.1.3　跟踪代码

在大多数情况下，Web 容器中的跟踪代码（tag）执行一个与分析、网站优化或广告相关的 JavaScript 函数。更简单地说，我们基本上可以将跟踪代码看作脚本。

通过 GTM 部署的 GA 代码可用作原生 GA 跟踪代码的替代。不过请注意，GTM 不会取代 GA，它只是提供了另一种方法来记录数据到 GA。

术语 | 跟踪代码

在本书中，以及通过 GA / GTM 文档，你会注意到跟踪代码的使用有三种方式：

1）GTM 的跟踪代码（Google Tag Manager tag）。在大多数情况下，一个 JavaScript 作为一个独立单元在 GTM 内管理。

2）HTML 的跟踪代码（HTML tag）。指的是 HTML 页面标记的一部分，如 \<body\>（称为开放 body 标记）或 \</ head\>[称为封闭（close）head 标记]。

3）广告系列代码（Campaign tag）。你可以将广告系列代码 utm_medium、utm_source 和 utm_campaign 添加到入站链接，以便在"广告系列"报告中跟踪点击率。广告系列代码与上述两种代码的用法完全无关，通常也称为广告系列参数（Campaign Parameters）。我们将在第 7 章讨论广告系列跟踪。

5.1.4 触发器

要触发代码，必须具有关联的触发器（Trigger）。在主要通过 GA 网页浏览（pageview）跟踪器的传统情况下，你通常会应用内置的全部页面（All Pages）的触发器。要触发 GA 事件代码以跟踪出站链接，通常会将触发器定义为点击到不包含你自己的主机名并以 http 或 https 开头的网址。

一个与 GA 不直接相关的触发器的例子是，你可以做如下配置——当页面 URL 含有"/ thank-you"时，对用户弹出一个调研问卷。

5.1.5 变量

变量（Variable）是临时存储的值，你可以使用它们来填充和触发你的跟踪代码（tag）。GTM 提供了许多常用的内置变量，你还可以定义自己的变量。例如，如果内置的点击网址变量以 .pdf 结尾，你可以触发 GA 事件或虚拟页面浏览，也可以使用点击网址直接填充事件或虚拟页面浏览跟踪代码（tag），如第 6 章所述。

用于定义自己的变量的模型非常灵活：就像一些例子所展现的，你可以读入 JavaScript 变量或返回任何 JavaScript 函数（function）的结果（如当前时间），解析页面的跟踪代码（tag）或文本中的任何值（如博客标题或主题），或者从查找表（lookup table）输出值。在本章和后续章节中，我们将使用图 5.1 中所示的几个用户定义的变量类型。

第一方 cookie	自动事件变量	常量	容器 ID
容器版本	自定义事件	自定义 JavaScript	数据层变量
调试模式	DOM 元素	环境名称	HTTP 链接
JavaScript 变量	查找表	随机数	URL

图 5.1　尽管用户定义的变量在很多情况下并不是必需的，但它们却为跟踪代码和触发器

提供了 GTM 所具有的灵活性

5.1.6　数据层

数据层（data layer）对象存储你要传递给 GTM 的信息。你存储在数据层中的值通常来自你的后端数据存储，但也可以源于页面元素和用户交互。

变量和数据层作为 GTM 中的概念比代码（tag）和触发器更先进。对于 GTM 最基本的 GA 部署而言，你不需要定义任何自己的变量或使用数据层，但我们将在第 6 章、第 8 章和第 12 章中全面了解这些主题。

5.2　GTM 带来的好处

相比较手动部署原生 JavaScript 代码，诸如 GTM 的跟踪代码管理系统提供了一系列重要的改进。

笔记 | 其他代码管理系统
如果你使用的是 GTM 以外的代码管理系统，本章中所述的代码管理原则和大多数代码配置仍然适用，但用户界面将不同于 GTM。

5.2.1　管理

顾名思义，跟踪代码（tag）管理系统可以帮助你管理代码。如果你通过 GTM 部署所有的营销和分析代码，则可以一目了然地跟踪它们。虽然很少有开发人员、营销人员和分析师会承认，但我们中的许多人至少在一段时间内，基本上已忘记了在网站上包含的各种脚本。使用 GTM，可以更容易地跟踪你已部署的脚本以及你已部署它们的页面。

笔记 | Ghostery
想要快速查看有多少代码放置在网页上？ 在 Chrome 浏览器上安装 Ghostery 扩展工具并访问几个网站。在某些页面上运行的代码数量可能会让你大吃一惊，并且肯定会向你证明代码管理系统的作用。

5.2.2　灵活触发

如上所述，GTM 提供了一个非常灵活的触发模型。这是一个重要功能：你可以将所有跟踪代码（tag）保留在单个容器中，但仍然可以完全控制每个跟踪代码（tag）的单独触发。

由于跟踪代码（tag）需要触发器触发，因此你可以通过删除所有触发器（或应用一个屏蔽触发器）来暂时停用跟踪代码（tag），但仍然会在 GTM 中保留该跟踪代码（tag）以供参考或之后重新激活。

5.2.3　模板和开放格式代码

GTM 提供了各种内置模板，例如 GA、DoubleClick 或 AdRoll 重定向，供你配置和发布。需要注意的是，许多内置的 GTM 模板对应于非 Google 工具，并且数量在逐渐增长。

对于没有相应代码（tag）模板的工具（如第三方热图或调研工具），你可以通过开放格式的自定义 HTML 跟踪代码（Custom HTML Tag）来部署代码（code）。开放格式的自定义 HTML 跟踪代码可能容易被命名为自定义的 JavaScript 代码（Custom JavaScript Tag），因为几乎在所有的实例中它都包含 JavaScript。

实际上，自定义 HTML 代码（tag）不仅仅适用于第三方营销和分析代码（code）：你可能用它来将任何 JavaScript 添加到你的任何网页中，例如，在导航菜单中文本的更新不会立即生效，而是将延迟到代码（code）发布时。

5.2.4　自定义和更新

对于基于模板的跟踪代码（tag），更新可直接在跟踪代码（tag）界面中使用。例如，如果 GA 对跟踪代码（tag）进行任何更改，则这些更改将通过 GTM 在后台更新。同样，任何新的跟踪代码（tag）配置都将显示在 GTM 中的 GA 代码中：你无须手动更新跟踪代码（tag），就可以在 GTM 中更改 GA 代码中的配置，然后重新发布。

5.2.5　结构化变量保持一致

由于触发器、变量和代码（tag）的可配置性，GTM 同时提供了很大程度的控制性和灵活性。例如，如果你想要区分不同注册按钮的点击次数，你可以不停地生成以注册（sign up）、点击（click）作为类别和操作的 GA 事件，也可以换一种方式，利用变量来动态填充按钮大小、颜色或位置。由于数据一致性和针对性是良好分析所需要的，GTM 的控制性和灵活性的组合是 GA 实施的一大福音。（第 6 章将详细探讨 GA 事件跟踪。）

5.2.6　模块化和可重用性

GTM 元素的模块化特性（如触发器和变量）使得它们非常具有可重用性。你已经在两个购买确认 URL 上定义了调研工具的触发器了吗？你可以使用跟它一样的触发器来测试新产品的交叉销售弹出式窗口。想要将你的每个博客帖子的作者填充为 GA 中的内容组和自定义维度？你可以写一个变量，并使用它来填充两者。

5.2.7　更多的市场 / 分析部门的参与

GTM 的另一个重要优点是它可以帮助将营销和分析代码部署的更多控制权交给营销人员和分析师，避免出现阻碍一般网站版本发布的瓶颈。这并不是说营销或商业智能部门应该单方面地或随机地向网站添加跟踪代码（tag）。与开发人员和 IT 定期沟通仍然是最佳实践——在某些情况下，例如通过 GTM 进行 GA 电子商务跟踪，仍然需要开发人员支持来填充数据层——但是使用 GTM，大多数市场营销和广告代码更新不需要争夺开发排期上的优先级或陷入缓慢的开发周期（见图 5.2）。

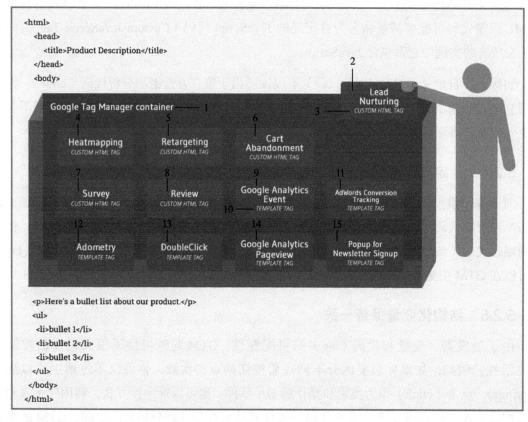

图 5.2　GTM 可以帮助营销和分析团队部署分析、优化和广告脚本（即使 IT 人员保留对发布的控制）

1—GTM 容器　2—销售线索培育　3—自定义 HTML 跟踪代码　4—热图　5—重定向　6—购物车放弃　7—调研　8—评论
9—GA 事件　10—模板跟踪代码　11—AdWords 转化跟踪　12—Adometry ⊖　13—双击　14—GA 网页浏览　15—新闻
稿注册弹窗

作为其他两个潜在的工作流程，市场营销人员和分析师可以向 GTM 添加跟踪代码（tag），但将发布留给 IT 人员，或者营销人员和分析师可以向 IT 人员传达跟踪代码（tag）要求，然后 IT 人员可以添加和发布跟踪代码（tag）。

在任何上述情况下，GTM 都提供了一个更加系统化的过程，以便在你的网站上包括营销和分析脚本，并且在许多情况下，它避免了只能依赖于将代码投放出去才能使更改生效的情况。

笔记 | GTM 和数据收集的治理
如前所述，诸如 GTM 之类的跟踪代码（tag）管理系统允许你自己负责你已部署到你的网站的所有或至少大多数的跟踪代码（tag），并控制跟踪代码（tag）修改和发布的访问权限。我们可以在企业数据收集治理项目的更大背景下考虑这些可行的、每日可得的好处：治理始于准确地知道你在做什么，在哪做和如何做。在安全或质量管理标准的审核或认证的情况下，GTM 中可用的跟踪代码（tag）和触发器库存（trigger inventory）将大大方便任何所需的评估。

⊖　Aometry 是一家被 Google 收购的营销分析公司。——译者注

5.3　创建 GTM 账户和容器

在通过 GTM 部署 GA 或任何其他功能之前，你必须先创建一个 GTM 账户。你的第一个容器将会在账户中自动创建，然后你需要将容器代码添加到你网站的每个网页。

5.3.1　创建账户

要创建 GTM 账户，请转到 `https://tagmanager.google.com`，然后按照提示操作。在大多数情况下，你可以将你的组织用作账户名称，将你的网站作为容器名称（见图 5.3）。

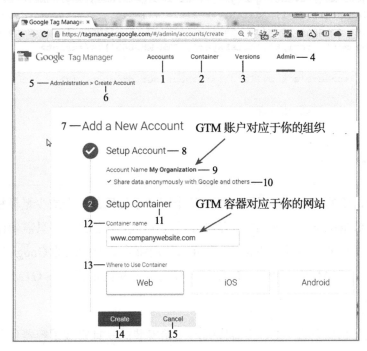

图 5.3　GTM 账户通常对应于你的组织，GTM 容器通常对应于网站或移动端 App

1—账户　2—容器　3—版本　4—管理　5—管理　6—创建账户　7—添加新账户　8—安装账户　9—账户名称 / 我的组织
10—与 Google 和其他人匿名分享数据　11—安装容器　12—容器名称　13—在哪里使用容器　14—创建　15—取消

5.3.2　将容器代码添加到网站

创建账户和容器后，系统会提示你安装容器代码（Code）。你最好将容器代码放在页面模板中的 \<body> 标签（tag）之后，见代码 5.1。GA 跟踪代码（tracking code）的位置与此不同，它要求我们把它加在 \</ head> 之前。

为什么我们应该在 \<body> 之后放置容器代码？这确保了在容器中的代码开始执行之前，脚本依存环境（script dependencies）被加载到页面的 \<head> \</ head> 部分中。例如，你在 GTM 代码中包含的任何 jQuery 代码都需要使用主要的 jQuery 库，你通常在 \<head> \</ head> 中引用它。另请注意，你不能在 HTML 网页的 \<head> 部分中放置 \<iframe>，例如引用 GTM 容器代码的 \<iframe>。

代码 5.1 在你的网页模板的 HTML 中放置 GTM 容器代码

```html
<html>
        <head>
                <title>Product Description</title>
        </head>
        <body>
<!- GTM ->
<noscript><iframe src="//www.googletagmanager.com/ns.html?id=GTM-MZGZ83" height="0"
style="display:none;visibility:hidden"></iframe></noscript>
<script>(function(w,d,s,l,i){w[l]=w[l]||[];w[l].push({'gtm.start':
new Date().getTime(),event:'gtm.js'});var f=d.getElementsByTagName(s)[0],
j=d.createElement(s),dl=l!='dataLayer'?'&l='+l:'';j.async=true;j.src=
'//www.googletagmanager.com/gtm.js?id='+i+dl;f.parentNode.insertBefore(j,f);
})(window,document,'script','dataLayer','GTM-MMGZ83');</script>
<!- End GTM ->
                <p>Here's a bullet list about our product.</p>
                <ul>
                        <li>bullet 1</li>
                        <li>bullet 2</li>
                        <li>bullet 3</li>
                </body>
</html>
```

　　如第 4 章所讨论的，大多数网页都是由整个网站中使用的单个或少量模板或母版页构成的，因此在大多数情况下，添加 GTM 容器代码是一个快速过程——只需确保将容器添加到不使用标准页面模板的任何独立页面。（你可以使用第 4 章中讨论的 Google Tag Assistant 来检查任何网页上的 GTM 容器代码。有关在所有页面上验证是否存在 GTM 跟踪代码的其他工具，请访问 www.e-nor.com/gabook。）

　　Web 开发人员仍然负责 GTM 容器代码的初始安装。一旦安装了容器代码，直接依赖开发人员的脚本添加可能会减少，因为分析师和营销人员将能够通过 GTM 的 Web 界面添加代码，如同上面我们所讲的那样。我们将在本章后面部分讨论 GTM 的访问权限和工作流程。

5.3.3　在 WordPress 中安装 GTM 容器

　　你可以通过下列两种方式在 WordPress 中安装 GTM 容器：

　　1）打开 header.php，并在 <body> 代码之后手动添加跟踪代码，见代码 5.1。

　　2）在支持 GTM WordPress 的插件中选择一种进行安装。

　　如果你使用 GTM 插件，则需要用你的 GTM 容器 ID 配置该插件。插件可能还有一些其他选项，例如自动填充数据层，包含作者、类别和登录状态的变量，你可以使用第 12 章中所讨论的自定义维度和内容分组值。

　　这里推荐一款全功能的为 WordPress 定制的插件——Google Tag Manager for WordPress，这款插件是由塔马斯·盖革（Tamás Geiger）开发的。

5.4   通过 GTM 部署 Google Analytics

如前所述，GA 和 GTM 是独立的系统。用 GTM 来部署 GA 并不是必需的，你可以按照第 4 章中所述选择原生代码跟踪，你也可以使用 GTM 排他性地部署 GA 之外的代码（tag）。也就是说，GTM 确实提供了大量内置的 GA 标记（tag）功能，因此，除了之前列举的 GTM 的好处，这也是另一个很好的理由来使用 GTM 满足我们的 GA 跟踪需求。

重要的是记住，GTM 不会取代 GA。它只是提供了另一种方法在你的网页上包含 GA 跟踪。实施部署的其他方面还是需要你亲自去做，例如视图过滤和目标配置，这与使用原生部署的情形没有区别。一旦数据被收集并被处理，你仍然可以跟原生部署的情形一样去使用 GA 报告界面（或 GA API）。

5.4.1   创建 Google Analytics Pageviews 跟踪器

要在 GTM 中创建 GA 网页浏览（pageview）跟踪代码（tag），请按以下步骤操作：

步骤 1：在 GTM 中，点击你要添加 GA 代码的容器。

步骤 2：在左侧导航面板中，单击"标记"（Tags），然后单击"新建"（New）。

步骤 3：如图 5.4 所示配置你的跟踪代码（tag）。

步骤 4：保存跟踪代码（tag）。

请注意，保存代码不会使代码处于激活状态，你仍然需要按下文所述发布容器。

请注意，我们没有将 GA 媒体资源 ID 硬编码到（写死在）跟踪代码（tag）中，而是创建了一个非常简单的文本常量变量（text-constant variable）。我们可以在 GA 事件、社交操作和电子商务代码中使用此相同的变量。此外，如果我们在测试媒体资源中首先获取 GA 数据，然后推送到作业媒体资源（production property），我们就可以更新媒体资源 ID 变量，而无须编辑一个或多个 GA 代码。

为 GA 媒体资源 ID 创建变量是一种快速而直接的方式，可以开始利用 GTM 提供的模块化和可重用性，如图 5.5 所示。但是，该变量是可选的——你可以直接填充跟踪 ID 字段，虽然这不是最好的做法。

另请注意，我们已选择"启用展示广告功能"。此设置有助于确保填充"受众特征和兴趣"报告，并允许 AdWords 和 DoubleClick 实现其他广告功能。第 12 章将进一步详细检验此功能和其他跟踪的自定义设置。

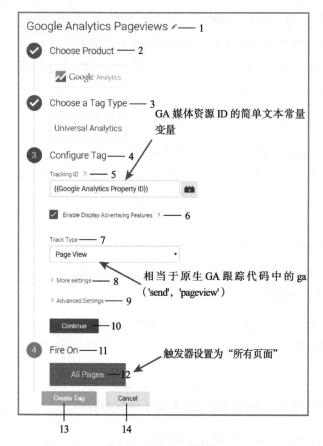

图 5.4　在 GTM 中配置
Google Analytics Pageview（s）代码

1—GA 网页浏览　2—选择产品　3—选择一个跟踪代码类型　4—配置
跟踪代码　5—跟踪 ID　6—启用展示广告功能　7—跟踪类型　8—更
多设置　9—高级设置　10—继续　11—触发　12—所有页面　13—创
建跟踪代码　14—取消

图 5.5　我们的 GA 媒体资源 ID 的简单文本常
量变量——不是强制性的，却是最佳实践

1—创建变量　2—GA 媒体资源 ID　3—选择类型
4—配置变量　5—值　6—创建变量　7—取消

5.4.2　预览 / 调试

如果你之前已经在你的网站上包含容器代码，则可以在发布代码之前在预览 / 调试模式下查看代码，以确保其在预期位置。如果你的代码旨在对网页进行可见更改，你还可以在预览模式中看到更改。

要在预览 / 调试模式下查看你的代码（tag），操作如下，见图 5.6 和图 5.7：

1）确保在要调试的网页上包含 GTM 容器代码。

2）单击"发布"按钮右侧的下拉按钮。

3）单击"预览"按钮。

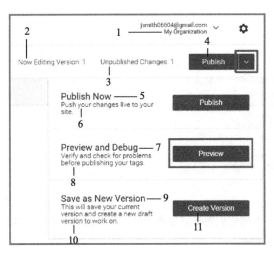

图 5.6　启动预览 / 调试模式

1—我的组织　2—现在编辑的版本：1　3—未发布的变更：1
4—发布　5—立即发布　6—将所做更改发布到你的网站
7—预览和调试　8—在发布代码之前验证并检查问题
9—另存为新版本　10—这将保存你当前的版本，并创建
一个新的草稿版本　11—创建版本

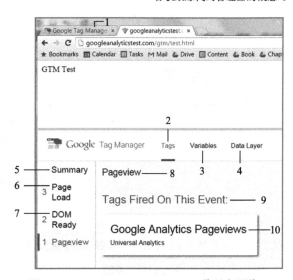

图 5.7　Google Analytics Pageviews 代码在预览 /
调试模式下启动

1—谷歌跟踪代码管理　2—跟踪代码　3—变量　4—数据层
5—摘要　6—网页加载　7—DOM 就绪（DOM 是专用名
词——译者注）　8—网页浏览　9—在此事件上触发的跟踪代码
10—GA 网页浏览

5.4.3　发布和版本控制

要使你的 GTM 更改生效，你必须发布你的容器（在将容器代码添加到你的网页后）。

当你发布容器时，你将自动创建一个容器版本，作为容器当前状态的快照。GTM 会跟踪你创建的每个容器版本，如果有必要，你可以还原到任何容器版本（由于代码部署造成的非故意产生的副作用等）。

1. 指定单个发布者

对于许多组织，指定一个人或一个非常小的团队负责发布你的 GTM 容器是有帮助的。由于容器中的所有代码都是同时发布的，因此发布者应该在发布时了解容器中每个代码、触发器和变量的状态和功能，并与 IT 和开发人员沟通发布的相关事项（如果指定的发布者不直接属于 IT / 开发团队的一部分）。

如果你向外部机构提供发布的权限，他们应该了解容器中每个元素的目的和状态。为避免发布可能尚未准备发布的代码，通常建议你将发布权限限制为最多一个单一的外部代理商。

2. 所有代码同时发布

如前所述，请务必记住容器中的所有代码都是同时发布的。作为最佳方案，你可以使用图 5.8 中的代码命名约定（naming convention），以便轻松评估容器中每个代码的发布准备情况。在图 5.8 所示的容器中，名称不以 ACTIVE（激活）开头的代码都是尚未准备好发布的。

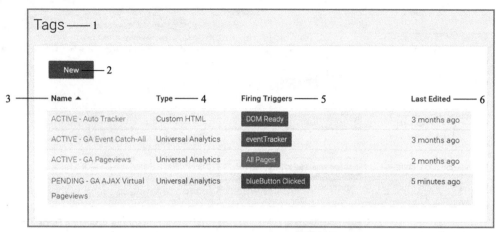

图 5.8　你可以使用 PENDING（暂缓）为代码添加前缀，直到它们准备好发布为止，准备好之后你可以使用 ACTIVE 作为它们的前缀

1—跟踪代码　2—新建　3—名称　4—类型　5—触发触发器　6—最近一次编辑

另一个可行策略是创建一个名为 HOLDING（保持）的 GTM 文件夹，并且只有在准备好发布代码后才将代码移出该文件夹，这样在 HOLDING 中存在的任何代码应该指示容器不被发布或不被重新发布（(re)published）。

笔记|　使用 GTM 文件夹来组织你的代码、触发器和变量

如上所述，你可以创建一个名为 HOLDING 的文件夹，其中保留任何尚未准备好用于上线环境的代码、触发器或变量。你还可以使用文件夹来根据创建者、部门或功能（如 Google Analytics、热图和调研工具等）组织 GTM 资源。

这些文件夹仅用于组织你的 GTM 资源，以使任何方式对你而言都是最靠谱的；移动资源或更改文件夹名称并不会让功能发生改变，因此你可以根据需要自由组织和重新组织代码、触发器和变量。当然只要记住，应该首先与那些能访问容器的同事和客户协商。

---

3. Google Analytics Tag 与原生 GA 跟踪代码是等效的

到目前为止，本章涵盖了通过 GTM 部署 GA 的所有基本步骤：

步骤 1：创建一个 GTM 账户和容器。

步骤 2：将容器代码添加到你网站的所有网页。

步骤 3：进入容器，添加一个跟踪代码类型的 GA 代码（tag），类型设置为"网页浏览"（Page View）。

步骤 4：将"所有页面"触发器应用于代码（tag）。

步骤 5：保存代码（tag），然后发布容器。

那么我们完成了什么？此时，我们将按照第 4 章中详述的原生代码部署过程执行相同的跟踪，并且我们记录了如图 4.7 所示的相同的网页浏览（pageview）类型的匹配（hit）的数据。

GTM 部署似乎比原生部署需要做更多的工作，但是当我们在后续章节中讨论其他跟踪需求（如事件和跨域）时，GTM 提供的轻松性和灵活性将变得清晰。

此外，现在我们有一个容器准备就绪，我们可以轻松地部署和管理代码（code），实现除了 GA 之外的许多其他目的了。

5.5 访问权限

GTM 中的用户管理非常简单，如下所述。

5.5.1 账户访问

创建账户的用户可以在"管理"（Admin）界面的"账户"（Account）栏中点击"用户管理"（User Management），并向其他 Google 登录名提供如图 5.9 所示的访问级别。

图 5.9 账户权限的两个选项（以及没有账户权限）

1—添加新用户　2—邮箱　3—账户权限　4—名称　5—容器权限　6—添加　7—取消

账户级访问不会自动授予容器级访问权限。相反，容器级访问不需要任何账户级访问。简而言之，账户访问和容器访问是单独管理的。（GTM 访问模型取决于将在第 9 章中讨论的 GA 的级联访问权限模型。）

一旦你为其他登录名提供完整的账户级访问权限，该登录名就具有所有与你所做的相同的管理权限（包括账户删除和为任何其他登录的账户进行容器权限的分配），因此必须谨慎对待。

5.5.2 容器访问

对于 GTM 的持续使用，容器权限（见图 5.10）比账户权限相关性更高。

图 5.10　容器权限

1—添加新用户　2—邮箱　3—容器权限

具有"仅限查看和修改"权限的用户可以创建代码，但不能发布。你应该对"查看、修改、删除和发布"权限的分配非常谨慎。发布代码是一件严肃的事情，并且权限应该只扩展到一个人或少数人，他们能在任何时间点了解容器中每个代码、触发器和变量的技术功能和业务需求。

重要提醒｜　对进入容器发布状态的操作要极其小心
作为 GTM 管理的一个惯例，只有一个人或者最少的人应该拥有容器发布的权限，这些人应该理解容器中每个元素的功能和状态。 如果你的组织和一个或多个第三方机构可以向同一个容器中添加代码，则应对发布访问和流程进行更严格的控制。

5.5.3　两步验证

如果你在图 5.11 所示的账户设置中选择两步登录验证作为选项，GTM 用户需要进行额外的身份验证如下：

- 创建或修改 JavaScript 变量或自定义 HTML 标记。
- 修改用户设置。

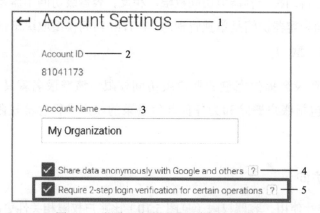

图 5.11　谷歌两步登录验证附加安全措施

1—账号设置　2—账户 ID　3—账户名　4—与 Google 和其他人匿名分享数据　5—需要对某些操作进行两步登录验证

两步登录验证被多种 Google 服务所采用，所以它不是专门针对 GTM 的。除了用于登录的密码之外，两步登录验证还需要输入通过文字、语音通话或 Google 移动端 App 发送的特殊安全码。

采用这个额外的安全措施是一个明智的选择。如果未经授权的个人访问你的 GTM，他们可能会造成严重的破坏。

5.6 从原生跟踪迁移到 GTM

一旦你决定实施 GTM，你应该计划将尽可能多的页内跟踪迁移到 GTM 代码。如果你在 GTM 中实施了一些分析和广告代码，但却让另外一些代码保留它们原生部署的状态，这不是最佳实践方式。

例如，通过 GTM 实施 GA 和重定向，而在你的网页上以原生格式保留调研和购物车放弃的代码是不理想的。

尽管有几种类型的代码无法通过 GTM 进行部署 [例如同步加载分组测试（split testing）所需的代码——请参阅 GTM 在线帮助文档中的 "谷歌跟踪代码管理器不支持的代码"（*Are There Tags That Google Tag Manager Does Not Support*）]，你仍应该计划通过 GTM 部署所有营销和分析代码，或至少部署尽可能多的代码，从而最大限度地利用工具在基础性管理方面的优势。

5.6.1 GTM 和升级 Universal 版本

如第 4 章所述，如果你仍在使用 Classic 版本的 GA 原生跟踪，则可以通过将原生 GA 代码替换为 GTM 容器代码，并通过发布 Google Universal Analytics 代码至 GTM 容器，将 Classic 版本的 GA 迁移到 Universal 版本⊖中，并将代码同时切换到 GTM。

重要提醒
在切换主要网页浏览（pageview）跟踪的同时，你必须将所有 GA 事件、社交跟踪或电子商务跟踪从原生切换到 GTM。   如果你已为 GA Classic（通过 GTM 或原生跟踪）实施自定义变量，则必须在 GA Universal 中开始跟踪自定义变量作为自定义维度。

5.6.2 维护原生 GA 代码，同时构建 GTM

如果你目前使用原生 GA 跟踪代码，则可以在通过 GTM 构建 GA 跟踪时维护该代码：

1）将 GTM 容器代码添加在测试环境的页面模板中。

2）将 GA 原生跟踪代码保留在测试环境中。

3）在 GTM 中配置 GA 网页浏览（pageview）跟踪。在适用的情况下，还可以配置第 6

⊖　Universal Analytics 是 GA 的一个升级版本。——译者注

章和第 8 章中描述的 GA 事件和电子商务跟踪。

① 在 GTM 中配置 GA 网页浏览、事件和电子商务代码时，请使用与原生 GA 跟踪代码中的媒体资源 ID 分开的 GA 媒体资源 ID。

② 要在多个 GA 代码中轻松更新媒体资源 ID，请将媒体资源 ID 封装在文本常量变量中，如图 5.5 所示。

4）与测试环境进行交互，以便同时在两个 GA 媒体资源中生成数据。

5）根据主机名创建自定义细分，例如 dev.mysite.com，以便仅查看测试环境的数据。（细分将在第 10 章讨论。）

6）当通过 GTM 跟踪的 GA 媒体资源与原生跟踪的 GA 媒体资源的数据达成一致性校验时（即在给定时期内所有报告中的指标看起来相同）：

① 将 GTM 中的 GA 代码的媒体资源 ID 更改为原生跟踪器的媒体资源 ID，然后重新发布容器。

② 同时删除原生跟踪器。

③ 在你的作业环境（production environment）中进行复制。

此过程将验证你通过 GTM 进行的 GA 跟踪是否与你要替换的原生 GA 跟踪匹配，并在你的工作媒体资源（working property）中提供连续性的跟踪。在接下来的部分中，一旦你从原生跟踪迁移到 GTM，我们会持续地考虑你的开发和作业环境中的 GTM 容器和 GA 媒体资源 ID 的选项。

5.7 GTM 环境

GTM 中的环境（Environments）功能允许你在发布到上线（Live）环境之前将容器发布到开发环境和（或）上线准备（staging）环境。此功能消除了为开发、暂存和上线 / 作业服务器维护单独容器的需要。

创建自定义 GTM 环境

你可以从 GTM "管理" 界面的 "容器"（Container）栏中访问 "环境"（Environments）面板。之后，你可以单击 "新建"（New）以显示可以创建新环境的面板，如图 5.12 所示。在 Destination URL（目标 URL）项目中，可指定在哪个环境中应该被激活的主机名（或上线环境的主机名下的子目录）。选择 "默认启用调试"（Enable Debugging by Default）以显示之前在图 5.7 中展示的 "调试" 面板，这一面板在你访问指定的主机名上的页面时会显示出来；否则，只有在共享它的环境中才会启用预览（无调试）。

你可以为开发网站、你的上线准备网站以及可能是开发或质量检查（QA）流程一部分的任何其他网站实例创建新的 GTM 环境。

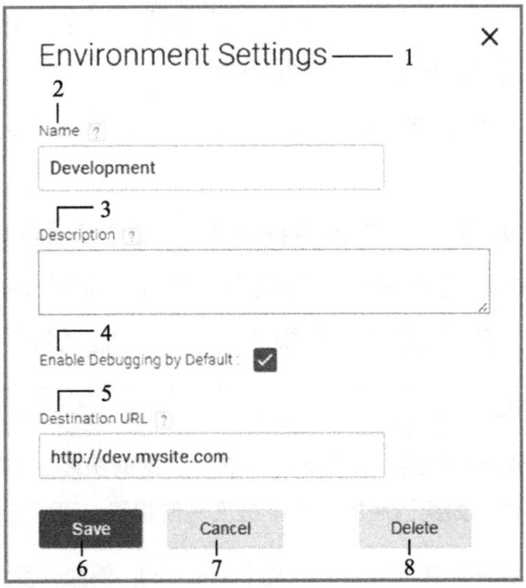

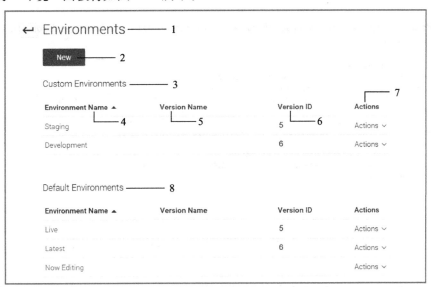

图 5.12　配置新的 GTM 环境时，请将调试服务器（staging server）（或上线准备环境下的主机名下的子目录）
的主机名指定为 Destination URL（目标 URL）

1—环境设置　2—名称　3—描述　4—默认启用调试　5—目标 URL　6—保存　7—取消　8—删除

创建新的 GTM 环境后，你会收到有关在该环境中预览和调试的两种不同方法的通知：

1）代码段（Snippet）：在开发 / 上线准备（development/staging）页面上包含容器代码的备用版本。

2）预览链接：通过共享链接预览 / 调试自定义 GTM 环境，而不是将容器代码的备用版本复制到上线准备（staging）页面上。

接下来我们将更详细地讨论环境共享选项。

一旦为调试和开发创建了环境，并且你已经开始按照下面描述的方式将代码发布到环境中，容器的"环境"面板将如图 5.13 所示。

图 5.13　容器的"环境"面板列出了默认环境以及你创建的任何自定义环境

1—环境　2—新建　3—自定义环境　4—环境名称　5—版本名称　6—版本 ID　7—操作　8—默认环境

除了你定义的任何自定义环境之外，每个容器还包括三个默认环境：

1）Live（上线）：发布到作业环境的容器版本。

2）Latest（最新）：你已保存的草稿容器的最后一个版本，无论你是否已将其发布到上线环境或任何自定义环境。

3）Now Editing（现在编辑）：容器的草稿版本，其中包括自你保存最后一个版本以来的任何更改。当你发布容器的当前草稿时，将创建新版本（如果你尚未保存新版本），并且该版本将成为最新环境，无论你已发布哪个环境（上线或自定义环境）。

术语｜ 容器版本和容器环境

正如我们在本章 5.4.3 小节所提到的，一个版本是你的容器的快照。如果你对容器进行了大量更改，则可以保存多个版本，添加备注，如果以后的版本中出现任何错误，可重新发布以前保存的任何版本。

环境对应于你的实时网站和任何其他网站上下文（contexts），例如开发或上线准备（staging），你需要单独发布 GTM 更改。容器的最新发布版本和编辑后的版本也列为默认环境。

版本驻留在环境的上下文中，并且相同的版本可以在多个环境中发布。在图 5.13 中，版本 6 已发布到开发（Development）环境，但版本 5 是最新发布到上线准备（Staging）和上线（Live）环境的。

---

1. 通过代码段（Code Snippet）共享环境

此选项可帮助你从"环境"面板的"操作"（Actions）菜单中选择"获取代码段"（Get Snippet），将容器代码的单独版本复制到开发环境或暂存环境中，如图 5.14 所示。请注意，此代码段不对应于单独的容器本身；相反，它是上线（Live）容器的环境变量（Environment variation）。容器 ID（在这种情况下为 GTM-MHZM6G）本身不变。

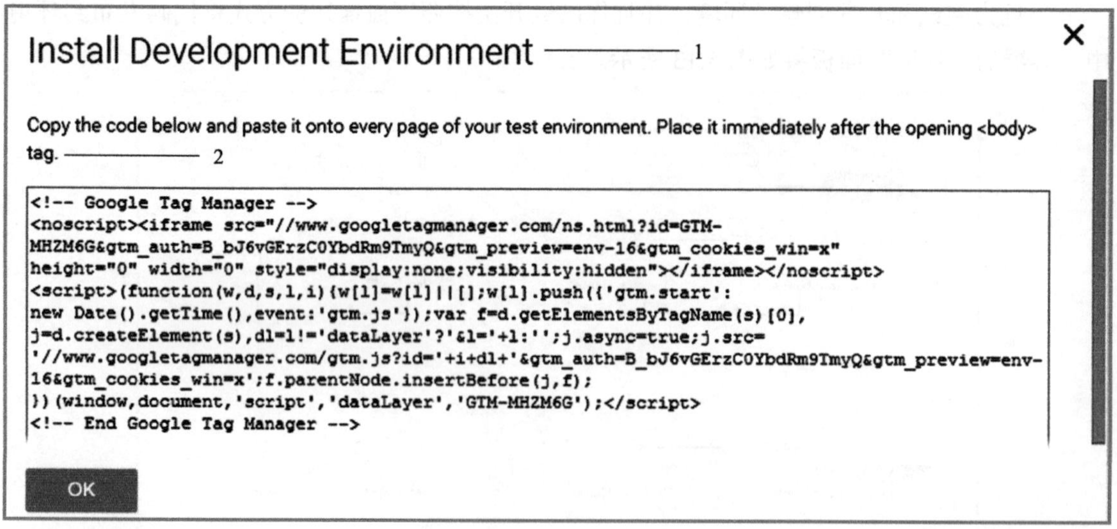

Install Development Environment —— 1　✕

Copy the code below and paste it onto every page of your test environment. Place it immediately after the opening <body> tag. —— 2

```
<!-- Google Tag Manager -->
<noscript><iframe src="//www.googletagmanager.com/ns.html?id=GTM-
MHZM6G&gtm_auth=B_bJ6vGErzC0YbdRm9TmyQ&gtm_preview=env-16&gtm_cookies_win=x"
height="0" width="0" style="display:none;visibility:hidden"></iframe></noscript>
<script>(function(w,d,s,l,i){w[l]=w[l]||[];w[l].push({'gtm.start':
new Date().getTime(),event:'gtm.js'});var f=d.getElementsByTagName(s)[0],
j=d.createElement(s),dl=l!='dataLayer'?'&l='+l:'';j.async=true;j.src=
'//www.googletagmanager.com/gtm.js?id='+i+dl+'&gtm_auth=B_bJ6vGErzC0YbdRm9TmyQ&gtm_preview=env-
16&gtm_cookies_win=x';f.parentNode.insertBefore(j,f);
})(window,document,'script','dataLayer','GTM-MHZM6G');</script>
<!-- End Google Tag Manager -->
```

OK

图 5.14 作为让开发环境中的 GTM 更改对其他用户可见的一个选项，你可以要求开发人员将 GTM 环境代码段复制到所有开发页面上

1—安装开发环境　2—复制下面的代码并将其粘贴到测试环境的每个页面上。紧挨着起始端的 <body> 代码后面放置

重要提醒 | 不要使用上线准备（staging）环境代码段覆盖你的实时容器代码段
如果作为网站版本的一部分，你使用上线准备（staging）环境代码段覆盖包含上线（Live）容器代码段的页面模板，则发布到上线准备（staging）状态的最新版本将在作业环境（production environment）中生效，无论是否准备就绪。如同我们后面会讲到的那样，作为一项预防措施，你可以将上线 / 作业环境（live/ production environment）的屏蔽触发器（blocking trigger）应用于任何新代码（tag）。一旦你对新代码进行质量检查（QA），就可以移除屏蔽触发器并发布到上线（live）环境。

2. 通过预览链接共享环境

有点令人惊讶的是，如果你没有使用以前在 GTM 中提供的版本预览选项，你可以从"环境"面板的"操作"菜单（Actions）中选择"共享预览"（Share Preview），与其他用户共享环境预览，而实际上在开发环境中不会对容器代码进行任何更新（但是，容器的默认代码段需要显示在页面上）。参见图 5.15。

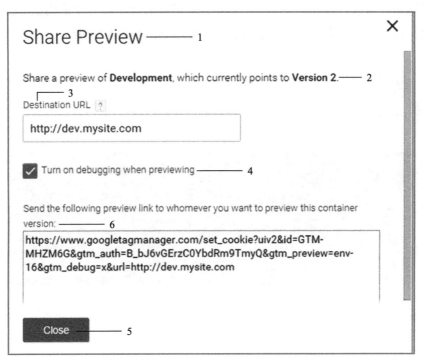

图 5.15　只要上线（Live）容器代码存在于开发页面上，你就可以与其他用户共享一个链接，使其能够在你设置的 GTM 开发环境中预览和调试更改

1—共享预览　2—共享开发的预览，目前指向版本 2　3—目标 URL　4—预览时打开调试　5—关闭　6—将以下预览链接发送给任何你想让其预览此容器版本的人

由于预览链接设置了 cookie，因此，每次你发布更改到容器时，不需要发送新的预览链接。只要与你共享预览链接的人使用相同的浏览器并且尚未删除 cookie，你发布的更改就会显示在该人员的环境中。

如果许多人需要在你的上线准备（staging）环境中查看 GTM 更新，共享预览链接可能会比"获取代码段"选项承担更大的管理负担；在这种情况下，"获取代码段"可能是一个更好的解决方案。但是，共享预览链接的一个优点是，在这些预览链接准备好之前，你可以让开发或暂存代码的任何风险在作业过程中被最终消除（例如前文中描述的由于无意中造成的代码段覆盖）。

除了为你的自定义环境共享链接之外，你还可以共享"最新"（Latest）和"现在编辑"（Now Editing）默认环境的链接。

重要提醒｜ 重置链接也会使容器代码段无效

在自定义环境的"操作"（Actions）菜单中容器代码段被"安全无害"地命名为重置链接项，所能起到的作用不仅仅是帮助验证你在环境中分享的各种预览链接，它也可以验证环境代码段（snippet）。在你已将环境代码段添加到上线准备（staging）页面并选择重置链接的情况下，若你仍希望可以看到对上线准备（staging）环境的更改，那么你或开发人员将需要添加更新过之后的环境代码段。

---

3. 发布到 GTM 环境

无论是选择"获取代码段"还是选择共享预览链接方法，在开发或调试页面上都不会显示任何更改，直到将新版本发布到其中一个自定义环境，如图 5.16 所示。

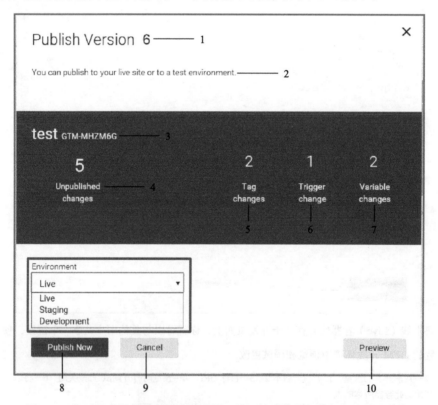

图 5.16 你可以选择将容器版本发布到上线环境或你配置的任何自定义环境

1—发布版本 6 2—你可以发布到你的实时网站或测试环境 3—测试 GTM-MHZM6G 4—未发布变更 5—跟踪代码更改 6—触发器更改 7—变量更改 8—立即发布 9—取消 10—预览

如果你要对第 6 章中设置的 PDF 事件跟踪进行质量检查，工作流程建议如下：

步骤 1：在 GTM 中进行代码、触发器和变量更新。

步骤 2：如果有可能使用开发或上线准备（staging）环境代码段覆盖上线容器代码段，

请按照以下说明将新的代码应用于你的上线 / 作业（live/production）主机名的屏蔽触发器（blocking trigger）。

步骤 3：将当前容器草案保存为新版本——假设为版本 6，如图 5.13 所示。

步骤 4：将版本 6 发布到开发环境，如图 5.16 所示。（你还可以在"环境"面板中的开发环境的"操作"菜单（Actions）中选择"发布到 ..."，或者在"版本"面板的"操作"菜单中为"给定版本"选择"发布到 ..."，然后选择开发环境。

步骤 5：验证事件跟踪是否在开发环境中失效。（请参阅第 6 章中的 6.2.4 小节）。

步骤 6：在升级环境中重复步骤 4 和 5，以及在将更改推送到作业（production）之前通常执行的任何其他 QA 过程。

步骤 7：如果你对跟踪代码（tag）应用了上线 / 作业（live/production）主机名的屏蔽触发器（blocking trigger），请立即将其删除。

步骤 8：保存容器的新版本并将其发布到上线（Live）GTM 环境。

以上引用的并在第 6 章中概述的 PDF 跟踪示例不需要开发人员参与（对于额外的后端数据而言），因此，你并不需要将你的发布与这些有着其他任何代码级（code level）变化的不同的环境进行适配。另一方面，如果你所做的 GTM 变更——假设是用于记录第 12 章中所述的后端客户状态的 GA 自定义维度，则你需要与开发人员合作，将你的发布适配给 GTM 环境以及这些环境中的代码级更新。

4. 使用触发器例外屏蔽触发

你在 GTM 中定义的任何触发器也可以用作触发器的排除，即一个触发屏蔽器，优先于应用于跟踪代码（tag）的任何其他触发器。

如果你无法在上线和开发环境中维护不同的容器代码段变体，则可以通过基于你的上线 / 作业（live/production）环境的主机名应用一个屏蔽触发器，防止你的代码在上线环境中失效。

如前所述，如果你正在维护的 GTM 开发和上线准备（staging）环境代码段与上线（Live）GTM 容器代码段不同，并且你的开发或上线准备（staging）环境中包含代码段的文件可能会无意中推送到作业阶段，从而覆盖上线（Live）容器代码段，你可以将屏蔽触发器应用于所有新代码（tag）。直到你在上线准备状态（staging）中对其进行验证，此时可以删除屏蔽触发器并将容器发布到上线（Live）环境。

要创建上线 / 作业（live/production）触发器并将其作为一个屏蔽例外（blocking exception）情况应用于跟踪代码（tag），请执行以下步骤：

步骤 1：在 GTM 容器界面中，单击左侧导航中的"变量"（Variables），然后启用内置的"页面主机名"（Page Hostname）变量，如图 5.17 所示。

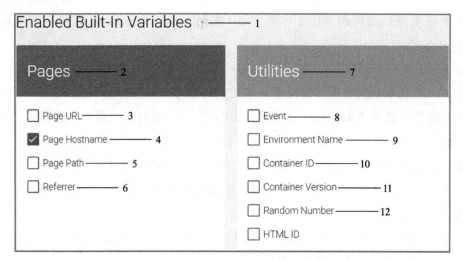

图 5.17 "页面主机名"是一个内置变量，必须启用才能在触发器和代码（tag）中使用

1—启用内置变量　2—页面　3—页面 URL　4—页面主机名　5—页面路径　6—引荐来源　7—实用工具　8—事件　9—环境名称　10—容器 ID　11—容器版本　12—随机数

步骤 2：在左侧导航中，单击"触发器 > 新建"，然后为上线 / 作业（live/production）主机名配置触发器，如图 5.18 所示。

① 将触发器命名为 Live Environment。

② 在"选择事件"（Choose Event）部分中，单击 Page View。

③ 在"配置触发器"（Configure Trigger）部分中，选择 Page View 作为触发器类型。

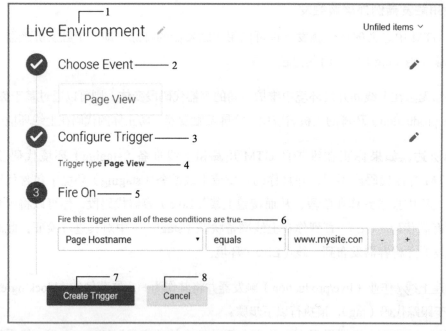

图 5.18 定义此触发器以匹配你的上线 / 作业（live/production）环境中的主机名，但是我们将其作为图 5.19
中的触发器例外来屏蔽跟踪代码（tag）触发

1—上线环境　2—选择事件　3—配置触发器　4—触发器类型　5—触发　6—当所有这些条件都为真时，触发此触发器
7—创建触发器　8—取消

④ 在"触发"（Fire On）部分中，单击 Some Pageviews。

⑤ 配置触发器，如图 5.18 所示。

步骤 3：将触发器应用为一个屏蔽例外：

① 在 GTM 代码（GA 代码或任何其他代码）的"触发"（Fire On）部分中，点击"添加例外"（Add Exceptions）。

② 选择 Live Environment 触发器作为例外，如图 5.19 所示。

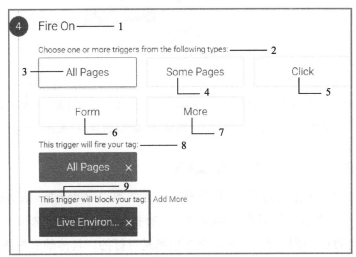

图 5.19　你可以将上线环境（Live Environment）触发器作为例外应用，直到你可以在作业环境中开始触发代码

1—触发　2—从以下类型中选择一个或多个触发器　3—所有页面　4——些页面　5—点击　6—格式　7—更多　8—此触发器将触发你的跟踪代码　9—此触发器将屏蔽你的跟踪代码

笔记 | 使用单个触发器屏蔽 mysite.com 和 www.mysite.com

图 5.18 中配置的触发器将屏蔽标记在 www.mysite.com 上而不是在 mysite.com。如果你的上线 / 作业（live/production）环境可以在这两个主机名下访问，你可以使用正则表达式定义单个触发器：

```
Page Hostname - matches RegEx - ^(www\.)?mysite\.com$
```

这个单一的正则表达式将只匹配 www.mysite.com 或 mysite.com 作为主机名。（有关可以使用正则表达式执行的有用的文本匹配技巧详情，请参见第 9 章 9.4.1 小节中的笔记"GA 中的正则表达式"。）

另外，你可以为每个上线（Live）主机名变量定义单独的触发器，并将这两个触发器作为触发器例外情况。

如果你为代码管理许多不同的触发器和 / 或触发器已包含复杂条件，并且不希望添加和删除其他条件以匹配现有触发器中的主机名，则触发器例外可能会特别有用。此外，你可以轻松扫描应用的任何触发器例外的"跟踪代码"（Tags）主面板，而不必记住触发器中的任何指定条件，如图 5.20 所示。

一旦你准备好在作业环境（production）中使用代码，就可以从代码中删除触发器例外（并重新发布容器）。如果要在开发环境中屏蔽代码（一旦在作业环境中激活该代码），可以基于开发主机名应用屏蔽触发器。

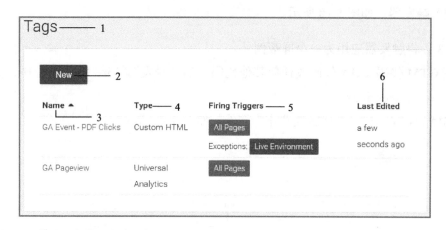

图 5.20 触发器例外（如本示例中的 Live Environment）突出显示在跟踪代码（Tags）面板

1—跟踪代码 2—新建 3—名称 4—类型 5—触发触发器 6—最近一次编辑

5. 在开发和作业环境中分离 GA 媒体资源

到目前为止，我们已经讨论了用于开发 / 上线准备（development/staging）和作业（production）的不同 GTM 容器环境，但是我们没有提到另一个重要选项：从不同的环境中跟踪到相同或不同的 GA 媒体资源。这两个选项都是可行的，具体的实施注意事项将在以下内容中讨论。

要将你的上线（live）和开发 / 上线准备（development/staging）环境跟踪为单独的 GA 媒体资源，你可以使用图 5.21 或图 5.22 中显示的一个变量动态填充 GA 代码的跟踪 ID 代码（见图 5.4）。这些变量实现了相同的目标：它们根据跟踪代码（tag）所在的主机名返回单独的 GA 跟踪 ID。

作为此解决方案的先决条件，我们当然必须在 GA 中创建单独的媒体资源，并在变量中使用其分配的媒体资源 ID。

6. 开发（Development）和作业环境（Production) 中的单一 GA 媒体资源

如果你对作业和开发数据使用相同的 GA 媒体资源，则只需按照本章 5.4.1 小节中所述配置你的 GA 代码即可。

使用用于开发和作业环境的相同 GA 媒体资源，最佳实践是通过排除内部流量或更好地明确排除开发（development）和上线准备（staging）环境的主机名，从你的主 GA 视图中转移你的开发数据。你还可以创建仅包含来自开发环境和 / 或上线准备（staging）环境的流量的专用视图。我们将在第 9 章详细讨论视图和视图过滤器。

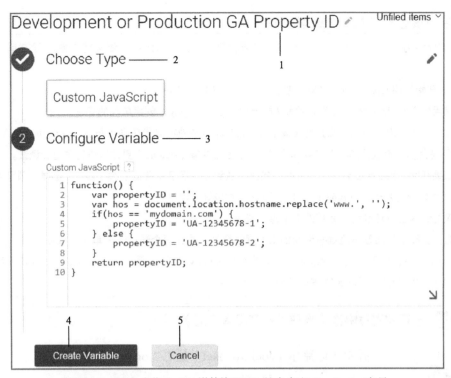

图 5.21　开发或作业 GA 媒体资源 ID 的自定义 JavaScript 变量

1—开发或作业 GA 媒体资源 ID　2—选择类型　3—配置变量　4—创建变量　5—取消

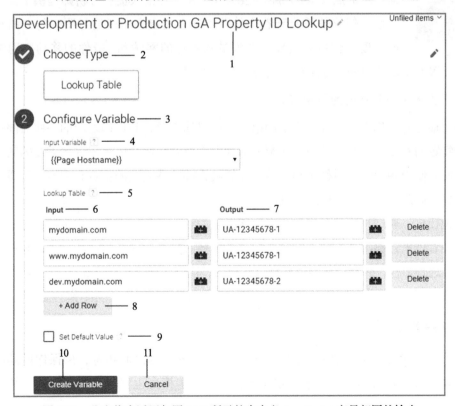

图 5.22　此查找表返回与图 5.21 所示的自定义 JavaScript 变量相同的输出

1—开发或作业 GA 媒体资源 ID 查询　2—选择类型　3—配置变量　4—输入变量　5—查找表　6—输入　7—输出　8—添加行　9—设置默认值　10—创建变量　11—取消

笔记｜　我应该选择哪个工作流程选项？

如果你已经为 GA 和 GTM 建立了有效的从开发到生产的工作流程，请坚持下去。没有单一正确的解决方案。

如果你开始使用 GA 和 / 或 GTM 的新版本，我们的建议方法如下。

1）使用单个 GTM 容器，并为开发和 / 或上线准备（staging）创建单独的环境。

2）如果更新开发环境和 / 或上线准备（staging）环境中的容器代码是可行的，请使用"获取代码段"选项（而不是共享预览链接选项）来共享开发和 / 或上线准备（staging）更改以进行预览和调试。

3）如果开发 / 上线准备环境容器可能在代码推送到作业环境中覆盖上线（Live）容器，则可以将上线环境的触发器例外应用于所有代码（tag），直到它们准备好开始作业。

4）仅为你的上线环境维护专用的 GA 媒体资源。

5）为开发和上线准备环境维护专用的 GA 媒体资源，或为每个环境保留单独的媒体资源。

在任何情况下，如果你正在构建或更改你的 GA 和 GTM 工作流程，请与你组织内的开发人员、分析师和营销人员密切合作，以确定哪些选项对你最有意义。

嘉宾观点　与开发人员协作（当你不是开发人员时）

乔尔·迈克尔（Joel Michael）是 E-Nor 咨询服务部总监。

如果你是一个想要实现更多 GA 高级功能的非技术人员，则需要与懂技术的朋友共同协作。虽然 GTM 为营销人员和分析师提供了极大的自主性，但这并不意味着你就可以独立完成。所以通过明确的方向和正确的态度，你可以指导开发人员跟踪你的网站和 / 或你的移动应用中的元素，并配置 GA 以从中获得你期望的业务变化的洞察。

1. 开发人员具有不同的思维方式

你可能会觉得你不会说开发人员的语言，所以你需要找到你们之间的一些共同点。就拿某个特定的 GA 报告作为示例，你希望给开发人员解释清楚需要发送给 GA 的数据。如果你们同时使用相同的应用程序和网站，你们就会都熟悉它们的特点和功能。需要强调的是要做好他们跟你想的不一样的心理准备，但请记住，你至少要有一些线索让你知道你们各自在说什么。通过共享某个报告（即使该报告为空）并向他们显示你希望在这一列或者那一列中看见来自你网站或应用的这样的或者那样的数据，这样你就能让他们知道应该如何在之后进行工作，并且如何为你提供这些数据，这就叫做"按图索骥"。持续给他们展示各种示例——不仅是报告，也包括 GA 文档、博客和学习材料——直到你的要求被理解。

2. 了解术语

双方都了解 GA 术语也将帮助你们进行沟通：熟悉维度和指标，确保你们都使用同样的名词。进一步帮助他们了解自定义维度和事件等概念也将有助于让他们了解如何获取适合的开发文档。

当你向开发人员提供说明时，应该清晰明了。仅仅只是因为你发现你们有一些共同点并不意味着他们可以自然而然地理解你。使用你们都理解的术语来描述他们的下一步工作。不要让他们琢磨下一步应该做什么。换句话说，不要让你想要解决的分析问题成为他们的问题。只要你对某个问题负责，并且已经为解决这个问题做出了很多努力，他们就很可能乐意帮助你实施一个分析解决方案。

3. 利用可视化并提供具体的需求

为了让他们更好地帮助你，向你的开发人员展示你是如何帮助他们的。提供他们需要的信息，以使他们能够帮助你发送给 GA。让事情合乎逻辑。使用电子表格设计屏幕名称、事件、虚拟页面浏览、自定义维度等的命名约定。在这些数据是动态数据并且需要从后端数据源或文档对象模型（Document Object Model, DOM）提取的情况下，你提供的文档将为他们提供解析其后续步骤所需的上下文。

4. 倾听和妥协，但应得到你所需要的

有时开发人员真的知道何种方式是更好的。当开发者质疑你的意见时，请倾听。如果他们无法理解或满足你的要求，请他们为如何正确行动提供建议。作为分析师，底线是确保你没有妥协到失去了你想要获得的洞察。另一方面，跟踪没有人关心的事情可能会造成误解，并且会浪费开发人员和分析师的时间。

5. 承担更多的责任，同时保证开发人员能够保持参与

有时你可以让你的开发人员休息一下。通过 GTM 部署 GA 是跟踪责任的好方法。例如，在下一章中讨论的 GA 事件，即使是 GTM 的入门用户也可以方便地消除挡在你和技术同事之间的隔膜。

实际上，就算你是首席工程师，通过 GTM 部署 GA 并不是一个坏主意。使用 GTM，包含 GA 跟踪代码（tracking code）的代码（tag）可以轻松地通过使用 GTM 界面放入网站 /App 的 GTM 容器中，正如我们在本章一开始所看到的。

部署 GTM 需要注意的是，为了使这些代码能够正常工作，最好将 GTM 容器代码放在网站 /App 的顶部，这需要借助开发同事的支持。一旦安装了 GTM 容器代码，你就可以更加灵活地进行更多的自主网页标记（tagging），但在通过 GTM 发布新代码之前，请务必与开发人员保持同步，这就是一种好的实践方式。无论是你还是你的开发人员进行实际的代码和发布，使用 GTM 将比管理多个原生代码随机插入到各种页面和模板更清洁也更容易。通过部署 GTM 及其易用的界面，无论是开发人员、营销人员还是分析师都能够在任何时候看一眼就知道哪些代码在哪些页面上是生效的。

6. 技术实施完成，并可开始提供洞察

作为分析师，你的工作是与你的业务同事分享驱动业务决策的洞察力。这是一个严肃的责任。因为它是如此重要，你需要领导团队，捕获提供洞察力的数据。不要指望你

可以把项目交给开发人员完成。与他们合作，让他们帮你实现必要的实施。他们会感谢你的指导，你的同事也会钦佩你在业务方面激励开发人员的能力。

大概就这么多，一点也不复杂。对你的开发人员投以善意，他们也会报以善意。

 本章要点回顾

1）**为营销人员和分析师提供更多的代码控制**。GTM 可以允许更好地控制营销人员和分析师的代码（code）添加，并加快在开发周期之外的部署，即使开发人员添加和发布代码（tag）。

2）**其他代码（tag）——不只是 GA**。你可以使用 GA 部署不仅是 GA，而且几乎所有类型的分析和营销代码，以及你自己的内部脚本的代码段。

3）**模板代码（tag）和自定义 HTML 代码（tag）**。除了必须同步执行的代码（code）（如 A/B 测试），你可以通过 GTM 将大多数类型的脚本添加到你的网站。如果模板不适用于要部署的代码（tag）类型，则可以使用开放格式的自定义 HTML 代码。

4）**触发器灵敏度**。容器中存在的代码不必在包含容器代码的每个页面上都进行触发。GTM 触发器提供了一种灵活和直接的机制来规定代码触发和休眠。

5）**控制发布过程**。根据最佳实践方式，多个人可以在容器内创建代码，但应该只有一个人或一个非常小的团队具有发布权限。

 实战与练习

1）**创建测试 GTM 账户和容器**。你可以创建一个测试账户和容器，以执行本章和后续章节中概述的过程。在你进行实验时，你不必担心任何意外的后果：容器将保持完全无效，直到你将容器代码添加到网页并发布容器。

2）**切换到 GTM**。如果你已经拥有一个原生的 GA 实施，建议你在某个时候切换到 GTM 实施。

① 将所有其他 GA 编码（coding）存档。同时，如上所述，将 GA 网页浏览（pageview）跟踪从原生代码转移到 GTM，你需要将现有的事件、社交和电子商务跟踪切换到 GTM，如后续章节所述。你可以查看相应的报告以评估当前的跟踪。（www.e-nor.com/gabook 上列出的审核工具可以帮助完成此过程。）

② 将所有其他营销和分析代码存档。作为一个最佳实践方式，除了少数例外，你应该将其他实用程序（如调研工具或热图）的原生代码都转移到 GTM 代码。

3）**计划你的自开发到作业的全过程**。查看上述 GTM 和 GA 的开发和上线准备（staging）选项，以便开始规划你的开发工作（根据需要从原生跟踪迁移到 GTM）的最佳流程。

第 6 章
事件、虚拟页面浏览、社交操作和错误

在之前的章节中，我们学习了如何在 GA 中记录网页浏览（pageview，简称 PV），包括在网站的所有网页上包含默认的 GA 跟踪代码，或者在网站的每个网页上添加谷歌跟踪代码管理器（GTM）容器代码，然后向该容器发布 GA 网页浏览跟踪代码。这两种直接的方法都会立即开始使用网页浏览数据填充你的 GA 媒体资源，但在理解访问者与网页的全部交互方面总会产生很大的差距。

为了弥补这些差距，你可以配置事件以及虚拟页面浏览和社交跟踪，本章将对这些内容进行全面介绍，并提供与错误跟踪相关的内容。在这个过程中，除了了解基本的 GA 跟踪之外，我们还将获得 GTM 技能的大量实践。

请注意，这是一个较长的章节，将深入探讨相当深入的技术细节，并介绍一些更高级的 GTM 功能，因此，如果你是营销人员或分析师，你可以阅读本章，了解跟踪事件、虚拟页面浏览、社交活动的操作及错误，然后与你的开发人员一起执行程序。

6.1 事件跟踪的必要性

如图 4.7 所示，网页浏览（pageview）跟踪是非常全面的，因为每个默认页面的匹配（hit）都包含描述页面的大量维度值、描述页面访问者的流量来源和地理位置、访问者访问该页面采用的技术以及判断访问者是新访客还是回头客。

重要的是要认识到，与网页浏览（pageview）相同的是，只有当网页加载时，网页浏览量才会生成，并且你的 GA 媒体资源不会默认记录任何不会导致 GA 跟踪网页加载的用户交互。事件跟踪也往往在移动应用程序跟踪中发挥重要作用，因为在没有新的屏幕加载的（移动端）情况下，通常可能会有大量的交互产生。

6.1.1 点击不会让 Google Analytics 做出反应

要详细说明前面讨论的事项，对于与 GA 合作，特别是实施 GA 的人来说，了解这一基本跟踪概念至关重要：默认情况下，GA 不会跟踪点击操作。如果点击导致了对你网站上的某个页面的访问，而该页面又包含 GA 跟踪代码或 GTM 中的 GA 网页浏览（pageview）的跟踪代码（tag）的话，GA 才会记录一次网页浏览（pageview）。而点击则不直接记录在 GA 中：它记录的是从点击产生的网页浏览（pageview）。同样地，浏览器操作（如滚动和悬停）在 GA 中也默认不被记录。

通过查看图6.1，我们可以开始枚举通过默认的基于网页浏览（pageview）的跟踪代码不被记录的许多类型的用户互动：

图6.1　该页面演示代表了默认情况下在GA中不做跟踪的各种用户互动

1）非浏览链接：

- 出站（offsite）。
- mailto（打开电子邮件客户端）。
- PDF、电子表格、PowerPoint/演示文稿。
- 同一页内的锚点。

2）社交连接链接。

3）社交内容链接。

4）视频。

5）悬停显示帮助或多种类型的产品。

6）实时聊天、地图或任何其他不显示为单独文档的模态（modal）或非模态（nonmodal ⊖）的弹出窗口。

7）浏览器标签（tab）。

8）列表过滤器。

9）滚动。

图 6.1 中未显示的是你可能需要跟踪的其他几种事件：

1）导航到一个包含轮播的图像。

2）评论提交。

3）评论／评级意见。

4）单个表单输入框或下拉菜单选择的完成。

5）区分在同一个页面上包含多个指向相同网页的多个链接。

6）不涉及 URL 刷新的多步骤／多屏过程，如在本章后面 6.3 节中"多个 AJAX 屏幕的虚拟页面浏览"所述的情况。

7）单页面的 Web 应用程序。

8）任何旨在使用 AJAX、jQuery（和其他 JavaScript 库）的其他交互，或 HTML5 canvas 元素以实现更新页面而不进行页面加载的情况。

图 6.2 说明了默认情况下没有跟踪的移动端（特别是智能手机）交互，包括：

1）tel：链接（提示自动拨号）。

2）折页菜单（accordion menu）。

3）纵向／横向旋转。

4）手指的捏和。

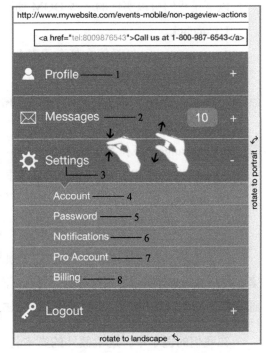

图 6.2　默认情况下，在 GA 中不会跟踪的
一些移动端互动类型

1—用户画像　2—消息　3—设置　4—账户　5—密码
6—通知　7—专业账户　8—开票

笔记｜"tel:"链接（电话：链接）

最新的移动浏览器不需要一个网页开发人员用"tel:"链接的方式包裹一个电话号码，以在当有点击到该号码的时候能够激活自动拨号。不过，如果你为电话号码使用了"tel:"链接，则可以轻松地为"tel:"链接上的点击配置事件跟踪，然后根据这些事件数据配置目标。从使用功能的角度来看，即使所有或部分文本不是如图 6.2 所示的电话号码，"tel:"的包裹方式也允许你实现任何对文本进行的点击激活呼叫（click-to-call）。

⊖　nonmodal 在很多时候也被称为 modeless。modal 和 nonmodal 的区别是，前者是在页面中弹出的无需打开新的浏览器窗口或 tab 的弹出窗，后者则是打开一个新的浏览器窗口或 tab 的弹出窗。——译者注

6.1.2　DOM 侦听器

我们已经发现了一个问题：许多在桌面端和移动端的用户交互不默认跟踪。对此有何解决方案？

解决方案从另一个关键概念开始，它是 GA 事件跟踪的基础：你可以在浏览器中对任何用户交互做出响应，不管交互是否生成页面加载。作为通过 JavaScript 引用和操纵浏览器及页面元素的符号格式的更广泛角色的一部分，文档对象模型（Document Object Model, DOM）为我们提供了一种"侦听"用户操作和编码特定响应的方式。

以下是我们可以实现的一些 DOM 侦听器：

1）onclick。

2）onmouseover（悬停在某个元素上）。

3）onmouseout（移开某个元素）。

4）onkeydown（可以检查某个特定的键）。

5）onkeyup（可以检查某个特定的键）。

6）onchange（下拉菜单选择）。

7）onfocus（用户点击一个表单输入框）。

8）onblur（用户在表单外进行点击，使该表单失焦）。

9）onscroll。（页面处于上下滚动时）

除非你是一个前端 Web 开发人员，否则没有必要记住这个列表。但是，作为一个 GA 从业者，你应该理解你可以使用这些监听器在页面中执行其他脚本。在 GTM 中，单击（和表单提交）通常是最简单的操作类型，但我们仍然可以配置额外的脚本以响应其他类型的用户操作。

在我们的例子中，这个额外的脚本将采用 GA 事件和虚拟页面浏览（virtual pageviews）的形式，如本章的例子将展示的。

6.1.3　填充事件报告

在继续讨论事件实施之前，让我们来看看图 6.3 中的热门事件（Top Events）报告。该报告将事件类别显示为默认主要维度，同时我们已经添加了"事件操作"（Event Action）作为次级维度。

笔记 | 唯一事件

唯一事件这一指标表示给定事件至少发生一次的会话数。例如，如果访问者在一个会话中为你的视频演示产生了两次完成事件，则"总事件"会增加 2 个，但"唯一事件"只会增加 1 个。（这与"唯一网页浏览"指标类似，表示至少查看过一次指定网页的会话数。）

要查看发生事件的页面，你可以将页面应用为次级维度（并根据需要对主要维度值进行过滤），如图 6.4 所示。

Event Category (1)	Event Action (2)	Total Events (3)	Unique Events (4)
		2,767,294 % of Total: 100.00% (2,767,294)	1,102,907 % of Total: 52.52% (2,100,051)
1. video	play	412,821 (14.92%)	231,523 (11.99%)
2. outbound-link	http://www.othersite.com	263,861 (9.53%)	154,136 (7.98%)
3. scroll	25%	188,560 (6.81%)	127,067 (6.58%)
4. pdf	annual-report.pdf	159,129 (5.75%)	116,327 (6.03%)
5. carousel	image-3	124,284 (4.49%)	86,891 (4.50%)
6. tab	product-specs	113,280 (4.09%)	83,136 (4.31%)
7. internal-banner	7-day-promo	107,305 (3.88%)	62,599 (3.24%)
8. scroll	50%	104,812 (3.79%)	73,398 (3.80%)
9. video	complete	69,702 (2.52%)	51,199 (2.65%)
10. accordion	open	63,021 (2.28%)	36,033 (1.87%)

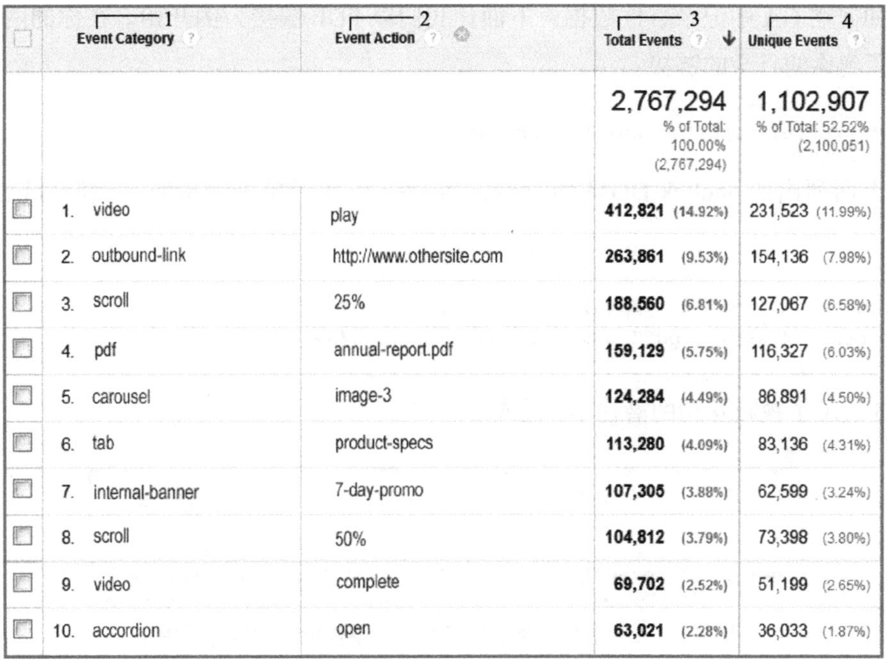

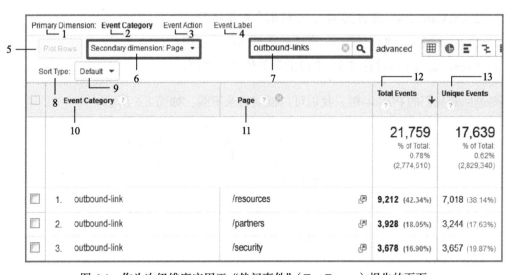

图 6.3 “热点事件”（Top Events）报告，其中“事件类别”显示为主要维度，“事件操作”显示为次级维度

1—事件类别 2—事件操作 3—总事件 4—唯一事件

图 6.4 作为次级维度应用于“热门事件”（Top Events）报告的页面

1—主要维度 2—事件类别 3—事件操作 4—事件标签 5—绘制行 6—次级维度：网页 7—出站链接 8—排序类型 9—默认 10—事件类别 11—网页 12—总事件 13—唯一事件

GA 提供了多个维度，我们可以填充它们来描述事件：

1）Event Category（事件类别，必有项）。

2）Event Action（事件操作，必有项）。

3）Event Label（事件标签，可选，但经常使用）。

我们如何在 GA 中记录事件数据？下面让我们以 PDF 链接为例开始。在你的网站上，你已经包含了到你的目录的链接：

```
<a href="/catalog.pdf">Download our catalog</a>
```

利用上面列出的 onclick DOM 侦听器，当 Web 访问者单击链接时，我们可以执行其他代码：

```
<a onclick="ga('send','event','pdf','click','/catalog.pdf');"
    href="/catalog.pdf">Download our catalog</a>
```

图 6.5 展示了视频互动的潜在事件参数。

图 6.5　具有事件类别、事件操作和事件标签的事件调用

请注意，填充事件时我们有很大的灵活性。事实上，我们并非在所有情况下都从字面上来对待事件类别、事件操作和事件标签。按照下面的方法填入这三个事件参数 [或事件数组（event arguments）] 也是完全合法的，如下所示：

1）Event Category（事件类别）：事件的一般描述符。

2）Event Action（事件操作）：事件的更具体的描述符。

3）Event Label（事件标签）：事件的最具体的描述符。

要返回到我们的 PDF 示例，我们可以捕获目录下载，如图 6.6 所示。

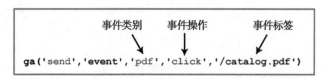

图 6.6　我们可以选择使用事件类别、事件操作和事件标签记录此事件

由于事件标签是可选的，我们可以选择将 PDF 名称记录为事件操作，并省略事件标签参数，如图 6.7 所示。

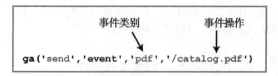

图 6.7　如果事件类别和事件操作充分描述了该操作，省略事件标签是合法的。这种做法是可选的

作为使用 DOM 侦听器生成事件的另外两个示例，你可以使用 onmouseover 事件，如下，将鼠标悬停在图形（或任何其他可见的 HTML 元素）上：

```
<img src="/group-photo.jpg"

onmouseover="ga('send','event','photo','hover',this.src);" />
```

假设你刚在网站上的联系表单中添加了一个建议字段，并希望 GA 记录该字段的完成情况。让我们分解下面的代码块，了解我们如何完成这个事件跟踪：

```
<textarea name="suggestion" cols="60" rows="10"
onblur="if(this.value.length > 0)
{ga('send','event','form','completed','suggestion');}" />
```

1）textarea 是在表单中呈现一个宽的、多行的输入框的 HTML 元素。

2）onblur 是当页面元素失去光标焦点时触发的 DOM 侦听器（即用户单击页面上的其他位置或其他字段的标签页）。

3）if（this.value.length> 0）是一个额外的 JavaScript 逻辑语句，用于测试字段中的文本长度是否大于零（也就是说，如果它不为空的话）。我们不想在文本区域中为每个 onblur 发送一个事件——只有当访问者输入建议时才会发送。

你需要定期设置这类非常具体的事件跟踪吗？或许不需要，但前面的例子说明了重要的一点：你可以为 Web 页面上的任何用户交互生成 GA 事件，并且你可以构建任何前端逻辑以确定事件是否被记录。

在本章后面所讨论的内容中，我们将学习如何使用 GTM 为多种类型的用户交互生成事件，而无须直接实际编辑页面的 HTML。

6.1.4 不用跟踪用户的每一个交互

之前的讨论并不意味着你应该跟踪用户和你的网页之间的所有可能的交互。如果图片悬停的数据对于设计、开发或内容决策有用（例如，许多用户在查询表单中的产品提交选项旁边的问号帮助图标上悬停，因此你可能需要使该部分更醒目），跟踪该用户交互的事件是有意义的。但是，建议你不要跟踪每个网页上的每个光标移动：这可能会耗尽你的 GA 媒体资源的匹配上限（hit limit），并且会带来杂乱的数据导致原本重要的数据被掩盖。因此你应该权衡什么是重要事项。

为了直观地展现用户在页面上的交互趋势，你可以参考 GA 中的页内分析报告（In-Page Analytics Report ⊖），但此报告有时无法正确加载。作为显示页内互动的另一个选项，你可以使用附录 A 中介绍的第三方热图工具，如 CrazyEgg 或 HotJar。

6.1.5 一致性至关重要

你可能已经注意到以下两方面的基本差异，一方面是事件跟踪，另一方面是通过原生跟

⊖ GA 目前的版本已经没有这个报告了。——译者注

踪代码段或 GTM 实施的网页浏览跟踪：

- 你必须更具体地规定事件触发的条件。
- 对于事件，你需要自己设定其中 2~3 个维度的值；GA 不会帮你设定。

所以你有充分的权限以任何你选择的方式填充事件的值，但权力越大责任也越大。为了使事件报告具有实际价值和可用性，对于事件类别、操作和标签的值采用一致的约定至关重要。更具体地说，你必须注意避免度量指标过于碎片化，如图 6.8 所示：

- 不要使用两个不同的值来指代同样的事情，如图 6.8 中第 1 行使用了 play 而第 3 行使用了 played。
- 不要改变大小写，如图 6.8 的第 1 行和第 5 行所示。
- 不要在不同的维度栏之间交换相同的值，如图 6.8 的第 2 行和第 4 行所示。

	1 Event Category	2 Event Action	3 Total Events	4 Unique Events
			2,781,593 % of Total: 100.00% (2,781,593)	1,112,334 % of Total: 39.21% (2,837,172)
1.	video	play	2,042,979 (73.05%)	664,739 (59.43%)
2.	link	pdf	263,667 (9.43%)	125,629 (11.23%)
3.	video	played	187,326 (6.70%)	127,168 (11.37%)
4.	pdf	link	81,339 (2.91%)	55,266 (4.94%)
5.	video	Play	72,181 (2.58%)	34,520 (3.09%)

图 6.8 由于不一致的事件命名造成的度量的碎片化

1—事件类别 2—事件操作 3—总事件 4—唯一事件

图 6.8 的报告中的 5 行应该只显示出 2 行，但是我们无法以追溯方式进行整合。从一开始，你必须确保在 GA 中生成事件数据时避免不必要的碎片。并非仅有一种正确的方式来命名你的事件；你可以采用任何对你和你的组织最有意义的约定，但是遵守这个约定是非常重要的。幸运的是，我们将在本章中进一步看到，我们可以使用 GTM 来强制执行（enforce）事件跟踪的一致性。

6.2 用 GTM 进行事件跟踪

为了继续讨论事件的一致性，让我们先来看一下我们在本章前面演示的手动事件跟踪的几个具体的要点。

1）你需要避免代码中的错误。

2）你需要保持事件类别、操作和标签参数的一致性。

3）它不利用任何可扩展性。例如，你需要为每个新的 PDF 或出站链接设置事件跟踪。

所以如果你认为以前的例子会很麻烦，很难管理任何东西，规模非常有限，你是对的。

6.2.1　了解手动事件跟踪，但当你可以避免时尽量避免它

如前面的讨论所示，了解事件跟踪背后的基础机制很重要，特别是因为手动事件跟踪可能是我们需要记录的某些用户交互的唯一选择。然而，我们现在想要做的是利用手动事件跟踪的相关具体知识，在实际操作上通过 GTM（以及根据需要使用第三方脚本）实现我们的大多数事件，因此整个过程侵入性更小，更一致，更易管理，且效率更高。

6.2.2　通过 GTM 跟踪下载 PDF

在此示例中，我们将执行以下操作，为你网站上的任何 PDF 链接配置一致和可扩展的事件跟踪：

1）启用内置的点击 URL（Click URL）变量。

2）创建一个 GA 代码（tag）来生成 PDF 事件。

3）创建一个触发器，以 PDF 链接点击触发代码（tag）。

这些步骤会在后面进行解释——它们都很直截了当。建议你在第 5 章中曾详细介绍的测试环境中首先实施这些步骤。

1. 启用点击 URL（Click URL）变量

GTM 变量——无论是内置还是定制——提供了灵活性和可控性的理想组合。在 PDF 跟踪的情况下，点击 URL（Click URL）变量将提供用 PDF 的文件名动态填充事件标签的灵活性，以及从 HTML 链接的 PDF 的 href 值一致地检索这个文件名的控制。

GTM 提供了许多内置变量，但是只有少数几个在默认状态下已经开启。你可以通过点击容器左侧导航栏中的"变量"并选中"点击网址"来启用点击 URL（Click URL）变量（Variables > Click URL），如图 6.9 所示。

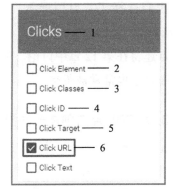

2. 创建 GA 事件代码

下一步是为 PDF 跟踪设置实际的 GA 事件代码。事件代码与第 5 章中概述的 GA 网页浏览代码有些相似，但有一些其他注意事项：

图 6.9　点击 URL 变量内置在 GTM 中，但默认情况下未启用

1—点击　2—点击元素　3—点击类
4—点击 ID　5—点击目标　6—点击 URL

1）**跟踪 ID**。我们可以重新使用 GA 媒体资源 ID 变量，如图 6.10 所示，我们首先将其用于基本的网页浏览跟踪。（如果你正在使用单独的 GA 媒体资源进行测试，则可以为事件代码指定相应的媒体资源 ID，既可以是固定的值，也可以是单独的变量。）

2）**跟踪类型**。选择事件。

3）**事件类别**。在大多数情况下，遇到这种情况，你会"硬编码"一个静态事件类

别——在这个例子中是链接（Link）。

4）事件操作。在许多情况下，你还将对该事件操作进行硬编码，就像我们在此示例中使用PDF一样。

5）事件标签。因为事件标签应该动态地将链接的 href 值拉入到任何 PDF 文件中，所以对事件标签进行硬编码意义不大。相反，我们只需使用上一步中启用的点击 URL（Click URL）变量。

请注意，对事件代码（tag）的不同配置可能同样有效。例如，我们可以使用引导（Courier）作为事件类别和点击 URL（Click URL）作为事件操作，并将事件标签留空，因为它不是强制性的。在任一情况下，我们都能感受到静态值的一致性和变量的灵活性所带来的便利，因为二者都是我们很需要的。

请注意，如果你需要三个以上的维度来充分描述事件，则可以按照第 12 章中的描述，使用其他自定义维度记录事件。

我们选择了"启用展示广告功能"来填充"受众特征"（Demographics）和"兴趣"报告，这一点还将在第 12 章中讨论。你可以将事件值留空，而且它也常常被留空。

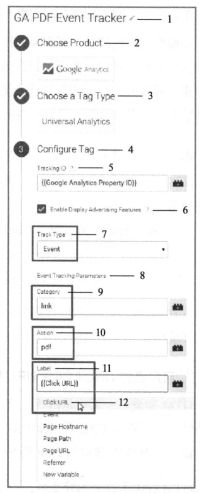

图 6.10　我们的 PDF 事件代码（tag）使用两个静态值和一个变量

1—GA PDF 事件跟踪器　2—选择产品　3—选择一个跟踪代码类型　4—配置跟踪代码　5—跟踪 ID　6—启用展示广告功能　7—跟踪类型　8—事件跟踪参数　9—类别　10—操作　11—标签　12—点击URL

3. 为 PDF 点击创建触发器：在模式中思考

正如我们之前所学到的，只有在至少应用了一个触发器之后，代码（tag）才能被激活。简单来说，我们希望点击任何 PDF 链接来触发此代码（tag）。我们可以识别的这些链接的常见模式是什么呢？——文件名的末尾始终是 .pdf。

如果你已经考虑使用点击 URL 变量作为触发器，那么你的直觉又对了。创建这个触发器的方式如下：

1）在代码（tag）配置的"触发"（Fire On）部分中，选择 Click。

2）创建触发器，如图 6.11 所示。

① 在"配置触发器"部分，从"目标"下拉菜单中选择 Just Links（仅链接）。（在这种情况下，所有元素也可以生效，但不允许勾选以下步骤中描述的项目。）

② 当在第 2 部分（见图 6.11）中选择 Wait for Tags（等待跟踪代码）或 Check Validation（检查验证）时，需要启用 Enable When（在何时启用）设置。"等待跟踪代码"会暂停执行单击操作，直到任何其他 GTM 代码（tag）完成触发。"检查验证"也会抑制点击事件，以免在某些情况下你已经自己编写好脚本的点击操作会返回错误（false）。[如果表单验证失败，并且在此条件下编码了提交操作以返回错误状态（false），则可以使用"检查验证"来屏蔽"表单提交"（Form Submission）触发器。]

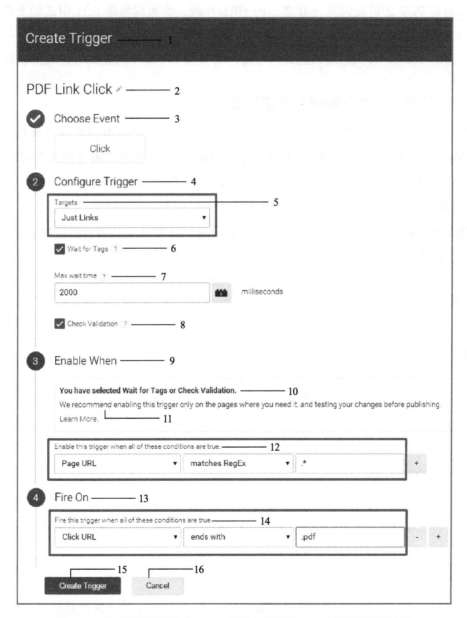

图 6.11　此触发器使用点击 URL 变量来检测以 .pdf 结尾的链接的点击

1—创建触发器　2—PDF 链接点击　3—选择事件　4—配置触发器　5—目标　6—等待跟踪代码　7—最大等待时间　8—检查验证　9—在何时启用　10—您已选择等待跟踪代码或检查验证　11—我们建议仅在需要的页面上启用此触发器，并在发布之前测试更改　12—当所有这些条件都为真时，启用此触发器　13—触发　14—当所有这些条件都为真时，触发此触发器　15—创建触发器　16—取消在大多数情况下，你可以使用".*"正则表达式（即一个点后跟一个星号）来匹配 Enable When 部分的所有页面。如果按照下面所述的调试步骤操作时，你的 Event 代码触发有任何问题，最起码你可以暂时禁用"等待跟踪代码"和"检查验证"。

③ 在"触发"（Fire On）部分，你可以指定在何种条件下能够引发触发器释放被关联的代码。

如果指向 PDF 的链接包含 .pdf 之后的 URL 片段，你可以将图 6.11 中的触发器配置为点击 URL（Click URL）—匹配正则表达式（忽略大小写）— ^（.*）\.pdf，而不是使用结尾匹配（ends with）。有关正则表达式的详情，请参阅第 9 章中对正则表达式的表述。

6.2.3　跟踪其他文件类型和出站链接

请注意，你可以轻松调整我们的 PDF 跟踪以获得其他文件类型的点击次数。例如，要跟踪 Microsoft Excel 电子表格的下载，你可以将图 6.10 中的"事件操作"字段更改为 Excel 电子表格，将图 6.11 中的触发器更改为 Click URL—ends with—.xlsx（点击 URL—以 .xlsx 结尾）。

要跟踪出站链接，你可以将事件操作（Event Action）更改为外部链接，并配置两个条件的触发器，如图 6.12 所示。

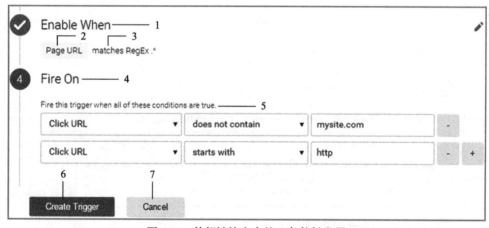

图 6.12　外部链接点击的双条件触发器

1—在该时间下启用　2—网页 URL　3—匹配正则表达式　4—触发　5—当所有这些条件都为真时，触发此触发器　6—创建触发器　7—取消

嘉宾观点　处于后台的 GTM 触发器

西莫·艾哈佛（Simo Ahava）是 Reaktor 的高级数据顾问。

每个 GTM 代码都需要触发器触发。每个单一触发器都需要一个特殊的数据层（Data Layer）交互，特别是用一个事件（不是 GA 的事件）来激活。这个流程是 GTM 基于规则逻辑进行工作的核心，接下来我们将进行探讨。

GTM 并不是一个非常特别的工具，除非它把一些事情自动化。大多数时候你最终使用的触发器实际上都是自动处理的，你只需要指定要收听的事件的类型，GTM 会执行其余操作。

你可以（并且你也经常会）使用自定义代码来触发你的代码（tag），以下我们将讨论其工作原理。

1. GTM 自动事件

如前所述，GTM 会自动执行一些事件，以便你可以开始跟踪，而无需向站点添加任何额外的代码。当你创建一个新的触发器时，你将看到如图 6.13 所示的选择。

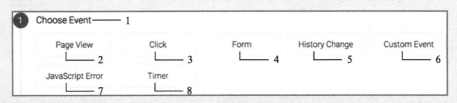

图 6.13　可以从中定义触发器的 GTM 事件

1—选择事件　2—网页浏览　3—点击　4—表单　5—历史变迁　6—自定义事件　7—JavaScript 错误　8—计时器

除了自定义事件之外，其中的每一个事件都代表你可以利用并用于使你的代码触发的自动化事件。在表 6.1 中，我列出了你将要使用的最常见的事件类型，以及它们将在数据层中如何显示（我将很快回到这一点，我保证！），以及监听这些事件需要用到的触发器又是什么。

表 6.1　每个内置 GTM 触发器类型监听数据层中的 GTM 事件（GTM 事件不直接对应于任何 GA 事件跟踪）

GTM 事件	触发器类型	出现在数据层的形式	触发情况	用于
网页浏览	Page View	gtm.js	当 GTM 数据库第一次加载时	启动你的 Page View 代码，因为这是页面加载的最初时刻
	DOM Ready	gtm.dom	当页面资源被阅读的时候	触发任何依赖于 HTML 源代码的代码（例如，图像数量或标题的长度）
	Window Loaded（窗口下载）	gtm.load	当此页及其链接的资源（图像或者文件）被下载时	启动需要首先加载所有链接资源（如 jQuery 库）的代码
点击	All Elements（所有元素）	gtm.click	鼠标在任何元素上点击并注册	在页面上点击特定的选项卡或按钮或任何可见的 HTML 元素时，触发代码
	Just Links（仅链接）	gtm.linkClick	鼠标通过某个链接元素点击注册	单击链接时触发代码
表单	N/A	gtm.formSubmit	注册表单提交	当你没有"感谢"页面用作转化目标时，在表单提交时启动代码

正如我之前写的，GTM 能够自动监听页面上的这些事件。因此，当你创建触发器时，你需要做的就是指出你想要哪些事件使代码（tag）触发。

请记住，触发器允许你定义代码（tag）如何触发，而不仅仅是事件选择。例如，如果你只想点击链接而不指向 mydomain.com（即你的网站的域）时才触发代码（tag），则可以使用如图 6.14 所示的 Just Links（仅链接）类型的触发器。

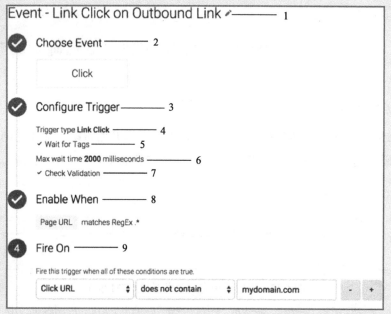

图 6.14　基于 GTM 的点击事件，此触发器配置为在网站用户点击出站链接时触发

1—事件出站链接的链接点击　2—选择事件　3—配置触发器　4—触发器类型为链接单击　5—等待跟踪代码　6—最大等待时间 2000 毫秒　7—检查验证　8—在该时间下启用　9—触发

或者，如果你希望某人在你指定页面上花费 30 秒后触发代码，则可以使用定时器触发器（Timer trigger），如图 6.15 所示。

使用触发器的"触发"（Fire On）设置来指定使用此触发器的任何代码应该触发的条件（当然还包括事件类型）。

请特别注意，页面 HTML 中的点击传播对于所有元素（All Elements）和仅链接（Just Links）触发器类型是不同的。当页面中的任何 HTML 元素被点击时，所有元素（All Elements）将用于触发代码，但是却完全无法识别嵌套内的点击。因此，如果有一个点击发生在形如下面例子中的嵌套内（这个嵌套在你的触发器中）时，你的触发器并不会被触发：

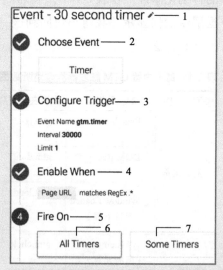

图 6.15　用户在页面上花费 30 秒后，定时器触发器（Timer trigger）将触发

1—事件 - 30 秒定时器　2—选择事件　3—配置触发器　4—在该时间下启用　5—触发　6—所有定时器　7——些定时器

```
<div class ="classname"><span>Hi</span></div>
```

<hr />

　　　⊖　图 6.14 中并没有看到 Just Links 类型的触发器，但是原文如此。——译者注

因为，当你尝试在触发器中使用{{Click Classes}}contains classname（{{Click Classes}} 包含类名）时，实际的点击元素是 <span>，其中并不含有你应用的 classname 的类。

反过来，Just Links 会查找 DOM 树，直到找到一个 <a> 元素，所以它比 All Elements 类型要更加灵活。你可以单击一个嵌套元素，它仍然会返回在嵌套层次结构中进一步扩展的链接。

2. 数据层中的自定义事件

当 GTM 记录一个自动事件时，它实际上将消息推送到数据层（Data Layer），然后激活触发器。对于表 6.1 中列出的事件，它是完全自动化的，所以你完全不必担心数据层。

但是，现在你需要使用一些自定义代码（code）来触发代码（tag），特别是在你找不到可以使用的自动事件类型时。

让我们从下面的例子展开。假设你的用户在你的网站上登录。一旦用户完全成功登录后，你要把这个用户的 ID 发送给 GA，以便你可以从极好的以用户为中心的报告、指标和维度中受益。要完成此操作，你需要请求 Web 开发人员在成功登录后添加以下自定义代码：

```
dataLayer.push({
'userId' : 'a143-bce4-fffd-a223',
'event' : 'loggedIn'
});
```

这是一个数据层消息（Data Layer message），你同时传递一个 'userId' 键和一个 'event' 键。正如你可能已经预料到的那样，后者是当你选择自定义事件触发器类型时，需要配置的内容的相关操作，如图 6.16 所示。

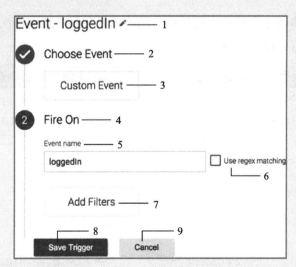

图 6.16　自定义事件触发器监听一个名为 event 的将被推送到具有特定值的数据层的变量，
在此例中，值为 loggedIn

1—事件 -loggedIn（已登录）　2—选择事件　3—自定义事件　4—触发　5—事件名称　6—使用正则表达式匹配　7—添加过滤器　8—保存触发器　9—取消

当具有以 loggedIn 作为 event 键值的数据层消息被推送时，此触发器将触发代码
（tag）。这就是自定义事件触发器的工作原理。

事实上，这是 GTM 中所有触发器的工作原理。只要使用自动触发器，数据层交互就
会发生，而无须在网站上添加任何自定义代码。

要从数据层读取 'userId' 值并在 GA 代码中使用，你可以在 GTM 中创建一个简单的
DataLayer 变量。

3. 总结

在我看来，数据层以及 GTM 如何利用并依赖于数据层，对 GTM 用户来说是最难理
解的事情之一。这个困难来自于数据层在 GTM 中具有双重作用这一事实：

首先，它是一个通用的语义信息的基因库。内部数据要按照特定语法进行结构化。这意
味着网站或移动应用程序连接到的任何应用程序、平台和库都可以使用此数据。在上面的示
例中举例介绍了这种类型的语义信息，其中用户 ID 是我们希望存储在数据层中的一个数据
片段。

其次，数据层是消息总线，它向 GTM 提供命令，以便 GTM 可以反过来触发容器内
的代码（tag）。只有包含 'event' 键的信息才有权触发代码。

GTM 为你提供了强大的自定义事件触发器类型，你可以使用它来触发任何你手动添
加到代码的 'event' 推送，并且它还提供了一些有用的自动事件，这些自动事件不需要你
使用任何代码。事件的概念对于你想要使用 GTM 的所有内容都至关重要。

6.2.4　测试 PDF 事件代码

为了验证我们的事件正在触发，我们将使用第 4 章和第 5 章中初次讨论的三种技术，并
再次显示在图 6.17、图 6.18 和图 6.19 中。

笔记 | 　如果链接访问另一个页面或资源，我如何在 GTM 调试面板中查看事件？
如果你正在测试一个 PDF 或出站（offsite）链接的事件，则可以用命令单击，控件单击或右键单击链接以在不同浏览器窗口或选项卡中打开资源，并保留你正在测试页面上的调试面板。

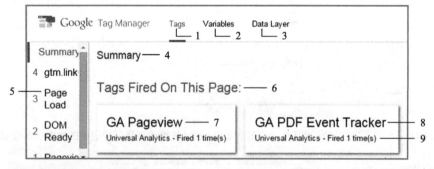

图 6.17　GTM 预览和调试模式显示初始网页浏览匹配（pageview hit），以及点击 PDF 链接时的事件匹配（event hit）

1—跟踪代码　2—变量　3—数据层　4—摘要　5—网页加载　6—本页面上触发的代码　7—GA 网页浏览　8—GA PDF 事件
跟踪器　9—Universal（Analytics）-已启用 1 次

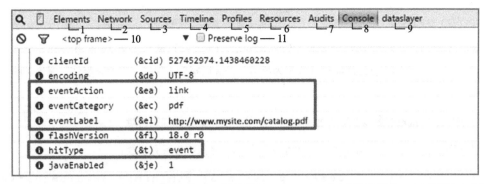

图 6.18　我们首先激活的以验证第 4 章中的页面浏览量的 Chrome GA 调试扩展程序，也可以显示事件维度

1—元素　2—网络　3—来源　4—时间线　5—画像　6—资源　7—审计　8—控制台　9—数据层　10—顶部框架　11—保留日志

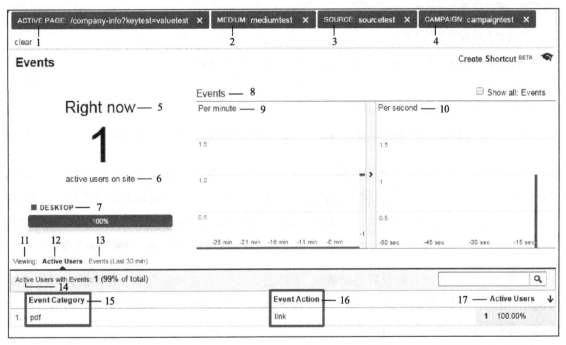

图 6.19　你可以访问 GA 中的"实时 > 事件"（ReaL-Time>Events）报告，以验证事件是否正在触发

1—活跃页面　2—媒介　3—资源　4—广告系列　5—马上　6—站内活跃用户　7—桌面　8—事件　9—每分钟　10—每秒
11—查看　12—活跃用户　13—事件（最近 30 分钟）　14—有活跃用户的事件　15—事件类别　16—事件操作　17—活跃用户

笔记｜　如何在"实时"报告中分离出我自己的会话？

　　如果你在 GA 媒体资源中采用接收其他访问者的数据来测试你的事件，则你自己的活动可能很难在"实时"报告中显示。不过，你可以采用以下任一方法来识别你自己在 GA 中的活动。

　　请注意，如第 9 章中所述，通过内部 IP 地址将自己的会话从工作视图中过滤排除掉，请确保查看媒体资源的未过滤视图。

　　（1）在 URL 中增加虚拟名 = 值（Dummy Name = Value）的配对

　　对于大多数网址，你可以在访问网站上的网页时向网址添加一个虚拟名 = 值（Dummy Name = Value）的配对，如下所示：

```
http://www.mysite.com/company-info/?keytest=keyvalue
```

然后，你可以访问"实时 > 内容"（Real-Time > Content）报告，然后单击 /companyinfo/?
keytest = keyvalue 将此请求 URI 设置为所有其他实时报告（包括"实时 > 事件"报告）的动态过
滤器。

（2）将虚拟广告系列参数 (Dummy Campaign Parameters) 添加到网址

作为隔离会话的另一个选项，可以在网址中添加如下虚拟广告系列参数：

```
http://www.mysite.com/company-info/?utm_medium=mediumtest&utm_
source=sourcetest&utm_campaign=campaigntest
```

然后，你可以访问"实时 > 流量来源"（Real-Time>Traffic Sources）报告，并点击媒体、来源和广告
系列值，将其应用为过滤器。

广告系列跟踪详见第 7 章。

请求 URI、媒体、资源和广告实时过滤器都显示在图 6.19 的顶部。

6.2.5 非互动事件和跳出

如果访问者登录你的主页并观看视频，GA 会否考虑该会话是否会跳出？

正如我们在第 2 章中学到的，跳出被定义为一个只有单次匹配（hit）的会话（single-hit
session），所以问题来了。如果访问者登录首页并观看视频，则 GA 不会认为该会话是一次跳出，
前提是你为视频互动生成 GA 活动。在这种情况下，网页会产生浏览量，而视频会生成事件匹配，
并且该视频将产生一个事件匹配（event hit），因此第二次匹配（hit）会将此会话分类为非跳出。

但是如果视频在网页加载后自动播放 15 秒怎么办？ 在这种情况下，视频播放不代表额
外的用户互动，因此会话仍算作跳出，直到访问者有意启动另一个跟踪的交互。你仍然可以
通过在事件代码配置中选择 True 作为非互动匹配值（Non-
Interaction Hit）来跟踪此自动播放视频，而不会因为这
类跟踪导致跳出率的意外降低，如图 6.20 所示。

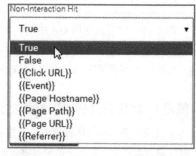

请注意，将非互动匹配设置为 True 是一个特例，因为
绝大多数的事件都意味着用户的参与，对于这些事件，将
非互动匹配设置为 False，以便它们正确地影响跳出率（和
会话持续时间）。

图 6.20　将非互动匹配设置为 True
（仅针对访问者不启动的事件）

6.3　虚拟页面浏览

参考图 6.1 和图 6.2 中显示的非网页浏览操作以及本章前面的其他观点，重要的是要注
意，我们不需要将所有这些操作跟踪为事件。在某些情况下，我们可以（或应该）选择虚拟
页面浏览（Virtual Pageview）追踪。

　　与专门的"事件"报告中显示的事件不同，虚拟页面浏览将集成到"网页"报告中，与我们所有的物理浏览量显示在一起。事实上，一旦我们记录虚拟页面浏览量，GA 会认为它们与普通实际的网页浏览是完全相同的，在报告呈现上也不会与实际网页浏览做任何区分。

　　请注意，在图 6.21 中，我们将 PDF 下载记录为虚拟页面浏览量，而不是如图 6.10 所示的事件。这两种方法同样有效。如果你将 PDF 的点击视为与网站上发生的常规网页浏览不同的互动，特别是如果你已将网站配置为下载 PDF 而不是直接在浏览器中打开，则可以决定将跟踪 PDF 点击作为事件。但是，如果你认为 PDF 视图与网页的视图非常相似，则可以选择将其视为虚拟页面浏览。

　　那么，如何作为虚拟页面浏览而不是事件跟踪 PDF 点击？让我们重新开始从基本 HTML 链接到 PDF：

```
<a href="/catalog.pdf">Download our catalog</a>
```

让我们回顾一下第 4 章中首次提出的 GA 网页浏览跟踪函数：

```
ga('send','pageview');
```

　　当 GTM 中的 ga（'send'，'pageview'）或 GA 代码执行时，发送到 GA 的网页维度值（即请求 URI）默认为访问者在浏览器中加载的网页。当我们生成虚拟页面浏览时，我们将使用与实际普通浏览相同的功能，但是我们将覆盖默认的页面 / 请求 URI，如以下代码所示：

```
<a"onclick="ga('send','pageview','/virtual/catalog.pdf');"
href="/catalog.pdf">Download our catalog</a>
```

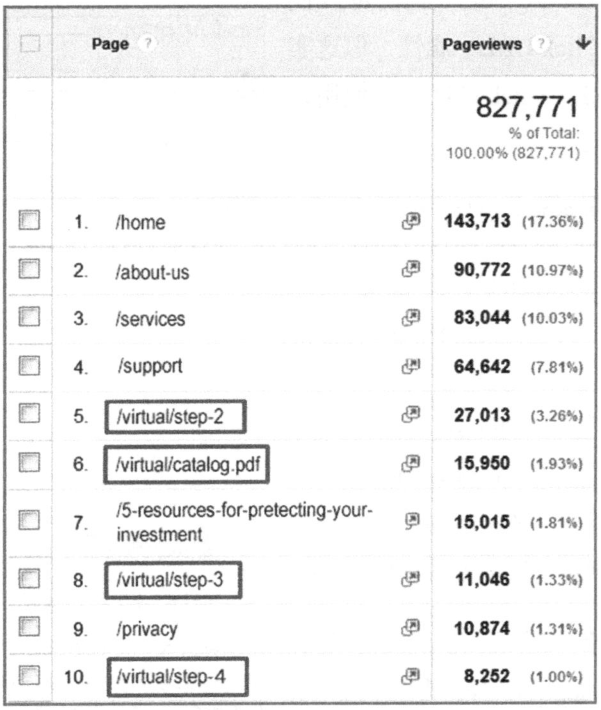

	Page ?		Pageviews ? ↓
			827,771 % of Total: 100.00% (827,771)
☐	1. /home	🔗	**143,713** (17.36%)
☐	2. /about-us	🔗	**90,772** (10.97%)
☐	3. /services	🔗	**83,044** (10.03%)
☐	4. /support	🔗	**64,642** (7.81%)
☐	5. /virtual/step-2	🔗	**27,013** (3.26%)
☐	6. /virtual/catalog.pdf	🔗	**15,950** (1.93%)
☐	7. /5-resources-for-pretecting-your-investment	🔗	**15,015** (1.81%)
☐	8. /virtual/step-3	🔗	**11,046** (1.33%)
☐	9. /privacy	🔗	**10,874** (1.31%)
☐	10. /virtual/step-4	🔗	**8,252** (1.00%)

图 6.21　"网页"报告中显示的虚拟页面浏览与实际普通的网页浏览是不做区分地整合在一起的

正如我们所讨论的事件类别、操作和标签，你应该注意虚拟页面浏览的命名方式，以帮助生成可读性高的报告。尽管这并不是强制性的命名要求，但将"虚拟"（virtual）这个词包括在虚拟页面浏览的 Page（网页）命名值中，将使你能够在"网页"报告中轻松查看和过滤虚拟页面浏览。此外，如果我们在所有虚拟页面浏览的 page 值的开头添加 / virtual / 模拟目录结构的顶层，我们将能够轻松地创建基于子目录的视图过滤器，以包含或排除所有带有 /virtual 的虚拟页面。

我们需要在 GTM 中采取哪些步骤来实现 PDF 下载的虚拟页面浏览跟踪？我们需要设置一个 GA 网页浏览代码（tag），但是与第 5 章中配置的主要网页浏览跟踪器的设置不同。该过程中需要几个步骤，这看起来有点复杂，但实际上非常简单，并且这些步骤将提供给你一些设置内置变量和用户定义变量的好方法。（如果你能完成这些步骤，那么恭喜你，你的 GTM 将超越初级水平，提高到更高的水平。）

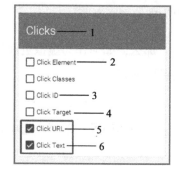

图 6.22　启用内置的 Click Text 变量

1—单击　2—单击元素　3—单击 ID
4—单击目标　5—单击 URL　6—单击文本

具体来说，我们需要记录默认页面之外的网页浏览。作为选项，我们还可以设置页面标题，完成此过程的第一步是启用内置的单击文本（Click Text）变量，如图 6.22 所示。

下一步，我们需要创建一个自动事件变量，如下文所述。当内置变量做不到这一点时，我们可以使用自动事件变量来检索被点击的元素的属性。在这种情况下，我们使用自动事件变量仅读取 href 值：/catalog.pdf。我们可以使用内置的点击 URL（Click URL）属性，但这实际上是在整个点击 URL（Click URL）中使用以下网域：

```
http://www.mysite.com/catalog.pdf
```

1）从"变量"（Variables）面板底部的"用户定义变量"（User-Defined Variables）部分，单击"新建"。

2）在"选择类型"（Choose Type）部分中，单击"自动事件变量"（Auto-Event）。

3）配置变量返回点击链接的 href 属性，如图 6.23 所示，单击"创建变量"（Create Variable）。

href 属性变量准备就绪后，我们可以配置虚拟页面浏览代码（tag）本身，如图 6.24 所示。代码（tag）的"更多设置 > 要设置的字段"

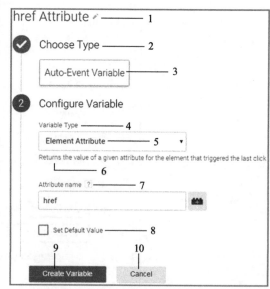

图 6.23　此变量返回点击链接的 href 值

1—href 属性　2—选择类型　3—自动事件变量　4—变量类型　5—元素属性　6—返回触发最近一次点击的元素的给定属性的值　7—属性名称　8—设置默认值　9—创建变量　10—取消

（More settings > Fields To Set）部分被设为覆盖 GA 代码（tag），可以直接从网页的 page（网页）（如请求 URI）和 title（标题）中拉取这两个维度。

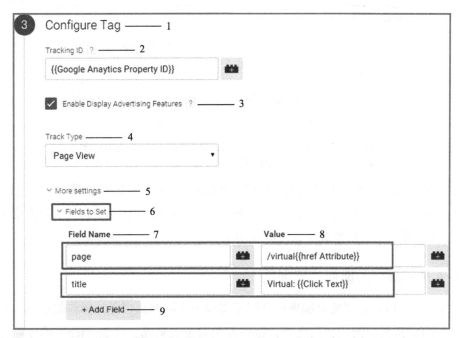

图 6.24　覆盖默认页面网址的页面设置是将虚拟页面浏览与常规实际的普通网页浏览区分开来。 在这里，我们还会将网页标题设置为点击链接的文本

1—配置跟踪代码　2—跟踪 ID　3—启用展示广告功能　4—跟踪类型　5—更多设置　6—要设置的字段　7—字段名称　8—值 9—添加字段

在这两个页面中，虚拟浏览页面是必需的；否则，代码（tag）会使用你所链接的网页填充 GA 网页维度，而不是你要链接的页面或资源。在上一步中，我们配置了 href 自动事件变量来返回我们链接到的资源，并且我们添加了前缀 "/virtual" 作为静态字符串，以便在"网页"报告中更容易识别虚拟浏览量。如图 6.21 所示。

我们还将使用我们启用的单击文本（Click Text）变量覆盖默认页面标题，加上 "Virtual:" 前缀，并将其作为静态字符串。

要触发此虚拟页面浏览，我们可以使用与图 6.11 所示的 PDF 事件跟踪相同的触发器来保存该代码（tag）[我们也可以将触发器定义为 {{href Attribute}} - 以 .pdf 结尾（-ends with-.pdf）]。代码（tag）和触发器之间不需要保持一对一的关系：对于单个代码（tag），你可以应用多个触发器，任何这些都会导致代码（tag）触发，你也可以将单个触发器应用于多个代码（tag）。

一旦我们保存了代码，我们就可以按照之前的章节中所说的同样的测试方式——在 GTM 中的预览和调试模式、或者在 Chrome 浏览器的 GA 调试扩展工具中，以及在 GA 的实时报告中对事件代码进行验证。检查图 6.25 中的"实时 > 内容"报告，我们可以看到网页和标题维度已填充了我们在 GTM 中配置的变量，并且静态文本预处理机制使得在常规的网页浏览报告中识别虚拟页面浏览变得轻松。GA 的"网页"报告中的"页面"和"页面标题"

都可以作为主要维度被使用。

图 6.25 "实时 > 内容"报告显示，我们的虚拟页面浏览代码配置已

成功覆盖了默认的页面和标题维度

1—查看 2—活跃用户 3—网页浏览量（最近 30 分钟） 4—度量总数：1
5—活跃页面 6—页面标题

另请注意，此虚拟页面浏览代码（tag）不仅适用于此一个链接，还可用于 .pdf 文件的所有链接。与我们的事件代码一样，我们在虚拟页面浏览代码（tag）和关联触发器中使用的变量提供了灵活性、可扩展性和一致性的成功组合。

多个 AJAX 屏幕的虚拟页面浏览

如前所述，虚拟页面浏览可能更适合跟踪类似于实际网页浏览的操作的事件。除了以前的 PDF 点击的虚拟页面浏览示例之外，这一方法对配置页面上标签（tab）的导航也有潜在作用——特别是如果每个选项卡显示大量自己的内容时——页面滚动可以被监测为虚拟页面浏览。（本章稍后将讨论页面滚动的问题。）

然而，应用虚拟页面浏览的更优先的场合是 URL 不发生改变的多屏幕处理。在 Web 时代早期，浏览器显示的每个新屏幕通常需要一个完整的服务器往返通信和新的不同页面的下载才能刷新屏幕。

然而，有一段时间，我们已经看到出现了 Web 前端技术，允许页面更新而无须页面加载。可以通过避免视觉上的中断（通常是完成页面加载而出现的）来提供更持续和更流畅的最终用户体验。

HTML5 Canvas 元素（你可以手动编码或从 Flash 开发环境中输出）和 JavaScript 库（如 jQuery）都允许丰富的用户交互，而无须重新加载页面。AJAX（代表异步 JavaScript 和 XML）通过在没有页面加载的情况下进一步实现了 Web 服务器的实际往返（用于处理和数据传输）。多屏幕、单 URL 终端用户进程如图 6.26 所示，单页 Web 应用程序通常使用 AJAX 或类似技术实现。

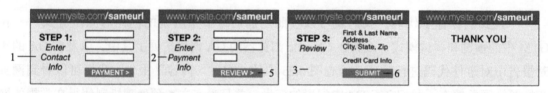

图 6.26 在此多屏幕过程中，屏幕更新，但 URL 不更改，并且无须重新加载页面

1—输入联系信息 2—输入付款信息 3—核对信息 4—付款 5—核对 6—提交

除了从用户体验的角度来看，屏幕刷新作为独立的网页浏览之外，有时还有另一个很具说服力的理由为这种监测选择虚拟页面浏览而不是事件：你可以同时使用事件和虚拟页面浏览作为目标的基础，但是无法在一个目标渠道中的任何位置使用事件。（第 8 章详细讨论了目标和渠道配置。第 18 章中介绍的 Google Analytics 360 的自定义渠道功能确实允许将事件作为渠道步骤。）

再次参考图 6.26，理想情况下你应该跟踪四个步骤的转化过程，这个渠道中包含三个步骤，以便你可以测量从一个屏幕到另一个屏幕的流失，并开始优化以提高转化率。如果你为每个步骤生成虚拟页面浏览量（在第一步之后，GA 将在 URL 首次加载时记录实际的网页浏览量），则可以将那些将用户带到感谢页面（thank-you page）之前的各个步骤的页面配置为渠道的步骤，并查看如图 8.9 所示的"渠道可视化"（Funnel Visualization）。

生成虚拟页面浏览量对于这个多步骤过程而言比 PDF 更具挑战性，但借助一些逻辑和另一个 GTM 变量，我们将设计出一个很好的解决方案。

1. 创建查找表

如下所述，我们将使用每个按钮的文本作为查找表中的关键字（key），我们将从中记录每个虚拟页面浏览量的页面维度。

1）创建一个自动事件变量，如图 6.27 所示，读取 Button Value 属性，它显示为按钮文本。（在这种情况下，我们不能使用内置的"单击文本"（Click Text）变量，因为文本没有被打开和关闭的 HTML 元素包围。）

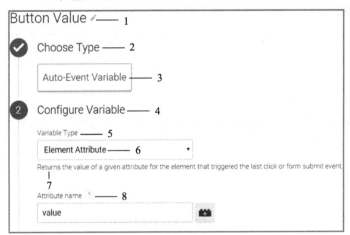

图 6.27　这个自定义 GTM 变量读取按钮的 value 属性，它显示为按钮文本

1—按钮值　2—选择类型　3—自动事件变量　4—配置变量　5—变量类型　6—元素属性　7—针对触发表单提交事件的最后点击的元素重新确定给定属性的值　8—属性名

2）如图 6.28 所示，配置一个查找表变量，根据上一步中创建的 Button Value 变量输出不同的文本值。现在，我们可以使用 Lookup for Checkout Virtual Pageviews（虚拟页面浏览查找表）变量作为虚拟页面浏览代码（tag）中的网页，类似于图 6.24。

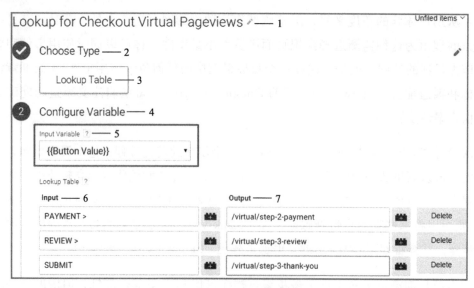

图 6.28　我们将使用图 6.27 中定义的 Button Value 变量作为查找表中的输入变量，而不是直接使用按钮文本作为虚拟页面视图的页面尺寸，并检索更好的页面尺寸值以填充到虚拟页面视图中

1—虚拟页面浏览查找　2—选择类型　3—查找表　4—配置变量　5—输入变量　6—输入　7—输出

3）创建一个类似的查找表，它也使用 Button Value 作为输入，但会输出我们将在虚拟页面浏览代码（tag）中使用的页面标题。

4）创建一个类似于图 6.24 的 GA 网页浏览代码，但在"要设置的字段"部分中使用两个新的查找变量作为 page 和 title 值。

2. 创建触发器

在配置触发器之前，让我们看一下图 6.26 中结账屏幕上蓝色按钮的 HTML。

```
<input type="button" value="PAYMENT >" id="btn1001"
class="blueButton" />
```

在大多数情况下，你的 HTML 按钮将包含 ID 和 / 或类属性，它们都主要用于 CSS 样式，但也可以标识用于其他用途的 HTML 元素。你可以使用 GTM 触发器的任一属性。即使没有类或 ID，你也可以将 GTM 触发器置于点击元素的样式属性的自动事件变量上，在下面的示例中，我们将使用该类属性。

1）启用页面路径（Page Path）和单击类（Click Classes）内置变量。

2）配置触发器，如图 6.29 所示。

将触发条件应用到虚拟页面浏览代码后，你可以使用 GTM 预览和调试模式测试代码，GA 调试 Chrome 扩展程序，GA 实时报告（Real-Time reports）测试代码，如上所述。

3. 你应该使用事件还是虚拟页面浏览？

再次参考本章开头的非网页浏览互动列表，通常认为在大多数情况下选择事件是标准做法。

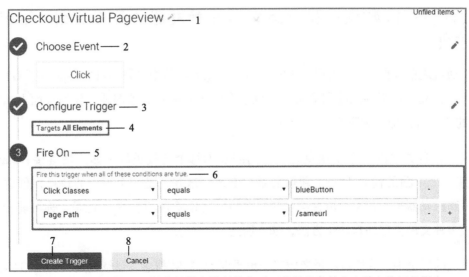

图 6.29　多屏虚拟页面浏览的触发器所指定页面路径的条件和表单上按钮的类名

1—查看虚拟页面浏览　2—选择事件　3—配置触发器　4—目标所有元素　5—触发　6—当所有这些条件都为真时，触发此触发器　7—创建触发器　8—取消

如前所述，选择虚拟页面浏览的一个很具说服力的理由是：你需要在目标渠道中的任何位置添加互动。

而不选择虚拟页面浏览的同样具有说服力的理由是：如果你的网页浏览计数受到密切监控或审核，虚拟页面浏览可能会成为被故意带来的网页浏览量的"虚高"，或者由于某种原因，你希望从"网页"报告中排除实体网页浏览之外的任何匹配（hit），这种情况下你应该选择采用事件功能，在属于事件自己的报告中显示事件数据，而不会影响浏览量的指标。（如前所述，如果你使用"/virtual"作为虚拟页面浏览的页面字段前缀，则可以通过应用子目录过滤器轻松地过滤虚拟页面浏览，同时还可以保留显示虚拟页面浏览的未过滤视图。查看过滤器将在第 10 章中讨论。）

表 6.2 比较了事件和虚拟页面浏览的几个方面。

表 6.2　事件和虚拟页面浏览的比较

	事　件	虚拟页面浏览
报告	显示在专门的事件报告中	与"网页"报告中的物理浏览量相结合；使浏览量"虚高"
参数传递	通常用三个参数描述：类别（category）和操作（action）是强制性的；标签（label）则是常常被使用的；值通常会被省略，非互动匹配通常会保留为 false 默认值	页面参数
非交互	你可以将事件配置为不影响跳出率或会话时长的非交互匹配（hit）	始终计为网页浏览量并降低跳出率，会话时长和页面停留时间都会被计算在内
目标和渠道	你可以将事件用作目标，但你无法构建导向基于事件的目标的渠道，你不能将事件用作渠道步骤（你可以使用事件作为在第 18 章中描述的 Analytics 360 中自定义渠道功能的一部分。）	你可以使用虚拟页面浏览作为目标和渠道的步骤，你可以构建一个导向基于虚拟页面浏览的目标的渠道

6.4 通过 GTM 数据层和自定义事件触发器跟踪 Google Analytics 事件

我们通过之前在图 6.10 中配置的事件代码（tag）及其相关联的触发器演示了 GTM 的两个基本优点：基于规则的跟踪和变量。一旦这个代码和触发器被部署，任何页面上添加的任何 PDF 的点击将被记录为事件。

然而，这种方法的一个小缺点是，我们需要为每个链接类型（如出站链接、mailto: 或 tel:）创建一个单独的代码（tag）和触发器。不过，这并不是一个很大的缺点，创建一个专用的代码和触发器来跟踪每个链接类型是一个肯定可以管理的事件。 但是，你可能希望有更多的涵盖多种文件类型的自动化方法，如下所述。

在下面的讨论中，我们将通过考虑三个更重要的 GTM 概念，继续构建我们的 GTM 技能：

1）数据层。你可以使用数据层页面对象来存储变量 [以数值配对（value paires）作为其命名方式，如 'eventCat': 'Outbound links']，然后可以将其读入代码（tag）。

2）DOM Ready 触发器。我们在第 5 章中了解到这个触发器，我们将在下面的例子中看到它的作用。

3）自定义事件触发器。当数据层填充了事件（event）变量 [数据层变量的实际名称为事件（event）] 时，将激活此特殊触发器。

笔记 | 数据层中的事件（event）变量不一定与 GA 事件相关

听起来可能令人费解，但了解数据层中的事件（event）变量和 GTM 中的自定义事件触发器确实直接相互关联，却又都不一定与 GA 事件有关这一事实是非常重要的。在下面的自动跟踪器（autotracker）示例中，我们将使用事件变量来激活应用于 GA 事件代码的自定义事件触发器，不过我们也可以同样轻松地在数据层中使用相同的事件变量，并使用相同的 GTM 触发 GA 虚拟页面浏览，甚至是非 GA 代码。

我们还将配置一个 GA 事件代码，从数据层读取事件类别、操作和标签（Lable），并由数据层中的特殊事件变量触发。

嘉宾观点 **Google Analytics 事件自动跟踪器：仅用两个代码将多种类型的链接点击跟踪为事件**

艾哈迈德·阿瓦德（Ahmed Awwad）是 E-Nor 的分析团队负责人。

为了自动跟踪多个链接类型作为事件的过程，我们编写了一个特殊的脚本，我们称之为 GA 事件自动跟踪器（autotracker）。为了实现事件自动跟踪器，你可以从 www.e-nor.com/gabook 下载脚本，并按照下面的过程执行，其中我们将配置两个跟踪代码（tag）、两个触发器和四个类似的数据层变量，如图 6.30 所示。（在图 6.30 中，我们省略了一个数据层变量，因此只出现了三个数据层变量）。

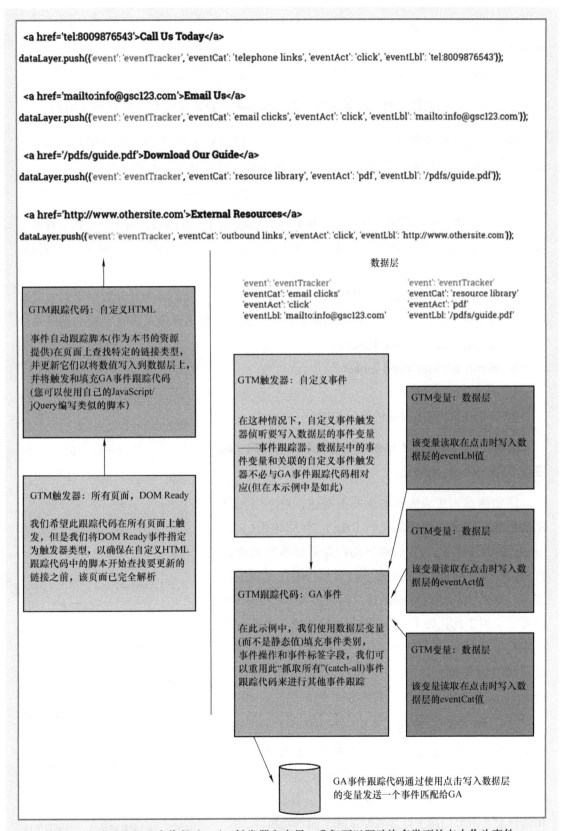

图 6.30　通过配置几个代码（tag）、触发器和变量，我们可以跟踪许多类型的点击作为事件

在设置事件自动跟踪器时，我们还将构建一些我们在本书后叙可以再次使用的元素，例如"抓取所有"（catch-all）事件代码（tag），自定义事件触发器和数据层变量。（图6.30中以灰色底纹突出显示这些元素，以及 DOM Ready 触发器。）

步骤 1：为我们自己的 GA 事件自动跟踪器脚本所自定义的 HTML 代码（tag）

虽然没有必要理解自动跟踪器脚本中的每一行代码，但要注意的是在你点击以下任何类型的链接时会生成一个事件。（"|" 是正则表达式管道符号，表示"或"。）

doc|docx|xls|xlsx|xlsm|ppt|pptx|exe|zip|pdf|js|txt|csv

如果你更多地解析脚本，你会看到更具体的 dataLayer.push 语句，用于预先约束这些链接中的每个类型，以便在点击时将以下变量填充到数据层。（下面的示例中显示了出站链接的变量值。）

- 'event': 'eventTracker'：是特殊指定的数据层变量，我们将为此设置一个自定义事件触发器，该触发器将调用 GA 事件代码；此变量名和值对于自动跟踪器脚本中的所有链接类型都是相同的。
- 'eventCat': 'Outbound Links'
- 'eventAct': 'Click'
- 'eventLbl'：动态提取链接的 URL。

步骤 2：为在步骤 1 中创建的自动跟踪器代码（tag）设置 DOM Ready 触发器

正如西莫·艾哈佛在本章前面所述，对于引用页面 HTML 的任何元素的任何代码（tag），你应该使用 DOM Ready 触发器类型。我们的自动跟踪器脚本在页面的所有 HTML 代码（tag）中搜索上面显示的链接类型的任何实例；如果我们错误地将默认"网页浏览"（Page View）触发器应用于此代码（tag），就有可能造成丢失掉部分页面中的链接的风险，因为这部分页面有可能还没有来得及被浏览器解析。因此，我们的自动跟踪器代码（tag）需要 DOM Ready 触发器，如图 6.31 所示。

请注意，自动跟踪器脚本会为你的社交个人资料页面的点击生成 GA 事件；你只需要将自己的社交个人资料的网址添加到脚本的顶部区域中。（在本章后面 6.5 节"跟踪社交网络"中，作为另一个可行的选择，我们还将了解如何将社交点击专门用于社交匹配（hit）而不是事件。）

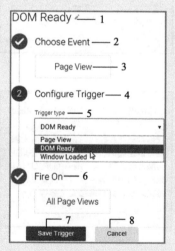

图 6.31 此 DOM Ready 触发器将在自动跟踪器代码中的脚本开始搜索那些将要被配置为写入数据层的链接之前生效，以确保浏览器对页面中的所有 HTML 进行了解析

1—DOM Ready 2—选择事件 3—网页浏览 4—配置触发器 5—触发类型 6—触发 7—保存触发器 8—取消

你还可以依据你的喜好更改事件类别、事件操作和事件标签值的变量。

步骤 3 : "抓取所有"（catch-all）GA 事件代码（Tag）

我们可以将这一代码称为"抓取所有"（catch-all）事件代码（tag），或者称为我们的事件代码（tag）模板，因为它没有硬编码的值。如图 6.32 所示，它通过数据层变量从数据层中抓取所有值，如步骤 4 所述。对于代码（tag），我们将应用自定义事件触发器，每次等于 eventTracker 的特殊事件变量填充至数据层时，触发器就会激活。

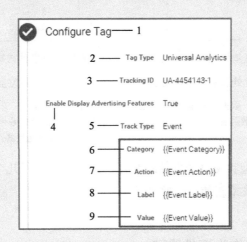

图 6.32　这个事件代码（tag）会将链接点击的值（如上面的自动跟踪器代码中所配置的那样）填充到数据层中

1—配置跟踪代码　2—跟踪代码类型　3—跟踪 ID　4—启用展示广告功能　5—跟踪类型　6—类别　7—操作
8—标签　9—值

请注意，代码（tag）读入的第四个变量事件值（Event Value）——自动跟踪器配置为 0。你可以更改脚本以填充不同的数字，但在大多数事件跟踪中常见的事件值为 0（或者在记录事件时根本不指定事件值）。

步骤 4 : 数据层变量

我们需要为我们写入数据层的每个值创建一个数据层变量；这些变量将指定的数据层值读入"抓取所有"（catch-all）事件代码（tag），如图 6.33 所示。

步骤 5 : "抓取所有"（catch-all）事件代码的自定义事件触发器

最后，我们将创建一个自定义事件触发器，用于触发"抓取所有"（catch-all）代码。同样，自定义事件触发器侦听要写入数据层的特定事件（event）变量，如图 6.34 所示，特定于此触发器的是 eventTracker。

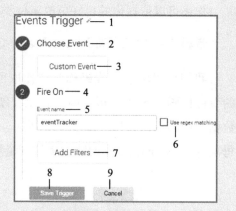

图 6.33　4 个简单的数据层变量将从数据层的 GA 事件值中读取，如此处所示的事件类别

1—事件类别　2—选择类型　3—数据层变量　4—配置变量　5—数据层变量名称　6—数据层版本

图 6.34　当事件数据层变量填充为 eventTracker 时，触发器触发

1—事件触发器　2—选择事件　3—自定义事件　4—触发　5—事件名称　6—使用正则表达式匹配　7—添加过滤器　8—保存触发器　9—取消

除了为许多链接类型实现自动事件跟踪外，此示例涵盖了几个重要的 GTM 功能，你可以根据自己的跟踪要求重新使用这些功能。

6.4.1　将博客评论作为事件跟踪

使用我们在上述设置事件自动跟踪器中讨论的相同原则，你可以在访问者每次在你的博客上提交评论时生成一个事件。

此时你的评论框和提交按钮的 HTML 基本上应该是下面的样子：

```
<textarea id="comment" />
<input type="submit" id="submitButton" value="Post Comment" />
```

你可以将代码 6.1 中的代码放在 GTM 自定义 HTML 代码中，并将 DOM Ready 触发器应用到标签（tab）中。然后，此代码（tag）将一直等待页面完全解析，之后再将 onclick 句柄添加到评论提交按钮，这样将使事件类别（category）、操作（action）和标签（label）的值填充至数据层。当 eventTracker 事件值写入数据层时，将触发图 6.31 中所示的 GTM 事件代码（tag），并且代码（tag）将使用数据层变量读入事件类别（category）、操作（action）和标签（label）。注意，只有当 textArea 不为空时，我们才填充数据层，并且我们将把评论的前 200 个字符作为事件的标签（label）。（GA 中的事件标签（event label）维度的长度最长不能超过 500 个字节，这应该相当于接近 500 个字符，除非事件标签（event label）包含许多非 ASCII 字符。）

代码 6.1　通过将此段代码放入自定义 HTML 代码（tag）并应用一个 DOM Ready 触发器，使用图 6.32
中配置的事件代码（tag）要读入的值，你将使用博客评论提交按钮来填充数据层

```
<script>
$('input#submitButton').click(function() {
        var txtArea = $('textarea#comment').val();
        if (txtArea.length > 0) {
                dataLayer.push({'event': 'eventTracker',
        'eventCat': 'blog', 'eventAct': 'comment', 'eventLbl': txtArea.
                substring(0,200)});
          }
});
</script>
```

笔记 |　jQuery + 数据层 + "抓取所有"（catch-all）事件代码（Event Tag）

　　此博客评论示例进一步说明了我们在过去两章中讨论的一些可复制的 GTM 和事件跟踪原则。通过使用一小部分 jQuery 来插入任何类型的用户操作的监听器——例如点击按钮，悬停在工具提示图标上，或者在下拉菜单中更改选择——我们可以填充数据层并使用相同的事件代码（tag）、数据层变量和自定义事件触发器，如图 6.30 所示。关于通过写入数据层进行用户交互来利用"抓取所有"（catch-all）事件代码（tag）的 jQuery 的其他有关示例，请参见 www.e-nor.com/gabook。

6.4.2　跟踪页面滚动和视频嵌入

　　滚动和视频播放是默认情况下未跟踪的重要用户操作之一。滚动跟踪对于博客和以内容为中心的网站特别有用，了解用户对页面本身的参与度而不是特定的转化步骤更为重要。下面我们来看看两种脚本资源，分别可以帮助你跟踪滚动和与嵌入式 YouTube 视频的互动。

嘉宾观点　滚动和嵌入式 YouTube 的事件跟踪

　　穆罕默德·阿德尔（Mohamed Adel）是 E-Nor 的分析实施工程师。

　　下面列出了两个额外的脚本资源，我们将这些资源放在一起，以使页面滚动和与嵌入式 YouTube 视频的互动的事件跟踪自动化。请注意，两个解决方案都使用 jQuery，因此请务必在页面的 <head> 部分（在 <body> 中的 GTM 容器之前）加载 jQuery 库。

1. 跟踪页面滚动

1）从 www.e-nor.com/gabook 下载此脚本。

2）将脚本复制到自定义 HTML 代码（tag）中。

3）对自定义 HTML 代码（tag）应用一个 DOM Ready 触发器。（你也可以将触发器限制在网站上的某些网页上，例如 URL 中包含 /blog/ 的网页）。

该脚本将事件类别记录为页面交互，将事件操作记录为向下滚动，将事件标签
（label）记录为滚动百分比，如图 6.35 所示。

	Event Label ?	Page ? ⊘	3 — Total Events ? ↓
	1	2	**2,147** % of Total: 4.44% (48,370)
☐	1. 25%	/blog/north-american-tectonic-plate-on-a-collision-course	610 (28.41%)
☐	2. 25%	/blog/unique-mineral-deposits-formed-by-the-himalayan-lift	540 (25.15%)
☐	3. 50%	/blog/unique-mineral-deposits-formed-by-the-himalayan-lift	431 (20.07%)
☐	4. 50%	/blog/north-american-tectonic-plate-on-a-collision-course	308 (14.35%)
☐	5. 75%	/blog/unique-mineral-deposits-formed-by-the-himalayan-lift	114 (5.31%)
☐	6. 75%	/blog/north-american-tectonic-plate-on-a-collision-course	75 (3.49%)
☐	7. 100%	/blog/north-american-tectonic-plate-on-a-collision-course	27 (1.26%)
☐	8. 100%	/blog/unique-mineral-deposits-formed-by-the-himalayan-lift	21 (0.98%)

图 6.35　通过深入了解"热门事件"（Top Events）报告中的滚动事件，并应用"网页"（Page）作为次
级维度，我们可以在我们的博客页面上测量滚动深度

1—事件标签　2—网页　3—总事件

2. 跟踪嵌入式 YouTube

1）从 www.e-nor.com/gabook 下载此脚本。

2）将脚本复制到自定义 HTML 代码（tag）中。

3）对自定义 HTML 代码（tag）应用 DOM Ready 触发器。

此脚本记录播放、暂停、观看结束以及几个完成百分比作为事件操作，视频的名称
作为事件标签。

对于 YouTube 嵌入，你还可以选择使用 YouTube 播放器 API 对你自己的解决方案进行
编码。其他视频托管服务提供商（如 Vimeo 和 Wistia）可以直接集成到你的 GA 媒体资源或
类似的 API，你可以使用它们在后端进行视频互动，并生成相应的 GA 事件。如果你正在选
择视频主机，请务必在做出决定并签订协议之前验证 GA 跟踪的条款。

6.4.3　使用事件跟踪导航

事件跟踪导航作为事件跟踪的一种可能会很有用且专门的应用程序，你可以填充事件类
别、操作和标签，以分层和单独跟踪每个导航点击。

例如，要跟踪重建公司网站顶部导航中的服务菜单下的 Office Renovation 链接的点击，

你可以将该事件填充到数据层，如代码 6.2 所示。

代码 6.2　点击此菜单项可以填充数据层，其中包含 GTM 可以读入 GA 事件代码的导航详细信息

```
<a href="/office-renovation" onclick="dataLayer.push({'event':
'eventTracker', 'eventCat': 'top navigation menu', 'eventAct':
'services', 'eventLbl': 'office renovation'});">Office Renovation</a>
```

请注意，我们基本上是以与上一个自动跟踪器事件和博客评论事件跟踪的示例相同的方式生成事件：在数据层中，我们写入事件的类别、操作和标签值，GA 将使用我们事先配置好的数据层变量读入事件代码（tag）。我们还会写特定的事件值，这个事件值并不直接和 GA 的事件相关，但是我们可以把它用在一个 [给任何类型的代码（tag）使用的]GTM 自定义事件触发器中。此处导航示例与上面例子的不同点是，我们直接在 HTML 中设置 onclick 句柄（onclick handler），这样我们就可以使用如前面的示例所示的 GTM 自定义 HTML 代码中的 jQuery；不过，由于导航链接的数量庞大，jQuery 方法可能不太实用。

你需要与开发人员合作，将数据层代码添加到导航中的每个链接。初始代码更改可能需要较长的时间和手动操作，但你可以在"事件"和"网页"报告和自定义报告中（如第 11章中所述）更轻松地查看导航数据（根据具体情况应用次级维度，如图 6.36 所示）。

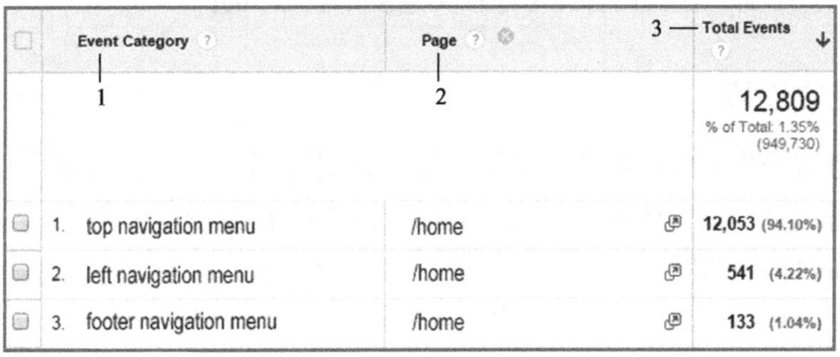

图 6.36　"热门事件"（Top Events）报告，将"网页"（Page）应用为次级维度，显示了我们填充到数据层中的导航数据。你可以深入查看事件操作和事件标签以显示更详细的导航细节

1—事件类别　2—网页　3—总事件

笔记 |　为了使用 Google Tag Manager，必须要掌握 HTML 和 JavaScript 吗？

要使用 GTM 执行某些基本任务，例如部署第 5 章中概述的一般 GA 网页浏览跟踪器，你不需要了解网页的结构（前提是 Web 开发人员已经将 GTM 容器代码写入你的页面模板）。

由于本书中所涉及的 GTM 示例越来越多，很显然，HTML 的一些知识对于许多类型的 GTM 任务是非常有益的。HTML 学习起来非常直接，它是你的专业知识和技能的有益且相关性高的补充，就算你的重点是分析或营销，而不是实施，也仍然如此。就算只是懂一点点的 HTML 都将大大提高你使用 GTM 的能力。

对 CSS 选择器和 DOM（文档对象模型）的基本理解也非常有助于通过 GTM 去定位特定的页面元素。这些也是非常简单直接的领域，只需要花费很少的时间和精力就能掌握。

就算 GTM 确实提供了大量的内置功能，允许我们在许多情况下避免手写脚本，精通 JavaScript 对于配置更复杂的 GTM 变量非常有帮助。虽然 JavaScript 对于某些 GTM 任务来说是不可或缺的，但是这些任务并不像另外一些需要了解 HTML 的任务那么常见，而且 JavaScript 相对 HTML 而言，学习曲线更加陡峭。

如果你将与GTM经常打交道，请把了解HTML和CSS选择器（CSS selectors）放在更高的优先级上，然后再去学习 JavaScript（和被更加广为采用的 jQuery JavaScript 库）。你可以找到几个不错的而且免费的学习资源来学习这些技能，例如 codeacademy.com。

6.5 跟踪社交网络

图 6.1 包含了我们在 GA 中可能需要跟踪的两种类型的社交操作：

1）社交连接 / 加关注的操作：那些在你的组织的社交简介（social profiles）处点选了点赞（likes）或加关注（follow）的操作。

2）社交内容操作：点赞、分享或在推特（Twitter）上推送你的内容。

我们可以跟踪这些类型的社交行为，利用事件的方式或更具体的社交匹配（social hit），两种方法都有效。下面，让我们首先考虑社交连接 / 加关注的操作。

6.5.1 社交连接

记录社交连接操作（或者更准确地说，是在理想状态下，当用户完成了社交连接行为之后，点击进入你的社交简介的操作）的最简单的方法是将他们作为出站链接事件进行跟踪，如同本章前面所讨论的那样。不过，你也可以选择对社交简介处的点击与其他更常见的出站链接分开跟踪。

想要在单独的事件类别中跟踪社交连接，让我们看一个简单的示例来跟踪你公司的 Facebook 页面的点赞。

假设你的网页页脚中有一个链接：https://www.facebook.com/mycompany。

你可以按如下所示设置专用事件代码：

1）事件类别：social-profile（企业社交简介）

2）事件操作：like（点赞）（或 like-facebook-page，以区别于对于内容的点赞）。

3）事件标签：facebook-page。

4）触发器：Click - Just Links - Enable When url matches Regex .*[单击 – 仅链接 - 当 URL 匹配正则表达式（Regex .*）时启用] - Click URL equals（点击 URL 等于）-https://www.facebook.com/mycompany。

不过，另一个选择是，你可以选择跟踪社交关注（follow）（或社交内容操作），将跟踪

类型设置为"社交",如图 6.37 所示。将跟踪类型设置为"社交"应将数据填充到"社交 >
插件"(Social > Plugins)报告中,而不是将数据填充到"事件"报告中。

注意,Action Target(操作目标)参数是可选的。如
果未专门指定,则默认为当前网页的 URL。Action Target
的目的是指出获得了社交关注的社交资源是什么,因此
在许多情况下,保留默认值是很好的。而在这个例子中,
我们指定了 Facebook 页面,表明社交操作的目标是你的
Facebook 页面本身,而不是 Facebook 点击发起的网页。[我
们可以随时在"社交 > 插件"(Social > Plugins)报告中将
"网页"(Page)作为次级维度来应用,以查看原始页面。]

图 6.37 GTM 中 的 GA 代 码 设 置 为
"社交 > 插件"报告(Social >
Plugins)

1—社交跟踪参数　2—网络　3—操作
4—操作目标

我们会将此代码的触发器设置为点击网址 https://
www.facebook.com/mycompany。

你可能已经注意到,上述两种方法实现起来都不是特
别高效,因为这两种方法都需要你为每个社交简介链接设置单独的代码(tag)和触发器。也
就是说,利用四五个额外的 GTM 代码和触发器,来跟踪社交简介的配置和管理并非不能让人
接受。(注意,你可以在一个 GTM 文件夹中放置所有社交代码(tag),以便更好地组织。)

本章前面讨论的事件自动跟踪器示例提供了一个更加简化的解决方案,以跟踪点入你的社
交简介的行为作为事件。如果你希望为你的社交简介的点入(clickthrough)行为生成社交匹配
(hit)而不是事件匹配(hit),你或者开发人员可以调整脚本使用以下值填充数据层:

1)event: socialTrigger。

2)socialNetwork: facebook。

3)socialAction: like(或 like-facebook-page)。

你将以相同的方式为其他社交简介链接填充数据层,然后你需要设置相应的数据层变
量,以填充 GTM 代码(tag)中的"网络和操作"字段(Network and Action fields)。

我们将使用数据层的事件值作为触发器。如本章前面所述,事件被指定为特殊的数据层
变量,一旦将变量填充到数据层中即可激活自定义事件触发器。再次,数据层中的事件变量
不直接对应于 GA 事件;在当前示例中,我们使用数据层事件值作为 GA 社交匹配的触发器。

总而言之,跟踪社交连接 / 加关注链接有三个基本选项:

1)跟踪与其他出站链接事件相同的方式。

2)作为事件跟踪,但在单独的类别中。

3)以社交类型的匹配(social hit)对其进行跟踪。

后两个选项对于将社交连接 / 加关注与其他出站链接的事件监测方法相比,略有优势。

6.5.2　社交内容操作

我们还可以选择跟踪内容分享和对内容的点赞作为事件或社交类型的匹配（social hit）。在下面的例子中，我们通过将事件、社交网络和社交操作变量填充到数据层中来跟踪我们网站上页面中的 Facebook 的点赞数据，并将其作为社交类型的匹配（social hit）进行记录。与之前的社交跟踪示例不同，只有在确认访问者已登录社交网络并完成社交内容操作后，我们才会利用回调选项（callback option）将我们的社交类型的匹配（social hit）发出：我们不必假定社交操作已经完成。

1. 侦听器和回调函数（callback function）

假设你的博客页面上有 Google Plus、Facebook、Twitter、LinkedIn 和 Pinterest 的社交内容操作按钮。 为了记录社交类型的匹配（social hit），一旦有用户完成了 Facebook 内容的点赞（like）或转发（tweet），我们就将绑定一个回调函数给 Facebook 和 Twitter 提供的侦听器。一旦用户实际登录到社交网站并完成了点赞或转发，侦听器就执行回调函数。

回调不直接与 GTM 或 GA 相关；你可以执行任何 JavaScript 代码作为回调函数。在我们的例子中，我们会将变量值写入 GTM 数据层，这样可以帮助我们将一个 GA 的社交匹配代码（GA social hit tag）读入。

由于回调函数不适用于 LinkedIn 和 Pinterest，我们将直接根据点击操作设置带触发器的代码。

对于 Google Plus，你不需要添加任何代码来生成社交匹配（social hit）。对于使用 GA 跟踪的任何网站，系统会（在回调时）在"社交 > 插件"报告中自动记录 +1 动作。（你所在的组织的 Google Plus 页面的 +1 操作不会自动记录；你仍然需要使用上述用于跟踪社交连接 /加关注的选项中的某一个来跟踪此操作。）

Google Plus 内容操作能在"社交 > 插件"报告中自动跟踪这一事实将激励我们利用社交类型的匹配（social hit）来跟踪其他的社交内容操作，而不用事件方式进行跟踪。通过这种方式，我们所有的社交内容操作都将整合到"社交 > 插件"报告中。

下面让我们开始为 Facebook 的点赞（likes）跟踪设置回调：

步骤 1：为每个侦听器 / 回调创建一个自定义 HTML 代码（tag），如图 6.38 所示。对于每个代码（tag），我们可以应用与本章前面的事件自动跟踪器示例相同的 DOM Ready 触发器，以确保页面在侦听器尝试绑定之前完全解析。

步骤 2：为填充到数据层的每个值（除了事件）创建一个数据层变量。

步骤 3：创建一个具有 Track Type（跟踪类型）为 Social（社交媒体）的 GA 代码（tag），读入数据层变量，如图 6.39 所示。

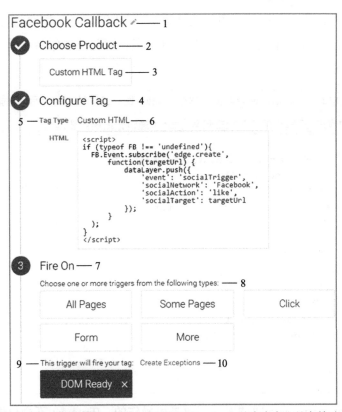

图 6.38　你可以创建此自定义 HTML 代码（tag）来设置对 Facebook 的内容产生的点赞（like）的侦听器和回调

1—Facebook 回调　2—选择产品　3—自定义 HTML 跟踪代码　4—配置跟踪代码　5—跟踪代码类型　6—自定义 HTML
7—触发　8—从以下类型中选择一个或多个触发器　9—此触发器将触发你的跟踪代码　10—创建例外

图 6.39　这个 GA 社交跟踪代码（tag）会读取我们写入 GTM 数据层中的值，这些值来自 Facebook 和
Twitter 的回调函数以及来自 LinkedIn 和 Pinterest 的点击操作
1—跟踪类型　2—社交跟踪参数　3—网络　4—操作　5—操作目标

步骤 4：对于在步骤 3 中创建的 GA 社交跟踪代码（tag），应用事件名称设置为
socialTrigger（或填充到数据层的任何事件值）的自定义事件触发器。

注意 Facebook 回调对分享（share）的操作不会做出响应。你可以使用 Facebook SDK 创
建共享回调，也可以通过应用基于点击类或点击 ID 变量的触发器直接跟踪 Facebook 共享按
钮的点击次数，类似于以下所述的针对 LinkedIn 和 Pinterest 进行内容操作跟踪的方法。

使用代码 6.3 中的代码片段，你可以为 Twitter 回调创建一个类似的自定义 HTML 代码（tag）。请注意，社交网站可能会定期更新这些代码段，因此建议你参考其开发人员资源了解每个脚本的最新版本。

代码 6.3　与图 6.38 中的 Facebook 回调类似，这个 Twitter 回调函数被编码为写入数据层的值中。这个
　　　　数据层的值由 GTM 中的 GA 社交代码（tag）通过数据层变量读入

```
<script>
// 假设你已经初始化 window.twttr 作为部分显示转发按钮的标准代码
if (typeof twttr !== 'undefined') {
  twttr.ready(function (twttr) {
    twttr.events.bind('click', trackTwitter);
  });
}
function trackTwitter() {
  dataLayer.push({
          'event': 'socialTrigger',
          'socialNetwork': 'Twitter',
          'socialAction': 'tweet',
          'socialTarget': window.location.href
        });
}
</script>
```

LinkedIn 的 data-onsuccess 回调属性不再是可操作的，Pinterest 不会提供回调的侦听器。对于 LinkedIn 的共享和 Pinterest 的 pin（钉），代码 6.4 演示了脚本：一旦用户点击相应的社交按钮（假设大多数用户实际完成社交动作），将把 GA 数据写入数据层。

代码 6.4　由于回调不适用于 LinkedIn，我们可以将此脚本包含在自定义 HTML 代码（tag）中，并配置触
　　　　发器（见图 6.40），以便在单击 LinkedIn 共享按钮时将值写入数据层

```
<script>
dataLayer.push({
    'event': 'socialTrigger',
    'socialNetwork': 'linkedin.com',
    'socialAction': 'share',
    'socialTarget': window.location.href
});
</script>
```

我们可以开始配置 GTM 触发器，方法是从右键单击 / 上下文菜单中选择"检查元素（非视图源）"[Inspect Element（not View Source）]，以便 LinkedIn 共享按钮显示源 HTML，然后按照以下过程进行操作：

```
<a id="li_ui_li_gen_1439046400859_0-
link"href="javascript:void(0);">
```

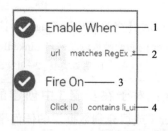

图 6.40　我们可以配置一个触发器，以便根据相应的 <a>
代码（tag）的 id 属性隔离 LinkedIn 共享按钮

1—在该时间下启用　2—匹配正则表达式　3—触发　4—包含 li_ui

1）启用内置的 Click ID 变量。

2）创建新的触发器。

3）在触发器设置屏幕上的 choose Event（选择事件）下，单击 Click。

4）从 Targets（目标）下拉菜单中选择 Just Links（仅链接）。

5）如图 6.39 所示，配置其余设置。

对于 Pinterest 的 pin（钉），我们基本上可以遵循与代码 6.4 和图 6.39 中所示的相同的过程。除了我们写入数据层的是 Pinterest 相关值之外，其他主要的差异是在触发器中，我们将基于类的值而不是 ID 值来配置。下面的代码（tag）似乎很难解析，但我们可以轻松地启用内置的 Click Classes 变量，并将 Fire On 指定为 Click Classes 包含 pin_it_button（Click Classes contains pin_it_button）。

```
<a data-pin-href="http://www.pinterest.com/pin/create/button/"
data-pin-log="button_pinit_bookmarklet"class="PIN_1439052112077_
pin_it_button_28 PIN_1439052112077_pin_it_button_en_28_red
PIN_1439052112077_pin_it_button_inline_28 PIN_1439052112077_pin_
it_none_28"data-pin-config ="none"><span class="PIN_1439052112077_
hidden"id ="PIN_1439052112077_pin_count_0"></span></a>
```

如上所述，Facebook 的分享（Share）按钮不调用回调函数。Facebook 分享（Share）与 Facebook 点赞（Like）在 HTML 和类名上是相同的：

```
<span class ="pluginButtonLabel">Like</span>
<span class ="pluginButtonLabel">Share</span>
```

那么我们如何将分享（Share）按钮作为触发器隔离开呢？我们无法使用 Click Classes 内置变量：这只能匹配 Like 和 Share。相反，我们将确保内置的 Click Text 变量已启用，如图 6.22 所示。然后，我们将配置一个点击触发器，如图 6.41 所示，自定义 HTML 代码（tag）中包含代码 6.5 中的脚本。

代码 6.5　我们可以将这个脚本包含在自定义 HTML 代码（tag）中，以图 6.41 中的方式配置触发器，将变量写入数据层。这样，就能通过图 6.39 中配置的 GA 社交跟踪代码（tag）为 Facebook Share 按钮生成一个社交类型的匹配（social hit）

```
<script>
dataLayer.push({
    'event': 'socialTrigger',
    'socialNetwork': 'facebook.com',
    'socialAction': 'share',
    'socialTarget': window.location.href
});
</script>
```

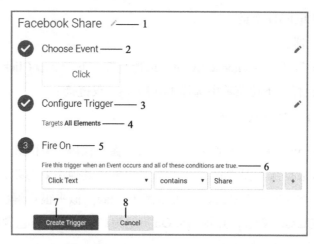

图 6.41　此触发器使用内置的 Click Text 变量来隔离 Facebook Share 按钮

1—Facebook Share　2—选择事件　3—配置触发器　4—目标所有元素　5—触发　6—发生事件并且所有这些条件均为真时，触发此触发器　7—创建触发器　8—取消

6.5.3　区分社交连接和社交内容操作

如果社交操作（如 Facebook 的 +1 或 Google Plus 的 +1）可以同等地代表社交连接或社交内容操作，那么你可以填充更多具体的值，如表 6.3 所示。如果你将这两种类型的操作都记录为社交类型的匹配（即两种类型都不作为事件类型），那么你可以在"社交 > 插件"报告中轻松区分社交连接和社交内容操作，这些被分开的值会更加有用。

表 6.3　为区分连接和分享，对社交操作值的建议

社交网络	连接操作	内容操作
Facebook	like-facebook-page	对内容点赞（Like）
Twitter	加关注（follow）	转发（tweet）
Google Plus	+1 或加圈（plus-one-or-circle）	+1（自动）
LinkedIn	连接	分享（share）
Pinterest	加关注（follow）	钉（pin）

6.5.4　社交插件报告

任何从 GTM 中生成并且"跟踪类型"（Track Type）被设置为"社交"（Social）的 GA 匹配（hit），都将被填入"社交 > 插件"报告（Social > Plugins）。[原生等效的 ga（'send', 'social', network, action, target）也会填入"插件"报告。]

如图 6.42 中的"插件"报告所示，Social Source（社交来源）维度对应于你在社交类型的匹配（social hit）中提供的社交网络值，Social Entity（社交实体）则对应于社交目标值。通过使用表 6.3 中所列出的指定操作值，即使没有选择 Social Entity（社交实体）作为次级维度，我们也可以轻松地区分"加关注"（follow）和分享（share）操作。

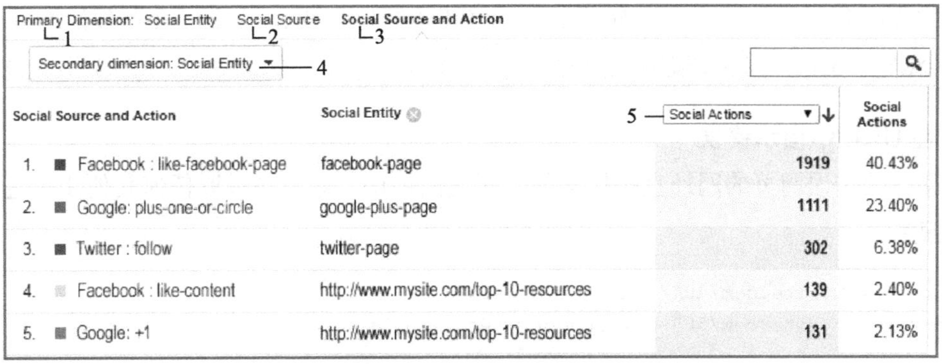

图 6.42　插件报告填充了社交类型的匹配（social hit）

1—主要维度：社交实体　2—社交来源　3—社交来源与操作　4—次级维度：社交实体　5—社交操作

6.5.5　Google Analytics 跟踪社交窗口小工具

一些小工具（Widget），如 ShareThis 或 WordPress 插件（如 Sharrre）允许你添加社交分享按钮到你的网页内置或轻松配合 GA 集成。（ShareThis 将社交共享数据填充到事件报告中；Sharrre 则填充社交插件。）你可以查看文档或与支持人员核对其他详细信息。如果你选择使用社交窗口小工具，而不是手动添加社交按钮，那么建议你选择一个可轻松与 GA 集成的小工具。

笔记｜　你能从社会操作中创建目标吗?

如果你已将社交操作作为事件跟踪，你可以为这些社交操作创建目标，如同你为其他事件创建目标一样。这一部分在第 8 章中将会详述。如果你已将社交操作按照社交类型的匹配（social hit）进行跟踪，你将不能创建相应的目标，因为没有可用于社交维度或指标的目标设置。如果将社交操作设置为目标对你很重要的话，你可以选择将其作为事件进行跟踪。

对你的内容上的 Google +1 按钮的点击会自动被 GA 作为社交匹配进行跟踪。如果你想为这些点击创建目标，则可以使用与上面的 LinkedIn 和 Facebook 分享点击相同的方法生成 Google +1 点击的事件，并且你可以根据这些事件创建目标。

6.6　错误跟踪

GA 和 GTM 可以跟踪你的网页上的几种不同类型的错误：

1）404 错误（找不到页面）。

2）500 错误（服务器错误，例如数据库操作中发生的未抓取的异常）。

3）JavaScript 错误（浏览器环境中发生的脚本错误）。

6.6.1　跟踪 404 和 500 错误

404 和 500 错误的跟踪策略取决于错误页面的 URL 和标题。不过，在所有情况下，我们都会将错误状态记录为网页浏览（pageview）（无论是物理还是虚拟状态），以便我们可以更轻松地隔离包含错误链接的引荐网页。

作为先决条件，请确保你的错误页包含 GTM 容器代码，以便在所有其他网页上进行 GA 网页浏览（pageview）跟踪。

1. 在 URL 中指示错误

如果你的错误网页的网址直接指出如下所述的错误，你不必采取任何其他步骤进行基本的错误跟踪：

```
http://www.mysite.com/404/y2k-update.aspx
http://www.mysite.com/505-error/quote-results
```

使用这些网址，你可以在"网页"报告中轻松地将错误视为常规网页浏览，并执行以下附加的分析和警告步骤。

2. 在标题中而不是在 URL 中指示的错误

许多网站通过页面标题中的文本指示 404 或 500 错误，例如指示页面找不到或 404，如图 6.43 所示。

要查看与错误页标题对应的网址，我们可以在"网页"报告中应用"页面标题"作为次级维度，并对错误文本进行过滤，如图 6.44 所示。

图 6.43 与许多网站类似，页面标题表示对《伦敦时报》上不存在网页的请求

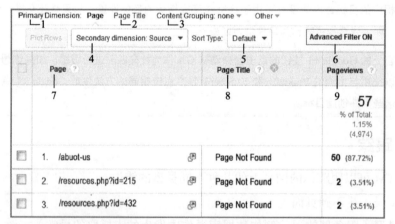

图 6.44 将 Page Title 选为次级维度并过滤，我们可以列出无效的网页请求

1—主要维度：网页 2—页面标题 3—内容分组：无 4—次级维度：来源 5—排序类型：默认 6—高级文件打开状态 7—网页 8—页面标题 9—网页浏览量

3. 错误未在 URL 或标题中指示

某些 Web 服务器提供了被设计或配置为显示 404 或 500 错误页面，但在 URL 或页面标题中不包括错误指示符。在这种情况下，你或你的 Web 开发人员需要编辑 404 和 500 页面，以向 GTM 提供某种类型的错误指示符（error indicator）。利用 GTM 变量，你可以做很多事

情，但你需要从正确的输入开始。

一个简单的方法是将一个事件值添加到数据层，见代码 6.6。

代码 6.6 当被分别添加到 404 和 500 错误页面时，这些错误页面尚未指明网址或页面标题中的错误，这些代码段将为通过 GTM 跟踪错误提供必要的输入

```
<script>
dataLayer.push({'event': '404-error'});
</script>

<script>
dataLayer.push({'event': '500-error'});
</script>

<!-these scripts should precede the GTM container->
```

请注意，你不是将此代码放置在 GTM 代码中；你需要在 GTM 容器代码之前将该代码直接包含在网页源代码中（因此，当 GTM 处理网页的所有代码和触发器时，数据层已填充了事件值）。

把错误指示符（error indicator）加入到 URL 中，这样你就能够在 GA "网页" 报告中查看或过滤它。为了实现这一点，你需要创建替代的网页浏览跟踪代码（pageviews tag），这些代码只有在数据层中出现了 404 错误或 500 错误值时才会被激发。

总结一下这个过程：

1）在 404 和 500 错误页面中给数据层 404 错误和 500 错误事件写值（或任何你选择的值——任何文本字符串都可以），且这个数据层需要高于 GTM 容器代码，如代码 6.6 所示。

2）在 GTM 中创建两个自定义 JavaScript 变量，分别将 / 404-page-not-found 或 / 500-server-error（或者你喜欢的任何文本作为错误指示符）添加到 URL 路径，如图 6.45 所示。请注意，在这种情况下，你不应该使用内置的页面路径变量，因为它会排除 "？" 符号和在 URL 中的任何字符。

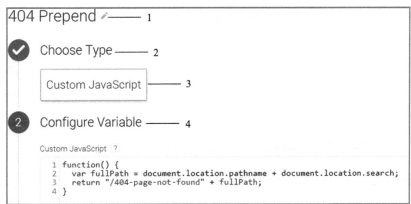

图 6.45 这个自定义 JavaScript 变量在文档路径前添加了一个错误指示符

1—404 预备　2—选择类型　3—自定义 JavaScript　4—配置变量

3）创建自定义 JavaScript 变量，并且将错误指示符（error indicator）添加到页面标题。
（页面标题的 DOM 符号为 document.title。）

4）创建两个使用前面步骤中创建的路径和标题变量的 GA 网页浏览跟踪代码（pageview tag），如图 6.46 所示。

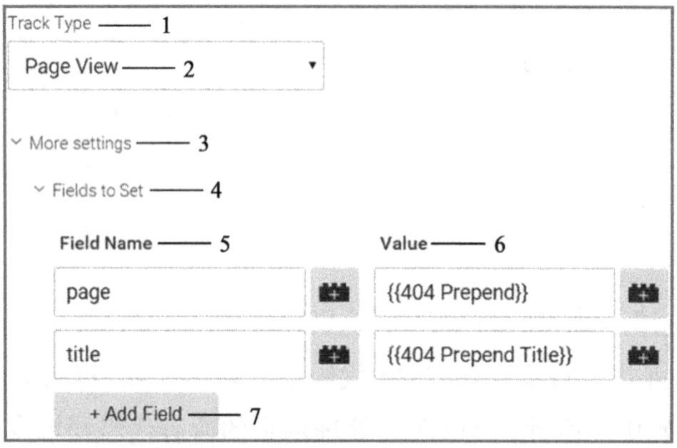

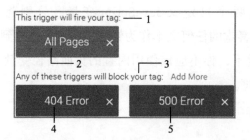

图 6.46　我们会触发一个网页浏览代码（tag），该代码（tag）会用错误前置字符串覆盖默认页面和标题值，
而不是在错误页面上生成常规 GA 网页浏览（pageview）
1—跟踪类型　2—网页浏览　3—更多设置　4—字段设置　5—字段名称　6—值　7—添加字段

5）对于在第 4 点中创建的两个代码（tag），根据数据层中的 404 错误和 500 错误事件值应用自定义事件触发器，与图 6.47 类似。

6）当任一错误触发器已激活 [以避免双重网页浏览 (pageview) 跟踪] 时，阻止你的主GA 网页浏览跟踪器，如图 6.47 所示。

图 6.47　将 404 和 500 触发器作为例外添加到主 GA 网页浏览跟踪器，以避免重复网页浏览（pageview）计数
1—此触发器将触发你的跟踪代码　2—所有页面　3—这些触发器中的任何一个都将阻止你的跟踪代码：添加更多　4—404
错误　5—500 错误

6.6.2　在"导航摘要"报告中查看引荐页面

在上述所有情况下，错误指示符将作为页面维度和 / 或页面标题维度直接显示在"网页"报告中。一旦你遇到了错误的网页请求，你就可以使用图 2.8 所示的"导航摘要"报告（Navigation Summary）来确定哪些内部网页正在调用错误的网址。

要识别对错误网址的外部引荐，你可以在"着陆页"（Landing Pages）报告中应用来源 /
媒介（Source/Medium）、广告系列（Campaign）或完整引荐（Full Referral）作为次级维度，
如图 6.48 所示。

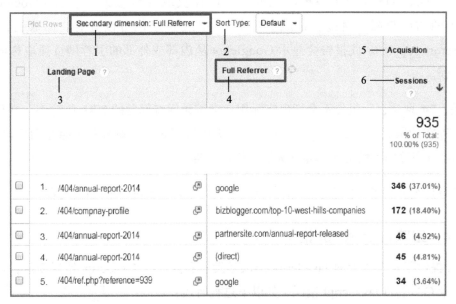

图 6.48　通过对错误指示符的"着陆页"报告进行排序，并将"完整引荐"（Full Referral）作为次级维度，
　　　　你可以查看错误请求的外部来源

1—次级维度：完整引荐　2—排序类型：默认　3—着陆页　4—完整引荐　5—流量获取　6—会话

6.6.3　将错误作为事件进行跟踪

作为上述错误跟踪选项的替代或补充，你可以将错误以 GA 事件进行跟踪，按照下面的
方法填充事件维度：

1）事件类别：error（错误）。

2）事件操作：404 或 500。

3）事件标签：{{Page URL}}。

你的触发器将取决于上述三种 URL/ 标题应用情况中的哪一种：

1）**在 URL 中指示错误**。以 {{Page Path}} 包含 404 或 500（或你使用的任何文字）配置
触发器。

2）**在标题中指示错误**。设定一个自定义的 JavaScript 变量用于返回 document.title，并
且按照"{{Document Title}} contains Page Not Found"或"Server Error"[或错误页面的 title
HTML 代码（tag）中显示的任何文本] 的方式对触发器进行配置。

3）**错误没有在 URL 或标题中被指示**。基于你写入数据层的事件变量应用自定义事件触
发器，见代码 6.6。

1. 为错误提供的智能警报

错误是自定义智能警报的逻辑候选项。在第 11 章中，我们配置 GA，以便在我们的网站

或应用达到特定错误阈值时向我们发送主动式的电子邮件或文本通知。

2. 在谷歌搜索控制台（Google Search Console）中的抓取错误

除了在 GA 中设置错误跟踪功能外，建议你获取谷歌搜索控制台（Google Search Console）的访问权限（通过验证或添加用户）。在这里你可以查看"抓取错误"报告（Crawl Errors report）。此报告会显示 Googlebot 从内部或外部的引荐网页抓取你的网页时遇到的错误。

但是，"抓取错误"报告不会指出实际用户尝试访问有问题的 URL 的频率，并且不会包含登录后存在的网页的错误，因为登录后的页面内容搜索引擎蜘蛛是被阻止而抓取不到的。而 GA 则可以在这两种情况下都能够提供到错误报告。

第 7 章详细介绍了谷歌搜索控制台（Google Search Console）的相关内容。

6.6.4 跟踪 JavaScript 错误

GTM 提供了一个内置的 JavaScript 错误触发器和内置的 JavaScript 错误变量，你可以使用它来记录 GA 中的 JavaScript 错误，如以下过程所述：

1）启用内置 JavaScript 错误触发器，如图 6.49 所示。

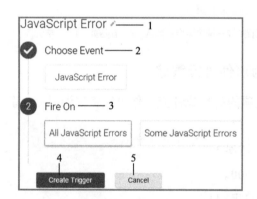

图 6.49　启用内置 JavaScript 错误触发器

1—JavaScript 错误　2—选择事件　3—触发　4—创建触发器　5—取消

2）启用内置的错误消息、错误 URL 和错误行变量，如图 6.50 所示。

3）配置 GA 事件代码（tag），类似于图 6.51。请务必将"非互动匹配"（Non-Interaction Hit）设置为 False，以免造成错误跟踪导致的人为的跳出率降低。

4）将 JavaScript 错误触发器应用于事件代码（tag）。

当你在 GTM 中配置 JavaScript 错误跟踪时请咨询你的开发人员。

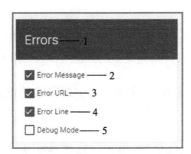

图 6.50　启用内置的 JavaScript 错误变量

1—错误　2—错误消息　3—错误 URL　4—错误行
5—调试模式

图 6.51　GA 事 件 代 码（tag）使 用 图 6.50 中 启 用 的 JavaScript 错误变量进行配置。将图 6.49 中配置的触发器应用到此变量

1—跟踪类型　2—事件跟踪参数　3—类别　4—操作　5—标签
6—值　7—非互动匹配

6.6.5　在事件报告中查看 JavaScript 错误

假设你已将鼠标悬停脚本（原生的或通过 GTM 实施的）添加到一个本该展示为一个弹窗的图片中，但你却拼错了你要调用的 JavaScript 函数：

```
<img src ="/images/starburst.png"onmouseover ="specailOffer()"/>
```
⊖

如果你已按上面的方法配置了 JavaScript 的错误跟踪，那么这个错误将显示在热门事件报告（Top Events report）中，如图 6.52 所示。

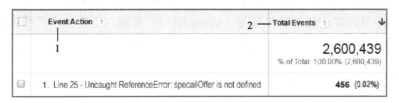

图 6.52　热门事件报告中列出的 JavaScript 错误

1—事件操作　2—总事件

请注意，JavaScript 错误触发器可以触发针对用户交互或在页面中的 GTM 容器之后出现的脚本，但无法激发在 GTM 容器之前（即 <head> 和 </head> 中）发生的任何 JavaScript 错误代码。

⊖　本来应该是 specialOffer，英文原书是假设这个词被错误地拼写成 specailOffer。——译者注

错误触发器可以为你通过一个自定义 HTML 代码（tag）或 GTM 部署的 JavaScript 中出现的错误做激活操作。这里需要提示一点，就是你的自定义 HTML 代码中的 JavaScript 错误的行号是相对于代码（tag）的而不是整个页面来进行报告的，比如，如果你的自定义 HTML 代码中的错误出现在第三行，错误行号将显示为 3。

 本章要点回顾

1）**点击不会让 GA 做出反应**。默认情况下，GA 不会记录点击操作本身；只有当点击加载你网站上包含 GA 网页浏览跟踪的其他网页时，它才会记录网页浏览类型的匹配（pageview hit）。

2）**开启事件或虚拟页面浏览（pageview）**。对于默认情况下许多无法实现跟踪的重要用户操作，你可以选择事件或虚拟页面浏览跟踪。

3）**多屏进程的虚拟（页面浏览）**。对于大多数无法跟踪的用户操作，最适合的选项是事件跟踪，但是当操作更类似于实际网页浏览时，你可能希望选择虚拟页面浏览跟踪，就像在 URL 不发生改变的多屏幕 AJAX 进程中一样。

4）**事件可作为目标，但不能成为渠道**。你可以将事件用作目标，但不能用作渠道的一部分。要在渠道的任何步骤中包含未跟踪的用户操作，请将操作跟踪设置为虚拟页面浏览而非事件。

5）**事件显示在专用报告中**。事件会显示在自己的报告中，而虚拟页面浏览则集成在"网页"报告中，并在 GA 中作为实际网页浏览使用。如果因为虚拟页面浏览而对网页浏览"投放"有任何疑虑，请选择事件跟踪，而不是虚拟页面浏览跟踪，或者确保使用 / virtual 启动虚拟页面浏览的页面维度，以便轻松应用视图过滤器 (filter) 排除你的虚拟页面浏览作为子目录。

6）**在事件命名中保持一致**。事件需要事件类别（event category）和事件操作（event action）参数，并且通常还包括事件标签（event label）参数。要避免事件数据碎片化，请选择一致的命名规则。GTM 可以极大地帮助你保持事件命名的一致性。

7）**点击元素的自动事件变量**。当内置 GTM Click 变量不支持时，你可以组合 GTM Auto-Event（GTM 自动事件）变量来读取一个点击的属性。

8）**区分社交连接和社交内容的操作**。记录社交操作时，建议使用不同的操作参数，以便你的报告可以轻松区分连接和内容操作。

9）**将社交操作记录为事件点击或社交点击**。将社交操作记录为 GA 事件点击或 GA 社交点击是合理的。如果你记录社交类型的匹配（social hit），则数据会显示在"社交 > 插件"（Social > Plugins）报告中。由于 Google +1 操作会自动记录为社交类型的匹配（social hit），因此你也可以决定将其他社交内容操作记录为社交类型的匹配（social hit），以便将所有社交跟踪整合到"社交 > 插件"报告中。

10）Twitter 和 Facebook 提供回调。你可以通过仅在用户登录社交网站并完成操作时执行的回调函数来跟踪推文和 Facebook 内容的点赞（likes）。

11）检查 URL 或标题中的 404 和 500 错误。许多 Web 服务器直接在页面 URL 或标题中指示 404 和 500 错误。如果你的 404 或 500 错误页在 URL 或标题中没有包含错误指示符，则可以手动将数据层事件变量添加到网页中，然后，你可以使用它将错误指示符前插入虚拟页面浏览中的页面和标题维度中，或者用它触发一个事件。

12）跟踪 JavaScript 错误。你可以通过 GTM 使用内置变量及内置触发器跟踪 JavaScript 错误，但此方法不会记录以原生方式嵌入到你的网页并在网页加载时立即执行的 JavaScript 中的错误。

 实战与练习

1）记录所有未跟踪的用户互动。评估当前未跟踪的所有重要用户互动。决定是否将每个操作作为事件或虚拟页面浏览跟踪。

2）建立命名约定。为你的事件类别、操作和标签（Label）提供一致性的、层次结构化的命名。

3）为单链接类型设置事件跟踪。作为概念验证，为 .pdf 链接、外部链接等设置事件跟踪。创建新代码（tag）时，请按照第 5 章中 5.7 节 GTM 环境中列出的一种测试方案进行操作。

4）为单链接类型设置虚拟页面浏览跟踪。作为概念验证，请为指向 PDF 或其他文件类型的链接设置虚拟页面浏览跟踪。

5）配置事件自动跟踪器（autotracker）。创建事件自动跟踪器所需的代码（tag）、变量和触发器，如本章所述。这将为出站链接、到 PDF 和其他文件类型的链接、"mailto:"链接、"tel:"链接以及作为单独类别的社交加关注链接提供事件跟踪。安装事件自动跟踪器后，你可以删除在第 3 和第 4 点中设置的单链接跟踪的代码。

6）配置社交跟踪。如果你使用的是事件自动跟踪器，则会跟踪社交连接 / 加关注操作。如果你不使用事件自动跟踪器，请建立追踪社交连接 / 加关注操作的计划。两种情况下，都请创建一个用于跟踪你的社交内容操作的计划。

7）评估 404 和 500 错误跟踪。如果你的 404 和 500 错误网页的 URL 和 / 或页面标题中有错误指示器，你可以在 GA 中跟踪这些错误，无须进一步设置（只要网页执行基本的 GA 网页浏览跟踪）。如果 URL 和标题都没有指示错误，请将一个事件变量写入数据层，以便把它用作触发器去激发一个替代性的网页浏览代码（tag）；你可以配置此代码（tag）以向页面和标题维度添加错误指示符。你还可以选择以 GA 事件的方式跟踪 404 和 500 错误。

8）设置 JavaScript 错误跟踪。使用内置的触发器和内置的变量，在 GTM 中设置 JavaScript 错误跟踪。

9）下载容器导出和样本页面。从 www.e-nor.com/gabook 下载 GTM 容器导出和样本页。你可以在 GTM 管理界面中创建新的 GTM 容器并选择导入容器，以导入代码（tag）、触发器和变量。如果你有可以上传页面的测试 Web 服务器，则可以更新页面以使用容器代码、上传页面，然后测试导入的 GTM 容器的配置。

在入门阶段，大部分的 GA 内容都可以被归结为两类数据：用户是怎样来到你的网站（或来到你的移动 App，或者是移动 App 的下载），以及这些用户是如何在网站（或移动 App）中进行互动的。在第 6 章中，我们学习了怎么样去利用事件、虚拟页面浏览和社交跟踪（social tracking）的数据去更加完整地展现用户行为。在本章中，我们则将更多地集中在对用户流量的获取跟踪，我们将拆解 GA 流量用户（或数据）获取的术语和概念；并且了解我们能如何帮助 GA 梳理默认用户获取报告中较为模糊的概念，进而生成更加合乎我们流量来源的流量获取自定义报告。

7.1 关于流量获取的术语和概念

开始学习本章内容之前，让我们先回顾一下 GA 中关于流量获取的术语和概念。

7.1.1 媒介与来源

所有 GA 的会话（session）都至少由 2 个描述流量获取维度的数值来记录：媒介和来源。参考图 7.1 中的解释，"媒介"是 GA 中最通用的描述流量获取的维度值。而"来源"则比媒介更加特指。在一般讨论中，有时候来源经常被用来解释"流量从哪里来"；但是在 GA 的这个环境下，它仅仅特指流量实际的来源维度（Source dimenson）。

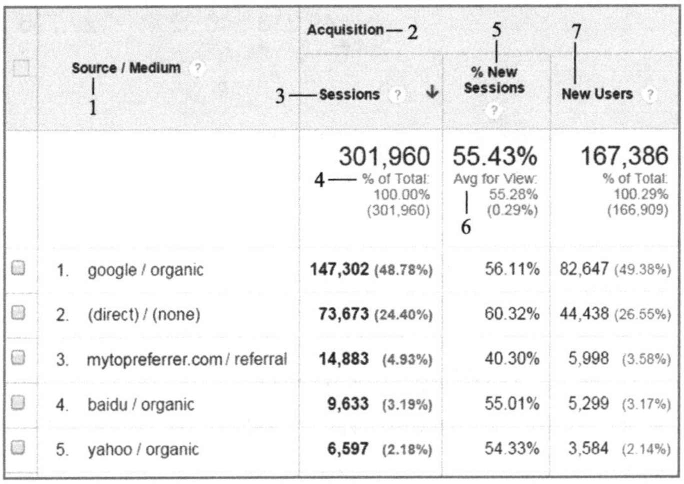

图 7.1 如"来源 / 媒介"报告所示，所有的会话都有来源（source）值和媒介（medium）值；来源更加具体，媒介更加宽泛，但二者都会有数值：默认值，或是做了广告系列代码（campaign tag）后覆盖了默认值之后的值

1—来源 / 媒介　2—流量获取　3—会话　4—占总数的百分比　5—新会话百分比　6—平均浏览次数　7—新用户

在默认情况下，也就是说在没有做本章后面会讲到的广告系列代码（campaign tagging）的情况下，GA 会将所有流量用以下三种媒介（medium）值中的一种记录下来：

1）引荐流量：被 GA 识别为来自搜索引擎之外的网站点击；点击发生的网站，就是引荐流量的来源维度，比如 abc123.com 或者 partnersite.pk。

2）自然搜索流量：被 GA 识别为来自搜索引擎的点击，并将“媒介”（medium）指定为“自然搜索”（organic）。自然搜索流量的来源维度是众多被 GA 判定为搜索引擎的网站，例如 google（谷歌）、bing（必应）或者 baidu（百度）。

3）（无）：直接在浏览器地址栏中输入 URL [并且默认情况下，也包含其他一些你并不希望被归为直接流量的流量类型；我们后面会在有关广告系列代码（tag）的部分讨论到]。所有被记录为“(无)”（none）的媒介值，也会被记录为“(直接)”（direct）流量。

如果你想用更加宽泛的媒介值（medium value）汇总显示“来源 / 媒介”（Source/Medium）报告，你可以将报告的主要维度改为仅仅展示“媒介”（medium）即可。

7.1.2 引荐

前文提到，GA 将来自搜索引擎以外的网站点击识别为引荐流量，并且为这种流量分配一个引荐媒介值 [除非做了广告系列代码（tag）覆盖了媒介和来源数值]。因为“引荐流量”（Referral Traffic）报告（在左边导航栏中被标记为“引荐”）只展示媒介维度被归类为引荐的会话，报告只把“来源”（Source）作为主要维度，如图 7.2 所示。

Source（1）	Acquisition（2） Sessions（3）	% New Sessions（5）	New Users（7）
	49,218 % of Total（4）: 16.30% (301,960)	46.32% Avg for View（6）: 55.28% (-16.21%)	22,796 % of Total: 13.66% (166,909)
1. mytopreferrer.com	14,883 (30.24%)	40.30%	5,998 (26.31%)
2. linkjuice.com	1,936 (3.93%)	49.48%	958 (4.20%)
3. facebook.com	1,291 (2.62%)	15.49%	200 (0.88%)
4. partnersite.com	1,062 (2.16%)	48.02%	510 (2.24%)
5. anysite.com	853 (1.73%)	60.96%	520 (2.28%)

图 7.2 “引荐”报告展示媒介值为“引荐”的会话

1—来源 2—流量获取 3—会话 4—占总数的百分比 5—新会话百分比 6—平均浏览次数 7—新用户

完整的引荐路径

如果点击“引荐”报告中的任意一个来源，就可以看到用户通过哪个网页点击了你的网站链接，参考图 7.3。

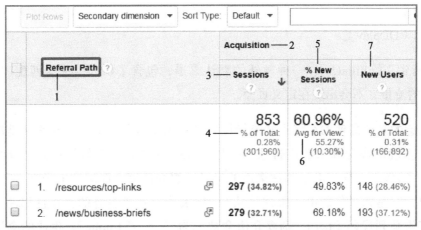

图 7.3　深挖"引荐"报告中的引荐来源，你可以看到一个特定的来源页面，或者"引荐路径"（Referral Path）

1—引荐路径　2—流量获取　3—会话　4—占总数的百分比　5—新会话百分比　6—平均浏览次数　7—新用户

> **笔记**　**为何社交类的流量（clickthroughs）会出现在"引荐"报告中，而不是在"渠道"（Channels）报告中的社交报告（非引荐）中？**
>
> 　　一方面，"引荐"报告和"渠道"报告使用不同的标准来决定如何展示会话。"引荐"报告只考虑"引荐"的媒介数值，不考虑来源。社交点击会被默认记录为"引荐"媒介数值；实际上，默认情况下是没有"社交"媒介值这一说法的。
>
> 　　另一方面，"受众群体"（Audience Overview）报告和"渠道"（Channels）报告则会按照默认渠道分组（Default Channel Grouping）来展示流量。默认渠道分组把流量按照媒介、来源和其他潜在的维度值（如果编辑或添加了任何渠道定义）分组。本章中将详细讨论默认渠道分组，在第 9 章中，我们将配置一个视图过滤器，把社交类流量（clickthroughs）的媒介值从引荐更改为社交（这样，这些流量可以被记录为单独的媒介，而不会出现在"引荐"报告中）。

7.1.3　渠道

　　"流量获取概览"（Acquisition Overview）和"渠道"（Channels）报告按照"默认渠道分组"（Default Channel Grouping）来进行归类整理。默认渠道分组的设计要比"来源／媒介"更加集中，标签也更加易于使用；它包含了 9 个渠道，每个渠道都按照媒介来定义，有些渠道同时也可使用来源定义。

　　如"默认渠道定义"（*Default Channel Definitions*）帮助文档中的概述（文章地址：https://support.google.com/analytics/answer/3297892?hl=en），GA 提供如下默认渠道：

　　1）直接（Direct）。

　　2）自然搜索（Organic Search）。

　　3）引荐（Referral）。

　　4）电子邮件（Email）。

　　5）付费搜索（Paid Search）。

　　6）其他广告（Other Advertising）。

7）社交（Social）。

8）展示（Display）。

"联署营销"（affiliates），一种额外的默认渠道，包含了媒介值完全匹配"联署营销"（affiliates）的流量，不会出现在定义页面。

需要注意的是，即使 GA 将入站流量按照默认渠道进行了分组，在很多情况下，你仍然需要提供正确的媒介和来源广告系列代码（tag）来告诉 GA 如何将流量分组。与前面"联署营销"的例子一样，电子邮件渠道的定义是媒介值完全匹配"电子邮件"。虽然听起来非常直白，但是如果你的电子邮件是从 Outlook 中直接被打开的，并且邮件中的入站链接没有做广告系列代码（tag），则媒介值会被记为"（无）"（none），生成的会话分组为直接渠道（Direct）。

如果会话的媒介数值和来源数值无法与以上任意一个渠道定义匹配，那么这些会话都会在"渠道"（Channels）报告中显示为"（其他）"（Other）。

现在我们知道在哪里查找默认渠道定义，因此无需猜测使用哪些媒介数值（和来源数值）来作为我们广告系列代码（tag），流量才会在"渠道"（Channels）报告中正确地分组。

如下所述，有"修改"权限的 GA 用户可以根据需要灵活地编辑渠道分组。

7.1.4 "树状图"报告

作为一个相对较新的"流量获取"报告，"树状图"报告（Treemaps report）利用面积和颜色，让我们可以既巧妙又简便地比较两个指标。图 7.4 中，"会话"（Sessions）（面积）和"电子商务转化率"（Ecommerce Conversion Rate）（颜色）的比较，说明了"展示广告"渠道（Display channel）表现不佳——这说明流量获取出现了问题，因为"展示广告"渠道属于付费渠道。

在关闭所有展示广告系列之前，你可以向下深挖，查看更具体的展示广告来源的"电子商务转化率"的树状图。你还应该按照第 8 章中的说明查看"多渠道路径"报告（Multi-Channel Funnel），以检查"展示广告"渠道是否正为其他在最终点击上发生转化的渠道（Channels）提供了"电子商务"转化的助攻。

在"流量获取 >AdWords"界面，也有关于 AdWords 搜索广告系列的"树状图"报告。

7.1.5 广告系列

在 GA 中，广告系列包含你用特殊参数标记的链接带来的点击，特殊参数包括：utm_medium、utm_source 和 utm_campaign；这些入站流量（clickthroughs）覆盖了默认媒介和来源归因，并且将生成的会话填充到"所有广告系列"（All Campaign）报告中。广告系列代码（campaign tagging）是为有效使用 GA 而需要做出的关键性工作，后面我们会详细讲解。

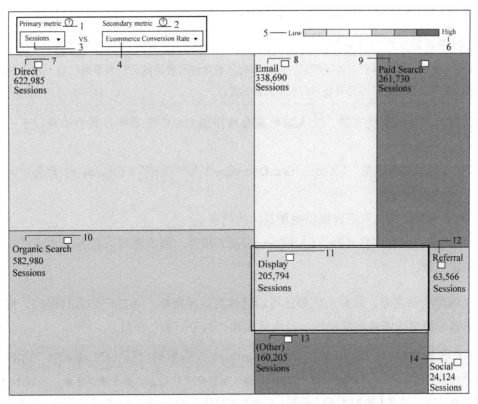

图 7.4　比较各"渠道"（Channel）的"会话"（面积）和"电子商务转化率"（颜色），你可以轻松了解表现不佳的渠道，及其在所有会话中所占的份额

1—主要指标　2—次级指标　3—会话　4—电子商务转化率　5—低　6—高　7—直接　8—电子邮件　9—付费搜索　10—自然搜索　11—展示广告　12—引荐　13—其他　14—社交

请注意，以下讨论涉及到达你网站流量的广告系列跟踪，此类流量在 GA 报告中显示为网站媒体资源。第 13 章中讨论了点击到 Google Play 或 iTunes 进行安装，以及直接点击进入你的 App 参与再互动（reengagement）的广告系列跟踪。

7.2　广告系列跟踪：Google Analytics 归因需要你的帮助

默认情况下，GA 会根据每个 HTTP 请求的引荐 [sic] 标题归因。如果点击发生之前不存在其他网页，比如在浏览器以外任何应用程序中显示链接，则该请求就不会有引荐详情；因此 GA 只能使用"（无）"（none）和"（直接）"（direct）作为这个会话的媒介和来源数值。

任何独立的电子邮件客户端应用程序（比如 Outlook）都可以说明此问题。假设你把一个营销电子邮件发送给 10 000 个现有联系人列表中的邮件地址，客户端生成了 600 次点击，网页端（如 gmail）产生了 400 次点击，GA 会将这 600 个来自独立电子邮件客户端的点击归为"直接"，来自网页端的 400 次点击则最有可能被归为引荐（referral）。

让我们再考虑一下横幅广告系列（banner campaign），它把来自上百个不同网站的流量带到你的网站。每个点击都会发送引荐来源信息（referrer information），但是试图在"引荐"

或"来源 / 媒介"报告中识别每个引荐来源网站是毫无意义的。

作为以上问题的解决方案，为入站流量合理添加 GA 广告系列参数会带来以下三个主要好处：

1）在"流量获取概览"（Acquisition Overview）和"渠道"（Channels）报告中将会话正确分组。

2）为"来源 / 媒介"报告提供更加具体的列表。

3）填充了"所有广告系列"（All Campaign）报告，因此你可以在其他类型的流量中单独跟踪特定流量。

除了跟踪会话之外，跟踪的优势还可以延伸至效果指标：通过广告系列跟踪，你可以根据实际流量来源更清晰地跟踪跳转、目标完成和"电子商务"交易。

7.2.1　将广告系列参数添加至入站链接

为入站链接添加广告系列代码（campaign tag）的过程很简单，只需要向 URL 中添加以下查询参数：

1）utm_medium：归因中最普遍的描述符，覆盖默认媒介维度值。

2）utm_source：归因中更具体的描述符，覆盖默认来源维度值。

3）utm_campaign：归因中最具体的描述符，可标识最具体的广告系列，并将所产生的点击纳入"所有广告系列"（All Campaign）报告。你可以按照惯例在广告系列名称的开头加入日期，特别是对于那些频繁、周期短的广告系列。（从技术上来说，utm_campaign 不是必要的，但在实践中它需要被强制使用）。

你可以手动将这些广告系列参数添加到 URL 中，但建议使用 Google 或者 E-Nor（https://www.e-nor.com/tools/url-builder）的 URL 构建器来减少误差。

让我们用电子邮件内的新闻快报（newsletter）来作为广告系列代码（tag）的示例。每个月你发送给用户的邮件都包含新闻快报和一个可以将用户带回你主新闻页面的链接。这时你要使用 URL 构建器来将标记好的链接进行格式的统一，如图 7.5 所示。

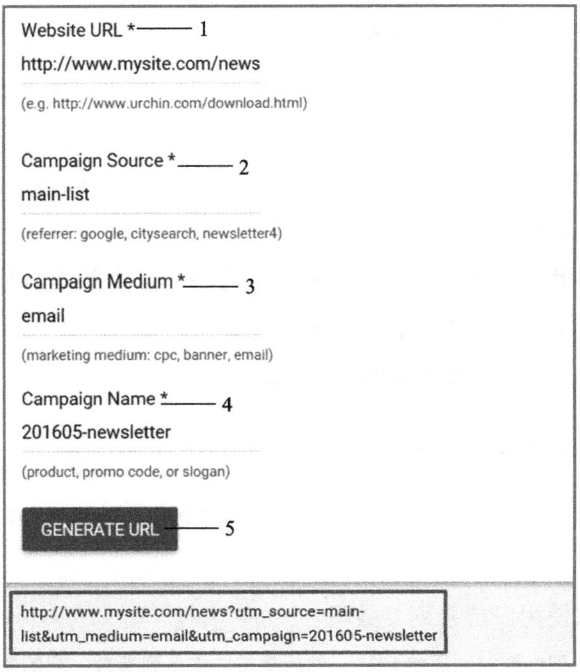

图 7.5　URL 构建器（Google 就有）可以帮助你将入站链接的广告系列参数进行格式的规范化

1—网站 URL（如 http://www.urchin.com/download.html）　2—广告系列来源（引荐者：google、城市黄页、新闻快报 4）　3—广告系列媒介（营销媒介：每次点击费用、横幅广告、电子邮件）　4—广告系列名称（产品、促销代码或口号）　5—创建 URL

通过将广告系列参数添加至邮件链接，我们可以确保所有邮件产生的入站流量（clickthroughs）都出现在默认渠道分组，出现在"来源／媒介"（Source/Medium）报告中，显示为"main-list/email"，在广告系列报告中显示为"201605-newsletter"。

需要注意的是，你可以使用任意网页（假设它们都包含 GA 跟踪代码）作为广告系列 URL。对于多个广告系列，也可以使用同一个着陆页；它们通常是一对多的关系。

笔记｜　参数顺序不重要，问号更重要

对于 utm_medium、utm_source、utm_campaign 和其他 name = value 查询参数来说，它们不需要特定顺序。然而需要确定的是，只在第一个 name=value URL 查询参数前加入一个"?"（问号），然后将所有查询参数用"&"分开。

对于诸如 http://www.bicycleparts.au/product.aspx?partno=3498 的网址，广告系列 URL 将使用单个问号进行格式化：

http://www.bicycleparts.au/product.aspx?partno=3498&utm_source=-xyz-affilitate-network&utm_medium=affiliate&utm_campaign=comfort-seat

在某些情况下，问号也不会生效。通常是因为网站 CMS 使用了问号来显示特定内容，比如 webstore.com?product=womens & category = shoes。你不能添加"& utm_ ..."到 URL，因为它会阻止 CMS 找到网页。这种情况下，你需要使用锚点字符（#）。在 GA Classic 版中，你必须在跟踪代码中使用 setAllowAnchor 模式才能使用锚点。而在 Universal 版中，默认就可以使用锚点（Universal 版中也有 setAllowAnchor 模式，只是默认被设置为 true 了）。

> 在网络商店的例子中，你可以添加广告系列参数如下：
>
> ```
> http://www.webstore.com?product=womens&category=shoes#utm_medium=banner&utm_
> source=bestbannernetworks&utm_campaign=2016-summer-shoes
> ```

另一个示例，假设你在 Twitter 上宣传一个产品的发布，可以指定以下参数：

1）utm_medium: social。

2）utm_source: twitter.com（你也可以用 t.co 代替，奇怪的是，如果你不做流量来源的 utm 标记，twitter.com 带来的入站流量默认就是这个）。

3）utm_campaign: 20160601-product-release。

格式化后的广告系列 URL 将显示为：

```
http://www.mysite.com/product-release?utm_source=twitter.com&utm_medium=social&utm_
campaign=20160601-product-release
```

笔记 | 短链接中可以使用广告系列参数吗？

可以。将你的广告系列参数加到原始 URL，然后将与广告系列参数一起的整个 URL 粘贴至你正在使用的任何短链接工具（link shortener utility）中。生成的短 URL 将展开，并包含广告系列参数。

表 7.1 列出了其他需要广告系列参数才能准确及具体归因的流量。

表 7.1 需要 GA 广告系列参数来准确及具体归因的流量类型

流量类型	默认渠道分组（无广告系列代码）	建议 utm_medium	建议 utm_source	备注
电子邮件	直接或电子邮件（Direct or Email）	email	[电子邮件列表]（[email list]）	如果点击来自独立电子邮件客户端，例如 Outlook，GA 会默认将会话记为直接
				如果点击来自在线电子邮件，如 Gmail 或 Hotmail，GA 会将会话默认记录为引荐或直接
社交	直接或社交（Direct or Social）	social, social-paid	[社交网站]（[social site]）	如果点击来自社交类 App 而非社交网站，GA 会将会话记为直接
				请注意，如果希望将付费社交与非付费社交点击分开跟踪，则可以使用付费社交作为媒介值来跟踪付费社交点击
				然而由于"付费社交"（social-paid）媒介在默认情况下不能与任何默认渠道维度匹配，因此建议定义一个新的渠道，如本章后面所述
PPC（Pay-per-click 每次点击支付，点击付费广告）/SEM	自然搜索（Organic Search）	cpc 或 ppc	[搜索引擎]（[search engine]）	如果 PPC 流量没被标记，则 GA 只能将搜索引擎识别为引荐，因此会将其媒介分配为"自然搜索"（organic）
				如果你正在运营一个 Adwords 广告系列，则应该使用自动标记（Autotagging）功能，而不是手动标记广告系列。如果是必应的广告系列，则同样可以使用必应的自动标记，下文中介绍

（续）

流量类型	默认渠道分组 （无广告系列代码）	建议 utm_medium	建议 utm_source	备注
横幅 (Banner)/文字展示广告	引荐 （Referral）	banner	[网络联盟] ([ad network])	对于非 AdWords 展示广告系列，medium = display 会匹配"展示广告"渠道的定义 不过 AdWords 展示广告系列的问题是，"展示广告"渠道在"默认渠道分组"中会出现在"付费搜索"渠道下面。由于自动标记的 AdWords 广告系列会被记录成以 cpc 为媒介，因此将与"付费搜索"渠道匹配，从而导致"展示广告"匹配出现短路（short-circuiting） 为保证你的 AdWords 展示广告系列首先匹配"展示广告"渠道，在图 7.12 所示的面板中，需要把它在"默认渠道分组"中上移
重定向广告	引荐 （Referral）	retargeting	[重定向网络] ([retargeting network])	由于 medium=retargeting 无法匹配至任何默认渠道，因此如下所述，也可以根据 medium=retargeting 来定义自定义渠道 请注意，AdWords 再营销广告系列也被记录成以 cpc 为媒介，因此你的自定义重定向渠道需要包含匹配你重定向广告系列名称的规则，如图 7.12 所示
媒体发布 (Press release)	引荐 （Referral）	press-release	[媒体发布平台] ([press release platform])	基于 medium=press-release 自定义渠道
来自 PDF 的点击 (Clickthrough from PDF)	直接 （Direct）	pdf	[文档类型]([type of document]）例如目录（catalog）	基于 medium=pdf 自定义渠道 跟踪从你的网站到 PDF 的点击，你可以使用一个事件或虚拟页面浏览，如第 6 章所述
来自移动 App 的点击 (Clickthrough from mobile app)	直接 （Direct）	app	[App 名称] ([name of App])	基于 medium=app 自定义渠道 你完全可以将自己的 App 的广告系列代码添加到网站链接。另一方面，如果第三方 App 链接到了你的网站，则可能无法使用广告系列代码，因此流量将被记录为直接
联署营销 (Affiliate)	引荐 （Referral）	affiliate	[联署营销网络] ([affiliate network])	带有 utm_medium=affiliate 的点击将匹配到默认"联署营销"渠道
促销/虚拟 URL 重定向 (Promo/vanity URL redirects)	直接 （Direct）	vanity-url	[重定向内容] ([context of redirect]）如广告牌（billboard）或打印（print）URL	基于 medium=vanity-url 来自定义渠道

（续）

流量类型	默认渠道分组 （无广告系列代码）	建议 utm_medium	建议 utm_source	备注
QR 码 （QR codes）	直接 （Direct）	qr-code	[QR 码内容] （[context of QR code]）如邮件 （mailing）或印刷广告（print ad）	基于 Medium=qr-code 自定义渠道
短信 （SMS）	直接（Direct）	sms	[短信列表]（[SMS list]）	基于 Medium=sms 自定义渠道

注：查看完整广告系列和渠道（channel）模型，请访问 www.e-nor.com/gabook。

1. 两个额外广告系列参数：utm_content 和 utm_term

当使用 URL 搭建工具时，你会注意到两个额外、非必需的广告系列参数：utm_content 和 utm_term。

utm_content 不会在绝大多数的广告系列代码中使用，但可以很好地帮助区分同一封邮件中的两种入站链接（utm_content=top 或 utm_content=bottom）；或者用来区分同一个广告系列中的多个横幅广告（utm_content=leaderboard, utm_content=rectangle 或 utm_content=skyscraper）。将 utm_content 的数值作为"广告内容"（Ad Content）维度填充到 GA 中，你就可以将其作为次级维度访问，或者把它配置为自定义报告中的维度。

utm_term 参数用于点击付费广告⊖系列中的竞价词（bid term）。一般来说，你不需要手动配置 utm_term，而是由 AdWords 自动标记（Antotagging），或 Bing 广告平台自动广告系列代码填充，如下所述。

还有另一个更专业的广告系列代码：你可以添加 utm_nooverride=1，来防止 URL 上的点击覆盖另一个流量来源。有关 utm_nooverride=1 的更多信息，请访问 www.e-nor.com/gabook。

重要提醒 | 不要在网站的任何内部链接中使用广告系列参数

对于每个会话，GA 仅识别一个媒介和来源值，因此网站内部链接如果加上了广告系列代码的话将会自动创建一个新会话，在这个新会话中你无法将任何用户操作（包括目标完成和电子商务交易）归因到实际媒介和访问来源。

要想安全地跟踪特定页面元素上的点击，你可以使用事件；事件不影响归因，也不扰乱会话。或者，你也可以将内部广告系列当作增强型电子商务（Enhanced Ecommerce）进行实施，如第 8 章中所述。

---

2. 不要为所有入站链接添加广告系列代码

与表 7.1 中列出的所有流量类型一样重要的是，你无需对每个入站链接进行广告系列代码。例如，如果你的网站列在了行业目录中，"来源 / 媒介"和"引荐"报告将清楚地指出该

⊖ 在美国，就是指搜索引擎竞价广告。——译者注

入站链接生成的所有会话。在链接中添加广告系列参数并不会造成任何影响，但是除了在广告系列代码报告中列出此流量外，你在准确性或获得更具体的信息方面不会获得任何益处。

3. 电子邮件自动广告系列代码

大多数电子邮件平台都为 GA 自动广告系列代码提供了选项，你可以将 GA 广告系列代码作为配置选项，这将会提示电子邮件平台自动将 utm_medium、utm_source 和 utm_campaign 加到入站链接。（在某些平台上，你可以指定另一个 utm_campaign 值来覆盖电子邮件活动的名称。）

如前所述，为了区分同一电子邮件中的两个链接，你可能需要将自动广告系列参数关闭，并且手动配置各个链接，以便在入站链接中包含 utm_content。

另外，合作伙伴以你的名义把入站链接推送给他们的电子邮件联系人列表时，你要记住把入站链接做好广告系列代码。在大多数情况下，他们可以在自己的电子邮件平台中启用自动标记，就像上面所描述的，但如果没有自动标记这个选项，你就需要尽可能地确保他们发出的电子邮件中所指向你网站的链接被手动标记。

4. 自动点击付费（搜索引擎竞价排名）广告系列跟踪

在你的 AdWords 广告系列中，有个比手动广告系列跟踪更好的选择。在多数情况下，你应该选择使用 AdWords 自动标记（AdWords Autotagging），它可以轻而易举地从 GA 中配置，我们在第 14 章会做解释，并且在后面会做回顾。自动标记自动填充所有五个广告系列参数和 GA 帮助文档"自动标记的优势"（Benefits of Auto-Tagging）中所列出的其他有用维度。请注意，25 字符的 AdWords 广告标题会传递给 utm_content。（为了区分 GA 中两个相同广告标题的 AdWords 广告，你需要将 AdWords Creative ID（广告创意 ID）作为次级维度，或者在"自定义"报告中作为主要维度。）

（1）关联 GA 和 AdWords 以导入花费数据并启用自动标记

在"管理"界面的"媒体资源"（Property）栏下，点击"产品关联"（Product Linking）>"AdWords 关联"（AdWords Linking）将 GA 关联到 AdWords 账户。关联后 AdWords 花费报告将自动导入当初你在做关联时选择的 GA 视图，并且默认打开"自动标记"。一旦启用"自动标记"，就不要在 AdWords 广告的目标 URL 中手动添加 GA 参数。你也可以把 GA 指标导入 AdWords 界面，我们将在第 14 章加以讨论。

（2）"点击"标签：GA 中的 AdWords 花费数据

如果按照上述方法将 GA 和 AdWords 关联，AdWords > "账户和 AdWords" > "广告系列"（Campaigns）报告上的"点击"（Click）标签会展示一系列与消耗相关的指标：包含花费（Cost）、每次点击费用（CPC）、每次点击收入（RPC）和广告支出回报率（ROAS）。每次点击收入和广告支出回报率是基于目标价值以及（或者）电子商务收入计算的。请注意广告支出回报率不会考虑利润：如果每次点击费用是 5 美元，你的利润是 4 美元，即使基于总收入或者目标价值的广告支出回报率可能看起来非常成功，你其实仍然是在亏损。

（3）将 GA 关联至多个 AdWords 账户

请注意，如果将多个 AdWords 账户关联至同一个 GA 视图，每个账户都会在 AdWords>"账户"（Accounts）报告中被单独列出。如果你所在的机构正直接管理一个 AdWords 账户，并且也同时与把流量从其他 AdWords 账户导入的广告代理公司合作，那么这种情况下关联多个 AdWords 账户就是有所帮助的。

并且，如果使用 AdWords 管理者账号（MCC），你可以轻松地将管理者账号下的所有账户都关联至 GA，让这些账户在两个系统中同步。如果希望做跨账号转化跟踪和再营销，管理者账号级别跟踪可以帮助你实现。更多细节请参阅 AdWords 帮助中心的"将多个 AdWords 账号与 GA 进行关联"（*Linking Multiple AdWords accounts to Google Analytics*）一文。

（4）Bing（必应）广告的自动标记

GA 没有为必应广告在额外维度和花费数据上提供与 AdWords 同样级别的自动整合功能。但你可以在必应广告（Bing Ads）账户设置中启用自动标记功能，将 utm_medium，utm_source、utm_campaign 和 utm_term 添加到广告系列链接（见图 7.6）。

> **笔记 | 为 GA 和 Adobe Analytics 做广告系列代码**
>
> 如果需要将同一网站广告系列参数传递到 GA 和 Adobe Analytics 上，你可以在 GA 中保持开启自动标记功能，并手动添加 Adobe Analytics 广告系列参数（下面的例子中指定为 CMPID）；这些广告系列参数包含来源、媒介以及用下划线分隔开的广告系列：
>
> ```
> http://www.mysite.com/promo-page?CMPID=google_cpc_20160524-buy-one-get-one
> ```

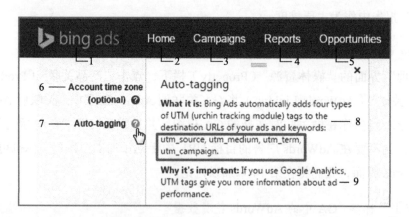

图 7.6 必应广告的自动标记工具提示：4 个 GA 广告系列参数将被添加至入站链接

1—必应广告 2—主页 3—广告系列 4—报告 5—机会 6—账户时区（选填）7—自动标记 8—这是什么：必应广告自动为你的广告和关键字目标 URL 添加 4 种 UTM 标记：utm_source、utm_medium、utm_term、utm_campaign 9—它为什么重要：如果你使用 GA，UTM 标记会给你更多关于广告效果的信息

7.2.2　一致性至关重要

不论手动还是自动，广告系列跟踪的方法都非常直接。广告系列跟踪本身不存在技术难题，挑战在于维持一致的整体流程和命名惯例。

1. 超越实施阶段

请一定注意，和事件跟踪和目标配置不一样，广告系列跟踪不是一次性执行或定期更新的一部分。广告系列代码需要组织中所有引流人员 [除了搜索引擎优化（SEO）团队] 的不懈努力，而且维护广告系列代码的责任在于营销和分析团队，并非 IT 部门。

2. 命名惯例

对于广告系列命名，我们不能说哪种命名惯例一定就是正确的。最重要的是，你需要采用一种单一的命名方式，并且你与任何团队中推动流量、广告系列代码入站链接的人都坚持使用这个方式。即使牢记了表 7.1 中列出的所有场景下的广告系列代码，如果不维护命名惯例，你的分析将变得更加困难，尤其对于 utm_ medium 和 utm_source 更是难上加难。

图 7.7 描述了在"所有广告系列"（All Campaigns）报告中选择"来源"作为主要维度的意料之外的碎片化状况。第一、二和第五行表示同一流量来源，并且应该已经经过汇总以便更有效地展示报告；第三和第四行也是如此。不一致的广告系列代码使两个流量来源显示成了五个。

在 Facebook 广告系列中，你可能希望把 facebook.com 作为标准化的 utm_source，因为它也是从 Facebook 捕捉到的非标记流量来源值。你可以通过维护命名惯例来控制大小写的一致性，也可以按照第 9 章所述为每个广告系列维度应用小写过滤器。

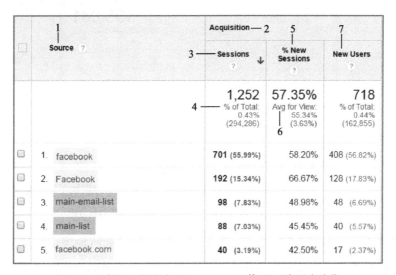

图 7.7　"来源"报告由于 utm_source 值不一致而碎片化

1—来源　2—流量获取　3—会话　4—占总数的百分比　5—新会话百分比　6—平均浏览次数　7—新用户

笔记 | 企业中的广告系列一致性

为了帮助维护广告系列命名的一致性，你可以在 www.e-nor.com/gabook 下载一个电子表格（Spreadsheet）。这个电子表格能帮助你和团队把使用过的广告系列参数进行有效的跟踪管理；并且将带有参数值的入站链接格式化，就像用 URL 搭建工具一样。你也可以用网页版的电子表格达成同样的目标。

对于中型和大型企业来说，推荐使用统一的机制来管理广告系列命名，还可以用各种形式的培训来增加使用率。你可以和开发团队一起研发这种工具，或者可以使用 CampaignAlyzer ⊖作为许可平台，提供链接简化（link shortening）和社交分享。免费使用版请查阅 campaignalyzer.com/gabook。

---

3. 为不同来源和媒介使用相同的广告系列名称

如果马上要通过不同的渠道和网站发布广告系列，你可以选择给这些来源和媒介值不同的广告系列使用相同的名称，或者也可以选择自定义每个渠道的名称。

比如，如果要在 Twitter、Facebook 和电子邮件中宣布你公司新任命的 COO，可以使用 20160610-coo-tw、20160610-coo-fb 和 20160610-coo-main-list 作为 utm_campaign 参数，或者可以在三个平台中都使用 20160610-coo。

在第一种情况下，如图 7.8 所示，在"所有广告系列"（All Campaigns）报告中，选择 Campaign（广告系列）作为默认主要维度，马上就可以区分出同一广告系列代码的三个不同来源，但会失去广告系列级别合并为一个的好处。

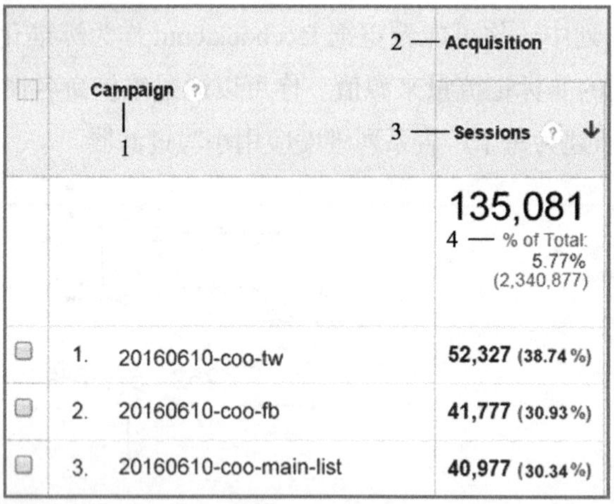

图 7.8　对于参与同一个广告系列的每个流量来源，你可以使用单独的广告系列名称；即使将 Campaign（广告系列）作为"所有广告系列"报告的默认主要维度，也可以立即识别不同流量来源

1—广告系列　2—流量获取　3—会话　4—占总数的百分比

在第二种情境下，如图 7.9 所示，所有三个流量来源会默认地集中体现在同一个广告系列值中，这意味着你和其他查看报告的人都需要把"来源"添加为次级维度，才可以查看不同流量来源的广告系列指标。

⊖　图书作者隶属于 CampaignAlyzer 的拥有者 E-Nor 公司。

	Campaign ?	Source ?	3 — Acquisition
	1	2	4 — Sessions ? ↓
			135,081 5 — % of Total: 5.77% (2,340,877)
☐	1. 20160610-coo	t.co	52,327 (38.74 %)
☐	2. 20160610-coo	facebook.com	41,777 (30.93 %)
☐	3. 20160610-coo	main-list	40,977 (30.34 %)

图 7.9　相同广告系列名称的好处是可以集中体现不同渠道的指标，但你需要添加"来源"作为次级维度，来区分这些流量的准确来源

1—广告系列　2—来源　3—流量获取　4—会话　5—占总数的百分比

每个选择都各有优劣，而且两者都是完全可以理解的。如前所述，其实没有为广告系列命名的唯一惯例，但是你应该使用自己的方式，并努力维护它的一致性。

4. 将广告系列参数合并至实际引荐来源

广告系列参数是如此重要，以至于在某些情况下，我们不得不放弃一些便利来使用它：丢失实际引荐来源细节，这些细节被 utm_source 参数覆盖了。在某些媒体发布（press release）中，这个问题可能会非常棘手。如果你的新闻稿件被 50 家在线新闻网站收录，你需要能够将所有 50 家网站带来的流量汇总在 GA 中，同时你也可能需要单独识别每个网站。

借助 GTM 中的自定义 JavaScript 变量，我们可以重写传递给 GA 的页面数值，以便在 utm_medium=press-release 时，将实际引荐网站与广告参数相结合（在其他情况下则不改变 URL），因此你既可以实现广告系列的统一，也可以单独体现所需的特定引荐来源。然后你可以更新主要 GA 网页浏览跟踪器，如图 7.10 所示，将 campaignSource（广告系列来源）字段设置为变量返回的数值，而不是浏览器中实际显示的 URL。

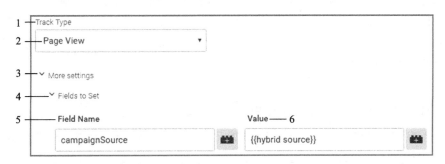

图 7.10　你可以在 GTM 中使用自定义 JavaScript，将 utm_source 合并至引荐来源

1—跟踪类型　2—网页浏览　3—更多设置　4—要设置的字段　5—字段名称　6—值

你可以下载需要在变量中使用的 JavaScript，并且在 www.e-nor.com/gabook 中查看必需的代码（tag）并做修改。传递给 GA 的示例网址结果显示如下：

```
http://www.mysite.com/updates.php?utm_source=pr-network-
www.torontosun.com&utm_medium=press-release&utm_campaign=20160718-product-release
```

5. 导入广告系列参数

如第 17 章所述，作为把三个广告系列参数附加到入站链接的代替方法，你可以附加一个单一 utm_id 参数，然后导入 utm_medium、utm_source 和 utm_campaign。这种方法提供了更大的自由度——访问者不会看到 URL 中显示的该广告系列——并且为只允许单个广告系列参数的广告平台提供了一种解决方案。[请记住，标准 GA 的数据导入仅限于从当前开始往后生效而不能追溯历史（now-forward），因此如果不使用 Google Analytics 360 的话，你需要确保在开启广告系列前将参数导入并配置好。]

7.3 自定义渠道

如本章前面所述，默认情况下，GA 的渠道（Channel）可以将你的流量按照媒介和来源分到不同的渠道（Channel）分类中。渠道（Channel）的主要作用是提供更高级、常人可阅读的标签（label），作为实际媒介和来源维度值的替代品。默认情况下，"流量获取"和"多渠道路径"报告为所有用户提供相同的渠道（Channel）分组，但我们可以通过几种方法自定义渠道（Channel），之后会加以介绍。

在本书的几个例子中，我们强调了你应该让 GA 说"你的语言"。渠道（Channel）自定义标签提供了一种最适合你公司或客户的流量来源标注方法。你、你公司的管理层，特别是营销团队如何看待你的访客来源？让你的答案来指导渠道（Channel）自定义。

渠道（Channel）分组在 GA 中已经被简化，但是它们依然有点难以理解，关键点如下：

术语 |　渠道（Channel）与渠道分组（Channel Grouping）的异同

渠道本身是基于规则的分组，或基于媒介、来源和其他几个维度值的流量"桶"（Bucket）。一个渠道组本身就是一系列渠道的集合。我们可以通过两个层级自定义渠道：可以自定义、创建或重新排列独立渠道，如图 7.12 所示；也可以创建新的渠道"分组"（grouping），包含自定义渠道和显示在"渠道"（Channels）报告中的默认渠道。

笔记 |　为什么"（Other）"（其他）会显示为一种渠道？

如果一个渠道不能够与任何默认或自定义渠道的规则相匹配，它就会出现在"（Other）"（其他）渠道。

为把会话数量最小化，第一步就是把这类会话标明为"（Other）"（其他），在"渠道"（Channel）报告中使用"来源 / 媒介"作为报告的次级维度，详见图 7.11。

Default Channel Grouping	Source / Medium	Sessions
1	2	3
1. (Other)	feedburner / feed	**531** (37.35%)

图 7.11 在"渠道"（Channels）报告中采用"来源／媒介"作为次级维度，可以看出"来源／媒介"值并不与任何默认或自定义渠道定义匹配，因此 GA 被强制将该流量归为"(Other)"（其他）

1—默认渠道分组　2—来源／媒介　3—会话

现在我们了解了为什么这种流量（来自 RSS feed 的点击）并不与任何渠道定义所匹配，我们有两种选择让这些点击不出现在"(Other)"（其他）里：

- 自定义一个默认渠道（Channel）：这种情况下我们需要为默认"社交"渠道添加一个规则，以提取那些媒介完全匹配 feed 的会话，见图 7.12。
- 新建一个渠道（Channel）：如果希望让 RSS 点击出现在一个单独的渠道（Channel），我们可以新定义一个 RSS 渠道，使媒介完全匹配 feed。

两种方法描述如下面几小节内容所述。

7.3.1 自定义默认渠道

在图 7.11 中，我们看到来自 feedburner 的入站流量（clickthroughs）被归至"(Other)"渠道，因为它们不与任何默认渠道定义匹配。如果希望将这些流量归入"社交"（Social）渠道，我们可以为"社交渠道"（Social Channel）定义添加一个额外的匹配条件，如图 7.12 所示。

如果拥有"修改"权限，你可以修改"默认渠道分组"：在"视图管理"（View Admin）中点击"渠道分组 > 渠道设置"（Channel Grouping>Channel Settings）。由于这个操作会影响所有人查看的报告，在实际修改视图之前，请尝试先在测试视图中修改"默认渠道分组"。

7.3.2 对一个渠道进行重新排序

如表 7.1 中所述，AdWords 自动标记将每次点击费用（cpc）作为谷歌展示广告网络（GDN）和再营销流量的媒介。由于在"默认渠道分组"中，"展示广告"（Display）出现在"付费搜索"（Paid Search）的下方，而 AdWords 带来的 GDN 流量会默认先被匹配为"付费搜索"流量，而不再被匹配为"展示广告"流量。

如果你想让 GDN 流量直接计入"展示广告"渠道，你需要把"展示广告"拖到"付费搜索"之前，如图 7.12 所示。

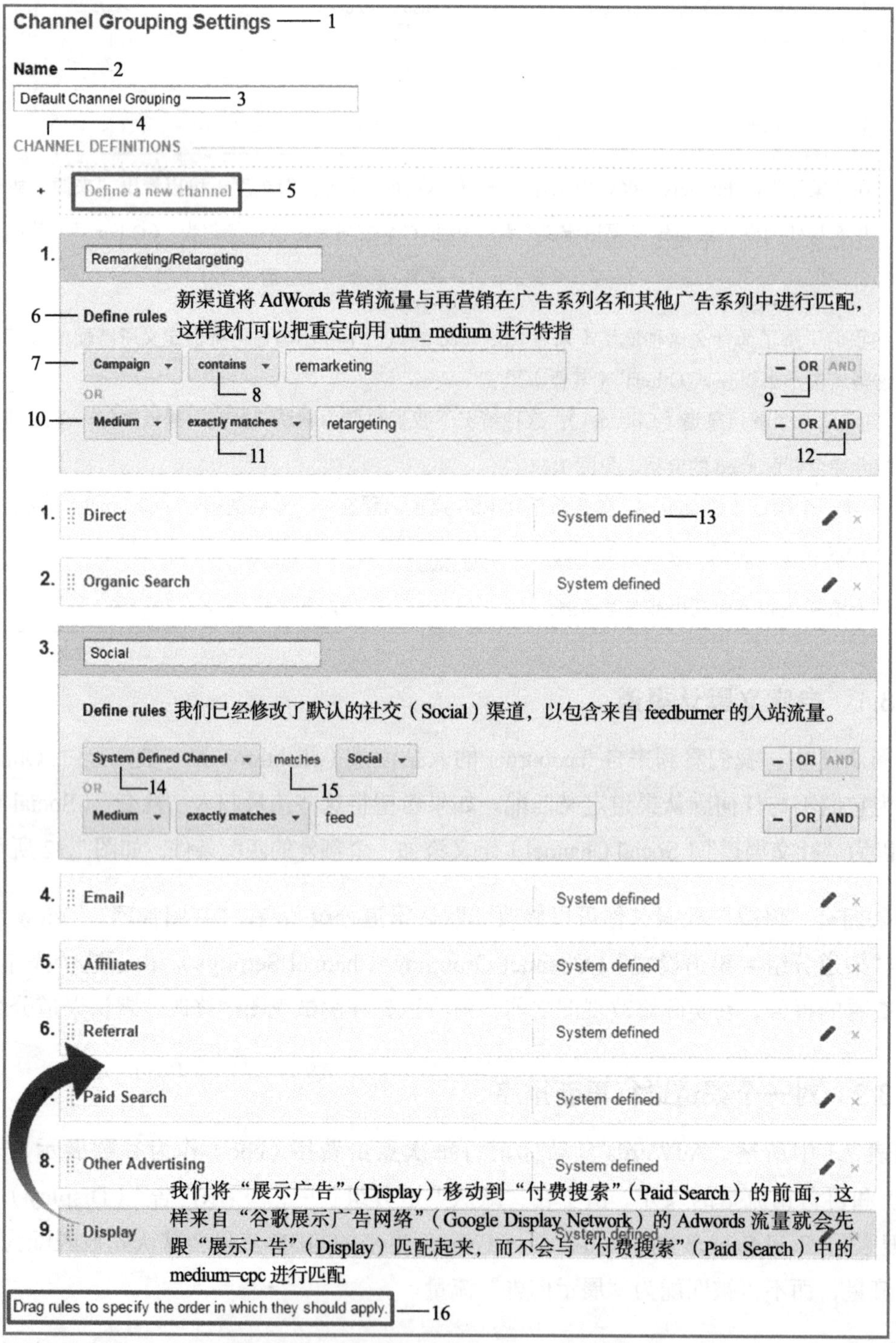

图 7.12 在"渠道分组设置"（Channel Grouping Settings）面板中，你能够自定义默认的"渠道定义"、创造新的渠道定义或者重新给渠道的匹配顺序排序

1—渠道分组设置 2—名称 3—默认渠道分组 4—渠道定义 5—定义一个新渠道 6—定义规则 7—广告系列 8—包含 9—或 10—媒介 11—完全匹配 12—和 13—系统定义 14—系统定义渠道 15—匹配 16—拖动规则来指定它们相应的顺序

笔记 |　在渠道（Channel）匹配中，顺序和大小写很重要

如图 7.12 所示，我们需要将渠道定义按顺序排列，这样会使得这一会话先与更具体的条件匹配，然后才会与更宽泛的条件匹配。如果不将"展示广告"移至"付费搜索"之前，来自 GDN 的点击就会先与"付费搜索"匹配，并且再也不会与其他渠道匹配。在渠道之间不会有任何交集或子集：任何一个会话能且只能和一个渠道匹配。只要会话从所有渠道中找到一个可以与之匹配的渠道，那么这组匹配就确定下来了；并且该会话会被已经匹配上的渠道占用，而不会出现在任何其他渠道中。

相关说明如下：如果使用重定向而不是带有 utm_medium 的重定向进行非 AdWords 的重定向，大小写的变体会直接阻碍入站流量（clickthroughs）与新的渠道定义的匹配。而在第 9 章中描述的在广告系列媒介（Campaign Medium）中使用小写字母过滤器的方法不会在这种情况下起作用；因为 GA 处理原始数据是在过滤器应用之前，那时渠道匹配早已经完成了。在 AdWords 中设置实际广告系列名称时，需要格外注意将广告系列参数（如 utm_medium=retargeting）应用于入站链接，并在 GA 中自定义渠道（Channel）。为了适应已有（和未发生）的广告系列参数大小写不一致，你可以在渠道匹配条件中添加大小写变体，并且（或者）使用正则表达式。

笔记 |　为默认渠道分组的修改添加注释

由于不可回溯，为"默认渠道分组"添加修改注释非常重要。如果你正将 2016 年 6 月的"展示广告"渠道与前一年同期相比，一定要注意，在 2016 年 5 月 15 日你已经为"展示广告"定义添加了一个新的规则，因此这样的比较并不是真的在比较"同期"。关于注释，第 11 章有详细解释。

7.3.3　定义一个新渠道

除了上一个过程中所述的自定义现有渠道（Channel）之外，你还可以向"默认渠道分组"添加新的渠道。在图 7.12 顶部，我们建立一个渠道可以同时捕捉两种再营销／重定向流量：

■　来自 AdWords 的再营销流量：自动标记功能将每次点击费用作为媒介添加到 AdWords 再营销链接中，因此该点击会默认匹配至"付费搜索"（Paid Search）渠道。我们可以定义一个新的渠道来匹配所有名称包含"再营销"（remarketing）的广告系列。想要让新渠道成立，我们需要所有 AdWords 再营销广告系列的名称中实际包含"再营销"（remarketing）三个字。（AdWords 再营销将会在第 14 章中讲述。）

■　来自其他网站的重定向流量：对于其他重定向网站，比如 AdRoll，我们可以手动为入站链接添加"重定向"（retargeting）作为 utm_medium，并将其他匹配条件添加到我们新的渠道定义中。

"重定向"和"再营销"代表同一个事物；后者是谷歌的术语。二者的匹配条件如图 7.12 所示。

笔记 |　付费品牌、付费非品牌以及额外的自定义渠道（Channel）

GA 为来自搜索引擎的付费品牌和非品牌（"generic"）点击提供专有并且直接的设置程序。更多细节请见 GA 帮助中心"品牌和一般渠道"（*Brand and Generic Channels*）一章：

https://support.google.com/analytics/answer/6050679?hl=en&utm_id=ad

（本章后续部分会讨论品牌与非品牌自然流量间的重大差异。）

你也可以基于广告系列参数为下面的流量类型定义渠道：

1）特定类型的电子邮件营销（如新闻快报）或电子邮件列表（如主列表）。

2）QR 码重定向。

3）用于印刷品、电台或电视宣传活动的虚拟（vanity）URL ／促销 URL 的重定向。

笔记｜ 广告系列参数与自定义渠道（Channel）的相互配合

如上所述，你可以利用广告系列代码和自定义渠道任意在"渠道"（Channels）报告中将流量归类。广告系列参数让你可以控制流量的"媒介"、"来源"和"广告系列"维度，并且可以完全掌控渠道定义和分组。用这两个功能来自定义渠道不论对你自己或是其他相关用户来说，都是最具成效并最有意义的。

7.3.4 定义自定义渠道分组

除了新建或自定义各个独立渠道，你也可以创建"自定义渠道分组"（Custorn Channel Grouping），也就是一系列自定义渠道。"自定义渠道分组"可能没有像"默认渠道分组"中的自定义渠道那样常用。你不用觉得一定要创建"新渠道分组"（New Channel Groupings），但是请留意那些你可能要用到的功能。

此外，"默认渠道分组"的修改只会影响从现在以后（的数据），而新的"渠道分组"则是可以追溯的（动态追溯的缺点是，新的"渠道分组"也会被进行抽样，我们在第 10 章会进行讨论）。新的"渠道分组"不会替代"默认渠道分组"；它只会作为默认分组的一个额外选项存在，你可以轻易地在两者之间转换（或者在你创建的任何几个分组之间，上限是 50 个）。

举个例子，你可以定义一个全新并只有两个渠道的"渠道分组"："付费流量"（Paid Traffic）和"非付费流量"（Unpaid Traffic）。或者也可以定义一个"渠道分组"来突出特定引荐或社交来源——配置"渠道分组"对顶级流量标签（Label）方案来说最有意义。

要定义一个自定义"渠道分组"：

1）在"视图管理"（View Admin）中，点击"渠道分组"（Channel Grouping），然后点击"新渠道分组"（+New Channel Grouping）。

2）为你的渠道分组命名，例如"付费"和"非付费流量"。

3）定义渠道。

请注意，不一定要重新定义一个已经预定义好的渠道。比如，将"自然搜索"（Organic Search）作为渠道添加至"渠道分组"，设定规则"System Defined Channel – matches – Organic Search"（系统定义渠道 – 匹配 – 自然搜索）。

视图级和单一用户渠道分组

在上述过程中，我们开始创建新的渠道分组，方法如图 7.13 所示：点击"视图管理"顶部的"渠道设置"（Channel Settings）。要执行此操作，你需要"修改"权限；所有访问此视图的人都可以查看该新"渠道分组"。如要自定义图 7.12 中的"默认渠道分组"，也需要"修改"权限，因为它们会影响每个访问视图的人的"渠道"（Channel）报告。（我们在第 9 章中将讨论访问权限的相关问题。）

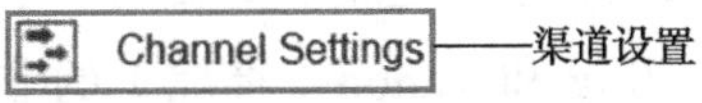

Channel Settings ——渠道设置

图 7.13　如果你有视图的"修改"权限，可以点击"视图管理"顶部的"渠道设置"来自定义"默认渠道分组"，或者新建一个视图级的"渠道分组"（Channel Grouping）

　　每一个有视图的"阅读和分析"（Read & Analyze）权限的 GA 用户，同样有创建一个新的"自定义渠道分组"（Custom Channel Groupings）的选项，如图 7.14 所示，该选项仅对用户显示；它是私有的、用户级别的渠道分组，见表 7.2。创建渠道分组的 GA 用户可以通过"视图管理"（View Admin）中的"共享资产"（Share Assets）与其他 GA 用户共享它。更明显地，如果创建了渠道分组的用户有"修改"权限，在第一次私有应用它之后，该用户可以将该渠道分组"推广"到视图级别，从而对所有访问视图的 GA 用户可见。

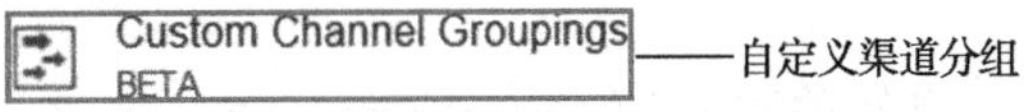

Custom Channel Groupings
BETA ——自定义渠道分组

图 7.14　拥有"阅读和分析"权限的用户可以点击"视图管理"下部的"自定义渠道分组"来新建私有的、用户级别的渠道分组

表 7.2　渠道和自定义渠道分组

	默认渠道分组	新渠道分组 （视图级别）	新渠道分组 （GA 用户级别）
在哪里配置?	管理 > 渠道设置 > 渠道分组 （Admin > Channel Settings > Channel Groupings）	管理 > 渠道设置 > 渠道分组 > 新渠道分组 （Admin > Channel Settings > Channel Groupings > New Channel Grouping）	管理 > 自定义渠道分组 （Admin > Custom Channel Groupings）
配置所需的权限	修改（Edit）	修改（Edit）	阅读和分析（Read & Analyze）
对谁可见?	所有可查看视图的 GA 用户	所有可查看视图的 GA 用户	仅限创建分组的 GA 用户
是否可追溯?	否	是	是
是否可通过 API 和 Analytics 360 自定义表（避免抽样）作为次级维度见于自定义报告，并带有细分?	是	否	否

7.3.5　"多渠道路径"和"归因"报告中的渠道自定义

　　前面描述的渠道自定义，不仅可以用于"流量获取 > 概览"（Acquisition > Overview）报告和"流量获取 > 所有流量 > 渠道"（Acquisition > All Traffic > Channels）报告，也可以用于"多渠道路径"（Multi-Channel Funnel）报告，以及"归因 > 模型对比工具"（Attribution > Model Comparison Tool）报告（我们将在第 9 章讨论模型对比工具）。对于 Analytics 360，"默认渠道分组"的自定义适用于以数据为依据的归因模型（该模型将在第 18 章讨论）。

7.4 跟踪自然搜索流量

GA 中的"自然搜索流量"报告是有问题的，原因有以下两点：

1）绝大多数来自 Google、Bing 和 Yahoo（雅虎）的非付费点击关键字都被分析工具屏蔽，并且以"（not provided）"（未提供）形式出现。

2）"自然搜索流量"包含两种完全不同的点击：在搜索引擎中直接输入公司名称、产品名或域名的品牌/导航搜索和实际搜索用的非品牌词。只有非品牌词点击才能被计算为真正意义上的自然搜索。由于绝大多数的自然搜索关键字被记录为"not provided"（未提供），我们在 GA 中无法从非品牌自然搜索流量中区分出品牌流量。

在下面的章节中，我们会详细讨论这两个问题，并将 Google Search Console（谷歌搜索控制台）纳入解决方案的一部分。

7.4.1 未提供

如果访问"广告系列 > 自然关键字"（Campaigns > Organic Keywords）报告，你很可能会看到关键字为"（not provided）"（未提供）的部分在所有自然会话中占据了绝大多数，如图 7.15 所示。

Keyword ?	Source ?	Sessions ? ↓
		359,544 % of Total: 27.04% (1,329,613)
1. (not provided)	google	276,090 (76.79%)
2. (not provided)	yahoo	26,625 (7.41%)
3. (not provided)	bing	23,613 (6.57%)

图 7.15 如果将"来源"选为次级维度，来自 Google、Yahoo 和 Bing 被记录为"（not provided）"的关键字
显示在了"自然关键字"（Organic Keywords）报告最顶端

7.4.2 品牌与非品牌自然搜索流量的异同

品牌与非品牌流量之间的区别是巨大的。假设你的公司叫 Fallbreaker，生产和销售降落伞。如果用户在搜索引擎中输入"fallbreaker"或"fallbreaker.com"然后点击到你的网站，你可以认为这个访问是"品牌自然搜索流量"（branded organic），也称为"非导航自然搜索流量"（navigational organic）。表明搜索者已经知道了你的公司，因此你可以为品牌知名度感到高兴，但为 SEO 团队庆祝还为时过早。

如果用户在搜索引擎上输入"降落伞"，然后 fallbreaker.com 的点击排名足够靠前而有机会获得点击，这时候才可以认为这是一个真正的非品牌自然会话，并且是 SEO 的胜利。

在 2011 年 10 月 Google 搜索引擎开始对网站分析屏蔽关键字之前，在 GA 中区分品牌和非品牌自然点击的表现是轻而易举的：每一个关键字都有效果指标，例如跳出率和目标转化率，因此你可以快速定义品牌自然细分 [包含 medium = organic（媒介 = 自然搜索）和带有 F|fallbreaker 的关键字] 和非品牌自然细分（包含 medium = organic，去掉带有 F|fallbreaker 的关键字），然后可以应用于任何 GA 报告。（细分将在第 10 章中讨论。）

这些细分在"目标"和"电子商务"报告中格外有用，品牌自然搜索流量通常会显示出比非品牌自然搜索流量更高的转化率。单独考虑非品牌会话，你可以衡量和优化真正的自然搜索效果（organic performance）。

笔记	"多渠道路径"报告：展示最终品牌自然搜索入站流量（clickthroughs）前的转化归因
	在第 8 章中，我们将学习"多渠道路径"报告是如何避免"是或者不是"这种非黑即白的最终点击归因的问题的，并将展示其他帮助产生回访转化的辅助渠道的情况。"多渠道路径"对于回访自然搜索会话产生的转化尤为重要，因为大部分回访的自然搜索会话发生在访问其他渠道 [比如付费搜索入站流量（clickthroughs）] 之后，这些其他渠道毫无疑问地为在之后发生的品牌（branded）自然搜索产生的会话及其转化提供了帮助。

7.4.3 谷歌图片与特定国家 / 地区的入站流量

默认情况下，Google 图片搜索结果中的入站流量（clickthroughs）将显示在 GA 中，并以 google.com/ imgres 作为来源，以"引荐"（referral）作为媒介。在第 12 章里，我们配置了视图过滤器，将这些数值重写为 images.google.com 和 organic。

在类似的注释中，来自某些特定国家 / 地区 Google 搜索引擎版本的点击（如 google.co.jp 或 google.ng），其来源在 GA 中显示为 google。在第 12 章中，我们将配置 GA 媒体资源以记录那些来自特定国家 / 地区顶级域名的特定流量来源数值。

7.4.4 谷歌搜索控制台

谷歌搜索控制台（Google Search Console，以前称为 Google 站长工具）可以帮助我们解决（或至少部分解决）之前提到的"（not provided）"的问题。作为 GA 之外的独立工具，Google Search Console 可以提供用户在与搜索引擎互动后，来到你网页的报告，它还会为你网站上的 Google 搜索网页爬虫 [crawler，俗称为"谷歌蜘蛛"（Googlebot）] 的活动生成报告。

具体来说，Google Search Console 中的"搜索分析"（Search Analytics）报告可以帮助解决"（not provided）"的问题，方法是显示 Google 搜索为你网站带来自然点击的非品牌和品牌关键字的展示次数、点击次数、点击率和平均排名（参见图 7.16）。

Queries — 1	2 — Clicks ▼	Impressions	CTR — 4	Position
1 fallbreaker parachute ⌕	281	458	61.35%	1.9 ≫
2 fallbreaker ⌕	204	290	70.34%	1.0 ≫
3 parachute ⌕	145	25,637	0.57%	5.6 ≫

图 7.16　Google Search Console 中"搜索分析"报告会显示品牌、非品牌关键字的展示次数和点击数据

1—查询　2—点击次数　3—展示次数　4—点击率　5—排名

1. 关联 Google Search Console 和 GA

你可以在 Google Search Console 上的齿轮菜单中选择 Google Analytics Property（谷歌分析媒体资源），将其链接至用同一个邮箱登录的、有"修改"权限的 GA 账户，这样该 GA 账户中就有了"搜索引擎优化"（Search Engine Optimization）报告。

这个操作一开始看起来可以完美解决"（not provided）"的问题，因为它可以让你在 GA 中查看完整的 Google 自然点击数据，但是这只是解决方案的一部分：我们仍然不知道关键字点击发生之后的效果，因为跳出率和其他效果指标并没有展示出来。

"搜索引擎优化 > 着陆页"（Search Engine Optimization>Landing Pages）和"地理位置摘要"（Geographical Summary）报告显示了搜索控制台（Search Console）和 GA 效果分析指标，如跳出率、目标转化率和电子商务收入。而"搜索引擎优化 > 查询"（Queries）报告的部分，仍然只能显示单个查询的搜索控制台（Search Console）数据，因此关键字的 GA 效果数据并没有被恢复。更多细节请参考 Google 站长中心博客"搜索控制台在 GA 中的更深入整合"（*Deeper Integration of Search Console in Google Analytics*）一文。

2. Google Search Console 验证和用户管理

在任何人可以访问你网站的 Google Search Console 数据之前，你组织内部至少有一个人必须将网站添加至 Google Search Console，然后完成验证。

验证共有 5 个不同选择：

1）上传 HTML 文档。

2）将元标记添加至主页。

3）共享"修改"级登录给 GA。

4）共享"发布"级登录给 GTM。

5）域名注册商登录。

如果有适当的权限，你可以首先试试 GA 或 GTM 两种选项。如果这两种不成功（很有可能发生），请向内部其他人（或者客户）询问有谁可能已经拥有 Google Search Console 的权限——可以从你的 SEO 团队开始。

上传文档这个选项一贯有效，但是它需要直接访问到你网站上的根目录。一旦有用户完成了登录验证，这个用户就可以从 Google Search Console 界面"用户管理"（User Management）中直接为其他用户提供权限（但如果多人分别完成这种验证过程，则不会有任何风险）。

笔记 | 获得 Google Search Console 访问权限——你值得拥有

你可能很容易就得到了 Google Search Console 的权限，但是在任何情况下这么做都是很必要的。虽然"搜索分析"报告并没有完全解决"（not provided）"这个问题，但它提供了关于 Google 搜索引擎的展示次数和点击的数据，这些数据对于很多组织的利益相关者都非常有用甚至至关重要。

此外，Google Search Console 提供了一系列其他有用的报告，包括 URL 参数（我们在第9章 GA 页面合并中将提到）、无效链接（broken links）和移动可用性（和排名）建议。

---

3. Bing 网站管理员工具

Bing 网站管理员工具同样提供一系列关于搜索引擎活动的报告来补充网页分析，并且它的入站链接报告比竞争对手 Google Search Console 更全面。

笔记 | 来自搜索引擎 App 的点击

来自 Google 和 Yahoo App 的点击分别以 google / organic 和 yahoo / organic 的来源 / 媒介（Source/medium）值跟踪，关键字为"（not provided）"。来自 Bing App 的点击则以（direct）/（none）的来源 / 媒介值进行跟踪，其关键字为表示任何直接访问的"（not set）"。

嘉宾观点 Google Analytics 基准化分析报告

特蕾西·拉博尔德（Tracy Rabold）是 E-Nor 的数据数字化分析顾问。

1. 标准普尔 500 指数（The S&P 500 Index）

标准普尔 500 指数的回报良好面作为基准的原因是，我们确切知道它是什么，并且知道我们自己的投资组合是什么，所以我们有一个无干扰的比较。

2. 数字效果基准化

这也是为什么数字效果基准化会充满各种问题——使用其他来源的数据来探明你自己的效果。网站设计或数字分析工具应用的不同让比较变得摇摆不定。

3. GA "基准化分析"报告

通过对"基准化分析"（Benchmarking）报告中的数据进行一些非常简单的操作，我可以得出结论，看起来我们在移动设备上的服务不足，换句话说，我们错过了移动设备上的很多机会（见图 7.17）。

在这个例子中，维度—设备类型是基本的 GA 功能，不会被个别安装或设计影响。

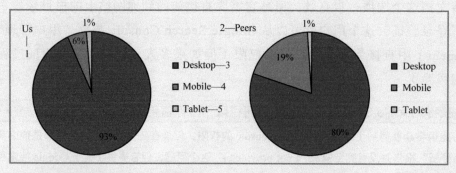

图 7.17 从 GA "基准化分析" 报告下载得到的数据。数据以 Excel 的形式下载，两个饼状图在 GA 中
已经被创建好，直接显示在 Excel 表格中

1—我们自己　2—同行　3—桌面设备　4—移动设备　5—平板设备

让我停下来思考的是 "同行"。"同行" 又是谁呢？

同行组织包括在他们网站拥有 GA，并已选择进行基准化测试的组织。开始基准化测
试有两个步骤：

步骤 1：在 "账户设置"（Account Settings）中将 "基准" 的数据共享切换到开。

步骤 2：从 "媒体资源设置（Property Settings）" 的下拉选项中选择你组织所在的
"行业类别"（Industry Category）。

GA 即将你选择的 "行业类别" 作为默认 "基准化分析" 报告。然而，在 "基准化分
析" 报告中，还可以更改行业类别（或行业垂直分类）从而钻研更加详尽的子类别 [如
"食品"（Food）中的 "烘焙食品"（Baked Goods）]。除了在 "基准化分析" 报告中自定义
同行分组（行业维度），我们还可以自定义国家 / 地区和每日会话（大小），如图 7.18 所示。

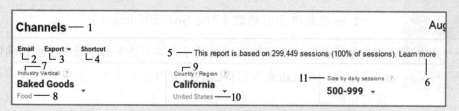

图 7.18　每个 "基准化分析" 报告的顶部都有下拉选项

1—渠道　2—电子邮件　3—导出　4—快捷报告　5—此报告基于 299 449 个会话得出（全部会话）　6—了解更多　7—行
业垂直　8—食品　9—国家 / 地区　10—美国　11—按每日会话次数划分的大小

当下拉到一个与我更接近的行业，我得到了一个不同的结论：虽然看起来我们正在
流失机会，实际情况却没有那么糟糕。平板设备似乎比之前的报告结果显得更重要，如
图 7.19 所示。

4. 一个好的数字化效果基准

良好的数字化效果基准可以利用 GA（或第三方数据源如 Comscore）找出不受影响
或受设计和实施差异较小的维度或指标——如 "自然搜索"（Organic Search）。

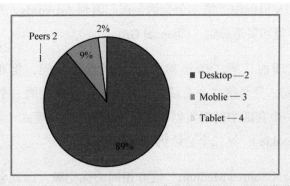

图 7.19　基于在选择更细化的垂直行业（即原始行业的子集）之后从 GA“基准化分析”报告中下载的数据。数据下载到 Excel，饼状图在 Excel 中已经创建好

1—同行　2—桌面设备　3—移动设备　4—平板设备

与上面设备类别的例子相似，我们可以利用“基准化分析”报告下载然后计算“自然搜索”会话的年度或季度增长百分比。如果是多个时段，就需要下载多个报告（见图 7.20 和图 7.21)。

Organic Search — 1	
Jul 1, 2015 - Jul 31, 2015 — 2	39.20% ⬆ 154,407 vs 110,923
Jun 1, 2015 - Jun 30, 2015	25.61% ⬆ 135,658 vs 108,002
% Change — 3	53.09%

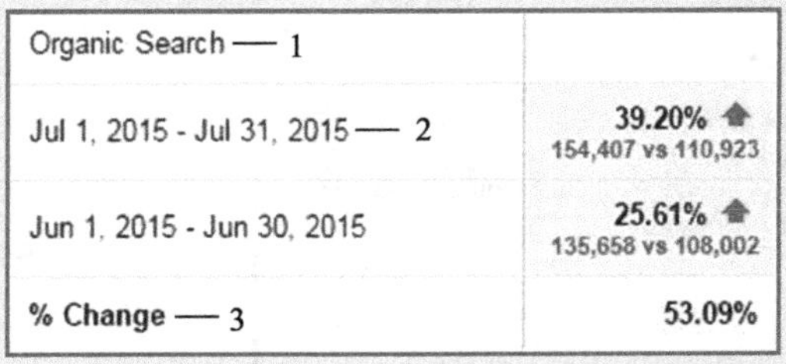

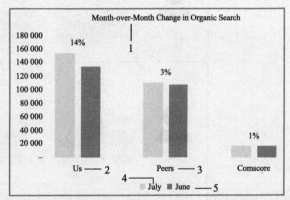

图 7.20　同一时间段的会话比较，我方在左（2015 年 7 月，154 407 个），同行在右（2015 年 7 月，110 923 个）

1—自然搜索　2—7 月　3—变化百分比

图 7.21　使用 GA 基准化分析报告，并且使用第三方数据源作为比较基准，可以看到我们的自然搜索增长超过了同行和整个互联网行业

1—每月自然搜索变化　2—我们　3—同行　4—7 月　5—6 月

从 Comscore 发布的 6~7 月的增长来看，我们的效果要比同行甚至整个美国搜索市场都要好！

7.4.5　直接流量和归因优先

假设你的公司出售草本营养补给品。周二，一个用户在 Google 搜索引擎上搜了“松果菊”（echinacea），然后点击了你的 AdWords 广告（顺便花了你 4 美元）。第一个会话的“来源 / 媒介”就是 google/cpc。

周三，同一用户想起你网站上有 400mg 松果菊的营养品，直接在浏览器内输入了你的网址（并且这次购买了松果菊）。所以这第二个会话的来源 / 媒介就是（direct）/（none），对吗？

实际上在大多数 GA 报告中，第二个会话会被归因到 AdWords，并且显示与第一个会话相同的"来源／媒介"值和渠道分组（Channel Grouping）。

这其实是很有道理的。第二个虽然技术上是直接访问，但很明显是归因于来自 AdWords 的第一个访问。只要第二个会话发生在同一个设备的同一个浏览器上，用户没有清除 cookie，并且第一个会话中的浏览器未设置为私有／隐身模式（私有／隐身模式浏览在会话结束后自动删除 cookie），第二个会话仍是 google/cpc。

其他的来源／媒介（Source/Medium）值有相同的优先级，因此会彼此覆盖，如图 7.22 所示。例如，如果上面的第二个会话是自然流量、引荐，或是广告系列点击，这些来源中的任何一个都将出现在 GA 的第二个会话中，而不是 google/cpc；非直接返回来源（nondirect returning source）带来的回访会话需要被认可——至少在某种程度上需要。

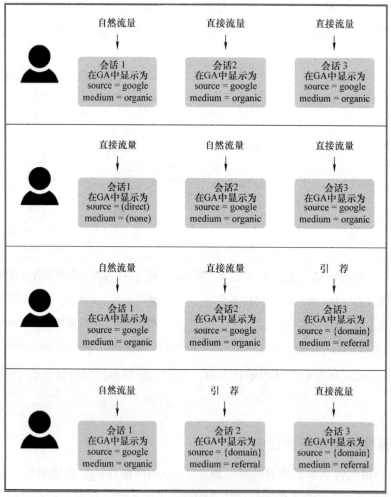

图 7.22　带有更详细媒介和来源值的直接会话（Session）

在"流量信息＞会话设置"（Traffic Info ＞ Session Settings）的"媒体资源"（Property）管理中，你可以看到广告系列的默认超时时间是 6 个月。这决定了 GA 报告的回溯时间，以便从上一次访问中获取更具体的"来源／媒介"来直接访问。你可以轻易地编辑"广告系列超时"（Campaign Timeout），但通常都会推荐将时长设置为默认的 6 个月（见图 7.23）。

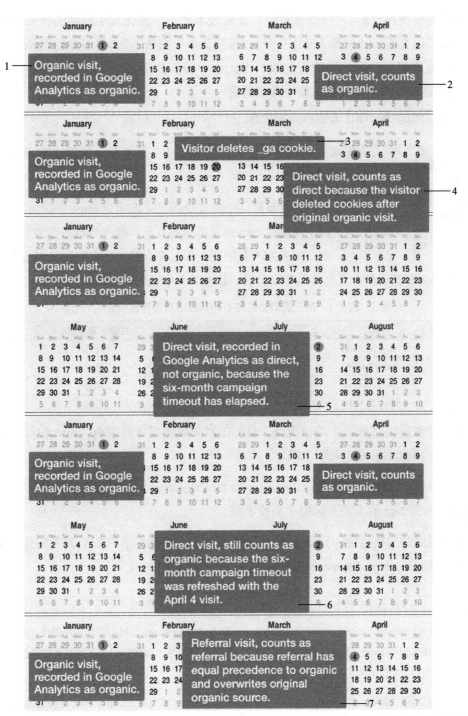

图 7.23　广告系列超时——默认时长 6 个月——决定了回溯直接会话可以更加详尽地展示以前的来源。每个
　　　　回访期的刷新时间为 6 个月

1—自然搜索访问，在 GA 中被记录为自然搜索　2—直接访问，也被算作自然搜索　3—访问者删除了 _ga cookie　4—直接访
问，被记录为直接访问，因为访问者在从自然搜索访问之后删除了 cookie　5—直接访问，被记录为直接访问而非自然搜索，
因为访问者距离上一次从自然搜索产生的访问已经超过了 6 个月的期限　6—直接访问，仍被记录为自然搜索，因为广告系列
6 个月的期限被 4 月 4 日的访问刷新　7—引荐流量访问，被记录为引荐流量，因为引荐流量和自然搜索有同等优先级，因此
覆盖了自然搜索来源

7.4.6 "多渠道路径"报告中的直接会话

如本章之前所提到的，"多渠道路径"报告展示了一个转化发生期间的所有会话，或转化发生后的回访会话的"来源 / 媒介"。与"流量获取"报告不同，"多渠道路径"报告为直接流量与其他来源分配了相同的优先级，因此这个回访会话之前会话的来源 / 媒介不会重复。"多渠道路径"报告会在第 8 章中详细讨论。

嘉宾观点 **https 到 http 的引荐来源损失**

哈齐姆·马素卜（Hazem Mahsoub）是 E-Nor 的解决方案分析工程师。

从表 7.3 中可以看到，来自安全网页（即通过 https 协议访问的页面）到非安全页面（即通过 http 协议访问的页面）的许多点击作为直接流量出现在了 GA 中。如果你所有的页面都是安全的，这个问题就不会有任何影响；但如果部分甚至所有页面都是非安全的，你在 GA 中就可能会遗失一些引荐来源数据。

表 7.3　基于页面协议的引荐来源信息传递或阻止

协议	引荐来源传递?
http 到 http	传递
http 到 https	传递
https 到 http	阻止
https 到 https	传递

在引荐来源信息被阻止的情况下，GA 在大多数情况下将带有（direct）/（none）的 https 到 http 流量记录为"来源 / 媒介"维度。

某些网站的链接（尤其是 google.com 和 facebook.com）都会配置 content="origin" 属性，在 https 到 http 的点击上保留了引荐来源。

对该问题的完整讨论，详见 E-Nor 博客上的"https 到 http：安全到非安全的引荐来源损失"（*https to http: Secure-to-Nonsecure Referrer Loss*）一文。

笔记 | **l.facebook.com 和 lm.facebook.com：Link Shim 引荐**

除了 facebook.com 和 m.facebook.com，l.facebook.com 和 lm.facebook.com 也有可能作为来源出现在你的 GA 报告中。后两种来源说明 Facebook 在点击发生时激活了 Link Shim 程序，以保护用户不受恶意链接伤害。不必担心，它们出现在 GA 中说明网站受到了 Link Shim 的好评。

作为分析目的的，你可以将 l.facebook.com 看作 facebook.com，将 lm.facebook.com 看作 m.facebook.com。你可以选择使用视图过滤器，将两个变体中的每一个重写为单个来源值。视图过滤器在第 9 章中讨论。

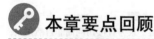 本章要点回顾

1）所有会话都有媒介和来源维度值。所有的会话都被记录在 GA 中，包含媒介维度和来源维度；媒介是更宽泛的描述，而来源更加具体。

2）**默认情况下，GA 识别 3 种媒介**。如果不是出于广告系列代码（tag）的目的，GA 将所有流量分配至三种媒介值中的一种：（none）是直接流量，organic 是已知来自搜索引擎的自然搜索流量，referral 是来自搜索引擎之外引荐网站的流量。

3）**GA 需要广告系列参数的帮助归因**。广告系列参数，也被称之为广告系列代码（tag），帮助 GA 准确（在点击来自应用程序而不是浏览器的情况下）而有意义地（例如，横幅广告点击被默认记录为不相关引荐）记录归因。

4）**为付费点击（PPC）使用自动跟踪选项**。对 AdWords 来说，多数情况下强烈建议开启自动标记，而不是手动为入站链接打标记。Bing 广告提供相似的自动标记功能（但是并未带来除了 AdWords 自动标记之外的额外数据）。

5）**渠道基于媒介 / 来源值**。GA 识别的 8 个默认渠道都基于媒介或者来源值。（因此，Social（社交）渠道被定义为包含引荐来源的社交网站，social 被标记成 utm_medium 的广告系列。）

6）**可以自定义渠道**。你可以在"默认渠道分组"中自定义现有渠道的定义，可以在"默认渠道分组"中创建新的渠道，或者可以创建新的渠道作为现有默认渠道分组的替代。

7）**绝大多数自然点击的关键字都被记录为"(not provided)"**。在 GA 中，来自 Google、Bing 和 Yahoo 的绝大多数点击的关键字都显示为"(not provided)"。

8）**直接流量从前次访问中重复一个更具体的媒介和来源值**。默认的广告系列超时时间为 6 个月，GA 会重复其他来源 / 媒介（如 google/organic 或者 referral/abc123.com）。一个例外情况是，"多渠道路径"对所有直接流量不分优先级，而且不会提取之前的来源 / 媒介值作为直接流量的覆盖。

🏃 实战与练习

1）**评估你广告系列的差距**。重新对比表 7.1，查看你现在的流量，线上资源决定了你应该先从哪里开始使用广告系列参数。

2）**为广告系列代码开发统一的流程和命名**。使用章节内讲述的电子表格资源维持你广告系列命名等级的统一性。对于公司层面的广告系列代码，请将 CampaignAlyzer 纳入考虑范围，或开发一套内部解决方案。

3）**开启电子邮件系统中的自动广告系列代码**。如果你的电子邮件系统为入站链接提供自动广告系列代码，请好好利用。

4）**如果需要，自定义你的渠道和渠道分组**。复习 9 个 GA 渠道定义，修改默认渠道定义，重新排列渠道来匹配优先级，如果需要也可新建渠道（以 QR 码和 URL 重定向流量为例）。

5）**让你的网站使用 Google Search Console**。如果有同事或客户已经有了 Google Search Console 的权限，让他们在 user（用户）或 Property Owner（媒体资源所有者）设置中为你开放权限。如果没有人有权限，请自行完成认证。

第 8 章
目标和电子商务跟踪

如第 2 章所述，如果不采取以下两种步骤中的一种（或两种都采纳），GA 就不会填充转化报告：

1）告诉 GA 哪些现有网页浏览（pageview）或事件的行为构成了目标转化。

2）提供除网页浏览和事件跟踪以外的电子商务数据。

在任意情况下，你都需要使用 GA 并根据设定好的关键绩效指标（KPI）来衡量网站，在第 3 章"衡量的策略"中对此有所讨论。

配置目标和／或电子商务至关重要，这样你的分析才能清晰地指明用户是否正在完成这些目标。

8.1 目标跟踪

在下面的例子中，我们会设置一个目标：一个健康保险网站提供的健康小窍门快报订阅邮件的用户订阅行为，这是公司高管和网站设计师们希望访问者采取的首要行动，因此我们将跟踪这个目标。

配置目标时，我们需要考虑四个选项：

1）目标类型。

2）匹配（match）类型 [仅限"目标网址"（Destination）目标]。

3）有渠道（funnel）或无渠道（funnel）[仅限"目标网址"（Destination）目标]。

4）目标价值。

我们会在下面的章节讨论上述每种选项。

重要提醒 | 目标不可回溯

　　本书中所有其他的重要提醒都是关于做了某些事的潜在风险。但这个警告却是关于不做某事的风险：尽可能早地设定目标。目标（和"电子商务"）设置不会回溯你设置它之前的数据，因此一定要将配置目标和／或电子商务作为首要任务。

配置目标

由于配置目标会改变访问该 GA 视图用户的底层报告数据（通过计算转化率和相关指标），你需要"修改"权限（Edit）以到数据视图中设定一个目标。我们在第 9 章中将讨论与权限相关的问题。

笔记 | 先在测试数据视图中创建目标
在第 9 章中，我们会讨论如何至少为每个 GA 媒体资源保留三个视图：原始备份视图、测试数据视图以及一个或多个报告的工作数据视图。你应该先在测试数据视图中创建目标，然后让目标运行几天或一周来验证目标的运行情况，然后再在实际数据视图中重新手动创建目标，或者按照喜好在 "分享资源" 面板（Share Assets panel）中通过将目标分享给你自己来创建。如第 11 章所讨论的，"分享资源" 面板可以在 "视图管理"（View Admin）界面中找到。 　　一旦目标被创建，你就无法将其删除，并且只能编辑或停用该目标。因此这是在实际的工作数据视图中创建目标之前，我们在测试数据视图下创建目标的另一个原因。

1. 1 个视图，20 个目标

　　GA 允许我们为同一个数据视图创建 20 个目标。这个数量对绝大多数网站和移动 App 来说非常充裕，因为我们不会考虑跟踪每个用户行为作为一个目标，只需要跟踪那些体现或支持我们核心 KPI 的目标即可。

　　当然，万一确实需要额外的目标，你也可以创建新的数据视图：使用同样的数据视图过滤器和设置，配置更多的目标。

2. 目标组（Goal Sets）

　　设置目标时，GA 会按默认顺序将 5 个目标插槽（slot）填充至 4 个目标集。使用默认排序是完全可以的，但是你也可以选择在一系列目标中将相关目标分组；这样可以选择 "目标组 2"（Goal Set 2）作为 "来源／媒介" 报告的指标组，并在目标集之中展示来源／媒介转化率。

　　但是就像刚刚提到的，我们可以使用默认目标顺序。在某些情况下，你应该单独分析每个目标，这样才不会让原始分组在绝大多数的实际工作中扮演至关重要的角色。

3. 目标类型

　　首先，让我们点击 "管理"（Admin）界面 "视图"（View）一栏中的 "目标"（Goals），然后点击 "新目标"（New Goal）。在初始界面中，可以看到目标模板选项，例如 "下单"（Place an Order）或者 "媒体播放"（Media Play）；这些选项可以为目标跟踪提供额外的信息。接下来选择 "自定义"（Custom），单击 "继续"（Continue）就可以进入目标设置界面了，如图 8.1 所示。

　　我们已经选择 "目标网址"（Destination）作为目标。"目标网址" 是最普遍的目标类型，在很多情况下，是一个特定的网页浏览或被加载出来的屏幕浏览（screen view）发出了目标完成的信号。

　　你也可以根据任何被你当作事件进行跟踪的行为创建目标，例如播放视频或点击一个出站链接。另一个我们还没有讨论的目标选项是 "智能目标"（Smart Goals）。"智能目标" 被设计在 Adwords 中使用，当你没有一个 "GA 目标" 或 "电子商务" 时使用。

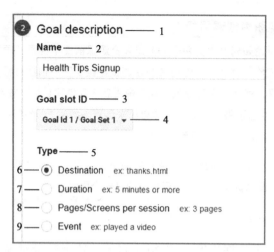

图 8.1 作为设置目标的第一步，需要先确定目标的名称（name）和类型（type）。如果你愿意，也可以不使用默认名称，为目标插槽（goal slot）单独命名

1—目标描述　2—名称　3—目标插槽编号　4—目标编号 1/ 目标组 1　5—类型　6—目标网址　7—持续时间　8—每次会话浏览页数 / 屏幕数　9—事件

嘉宾观点　做出一个有效的号召性用语（Call to Action）的 7 个技巧

蒂姆·阿什（Tim Ash）是转化率优化代理商 SiteTuners 的 CEO，畅销书《Landing Page 优化权威指南》的作者，以及国际转化大会的创始人和主席。

如果你在市场或数字运营领域中工作，号召性用语（CTA）是巨星一般的存在——我们测试它，尊敬它，我们明白点击的一点点提升对于业务增长的意义都是巨大的。

然而尽管 CTA 受到的注意与日俱增，与 10 年前相比，我们仍可以对它们加以思考并加以改进。

下面的技巧可以优化和测试你的 CTA 应用在产生线索类型的着陆页上的效果，以及更广泛的——所有带有号召性用语的网页的效果（因为所有网页都应该有号召性用语）。

1）增加对比：作为普遍原则，网页应该使用中性色。暖色和"无聊色"（boring color）⊖基本可以满足大多数网站，并且，使用"温和色彩"（bland）的页面会让你有更多的余地给 CTA 安排差异显著的色彩。

2）限制用户的选择：如果想让你的 CTA 更容易被找到并执行，就需要限制用户的选择空间，即限制用户潜在的行为。只有一个行为最理想；如果实在没办法，两个潜在行为也是可以的。除此之外就是在迷惑用户了。记住，如果什么都优先，那就什么也没有优先。

3）使用提示：视觉上的提示可以让用户知道页面上元素的功能。

✓ **形状**：圆形会引起多一点的注意，并增加多一点的互动。

⊖　"无聊色"例如白、灰；国外网站对 boring color 的理解是黑、白、灰、蓝、棕等基础色。——译者注

✓ **尺寸**：大尺寸通常让按钮更吸引人的注目，并在页面中显得更重要。

✓ **位置**：按钮附近留白（negative space），可以让访客明白这一区域是可以互动的。

4）匹配用户意图：不要小瞧匹配用户意图的重要性。你会发现语气被动的"免费样品"（Free Trial）和行为导向的"免费试用"（Try it Free）或毫无特色的"提交"（Submit），以及富有情感的"帮助飓风受灾者"之间的点击率大大不同。

5）使用图片让 CTA 更突出：确保画面的背景不要太抢眼，表单也不要色彩太过平淡以至于呈现出与彩色图片的显著对比。CTA 应该从你如"禅"般平和的页面中自然地显示出来。

6）用人物面部使 CTA 突出：人类的面部大量地反馈了周边环境的信息，因此访问者都会注意查看人物面部。人都有一个一般物体识别系统，在情感中脑附近，我们还有一个单独的系统可以识别面部和人物，这使我们能够判断某人的态度或是否会侵犯我们，这对于社交和生存至关重要。在你的页面中，人物面部的注视方向非常重要。通常来说，你希望人物面部可以凸显页面上有趣的信息，也就是你的 CTA；而不是让用户忽略页面中的表格或直接离开页面。

7）保持柔和和精简：在现实生活中，你不会希望自己太直接甚至粗鲁，所以当用户提交自己的信息而不能直接得到好处时，不要太早向他们索要信息。呼应之前的建议，页面上的其他元素不要与你的 CTA 形成竞争关系，这样访客才会立刻明白他们应该采取什么样的行动（见图 8.2）。

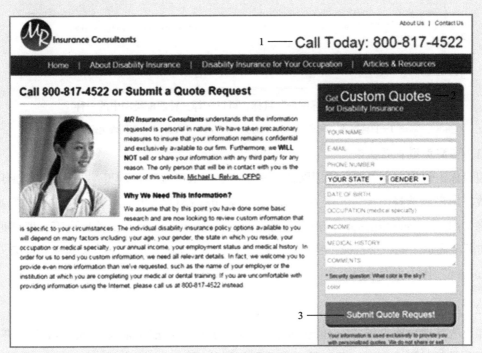

图 8.2　MR 保险咨询公司的页面中，一位女士注视着表格，将访客的注意力引导至 CTA 区域

1—马上拨打电话　2—获得定制化残疾保险　3—提交报价请求

参与程度目标（Engagement Goals）

由于诸如持续时间（Duration）和每次会话浏览页数 / 屏幕数（Pages/Screens per Session）等指标是基于阈值而不是特定的操作的指标，因此这类指标被称为参与程度目标。记住你的持续时间目标直接取决于匹配（hit）发生的时间戳。举个例子，如果一位访客到达了一个很长的博客页面，并花了 10 分钟滚动鼠标阅读这篇博客，但是你没有对这个滚动操作设置任何事件或虚拟网页浏览跟踪（如第 6 章所述），这个会话（session）就不会被记录为一个时常为 5 分钟的持续时间目标。

这里的每次会话浏览页数 / 屏幕数（Pages/Screens per Session）目标类型，只取决于网页浏览（实际或虚拟都可）或屏幕浏览，不会考虑浏览页数 / 屏幕数，也不会考虑会话时长（session duration）。

4. 匹配（Match）类型

由于我们在前一步将"目标网址"（Destination）设置为目标类型，现在就必须为匹配页面或屏幕，以及匹配类型指定文本字符串。指定的页面或文本字符串会与"网页面"或"屏幕"维度值相比较，维度值可在"网页"或"屏幕"报告中找到。匹配类型默认为"等于"（Equals to），但你也可以改成"开头为"（Begins with）或"正则表达式"（Regular expression），如图 8.3 所示，这样多个"页面"或"屏幕"值就可以被记成一个转化了。

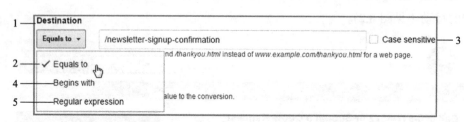

图 8.3　对于"目标网址"目标，可以选择三种匹配类型中的一种

1—目标网址　2—等于　3—区分大小写　4—开头为　5—正则表达式

（1）匹配类型：开头为

假设你正管理一个消费者信用网站。网站主要的 KPI 是用户购买一份信用报告所用的会话次数。用户所选择的报告发送方式（邮件或者电子邮件的 PDF 附件）决定了他们被带到的最终 URL 是"/confirmation-mail"或者"/confirmation-email"。这种情况下，既然两个确认页实际上满足了同一个目标，我们可以轻易地用"开头为"配置"目标网址"目标，用"/confirmation"作为页面字段。

（2）匹配类型：正则表达式

如果有其他页面也用"/confirmation"开头，例如"/confirmation-contact-us"，"开头为"这种匹配类型就不适用了。不仅是存在这种相同的页面开头的情况，两个信用报告的确认 URL 如果是"/mail-confirmation"和"/email-confirmation"的话，也不能记录为目标匹配。这种情况下，我们就需要使用正则表达式来解决这种具体情形。

在第二个例子中，我们可以选择"正则表达式"作为匹配类型，并制定页面字段如下：

```
\/(mail|email)-confirmation
```

上面的正则表达式使用了元字符来触发 or。在正则表达式的开头，我们用反斜杠（\）"转义"（escape）正斜杠（/）来确保正斜杠被识别为普通字符。

在正则表达式中，邮件和电子邮件之间有太多重复时，我们可以用量词无字符（？）更有效地重写正则表达式，"？"可以表示前字符的零次或一次出现：

```
\/e?mail-confirmation
```

第 9 章包含了正则表达式的概述。

5. 目标价值

虽然不是强制性的，但是目标价值（Goal Value）非常实用，尤其是当你没有设置电子商务跟踪时。因为目标价值让 GA 可以计算一些指标，例如本章后面会谈到的网页价值（Page Value），以及每次会话目标价值（Per-Session Goal Value）。

目标价值不是动态的；你所配置的这个静态值，在每个目标完成中都会使用到（基于事件的目标可以将不同的事件值作为目标价值，但是事件值通常没有指定为事件跟踪的一部分）。对于购买价格不同的产品或服务，电子商务跟踪比目标跟踪更加灵活，本章后续会详细讨论。

下面的建议不一定是唯一正确的方法，但是可以作为参考：

1）**单一目标，实际价值**。如果正在配置目标来跟踪单一产品或服务的销售，请将实际购买价格设置为目标价值。

2）**单一目标，估算价值**。如果正在配置目标来跟踪一个金融服务销售线索，价值 1 000 英镑，并且通常有 10% 的概率完成交易，请将 100 英镑作为目标价值。

3）**单一目标，不能货币化的**。如果在跟踪一个不能用具体金钱衡量的目标，可以填入一个任意值：1 欧元，100 欧元或 1 000 欧元（见图 8.4）。相关的网页价值（Page Value）和每次会话目标价值（Per Session Goal Value）还是可以用作进行比较的目的，并且这么做是完全合理的。

图 8.4 目标价值虽然并非强制性的，但还是强烈推荐使用。即便是不能货币化的目标，填写任意目标价值（如 1 美元或 100 欧元）也能让 GA 计算网页价值和每次会话目标价值

4）**多个目标，实际或估算价值**。除了单独设置目标并填入实际或估算的价值，你也可以在单独的数据视图里面复制任何一个目标。复制目标后，就可以基于每个单独的目标价值查看网页价值和每次会话目标价值报告了。

5）**多个目标，不能货币化的**。为每个目标按比例设置目标价值。如果"联系我们"的重要程度是"注册接收邮件"的两倍，那么你可以按比例将目标价值分别设为 2 美元和 1 美元。同样地，你也可以在单独的视图中复制目标，按照目标来区分网页价值或者每次会话目标价值。

6）**电子商务和目标**。这可能是最棘手的情况。如果在一个主视图里同时跟踪电子商务和目标，你应该考虑在单独的视图中复制目标，并在这个视图中设定目标价值（Goal Value）。这样 GA 就可以将电子商务交易的网页价值（Page Value）（在主视图中）和目标完成的网页价值（在单独视图中）分开计算了。其实，我们不需要参考单独视图中的电子商务和目标等特定指标，比如电子商务的收入、每次会话价值和目标完成后的每次会话目标价值，GA 在主视图中已经把这些指标计算过了。

> **笔记｜ 让目标尽可能地贴近现实**
>
> 在网站分析中，最难的就是将网站访问或移动 App 的使用与线下购买相关联。在绝大多数情况下，我们无法直接映射因果关系，但仍然可以为任何一个可能导向用户线下访问的操作作为目标进行配置。首先设置事件或虚拟页面浏览跟踪（如点击拨打电话、导航或收藏等无法被跟踪为实际浏览的操作），然后相应地创建"目标"或"事件"目标，以便作为线上线下转化的相关效果指标。

6. 目标渠道（Goal Funnel）[⊖]

回到前面那个健康小窍门注册的例子中，我们的网站设计者设计了转化流程，由以下三个页面组成：

1）健康窍门页面，附有一个链接，指向新闻快报注册表单。

2）新闻快报注册表单页面，带有快报接收方式和内容主题选项。

3）注册确认页面。

在前面的例子里，我们已经将整个渠道（funnel）的最后一步设置为"目标网址"（Destination）字段：渠道（funnel）的底端显示在目标配置的顶部。现在我们只需要如图 8.5 所示，调整渠道（funnel）的第一步和第二步。

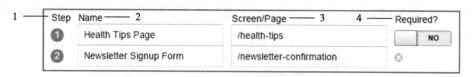

图 8.5　渠道（funnel）配置只能用于"目标网址"目标。虽然不是必要的，但我们仍然建议在指定目标完成
　　　　步骤之前，首先配置目标渠道（funnel）

1—步骤　2—名称　3—页面/屏幕　4—是否需

⊖　在本节中，中文的"渠道""目标渠道"，对应的英文原文是 funnel 和 goal funnel。由于在
　　Google Analytics 中文版中，funnel 被错误地翻译为"渠道"，但为保持与 Google Analytics 中文
　　版的一致，在本节以及在本书中，也都翻译为"渠道"，同时会保留英文原文 funnel，以与真正的
　　渠道（channel）做区分（实际上 funnel 常被译为漏斗）。——译者注

请注意，默认情况下，"渠道可视化"报告（Funnel Visualization Report）会在整个渠道（funnel）的任何一步展示进入（entries）渠道（funnel）的数量，不仅仅是该渠道的第一步。如果你想限制渠道（funnel）为只能在顶部进入，你可以把第一步的"是否必需？"（Required？）选项切换为"Yes"。你也可以创建两个相同的目标，它们渠道相同，但是第一步"是否必需？"（Required？）设置不同[不必手动重新创建目标，可以利用"共享资源"（Share Asset）功能，把这个目标分享给自己，然后修改新目标第一步"是否必需？"（Required？）设置]。这样，在同一个渠道（funnel）里面，想查看相同目标的进入和完成，我们就有了两种不同的方法。

渠道（Funnel）是推荐使用的，但并非必要。

计算目标转化率时不一定非要使用渠道（funnel）。但是在下面的报告情形下，渠道（funnel）却是必要元素，因此我们还是推荐使用渠道（funnel）：

1）渠道可视化（Funnel Visualization）报告。

2）渠道转化率（Funnel Conversion Rate，出现在"渠道可视化"报告底部）。

3）目标放弃率（Goal Abandonment Rate，出现在"目标概览"（Goal Overview）报告中）。

在填充"渠道可视化"报告、计算"目标放弃率"和"渠道转化率"（见图 8.9）中，渠道（funnel）都是必需的；但是"目标转化率"的计算并不需要渠道。

当为特定目标创建"目标流"报告（见图 8.10）时，目标渠道（funnel）不是必需的，但是会让报告更有用。

如果不能确定渠道（funnel）的步骤，那就先忽略它们，直接创建目标。一旦目标执行了一段时间，你就可以查看"反向目标路径"报告（见图 8.11）。查看该报告可以帮助你了解用户到达目标完成页面或屏幕的实际路径，然后你就可以将使用最多的路径作为原始目标（或新目标）的路径步骤，以此衡量到达最终转化前每步之间的流失情况。

笔记 | 在渠道（Funnel）中可以使用虚拟页面浏览，但不能使用事件

在第 6 章中，我们复习了不同种类的用户行为；这些用户行为无法在默认设置下被跟踪，但你可以把它们作为事件或虚拟网页浏览来跟踪。虽然两种方法都可以用来跟踪这些用户行为，但重要的是要记住，在目标渠道（goal funnel）里我们在任何情况下都无法使用事件。如果将 PDF 文件下载作为一个事件来跟踪，你可以把事件定义为一个目标，但是无法在目标之上创建渠道（funnel），也无法把 PDF 下载作为渠道（funnel）的一个步骤把用户带到另一个目标页面。

由于虚拟网页浏览一旦被 GA 记录，就会与实际网页浏览享受同样的待遇；你可以将虚拟网页浏览指定为渠道步骤（funnel steps），或者是"目标网址"（Destination）目标里的页面字段。

如果你在多步骤的 AJAX 流程中将第一个实际网页浏览之后每个步骤作为虚拟网页浏览来跟踪（见图 6.26），你就可以定义一个与之相对应的目标和路径。

> 同样地，如果健康小窍门快报注册表单没有重定向至另一个网页，并因此默认地生成了一个实际网页浏览的话，你就可以利用 GTM 的表单提交（GTM Form Submission）触发器，生成一个虚拟网页浏览，如表 6.1 所示。

7. 目标和渠道（Funnel）报告

一旦配置了目标，GA 就会开始计算与目标相关的指标，并统计"目标报告"（Goal Reports）的各项指标。我们会讨论目标报告以及出现在其他报告中的目标指标。

（1）目标概览

一般来说，我们建议对目标分别进行分析，所以如果你在视图中配置了多个目标，请选择单一的一个目标进行展示，如图 8.6 所示。

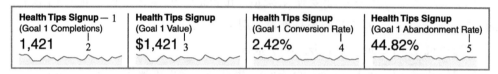

图 8.6　目标概览中的指标

1—注册健康窍门　2—目标 1 完成　3—目标 1 价值　4—目标 1 转化率　5—目标 1 放弃率

（2）转化率：或许跟你想的不一样

在有关目标的语境中，一个转化就是一个完成。虽然这两个术语用于不同的指标，它们其实是同一个概念。下面让我们首先理清关于目标转化和转化率的两个容易混淆的点：

1）对于一个既定目标，单一用户不能在一个会话中完成多次转化。如果你有两个快报注册，它们都把用户导向同样的"谢谢注册"页面，GA 就只会记录用户在一次性注册两个快报那个会话中完成了一个转化。反之，一个用户可以针对一个目标进行多次转化，前提是要在不同的会话中完成。

2）目标指标基于会话，而非用户。鉴于转化率是基于会话而并非用户，因此有时候会比实际情况中显得更惨淡。如果你网站上的抵押申请转化率是 1%，这可不代表有 1% 的人正在进行转化；这 1% 的意思是，1% 的会话产生了一个转化。

对于昂贵或者复杂的情况，用户可能会在反复进行几个会话之后才会最终转化，后面的"多渠道路径"（Multi-Channel Funnel）报告中我们会讲到。如果开会时有人问为什么只有 1% 的人进行了转化，这就是在暗示需要你解释关于会话的概念，并且澄清转化率的定义，如图 8.7 所示。

为什么 GA 不基于用户计算转化率呢？虽然看起来有用，但拿单一用户作衡量指标要比会话复杂得多，因为单一用户可能使用多个设备，也可能会删除

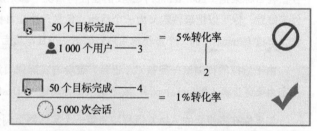

图 8.7　由于转化率的定义是每次会话转化，因此在所有案例中，它都比每个用户转化所显示的转化率低

cookie 等。所以如果以用户来计算转化率误差会比用会话大很多。因此，我们可以创建我们自己的指标，来计算基于用户的转化，这部分内容将在第 12 章中讨论。

嘉宾观点　渠道（Funnel）前用户的故事

布莱恩·艾森伯格（Bryan Eisenberg）和杰弗里·艾森伯格（Jeffrey Eisenberg）两兄弟是培训公司 Buyer Legends 的创始人。

虽然做的普普通通也可以赚钱，但我们希望你们不甘平凡。

2015 年，全美排名靠前的在线零售商的平均转化率是 3.32%。

2001 年，我们写下下面的话：

转化率是衡量你说服用户能力的一个指标。它们同样反映了你在满足客户方面是否高效，因为在让用户满足你之前，你必须先满足客户。

排名前 25% 的在线零售商的转化率是 5.31%，前 10% 的零售商转化率是 11.45%。根据米尔沃德·布朗数字部（Millward Brown Digital）2015 年的研究报告，Amazon Prime（特权优惠）用户比普通用户的转化率高 74%，非 Amazon Prime 的普通用户的转化率仅为 13%。

对于那些针对说服性动力（persuasive momentum）进行计划和优化的公司，它们的转化率通常都比行业平均值高 2~4 倍。

1. 普通与优异的差距

那些真正擅长优化转化率的公司，都以用户为核心；不仅仅是在普通员工中有这种文化，公司 C 级别的高层也将用户放在最重要的地位。顶级的公司会吸收转化率优化（Conversion Rate Optimization，CRO）的建议，并将其纳入战略和运营改革。这使得公司的优势不仅是在修复客户关系，更是为用户创造愉悦的体验。

他们对销售渠道（funnel）的看法与众不同。

2. 转化渠道（Funnel）：修正一个不恰当的比喻

现在你已经做出了广告系列或测试的计划。

你已经设计了结账或注册流程。

现在你的用户来了，进入到了你设计的渠道（funnel）。

现实点，这些用户不是在你设计的这些渠道（funnel）里面。你设计的用户体验对于他们来说，根本没那么吸引人。首先用户要存在购买的动力，其次你要真正理解用户的动力，这样才有可能说服用户，才能建立说服性动力（persuasive momentum）。

用户的购买流程其实就是他们自己的个人经历，而不是渠道（funnel）。你只要问，他们就会告诉你自己的故事。尽管有些故事的结局不一定皆大欢喜。

只要用户高兴，有关他们故事的结局就会很美好。对于用户来说，这意味着从你还是从竞争对手那里购买，其他没有区别。

现在，你需要分析用户的行为。

这个流程与你设计的一样吗？

最成功的公司从用户的视角开始分析整个故事。他们知道需要分析哪些指标，才能真正理解用户的体验。

分析师必须讲故事，商人必须衡量故事的可靠性。如果不这样做，他们的策略就不符合用户需求。

现在是完善渠道（funnel）概念的时候了。

3. 以故事开始

Buyer Legends 在设计上既可以衡量，又可靠。Buyer Legends 并不是一个让你感觉良好的故事，而是攸关你的生意。Buyer Legends 也应该用明确的细节说明哪些行为是你希望你的客户做出的，并且这些行为中的许多类型是可以被衡量的。

4. 衡量并优化你的说服体系

有意无意地，你的生意已经在事实上建立了说服体系。Buyer Legends 其实是一个创建说服体系的过程；这个说服体系是有目的性的，也是可衡量、可优化的。因此宏观、微观行为都要跟踪。也正是因为这些原因，你才不会只去优化最后一步，而要优化所有的步骤。每一步之间，你都可以细化、分析并修复它们。

5. 什么是说服性动力（Persuasive Momentum）

在我们出版的书 *Waiting for Your Cat to Bark?* 中，我们将说服性动力定义为"将用户目标与我们商业目标一致化的、循序渐进的决策过程"。不管是有意还是无意，你的生意都运作着说服体系。

渠道（funnel）可视化当然是分析和优化的有用工具，但是对于那些搞不明白销售／转化渠道的人来说，如果不考虑说服性动力，就会工作投入太多，却回报太少。他们只是把越来越多的客户灌到渠道（funnel）的顶部，然后坐等更多的渠道（funnel）从另一端出来。

6. 微观行为与宏观行为

通常你的转化目标都是宏观行为。忽略微观行为是很危险的，用户需要完成微观行为以后，才能完成宏观行为。没有说服性动力用户就不会在他们的购买旅程上继续走下去。

7. 说服性动力的三个组成元素

不论微观还是宏观，都有简单的公式帮助你识别说服性动力。

1）相关性。你和我的想法／需求／欲望（搜索查询）相关吗？

2）价值。我是否知道为何你的解决方案适合我？你有没有很好地解释你的价值和可提供的服务？

3）号召性用语。我明确知道下一步该做什么吗？你给我足够信心进行下一步了吗？

在每个节点都问这些问题，你很快就可以了解是否遗漏了一、两个，或全部三个元素。我们也把它们称作"转化三位一体"，如图 8.8 所示。

图 8.8　转化三位一体：相关性、价值、号召性用语

1—相关性　2—价值　3—号召性用语

8. 用户购买旅程图例

Buyer Legends 是你用户旅程的地图，想要解读这份地图，你首先需要有图例。

你的主人公走在旅程里，你来讲述他或她的故事。每个成功的用户购买旅程都需要地图，而每个地图都需要图例（legend）。图例（legend）是使用地图的关键。图例（legend）的组成元素如下：

1）**主人公**。这是你故事（图例）（legend）的主角。所有的故事／图例（legend）都从主人公的角度出发。

2）**诱因**。这是用户辨别你公司、产品以及服务是否潜在地符合他们要求的第一个因素。

3）**首要测量步骤**。在这里用户进入了旅程中可以测量的部分。

4）**路标**。对于用户完成整个旅程来说，小路上的路标必不可少。这些路标上如果包含了不可用的信息，很可能会阻止用户走完整个旅程。

5）**弯路**。弯路是市场营销人员必须为岔路口设计的解决方案。他们经常跳出常规，寻找他们关心的问题的答案、可以替代的解决方案，或者仅仅是因为出于好奇而不走寻常路。因此，请在弯路上找到用户，并把他们带回正轨。

6）**可测量步骤**。指的是旅程中任一可被测量的步骤。

7）**岔路**。在找寻有关需求、好奇、问题或顾虑的答案时，欲望和好奇心有可能会把人们带入理想路径之外的地方。岔路是人们路上面临的抉择。

8）**终点**。终点是用户转换为销售线索或售卖成功的最后一个可衡量的步骤。

9. 了解定量与定性的价值

作为人类，也就是网站访问者，我们的一切行为都可以被测量。网站访问者产生了定量数据，数据告诉你用户在做什么，而定性数据可以深入了解你的客户为什么要这么做。定量数据必须在定性数据的上下文中才有意义。而业务则需要对两种数据都分析研究，才能整体地看待全局。因此如果开始起草你的用户图例（Buyer Legend），不要小看焦点小组（focus group）、调查、客户访谈，甚至客户评论的价值。

结合了定性输入和定量验证，你就可以开始搭建有意义、以用户为核心的说服性动力，让网站的访客享受到更好的用户体验，并为你的公司或组织带来更大的成功，以及带来实际、可测量的优异效果。

笔记 | 转化率优化：当 1% 能变成 50%

就算大家都理解转化率显得低是因为它的计算基于会话而非用户，作为分析师和优化师，我们也永远不会满足于现在的目标和电子商务转化率。转化率总会有提高的空间，特别是如果你的公司还没有集中精力努力改进。

在本书中，我们从布莱恩·克利夫顿那里了解到，美国商家的采购转化率在 1.09% ~2.9% 之间；布莱恩·艾森伯格和杰弗里·艾森伯格告诉我们，美国排名前 10% 的在线零售商，他们的转化率为 11.45%。

假设你现在目标和电子商务的转化率已经达到了 5%，如果继续不停地分析和优化，转化率提高到了 6%，这意味着多大的提升呢？答案是：不是 1%，而是 20%。如果一开始的转化率是 2%，增加 1% 的转化率意味着 50% 的提升。

要记住，这额外提高的 1%，要比最初提升的 2% 甚至 5% 的利润空间都大：虽然你已经投入了大量的人力和时间来分析、优化，但是市场营销预算、网站的运营管理费用，甚至电费、采暖、净水器等的其他开销都没有增加。这 1% 的提升说明你的业绩有了极大的进步，并很可能为业务带来关键的竞争优势。

（3）放弃率（Abandonment Rate）

回看前面图 8.6，你可能会问：为什么放弃率不是转化率的倒数？目标转化率基于所有的会话，并且不会受到任何渠道（funnel）的影响；而目标放弃率的计算，只参考实际真正进入渠道（funnel），并且没有完成目标的会话数。如果你没有为目标配置渠道（funnel），GA 就不会为它计算放弃率。

笔记 | 渠道（Funnel）设置中，"第一步是否必需"对放弃的计算无效

如果在设置渠道（funnel）时选择了"第一步是否必需"（First Step Required），"目标概览"报告中的放弃率与"渠道可视化"报告就无法准确对应了，如图 8.9 所示。"渠道可视化"报告（包括出现在报告底部的"渠道转化率"）会受到"第一步是否必需"选项的影响；然而放弃率则并非如此。如果两个渠道（funnel）除了"第一步是否必需"选项之外，其他都是一样的，那么它们的放弃率不会有区别。

如果选择了"第一步是否必需"，你就可以把放弃率作为渠道（funnel）转化率的倒数来计算了 [比如，100% –67.97% 渠道转化率 =32.03% 放弃率]。

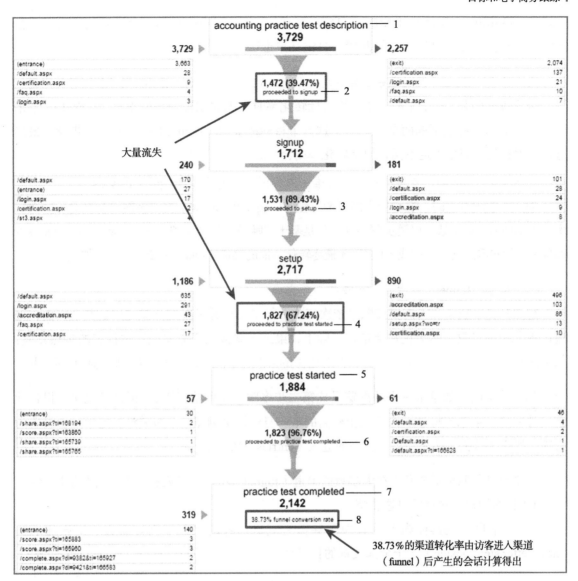

图 8.9 "渠道可视化"报告展现了每一步与另一步之间的流失情况（drop-off），并且提供了一个总体的渠道（funnel）转化率

1—会计实践测试说明　2—去往注册　3—设置　4—去往实践测试开始页面　5—实践测试开始　6—去往实践测试结束页面　7—实践测试结束　8—38.73％的渠道转化率

8. 渠道可视化

GA 为目标渠道（goal funnel）提供了两种报告："渠道可视化"（Funnel Visualization）报告和"目标流"（Goal Flow）报告（Goal Flow）。这两种报告都非常实用，但是在"渠道可视化"中，这些报告的某些方面并不会直接呈现出来。

Analytics 360 提供了自定义渠道（Custom Funnel）这个功能，在第 18 章会讨论到。请注意，自定义渠道虽然与目标渠道（funnel）有些类似，但它与目标的完成没有必然性的关系，另外，很重要的是，"自定义渠道"（Custom Funnel）是可以回溯的。下面讲述的回填（backfilling）问题也不影响"自定义渠道"；并且，不论是单一会话还是通过多个会话完成的目标，你都可以为它们配置"自定义渠道"。

（1）渠道（funnel）转化率基于渠道完成（Funnel Completions），目标转化率不遵循此原则

令人惊讶的是，GA 并不会在计算目标转化率时考虑你配置的任何渠道（funnel）。如果创建了共享同一终点页的两个目标，但这两个目标的渠道（funnel）包含不同的步骤，最终这两个目标的放弃率肯定不同，但是转化率则会一致。

（2）渠道（funnel）步骤的完成对应唯一身份网页浏览量（Unique Pageviews）

如第 2 章所讨论的，唯一身份网页浏览量（Unique Pageviews) 表示该网页被浏览（一次或多次）期间的会话次数。渠道步骤的计算就是基于"唯一身份网页浏览量"（Unique Pageviews）：如果一个用户看了网页 1 次或 10 次后才最终转化，他的渠道（funnel）步骤只会增加 1。

（3）渠道（funnel）步骤不一定要按顺序完成

想要计算渠道步骤不需要按顺序依次完成。如果用户看了渠道步骤之间的其他页面，渠道可视化中的步数仍然会正常递增。实际上，渠道步骤甚至不需要按照你指定的步骤完成：如果用户在查看第一步前碰巧先看了你渠道（funnel）的第三步，这两个步骤仍将正常递增。

你可能会问，如果第三步的浏览量比第二步多呢？这种情况下，"渠道可视化"报告就会出现回填：第二步将显示比第三步稍高的唯一身份网页浏览量 [如果没有把第一步设置为必需，则需要减去直接来到第三步中的进入（entries）次数]。

好消息是，回填不会发生在大多数的渠道（funnel）中。以下两种情况最容易被回填：
1）许多用户会跳过的可选步骤。
2）把用户从更具体内容的页面引导至更宽泛内容的页面。例如新文件简报注册页（newsletter signup page）之于全部文章的目录页。

如何才能知道渠道（funnel）被回填了呢？你可以在"所有网页"（All Pages）报告中检查您的渠道（funnel）步数和"唯一身份网页浏览量"：如果"所有网页"报告中的渠道（funnel）步数相对于"唯一身份网页浏览量"大大增加，那么你的"渠道可视化"报告就出现了回填。还有一种更简便的方法：检查"目标流"报告（后续会有描述），"目标流"报告不会回填步骤。

（4）渠道可视化无法细分

与其他 GA 报告不同，"渠道可视化"报告无法被细分（第 10 章会讨论）；因此你就无法动态地将来自智利和阿根廷的渠道（funnel）细分，也不能区分来自必应的自然单击。既然你可以在图 8.10 所示的"目标流"中应用细分，如果实在需要将这些数据细分，对于特定流量的细分（比如前面的几个例子），在"渠道可视化"报告中显示流失（drop-off）百分比非常重要，你可以创建一个精细的并且硬过滤视图（hard-filtered view），如第 9 章所述，以确保每个视图里的报告，包括"渠道可视化"，都只反映过滤后会话的子集。

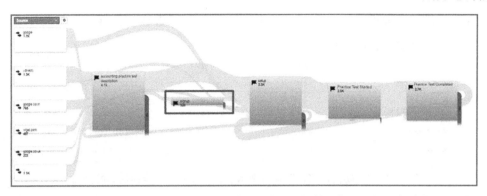

图 8.10 "目标流"报告提供了一些优于"渠道可视化"的优势，但是理解起来需要更多的解释

9. 目标流

"目标流"报告填充了未配置渠道（funnel）的那些目标，如果目标包含渠道（funnel），那么"目标流"也可以作为"渠道可视化"报告的有益补充。这体现在如下几个方面：

1）细分：不同于"渠道可视化"报告，在"目标流"里面可以实行细分。

2）没有回填：回填问题完全不影响"目标流"。（渠道（funnel）设置中"第一步是否必需"，不适用于"目标流"。）

3）详细程度：对于"目标流"，你既可以对它做集合性的分析，也可以做更细粒度的细节分析，这能帮助你呈现出略过渠道（funnel）中某些步骤，或是查看回滚到渠道（funnel）前面步骤的情况。

讨论完优点，"目标流"有没有什么不足之处？总体来讲，"目标流"需要更多的互动数据和分析，如图 8.10 所示。"目标流"数据非常值得你自己分析学习，但是对普通用户来说，"渠道可视化"更加容易理解。

> **笔记 | "渠道可视化"与放弃：简单、可视化并且情感化**
>
> 虽然"渠道可视化"并不完美，但它可以有力并直白地展示访客是否正在完成目标，或者放弃并离开。为了理解为何用户在某个特定步骤放弃完成目标，我们有时需要争取更多的资源或进行可用性测试。"渠道可视化"报告可以用数据和图表帮助你与其他人进行沟通。
>
> 我们每个人都发自内心认真对待"放弃率"，并且每个公司都要把这个负面指标尽量最小化。
>
> 作为分析师，你可以钻研末端的细节，但请首先把分析结果（和转化问题）清晰而有力地传达给相关决策者。

10. 反向目标路径（Path）

"反向目标路径"报告（见图 8.11）展示了促使目标完成最多次数的 3 个网页浏览或屏幕浏览。你可能会问：若我有这份报告的话，为什么还需要"渠道可视化"（或"目标流"）呢？请注意，"反向目标路径"只表明最受欢迎的那些路径，而且并不展示用户在哪一步离开（并且只回溯 3 页）。如果之前已经定义好了目标，但却没有设置渠道（funnel）的话，那么"反向目标路径"可以为如何设置渠道（funnel）提供最佳的方案：为报告中所列的最热门的路径设置一个渠道（funnel），在"渠道可视化"报告和"目标流"报告中查看流失（drop-off），并且开始着手优化目标完成。

Goal Completion Location ?	Goal Previous Step - 1 ?	Goal Previous Step - 2 ?	Goal Previous Step - 3 ?	Practice Test Completed (Goal 1 Completions)
1	2		3 4	
1. /completed.aspx	/started.aspx	/setup.aspx	/descriiption.aspx	214 (9.98%)
2. /completed.aspx	/started.aspx	/setup.aspx	/signup.aspx	142 (8.61%)
3. /completed.aspx	/started.aspx	/setup.aspx	/accreditation.aspx	95 (4.42%)

图 8.11 "反向目标路径"报告展示了访客如何一步步到达你的页面

1—目标完成地　2—目标上一步　3—实践测试结束　4—目标 1 完成

笔记｜　我知道用户在哪个环节流失，之后怎么办呢？

一旦你了解了用户在渠道（funnel）的哪一步流失，你马上就可以开始检查这个页面了。同时也可以开始实行面对面或者在线的可用性测试。可用性测试可以作为定性分析，帮助了解为何用户在这特定的某一步放弃沿着渠道（funnel）完成目标。如果有明显的问题，比如下拉菜单被屏幕切断，那么马上就要开始解决。如果原因不明，可针对该目标测试渠道（funnel）中的一个或多个变量，基于已有的观察开始建模。

定性分析和测试的工具和方法参见附录 A。

嘉宾观点　**修复网页分析中最大的盲点：电话**

欧弗·夏皮罗（Irv Shapiro）是 DialogTech 的 CEO。

让我们谈谈电话。在今天这个数字化的世界里，电话对于市场营销和销售的重要性是史无前例的。现在电话已经是产生高质量潜在用户、完成销售的最有效渠道（channel）。

根据 BIA/Kelsey 的调查，在美国仅仅 2014 年一年，来自搜索、社交和展示广告的电话就超过了 76 亿次；2016 年，这一数字达到了 1 620 亿。智能手机的繁荣和移动广告的持续增长，也对销售电话激增起到了推波助澜的作用。Google 于 2013 年做的一项研究表明，70% 的用户在移动设备得到搜索结果后会直接拨打商家电话。这其实是合理的：轻点一下可拨打电话的链接，要比在小小的手机屏幕上填写网页表单容易多了。

这个研究还发现，61% 的用户认为商家提供的电话链接十分有用；33% 的用户表示不会使用也不会推荐不提供电话的商家给他人。消费者将电话号码当作商家值得信赖的标志。

呼入电话的数量持续增加。根据 BIA/Kelsey 的调研，66% 的商家把打来的电话作为优质的销售线索。这是完全可以理解的，因为呼入电话带来的实际转化比普通的网页销售线索高 10~15 倍。这就是营销人员为了这些呼入电话每年要花超过 680 亿美元的原因：电话意味着业绩。

对于营销人员来说，电话的复兴绝对是个好消息，电话可以为他们的销售团队带来高质量的销售线索。但如果你在用 GA 跟踪电话的互动，这也是跟踪过程中的一个难点。

下面我们来加以解释。

1. "求助！GA 中看不到电话数据！"

多年以来，营销人员都用 GA 来了解他们网站上的活动情况。2013 年，Google 升级了它们的分析平台——发布了 Universal Analytics；这一发布让企业不仅可以看到网站活动，还可以研究线下互动、移动 App 流量，还有更广泛的自定义维度和指标；并且这一切都可以在同一个界面中查看。

同时查看线上、线下数据可以带来惊人的发现，帮助你了解线上、移动和线下营销渠道（channel）分别如何带来销售线索；也可以展示用户在购买过程中的路径。但只有当你能够将线下数据收集并传输给 GA 时，问题才开始显现。GA 不能自己开始收集来电数据，并且如果没有把来电数据收集到市场分析中，你就很可能错失来电这一潜在的最大业务机会、高质量销售线索和收入。

怎么办呢？有一种叫作呼叫跟踪的技术可以有效地解决这个问题。它首先收集网站和市场营销活动带来的来电数据，然后将数据传递给 GA；这样就可以消除网站分析和转化优化的盲点。利用第 17 章中讨论的 GA 测量协议，呼叫跟踪可以把发生在你网站上的呼叫数据录入 GA；甚至连那些不一定访问过你网站的用户来电都可以跟踪到。

2. 呼叫跟踪（Call Tracking）是什么？

呼叫跟踪是一种销售线索归因和市场分析技术。市场营销人员用这种技术反向跟踪呼入电话的源头网站，然后跟随这些线索直到它们转化成收入。

呼叫跟踪让营销人员了解哪些营销来源产生了电话呼叫和收入，哪些没有——包括由线上、线下、移动广告、广告系列、关键字搜索、内容页面，电子邮件和社交媒体网站带来的电话。然后就可以利用这些数据做出更明智的决策，来决定在哪里／如何打广告、创造何种内容、传递什么样的信息以产生共鸣，以及重点使用哪些 SEO 关键字等。此外，营销人员还可以使用该数据向上级（也可以是客户）汇报工作，来展示他们如何推动销售线索和增加业绩。

3. 呼叫跟踪如何工作？

呼叫跟踪技术会给你一个简洁、可跟踪的电话号码（本地电话、免费电话或者专属号），然后只需要将这个电话植入你的营销材料中即可。当有人拨打这些电话时，呼叫跟踪会准确地知道呼叫来源并且将销售线索告知源数据。如果这条线索成了潜在的销售机会或者客户，你就可以将这些事件和业绩归结到原始来源中；这样你可以了解并且证明营销如何影响了销售线索的产生，以及实际的销售业绩。

对于线下广告（比如印刷广告、直邮活动、电视或电台、广告牌，以及贸易展会材料等），内容营销（电子书、网络营销会、小册子和视频）或邮件营销，呼叫跟踪其实是比较基本的概念。你只需要：

1）将从呼叫跟踪软件获得的可跟踪电话号码插入你的营销材料。

2）把软件中的这些数字归因到它们各自的来源。

3）告诉软件如何为电话串联各自的渠道（route the call）（后面会讲到更多的选择），然后你的工作就结束了。你仍然可以收到所有的电话，并且用户不会知道电话号码的区别。但你能够将每个回呼与发起它的特定源相关联。

4）用呼叫跟踪软件为每个呼叫源生成报告。

如果使用 Google 的附加电话信息（会有一个 "Call" 的按钮出现在你的付费搜索广告上），你也可以把电话添加到广告里，把额外的电话归因到生成这些呼叫的关键字搜索上去。设置呼叫跟踪可以是一个手动的、一对一的流程，也可以使用呼叫跟踪服务商（比如 DialogTech）的全程自动化配置来节省时间。

4. DNI：动态号码插入（Dynamic Number Insertion）

对于线上或者移动设备（像搜索、社交或展示广告这类用户在打电话之前会看到的网页），呼叫跟踪的工作原理略有不同，它们使用的是一种叫动态号码插入的技术（DNI）。根据访客特定的引荐来源（网站、关键字搜索等），DNI 会自动在你的网页上显示唯一的来电跟踪电话号码。访客从头到尾只会看到这个电话号码。当他们拨打你的电话时，呼叫跟踪软件会把事件或自定义参数填入到 GA 中，这样就可以把来电和引荐来源正确地连接起来。如果访问者来自任何付费搜索营销，或是来自搜索引擎的自然搜索结果，那么这个带来用户的特定关键字也是一种引荐来源。

简单总结一下 DNI 的工作原理：

1）首先你需要在网站上列出一个电话，以便人们拨打。

2）然后把呼叫跟踪软件生成的 JavaScript 代码添加至网页，以便通过 HTML 中的电话号码进行动态插入。JavaScript 代码有时可以通过代码（tag）管理器（如 GTM、Ensighten 或 Tealium）与一些呼叫跟踪提供商（如 DialogTech）一同植入页面。

3）然后代码会自动显示你为每个渠道预设的电话，为每个来源的用户生成不同的号码（如 Google 或 Bing 关键字搜索、每次点击付费（PPC）广告、横幅广告、引荐网站、社交媒体发帖等）。

4）当用户拨打了电话，这个电话销售线索就被归因至呼叫跟踪报告中正确的引荐来源，包括精确的关键字搜索。

5）过了一段时间，呼叫跟踪软件会把该号码返回到你的电话列表，这样其他用户就可以继续拨打这个号码。这样你就可以不必花钱购买上千个不重复的电话号码，并让关键字级别的呼叫跟踪既有效、又廉价；甚至对于有上百个客户的大型企业和营销机构，也可以同样受益。

5. 将呼叫跟踪整合至 GA

即使不是所有呼叫跟踪技术与 GA 打通，仍有少数几个（比如 DialogTech）使你能够将关键手机数据添加到 Google 的营销分析。通过将呼叫跟踪数据与 GA 合并，你可以查看并分析呼叫数据以及 Web 流量数据，以便更好地了解 Web 访问者和呼叫者如何找到你的业务，并更好地衡量广告系列投资的 ROI。

GA 用户不仅可以查看丰富的、与营销内容紧密相关的呼叫数据，还能为你提供线上和线下营销分析，从 GA 报告中，你可以得到如下洞察：

1）哪些渠道（channel）、广告、搜索关键字和市场营销为你的生意带来了网站访问和电话呼入。

2）访客在呼入前后查看了哪些网页或视频。

3）访客在呼入前后下载了哪些内容或购买了哪些产品。

4）用户从哪里呼入。

图 8.12 展示了一个 GA "价格"（Pricing）报告。它展示了特定时间段中该页面的所有流量，以及用户在浏览完页面后的操作。

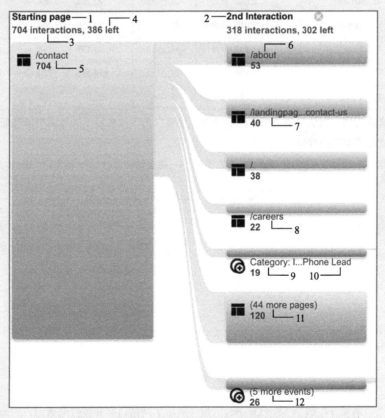

图 8.12　只要在 GA 中呼叫被定义为时间，"行为流"报告可以展示用户拨打电话前后查看的页面（以及其他定义的事件）

1—开始页　2—第二次互动　3—互动　4—离开　5—联系我们　6—关于我们　7—着陆页 ... 联系我们　8—职业发展
9—类别　10—电话线索　11—更多页面　12—更多事件

6. 带有呼叫跟踪数据的 GA 自定义报告

如上所述，DNI 一般通过产生事件匹配或者自定义指标（如 DialogTech 的例子）来整合到 GA。图 8.13 和图 8.14 是两个自定义报告，展示了按照流量来源和美国各州细分的呼叫指标。

第一个报告将呼叫作为指标，并与网站的访问指标列在一起，并基于为网站带来访问和呼叫的渠道（channel）进行细分。哪些渠道（channel）带来最多的互动一目了然。

Default Channel Grouping	Sessions	DialogTech Calls	% New Sessions	New Users
	92,169 % of Total: 100.00% (92,169)	5,711 % of Total: 100.00% (5,711)	60.26% Avg for View: 60.26% (0.00%)	55,538 % of Total: 100.00% (55,538)
1. Direct	32,975 (35.78%)	3,570 (62.51%)	51.65%	17,033 (30.67%)
2. Display	27,971 (30.35%)	105 (1.84%)	66.64%	18,639 (33.56%)
3. Organic Search	23,582 (25.59%)	443 (7.76%)	58.10%	13,702 (24.67%)
4. Referral	3,885 (4.22%)	95 (1.66%)	72.28%	2,808 (5.06%)
5. Paid Search	2,640 (2.86%)	722 (12.64%)	71.82%	1,896 (3.41%)
6. Social	995 (1.08%)	14 (0.25%)	69.15%	688 (1.24%)
7. (Other)	108 (0.12%)	724 (12.68%)	670.37%	724 (1.30%)
8. Email	13 (0.01%)	38 (0.67%)	369.23%	48 (0.09%)

图 8.13　自定义报告用 "默认渠道分组" 展示呼叫；你可以为呼叫按照不同搜索引擎和新/老用户等细分方式创建类似的报告

1—默认渠道分组　2—会话　3—来自 DialogTech 的呼叫　4—新会话百分比　5—新用户　6—占总数的百分比　7—平均浏览次数

Region	Campaign	Sessions	DialogTech Calls	% New Sessions	New Users
		3,255 % of Total: 3.53% (92,169)	774 % of Total: 13.55% (5,711)	59.82% Avg for View: 60.26% (-0.73%)	1,947 % of Total: 3.51% (55,538)
1. California	brand	280 (8.60%)	4 (0.52%)	37.50%	105 (5.39%)
2. Texas	brand	257 (7.90%)	2 (0.26%)	28.02%	72 (3.70%)
3. Illinois	brand	240 (7.37%)	42 (5.43%)	51.67%	124 (6.37%)
4. Florida	brand	182 (5.59%)	3 (0.39%)	37.36%	68 (3.49%)
5. North Carolina	brand	167 (5.13%)	1 (0.13%)	19.76%	33 (1.69%)
6. New York	brand	152 (4.67%)	2 (0.26%)	32.89%	50 (2.57%)

图 8.14　自定义 "地理分布图"（Map Overlay）报告展示了网站访客和拨打电话用户的地理位置。这个报告对于衡量本地营销成功与否是非常有价值的。了解哪些地理位置带来呼叫可以帮助你将预算在正确的地区分配给正确的项目

1—地区　2—广告系列　3—会话　4—来自 DialogTech 的呼叫　5—新会话百分比　6—新用户　7—占总数的百分比　8—平均浏览次数

7. 评估呼叫跟踪技术时，应当考虑哪些因素？

并非所有呼叫跟踪技术都完全相同。在选择合适的呼叫跟踪服务商时，可以考虑询问以下问题：

1）你的呼叫跟踪号码足够"干净"吗？ 很多呼叫跟踪服务商都出售"不干净"的号码——这些号码曾经被以前的广告活动或者商家使用过。如果你用了这些"不干净"的号码来跟踪营销活动，就会破坏那些传输到 GA 的数据的有效性。直接问服务商他们的电话号码是不是"干净"的。他们有没有把这些号码严格"清洗"干净后再卖给你？如果有，问问他们是如何"清洗"的。

2）你的呼叫跟踪软件能够把呼叫带到正确的呼叫中心、商店、经销商或代理吗？ 看到营销活动产生了大量呼入电话是件值得兴奋的事情，但作为营销人员，你最需要做的是将这些呼叫转化成销售机会和业绩。这意味着你需要保证呼入的电话被传输到正确的呼叫中心、商店、经销商或者代理，再由他们进行下一步转化。只有少数几个呼叫跟踪服务商提供智能呼叫路由选项（call routing option），所以一定要问清他们提供的服务。

3）使用过程中有没有适当的支持和服务？ 在评估服务商的过程中，一定要问清他们提供何种支持和服务，价格多少，以及是否在需要的时候打电话给他们以得到支持。当与这些公司合作时，将软件正确安装才能实现其价值最大化，尤其是跟踪数字广告系列来源时，例如 Adwords 广告，它们有时会比较复杂并且需要专业知识来配置。一家具有 Google 认证呼叫跟踪专员并且提供人工电话服务的供应商，能让你的业绩从呼叫跟踪中获益匪浅。

4）对服务提供商的其他问题如下：

① 可以在关键字级别跟踪来自 Google 电话附加链接的来电吗？

② 我可否在拥有多个商家地址的页面上加载多个呼叫跟踪号码？

③ 你们是否提供"显示信息"（"whisper" messages），让经销商在接起拨入的电话前了解用户获取电话号码的来源？

8. 呼叫跟踪与 GA：投资回报率（ROI）的最佳拍档

对于市场营销人员来说，GA 是他们宝贵的资源。同时查看线上、线下数据可以真正让你了解广告系列是如何带来用户互动的；前提是你必须可以收集并回传线下呼叫数据给 GA。只要选择了合适的呼叫跟踪解决方案，你就可以享受 GA 中拥有完整、准确呼叫数据带来的好处了。呼叫跟踪与 GA 在 ROI 分析中，是一对最佳拍档。

8.2 电子商务跟踪

目标跟踪虽然非常实用，但是在跟踪涵盖不同产品、数量及价格的电子商务交易时却并不完全理想。要记录这些类型的交易细节，电子商务跟踪提供了所需要的灵活性。

我们会讨论两种电子商务跟踪：基本电子商务和增强型电子商务（Enhanced Ecommerce）。你可能不会感到意外——增强型电子商务比基本电子商务需要更多的设置，但是它们与目标跟踪都有根本的不同：目标跟踪需要你直接在管理视图（view admin）中配置目标，并且基于已经被捕捉为网页浏览或事件的点击；而两种电子商务跟踪则通常需要你与开发者一同将更多的数据，尤其是关于电子商务交易的数据推送到 GA 中。

需要注意的是，虽然 GTM 对于需要代码级别修改的事件跟踪是有利的，但是 GTM 通常无法自动执行电子商务跟踪，也不能避免所有代码级别的修改——因为在多数的执行中，你还是需要将有关电子商务的变量从后端填充至下面将要讨论的数据层。

8.2.1　配置基本电子商务跟踪

配置基本电子商务跟踪需要以下 3 个步骤：

步骤 1：与开发者一起将电子商务交易和产品变量填充至数据层，通常填充到购买确认页。

步骤 2：在 GTM 中，创建一个 GA 交易代码（tag）和一个与之相对应的触发机制。

步骤 3：在一个或多个视图中开启电子商务跟踪。

上面的每一个步骤均如下所述。

1. 将电子商务变量填充至数据层

在电子商务配置中，该步骤需要最多的操作。你需要与开发者一同协作，将交易的特定后端数据以及一个或多个产品一起填充至交易确认页面。

对于交易数据，你可以使用以下 5 个变量：

1）transactionId（必要）（该变量为交易 ID）。

2）transactionTotal（必要）（该变量为交易总金额）。

3）transactionProducts（非必要，但通常会使用）（该变量为交易的产品）。

4）transactionShipping（非必要）（该变量为交易运输方式）。

5）transactionTax（非必要）（该变量为交易税）。

如上所述，transactionProducts 不是必要的，但通常都会填充到数据层。与其他需要单一值的变量不同，transactionProducts 需要包含以下变量的一个或多个产品：

1）name（产品名，必要）。

2）sku（必要）。

3）price（价格，必要）。

4）quantity（数量，必要）。

5）category（产品类别，非必要）。

你可以按照代码 8.1 填充数据层。请注意，代码展示了服务器编码的输出；你可以与开发者一起把电子商务值从后端拉出，并格式化。

代码 8.1 用电子商务变量填充数据层

```
dataLayer = window.dataLayer
|| []; // 这是数据层初始化
dataLayer.push({
    'transactionId': '12345678',
    'transactionAffiliation': 'Natural Hair Care',
    'transactionTotal': 43.24,
    'transactionTax': 3.29,
    'transactionShipping': 7.98,
    'transactionProducts': [{
        'sku': '486GOU',
        'name': 'Aloe Wash',
        'category': 'Soap',
        'price': 11.99,
        'quantity': 1
    },{
        'sku': '574PRV',
        'name': 'Coconut Shell Scalp Scrub',
        'category': 'Shampoo',
        'price': 9.99,
        'quantity': 2
    }]
});
```

笔记| 将电子商务跟踪用于详细、未变现的转化

有些对于目标跟踪来说太过细节，并且未变现的转化，你也可以借用 GA 电子商务（甚至增强型电子商务）功能跟踪。一个美国的政府机构使用 GA 电子商务来跟踪出版物订购，使用例如名称、数量和类别的产品变量，并使用当前价格作为价格变量。

2. 在 GTM 中创建交易代码（tag）

在第 4 章中，我们讨论了匹配的概念——一种被传输到 GA 的维度值。我们已经讨论过最基本的匹配形式如网页浏览和事件，在第 6 章中也论了社交匹配。现在我们将要讨论 GA 中的另一种匹配（hit）：电子商务交易。

在 GTM 中创建交易有如下步骤：

步骤 1：创建一个 GA 代码（tag）。

步骤 2：将跟踪 ID 与我们所使用的网页浏览和事件设置为同样的值（理想情况下，使用图 5.5 中创建的 GA 跟踪 ID 变量）。

步骤 3：如图 8.15 所示，将跟踪类型设置为交易（Transaction）。

不必创建 GTM 数据层变量：跟踪类型设置为"交易"的 GA 代码（tag）会自动读取你填充至数据层的电子商务变量。

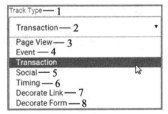

图 8.15 将跟踪类型设置为"交易"，GA 代码（tag）就可以自动读取你填充到数据层的电子商务变量

1—跟踪类型 2—交易 3—网页浏览 4—事件 5—社交 6—计时 7—装饰链接 8—装饰表单

（1）开启交易代码（tag）前，先填充数据层

请将如代码 8.1 所示的电子商务变量填充至数据层。当 GA 交易代码（Transaction tag）触发时，我们可以选择下面两个选项任意一个：

1）在 GTM 容器代码出现在页面之前，先把数据层用电子商务变量填充好；在这种情况下，你应该将一个基本页面视图（Page View）触发器放在交易代码上，例如 {{Page Path}} equals /receipt。

2）在 GA 交易代码上安装一个 DOM Ready 触发器（之前在第 5 章讨论过），这样当代码在数据层寻找电子商务变量的过程中，该页面就会被完全解析。例如 Page View- DOM Ready – {{Page Path}} equals /receipt 就是一个触发器。

（2）再次使用现有的电子商务变量

如果你需要的 GA 电子商务跟踪变量已经在页面上以其他的名称出现，或者如果你的环境阻止了数据层对象（dataLayer object），你可以使用带有自定义 JavaScript 变量的增强型电子商务购买行为（而不是使用 GA 交易代码）。请参考 8.2.4 小节的"1. 从你的对象变量中读取增强型电子商务数据"一文。

3. 开启电子商务设置

作为电子商务配置的最后（也是最容易）的一步，如果你做好了前面的两步，在电子商务设置中，为你的媒体资源中的一个或者多个数据视图将选项切换至"开启电子商务"（Enable Ecommerce）。

> **笔记 | "我现在还不能设置电子商务跟踪"**
>
> 如果你无法立刻安装电子商务跟踪（因为当前没有开发支持或其他原因），请保证至少为你的电子商务交易配置一个目标，并且预估平均目标价值。虽然跟踪各式交易更好的选择是电子商务，目标跟踪也是非常有价值的备选方案。

8.2.2　电子商务报告

上面那些你在电子商务跟踪中填充的变量，在几个 GA 内置电子商务报告中成为了报告维度和指标。如图 8.16 所示，电子商务概览报告的某些指标需要进一步的解释。

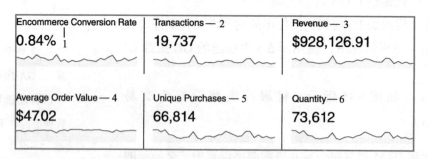

图 8.16　电子商务概览报告中的指标

1—电子商务转化率　2—交易　3—收入　4—平均订单价值　5—唯一身份购买次数　6—数量

如果你去浏览一个关于登山的网站，这个网站开启了 GA 电子商务，并且你购买了一双登山鞋、两双同样的登山袜；"交易"（Transaction）会增加 1，"唯一身份购买次数"（Unique Purchases）增加 2（两款产品在交易中被购买了至少一次），"数量"（Quantity）会增加 3（交易中总共包含 3 个产品）。

与目标转化相似的是，一个用户只会在特定会话中完成一次电子商务转化。也就是说，只有当会话中产生至少一个电子商务交易时，我们才可以计算电子商务转化率。相同会话产生的额外交易将不会增加电子商务转化率，但会增加其他电子商务指标 [如收入（Revenue）]。因此，GA 在一个会话中仅识别一次目标或电子商务转化，但会记录多个电子商务交易。

然而在同一个会话中产生并带有相同交易 ID 的交易，是不会被记录两次的；因此要想记录同一会话产生的额外交易，你必须确保使用不同的交易 ID。

在"产品业绩"（Product Performance）报告中，你可以切换主要维度来查看产品、产品 SKU 或者产品类别的各项指标。"销售业绩"（Sales Performance）和"交易"（Transaction）报告将指标分解至交易日期和交易 ID。

"购买前所耗时间"（Ecommerce Time to Purchase）报告展示了最后一次非直接会话到购买的时间间隔。为了进一步回溯，请参看图 8.41 所示的"转化耗时"（Time Lag）报告。

术语 | 关于"价值"和"收入"的术语

GA 会展示几种与目标价值和电子商务收入相关的指标：

1）**目标价值。**每个目标的静态货币价值，在目标配置中可以选择性地指定。报告中"目标价值"对应的是一个视图中的所有目标，"目标 1 价值"对应的是该特定目标。

2）**收入。**电子商务交易的货币价值。

3）**产品收入。**收入中不包含税及运输成本的部分。

4）**每次会话价值。**平均每次会话产生的收入，在 GA 中没有直接写成每次会话收入。

5）**平均订单价值。**每个电子商务交易的平均价值。

6）**每次会话目标价值。**每次会话的平均目标价值（视图中的所有目标）。

7）**页面价值。**如下面的讨论，某个页面在被浏览至少一次以后产生的总收入和目标价值，除以该页面的唯一身份网页浏览量。

在 Adwords 报告中还有其他一些与价值相关的术语，在第 7 章中有所讨论。

8.2.3 增强型电子商务

虽然基本的电子商务跟踪提供比目标跟踪更多的细节，但它只能被用来衡量交易本身。电子商务交易中的几个必要步骤它都无法跟踪，从本质上来讲，就是无法跟踪电子商务渠道（funnel）。

在 GA 中，你可以植入 GA 增强型电子商务跟踪来填充电子商务报告和各项指标；在检查相应的代码前，让我们先看看报告和各项指标。

1）购物行为（Shopping Behavior）：展示了由 5 个层级组成的、从会话开始直到购买的渠道（funnel）（见图 8.17）。

2）结账行为（Checkout Behavior）：最多展示 8 个渠道（funnel）步骤，与结账流程相呼应（见图 8.18）。

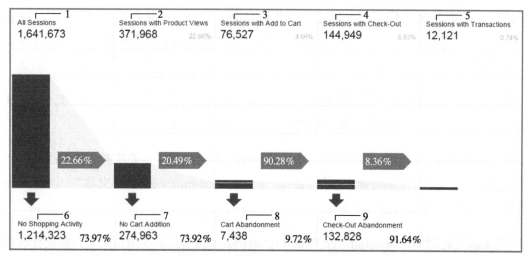

图 8.17　"购物行为"报告展示了从入站到交易过程中的进展和流失

1—全部会话　2—带有产品浏览的会话　3—带有添加至购物车的会话　4—带有结账的会话　5—带有交易的会话　6—无购物行为　7—未添加至购物车　8—放弃购物车　9—放弃结账

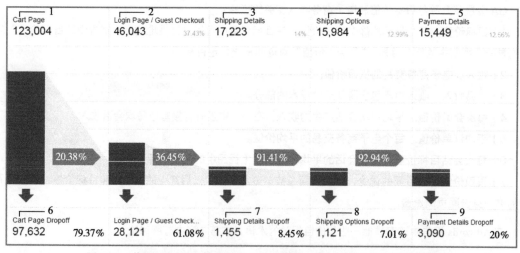

图 8.18　你可以配置"结账行为"报告来展示用户结账时的特定步骤

1—购物车页面　2—登录页/客户结账页　3—邮寄详情　4—邮寄选项　5—付款详情　6—离开购物车页面　7—离开运输详情页　8—离开运输选项页　9—离开付款详情页

3）产品效果（Product Performance）：增强型电子商务将"查看详情后添加到购物车"（Cart-to-Detail Rate）和"查看详情后购买"（Buy-to-Detail Rate）两个指标加入了该报告；这样就可以显示用户浏览商品详情页后的行为（见图 8.19）。

Product		Shopping Behavior — 2	
		Cart-to-Detail Rate 3	Buy-to-Detail Rate 4
1	1	2.22% 5—Avg for View: 2.22% (0.00%)	0.91% Avg for View: <0.91% (0.00%)
1.	Sony Xperia Z3+ (Dual), 4G LTE, 32 GB, Black	6.87%	1.46%
2.	Samsung Galaxy S6 Edge, 4G LTE, 64 GB, White	2.00%	0.36%
3.	Apple iPhone 6 Plus, 4G LTE, 64 GB, Gold	0.01%	0.04%

图 8.19 使用了增强型电子商务,"产品效果"报告可以展示"查看详情后添加到购物车"和"查看详情后购买"这两个指标

1—产品 2—购物行为 3—查看详情后添加到购物车 4—查看详情后购买 5—平均浏览次数

4)**产品列表效果**(Product List Performance):该报告展示了产品、产品列表和产品列表位置从曝光到产生收入的表现(见图 8.20)。

Product List Name 1	Product List Views 2	Product List Clicks 3	Product List CTR 4	Product Adds To Cart 5	Product Checkouts 6	Unique Purchases 7	Product Revenue 8
	31,870,969 % of Total: 100.00% (31,870,969) 9	677,173 % of Total: 100.00% (677,173)	2.12% 10—Avg for View: 2.12% (0.00%)	931 % of Total: 100.00% (931)	1,068 % of Total: 100.00% (1,068)	226 % of Total: 100.00% (226)	$310.897 % of Total ($310.897)
1. Phones	12,696,372 (39.84%)	180,636 (26.68%)	1.42%	764 (82.06%)	799 (74.81%)	119 (52.65%)	$109,373
2. Cases	4,850,497 (15.22%)	98,874 (14.60%)	2.04%	102 (13.35%)	110 (10 30%)	41 (18.14%)	$10,390
3. Headsets	2,348,651 (7.37%)	44,409 (6.56%)	1.89%	51 (5.48%)	60 (5.61%)	29 (12.83%)	$9,443

图 8.20 "产品列表效果"报告展示了浏览、点击、购买和其他维度,并且可以根据你在增强型电子商务代码中提供的列表参数分别展示

1—产品列表名称 2—产品列表浏览 3—产品列表点击 4—产品列表点击率 5—产品添加至购物车 6—产品结账 7—唯一身份购买次数 8—产品收入 9—占总数的百分比 10—平均浏览次数

5)**内部推广**(Internal Promotion):内部推广活动(如横幅广告)产生的点击、浏览,以及后续点击带来的效果(见图 8.21)。

6)**订单优惠券**(Order Coupon)、**产品优惠券**(Product Coupon):结账时,从订单优惠券产生的交易(如订单立减 20%)和产品优惠产生的交易(如单件商品优惠 20%)。

7)**联署营销代码**(Affiliate Code):来自联署营销项目点击的收入、交易和平均订单价值。

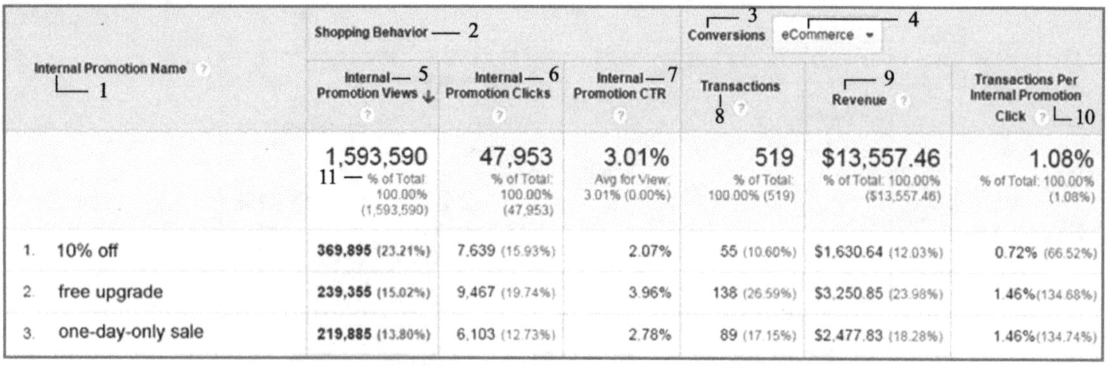

图 8.21　"内部推广"报告展示了内部推广（横幅广告和文字链）的点击和购买

1—内部推广名称　2—购物行为　3—转化　4—电子商务　5—内部推广浏览　6—内部推广点击　7—内部推广点击率　8—交易　9—收入　10—每次内部推广点击交易　11—占总数的百分比

8.2.4　安装增强型电子商务跟踪

增强型电子商务的安装与基本电子商务类似：用后端数据填充数据层，GTM 中的 GA 代码（tag）会读取该后端数据并记录。如果你当前正在跟踪基本电子商务，你可以迁移至增强型电子商务，并且不会丢失已经收集的电子商务数据。

我们接下来会看到，在安装增强型电子商务时，不需要使用跟踪类型设置成"交易"的 GA 代码（tag）。相反，增强型电子商务的变量是在你为网页浏览（Page View）或者事件代码（Event tag）打开了增强型电子商务功能之后，从数据层读取来的。

如前面章节所述，基本电子商务的安装要比目标配置复杂，因为它通常都需要开发者用额外的后端数据填充 GTM 数据层。增强型电子商务比基本电子商务要复杂得多，并且毫无疑问是代码级 GA 安装中最具挑战性的部分。

为了让这个话题更简单易懂，我们将同时复习宏观的框架和具体的代码案例。作为参考，我们会使用位于 https://ga-dev-tools.appspot.com/enhanced-ecommerce/ 的 GA 增强型电子商务的演示程序（demo），这是一个非常有用而且很有互动性的演示程序。请直接进入演示程序，因为我们会通过实例进行演示。

此外，也请参考 GTM 的 *Enhanced Ecommerce (UA) Developer Guide*（增强型电子商务（UA）开发者指南）获取关于增强型电子商务数据目标数据的额外信息。网页地址：https://developers.google.com/tag-manager/enhanced-ecommerce。

1. 在增强型电子商务中，跟踪何种数据？

从安装的角度出发，我们可以将增强型电子商务用作下面 4 种情形的跟踪：

1）**产品展示（Product Impressions）**：用户在进入某个产品详情页之前看到的产品列表（如果用户点击并到达了产品页面，你就会捕捉到除了产品展示以外的产品点击和产品详情相应的操作，如下所述）。通常来说你会一次性记录几个产品展示（一个页面所展示的所有产品）。

2）**产品操作（Product Actions）**：对于那些用户可以在一个或多个产品上执行的操作，你可以指定以下元素：

① **操作（Action）**——用户执行或经历的特定操作。操作包含：

■ 点击。

■ 详情。

■ 添加（到购物车）。

■ 移除（从购物车）。

结账

■ 结账选项（下面会讨论）。

■ 购买。

■ 退款。

② **操作字段（ActionField）**——可以被用在某些类型操作中的额外数据，例如结账操作的步骤，或者购物操作中的税和运费。

③ **产品（Products）**——操作行为对应的一个或多个产品。因此一般将"添加到购物车"应用到单个产品上，然后将"结账"应用到购物车中的产品中。

④ **货币代码（Currency Code）**——非必需的部分，为电子商务指定需要转换成的币种来匹配你 GA 视图中的币种设置；如果你有多币种交易，货币代码是非常实用的。

3）**推广展示（Promotion Impressions）**：你可以捕捉曝光到用户的推广展示次数。

4）**推广点击（Promotion Clicks）**：你还可以捕捉推广展示产生的点击。

下面的部分详细介绍了这些事件的跟踪。请记住不必一次性将所有内容都植入到增强型电子商务。比如，可以只跟踪产品详情、添加到购物车和购买，然后加上展示、推广和结账步骤。因此我们建议从一开始就添加跟踪，为你的电子商务分析提供可操作的数据。

笔记 | 货币转换

如上面所提到的，如果在增强型电子商务中指定货币代码，GA 会基于汇率将货币转换至你 GA 视图中的币种。

虽然我们可以避免自己做汇率转换，但是布莱恩·克利夫顿在 *A Flawed Feature—The New Multi-Currency Support in Google Analytics*（一个有缺陷的功能——GA 中的新的多币种支持）一文中提到，你可以考虑创建一个静态的转化率，这样你的电子商务收入就不会受到汇率变动的影响了。查看完整讨论请到博客：

```
https://brianclifton.com/blog/2013/02/15/multi-currencysupport-in-google-
analytics-a-flawed-feature/
```

---

2. 增强型电子商务的网页浏览或事件代码（tag）

如图 8.15 所示，我们把 GA 代码中基本电子商务跟踪的跟踪类型设置成"交易"；对于基本电子商务，交易代码（tag）会从数据层中读取电子商务数据，并发送给 GA。如前面提到的，你需要使用带有"跟踪类型"的 GA 代码（tag），并且把代码（tag）设置成"网页浏览"（Page View）（或者 App 跟踪中用到的 App View）或者"事件"来传输增强型电子商务数据。

你会选择哪种呢？网页浏览还是事件？在绝大多数情况下，这取决于用户是否执行了特定步骤，或者用户是否刚好看到网页（或屏幕）带有产品或者推广的部分。

（1）使用 PageView 代码（tag）跟踪的情形

你通常会用到网页浏览（PageView）代码（tag）跟踪产品和推广曝光，也会在网页浏览代码（tag）中跟踪有关产品"细节"的操作；此外还可以用网页浏览代码（tag）跟踪产品是否被添加到购物车、从购物车移除、结账和购买，即使这些行为发生在不同的页面。

图 8.22 展示了开启 Page View（网页浏览）代码（tag）后，从数据层读取增强型电子商务变量的例子。

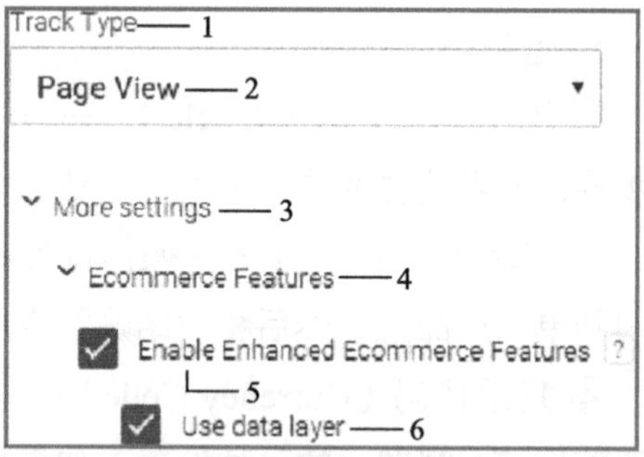

（2）使用事件代码（tag）跟踪的情形

如果前面提到的任何操作发生在原始页面，并且没有新的网页开始加载——通常发生在基于 AJAX 结账的情况下，如图 6.26 所示——那么你就可以使用事件跟踪。

有些产品或推广展示没有直接发生在网页上，而是由用户进行了额外的操作才进行了展示，比如下拉页面。对于这些展示，你就可以使用事件代码（tag）而不是网页浏览（PageView）代码（tag）。

图 8.22　如图，你可以开启 Page View（网页浏览）代码或者事件代码从数据层读取增强型电子商务变量

1—跟踪类型　2—网页浏览　3—更多设置　4—电子商务功能　5—开启增强型电子商务功能　6—使用数据层

一般来说，你可以使用事件代码（tag）跟踪不与网页浏览重合的产品操作，以及推广点击。

3. 产品和推广展示

使用 GA 的电子商务演示程序（demo）时，你可以点击图标查看网页浏览上执行的代码，或者点击并用增强型电子商务填充数据层，如图 8.23 所示。

在代码 8.2 中，我们看到了多个产品展示（为了简明扼要，我们在代码中只列出 2 个产品展示），还有一个推送到数据层的 Back To School（返校）的推广展示。由于页面一旦加载，并且在用户没有进行任何互动操作的情况下，这些产品、推广就会发生展示。这时可以在 GTM 中开启 GA 网页浏览代码（tag），从数据层读取这些增强型电子商务数据。你应该在代码 8.2 中将代码放在 GTM 容器之前 [或将网页浏览代码（PageView tag）设置为在 DOM Ready 上触发，而不是在默认页面加载时触发]。

图 8.23　如此图所示，你可以开启网页浏览（Page View）代码（tag）或者事件代码（tag）从数据层读取增
　　　　强型电子商务变量

代码 8.2　使用产品和推广展示填充数据层

```
dataLayer = window.dataLayer
|| []; //initializer not shown in online example
dataLayer.push({
  "ecommerce": {
    "currencyCode": "USD",
    "impressions": [{
      "id": "9bdd2",
      "name": "Compton T-Shirt",
      "price": "44.00",
      "brand": "Compton",
      "category": "T-Shirts",
      "position": 0,
      "list": "homepage"
    },
    {
      "id": "6d9b0",
      "name": "Poyo T-Shirt",
      "price": "62.00",
      "brand": "Poyo",
      "category": "T-Shirts",
      "position": 3,
      "list": "shirts you may like"
    }], //see full product array in online demo
    "promoView": {
      "promotions": [{
```

```
      "id": "bts",
      "name": "Back To School",
      "creative": "HOME banner",
      "position": "right sidebar"
    }]
  }
 }
});
```

> **笔记 | 清理数据层**
>
> 　为了避免重复发送任何从前一个互动数据层遗留下的增强型电子商务数据（例如当你发送推广点击数据时，那些页面加载时产生的产品展示数据），你必须在发送有效增强型电子商务数据后清理数据层。请参考 www.e-nor.com/gabook。

4. 产品点击

代码 8.3 展示了当一件衣服被点击时所执行的代码。请注意，它填充了一个可选的列表字段（list field）。

同时，也请留意第二行的事件字段与图 6.16 所述的自定义事件触发器相互呼应，该触发器可以被使用在任意代码（tag）中。在这个例子里，"事件"会有一个自定义事件触发器在数据层中为 "event":"productClick" 实现监听。它会决定在何种情况下激发一个 GA 事件代码（tag）到哪一个触发器，从而使之被开启并用于从数据层读取增强型电子商务数据。

如在线 demo 所示，除了在 GTM 中为每种点击行为设置新的代码（tag）和触发器，我们可以再次使用"抓取所有"（catch-all）事件代码（tag）、数据层变量和触发器，如图 6.32、图 6.33 和图 6.34 所示。利用现有的结构，用 "event": "eventTracker", "eventCat": "ecommerce", "eventAct": "click", "eventLbl": "product" 替换 "event": "productClick"。

请注意特定的事件类别、操作和标签值本身并不是关键，我们只是使用事件代码（tag）来传输增强型电子商务数据，事件数据本身不是我们分析的重点，增强型电子商务数据才是。

代码 8.3　使用电子商务产品点击数据以及指定的可以触发自定义事件触发器的事件变量填充数据层

```
dataLayer.push({
  "event": "productClick",
  "ecommerce": {
    "click": {
      "actionField": {
        "list": "homepage"
      },
      "products": [{
        "id": "f6be8",
        "name": "Comverges T-Shirt",
        "price": "33.00",
        "brand": "Comverges",
```

```
            "category": "T-Shirts",
            "position": "2"
        }]
    }
  }
});
```

5. 推广点击

如果我们点击代码 Back To School（返校）横幅广告上的小图标，将看到如代码 8.4 所示的代码。我们可以用 4 个数据层变量替换 "event" : "promotionClick"；这 4 个数据层我们现有的"抓取所有"（catch-all）事件代码（tag）都会使用到。

代码 8.4　使用电子商务推广点击数据填充数据层

```
dataLayer.push({
  "event": "promotionClick",
  "ecommerce": {
    "promoClick": {
      "promotions": [{
        "id": "bts",
        "name": "Back To School",
        "creative": "HOME banner",
        "position": "right sidebar"
      }]
    }
  }
});
```

请注意，增强型电子商务的推广展示和推广点击为内部广告系列提供了安全的跟踪方式。在第 7 章中，我们针对内部广告系列的参数做了提醒，因为它们会产生新的会话并且会打破后续操作本应该归属到正确流量来源上的归因，因此不要有同时使用广告系列参数和增强型电子商务推广的念头。

6. 产品详情

如图 8.24 所示，当产品详情页加载时，GA 网页浏览代码（tag）会读取产品详情、产品展示（下图底部的 T 恤）和我们在数据层中写入的推广展示数据。

产品点击和产品细节可能看起来多余，因为点击会直接跳转到详情页；但是产品点击操作仅用来计算产品列表点击指标，该指标展示在"产品列表"报告中。

7. 添加到购物车和从购物车移除

填充将网页上主要 T 恤添加到购物车这一操作的代码（code）如代码 8.5 所示。请注意，除了把"add"换成"remove"之外，移除和添加到购物车操作的代码相同。如果一个产品曾经被添加到购物车，该操作是不会被保存的，因此我们必须重新指定所有的产品字段。

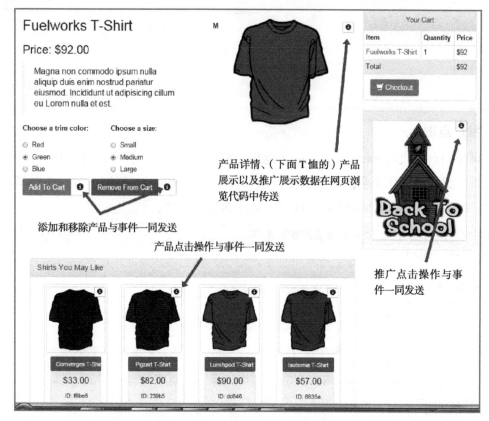

图 8.24　当产品描述页面加载时，产品详情、产品展示和推广展示数据就会被记录下来

虽然 "event": "addToCart" 和 "event": "removeFromCart" 在线上 demo 中有所不同，但是数据层中的事件变量仅仅用来触发 GTM 代码（tag）；此外，我们还会把这四个数值推送到"抓取所有"（catch-all）事件代码，如此前的案例。

代码 8.5　使用添加到（购物车）操作填充数据层

```
dataLayer.push({
  "event": "addToCart",
  "ecommerce": {
    "currencyCode": "USD",
    "add": {
      "products": [{
        "id": "bc823",
        "name": "Fuelworks T-Shirt",
        "price": "92.00",
        "brand": "Fuelworks",
        "category": "T-Shirts",
        "variant": "green",
        "dimension1": "M",
        "position": 0,
        "quantity": 1
      }]
    }
  }
});
```

笔记	电子商务产品的自定义维度和自定义指标

在第 12 章中，将学习如何记录我们自己的维度和指标，以捕捉那些 GA 不会记录的内置维度或指标数据。在增强型电子商务中，我们可以在产品范围内创建自定义维度和指标，比如代码 8.5 中的自定义维度值"M"指代的男士服装。我们也可以创建自定义指标来捕捉产品打折、附加费或额外税费。自定义维度和指标不会出现在任何内置报告中，但你可以在自定义报告中看到它们，自定义报告我们会在第 11 章中讨论。

在增强型电子商务交易中，针对一个产品，你只需要将自定义维度或指标记录一次；但是将它们用多个操作记录也是无害的，就如增强型电子商务在线 demo 中我们看到的那样。

8. 结账步骤

对于结账操作，我们需要将其与其他增强型电子商务分开讨论，因为我们会配置和填充多个结账步骤，这些步骤会出现在结账行为（Checkout Behavior）渠道（funnel）中。

让我们首先完成必要的管理配置 [请注意，如果我们不配置结账行为渠道（funnel），就需要开启增强型电子商务的开关按钮，见图 8.25]。

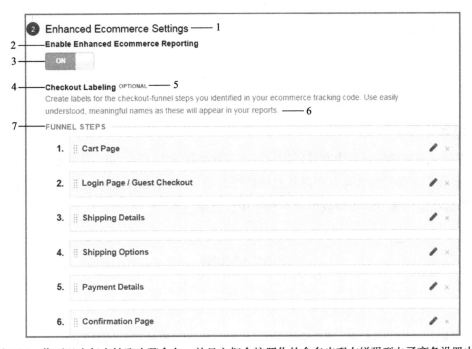

图 8.25　你可以为每个结账步骤命名，并且它们会按照你的命名出现在增强型电子商务设置中

1—增强型电子商务设置　2—开启增强型电子商务报告　3—开　4—结账标签　5—可选　6—在你的电子商务跟踪代码中为指定的结账渠道步骤创建标签。建议使用易懂、有意义的名称，因为它们将出现在你的报告中　7—渠道步骤

如果希望填充结账行为渠道（funnel），我们必须首先添加这些步骤：如图 8.18 中所示，将结账步骤按照相应的名称做标记。对于那个电子商务 Demo，我们则会将结账步骤按照相应的代表不同结账步骤的标签（tab）进行命名。这样一来，我们就可以配置"结账行为"报告，以匹配我们的结账步骤。

设置好结账步骤后，我们就可以开始接收结账数据了，如代码 8.6 在线 demo 中的运输标签（shipping tab）。请注意，我们的每个结账步骤和购物行为，都必须包含购物车中的所有产品。（在本例中，我们的购物车中只有一个产品。）

代码 8.6　用 actionField（操作字段）中描述的结账操作和第二个结账步骤填充数据层

```
dataLayer.push({
  "event": "checkout",
  "ecommerce": {
    "checkout": {
      "actionField": {
        "step": 2
      },
      "products": [{
        "id": "bc823",
        "name": "Fuelworks T-Shirt",
        "price": "92.00",
        "brand": "Fuelworks",
        "category": "T-Shirts",
        "variant": "red",
        "dimension1": "M",
        "position": 0,
        "quantity": 1
      }]
    }
  }
});
```

---

9. 结账选项

你可以记录在结账过程中额外的用户输入，比如图 8.26 所示的信用卡选择情况。如代码 8.7 所示，我们不需要包含带有产品信息的结账选项（checkout_option）行为，只需要将该信息关联至你指定的相应的步骤数中：在例子中，是第三步。

图 8.26　你可以在结账过程中捕捉用户的选择，比如增强型电子商务结账中的信用卡选项

1—信用卡　2—下一步

由于结账选项（checkout_option）这一步骤与你已经记录的步骤相对应，你通常需要将结账选项（checkout_option）记录在一个单独的 GA 事件中，或者，潜在地，在随后的结账步骤被记录时记录结账选项（checkout_option）。（这样，你就会在记录第三步时为第二步记录结账选项。）

代码8.7　填充结账选项

```
dataLayer.push({
  "event": "checkoutOption",
  "ecommerce": {
    "checkout_option": {
      "actionField": {
        "step": 3,
        "option": "Mastercard"
      }
    }
  }
});
```

10. 购买

购买行为与结账一样，都是应用于购物车中的所有产品。可以使用actionField（操作字段）来明确关于购买的额外细节。

（1）优惠券

当记录购买时，在交易或产品层级会有一个添加优惠券值的选项，两个层级的选项都展示在代码8.8中。

代码8.8　将购买数据与可选择的优惠券细节一同填充到数据层

```
dataLayer.push({
  "event": "transaction",
  "ecommerce": {
    "purchase": {
      "actionField": {
        "id": "6172c619-a62f-40c0-bba8-aeff7f7a6c54",
        "affiliation": "Online Store",
        "revenue": 102,
        "tax": 5,
        "shipping": 5,
        "coupon": "SummerSale"
      },
      "products": [{
        "id": "bc823",
        "name": "Fuelworks T-Shirt",
        "price": "92.00",
        "brand": "Fuelworks",
        "category": "T-Shirts",
        "variant": "red",
        "dimension1": "M",
        "position": 0,
        "quantity": 1,
        "coupon": "RedShirtPromo"
      }]
    }
  }
});
```

（2）记录购买的确认步骤

请不要在结账流程的最后一步记录一个确认步骤 [这样它会出现在"结账分析"（Check Analysis）报告中]。当"谢谢惠顾"页面加载时，你可以发出一个随着这次购物一起的结账确认的步骤。

而在线 demo 则采用了另一种方法：当用户点击"查看购物车"标签中的"购买"按钮时，在线 demo 就记录了购买；随后当"确认"标签加载时，它单独记录了确认结账步骤。两种方法都可行，但是后面一个方法有一点风险：即使购买行为没有完成（由于信用卡被拒绝等原因），购买过程中产生的点击也会被记录下来。[为了减轻这种风险，你可以在"表单"或"点击"中选择"检查验证"（Check Validation）选项（GTM 里面的"仅链接"（Just Links）触发器），这样如果链接点击或提交表单出现了问题，该验证选项就会屏蔽触发器发送数据。]

11. 从你的对象变量中读取增强型电子商务数据

如果你的电子商务数据已经展示在了页面上，或者由于某种原因你无法使用数据层对象，图 8.27 演示了一个自定义 JavaScript 变量，该变量可以被设置用来填充带有相同名称／值对（name/value pairs）的 JavaScript 对象；如果不是这种情况，你可以直接填充数据层。图 8.28 展

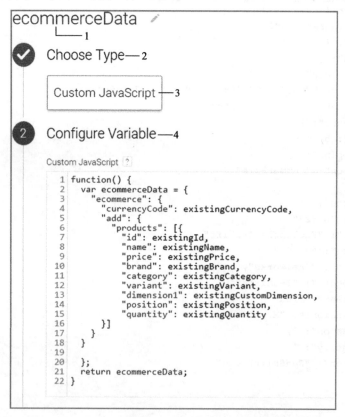

图 8.27　从页面到 GTM 可识别的格式，自定义 JavaScript 变量重写现有电子商务数据

1—电子商务数据　2—选择类型　3—自定义 JavaScript　4—配置变量

示了使用自定义 JavaScript 变量（而非数据层）来读取增强型电子商务数据的网页浏览（Page View）或事件代码（Event tag）。

在第 6 章中有一个相关的提醒，如果这个变量的名字已经用于别的目的，你可以在 GTM 容器代码中为这两组 dataLayer 重新命名。比如，如果你在容器插件（container snippet）里把名称改成了 gtmDataLayer，就需要使用该变量的名称来为增强型电子商务填充 GTM 数据层，等等。

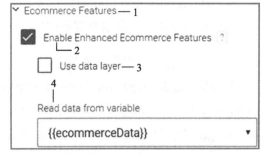

图 8.28　我们可以配置一个网页浏览或事件代码（tag），从自定义 JavaScript 变量（并非数据层）中读取电子商务数据

1—电子商务功能　2—开启增强型电子商务功能　3—使用数据层　4—从变量取读数据

12. 测试和上线环境中的增强型电子商务

在第 5 章中，我们学习了 GTM 中的环境功能，该功能让你可以把单一容器发布到开发、上线准备和上线环境中。

由于增强型电子商务（以及基本电子商务）依赖于页面内代码层级的改动以及容器内的代码（tag）改动，就需要你协调从开发到测试、从测试到上线（尤其是后者）的各种更新；这样一来，你就会将代码（code）推送出去的同时，也把它发布给了 GTM 中的上线环境。

在第 5 章我们详细讨论过，你可以使用自定义 GTM JavaScript 或查询表（Lookup Table）变量动态地跟踪你的增强型电子商务交易至一个专门的开发状态，和（或）使用它们（GTM JavaScript 或查询表变量）动态地从开发 / 测试主机名称（如 test.mysite.com）去测试 GA 的媒体资源；以及跟踪（增强型电子商务交易）至你的主要 / 上线的来自于你线上域名（hostname）的 GA 媒体资源。

13. 在移动 App 中跟踪电子商务和增强型电子商务

在第 13 章中我们会学习到，GA 在跟踪移动 App 中的两个基本选项是 GA SDK 和 GTM SDK（安卓和 iOS 两种都适用）。如果你正在使用 GTM SDK，流程与电子商务或增强型电子商务跟踪网站是相似的。

利用 GTM 的基本电子商务跟踪：

1）使用 GA 代码（tag），将跟踪类型（Track Type）设置为"交易"（Transaction）。

2）使用指定电子商务变量填充数据层。

利用 GTM 的增强型电子商务跟踪：

1）使用一个或多个类型设置为 App 浏览（App View）（也就是屏幕浏览）或事件的跟踪代码（tag）。

2）选择"开启增强型电子商务功能"（Enable Enhanced Ecommerce Features）和使用数据层（Use Data Layer）设置，如图 8.22 所示。

3）将指定电子商务变量填充到数据层。

相关代码（code）的案例，请参考：

■ Google Tag Manager for Android—Enhanced Ecommerce (`https://developers.google.com/tag-manager/android/v4/enhanced-ecommerce`)

■ Google Tag Manager for iOS—Enhanced Ecommerce (`https://developers.google.com/tag-manager/ios/v3/enhanced-ecommerce`)

对于使用 GA SDK 进行跟踪的电子商务和增强型电子商务，请参考：

■ Enhanced Ecommerce Tracking—Android SDKv4 (`https://developers.google.com/analytics/devguides/collection/android/v4/enhanced-ecommerce`)

■ Enhanced Ecommerce Tracking—iOS SDK (`https://developers.google.com/analytics/devguides/collection/ios/v3/enhanced-ecommerce`)

上述文档是作者写本书时出版的版本，有可能你会发现版本已经升级了。你可以使用演示过的语法为增强型电子商务跟踪撰写数据层。

如果你的 App 内购买正在使用第三方购物车，请结合 8.4 节"与第三方购物车合作"提到的问题咨询服务供应商。

嘉宾观点 | **最后的妥协：使用高级 Google Analytics 增强型电子商务技术跟踪基于可自定配置进行定价的商品的购买意向**

斯特凡·哈梅尔（Stéphane Hamel）是数字分析领域的思想领袖。

前段时间，为汽车网站实施了复杂的基于可自定配置进行定价（Build & Price）的工作流程后（网站导航见图 8.29），我接到任务开始分析网站数据。工作涉及典型的模型选择、数据传输、颜色搭配、相关附件、延长保修和网站的最终目的——通过使用户获得金融支持、寻找经销商、打印一本漂亮的个性化手册，或者保存心仪的汽车配置，来吸引访客并与他们保持联系。

当挖掘数据时，我有很多惊喜的发现。

设想一下前面的场景，你的行为是怎样的？如果你和我，还有许多其他使用这种类型工具的人一样，你会

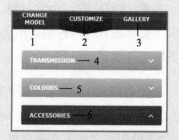

图 8.29　购买汽车时，用户最后在哪些配件上做了让步？

1—修改模型　2—自定义　3—图库　4—传动装置　5—颜色　6—配件

从最理想的车型入手，但是很快就会发现需要做出一些妥协。

分析从基于可自定配置进行定价的工具中添加、删除的内容会非常耗时和复杂，并且可能导致过度分析。然而，用户最后考虑并最终放弃（concede）的那些项目、选项或功能会很值钱！如果你可以根据这些信息发现规律，你就会知道如何巧妙地利用以前隐藏的机会进入新的领域，并最终增加收入。

在综合层面上，获得的知识可以为新的营销和促销活动提供信息。对个人来说，这些宝贵的信息可以让我们准确知道应该售卖何种产品给客户！请注意，这个技术其实并不违背 GA 的个人身份识别信息（PII）的限制。我们在增强型电子商务购买中添加的，只有一个虚假的产品。在任何销售或 CRM 系统中，企业与某个客户或潜在客户一对一的联系都发生在后台。

基于可自定配置进行定价的工具的使用不局限于汽车网站，也可用在度假套餐、电脑、电话和通信服务等方面。

1. 解决方案

解决方案的概念建立在本章提出的增强型电子商务跟踪上，只不过我们跟踪"潜在客户"而不是实际发生的订单。主要区别在于：

1）跟踪每个选项、功能或项目上的购物车添加／移除行为。

2）保留最后一个从购物车中删除商品的信息——你可以使用 cookie 或 HTML5 的 localStorage 实现。最好将这个商品保留在自定义维度中，同时把它的价值保留在自定义指标里面，并且保证都在会话级范围内——请参考图 8.32 的自定义维度"放弃配件"（Conceded Accessory）及"放弃价值"（Conceded Value）指标。

3）当用户发生转化（增强型电子商务中的购买），你会在购买中包含一个很特别的产品：最后放弃的产品（last Concession item）。其中两个部分会做修改：价格为 0，增强型电子商务变量为放弃（concession）。

2. 警告（Caveat）

销售线索跟踪：不论任何时候都需要记住，销售线索不是实际发生的销售。这里有几种选择：

1）**配置价值 (Configuration value)**。如果你可以接受报告中包含额外电子商务收入，那么最好把这些数据保留，并且不做修改。（对于汽车销售网站，潜在的销售线索可能价值好几百万美元！）

2）**销售线索价值**。如果你预估一个销售线索价值 100 美元，就以此作为该主要销售线索的购买价值，并将其他销售线索设置为免费。同时，为每个销售线索的实际价值都设置自定义指标。

3）小数。如果你觉得一个配置有价值，并且它的价值完全取决于精确的数值，那么请保留小数点后一位，甚至两位。

3. 分析

现在，你已经有了关于基于可自定配置进行定价功能的相关数据，并且在电子商务报告中选好了配置。以下是可以执行的分析的一些示例。

4. 被放弃最多的产品

在"产品效果"报告中，你可以查看哪些配置的项目最受欢迎（不论产品被如何打包组合）。通过为产品细分款式添加次级维度，如图 8.30 所示，你就会看到每个细分的产品被放弃了多少次。下一步就是去了解为什么：为什么如此受欢迎的产品没有被保留到最后并售出？太贵了？相比之下没有竞争力？被更廉价的产品取代了？

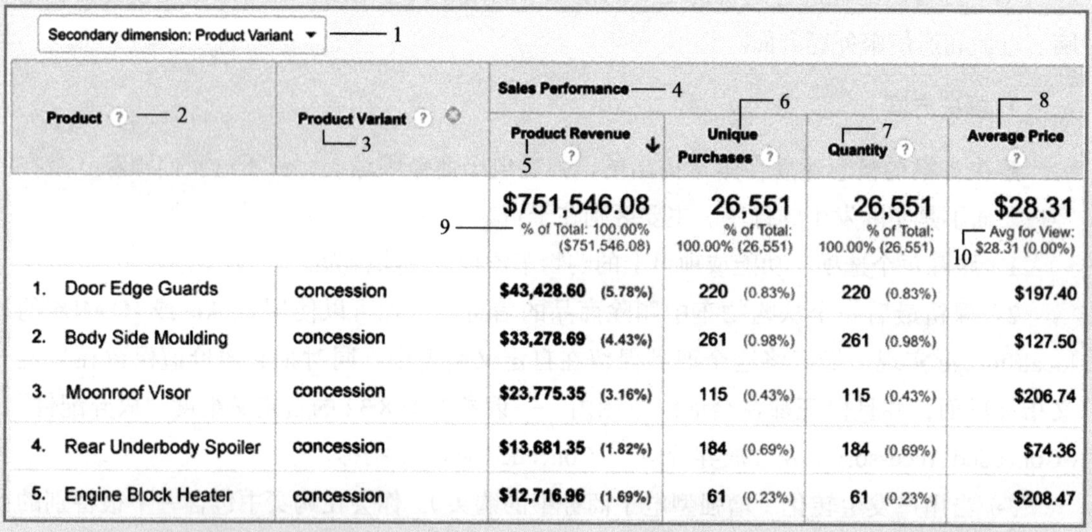

Product	Product Variant	Sales Performance			
		Product Revenue	Unique Purchases	Quantity	Average Price
		$751,546.08 % of Total: 100.00% ($751,546.08)	26,551 % of Total: 100.00% (26,551)	26,551 % of Total: 100.00% (26,551)	$28.31 Avg for View: $28.31 (0.00%)
1. Door Edge Guards	concession	$43,428.60 (5.78%)	220 (0.83%)	220 (0.83%)	$197.40
2. Body Side Moulding	concession	$33,278.69 (4.43%)	261 (0.98%)	261 (0.98%)	$127.50
3. Moonroof Visor	concession	$23,775.35 (3.16%)	115 (0.43%)	115 (0.43%)	$206.74
4. Rear Underbody Spoiler	concession	$13,681.35 (1.82%)	184 (0.69%)	184 (0.69%)	$74.36
5. Engine Block Heater	concession	$12,716.96 (1.69%)	61 (0.23%)	61 (0.23%)	$208.47

图 8.30 "产品效果"报告，将 Concession（放弃）作为产品细分的次级维度值过滤并查看

1—次级维度：产品细分　2—产品　3—产品细分　4—销售表现　5—产品收入　6—唯一身份购买次数　7—数量　8—平均价格　9—占总数的百分比　10—平均浏览次数

5. 丢失的机会或份额

被放弃的产品价值多少？如果这些产品被卖掉，可以多赚多少钱？如果必须对这些产品打折，打几折才会让顾客继续把它保留在购物车里？

6. 自定义渠道（funnel）

你也可以使用自定义渠道（Custom Funnels）功能（Analytics 360 中有此功能，第18 章将进行概述）模拟增强型电子商务购买或结账渠道（funnel），但仅限基于可自定配置进行定价这一流程。

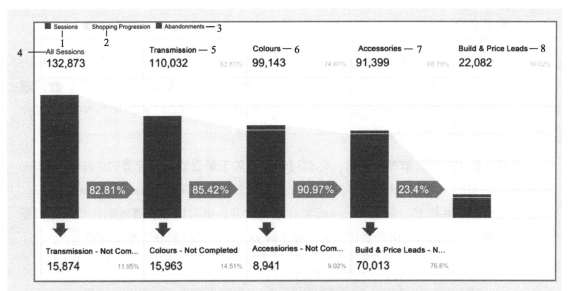

图 8.31　为基于可自定配置进行定价的流程配置的自定义渠道（funnel）步骤

1—会话　2—购物进度　3—放弃　4—所有会话　5—传动装置　6—颜色　7—配件　8—基于可自定配置进行定价

7. 销售线索生成

最后，把"最后放弃的产品"（last concession item）传输到你的 CRM 或销售线索管理平台中去，并且使用这些数据进行再次销售，或仅仅用来为你的客户提供更好的服务。（如果想要启用数据集成，你可以将后端销售线索编号以自定义维度的形式存储在 GA 中，如图 8.32 所示。集成 GA 和 CRM 数据会在第 15 章和第 17 章中讨论。）

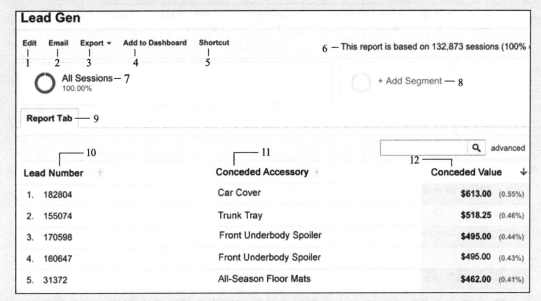

图 8.32　自定义报告包含了从 CRM 导入的潜在销售线索编号，以及"放弃配件"（Conceded Accessory）
　　　　　和"放弃价值"（Conceded Value）等指标

1—编辑　2—电子邮件　3—导出　4—添加到信息中心　5—快捷报告　6—该报告基于 132 873 个会话　7—所有会话
8—添加细分　9—报告标签　10—销售线索编号　11—放弃配件　12—放弃价值

8. 相关项目

你可以进入管理界面（View Acmin）中的电子商务设置来开启"相关产品"（Related Products）这一功能。如果记录到了足够的产品和交易，30 天后"相关产品"数据通过报告 API 就可以访问。（参考 `https://support.google.com/analytics/answer/6223409?hl=en`。）

开启"相关产品"数据功能后，你就可以看到关于最受欢迎的配置包（configuration package)的视图，如图 8.33 和图 8.34 中 GA 查询资源浏览器（GA Query Explorer）所示。以此可以查看哪些模型、颜色、配件的组合最受欢迎。也可以了解哪些配件虽然是最受欢迎产品组合的一部分，但最后仍然被放弃了购买（从"产品细分"维度查看）。

图 8.33　GA 查询资源浏览器中的查询配置包含了相关产品名称（relatedProductName）维度，也包含了相关产品数量（relatedProductQuantity）和相关性得分（correlationScore）指标

1—指标　2—维度　3—分类

Queried Product Name └─ 1	Related Product Name └─ 2	Correlation Score └─ 3	Queried Product Quantity	Related Product Quantity └─ 4
Hybrid Sedan	Car Cover	0.025491	1,075	1,005
Sport Coupe	Car Cover	0.024756	688	1,005
Front Underbody Spoiler	Rear Underbody Spoiler	0.024756	5,178	715
Sport Coupe	Moonroof Visor	0.024172	688	758
Door Edge Guards	Body Side Moulding	0.024256	1,967	1,188

图 8.34　查询浏览器结果列出了将汽车型号和配件作为主要维度，并将相应的配件作为次级维度列出，相关性得分表示了汽车 / 配件或附件 / 附件组合出现的频率。相关性得分范围在 0~1 之间，得分越高，相关性越高

1—查询产品名称　2—相关产品名称　3—相关性得分　4—相关产品数量

8.2.5　基于购物及结账行为渠道的细分和再营销

在第 10 章"细分"中，我们会看到细分是如何缩小分析的受众群体，以凸显数据中的亮点。作为预习，让我们先看看购物行为和结账行为渠道（funnel）：

1）在渠道（funnel）的步骤中创建一个基于放弃（或延续）的细分。我们可在渠道（funnel）的任何点创建细分，然后将其应用于其他报告。在图 8.35 中，我们为所有放弃购物车的访客创建了一个细分。我们还可以创建对应的细分：继续结账的用户。如果将两个细分都添加至移动设备（Mobile Devices）报告，我们就可以看到哪些设备上放弃购物车的次数最多。

2）基于其他报告数据创建细分，并应用于增强型电子商务报告。作为以上方法的补充，我们可以基于移动设备（比如 Android 平板）创建细分，然后把这个细分应用到购物或结账行为渠道（funnel），也可以用到任何其他增强型电子商务报告。

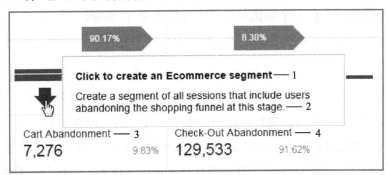

图 8.35　针对"购物分析"（Shopping Analysis）或"结账分析"（Check Analysis）渠道（funnel）中的延续或放弃点，你可以轻松创建自定义细分或再营销受众

1—点击创建电子商务细分　2—为所有包含用户在此阶段放弃购物渠道的会话创建一个细分　3—放弃购物车　4—放弃结账

正如我们在第 14 章中将要学习到的，Adwords 再营销用户的定义原理基本与细分相同，动态再营销让我们能够在再营销广告中展示特定的产品细节。

笔记 |	你的电子商务数据在 GA 与后端系统之间的匹配程度多高才是合适的？
	布莱恩·克利夫顿的建议是，5% 及以下是可以接受的。完整的讨论请参考第 4 章内容。

8.3　"多渠道路径"报告

目标和电子商务指标同样会出现在转化报告之外，如图 8.36 所示的来源 / 媒介报告。该报告中的转化数据看起来很简单明了，我们甚至不得不说，是 Google 自然流量（organic）带来了 4 766 条销售线索。

Source / Medium	Acquisition			Behavior			Conversions Goal 2: Lead submission		
	Sessions ↓	% New Sessions	New Users	Bounce Rate	Pages / Session	Avg. Session Duration	Lead submission (Goal 2 Conversion Rate)	Lead submission (Goal 2 Completions)	Lead submission (Goal 2 Value)
	22,252,631 % of Total: 100.00% (22,252,631)	57.47% Avg for View: 57.43% (0.05%)	12,788,183 % of Total: 100.06% (12,780,156)	29.66% Avg for View: 29.66% (0.00%)	8.00 Avg for View: 8.00 (0.00%)	00:03:04 Avg for View: 00:03:04 (0.00%)	0.06% Avg for View: 0.06% (0.00%)	14,191 % of Total: 100.00% (14,191)	$14,191.00 % of Total: 100.00% ($14,191.00)
1. google / organic	9,647,926 (43.36%)	67.74%	6,535,582 (51.11%)	26.28%	7.41	00:03:09	0.05%	4,766 (33.58%)	$4,766.00 (33.58%)
2. (direct) / (none)	6,207,905 (27.90%)	21.29%	1,321,471 (10.33%)	37.35%	8.03	00:02:44	0.03%	2,170 (15.29%)	$2,170.00 (15.29%)
3. google / cpc	2,568,534 (11.54%)	102.61%	2,635,449 (20.61%)	18.76%	9.70	00:03:48	0.10%	2,544 (17.93%)	$2,544.00 (17.93%)
4. yahoo / organic	1,226,643 (5.51%)	53.33%	654,146 (5.12%)	30.31%	9.20	00:03:15	0.15%	1,808 (12.74%)	$1,808.00 (12.74%)
5. bing / organic	927,672 (4.17%)	50.37%	467,230 (3.65%)	40.65%	8.14	00:02:20	0.09%	841 (5.93%)	$841.00 (5.93%)

图 8.36　仅基于最终点击归因模型，"来源 / 媒介"报告中的目标和电子商务数据不会为转化在多个渠道（channel）中分配功劳

1—来源 / 媒介　2—流量获取　3—行为　4—转化　5—目标 2 销售线索　6—会话　7—新会话百分比　8—新用户　9—跳出率　10—页面或会话　11—平均会话时长　12—目标 2 完成率　13—目标 2 价值　14—占总数的百分比　15—平均浏览次数

然而，在对这一观察感到自信之前，我们需要认识到，这 4 766 个转化当中的一些，至少是部分，应当归功于其他流量来源。

8.3.1　最终点击归因模型

绝大多数的 GA 报告都按照最终点击归因模型展示转化数据。该归因模型将所有转化归功于最终点击，即使一个或多个转化前会话由其他渠道（channel）带来。（唯一的例外是回访的直接访问，这种类型的访问会拉回它之前的更具体的来源和媒介值，如图 7.22 和图 7.23 所示。）

前面的例子中，4 766 条销售线索被归因至 Google/organic（自然流量），但其中很多产生转化的会话实际上可能来自付费广告系列或电子邮件点击。回想一下，第 7 章中很多流量在 GA 中都被记录为品牌词的自然搜索流量（branded organic），因此这些流量其实并不完全属于"自然流量"，而是具有导航性质并且与直接流量在本质上非常相似，因此将这 4 766 条销售线索全部归功到 Google/organic 是非常不准确的。

8.3.2　"多渠道路径"报告

如下面即将讨论的，"多渠道路径"（Multi-Channel Funnel，MCF）报告更加完整地描绘了用户从入站到转化的过程。事实上，你应该将大部分精力放在 MCF 报告的转化分析上，特别是如果你的任务是提高网站流量的话。

> **笔记｜　给那些真正立功的记功**
>
> GA 中，在 MCF 报告之外的报告中所使用的最终点击渠道（channel）方式掩盖了某个带来转化的回访会话之前的由首次点击渠道和助攻渠道（channel）产生的更早的会话。
>
> 如果正在执行付费点击、重定向、电子邮件或其他花费时间和金钱的广告系列，确保检查 MCF 报告以了解哪些渠道（channel）正在帮助转化。即使无法将特定比例的转化归因至辅助渠道（channel），你至少会了解到，在那些产生了转化的回访会话之前，这些渠道（channel）有多么频繁地产生了会话。

1. 辅助转化次数

图 8.37 中展示的"辅助转化"（Assisted Conversions）报告对于展示流量是不可或缺的，特别是那些产生了原始和辅助会话并促使用户最终在回访会话中转化的流量；很多情况下，转化都产生于其他的流量来源。

如图 8.38 所示，MCF 报告的顶部有很多可以配置的选项：

1）**转化（Concersion）**：所有目标和电子商务交易都默认有 MCF 报告，但是你可以将报告的范围缩小，查看更细化的转化报告。

2）**所有 /Adwords（All/Adwords）**：你可以针对 Adwords 展示 MCF 报告（这样辅助转化报告就会默认成为 Adwords 广告系列报告的主要维度）。

MCF Channel Grouping	Assisted Conversions	Assisted Conversion Value	Last Click or Direct Conversions	Last Click or Direct Conversion Value	Assisted / Last Click or Direct Conversions
1. Direct	47,078 (27.55%)	$344,616.55 (27.87%)	56,901 (29.36%)	$298,974.31 (31.97%)	0.83
2. Email	41,408 (24.23%)	$269,376.90 (21.79%)	51,888 (26.77%)	$217,737.80 (23.28%)	0.80
3. Paid Search	31,396 (18.37%)	$221,026.72 (17.88%)	39,682 (20.47%)	$191,229.22 (20.45%)	0.79
4. Organic Search	24,092 (14.10%)	$159,175.90 (12.87%)	31,054 (16.02%)	$114,963.68 (12.29%)	0.78
5. Referral	12,369 (7.24%)	$125,048.96 (10.11%)	3,336 (1.72%)	$23,712.61 (2.54%)	3.71
6. Other Advertising	10,398 (6.08%)	$96,266.48 (7.79%)	8,757 (4.52%)	$80,353.14 (8.59%)	1.19
7. Display	2,453 (1.44%)	$10,525.76 (0.85%)	1,108 (0.57%)	$2,967.39 (0.32%)	2.21
8. (Other)	1,128 (0.66%)	$6,971.59 (0.56%)	683 (0.35%)	$3,195.59 (0.34%)	1.65
9. Social Network	590 (0.35%)	$3,441.97 (0.28%)	425 (0.22%)	$2,151.51 (0.23%)	1.39

图 8.37 "辅助转化"报告显示了在直接带来转化的回访会话之前，一个辅助渠道（channel）有多么频繁地为转化提供了助攻。如果"辅助 / 最终点击或直接转化"的数值大于 1，表示该渠道（channel）相比转化会话而言，在助攻方面更强

1—多渠道路径分组　2—辅助转化　3—辅助转化价值　4—最终点击或直接转化　5—最终点击或直接转化价值　6—辅助 / 最终点击或直接转化

3）回溯期（Lookback Window）：回溯期默认为 30 天，但如果延长至最多 90 天可以更加完整地描述归因。（如果其中一个访客今天通过自然点击完成了转化，你难道不想知道这个访客是否在 89 天前点击了你的电子邮件广告系列，但没有立即发生转化？）

4）首次互动分析（First Interaction Analysis）：MCF 报告默认展示为辅助转化分析视图，但是你可以把视图改成首次互动分析。（首次互动转化是辅助转化次数的子集，不是独立于"辅助转化"之外的报告。）

5）转化细分：你无法将用于其他 GA 报告的相同细分用于 MCF 报告中。但是你可以使用内置的或自定义的转化细分，例如 Last Interaction Is Organic Search（最后一次转化是自然搜索）。[如前面"渠道可视化"中所提到，如果你需要查看流量特定部分的 MCF 报告，例如国家 / 地区或者来源，那么你可以设定一个专用的已过滤视图，如第 9 章所述。]

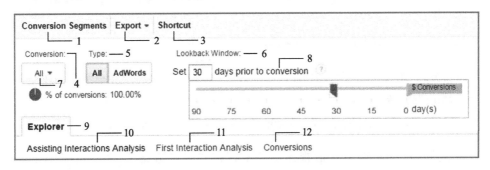

图 8.38 可以在 MCF 报告的顶部配置一些选项

1—转化细分　2—导出　3—快捷报告　4—转化　5—类型　6—回溯期　7—所有　8—设置为转化前 30 天　9—浏览器　10—辅助互动分析　11—首次互动分析　12—转化

2. 热门转化路径

在转化发生前，"热门转化路径"（Top Conversion Paths）报告与转化发生前被浏览的页面无关；本文中的路径（path）是指带来会话并产生了转化的渠道（channel），以及指包含如图 8.39 所示的转化。需要注意的是，在"热门转化路径"报告和其他 MCF 报告中，直接渠道（channel）和其他渠道（channel）具有一样的优先级；与"流量获取"报告的情况不同，直接渠道（channel）不会被来自之前的会话的更为具体的渠道（channel）覆盖。

图 8.39 "热门转化路径"报告的两行分别表示 569 个转化发生在一个自然搜索点击入站（clickthrough），该点击入站之前是一个付费搜索点击入站；而 565 个转化发生于直接流量的会话，之前则是两个来自邮件点击入站

你可以连同其他主要维度一起展示热门转化路径，比如图 8.40 展示的来源／媒介，或广告系列。

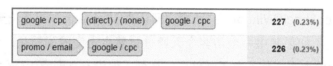

图 8.40 在 MCF 报告中为来源／媒介或广告系列设置初始维度

3. 转化耗时

图 8.41 中所示的"转化耗时"（Time Lag）报告展示了与初始会话相关的转化发生所需的时间。

Time Lag in Days ⌊1	Conversions ⌊2	Conversion Value ⌊3	Percentage of total —— 4 ■ Conversions ■ Conversion Value
0	650,351	$238,217.50	64.36% / 64.64%
1	31,951	$13,252.50	3.16% / 3.60%
2	22,014	$9,495.00	2.18% / 2.58%

图 8.41 这个部分的"转化耗时"报告表明：35.64% 的转化发生在初始会话至少一天后的时间（即 64.36% 之外的比例的总和）

1—转化耗时天数 2—转化 3—转化价值 4—占总数的百分比

需要注意的是，GA 移动 App 视图中并不存在"多渠道路径"（Multi-Channel Funnel）报告，但是如果你为移动 App 配置电子商务或增强型电子商务跟踪，那么"电子商务 > 购买前所耗时间"报告（Ecommerce > Time to Purchase report）能够提供与"转化耗时"报告相似的数据（只能针对电子商务交易，不能针对目标完成进行统计数据）。

4. 路径长度

正如上面"热门转化路径"中所示，图 8.42 的"路径长度"报告（Path Length report）中的"路径"（Path）指的是能够带来一个或多个会话（最终）发生转化的渠道（channel）数量。

Path Length in Interactions ──1	Conversions ──2	Conversion Value ──3	Percentage of Total ── 4 ■ Conversions ■ Conversion Value
1	505,850	$183,082.00	50.06% 49.68%
2	186,540	$67,365.50	18.46% 18.28%
3	90,799	$34,453.25	8.99% 9.35%

图 8.42　本部分的"路径长度"报告表示首次访问就产生的转化与发生在至少两个会话后的转化，基本是持平的
1—互动路径长度　2—转化　3—转化价值　4—占总数的百分比

5. 归因模型比较工具

归因模型是一种既有艺术又有科学的并且具有实践精神的实验，基于多种因素将转化功劳分配给各个营销渠道（channel），包括：转化路径、用户互动归因以及互动指标。归因模型更好地体现了市场营销投入在各个转化路径的价值。

可以根据不同的内置（或自定义）模型并使用模型比较工具来对比各渠道（channel）的表现。在图 8.43 中，我们比较了根据不同归因模型归因至不同渠道（channel）的转化数量：

1）**最终互动（Last Interaction）**：最终互动获得全部转化功劳，该最终互动产生了带来转化的会话。

2）**首次互动（First Interaction）**：首次互动获得全部转化功劳，该首次互动带来直接、立刻的转化，或是它之后的回访会话产生了转化。

3）**线性（Linear）**：转化的功劳平分给每个为最终转化贡献了力量的会话。

图 8.43　在这个例子中，我们使用模型比较工具中的"首次互动""最终互动"和"线性"模型来比较渠道（channel）表现

1—多渠道路径分组　2—花费　3—转化及每次获取成本　4—选定的时间范围　5—最终互动　6—首次互动　7—线性

图 8.44 展示了所有内置模型。需要注意的是，你可以根据转化之前的会话的新近程度（session recency）创建自己的模型，也可以基于用户的互动程度，以及其他许多因素自定义任何内置模型。

注意，将在第 18 章 18.3.5 小节中介绍的数据驱动的模型（Data-Driven Models），仅在 Analytics 360 中才提供。

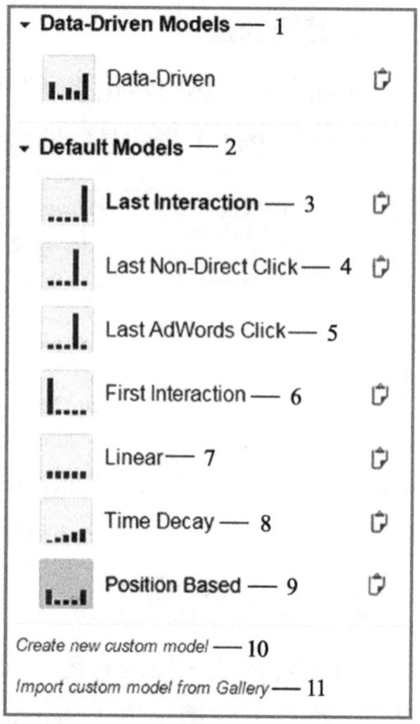

> **笔记｜ 归因模型和假设**
>
> 　　内置和自定义归因模型基本上代表了你的设想（例如，如果我将所有转化的功劳给到首次互动，那么多少转化应该归因至电子邮件呢？）。然而有一些假设优于其他假设。如果你在运营整合多渠道（channel）的市场营销项目，那么你需要至少两个（或者更多）的渠道（channel）来产生曝光和网站互动，以带来更多的转化活动。如果真的是这样，那么我们完全可以说单个接触点转化模型的设想比不上将功劳归至所有为转化带来贡献的触点的模型。
>
> 　　有一个例外，数据驱动的归因模型（Data-Driven Attribution model）（只在 Analytics 360 中可用，第 18 章会进一步讨论）基于算法而不是假设为转化分配转化功劳。
>
> 　　前面讨论的"辅助转化"报告没有假设一个模型比其他的更有效，相反，它仅展示了所有能够通过 GA 数据采集客观给出的渠道（channel），从而带来会话，并最终产生转化。想要了解更多有关归因模型的信息，请访问 www.e-nor.com/gabook。

图 8.44　内置的归因模型

1—数据驱动的模型　2—默认模型　3—最终互动　4—最终非直接点击　5—最终 Adwords 点击　6—首次互动　7—线性　8—时间衰减　9—根据位置　10—创建自定义模型　11—从图库中倒入自定义模型

6. 自定义渠道分组（Custom Channel Groupings）

> **笔记｜ cookie 依赖性**
>
> 　　请注意 MCF 报告依赖 cookie。如果用户删除了会话间的 _ga cookie，或从另一个设备或浏览器回到会话，GA 就无法将其与前一个会话建立连接。因此，在现实中，路径长度和转化耗时的间隔更长，而且有比 GA 更多的辅助转化。
>
> 　　除了辅助转化可以通过 _ga cookie 跟踪，一个开启了用户 ID 视图的跨设备跟踪也可以展示辅助转化，这种跟踪方法基于发生转化的会话以及之前会话的登录情况。跨设备跟踪将在第 12 章中讨论。

8.3.3　网页价值

网页价值指标出现在"所有页面"报告（All Pages report）的最后一栏。它可能是 GA 中最受误解（也是最不被看好）的指标了。概括地说，网页价值就是一个网页对目标（主要指目标网址和事件类型）以及电子商务转化策略提供了多少支持。

每一个网页的网页价值的计算方法为

$$\frac{\text{目标价值} + \text{网页浏览后（或当时）积累的电子商务收入}}{\text{唯一身份网页浏览量}}$$

我们在第 4 章中介绍过，唯一身份网页浏览量表示网页最后一次被浏览的会话数量。在计算网页价值时，即使一个网页在一次会话中被浏览了数次，它在上面等式的分母中也只计算一次。同理，即使网页在转换开始前被浏览了数次，其目标价值和电子商务收入也只会被计入分子中一次。另外，只要在其中一个网页浏览发生之前完成一次转化，无论在某个给定的网页和转化中网页浏览发生了多少次，其所有目标价值或电子商务收入的功劳都会记上这个网页一份。

图 8.45 和图 8.46 分别展示了电子商务和还未产生收入的销售线索的网页价值；我们为这两种目标各设置了 1 美元的目标价值。请注意，即使第二个例子中的目标价值是随机的，网页价值也能有效识别出该网页是否在转化过程中有所帮助。

那么网页价值所提供的网页对转化的影响的对比是否是绝对客观的呢？当然不是。图 8.45 中浏览隐私策略（Privacy Policy）网页的人可能已经有一些担忧，因而不太可能会发生转化；而浏览免运费（Free Shipping）网页的人可能已经几乎就要下决心购买了。

但是，网页价值对于转化分析及优化具有重要的帮助作用。如图 8.46 所示，如果你的咨询面板页（Advisory Panel page）拥有最高的网页价值，你就可以调整首页的元素，以更明显地展示或链接到咨询面板（Advisory Panel）信息。甚至你也可以根据对首页元素所做的修改进行 A/B 测试的设置，并衡量转化率的差别。

Ecommerce - Camping Equipment —— 1			
Session 1 —— 2 /about-us	/product-announcements	/money-back-guarantee	$40
Session 2 /free-shipping	/product-announcements		
Session 3 /about-us	/free-shipping	/privacy-policy	$20
Session 4 /free-shipping	$40	/product-announcements	
Session 5 /privacy-policy	/about-us	/money-back-guarantee	
Session 6 /product-announcements	/privacy-policy	$10	
Session 7 /about-us	/privacy-policy	/money-back-guarantee	
Session 8 /product-announcements	/free-shipping	$50	/privacy-policy
Session 9 /product-announcements	/money-back-guarantee		
Session10 /product-announcements	/free-shipping	/product-announcements	$30

Page —— 3	Ecommerce Revenue Contributed —— 4	Total Sessions —— 5	Page Value —— 6
/about-us	$60	3	$20.00
/free-shipping	$120	3	$40.00
/money-back-guarantee	$40	4	$10.00
/privacy-policy	$30	4	$7.50
/product-announcements	$130	7	$18.57

图 8.45　根据以上基于电子商务收入的网页价值，我们可以看到，相比隐私策略（Privacy Policy），免运费（Free Shipping）网页似乎更能帮助转化

1—电子商务——露营设备　2—会话　3—网页　4—贡献的电子商务收入　5—总会话　6—网页价值

1 —— Lead Generation - Financial Planners			
Session 1	/adivsory-panel	/charitable-giving	/money-back-guarantee	$1
Session 2	/office-locations	/charitable-giving	/code-of-ethics	
Session 3	/yearly-performance	/office-locations	/yearly-performance	$1
Session 4	/office-locations	$1	/charitable-giving	
Session 5	/yearly-performance	/advisory-panel	/code-of-ethics	$1
Session 6	/charitable-giving	/yearly-performance	/office-locations	
Session 7	/advisory-panel	/yearly-performance	/money-back-guarantee	
Session 8	/charitable-giving	/office-locations	$1	/yearly-performance
Session 9	/charitable-giving	/advisory-panel		
Session10	/advisory-panel	$1	/office-locations	/yearly-performance

Page —— 2	Goal Value Contributed	Total Sessions	Page Value
/advisory-panel	3 $3	4 4	5 $0.75
/charitable-giving	$2	6	$0.33
/code-of-ethics	$1	2	$0.50
/office-locations	$2	5	$0.40
/yearly-performance	$2	6	$0.33

图 8.46　通过为"网页价值"报告随意设置的 1 美元的目标价值，我们可以看到哪些网页可以有效支持销售线索

1—销售线索生成财务计划　2—网页　3—贡献的目标价值　4—总会话　5—网页价值

相反地，如果你认为本应该帮助转化的网页呈现出比较低的网页价值，请重新审核网页，发现其潜在的改进空间，或者考虑直接将流量转至另一个网页价值较高的网页。

8.3.4　在网页价值范围内区分目标价值和电子商务收入

前面已经提到，网页价值的计算基于目标价值和既定会话中积累的电子商务收入，所以，我们应该如何在一个目标或电子商务收入的基础上展示网页价值呢？

方法有两个：用细分或用分隔的视图。说得具体一点，在同一个数据视图中，我们有：

1）电子商务跟踪。

2）配置一个目标价值为 10 英镑的目标。

如果想要单独在电子商务交易或目标完成的基础上呈现网页价值，可以使用图 8.47 和图 8.48 中展示的自定义细分来移除产生目标转化或电子商务交易的那些会话。（我们会在第 10 章中讨论细分。）

图 8.47　为了展示基于电子商务收入的网页价值，我们可以用一个过滤器排除产生目标转化的会话

1—过滤　2—会话　3—排除　4—或者　5—和

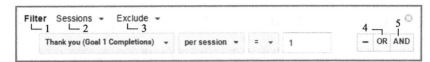

图 8.48　为了呈现基于我们配置的目标价值的网页价值，可以用一个过滤器排除收入（如电子商务收入）大于 0 的会话

1—过滤　2—会话　3—排除　4—或者　5—和

从上面的细分中，我们会发现，在两种情况下，我们都会不经意地排除产生既包含目标又包含电子商务交易的会话。尽管这可能不会对我们的分析造成太大的影响，我们通常也可以选择（在有"修改"权限的情况下）创建两个额外的视图：一个仅用作目标跟踪，另一个则仅跟踪电子商务交易。这样，这些数据视图中报告的网页价值就会建立在所有电子商务交易或所有 10 英镑目标的完成的基础上。

8.4　与第三方购物车合作

如果你与第三方电子商务平台有合作（或正有此打算），你或许会想到要确定该平台能够提供的 GA 支持的水平，对整站跟踪，尤其是对电子商务跟踪的支持。对于 Shopify、BigCommerce 和 Volusion 这样的托管平台来说，跨域名支持也是需要考虑进去的点，因为你也会想要确保维持自己域名和托管购物车域名之间的会话的持续性（我们将在第 12 章中探讨跨域名跟踪）。对 Magento 这样的自托管平台（self-hosted platform）来说，跨域名跟踪就不是一个问题，因为用户不需要跨多个域名实现电子商务功能。

嘉宾观点　**应向电子商务服务商提出的与 GA 跟踪相关的问题**

凡妮沙·萨比诺（Vanessa Sabino）是 Shopify 的数据分析师。

通过托管结账 / 购物平台来刺激电子商务，可以帮助建立一个网站来提升你产品并产生线上销售，并且不用担心基础设施。某些情况下，这还意味着它们将替你完成大部分的 GA 操作。

你需要核实以下几项，以确保你的网上商店收集的是有助于理解客户需求的高质量数据。

1. 你的平台是否提供任意形式的 GA 整合？

如果你的平台有地方可以填写 GA 媒体资源 ID，那么该平台可能至少会为你的网站跟踪网页浏览（pageviews）。但是请注意检查它们使用的跟踪代码是哪一个版本：如果它们不提供 Universal Analytics（analytics.js），则有许多新特征是你不能使用的。

2. 是否有电子商务跟踪？

如果希望在 GA 中看到销售额，你需要在 GA 账户管理中开启电子商务跟踪。另外还需要确保你的数据来自于订单确认页，其中包括交易 ID、所售产品、数量、价格等。

理想情况下，你的结账平台提供方应将电子商务代码和数据填充自动化执行。但是，如果平台提供方没有自动为你配置 GA 电子商务功能，他们是否提供手动添加这个代码（code）的方法？如果提供的话，你需要编辑该网页的 HTML，插入 JavaScript 代码（code）；还需要具备有效的变量（如产品 ID 和税金），其中要包括所有必要的信息，以便在 GA 创建交易。

3. 是否支持增强型电子商务？

比标准电子商务跟踪更好的是针对 Universal Analytics 的增强型电子商务。除了收集最终购买的数据，它可以为整个会话收集电子商务相关的数据，包括产品浏览、添加到购物车的项目以及不同的结账步骤。

4. 是否在你店面以外的不同域名开始结账？

在结账时，为了确保信息传输的安全，URL 需要有效的 SSL 证书。根据你选择的平台和购买的服务套餐，你可以把结账步骤放置在平台中的共享域名（如 tshirtstore.platform.com）而不是自己的店铺内（如 www.tshirtstore.com）（见图 8.49）。在这种情况下，确保跨域跟踪正常工作。如果先从你自己的域名到结账域名，你会在 URL 末尾看见一个由一串数字组成的 _ga 参数。这样 GA 就可以在新的域名中再现之前的 cookie，并且将你认为是同一个用户。否则，GA 报告中显示的就会是一个用户浏览了之前的网页，而另一个新用户则在结账页面进行了新的访问。你就会完全丢失该销售的原始流量来源。（更多跨域名跟踪的细节，请参照第 12 章内容。）

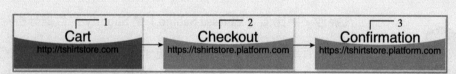

图 8.49　在某些结账配置中，购物车位于你的店面的主域名，而结账（包括支付）和

确认页位于另一个结账域名

1—购物车　2—结账　3—确认

5. 你的支付网关（Payment Gateway）所处域名是否不在结账平台中？

如果客户需要在一个不同的网址输入支付信息（如 PayPal），你就无法跟踪其支付的具体信息。但是请确保客户在完成支付以后会返回到你在主平台设置的感谢页面上，因为这个感谢页面才是可以激活电子商务跟踪的理想地点（见图 8.50）。在某些情况下，你需要在支付网关的配置页面设置自动返回（Auto Return）URL，参见图 8.51，不过，这取决于你的平台和支付网关是否进行了整合，这一步有可能不需要再做，因为如果进行了整合，那么返回 URL 有可能可以自动生成。

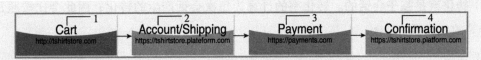

图 8.50　另外一个可能的配置：将支付网关另置于第三方域名中，与结账域名分开

1—购物车　2—账户／运输　3—结账　4—确认

Auto Return for Website Payments —— 1

Auto Return for Website Payments brings your buyers back to your website immediately after payment completion. Auto Return applies to PayPal Website Payments, including Buy Now, Donations, Subscriptions, and Shopping Cart. Learn More

Auto Return:　●On
　　　　　　　○Off

Return URL: Enter the URL that will be used to redirect your customers upon payment completion. This URL must meet the guidelines detailed below. Learn More —— 3

Return URL:　https://tshirtstore.securecheckout.com/confirn

图 8.51　对于支付网关而言，在发生于支付域上的支付完成之后，你需要在安全结算网站上配置能够让用户被重定向去的 URL

1—网页付款后自动返回页面　2—网页付款后自动返回页面将购买者在付费后立刻带回你的网站。自动返回可以在 PayPal 网站付款中使用，包含现在购买、捐款、订阅和购物车　3—返回 URL：输入用于在付款完成后重定向客户的 URL。这个 URL 必须符合以下要求

此外，也请确保将你的支付网关域名添加到 GA 媒体资源设置中跟踪信息（Tracking Info）下的引荐排除列表（Referral Exclusion List）中。

6. 问正确的问题

无论考虑哪种结账和支付配置方式，请确保你的问题与 GA 电子商务和跨域跟踪相关。在配置正确的情况下，你就能了解在线商店的表现，并不断地取得进步。

🔑 本章要点回顾

1）**目标和电子商务跟踪是不可回溯的。** 对于任何代表你 KPI 的行动或互动目标，以及包含了多个产品、价格等的电子商务交易，请不要拖延对它们进行跟踪设置。

2）**四种目标类型。** 你可以基于网页浏览或屏幕浏览创建目标、事件或互动（也就是页面／会话、屏幕／会话或会话时长）。

3）**三种"目标网址"目标匹配类型。** 你可以用"等于"（Equals to）这种类型来匹配一个单一网页或屏幕维度值，或者可以用"开头为"（Begins With）或者正则表达式为多页面或多屏幕上的同一个目标计为一个完成。

4）**推荐使用目标渠道（funnel），但非必须。** 如果你的转化过程包含一系列的网页或屏幕，请创建带有渠道（funnel）的"目标网址"目标。

5）**转化率是基于会话的**。转化率的计算为每次会话产生的转化；因此会比按照每用户转化计算的数值低。

6）**渠道（funnel）不影响转化率**。渠道（funnel）填充了"渠道可视化"报告，并且决定了放弃率和渠道转化率；但是渠道并不影响目标转化率。计算目标网址目标转化率的唯一的因素是目标网页或屏幕被浏览时的会话次数。

7）**与目标跟踪不同，电子商务跟踪需要额外代码**。目标跟踪仅依赖于管理配置和已经被记录的网页或事件数据，而电子商务跟踪的更多细节都通常依赖于写入数据层中的额外的后台交易数据。由于这个原因，你通常都需要与开发者一同协作安装电子商务跟踪。

8）**增强型电子商务可针对带来交易的那些操作生成报告**。从交易数据的角度讲，电子商务报告比目标报告提供更多的细节，但电子商务无法提供为何那些步骤导致了交易的发生。增强型电子商务需要的额外的代码步骤提供了更丰富的报告，包括产品展示、添加到购物车、推广点击以及放弃结账。

9）**首先使用测试视图**。在实际视图前，先在测试视图中配置目标、电子商务和增强型电子商务。

10）**不仅仅展示最终点击归因模型，"多渠道路径"报告也展示帮助转化的渠道（channel）**。MCF报告提供有关渠道（channel）至关重要的报告：在从其他渠道（channel）返回的会话发生转化前，哪些渠道（channel）导致了未转化会话的产生。

11）**归因模型只代表假设**。除了Analytics 360中基于算法的数据驱动的归因模型，在特定假设（例如，每个会话的功劳都是平等的）正确的前提下，任何一个归因模型都展示了在该假设情况下的转化功劳是如何分配的。而在Analytics 360中，则是数据驱动的归因（Data-Driven attribution），利用算法给不同的辅助渠道（channel）分配不同的功劳百分比。

12）**网页价值表示目标和电子商务支持**。你可以将网页价值理解为网页的一种辅助性指标，因为网页价值代表了目标完成情况和电子商务交易情况，特别是当该页面没有被设计成转化流程的一部分时。

🏃 实战与练习

1）**准确理解你网站或移动App的KPI**。温习我们在第3章"衡量的策略"中的讨论，确保你对成功的会话有准确的理解。

2）**设置目标、电子商务或增强型电子商务**。对你的KPI和其他任何表示用户兴趣有所增加的行为（如"联系我们"）设置相应的目标或电子商务跟踪。如果你现在无法设置增强型电子商务跟踪，那就设置电子商务跟踪；如果无法设置电子商务跟踪，那么就设置一个目标。

3）**创建目标渠道（funnel）**。为你的目标网址目标创建渠道（funnel）。你也可以查看现有目标的反向目标路径报告，将出现最多的路径与转化匹配，找出实际的路径步骤，然后衡量每一步用户的流失（drop-off）。

4）**决定目标价值**。按照本章节的指导，为你的目标设置合适的目标价值。如果你没有设置电子商务跟踪，目标价值就尤为重要。

5）**与你的第三方购物服务商讨论**。如果你正在挑选或已经使用了第三方电子商务服务商，确保他们对 GA 的网页浏览、电子商务、增强型电子商务以及跨域名跟踪的支持。

6）**检查"多渠道路径"报告和归因模型比较工具**。一旦目标和／或电子商务跟踪设置好，检查 MCF 报告和模型比较工具。哪个渠道（channel）带来的转化最多？哪个渠道（channel）助攻了转化？

第 9 章
数据视图设置、数据视图
过滤器和访问权限

本章节里将学习如何设置数据视图，如何运用过滤器在原始、没被筛选的资源上进行修改、合并或重写进入 GA 的数据，以及如何创建数据视图的更为聚焦的子集。

考虑到你有可能只想对某人提供数据视图的子集数据而非所有视图的数据，因此我们也会对 GA 的账户、媒体资源和数据视图级别的访问权限进行讨论。

9.1 为什么我们需要多个数据视图

在第 4 章中，我们学到：

1）正常情况下，一个 GA 的媒体资源只对应单个网站或单个移动端 App。

2）数据的收集会被附着在一个特定的媒体资源 ID（也称为"跟踪 ID"或者"UA 编码"）上，因此网站和移动端 App 的数据会在媒体资源级别（而非账户级别）中流入 GA。

由于数据收集发生在媒体资源级别，因此我们可能首先会想知道为什么需要多个数据视图，随着我们学习了数据视图背后的一些基础概念，我们很快就意识到账户层次结构的视图级别扮演着关键的角色。

如图 9.1 所示，数据视图允许通过以下方式去更改原始数据、潜在的媒体资源数据：

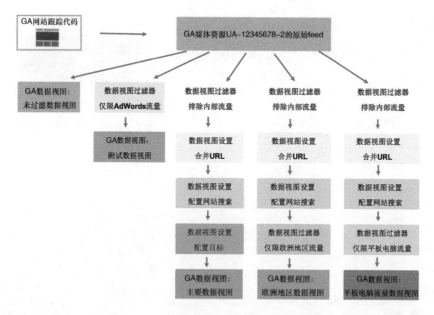

图 9.1 在 GA 里，数据视图是一种被不同设置和过滤器处理过的媒体资源数据的展示方式

- **数据清理和合并**。从跟踪到的流量中排除内部网站流量、合并 URL 和大小写变体，以及重写任一维度的值。

- **为附加的指标提供的配置**。主要是指对目标和站内搜索的配置。

- **数据子集**。通过包含或排除一个子目录、地理区域，或者其他维度值的类型来创建一个原始数据的子集。如本章后文所述，你可以利用专用数据视图和受限制的权限来选择性地控制对 GA 数据特定部分的访问。

同样地，这些原则也适用于移动端 App 的媒体资源中的视图，但是对于一些潜在的数据视图设置和过滤器（如合并 URL 和配置站内搜索）则不适用。

9.2　最佳实践：工作、测试和未被过滤的数据视图

当创建一个新的账户，或者只是在一个现有的账户中创建新的媒体资源时，GA 就会自动在媒体资源内创建一个名为"全部网站数据"（All Web Site Data）或者"全部 App 数据"（All App Data）的数据视图。最佳实践是在你的工作数据视图中的原始媒体资源里至少要做一些数据清理的工作，而最为保险的办法就是将设置应用到主要工作数据视图之前，在测试数据视图上测试一下相关的设置和过滤器。如果你要将数据视图设置和过滤器应用到某个数据视图，则还必须保留一个未应用任何数据视图设置或过滤器的原始数据视图。

想要创建新的数据视图，只需从"管理"（Admin）界面上的"数据视图"（View）下拉菜单中选择"创建新数据视图"（Creat New View）即可，如图 9.2 所示。还可以将"全部网站数据"或"全部 App 数据"重命名为"01 Working""01 Main"或者"*Main"，来让该数据视图保持在列表的顶部位置。目前对于数据视图的命名并没有特殊的限制，可以给这些数据视图起一个靠谱的名字。

图 9.2　作为 GA 的一项基础做法，你应为每个媒体资源保留一个测试数据视图（Test）、一个未被过滤的数据视图（Raw – Unfitered – Do Not Touch）和一个或多个主要工作数据视图（Main Working View）

1—账号　2—媒体资源　3—数据视图　4—账号设置　5—用户管理　6—所有过滤器　7—更改历史记录　8—媒体资源设置　9—跟踪信息　10—产品关联　11—01 主要工作数据视图　12—02 测试数据视图　13—03 原始的、未被过滤的数据视图（请勿改动）　14—创建新数据视图

需要注意的是，你需要拥有数据视图级别的"修改"权限来对数据视图做更改设置，需要拥有媒体资源级别的"修改"权限来创建新的数据视图。

重要提醒	在创建测试和未被过滤的数据视图之前，千万不要更改数据视图的设置或者增添任何过滤器

下面将会更改数据视图设置和添加新的过滤器。使用这些功能固然很重要，除了主要数据视图之外，切记不要在未创建用于验证设置、过滤器、目标的测试数据视图和一个原始数据的备份数据视图之前做任何修改。作为额外的预防措施，可以创建两个原始数据视图去为备份数据视图作备份。

9.3　数据视图设置

部分数据视图设置会对原始媒体资源数据的输入（raw property feed）进行重写或排除。按照这样的方式，它们非常类似于我们后面就要讲到的实际的数据重写和排除过滤器。而作为一项专门的设置，"网站搜索跟踪"（site search tracking）也是在数据视图级别进行配置的。

在介绍图 9.3 标注的数据视图设置之前，先简短介绍以下几项关于管理数据视图的设置：

- **数据视图名称（View Name）**。对于你的前三个数据视图（主要、测试和备份数据视图）的命名，上文中展示的名称都是适用的。可以为其他额外的数据视图进行命名，以描述这些视图的过滤或者已应用的配置情况，如将它命名为"仅限北美"。
- **网站 URL（Website's URL）**。从媒体资源继承而来，可以不用修改它。
- **时区所在国家或地区（Time Zone Country or Territory）**。最佳的做法就是，把时区设置成与媒体资源关联的 AdWords 账号的时区一致，以便时段报告能与 AdWords 的时段相匹配。
- **币种显示为（Currency displayed as）**。根据你的电子商务收入、目标价值等货币符号来设置相应的货币。

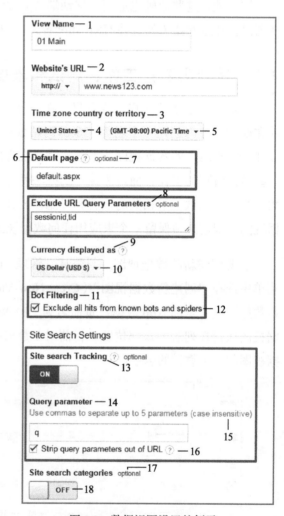

图 9.3　数据视图设置的例子

1—数据视图名称　2—网站 URL　3—时区所在国家或地区　4—美国　5—(GMT-08:00) 太平洋时间　6—默认页　7—可选　8—排除 URL 查询参数　9—币种显示为　10—美元 (USD $)　11—漫游器过滤　12—排除来自已知漫游器和"蜘蛛"程序的所有匹配　13—网站搜索跟踪　14—查询参数　15—使用英文逗号分隔参数（最多 5 个，区分大小写）　16—从 URL 中去除查询参数　17—网站搜索类别　18—关

9.3.1 默认页面

在你的"网页"报告里排行第一的页面是否显示为一个单一的斜杠呢？我们也许会识别出显示"/"的页面指的就是主页，但你也可以把"/"重写为一个更有意义的页面维度值。

在数据视图设置中指定默认页面之前，检查一下你的报告，以确定两种情况中的哪一种情况适用于你的"网页"报告：

- **重写和合并**。如果访客均可以从"/"和"/ default.aspx"进入你的主页，并因此显示为这两个维度值的任一维度值，你的"网页"报告则会如图 9.4 所示。在这种情况下，你就可以将不带斜杠的"default.aspx"在数据视图设置中指定为默认页面。这种做法将会重写从"/"到"/ default.aspx"的所有其他用 pageview 记录的实例（instance）。我们将在下文关于数据视图过滤器的讨论中说明大小写的变体。）

- **仅重写**。许多网站被配置为将默认主页（如 index.html、index.php、default.aspx 等）重定向到域名，以便当许多用户尝试访问 http://www.yoursite.com/index.php 时重定向到 http://www.yoursite.com，那么这时就会生成以"/"命名的页面。如果你是这种情况，即在你的 GA 的"网页"报告中没有记录"index.html""index.php"或"default.aspx"等实例，那么就可以重写"/"为任何值。例如，你可以将"home"指定为默认页面，这就会将"/"的所有实例重写为"/home"。

	1—Page ?		Pageviews ?	↓ 2	Unique — 3 Pageviews ?	Avg. Time on Page ? 4	Entrances ? 5	Bounce Rate ? 6
			34,345 % of Total: 100.00% (34,345)		25,840 % of Total: 100.00% (25,840)	00:01:39 Avg for View: 00:01:39 (0.00%)	12,861 % of Total: 100.00% (12,861)	45.73% Avg for View: 45.73% (0.00%)
☐	1. /	⧉	4,357 (12.69%)		2,455 (9.50%)	00:01:07	3,350 (26.05%)	43.78%
☐	2. /default.aspx	⧉	4,306 (12.54%)		3,510 (13.58%)	00:01:21	2,319 (18.03%)	48.46%
☐	3. /Default.aspx	⧉	3,227 (9.40%)		2,604 (10.08%)	00:02:09	425 (3.30%)	52.37%

图 9.4 由于这三个"页面"维度值代表着相同的实际页面，因此 GA 把"网页"报告中的这些指标进行了分段

1—页面 2—网页浏览量 3—唯一身份浏览量 4—平均页面停留时间 5—进入次数 6—跳出率

需要注意的是，"默认页面"设置不仅适用于"/"，而且也适用于以"/"结尾的所有页面。如果将"home"指定为"默认页面"，那么所有以"/"结尾的 URL 也将会被重写，这意味着"/topics/"将被重写为"/topics/home"。

如果你在"网页"报告中没有看到"/"，并且你的任何页面维度值都没有"/"，则可以忽略"默认页面"的设置。

> **笔记 | 与 URL 的碎片化做斗争：合并代表相同用户体验的多个页面**
>
> 如果用户以 "www.yoursite.com" 取代 "www.yoursite.com/index.php" 来访问主页，那么是否会想在 GA 中同时看到 "/" 和 "/index.php" 的网页价值呢？
>
> 答案是否定的。你始终可以在原始数据视图（raw view）中查看实际面向用户的"页面"（也称为请求 URI），但在工作数据视图中，合并这些"页面"的维度会更加实用，因为它们代表的是相同的最终用户体验。如果多个请求 URI 代表相同的终端用户的体验，则应该将它们合并到 GA 中的单个"页面"去。
>
> 作为请求 URI（Request URI）合并的另一种手段，我们还将讨论"排除 URL 查询参数"的设置。本章中介绍的小写字母过滤器不仅可以帮助合并请求 URI，还可以合并其他维度，如广告系列（campaign）的名称。
>
> 总体来说，URL 的碎片化给请求 URI 所造成的麻烦超过任何其他的维度。它并不总是一个问题，但一旦它成为一个问题，就常常是一个大问题。在许多其他一切正确的 GA 实施中，URL 的碎片化还有可能会产生成千上万个或几十万个单独的请求 URI。这时你就需要去优先合并你的主页和任何需要合并的页面了。

9.3.2 排除 URL 查询参数

这个设置的名称很容易被误解。它并不是通过一般意义上的从数据视图中阻止一些数据的方法来对 URL 参数进行排除（排除数据视图的过滤器则可以），而是从多个 URL 变体中移除 URL 查询参数（URL Query Parameters），并将它们合并到单个请求 URI 中。因此，可以将"排除 URL 查询参数"（Exclude URL Query Parameters）视为"剥除 URL 查询参数"（strip URL Query Parameters）。

此设置并不适用于所有网站。如果你的 URL 中未使用任何查询参数，那么此设置则对你不适用。你仍然可能有请求 URI 的碎片化的情况存在，但是如果这些碎片化现象不是由 "name = value" 查询参数引起的，则你将需要应用一个如本章后面所述的重写过滤器。

此外，如果 URL 参数确实决定了打开的网页的内容明显不同，并意味着不同的终端用户体验，则就不需要移除 URL 查询参数并合并这些 URL。例如，假设在 "learn-how-to-paint" 的网站上有以下两个 URL：

- /article.jsp?id=123（about brushstpokes）
- /article.jsp?id=456（about oil paint）

在这种情况下，id 查询参数指示着不同的页面内容，因此我们绝对不希望将其从 URL 中剥离出来。如果我们选择了排除 URL 查询参数，则可以使用数据视图的重写过滤器将每个 URL 重写为更具人性化的格式，或者在将匹配（hit）发送给 GA 之前，在 GTM 中重写 URL。不管怎样，我们都希望在 GA 中为这两种不同的页面体验维持着两个单独的 URL。

当 GA 不对页面内容做更改，或者是做出的更改不足以让 URL 能够独立地被分析到，那么 URL 查询参数则会成为一个问题。假设一个用户登录到你的网站后，sessionid 参数就会被添加到如下的 URL 中去：

- /account-settings/?sessionid=123（"Hello，Nigel"）。
- /account-settings/?sessionid=456（"Hello，Sandra"）。

从 Web 编码的角度来看，sessionid 参数在任何方面上都不是一件坏事，它允许每个页面在顶部导航中显示个性化的问候语。从 GA 的角度来看，问题是我们并不需要知道账户设置的页面是否显示了对 Nigel 或 Sandra 的问候语，只需要了解在这两个会话中，它们都访问过账户设置的页面。因此，sessionid 对于 GA 来说是不那么实用的——而事实上，拥有相同的内容和用户体验的多个不同 URL 是十分阻碍分析的。正如在第 12 章中所讨论的，我们确实希望使用自定义维度来区分已认证和未认证的会话，并在后端记录关于已认证用户（如客户级别）的其他非 PII 数据。

排除 URL 查询参数的设置在这里就显示出其作用了。通过列出 sessionid 和任何其他不确定的不同页面内容并创建"页面"分段的参数，GA 就会剥离查询参数，如图 9.5 所示。实际上，如果将整个"name=value"对值从 URL 中分离出来，就会合并 pageviews（网页浏览量）和所有其他网页相关的指标，如图 9.6 所示。

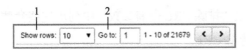

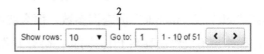

图 9.5　未经"排除 URL 查询参数"合并的"页面"，此网站的未被过滤的数据视图显示有 21679 个"页面"（也称为请求 URI）变体

图 9.6　通过指定"排除 URL 查询参数"，将图 9.5 中的 21679 个请求 URI 变体合并为 51 个，在这两种情况下，它们的总浏览量都是相同的

1—显示行数　2—跳转至　　　　　　　　　　1—显示行数　2—跳转至

笔记｜　请参阅 Google Search Console（谷歌搜索控制台）中的 URL 参数报告

　　在第 7 章中，我们查看了 Google Search Console 中的"搜索分析"报告，并强调了拥有 GA 访问权限的网站对于 Google Search Console 访问权限的重要性。Google Search Console 的另一个好处是可以查看"URL 参数"报告，如图 9.7 所示。它是在 GA 中识别所需排除的查询参数的良好起点。

　　其中 Crawl（抓取）列显示了其三种状态：

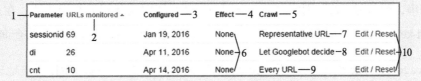

图 9.7　Google Search Console 中的"URL 参数"报告可以帮助你列出"排除 URL 查询参数"所需的查询参数

1—参数　2—受监控的 URL　3—配置时间　4—效果　5—抓取　6—无　7—代表 URL　8—由漫游器决定　9—所有 URL　10—修改／重置

1）代表 URL。Google 网页抓取漫游器（Googlebot，后简称为漫游器，或称为"谷歌蜘蛛"）认为 URL 参数不会决定不同的网页内容，因此你可能应在 GA 中将其进行合并。

2）所有 URL。漫游器认为 URL 参数决定着不同的网页内容，因此你可能无法在 GA 中对它们进行合并。

3）由漫游器决定。漫游器并不一定是正确的，因此需要做出相应的调查。

不管是"URL 参数"报告中三种状态的哪一种状态，在列出"排除 URL 查询参数"的参数之前，都应该与网站内容和开发团队进行沟通，并且在测试数据视图生效之前，切记不要在主要工作视图中进行此更新设置。

注意，Google Search Console 中的"URL 参数"报告中的任何设置都只会影响谷歌搜索引擎，而"排除 URL 查询参数"的设置也只会影响 GA。合并概念对于 SEO 和分析都是相同的，但是在这两个环境之间并不存在交互功能。

9.3.3 阻止 PII 的"排除 URL 查询参数"

在第 4 章中，布莱恩·克利夫顿的十大注意事项包括了在 GA 中检测和阻止个人身份识别信息（PII）的策略。如果 PII 是被发送到 GA 中带有如"name""lname""fname""email""address""tell"或"mobile"的查询参数，那么就可以在"排除 URL 查询参数"中列出这些参数。这样操作，不仅将会移除 PII，同时还会合并你的请求 URI。

9.3.4 网站搜索跟踪

在图 2.19 中，我们已经看过了"搜索字词"的报告，此报告可以提供有关访问者搜索内容的明确数据和独特见解。"网站搜索"不会在默认情况下填充给任何报告。在"网站搜索跟踪"数据视图设置中，可以告诉 GA 哪个 URL 查询参数是代表搜索的结果页。

例如，如果在 amazon.com 的 GA 实施中配置了"网站搜索"，则第一步是如以下大型查询搜索的示例去执行搜索并检查搜索结果页面的 URL：

```
http://www.amazon.com/s/ref-nb_sb_noss_1?url=search-alia%3Dstripbooks&field-
keywords=big+query
```

我们可以从识别"?"和"&"的符号开始——符号"？"从域名和 URL 的路径部分中划分查询字符串，而符号"&"则将"name=value"这对值中彼此划分查询参数。在这里，可以看到，"field-keywords"就是我们需要在"网站搜索"的数据视图设置中指定的查询参数。

在 Chicago Tribune 网站上对于"economy"内容搜索的结果页 URL 明显地表明，我们需要指定"Query"作为"网站搜索查询"（Site Search Query）的参数。

```
http://www.chicagotribune.com/search/dispatcher.front?Query=economy&target=
all&spell=on
```

如果你的网站搜索包含在 URL 中显示为单独的 "name=value" 的类别选项，那么除了 "网站搜索查询" 的参数之外，还可以配置 "网站搜索类别"（Site Search Category）的参数。"网站搜索类别" 的参数可作为 "搜索字词" 报告中的主要维度，也可作为 GA 的次级维度。

注意，只有当搜索页面 URL 包含以 "name" 为搜索参数和以 "value" 为搜索字词的 "name=value" 对值时，我们才能使用 "网站搜索查询" 的参数设置。如果搜索字词以其他格式显示在 URL 中，则需要使用如图 9.12 所示的数据视图过滤器。

9.3.5 漫游器过滤

可以选中 "漫游器过滤"（Bot Filtering）下方的复选框（见图 9.3），以删除由漫游器和 "蜘蛛" 程序生成的所有 GA 数据，这些数据已被编入频繁更新的 IAB/ABC 国际 "蜘蛛程序" 和漫游器的列表中。

虽然许多漫游器和过滤器无法执行 JavaScript，但其余的可以执行 GA 跟踪代码并向 GA 发送匹配（hit）。漫游器过滤可以从数据视图中删除其数据。

有些漫游器和 "蜘蛛" 程序是完全合法的，有些则不是。尽管搜索引擎和站点监控漫游器是服务于光明正大的目的，但也存在其他非法操作的程序。最严重的漫游器和 "蜘蛛程序" 违规行为发生在运行 CPM（即每千次展示费用）广告的发布网站上：在某些情况下，漫游器会被认为代表了三分之一的网站活动而剧增了网页浏览量，因此会发生广告客户为虚假流量付费，而广告网络和发布商从中获利的情况。

这种情况下，漫游器和 "蜘蛛" 活动可能会占据很大一部分的网站分析数据。而在其他的网站上，它们对分析效果的影响则极小。无论是哪种情况，都可以按照以下步骤来确定漫游器和 "蜘蛛" 程序是否在任何程度上填充了你的 GA 数据：

1）在未过滤数据视图的数据视图设置中，单击 "复制数据视图"（Copy View）。

2）把数据视图命名为 "漫游器过滤"（Bot Filtered）。

3）在新数据视图的数据视图设置中选中 "漫游器过滤"（Bot Filtered）复选框。

4）一两周后，注意一下未被过滤的数据视图和 "漫游器过滤" 的数据视图之间的网页浏览和会话的差异。

5）在主要数据视图的数据视图设置中选中 "漫游器过滤" 复选框。

6）创建注释，如 11.5 节中所述，以记录主要数据视图的更改日期。

如果你注意到 "漫游器过滤" 数据视图中存在重大差异，则需要提醒网站开发人员和任何在你的网站上以发布商身份发布任何 CPM 广告系列的负责人。如果你是广告客户，则可能需要验证你的网络是否已实施控制措施，以防止为漫游器和 "蜘蛛" 程序的展示付费。

9.4 数据视图过滤器

如前文所述，我们在前面部分中回顾了许多可以排除会话或重写维度值的数据视图过滤器的设置。除了数据视图设置外，GA 还提供丰富的数据视图过滤功能。表 9.1 总结了可以在数据视图上执行的过滤类型。

排除内部 IP 地址、小写字母维度值，甚至将主机名的名称添加到"网页"报告 [通常用于跨域或汇总（roll-up）报告，如第 12 章中所述] 都可以被视为清理或改善的形式：因为它并非是创建一个在本质上与原始媒体资源 feed 不一样的数据视图。

表 9.1 中的第一个过滤器通过仅允许一个数据子集进入数据视图来更大幅度地更改原始媒体资源 feed。

表 9.1 数据视图过滤器的功能摘要

过滤器功能	例　子
包含匹配规则的会话	包含"设备类别" = 仅限平板流量（Device Category = tablet only）
排除匹配规则的会话	排除内部 IP 地址
修改维度值	小写广告系列名称
重写维度值	添加主机名到"页面"维度

尽管它们具有听起来比较动态的名称，但是数据视图过滤器会在其应用的持续时间内永久地改变数据视图的数据。我们来假设一下，你正准备将移动端 App 的 Android 和 iOS 版本跟踪到同一个媒体资源里。你在 7 月 1 日创建了一个数据视图，并将仅包含来自 Android 操作系统的流量的过滤器应用到移动端 App 的数据视图上，7 月 31 日移除了该过滤器。从 8 月 1 日起，数据视图中收集的数据虽然会包括 Android 和 iOS 的数据，但在 7 月份的数据视图中，iOS 的数据则会永久地消失。

由于同样的原因，过滤器是不可回溯的。如果上述示例中提到的 Android/iOS 属性已收集了一年的数据，然后应用了 Android 过滤器，那么 iOS 数据将保留在数据视图中未应用过滤器的时间段里。

由于数据视图的过滤器会永久性地影响数据视图的基础媒体资源数据，因此你需要具备"修改"权限才能创建和应用它们，本章后面部分将会对此进行讨论。

在第 10.4 节，我们将数据视图过滤器与自定义细分作了对比，作为数据视图过滤器的对等物，细分是能使现在与未来的数据子集变成可追溯且动态的一种过滤方式。

下面介绍几种不同类型的过滤器的设置。正如我们之前所强调的，在尝试测试数据视图之前，千万不要对任何工作数据视图（尤其是主要数据视图）应用任何过滤器。

9.4.1　根据 IP 地址来排除内部流量

由于 IP 地址可用于过滤（即使在报告界面或 API 中不可用），因此可以标识来自内部组织的 IP 地址范围内的会话，并从工作数据视图中排除这些会话。

如何才能知道组织内部从办公室访问的 IP 地址范围呢？可以寻求网络管理员的帮助，他们通常会知道。假设你的内部组织的 IP 地址范围是 32.161.79.1~32.161.79.18，那么得知这些 IP 地址范围后，有以下两种可选方案来排除内部流量。

1）预定义过滤器：排除开头为 32.161.79 的 IP 地址的流量。

2）自定义过滤器。

预定义过滤器总体上来说是不错的，但它会稍微多地排除一些所需流量，因为它会排除匹配前 3 个 8 位字节的所有 255 个 IP 地址，而不是仅仅排除你的 IP 范围内的 18 个地址。

我们还可以避免为每一个需要排除的 IP 地址去创建 18 个独立过滤器的情况。幸运的是，一个单一的正则表达式将允许我们创建一个匹配 18 个所有 IP 地址的单一过滤器，但最多也不能超过 18 个。你可以使用 RegexIP（http://www.regexip.com）来生成正则表达式，然后如图 9.8 所示，运用到排除数据视图的过滤器上。

如果你的 IP 地址范围以 CIDR 格式表示（如 25.32.210.1/28），则可以使用诸如 http://www.ipaddressguide.com/cidr 之类的工具去显示开头和结尾的 IP 地址范围，然后把它们输入到 RegexIP 工具以获取一个正则表达式。

一旦获取到了 IP 地址范围的正则表达式，则可以进行如下操作：

1）在"管理"（Admin）屏幕的数据视图列表中，单击"过滤器"（Filters）。

2）单击"+添加过滤条件"（+Add Filter）。

3）配置如图 9.8 所示的过滤器。

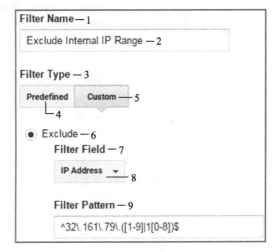

图 9.8　排除来自某个范围内所有 IP 地址的会话的单个过滤器

1—过滤器名称　2—排除内部 IP 范围　3—过滤器类型　4—预定义　5—自定义　6—排除　7—过滤字段　8—IP 地址　9—过滤模式

如果你的组织使用不连续的 IP 地址进行网络访问，则可以针对基于内部流量的 ISP 组织或 ISP 域去取代 IP 地址来配置排除过滤器。在这方面上，你的网络管理员可以给予你一些建议。

如果你从非组织内部的网络去访问互联网，则要通过 IP 来排除你的流量是比较困难的。由于以住宅为基础的个人 IP 地址往往是动态分配的，需要通过单个过滤器从 GA 网站媒体资源中排除你自己的流量，因此你可以配置 GTM 以记录用户级范围的自定义维度去发布一个专门的页面，然后在你的工作数据视图中排除掉这个自定义维度。这是一个比较特殊的情况，并且只有当你和你的同事在家庭办公室所产生的会话、网页浏览以及转化会严重影响到真实数据的时候才值得为此专门作排除。

若要从 IPv6 地址过滤流量，请参阅 GA 帮助页面中有关"排除 IPv6 地址"（*Exclude IPv6 Addresses*）的介绍。

笔记|　GA 中的正则表达式

正则表达式（Regular Expressions，或写为 regex）是可以在 GA 中用于多种用途的文本匹配符号，如数据视图过滤器、报表过滤器、目标和自定义细分，以及 GA 的许多其他独立环境。

你可能不需要在 GA 中每天都使用正则表达式，但是当你需要用到正则表达式时，它是相当必不可少的。虽然它也可以变得十分复杂，但它在 GA 中的大部分用法都是很基础的。实际上，图 9.8 的"过滤模式"（Filter Pattern）中的正则表达式已经包含了我们需要了解的 GA 正则表达式的大部分内容，并且表9.2 提供了一个很好的机会来回顾我们在第 2 章和第 8 章中学到的正则表达式。

表 9.2　GA 中正则表达式的概述

正则表达式或序列	说　明
^	字符串开头的字符串排除与包含"^"字符之前的文本字符串的任何匹配。出于这个原因，132.161.79.8 或 232.161.79.11 与 ^32\.161\.79\.([1-9] ｜ 1[0-8])$ 不匹配 正则表达式试图在匹配字符串中"找到自己"，并且如果它在匹配字符串中的任何位置定位其文本模式，则将生成一个肯定的匹配，除非你指定开头的字符串和 / 或结束字符串作为正则表达式的一部分
$	字符串结束符排除在"$"字符后面有文本的字符串中的任何匹配。因此，32.161.79.80 或 32.161.79.117 与 ^32\.161\.79\.([1-9] ｜ 1[0-8])$ 不匹配
｜	可能是 GA 中最常用的正则表达式，"｜"符号代表"或"的意思。正则表达式中的括号（如（bing ｜ yahoo））用于对"或"的选项进行分组，而不是逐字解释
[-]	括号用于分组单字符的选项。例如，[b6x] 将匹配 b、6 或 x 的单个实例 带连字符的括号允许匹配表示范围内的字符。[a-e] 匹配该范围内的单个小写字符，[B-G] 匹配范围内的单个大写字母；[3-9] 则匹配该范围内的单个数字。注意，正则表达式将所有字符视为文本，因此 [15-20] 不是一个匹配 15 和 20 之间的任何数字的有效正则表达式 通过对符号"｜"、括号"[]"和连字符"-"的理解，可以读取 IP 排除过滤器的（[1-9] ｜ 1[0-8]）部分，以表示范围内单个字符的匹配 1~9，或在 1 后跟着 1~8 范围内的单个字符。这样，我们就可以指定匹配 1~18 作为 IP 地址的最后一个 8 位字节的值
.	元字符"."匹配任何单个字符
\	后斜杠，称为转义字符，其允许正则表达式中的以下字符被逐字地解释，而不是作为元字符。因此，当我们转义 IP 地址中的"."元字符时，我们执行一些额外的正则表达式清理，以防止匹配任何在"."的位置的其他字符（文字元除外）
?	量词符"?"允许对其前一个字符出现零个或一个匹配（或括号中的零或多个字符中的一个）。如果你想过滤针对"car"或者"cars"，而不是"card"或"cart"的表格，则可以指定"car?$"作为正则表达式。"?"将意味着匹配零或一个前面"s"字符，并且以"$"结束的字符串将导致与"d"或"t"的匹配无效
*	量词符"*"允许对其前一个字符出现零个、一个匹配或多个匹配。"*"表示零或多个任意字符出现，用于匹配任何文本字符串（即使是空的）的通配符。可以使用括号（.*）中的".*"来形成提取通配符字符串，以便于重新使用匹配组，如图 9.12 和图 12.27 所示

在使正则表达式变得直观之前会需要一些实践。虽然没有必要记住所有的符号，但是要知道，你总是可以在 GA 中依赖正则表达式来制定更多的文本匹配需求。Regex101 网站是一个杰出的资源，它可供你用于测试你的正则表达式以及更多地了解这个主题。

9.4.2 把"媒介"中的"社交"重写为"社交来源"

如第 7 章中所述，来自 GA 识别为社交网络的网站流量在大多数实例中仍然被记录为媒介的"引荐"（referral）来源。（这不同于 GA 识别为搜索引擎的网站流量，其媒介是被记录为"自然搜索"来源。）如果我们希望将社交流量记录为以"社交"（social）作为媒介而不是"引荐"（也有可能是 feed，或是 twitterfeed），则可以如图 9.9 所示配置一个重写过滤器。

注意，我们使用高级过滤器去匹配两个维度来作为一个输出（output）。在本例中，我们可以忽略"提取 A"和"提取 B"（我们使用这两个字段仅用于匹配，而不是复制到输出字段与图 12.27 的做法一样）。

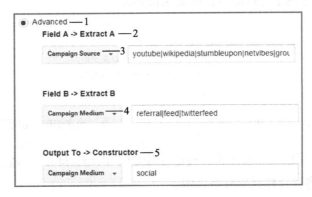

图 9.9　这个过滤器将社交点击的媒介重写为"社交"（social）

1—高级　2—字段 A → 提取 A　3—广告系列来源　4—广告系列媒介　5—输出至→构造器

下面用于"广告系列来源"的完整字符串也可以从 www.enor.com/gabook 中下载：

youtube|wikipedia|stumbleupon|netvibes|groups\.google|bloglines|groups\.yahoo|linkedin|facebook|webmasterworld|del\.icio\.us|digg|feedburner|twitter|technorati|blog|faves\.com|wordpress|newsgator|prweb|econsultancy|toprankblog|forums\.searchenginewatch|t\.co|plus. (url\.) ?google|feedly

在此过滤器中，我们使用了前面讨论过的几个正则表达式元字符：或符号（|）、转义字符（\）和"0 或 1"的量词符（?）。还需注意的是，你不需要指定完整的域名：两个（|）符号之间的任何文本字符串可以在"来源"（Source）的维度文本字符串中的任何位置"找到自己"，这样正则表达式的"technorati"部分将作为"来源"的维度来匹配 www.technorati.com。

没有必要将"媒介"重写为"社交"，以便在"默认渠道分组"中将其正确归类为"社交媒体"，但此过滤器将允许我们立即识别出显示为"媒介"的社交流量。同时需要注意，如果你打算按第 7 章中讨论到的将 RSS 流量分解为单独的渠道，则可以忽略字段 B 中的 feed，或者是根据"来源"（Source）去取代"媒介"来定义你的渠道。

此过滤器不会以任何方式来取代来自 Twitter App、Facebook App 或任何其他社交 App 的社交点击中的广告系列参数的需求。如第 7 章所述，没有特殊标记过为"媒介""来源"

和"广告系列"的 URL 参数，GA 都会将这些点击视为直接流量。

9.4.3　小写过滤器

　　正如我们在图 9.4 中所看到的，GA 将大小写变体视为单独的维度值。为了协调这些变体，可以对"请求 URI"应用小写过滤器，如图 9.10 所示。

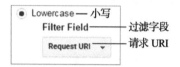

图 9.10　此过滤器合并"网页"报告中的大小写变体以及"请求 URI"出现的任何其他地方

　　通常的做法是小写以下维度 [或"过滤字段"（Filter Field），如显示在自定义过滤器设置中的维度]，以便将其合并到所有报告中：

- 请求 URI（Request URI）。
- 搜索字词（Search Term）。
- 广告媒介（Campaign Medium）。
- 广告来源（Campaign Source）。
- 广告系列名称（Campaign Name）。

9.4.4 仅包含特定子目录的流量

假设你经营一个关于视频制作的网站。你的网站向访问者提供的两个主要体验都是教程和视频设备的销售，并且把所有教程安置在"/tutorials/"的目录里，而视频设备的销售则安置在"/products"的目录里。如果你的教程和产品销售团队希望仅在自己的子目录中查看活动，或者由于其他的原因，其中一个团队不该拥有访问其他团队的网站分析权限，那么你只需创建两个新的数据视图并对其分别应用预定义的子目录过滤器即可，如图 9.11 所示。

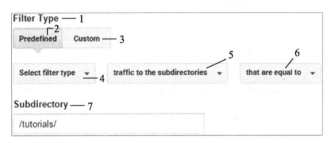

图 9.11 此过滤器仅允许将"/tutorials/"子目录中的流量显示在数据视图中

1—过滤器类型　2—预定义　3—自定义　4—选择过滤器类型　5—访问子目录的流量　6—等于　7—子目录

注意，在数据视图过滤器中指定一个子目录和指定一个子目录为自定义细分的"页面"所产生的结果是不同的。如果我们将自定义细分定义为"网页（Page）- 包含（contains）- /tutorials/"，则你的报告将显示所有在"/tutorials/"子目录中包含至少一次网页浏览的会话的所有活动，如第 10 章中所述，而"/tutorials/"子目录的数据视图过滤器将不允许除该子目录之外的任何活动进入数据视图。

9.4.5 主机名过滤器

图 12.26 和图 12.28 展示了在重写过滤器中在主机名（Hostname）维度（将主机名预置到请求 URI，如 www.mysite.com/page）和仅包含过滤器（仅包括一个子域，如在数据视图中的 news.mysite.com）的使用。

如第 5 章中对 GTM 和 GA 的实施方式所述，我们通常会建议使用单个 GTM 容器，但需要对你的生产和开发环境使用单独的 GA 媒体资源。如果你在不同环境里使用单个的 GA 媒体资源，还可以创建单独的数据视图，并分别为 `www.mysite.com` 和 `dev.mysite.com` 应用仅包含主机名的过滤器。

9.4.6 为非标准搜索结果的 URL 配置"网站搜索"

当回顾本章前面提到关于"网站搜索"的数据视图设置时，我们发现此配置仅在搜索参数作为"name = value"参数值对值（querystring pair）显示在搜索结果页的 URL 中时才有效。对于如下所示的搜索结果 URL，我们需要为 GA 的"网站搜索"配置执行另一个不同的程序。

例如，如果在你的网站上搜索"wireless router"（无线路由器）并出现以下搜索结果 URL 时，我们将需要使用如图 9.12 所示的高级过滤器来配置网站搜索。

```
http://www.mundonetworking.com/search/results/wireless+router
```

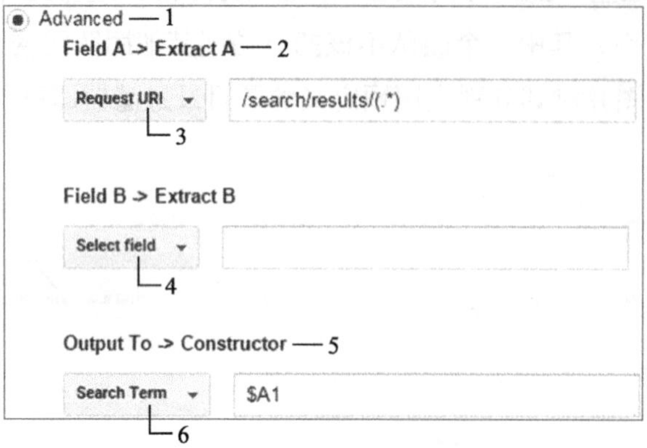

图 9.12 正则表达式（.*）的匹配组用于从请求 URI 中提取搜索字词，

因此我们可以将其输出到"搜索字词"的维度

1—高级 2—字段 A → 提取 A 3—请求 URI 4—请选择字段 5—输出至→构造器 6—搜索字词

我们将在 9.4.8 小节"过滤器执行顺序"中讨论，如果你将此"搜索字词"提取过滤器和"搜索字词"小写过滤器应用于同一数据视图，请确保将小写过滤器放在提取过滤器之后，以便它可以按实际需求来小写 URI 并使所有搜索字词从提取过滤器中接收输出（output）。

9.4.7 排除垃圾引荐流量

垃圾引荐流量（Referral Spam）是在 GA 里由垃圾漫游器生成的，它使用垃圾引荐的域名（如 semalt.com）来填充你的"来源/媒介"和"引荐"报告，旨在当你在 GA 中查看报告时，对这些域名产生点击。它除了会膨胀你的会话和用户数之外，这些虚假会话还会增加你的页面跳出率，且降低报告的转化率。

在撰写本书的时候，预计 GA 也会直接提供垃圾引荐流量的解决方案。在此期间，请参阅布莱恩·克利夫顿博客上的"如何从 GA 中移除垃圾引荐流量"（*How to Remove Referral Spam from Google Analytics*）。布莱恩的博客也介绍了自定义细分的设置，以便从已记录的 GA 数据中排除垃圾引荐流量。我们将在下一章节里讨论自定义细分。

9.4.8 过滤器执行顺序

当你将多个过滤器应用于一个数据视图时，每个后续的过滤器都会接收上一个过滤器的输出作为输入。如图 9.13 所示，你可以单击"指定过滤器顺序"（Assign Filter Order）来更改过滤器执行的顺序。

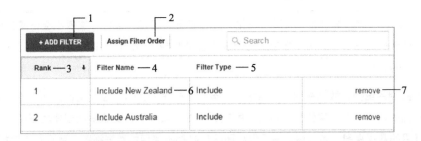

图 9.13　由于仅包含过滤器不是累积的，因此来自澳大利亚的用户将永远不会进入此数据视图

1—添加过滤条件　2—指定过滤器顺序　3—优先级　4—过滤器名称　5—过滤器类型　6—仅包含新西兰　7—删除

对于应用于不同维度的过滤器，过滤器顺序通常来说不是一个首要的考虑因素，但对于应用于同一维度的过滤器，则需要完全地理解过滤器的工作原理。

仅包含过滤器不会累积数据："仅包含"意味着"排除其余的一切"。对一个维度值应用仅包含过滤器后（如图 9.13 中的"仅包含新西兰"），你将会失去与所有其他维度值匹配的会话。在这种情况下，一旦执行了新西兰过滤器，来自澳大利亚的会话就会不可撤销地被排除。

在这种情况下，正则表达式也将保存日期。通过包括由正则表达式"|"符号分隔的新西兰和澳大利亚（New Zealand | Australia）见图 9.14，我们就可以应用单个过滤器来包含来自这两个国家的网站访问者或移动端 App 的用户。

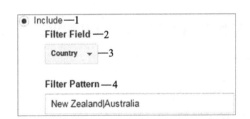

图 9.14　正则表达式"|"符号允许我们在同一个仅包含过滤器中包含两个或多个维度值

1—包含　2—过滤字段　3—国家 / 地区　4—过滤模式

如果你想要从你的数据视图中排除新西兰和澳大利亚，则这两种方法都行得通。由于排除过滤器有串联的作用，因此可以对这两个国家应用单独的排除过滤器，也可以应用使用"|"符号的单个过滤器。

笔记｜　你可以为每个 GA 媒体资源创建 25 个数据视图——请充分利用

在大多数的 GA 实施中，并没有那么多的数据视图会被应用到。如上所述，你至少要有三个数据视图：工作、测试和未被过滤的数据视图。除此之外，你还应该根据特定的子目录、设备、来源 / 媒介或地理位置的需求去创建其他的数据视图。

在细分功能不可用的一些报告中（我们会在第 10 章中讨论），数据视图过滤器也可以充当具有与内置或自定义细分同等功能的角色。例如，你可以将内置"平板电脑流量"（Tablet Traffic）的细分应用于"引荐流量"（Referral Traffic）或"内容深入分析"（Content Drilldown）报告，但对于不能被应用到常规

GA 细分的报告，万一你只是想在"渠道可视化"或"多渠道路径"报告中查看平板电脑的会话时怎么办？如果你创建新的数据视图并对平板电脑应用仅包含过滤器，则任何在该数据视图中访问的报告都只会显示平板电脑的数据。

不同于可回溯的细分，数据视图过滤器应用于当前和未来的数据，因此建议你在实施早期就要评估对附加数据视图的需求，并创建任何可能有用的数据视图。如果你在实施早期创建数据视图，那么请创建任何可能有用的数据视图。如果你创建了你和团队最终都不使用的数据视图，那么删除数据视图即可，这并不会造成任何损失。

GA 提供创建 25 个数据视图的容量是有其原因的，因此不要害怕去使用它。

9.4.9　针对不同的数据视图，应用相同的过滤器

在把过滤器应用到工作数据视图之前，需在测试数据视图中测试过滤器。为了提供最便捷的操作，GA 允许在数据视图之间复制过滤器：无须重新创建媒体资源中其他已有的数据视图。

如果你在测试数据视图中针对广告系列媒介、来源和名称验证了小写过滤器，则可以执行以下步骤，在主要工作的数据视图（或其他数据视图）中复制这些过滤器：

1）在"管理"（Admin）面板的"数据视图"栏中，选择你的工作数据视图，然后单击"过滤器"（Filters）。

2）单击"添加过滤条件"（+Add Filter），然后选择"应用现有过滤器"（Apply Existing Filter），如图 9.15 所示。

3）选择存在于媒体资源中但尚未应用于工作数据视图的一个或多个过滤器。

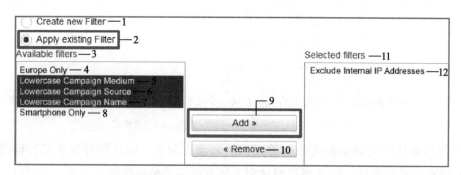

图 9.15　创建添加了过滤器的数据视图后，"数据视图"面板的"添加过滤条件"

允许你将其应用于媒体资源中的任何其他数据视图

1—新建过滤器　2—应用现有过滤器　3—可用过滤器　4—仅限欧洲　5—小写广告系列媒介　6—小写广告系列来源

7—小写广告系列名称　8—仅限智能手机　9—添加　10—删除　11—选定的过滤器　12—排除内部 IP 地址

除未被过滤的数据视图之外，虽然对于所有的数据视图应用清理过滤器（如小写过滤器）一定会被视为最佳实践，但你可以更有选择性地应用专门的过滤器（如"仅限欧洲"）。如前文所述，应用于相同原始媒体资源 feed 的过滤器和设置的不同组合说明了 GA 提供多个数据视图功能的基本目的。

9.5　访问权限

GA 的访问权限管理既灵活又相当直接。当你以个人名义创建 GA 账户时，你可以通过在账户层次结构的以下所有三个级别的"管理"面板中单击"用户管理"（User Management）来管理 GA 用户的访问权限：

- 账户。
- 媒体资源。
- 数据视图。

1）自上而下的访问权限：你在账户或媒体资源级别向用户授予的权限将流向更低的级别。此外，对于已被提供了较高级别权限的用户，你不能在较低级别的权限上对其再作限制。

在账户层次结构的每个级别中，你可以分配多达 4 个权限，如图 9.16 所示。在这些权限中，你应该考虑给管理员授予"管理用户"（Manage Users）和"修改"（Edit）的权限，并需要非常审慎地授予这两个权限。

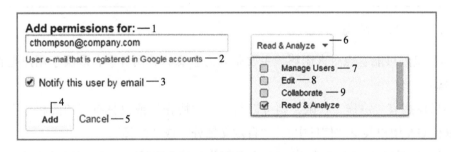

图 9.16　在账户层次结构的每个级别中，你可以分配 4 个权限级别

1—为以下用户添加权限　2—在 Google 账号中注册的用户电子邮件　3—通过电子邮件通知该用户　4—添加　5—取消
6—阅读和分析　7—管理用户　8—修改　9—协作

向用户授予 GA 任何级别的访问权限的要求与创建 GA 账户相同，都是由提供 gmail 邮件地址或用户与 Google 账户关联的任何电子邮件地址开始的。

2）权限也倾向于自上而下地工作：如果你向用户提供"修改"（Edit）或"协作"（Collaborate）的访问权限，则会自动被选择为较低的权限。"管理用户"权限不会被选择为任何较低的权限，但常规做法是伴随着"管理用户"权限来授予其他三个级别的访问权限。

9.5.1　"管理用户"权限

此权限允许其他 GA 用户轮流管理权限。请务必仅将此权限分配给完全信任的用户。

9.5.2　"修改"权限

"修改"权限允许 GA 用户指定如何捕获和处理数据。"修改"权限在账户层次结构的不同级别中具有不同的含义。表 9.3 列出了在每个级别"修改"访问权限的几个特权。

表 9.3　账户、媒体资源和数据视图级别中的"修改"权限

账户级别	允许的"修改"权限
账户级	■ 管理账户的设置 ■ 查看更改历史记录 ■ 管理垃圾箱 ■ 创建新的媒体资源
媒体资源	■ 管理媒体资源的设置 ■ 自定义跟踪 ■ 配置自定义维度和指标 ■ 导入数据 ■ 创建再营销列表 ■ 创建新的数据视图
数据视图	■ 管理数据视图的设置 ■ 创建和应用数据视图过滤器 ■ 创建目标 ■ 自定义默认渠道分组 ■ 配置内容分组 ■ 配置计算指标

9.5.3 "协作"权限

"协作"权限可能有点令人困惑，主要是因为它意味着两件事，取决于用户是否创建了手头的资源：

- 如果你拥有"协作"权限，则可以与具有"协作"或仅具有"阅读和分析"权限的其他 GA 用户共享"信息中心""自定义细分"或"注释"。
- 如果你与其共享"信息中心""自定义细分"或"注释"的 GA 用户也具有"协作"的访问权限，则该用户也可以编辑或删除此资源。

"信息中心"和"注释"的共享选项分别如图 11.2 和图 11.12 所示。你可以从"细分适用范围"（Segment availability）弹出菜单中选择共享一个细分，如图 9.17 所示。

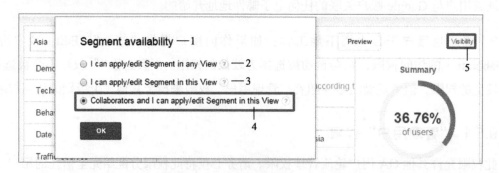

图 9.17　如果你共享"自定义细分"，则其他具有该数据视图的"阅读和分析"权限的 GA 用户将能够把该
细分应用到报告；如果其还具有"协作"权限，则将能够编辑或删除该细分

1—细分适用范围　2—我可以在任何数据视图中应用 / 修改细分　3—我可以在此数据视图中应用 / 修改细分

4—协作者和我可以在此数据视图中应用 / 修改细分　5—细分将在所有数据视图中显示

9.5.4 "阅读和分析"权限

此访问权限以前在 GA 中显示为"仅查看报告"。虽然仍指定为最基本的权限,但当前的名称"阅读和分析",提示了此权限的许多功能。

有"阅读和分析"权限的用户可以创建:

- 自定义细分。
- 自定义报告。
- 个人渠道分组。
- 信息中心。
- 智能提醒。
- 个人注释。
- 快捷方式。

我们在第 7 章中讨论过个人渠道分组。下面将在第 10 章探讨自定义细分,以及在第 11 章中列出的其他功能。

9.5.5 通过数据视图过滤器和用户权限控制对数据子集的访问

前面学习了如何应用仅包含过滤器来创建原始媒体资源的子集。如果我们必须对来自特定引荐网站的活动做报告,并且希望与网站的所有者共享仅针对来自此网站点击会话的 GA 数据,则可以采取以下步骤:

1)创建新的数据视图并将其命名为"Partnersite Clickthroughs"。

2)在数据视图中应用仅包含过滤器,如图 9.18 所示。

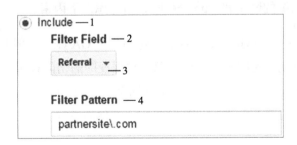

图 9.18 你可以创建一个数据视图,使该数据视图仅包含来自另一个网站点击而来的会话的数据,
然后仅为该数据视图分配权限

1—包含 2—过滤字段 3—引荐 4—过滤模式

3)单击"数据视图管理"(View Admin)中的"管理用户"(Manage Users),并向合作伙伴组织的个体分配"阅读和分析"权限,也许还可能需要分配"协作"权限。

| 重要提醒 | 误删情况时有发生：灵活使用访问权限 |

1）在授予"修改"和"管理用户"权限时需要分外小心，特别是对于账户级别的权限。如果你在账户级别向其他 GA 用户提供"修改"权限和"管理用户"权限，则该用户可以编辑或删除账户中的任何元素，同时也可以删除或修改自己的访问权限，从而阻止在"管理"屏幕上访问"更改历史记录"（Change History）或"垃圾箱"（Trash Can）。

2）当有人离开你的组织时，务必主动和抢先使用 GA 访问权限，尤其是当这个人属于非自愿离开的时候。

3）对于你已经授权过任何级别的 GA 访问权限的服务提供商和合作伙伴，随着你们关系的演变，或存在终止合作的可能性时，请相应地更新他们的权限。

4）"管理用户"屏幕不允许为添加的用户电子邮件地址添加名称来作为标签。如果你认为在将来的任何时候都无法通过电子邮件地址来识别某个人，则可以把名称和组织匹配到电子邮件地址来保留一个单独的记录。

9.5.6　无直接访问的权限

无直接访问的权限显然不是你可以在 GA 中分配到的一个实际级别，但在某些情况下应该考虑。要想有效地操纵和理解 GA 报告，需要一些时间、精力及专业技能。

如果有一位行政人员、经理、同事（特别是从事营销 / 分析师之外的人员）或客户组织内的任何人招架不住 GA 的界面，或者更严重的是，由于对报告的误解而做出不明智的业务决策，在这种情况下，配置 1 或 2 个信息中心或自定义报告，然后如第 11 章所述，给其发送每周或每月的定期报告邮件，将会是一个更合适、高效和安全的做法。

9.5.7　广告代理商的用户管理

当管理属于许多组织的网站和 App 分析时，请考虑以下因素：

1）你只能在一个登录的 Google 账号下创建 100 个 GA 账户，但其他 GA 用户可以为该单个用户登录提供大量的 GA 账户、媒体资源和数据视图的访问权限。对于 Analytics 360 的客户，请务必直接与 Google 或你的 GAP 经销商联系，以了解你可以在一个登录账号下创建的账户数量、媒体资源和数据视图的设置和门槛。而你的总匹配（hit）数量则是该判断的其中一个因素。

2）一旦一个 Google 登录账号被授予了账户、媒体资源或数据视图级别的权限，该登录账号就会与创建账户、媒体资源或数据视图的 GA 用户拥有相同的权限。

考虑到这两点，对客户更有意义的可能是，在客户的登录账号下创建 GA 账户或媒体资源，然后对你的代理提供所有访问权限，正如我们在第 4 章中讨论的那样。这样做的好处是，你无须担心单个账号登录造成对 GA 账号创建的限制。另一个好处是，你将消除无意中为一个客户提供对另一个客户的数据的访问机会。同样地，如果你与分析或数字营销的代理机构合作以协助你使用 GA，建议你根据需求去创建新的账户和媒体资源，然后向代理机构授予其访问权限（而不是其他方式）。

9.6　更改历史记录

"更改历史记录"（Change History）面板（见图 9.19）显示了所有账户的详细记录，包括拥有"修改"和"管理用户"权限的 GA 用户对媒体资源和数据视图的更改历史记录。

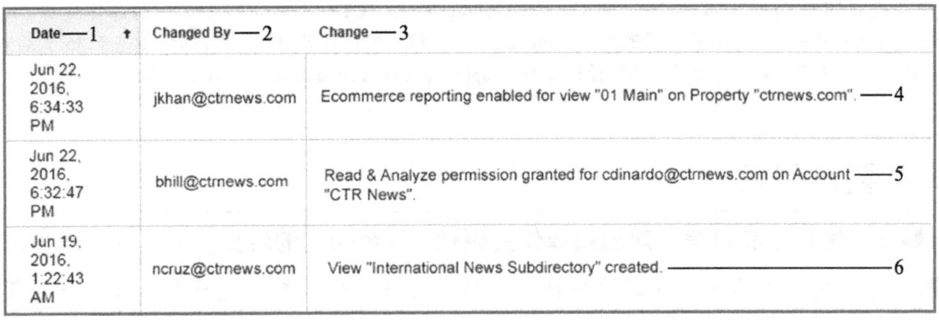

Date —1　↑	Changed By —2	Change —3
Jun 22, 2016, 6:34:33 PM	jkhan@ctrnews.com	Ecommerce reporting enabled for view "01 Main" on Property "ctrnews.com". —4
Jun 22, 2016, 6:32:47 PM	bhill@ctrnews.com	Read & Analyze permission granted for cdinardo@ctrnews.com on Account "CTR News". —5
Jun 19, 2016, 1:22:43 AM	ncruz@ctrnews.com	View "International News Subdirectory" created. —6

图 9.19　"更改历史记录"记录了账户、媒体资源和数据视图级别的配置以及权限的更改

1—日期　2—更改者　3—更改　4—为媒体资源 "ctrnews.com" 的数据视图 "01 Main" 启用了电子商务报告　5—授予了 "cdinardo@ctrnews.com" 对账号 "CTR News" 的 "阅读和分析" 权限　6—创建了 "International News Subdirectory" 数据视图

9.7　垃圾箱

GA 用户再也无法立即删除账户、媒体资源或数据视图了。取而代之的是，用户必须将账户、媒体资源或数据视图移动到垃圾箱（Trash Can）。如图 9.20 所示，在 35 天内可以通过账户的"修改"访问权限恢复该账户、媒体资源或数据视图，之后 GA 才会永久删除已移动到垃圾箱的项目。

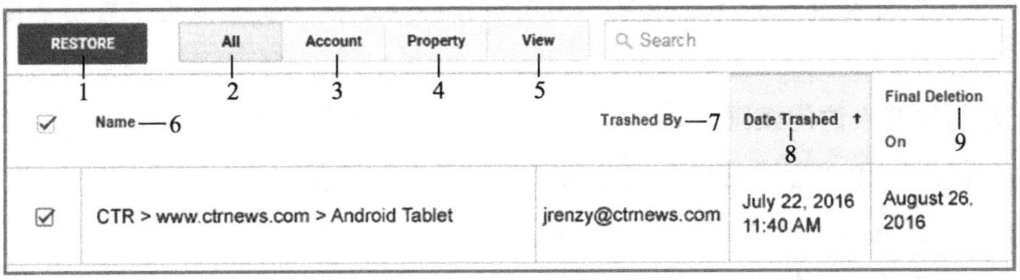

图 9.20　拥有账户"修改"权限的 GA 用户有 35 天的时间来恢复已移动到垃圾箱的项目

1—恢复　2—全部　3—账号　4—媒体资源　5—数据视图　6—名称　7—删除者　8—删除日期　9—最终删除日期

当账户、媒体资源或数据视图移至垃圾箱时，具有该账户"修改"权限的 GA 用户就会收到通知，如图 9.21 所示。

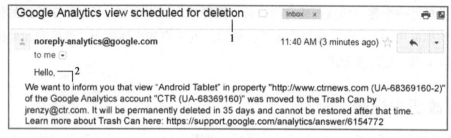

图 9.21 删除数据视图后的通知

1—即将在指定日期删除 Google Analytics 数据视图
2—尊敬的客户:

您好! 谨在此通知您, jrenzy@ctr.com 已将 Google Analytics 账号"CTR(UA-68369160)"的媒体资源"http://www.ctrnews.com(UA-68369160-2)"中的数据视图"Android Tablet"移动到"垃圾箱"。该数据视图将于 35 天后永久删除,此后将无法恢复。要详细了解"垃圾箱", 请访问: https://support.google.com/analytics/answer/6154772

 本章要点回顾

----

1)数据视图设置和过滤器对原始媒体资源输入(feed)的转换。数据视图过滤器和许多数据视图设置可用于清理媒体资源的数据、添加如目标达成次数的指标或创建数据子集。创建多个数据视图的主要原因在于在相同原始媒体资源的数据上分别代表着不同过滤器的输出。

2)合并必要的请求 URI。如果你在"网页"报告中有数十行或数十万行,你的数据可能会遇到"页面"(也称为请求 URI)维度的碎片化:表示着相同内容和用户体验的多个请求 URI,这样你就可以从 Google Search Console(谷歌搜索控制台)中的 URL 参数报告开始着手,并相应地使用"排除 URL 查询参数"。

3)对数据子集进行受控访问的过滤器和数据视图权限。如果所有 GA 用户都能够访问媒体资源中记录的所有数据是不适宜的话,则可以使用数据视图过滤器来创建媒体资源数据的子集,然后仅提供对该数据视图的访问权限。

4)不要害怕创建新的数据视图,但务必使用数据视图过滤器和设置以进行验证。合理利用你可以在每个媒体资源中创建的 25 个数据视图。在每个媒体资源中创建测试数据视图和备份数据视图,并在复制到工作数据视图之前仔细验证测试数据视图中数据视图的设置和过滤器。

5)无限制的账户访问权限。你可以拥有无数个账户、媒体资源和数据视图的访问权限。

6)对"修改"和"管理用户"的访问权限需要非常谨慎。仅对信任的用户提供"修改"和"管理用户"的权限,尤其是在账户级别上。

7)删除的账户、媒体资源或数据视图会在垃圾箱中存储 35 天。如果你在账户级别拥有"修改"权限,则可以在 35 天内恢复已移动到垃圾箱的账户、媒体资源或数据视图。

实战与练习

----

1)创建测试和备份数据视图。为你管理的每个 GA 媒体资源创建一个测试数据视图和

一个未被过滤的原始备份数据视图。还可以通过更改数据视图名称让你的主要数据视图保持在列表顶部，或让你的数据视图排列变得井然有序。

2）**排除内部流量**。请向你的网络管理员咨询公司 IP 地址的范围，并相应地为内部 IP 地址创建排除过滤器。另外还有一个可选项，可以通过网络服务提供商（ISP）域名或 ISP 组织来过滤内部流量。

3）**配置网站搜索的跟踪**。如果你在网站上提供了网站搜索功能，请使用本章中介绍的两种方法中的一种来配置网站搜索的跟踪。

4）**合并 URL**。根据你的实际情况，使用"默认网页"和"排除 URL 查询参数"来合并 URL 变体。

5）**应用小写过滤器**。小写你的"广告系列媒介""广告系列来源""广告系列名称"和"搜索字词"（如已启用网站搜索跟踪）。

6）**测试漫游器过滤**。创建一个未被过滤的数据视图副本，检查"漫游器过滤"复选框，并记下一两周后会话和网页浏览量的差异，然后启用漫游器来过滤你的一个或多个工作数据视图。

第 10 章
细分

在 2008 年的一次电子商务会议中，那时仍处于 Web 分析的早期，会议主席吉姆·斯特恩向一个行业思想领袖小组提问，目前分析平台首要的缺失因素是什么。"细分"他们几乎一致地如此回答。有些人还补充道，"汇总太糟糕了，"不过用的是更具夸张的措辞。

快进到今天：网站分析平台，尤其是 GA，在这方面做得非常出色，它几乎在每一个方面都尽可能地让营销人员得以交叉地分析数据，比起默认的报告汇总，这使得他们能够更快速地洞察数据。

本章将介绍 GA 的细分功能及其易用性。

10.1　为实现聚焦和放大进行的细分

在分析中，汇总数据会妨碍我们的洞察。当把细分应用到你的 GA 报告时，你将看到基于访问者特征或行为的数据的连贯子集，这将允许你检测到可能会被一直隐藏的趋势，并使你以更聚焦和更有意义的方式去做出测量和优化（见图 10.1）。

图 10.1　细分将你的分析集中在访问者的子集上

例如，如果你的老板仍然认为不需要去投资移动端市场和分析策略，则可以应用内置的移动端流量细分功能轻松地分离出"受众群体概览""着陆页"和"来源 / 媒介"的移动端流量：把该细分应用到所有你能访问的报告上，以便轻松了解移动端的流量是否有上升的趋势（同时移动端的跳出率和转化率可能并没有在改善）。通过应用细分功能，你已经洞察到你可以为此采取具体的业务优化行动。你的论点已得到证明，并因此使你得到了移动端投资的预算分配。

10.1.1　应用内置（"系统"）细分

可以向报告应用两种不同类型的细分：内置细分或其他 GA 用户定义的自定义细分。

应用内置细分的步骤如下：

1）在 GA 报告的顶部，单击"+ 添加细分"（Add Segment）。

2）在细分面板的左侧单击仅显示为系统（如内置）细分的"系统"（System），如图 10.2 所示。

3）选择一个细分，如"移动设备流量"（Mobile Traffic）。

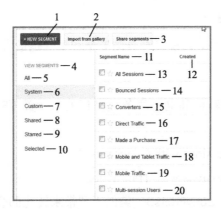

图 10.2　在细分面板中列出的"系统"（或"内置"）细分

1—新细分　2—从库中导入　3—共享细分　4—查看细分　5—全部　6—系统　7—自定义　8—共享　9—已加星标　10—已选择　11—细分名称　12—创建日期　13—所有会话　14—用户跳出的会话　15—发生转化的访问者　16—直接流量　17—进行购买的访问者　18—移动设备和平板电脑流量　19—移动设备流量　20—多次会话用户

一旦将细分应用到报告中，即使导航到媒体资源和账户中的不同的报告，它仍然也是被应用的。可以在一个报告中一次应用多达 4 个细分。

下面讨论几个附加的内置细分。

1. 非跳出会话

为什么你会想要从报告中排除跳出的会话？答案是十分直观的：将你的分析集中于展示初始互动的访问者，从而让他们更好地代表真正目标受众。

我们绝对不建议你要对自己的跳出率感到满足。跳出率通常是一个负面指标，特别是对于交易网站，并且你绝不希望看到"跳出率"指标在逐年地增长。也就是说，一部分流量的跳出是肯定能预料的，如错误的自然搜索、过时的引荐等。通过从分析中排除这些会话，可以使你把重心放在网站的真正访问者，也就是初始动机是要访问你的网站的访问者。

在图 10.3 中应用了非跳出会话（Non-Bounce Sessions）的细分，我们放大了转化率指标的展示，从而比仅应用默认的所有会话（All Sessions）细分更突出地显示趋势。维度放大是细分的一个关键优点，后面将会更详细地探讨。

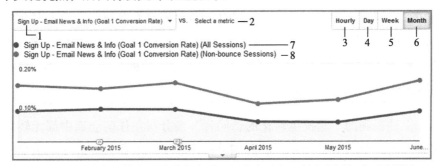

图 10.3　转化率趋势在"非跳出会话"细分中比在"所有会话"中更为明显

1—注册 - 电子邮件新闻和信息（目标 1 的转化率）　2—选择指标　3—每小时　4—日　5—周　6—月　7—所有会话　8—非跳出会话

2. 与转化相关的系统细分

在包含目标达成数的会话中，哪些网页浏览量和事件是最常发生的？非转化会话中最多的退出次数来自于哪里？

以下是其中 5 个与目标转化和电子商务交易相关的内置（Sessions with Conversion）细分会话：

1）带来转化的会话（Sessions with Conversion）。

2）带来交易的会话（Sessions with Transaction）。

3）发生转化的访问者（Converters）：类似于"带来转化的会话"，但是出自用户级别范围内而非会话级别范围的指标。细分范围将在本章的后面部分进行讨论。

4）进行购买的访问者（Made a Purchase）：类似于"带来交易的会话"，但是出自用户级别范围内而非会话级别范围的指标。

5）非发生转化的访问者（Non-Converters）。没有在任何会话中达成目标或产生电子交易的用户，如图 10.4 所定义。

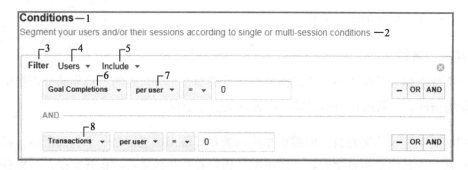

图 10.4　通过制作内置"非发生转化的访问者"的细分副本，可以看到它包含了既未完成目标也未完成电子商务交易的用户

1—条件　2—按单次会话或多次会话情况细分您的用户和／或其会话数　3—过滤器　4—用户　5—包含　6—目标达成次数　7—按用户　8—交易次数

将"带来转化的会话"细分应用于"网页"（page）报告时，可以查看转化会话期间被浏览次数最多的页面。同样地，"带来交易的会话"的细分包含电子商务的交易。可以将"非发生转化的访问者"与任何"发生转化的访问者"同时作细分，以便与任何"发生转化的访问者"的网页浏览量进行比较。如果"发生转化的访问者"细分中的最多访问的页面是助于转化的，或至少是与"带来转化的会话"和"带来交易的会话"重合的，那么就可以让这些页面在网站导航上变得更明显。

相反地，上述提到的"非发生转化的访问者"细分与在任何会话中都无转化或交易的用户是隔离开来的，如图 10.5 所示。将此细分应用于"退出页"（Exit）报告后，该如何对"非发生转化的访问者"（Non-Converters）的高频退出页做出改善呢？是更好的价值还是行动号召？

	Page —1	Exits —2 ↓	Pageviews —3	% Exit —4
	Non-Converters —5	631,782 % of Total: 31.48% (2,007,207)	1,529,232 % of Total: 12.34% (12,395,141)	41.31% Avg for View: 16.19% (155.13%)
☐	1. /home	269,813 (42.71%)	421,558 (27.57%)	64.00%
☐	2. /payment	60,688 (9.61%)	78,566 (5.14%)	77.24%
☐	3. /search-results	15,326 (2.43%)	51,122 (3.34%)	29.98%
☐	4. /news-summary	13,914 (2.20%)	40,730 (2.66%)	34.16%
☐	5. /bios	13,859 (2.19%)	47,374 (3.10%)	29.25%

图 10.5 将“非发生转化的访问者”细分应用到“退出页”报告中突出展示了可以进行优化付款（payment）和搜索结果页（search-results）的机会

1—网页 2—退出次数 3—网页浏览量 4—退出百分比 5—非发生转化的访问者

10.1.2 创建自定义细分

正如我们前面所看到的，许多内置细分非常有用，但真正强大的细分是你为自己定义的自定义细分。让我们大致考虑一下这两种细分：我们将它们称为“特征细分”（characteristic segments）和“行为细分”（behavior segments）。

1. 特征细分

对于特征细分，可以根据在“受众群体”（Audience）或“流量获取”（Acquisition）报告中看到的信息来轻松地给其定义，例如：

- 安大略省（加拿大的一个省）。根据“区域”（Region）的维度来定义细分。
- 旧版本的 Internet Explorer。根据“浏览器”（Browser）和“浏览器版本”（Browser Version）来定义细分。
- 来自合作伙伴网站的引荐。根据“来源”（Source）维度来定义细分。

所有这些示例都基于一个维度值：地理位置、技术和流量来源来表征整个会话。

若要为来自 partnersite.com 的访问者去定义细分，可按如下步骤执行：

1）访问如图 10.2 所示的细分面板。

2）单击“+ 新建细分”（New Segment）。

3）此时，可以在两个地方找到用于定义细分的维度：在“初始”部分的前 5 个部分（基于“流量来源”或“电子商务”的“受众特征”），或是其下方的“高级 > 条件”（Advanced > Conditions）。这些选项基本上是相同的，通常建议直接进入“高级 > 条件”。你可以在“初始”部分找到所有相同的维度，也可以选择“用户”（Users）或“会话”（Sessions）的范围，并根据自定义维度值来创建一个细分，后面会进行介绍。

4）对于图 10.6 的示例，我们将选择“来源”（Source）作为维度，将其匹配为下拉列表的“包含”（Contains），并在“维度值”字段中输入“partnersite.com”。注意，还可以通过从下拉列表中选择“排除”去替代“包含”来创建排除细分。

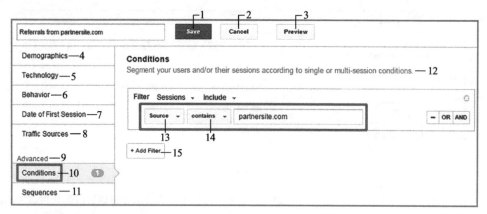

图 10.6　可以在顶部的其中一个部分 [如流量来源（Traffic Sources）] 或"高级 > 条件"（Advanced >Conditions）中启动细分定义，后者提供了额外选项

1—保存　2—取消　3—预览　4—受众特征　5—技术　6—行为　7—首次会话日期　8—流量来源　9—高级　10—条件　11—顺序　12—按单次会话或多次会话情况细分您的用户和 / 或其会话数　13—来源　14—包含　15—添加过滤条件

2. 行为细分

行为细分可能比特征细分更难理解，但它们对于确定成功因素和不同的受众群体更为重要。注意，此处讨论的行为细分不直接对应于图 10.6 所示的新细分面板的"行为"部分。

在行为细分中，使用单个匹配级操作（在大多数情况下是网页浏览或事件）来标识整个会话，甚至是多个会话的用户。

假设你经营一个宣传丹麦旅游的网站。三个月前，你发布了一个新页面，主页上有一个突出的链接："今年要游览丹麦的十大理由"。你的设计和内容团队在这个页面投入了大量精力，每个人都想知道它是否有助于增加信息请求和邮件列表的注册。

你创建了两个细分：一个是包含发生在"十大理由"（Top-10-Reasons）网页浏览的会话，如图 10.7 所示；另一个是排除细分，排除了在该网页浏览发生的会话（换句话说，也就是不包含发生该网页浏览的所有会话）。

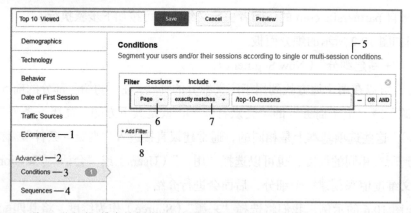

图 10.7　基于"网页"维度的细分，包括来自某网页至少被浏览一次的会话的所有数据

1—电子商务　2—高级　3—条件　4—顺序　5—按单次会话或多次会话情况细分您的用户和 / 或其会话数　6—网页　7—完全匹配　8—添加过滤条件

重要的是，定义为"网页（page）- 完全匹配（exactly matches）- /top-10 -reasons"的细分不仅仅包括该页面。如果只包括该页面，实际上是不会有什么用处的，因为"网页"报告已经显示了该页面的指标。相反地，此细分用于标识该页面被查看过至少一次的所有会话。如果你将细分定义为"网页（page）- 包含（contains）- /product"，则不会仅仅匹配请求 URI 中带有"/product"的页面，而是将所有包含至少一个网页浏览的会话（sessions）与请求 URI 中的"/product"相匹配。

当应用于"目标"报告时，我们的两个细分显示了"十大理由"页面与目标达成之间可能存在的关联：观看过"十大理由"细分的电子邮件注册转化率为 1.45%，而未观看"十大理由"细分的电子邮件注册转化率仅为 0.73%，如图 10.8 所示。

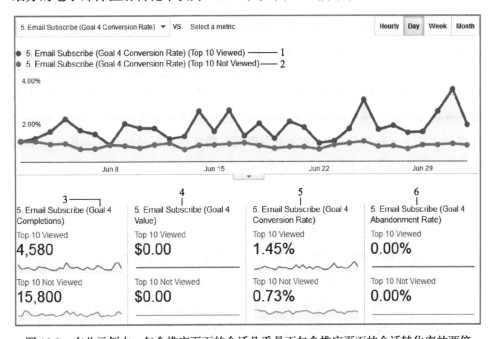

图 10.8　在此示例中，包含推广页面的会话几乎是不包含推广页面的会话转化率的两倍

1—电子邮件订阅（目标 4 的转化率）（观看过"十大理由"） 2—电子邮件订阅（目标 4 的转化率）（未观看过"十大理由"）
3—目标 4 的达成次数　4—目标 4 的价值　5—目标 4 的转化率　6—目标 4 的放弃率

从统计或心理学的角度来看，将转化次数的增加归因于"十大理由"的网页浏览量是否是无效的？也许从逻辑上来说，最有可能发生转化的访问者是最有可能访问"十大理由"网页的。然而，相关性是非常引人注目的，我们可能会合理地增加转化，至少部分是可以归因于"十大理由"的页面，因此我们可以努力地在那里推动更多的流量。最起码，我们已经确定了一个优秀的测试假设：访问游览丹麦"十大理由"的页面增加了我们电子邮件的注册量我们将在附录 A 中讨论测试技巧。

要验证在转化前访问了"十大理由"的页面审核，可以创建具有特定步骤顺序的细分。注意，可以指定这些步骤是否需要与其他互动隔离起来；对于许多类型的分析，直接继承不如在整体顺序中完成步骤那样地相关，因此可以保持默认值"之后是……"（is followed by），来取代"之后紧接着是…"（is followed > mmediately by）（见图 10.9）。

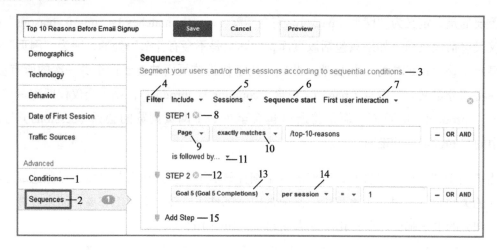

图 10.9　此顺序细分会告诉我们在电子邮件注册之前，浏览"十大理由"页面的会话数

1—条件　2—顺序　3—按继发情况细分您的用户或其会话数　4—过滤器　5—会话数　6—顺序起点 7—第一次用户互动
8—第 1 步　9—网页　10—完全匹配　11—之后是　12—第 2 步　13—目标 5（目标 5 达成次数）　14—按会话　15—添加步骤

　　基于"十大理由"页面的成功，你决定在"十大理由"的视频中投入 10 000 欧元的营销预算。那么你将如何衡量视频的效果呢？假设你已将视频互动的跟踪设置为 GA 事件，你可以再次创建两个细分——播放过视频的会话和没有播放过视频的会话，与图 10.14 类似，你可以再次使用与图 10.9 类似的顺序细分来验证顺序。

3. 其他的自定义细分

　　除了上面讨论的细分之外，还可以定义以下细分来专注于你的分析。

　　1）登录 / 非登录的会话。如果你的登录用户重定向到某个页面（如"/logged-in"或"/welcome"），则可以根据该页面来创建登录和非登录的用户细分。如果已登录的访问者未重定向到某个特殊页面，则可以如第 12 章中所述，把自定义维度（或事件）记录为登录过程的一部分，然后基于该维度（或时间）去创建一个细分。

　　2）高价值的电子商务会话。收入大于指定金额的会话（或用户）。

　　3）非跳出但无转化的会话。复制内置的"非跳出会话"细分作为基础，可以定义一个关于有足够动机以至于无跳出，但又不足以促成转化的会话的细分，以此来帮助我们识别这些会话的网页浏览和退出页。

　　4）未浏览主页的会话。"着陆页"报告可以直观地显示非始于首页的会话的百分比，但你也可以创建一个细分来显示完全不包含主页的会话数。如果大部分会话都不是通过主页来的，那么你需要确保关键的消息传递和导航的选项不仅仅局限于展示在主页，因为你的许多访问者并不会去看主页。

　　笔记 | "互动者"细分

　　图 10.10 显示了一个来自布莱恩·克利夫顿的"互动者"细分的示例，你可以将其应用于报告，以帮助识别感兴趣的访问者并开始"提高信噪比"。

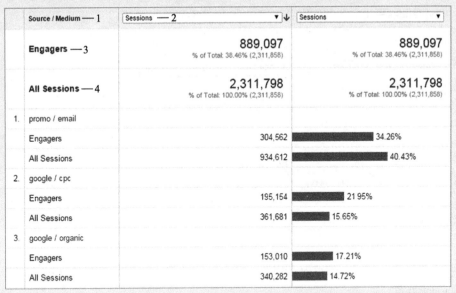

图 10.10　此细分根据目标达成数，已开始或已完成的电子商务交易次数、浏览页数（不同网页的唯一网页浏览量）或会话时长来确定参与度。需要注意的是，根据地区的差异化，"产品被添加到购物篮的次数"（Product Adds To Basket）的指标可能会显示为"产品被添加到购物车的次数（Product Adds To Cart）"

1—按单次会话或多次会话情况细分您的用户和 / 或其会话数　2—过滤器　3—用户　4—包含　5—目标达成次数　6—按会话　7—产品被添加到购物车的次数　8—交易次数　9—浏览页数　10—会话时长

　　可以将此细分应用到"位置""移动设备"或"来源 / 媒介"的报告（见图 10.11），以便更好地了解你的访问者：他们所在的国家 / 地区、他们使用的技术以及产生访问的流量来源。

Source / Medium —— 1	Sessions —— 2 ▼↓	Sessions ▼
Engagers —— 3	889,097 % of Total: 38.46% (2,311,858)	889,097 % of Total: 38.46% (2,311,858)
All Sessions —— 4	2,311,798 % of Total: 100.00% (2,311,858)	2,311,798 % of Total: 100.00% (2,311,858)
1. promo / email		
Engagers	304,562	34.26%
All Sessions	934,612	40.43%
2. google / cpc		
Engagers	195,154	21.95%
All Sessions	361,681	15.65%
3. google / organic		
Engagers	153,010	17.21%
All Sessions	340,282	14.72%

图 10.11　把"互动者"和"所有会话"细分应用到"来源 / 媒介"报告，并把报告显示设置为"效果"（Performance）

1—来源 / 媒介　2—会话数　3—互动者数　4—所有会话数

　　通过在"来源 / 媒介"报告应用"互动者"细分，我们发现我们的 AdWords（即 google / cpc）流量仅占整个会话的 15.65%，但占该时段的约 21.95%。要进一步了解详情，可以查看一下我们的报告，并应用任何更为具体的细分，如应用 AdWords（source = google, medium = cpc）细分的"目标概览"报告，或者在 AdWords 广告系列报告中分析目标和电子商务的指标，而无须应用额外的其他细分。在任一情况下，"互动者"细分可以为我们提供成功访问背后的因素的第一指示。

4. 把会话绑定到用户范围

定义自定义细分时，上述许多屏幕截图中显示的"高级 > 条件"或"顺序"的选项都是在两个范围之间进行选择：会话（默认）和用户。注意，"范围"（Scopes）不会在用户界面中显示为标签。这种区别可能看起来很微不足道，但是它是非常有意义的，因为它允许我们在一个会话中将操作与后续会话中的结果相关联。

例如，假设你的内容小组在你的博客中投入了大量的时间和精力，并且你的网站的"/blog"部分开始获得自然排名和"trackbacks/pingbacks"，但你仍想衡量有多少博客的流量还会到达你的网站的主要部分。

因此，你决定创建一个顺序细分："着陆页 - 包含 - 博客"（Landing Page - contains - blog），后面跟着的是"网页 - 不包含 - 博客"（Page - does not contain - blog）。但是，如果你不将范围从默认的"会话"更改为"用户"，你可能会因此忽略了重要的见解。将范围设置为"用户"（和"顺序起点"设置为"第一次用户互动"），如图 10.12 所示，你就可以看到首次登录博客页面，随后访问网站主要部分的页面的用户，即便是在后续的会话中也能查看到。

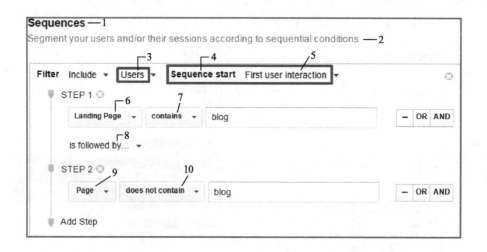

图 10.12　通过将细分范围的会话更改为"用户"，即使是上一个会话，也可以将网站的主要活动跟踪回博客上的着陆页

1—顺序　2—按继发情况细分您的用户和 / 或其会话数　3—用户　4—顺序起点　5—第一次用户互动　6—着陆页　7—包含
8—之后是　9—网页　10—不包含

还有另一个细分范围的例子，假设你在运营一个抵押网站。当你的访问者完成在线抵押申请时，就会触发你的主要转化。当你查看"多渠道路径" > "转化耗时"（Multi - Channel Funnel > Time lag）和"路径长度"（Path length）报告时，你会发现在第一次会话之后发生了很多转化，如图 10.13 所示。

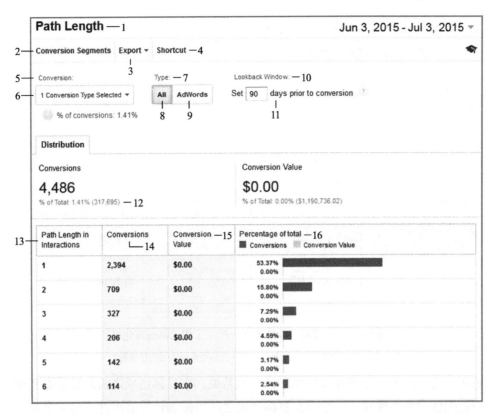

图 10.13　这个"路径长度"报告表明许多抵押贷款人都是在第一次会话后就发生转化

1—路径长度　2—转化细分　3—导出　4—快捷报告　5—转化　6—选择了 1 个转化类型　7—类型　8—全部　9—谷歌广告平台 Adwords　10—回溯期　11—设置为转化前的 90 天　12—占总数的百分比　13—路径长度（互动次数）14—转化次数　15—转化价值　16—占总数的百分比

　　你的下一次调查：哪些互动可能有助于以后会话的转化？主页上的抵押计算器（mortgage calculator）是否能吸引访问者回来并申请抵押贷款？类似于在本章前面所定义的，浏览了或未浏览"游览丹麦的十大理由"推广页面的单独会话的细分，我们可以在同一用户的多个会话中的任一期间，基于按揭计算器去提交自定义细分（见图 10.14 和 10.15）。假设你已通过GA 事件或虚拟页面浏览来捕获计算器的互动。

图 10.14　此行为细分匹配在任意会话中提交了按揭计算的任何用户

1—条件　2—按单次会话或多次会话情况细分您的用户和 / 或其会话数　3—用户　4—包含　5—事件类别　6—包含　7—且8—事件操作

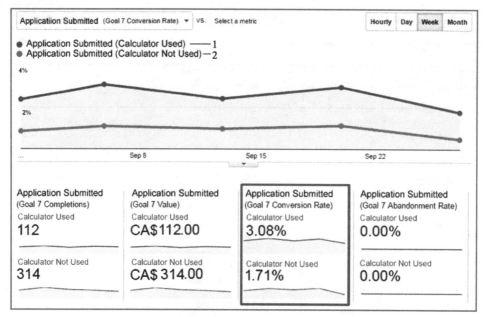

图 10.15　提交按揭计算的用户产生了相当高的转化率

1—已提交申请（用了计算器）　2—已提交申请（未用计算器）

我们可以进一步验证这些互动的顺序，也就是说，在目标达成之前的计算器互动——通过在用户范围创建两个顺序：一个是在目标达成之前的按揭计算器事件，另一个是不使用抵押计算器的事件，但是已达成目标的。当应用到"受众群体概览"（Audience Overview）报告时，这些细分会清楚地显示大多数用户首先会访问哪些内容。

注意，如果抵押计算器互动主要发生在与抵押申请转化相同的会话中，那么会话范围细分的转化率可能会低于用户范围细分的转化率。这是由于图 8.7 中展示的基本转化数学公式：由于转化率中的分母是会话而不是用户，用户范围的细分会吸引更多会话，从而可能降低"目标"或"电子商务"报告显示的转化率。

5. 用户范围和 cookie 删除

用户范围的多个关联的会话取决于 - gacookie。如果抵押网站的访问者使用计算器，然后在不同的设备或浏览器上删除 cookie 后返回到该网站，则上面定义的"抵押计算器"细分将无法识别以前会话中的任何计算器事件。关于跨设备的跟踪，也可以将多个会话与同一登录用户相关联，我们将在第 12 章中进行讨论。

10.2　绘制客户组别作为自定义细分

作为分析师和优化者，以下是你的两个首要任务：

1）为不同访问者组别（constituencies）创建 GA 细分。

2）大部分的分析执行是在细分中，而不是在汇总数据中。

你的客户或访问者组别是什么？它们都是你为你的客户或访问者设计的名称。举个基本的例子，让我们来考虑 airbnb.com 上的两个基本组别。

　　①（潜在）房东：希望发布租赁住宅信息的网站访问者。

　　②（潜在）房客：想租赁别人住所的网站访问者。

　　这两个不同的访问者团体有完全不同的目标，所以以一个汇总报告来分析他们的行为和转化是没有意义的。但是你该如何区分这两组访问者呢？

　　在许多情况下，访问者自己的操作表明他们所属的组别。在 airbnb.com 上，我们可以把单击"成为房东"（Become a Host）按钮（见图 10.16）的访问者定义为一个相当准确的潜在房东的细分，因此他们都会进入到"/rooms/new"的页面，如图 10.17 所示。要为潜在房客定义细分，请将图 10.17 中的细分定义从"包含"（Include）更改为"排除"（Exclude）。在这两种情况下，我们都可以将范围设置为"用户"（Users），如图 10.17 所示。

图 10.16　通过识别在 airbnb.com 上单击"成为房东"按钮即跳转到"/rooms/new"页面的访问者，来标记为潜在房东

图 10.17　基于"/ rooms /new"网页浏览的"潜在房东"细分

1—条件　2—按单次会话或多次会话情况细分您的用户和 / 或其会话数　3—过滤器　4—用户　5—包含　6—网页　7—完全匹配

　　如果你是 Airbnb 负责房间列表转化的人，则"潜在房东"（Potential Host）细分会提供你所需的内容。为什么要衡量一般受众的转化率，即使他们中的大多数人从来都不是该目标的潜在转化者？在你的细分中排除其他访问者类型之后，你将在此逻辑中更清楚地了解转化率，你可以更容易地检测细分中放大转化率的波动，而不是被与目标无关的流量稀释了的非细分的转化率，如图 10.18 所示。

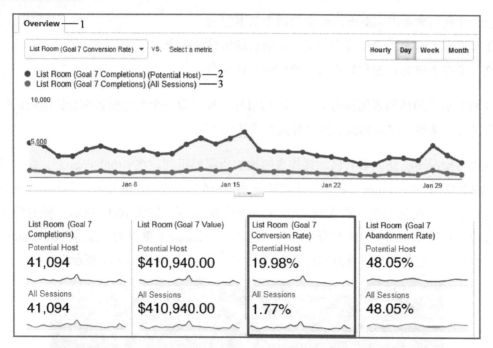

图 10.18　尽管"房间列表"（List Room）目标的目标转化次数对于"所有会话"（All Sessions）和"潜在房东"（Potential Host）都是相同的，但"房间列表"目标的转化率在"潜在房东"细分中具有更为聚焦的背景[⊖]

1—概览　2—房间列表（目标 7 的达成次数）（潜在房东）　3—房间列表（目标 7 的达成次数）（所有会话）

　　"潜在房东"细分也将有益于我们在其他报告中的分析。在应用了"潜在房东"细分后，我们可以访问"渠道"（Channels）报告，了解哪些流量渠道的访问者是单击"成为房东"按钮最多的，或者我们可以查看"目标 > 概览"报告，查看单击"成为房东"按钮的访问者是否也完成了除了"房间列表"之外的其他目标。

　　还可以将潜在房客的细分定义为图 10.17 中"潜在房东"的排除细分：排除已访问"/rooms/new"页面的用户。这样，你可以更有意义地评估"潜在房客"（Potential Renter）中的"租房"（Rent Room）目标。"潜在房客"细分与我们在"潜在房东"细分中评估房间列表目标的方式相同。

　　在此有另外一个例子，健康保险网站可以具有 5 种不同类型的用户，见表 10.1。

　　对于上面的两个细分（人力资源和医疗提供者），我们所需要定义的细分是一个只有该种类型的访问者才能访问的页面。在会话过程中，所有已登录的提供者，且只登录的提供者，至少浏览了一个在请求 URI 开头包含"/provider"的页面。根据我们已在 GA 中捕获的数据，该细分已被创建并正等着被定义。

　　⊖　需要免责声明一下，图 10.18 和相关的讨论并不代表 Airbnb 实际的 GA 数据。

表 10.1　为 GA 细分绘制的健康保险公司的客户组别

组别	转　化	细分描述	细分定义
人力资源经理或客户公司的代表	**招收员工**：当你的客户公司通过电话或邮件招收新员工时，你的保险公司的成本是其的 3 倍，因此你对人力资源经理或客户公司代表的主要转化是在线招收新员工	任何输入人力资源登录信息的人都会重定向到你的网站上的 "/group-management" 页面，而其他类型的用户则看不到该页面	Page - exactly-"/group-management"
医疗提供者（医生、医院、治疗师）	**提出索赔**：在线索赔填写比纸质或电话索赔的成本效益更高，因此你对医疗保健提供者的主要转化是在线完成索赔的申请	任何输入医疗提供者登录信息的用户都会被重定向你的网站上以 "/provider" 开头的其中一个页面，而其他类型的用户则看不到该页面	Page-Starts with-/provider
现有健康保险的保单持有人	**观看视频**：为了鼓励保单持有人进行正确饮食、锻炼和保持健康，你对保单持有人的主要转化是观看至少 75％的你的 "Fitness Facts" 视频	在保单持有人登录时显示问候语的同一脚本中，你和开发人员可以填充名为 "登录类型" 的自定义维度来代表 "保单持有人"。由于常规的保单持有人（即非人力资源或医疗提供者）不会重定向到其他网页，因此我们无法根据前 2 个细分中的网页来定义此细分	自定义维度登录类型（Castom Dimension Login Type）- 完全匹配（exactly matches）- 保单持有人（policyholder）（将在第 12 章中讨论自定义维度）
现有健康保险的保单持有人 - 推荐联合品牌	同上	保险公司与医疗保健提供者签订单点登录（SSO）协议，并在访问者从该医疗服务提供者的网站单击时将其标题（包括商标和信息）合并	来源（Source）- 包含（Contains）- medicalprovider.com
个体潜在客户	**购买保单**：对于直接消费者，你的主要目标是让其购买健康保险	你可以将没有登录，因此不符合上述 4 个细分中的任何一个细分的任何访客定义为你的潜在直接客户	上述 4 个细分的排除细分

　　由于现有的保单持有人不会在登录时重定向到特定的页面，因此在定义我们的细分之前，需要进行更多的实施工作。这些步骤都是比较简单的：一旦你与开发人员合作，在保单持有人登录时将带有 "policyholder" 的值（仅作为示例）且名为 "policytype" 的值推入数据层，我们就可以对其填充自定义维度，并根据第 12 章中所述的自定义维度来定义我们的细分。

　　在上面的例子中，并不总是需要根据行为或自定义维度来识别我们的组别：在医疗提供者网站推荐的情况下，作为来源的 medicalprovider.com 恰好给我们定义了该细分。

　　个体潜在客户没有匹配其他 4 个访问者组别的标准，我们可以这样定义该细分：作为其他 4 个访问者组别的排除细分。

笔记 | 细分与否!

所有这些自定义细分是否都值得花时间去设置呢？

是的，细分（特别是绘制用户组别的细分）绝对值得你去投入设置。在许多情况下，你可以根据已经捕获的页面、来源、技术和地理位置的数据去轻松地定义细分。对于表 10.1 中现有的健康保险的保单持有人，即使需要一点编码工作来设置自定义维度，这些细分的分析也终究会成倍地回报当初初始设置工作的投入。

如果你只处理一种基本的用户类型，则自定义细分可能不是优先级。如果你和你的组织为不同的受众类型设计了不同的页面、体验或转化，则必须使用自己应用的自定义细分来执行大部分的分析。

当你沉浸在汇总数据时，是不太可能获取一个价值百万美元（英镑、欧元等）的洞察的：因为它来自于聚焦的细分数据，而不是汇总数据。

---

1. 其他数据视图和用户的细分适用范围

默认情况下，你在一个数据视图中创建的自定义细分也可以在任何其他的数据视图中使用。你可以选择将细分限制为单个数据视图，或者让其他 GA 用户可以看到该细分，也可以让拥有数据视图的"协作"权限的用户进行编辑，如图 10.19 所示。

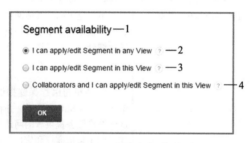

图 10.19　自定义细分选项

1—细分适用范围　2—我可以在任何数据视图中应用／修改细分　3—我可以在此数据视图中应用／修改细分　4—协作者和我可以在此数据视图中应用／修改细分

你还可以通过从数据视图的管理面板（View Admin）访问"共享资源"（Share Assets）屏幕，或直接从报告中访问细分面板来给其他 GA 用户共享细分的配置。第 11 章中详细介绍了共享资源的过程。

通过在细分面板的顶部单击"从库中导入"（Import from Gallery），你还可以导入并应用其他 GA 用户贡献的解决方案库（Solutions Gallery）细分。

笔记 | 不要害怕去使用细分

经过我们在前文的劝告，我们提供这样的保证：不要害怕去应用内置细分、从库中导入细分，或者定义自己的自定义细分。细分不会永久更改任何基础报告的数据，而且默认情况下只有你才能看到这些数据。

只要你了解了细分的工作原理，为了保证分析质量，不要犹豫去创建新的细分，即使是一个 GA 媒体资源或数据视图的细分，甚至是在一年内创建几十个细分。你定义的任何细分将在你的自定义细分池中保持可用，而如果你不再需要使用某个细分，将其删除即可。

---

2. 使用 GA 细分进行再营销（Remarketing）

自定义细分可以是一个非常有用的工具，不仅用于分析，还可用于营销。例如，如果你为浏览过三个网页或更多网页但未转化的访问者创建细分，则可以使用该细分（或将受众群体称为再营销细分）通过 AdWords 展示广告网络（Google Adwords Display Network）或 DoubleClick 横幅平台来触发横幅广告的展示。通过 Adwords 的谷歌搜索广告，你可以利用 GA 再营销列表来决定出价、文案和关键词的匹配，从而把"搜索广告的再营销列表"（Remarketing Lists for Search Advertising, RLSA）利用起来。我们将在第 14 章中讨论再营销和 RLSA。

3. 多渠道路径转化的细分

我们迄今为止讨论到的系统和自定义细分并不适用于第 8 章中讨论的"多渠道路径"报告。在这些报告中，如下面的"热门转化路径"（Top Conversion Paths），你可以基于以下内容来应用内置或自定义细分：促成目标或电子商务转化的流量来源。在图 10.20 中，应用"首次互动为付费广告（First interaction is paid Advertising）"的转化细分（并将回溯期设置为 90 天）后，我们可以看到作为首次互动触点的付费广告在最终转化中占了 9.72%。

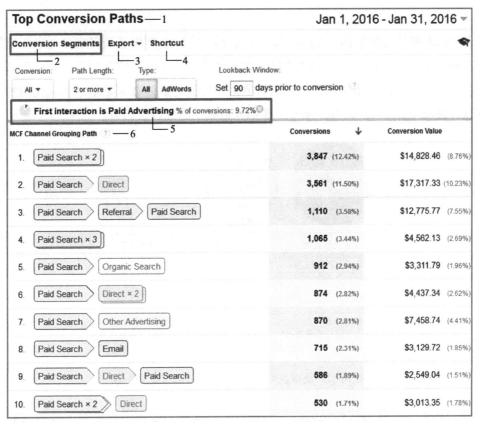

图 10.20　在"多渠道路径"（MCF）报告中，可以根据生成转化的流量来源去应用专门的细分

1—热门转化路径　2—转化细分　3—导出　4—快捷方式　5—"首次互动为付费广告"转化次数的百分比　6—MCF 渠道分组路径

图 10.19 中显示的细分适用范围设置不适用于"多渠道路径"报告中的"转化细分"。你

定义的所有自定义转化细分都可以在其他的数据视图、媒体资源和账户中看到，但其他的 GA 用户则无法访问。

10.3 抽样

细分非常有用，但我们必须记住一个重要的告诫：细分你的报告可能会导致抽样。当以下两个条件都起作用时，就会触发数据抽样：

1）你正在使用标准版的 GA，并且数据视图的报告中包含超过 500 000 个会话的时间段。（在撰写本书时，Analytics 360 中的阈值为 2 亿，如果日期选择包括当天，则为 5 000 万；如果仅选择当天，则为 100 万。这些阈值可能会继续增加或被删除。对于超过 6 个月的数据，Analytics 360 数据抽样的阈值会减少到 100 万次，但较长的回溯期可能也会在未来推出）。

2）你对内置报告应用了细分或次级维度，或者是你在访问自定义报告。（我们在第 2 章讨论了次级维度，在第 11 章中也讨论过自定义报告。）

细分、次级维度和自定义报告强制了 GA 进行即时计算。如果所选时间段中的会话超过上述阈值，则仅对数据的子集进行这些计算，然后再返回将其乘以比例来得到对等的原始会话数。

如图 10.21 中的简化示例，AdWords 广告系列 2 实际上产生了最多来自马来西亚的点击数。如果你为来自马来西亚的访问者去定义细分并将其应用于自定义报告，则广告系列 1 的点击率是广告系列 2 的两倍，因为你在报告界面中看到的最终数据是基于不成比例的样本数据（在这种情况下是 25%），乘以 4 等于非抽样数据中的原始会话数。

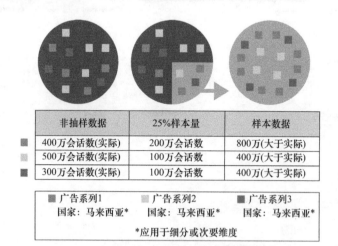

图 10.21　此图说明了数据抽样是如何扭曲报告的

那我们如何知道数据抽样是何时生效的呢？假设我们想在平板电脑上显示我们最畅销的产品列表。图 10.22 中显示，当我们将内置"平板电脑流量"（Tablet Traffic）细分应用于"产品效果"（Product Performance）报告时，样本大小从非抽样默认值 100% 下降到仅为 5.05% 的会话。

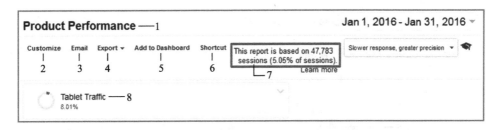

图 10.22　当我们应用内置"平板电脑流量"细分时，样本规模从 100％ 下降到 5.05％

1—产品效果　2—自定义　3—电子邮件　4—导出　5—添加到信息中心　6—快捷方式　7—此报告基于 47 783 次会话（5.05％的会话数）　8—平板电脑流量

10.3.1　抽样规模和基数

注意，5.05％ 表示样本规模（sample size），而不是细分规模。图 10.22 中的 8.01％ 的细分规模是从 5.05％ 的样本规模计算而来的。由于只有三种设备——桌面、移动设备和平板电脑，基于只有 5.05％ 的数据，"平板电脑流量"细分的大小本身可能是相当准确的。当抽样报告涉及具有许多可能的值的数据维度（即高基数维度）或不常发生的维度的时候，这就是抽样真正成为问题的时候。

例如，尽管总体 8.01％ 的细分规模相当准确，但是基于仅为实际数据的 5.05％，对于数以百计的平板电脑产品的报告可能还会出现偏差。抽样尤其可能会在不经常销售的高价产品的报告上出现偏差，或者是在访问者只是偶尔提交合作伙伴或赞助的询盘等特殊的目标的时候。

基本上，样本规模越小，数据就会越呈颗粒或零星，而抽样呈现的问题就越多。基于 60％ 数据的新老会话的细分将会是相当准确的，但是 2％ 的样本量会严重地扭曲对 100 个不同着陆页的入口的计算。

可喜的是，GA 工程师在这方面做了重大改进，因此，GA 用户界面中的抽样正逐渐减少。

如果有一个你重复使用的细分（如来自南美洲的所有访问者），则可以通过创建一个等效的已过滤的数据视图来避免数据抽样，如第 9 章所述。

10.3.2　访问非抽样的数据

如果你使用的是 Analytics 360，则可以选择将任何一个抽样报告的非抽样版本导出为逗号分隔值（comma-separated）文件⊖ 或制表符分隔值（tab-separated values）文件⊖，如图 10.23 所示。大约一小时后，导出的文件就会显示在谷歌的云盘（https://drive.google.com）中，其登录信息与你登录 GA 的信息相同。

⊖　图 10.23 中的 CSV 文件。

⊖　图 10.23 中的 TSV 文件。

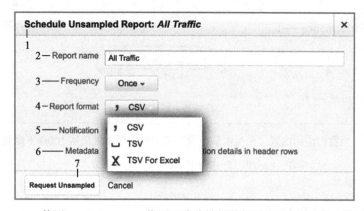

图 10.23 使用 Anglytics 360，你可以将非抽样数据导出为 CSV 或 TSV 文件

1—安排非抽样报告 2—报告名称 3—频率 4—报告格式 5—通知 6—元数据 7—请求非抽样报告

如要立即访问非抽样数据（否则会发生抽样），则可以预配置"自定义报表"（Custom Tables），以避免对属于自定义报表定义的任何维度、指标和细分类型的组合进行抽样。第 18 章会更详细地讨论非抽样的导出和自定义报表。另请参阅第 16 章 16.1.2 小节中关于非抽样请求 API（Unsampled Request API）的讨论。

10.4　细分与已过滤的数据视图的比较

我们事先已注意到细分与在第 9 章讨论到的数据视图过滤器之间的平衡：两者均能够让你在完整的数据中得到一份更为集中的数据子集。表 10.2 概述了二者间几个关键的差异。

表 10.2　数据视图过滤器和细分的比较

	数据视图过滤器	细　分
访问权限	只有具备数据视图级别的"修改"权限，才能创建或应用数据视图过滤器	只需"阅读和分析"权限来创建或应用细分
适用性 / 可见性	数据视图过滤器会影响所有具备该数据视图访问权限的报告	细分的默认可见性是仅对该数据视图里的单个 GA 用户开放
覆盖的报告	应用到你能够访问的数据视图中的所有数据和报告	在数据视图的大部分报告你都可以应用细分，但不适用于"渠道可视化"或者"多渠道路径"报告
可回溯性	应用到当前及未来的数据	可回溯
永久性	从被应用那一刻开始，将永久地影响基础的报告数据	不影响基础数据视图的数据。可以按需求动态应用或移除它们
行为	可以为子目录中的所有活动定义过滤器，但不能为其他特定的行为定义过滤器	可以定义一个"行为"细分，其中包含发生在指定网页浏览或事件的同一会话中的所有其他匹配（hit）。还可以将范围从会话扩展到用户
抽样	不会发生抽样	如果满足上述的抽样条件，则可能导致发生抽样

为了详细说明表 10.2 中列出的考虑，细分提供比数据视图过滤器更多的行为灵活性。虽然是数据视图过滤器允许你添加仅在特定子目录中发生的网页浏览匹配，但细分允许你根据单个特定的网页浏览或事件去包含或排除会话中的所有匹配。如果你的受众群体组别是通过访问特定页面或生成特定事件来识别自己，则可以创建相应的细分，而不是相应的数据视图过滤器。

 本章要点回顾

1）**系统 VS. 自定义细分**。GA 提供了一系列内置的（"系统"）细分。可以通过复制和修改系统细分来创建自己的自定义细分，也可以从头开始创建。

2）**特征细分和行为细分**。可以根据会话级的特性（如来源、技术或地理位置）或匹配级的行为（如网页浏览量或用于识别整个会话的事件）来直接定制自定义细分。通过应用行为细分，可以在操作（如观看视频）和结果（如提交表单）之间进行合理的关联，并使用"顺序"细分来支持它们。

3）**跳过"初始"条件**。在"新细分"面板中，"条件"选择将提供"初始"部分中的所有选项，以及一些其他的选项，如"自定义维度"和"用户范围"。

4）**顺序**。作为自定义细分的另一个选项，可以标识在单个会话或多个会话中完成一系列操作的访问者。

5）**可回溯的、个人的、非永久的**。自定义细分类似于数据视图过滤器，但自定义细分具有可回溯的效果并且在默认情况下仅对你个人适用，你可以在报告中动态地添加和删除细分，而不会影响底层的基础数据视图的数据。

6）**聚焦和放大**。应用细分来聚焦你的分析，并放大可能会在汇总数据中未被检测到的数据点和趋势。

7）**绘制访问者组别**。如果你向不同类型的客户和网站访问者提供不同的体验，那么可以确定一些可供你绘制访问者组别的标准（如来源、网页浏览量、事件或自定义维度）来作为GA 的细分，并在这些细分中执行大部分或绝大多数的分析工作。

8）**糟糕的汇总**。再次重申和总结，细分比默认的数据汇总更有可能产生可行的洞察。

实战与练习

1）**查看所有的系统细分**。在定义自定义细分之前，请查看内置的系统细分。对于每一个系统细分，在应用细分之后至少分析一个报告。

2）**查看新细分的可用条件**。在细分面板中，单击"+ 新细分"，查看"初始"条件（基于流量来源或电子商务的受众特征）以及"条件"下的所有选项。

3）**根据会话特征创建三个自定义细分**。根据来源、技术或地理位置的数据创建细分，并将其应用于你的报告。

4）**基于行为创建两个细分**。根据网页浏览量或事件创建两个细分，并创建这两个细分的排除细分。例如，已查看宣传页的访问者的会话和未查看宣传页的访问者的会话。将细分应用到报告，特别是你的目标或电子商务报告（如果任意一个已配置）。如果你发现该行为与目标或电子商务的转化之间存在可能的相关性，请创建相应的"顺序"细分，以验证在目标完成或电子商务交易之前的网页浏览。

5）**将你的行为细分的范围更改为"用户"**。用户范围是如何影响目标和电子商务报告中显示的指标的呢？请注意，如本章节所述，如果大多数的转化发生在相同会话中的行为（如视频播放或特定网页的网页浏览），则转化率实际上可能会显示下降；如果用户的大多数转化发生在与细分定义中的行为不同的会话中，转化率则会显示更高。

6）**为每个访问者或客户组别创建细分**。确定可用于为每个客户或访问者组别创建细分的标准。如果你不确定需要对哪些群组做出分类，请与你的同事、经理和高管沟通。

7）**着手生成你的细分所需的任何自定义维度（或事件）的数据**。如果你需要建立一个自定义维度数据的细分（例如，未重定向到指定网页的登录的用户，其无法按网页维度值来进行细分），那么请与开发团队合作编写自定义维度，然后定义细分。如果你需要行为细分的事件或虚拟页面浏览量数据（如已完成观看视频或已下载 PDF 的会话），请优先配置事件或虚拟网页浏览量，然后再定义细分。

第 11 章
信息中心、自定义报告和智能提醒

本章将讨论按自己规范的格式去配置信息中心（又叫仪表盘）和自定义报告，我们还将讨论自动发送电子邮件的选项，可将该选项应用于信息中心、自定义报告以及如前面章节所述的各种标准的（即内置的）GA 报告中。

我们也将回顾重要的自定义智能提醒（Intelligence Alerts）功能，它可以通知你的 GA 指标的具体变化，学习如何创建简单但非常有用的注释（annotation）来维护可能会影响你的 GA 数据因素的时间轴。

11.1　信息中心

信息中心是一个非常重要的 GA 功能，我们可以为此进行冗长的讨论。因为信息中心的功能非常灵活，也非常简单，这里只讨论相对棘手的一些知识点，其余的留下来让你自己直接去探索此功能。

11.1.1　创建信息中心

单击左侧导航栏中的"信息中心 > 私用 > 创建"（Dashboads > Private > New Dashboard）后，系统会显示以下三个选项，如图 11.1 所示。

- 空白画布（Blank Canvas）。
- 新手信息中心（Starter Dashboard）。
- 从库中导入（Import from Gallery）（共享的 GA 解决方案库）。

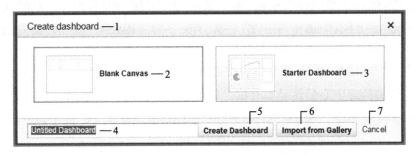

图 11.1　创建信息中心的选项：空白画布、新手信息中心和从库中导入

1—创建信息中心　2—空白画布　3—新手信息中心　4—未命名的信息中心　5—创建信息中心　6—从库中导入　7—取消

前两个选项是不言自明的。"从库中导入"的选项允许你导入其他 GA 用户在 GA 解决方案库中共享的信息中心配置。一旦从库中（GA 解决方案库或一组资源）导入信息中心后，信息中心配置就填充你已导入其中的数据视图的数据。

在新的或现有的信息中心中，可以通过单击信息中心内的"+添加窗口小部件"（+Add Widget）或在任何报告中单击"添加到信息中心"（Add to Dashboard）来添加小部件。对于每个信息中心，最多可以添加12个窗口小部件，可以通过拖放或单击"自定义信息中心"（Customize Dashboard）来重新排列，并从"自定义信息中心"选择其他布局。每个窗口小部件在指标、报告链接、格式和过滤方面都非常容易配置。如上所述，GA信息中心的功能非常灵活。对于几乎无限制的格式化选项和更多的信息中心交互性，请参见第16章中的Tableau讨论。

你无须具备数据视图的"修改"权限就可以创建信息中心。只需要基本的"阅读和分析"（Read & Analyze）访问权限即可创建。如果你决定不要自己创建的信息中心，单击"删除信息中心"（Delete Dashboard）即可。在你个人GA登录账号下，你可以创建多达20个信息中心。

11.1.2 共享

默认情况下，信息中心是私有的。如果想让其他GA用户也能查看左侧导航中列出的信息中心，则可以通过单击"共享" > "共享对象"（Share Object）来做共享，如图11.2所示（假设你在数据视图中已具有"协作"访问权限）。此时，左侧导航中的信息中心就会从"私有"（Private）移动到"共享"（Shared），并且对任何能够访问该数据视图的GA用户都可见。拥有"协作"权限的其他GA用户可以编辑或删除共享的信息中心，而只有"阅读和分析"权限的用户只能查看信息中心。

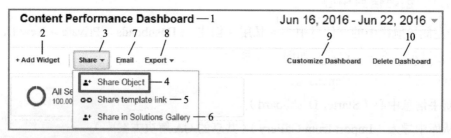

图11.2　如果你具有数据视图的"协作"权限，则可以通过"共享对象"将信息中心从"私有"移动到"共享"

1—内容效果信息中心　2—添加窗口小部件　3—共享　4—共享对象　5—共享模板链接　6—分享到解决方案库中　7—电子邮件　8—导出　9—自定义信息中心　10—删除信息中心

如果你想要与其他GA用户共享信息中心的配置，以便他们可以将其导入到另一个数据视图中（如果你的信息中心仍然是私有的，则可以导入到同一个数据视图中），则可以单击"共享" > "共享模板链接"（Share template link），然后在常规电子邮件中转发该模板链接。

11.1.3 导出和发送电子邮件

虽然我们正在检测的是信息中心上下文的导出和电子邮件的发送功能，但它们适用于本章和整本书中回顾到的几乎所有的内置报告，以及稍后讨论的自定义报告。

你可以将信息中心导出为PDF，且大多数的其他GA报告也可导出为PDF或其他的数据格式（如CSV）。在第10章中，我们还讨论了可供Analytics 360用户使用的非抽样数据的导出。

这些相同的格式也可通过电子邮件把信息中心或报告作为附件来发送。你可以只发送一次电子邮件，或选择按每天、每周、每月或每季度发送一次。注意，时间频率默认为每周一次（Weekly），因此如果你只打算在当前时间发送电子邮件，请务必将频率（Frequency）设置为一次（Once）。你应用于信息中心的任何细分都会保留到导出的 PDF 和电子邮件中，但时间的对比是可以切换的。

如果要删除或修改电子邮件的发送期，请访问"数据视图管理"（View Admin）栏中的"定期电子邮件"（Scheduled Emails）。

笔记 |　把电子邮件功能当作沟通者和更改代理人而运用到你的角色中

利用电子邮件功能向组织（或客户）中的不同利益相关者发送最相关的信息中心、自定义报告或内置 / 标准的报告。

你应该确保发送的指标是与收件人相关的，但请记住，除了特定的数据点，定期发送信息中心或报告的电子邮件将使其他人参与到分析的流程中，这样，他们就会立即知道应该寻找关于网站或移动端App 活动问题的相关负责人。

在某些情况下，你可以很容易地回答他们的问题。在其他情况下，你需要更深入地探索你自己没有考虑到的各方面的数据，并运用相关的案例。结果是，你遇到了一个挑战并因此增强了你的分析技术，你已经为你的同事、经理或客户授予了对数据驱动的洞察，你可能为你的组织或客户创造了一些价值：三赢（win - win - win）。

要遵循自动发送电子邮件的一般礼仪，只需记住先请求权限，但让其他人参与你的分析工作。

11.2　自定义报告

与信息中心类似，我们可以在 GA 中将许多页面投放到非常重要的自定义报告功能，但是自定义信息中心配置也非常简单，因此我们将仅探讨一些基础知识，之后你就可以直接地自行尝试并经常性地把它们的优势利用起来。

可以为内置报告中看到的维度和指标的不同组合创建自定义报告，可以根据任何维度值（如来自特定来源或设备的流量）进行硬过滤。

自定义报告有时对它们不包含的数据最有用。由于基本自定义报告的定义只需要一个维度和一个指标，因此你可以创建自定义报告来作为内置报告的简化版本。这种紧密的关注对于向你组织中的其他人和客户提供 GA 数据尤其有益。在我们尽力进行有效的沟通时，自定义报告可以帮助我们消除干扰并突出相关的内容。

例如，你的销售经理要求一份美国都会区 [直接对应于指定营销区（Designated Marketing Area，DMA）或无线广播及电视广播指定的营销区域] 电子商务的明细效果报告。要创建专门的自定义报告来满足此要求，可以按以下步骤执行：

步骤 1：单击顶部导航中的"自定义"（Customizatron）。

步骤 2：单击"+新建自定义报告"（New Custom Report）。

步骤 3：配置自定义报告，如图 11.3 所示。

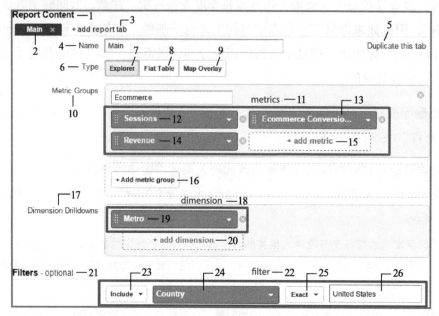

图 11.3　配置了三个指标、一个维度和一个过滤器的自定义报告

1—报告内容　2—主要的　3—添加报告标签　4—名称　5—复制此标签　6—类型　7—分层图表　8—平面表格　9—地理分布图　10—指标组　11—指标　12—会话数　13—电子商务转化率　14—收入　15—添加指标　16—添加指标组　17—维度深入分析　18—维度　19—都市圈　20—添加维度　21—过滤器 - 可选　22—过滤器　23—包含　24—国家 / 地区　25—完全　26—美国

与信息中心一样，你无须数据视图的"修改"权限来创建自定义报告——只需基本的"阅读和分析"访问权限。自定义报告只有你自己可以看到，但你可以与其他 GA 用户共享配置。

如图 11.4 所示，生成的报告会传达出你的销售经理所需的数据，且不会显得混乱。注意，可以添加另一个过滤器，以排除（not set）为"都市圈"，但也可能有助于你的销售经理查看在任何定义的都市圈之外发起的访问次数。通过自定义报告，可以灵活地以任一方式来提交报告。

	Metro —1	Sessions ? —2 ↓	Ecommerce Conversion Rate ? —3	Revenue ? —4
		2,349,527 % of Total: 97.11% (2,419,490)	0.85% Avg for View: 0.83% (2.22%)	$928,917.22 % of Total: 98.52% ($942,846.03)
☐	1. (not set)	236,863 (10.08%)	0.87%	$99,516.53 (10.71%)
☐	2. New York NY	139,775 (5.95%)	0.97%	$68,077.85 (7.33%)
☐	3. Chicago IL	128,259 (5.46%)	0.65%	$38,228.38 (4.12%)
☐	4. Dallas-Ft. Worth TX	110,665 (4.71%)	0.61%	$32,114.23 (3.46%)
☐	5. Los Angeles CA	100,384 (4.27%)	0.75%	$36,793.90 (3.96%)

图 11.4　为收件人自定义的简化报告

1—都市圈　2—会话数　3—电子商务转化率　4—收入

自定义报告有以下三种格式可供选择。

- 分层图表（Explorer）：与内置报告类似，具有随时间变化的图表，并能挖掘多个维度。
- 平面表格（Flat Table）：简化的格式，没有随时间变化的图表，能并排显示最多五个维度。
- 地图分布图（Map Overlay）：地理位置和表格格式。

自定义渠道（Custom Funnel）是一种在 Analytics 360 媒体资源中提供的其他自定义报告格式，将在第 18 章中讨论。

注意，第 12 章中讨论的自定义维度、自定义指标和计算的指标不会显示在内置报告中，但可用于自定义报告的配置。此外，内置维度 [如"周几名称"（Day of week Name）] 在任何内置报告中都不会显示为主要维度，可以将其配置为自定义报告中的主要维度，如图 11.5 所示。

	Day of Week Name ? 1	Sessions ? ↓ 2	Lead Submitted (Goal 10 Completions) ? 3	Lead Submitted (Goal 10 Conversion Rate) ? 4
		1,092,265 % of Total: 100.00% (1,092,265)	47,571 % of Total: 100.00% (47,571)	4.36% Avg for View: 4.36% (0.00%)
☐	1. Tuesday	202,166 (18.51%)	9,056 (19.04%)	4.48%
☐	2. Monday	183,309 (16.78%)	8,167 (17.17%)	4.46%
☐	3. Wednesday	181,261 (16.59%)	8,416 (17.69%)	4.64%
☐	4. Friday	174,793 (16.00%)	7,538 (15.85%)	4.31%
☐	5. Thursday	162,575 (14.88%)	7,538 (15.85%)	4.64%
☐	6. Saturday	96,399 (8.83%)	3,407 (7.16%)	3.53%
☐	7. Sunday	91,762 (8.40%)	3,449 (7.25%)	3.76%

图 11.5　在自定义报告中，可以使用内置维度（如"周几名称"），这些内置维度在内置报告中不会作为主要维度显示

1—周几名称　2—会话数　3—销售线索提交（目标 10 的达成次数）　4—销售线索提交（目标 10 的转化率）

注意，如果为自定义报告选择的时间段包含超过 500 000 个会话（或在 Analytics 360 中的 2 亿个会话），自定义报告则会进行抽样。关于抽样在第 10 章中已讨论过。

笔记｜　自定义渠道：简单、实用、未被充分利用的

考虑到自定义报告配置的简易性，我们没有理由去使用内置报告——对于你自己的分析，尤其是向其他利益相关者提供的报告，选择自定义报告会更加合适。

阿维纳什·考希克已经说明了一些问题：如果你告诉我你是一个 GA 用户，但是你从来不使用自定义报告，那么我会降低对你的考虑。听听阿维纳什的建议吧，把自定义报告使用起来。

嘉宾观点　在数据中寻找故事

　　米塔 S. 布朗（Meta S. Brown）是一位推广业务分析用法的顾问、演讲者和作家。

　　虽然我们正在学习使用井然有序的过程来分析数据，但是通常却习惯以相同的风格来进行交流。我们按照工作的顺序来说明我们做了什么，并在建立一个结论时展示我们所有的工作。这种沟通方式在商业环境中是无效的。我们演讲的观众包括高管、同事、客户，甚至是公众成员。这些观众并不喜欢听起来像做家庭作业的演讲。

　　下面展示了大多数人是如何解释一个常见的数据分析的结论：

　　"我查看了 GA 中的最新数据，发现我们网站的跳出率为 XX%。"（分析师展示了一个包含整个 GA 页面的幻灯片，跳出率是有的，但它只是图片的一小部分。）

　　"所以我去深入挖掘了数据。首先，我为桌面浏览器创建了一个细分，并将其应用到'着陆页'报告。"（分析师发布了另一张幻灯片，使用了 GA 的另一个页面，这个页面有很多细分的跳出率，其中很多都在一个页面上，而且很小，很难在远距离得以读取。）IE 的跳出率为 YY%，Chrome 的跳出率为 ZZ%，Firefox 的跳出率为 AA%……

　　……

　　"因此我应用了内置的移动流量细分并创建了两个新的细分，一个用于 iPhone 和一个用于 Android 智能手机上，只需看看这个！"（分析师发布了另一张 GA 幻灯片，这个幻灯片具有各种平台上移动设备的跳出率，然而在幻灯片上并没有突出地展示）。

　　……

　　"因此我已经表明，开发人员对 Android 移动平台做这些更改是至关重要的。"

　　那是什么？我们需要改变？在什么平台上做改变？但是决策者在 5 分钟前已离去参加另一个会议，开发团队非常忙碌，几乎没有人在房间里听完整个演讲。因此并没有人会做出那些改变。

　　这个故事，可以称为关于分析者的故事。"我做了这个"和"我做了"不是决策者想听到的短语。Web 分析报告（见图 11.6）的幻灯片不是决策者想要看到的。管理人员往往没有太多耐心，他们希望你能很快地指出重点。那么，什么样的方式才是指出重点的正确方式，抓住决策者的注意力，并让他们保持兴趣呢？讲一个真实的故事。一个关于对执行有着重要影响的某人的故事（提示：一个不是关于你的故事）。

　　看着你的数据，然后问自己："这些数据反映了人的什么经验？"从经历过的人的角度来说，发生了什么事。也许你会这样说：

	Sessions ? ↓ 　1	% New Sessions ? 　2	New Users ? 　3	Bounce Rate ?
Desktop —— 4	1,123,874 % of Total: 60.23% (1,866,058)	26.19% Avg for View: 26.44% (-0.97%)	294,290 % of Total: 59.64% (493,411)	47.00% Avg for View: 45.94% (2.30%)
Mobile Traffic —— 5	543,615 % of Total: 29.13% (1,866,058)	26.37% Avg for View: 26.44% (-0.26%)	143,364 % of Total: 29.06% (493,411)	44.17% Avg for View: 45.94% (-3.86%)
iPhone —— 6	276,389 % of Total: 14.81% (1,866,058)	29.16% Avg for View: 26.44% (10.30%)	80,608 % of Total: 16.34% (493,411)	47.35% Avg for View: 45.94% (3.05%)
Android Smartphone —— 7	226,245 % of Total: 12.12% (1,866,058)	23.41% Avg for View: 26.44% (-11.45%)	52,974 % of Total: 10.74% (493,411)	49.90% Avg for View: 45.94% (-13.15%)
1. /signup-form				
Desktop	**632,253** (56.26%)	20.98%	132,671 (45.08%)	49.52%
Mobile Traffic	**76,195** (14.02%)	48.59%	37,026 (11.88%)	70.42%
iPhone	**28,561** (10.33%)	29.48%	8,419 (10.44%)	52.02%
Android Smartphone	**29,436** (13.01%)	60.80%	17,896 (9.24%)	96.10%

图 11.6　报告中的数据点，如注册页面上 Android 手机 96.10% 的跳出率，可能对管理层、同事或客户并不够清晰或有影响力

1—会话数　2—新会话数的百分比　3—新用户　4—桌面设备流量　5—移动设备流量　6—iPhone 流量
7—Android 智能设备流量

"苏尼尔（Sunil，印度常用男名）在他的 Android 手机上看到了我们的广告，并单击了我们一个移动端的着陆页。它立刻吸引了他的注意，他喜欢所看到的产品。他已准备购买，但是当他试图填写表格时，他无法在填写栏中输入他的信息。

他真的想买，所以他重新加载了页面。他再次尝试，但仍然无法填写表格。他一遍又一遍地重新加载，但是表格仍然不能正常工作，他始终无法购买产品。"

当你讲述一个简要和引人注目的故事的时候，没有人会离开房间。

这个小故事具有任何故事所需的所有部分。它有一个英雄，叫苏尼尔。英雄有一个目标，购买广告中的产品。这个故事有开头（他看到广告），有过程（他单击"购买"按钮并尝试购买）和结局（他没有买）。

结局并不快乐。你的观众可能不喜欢这样的结局。但没关系。你的观众可能会争论，并迫使你证明这个故事真的发生了。那也没关系。事实上，这是很了不起的，因为当你提出一些数字的时候，现在他们可能会开始投入注意力。不是所有的数字，而是几个，

筛选过的相关的数字。

数据叙事是引人注目的，就如同任何一种故事都引人注目那样。这个故事是关于引起我们兴趣的某人的。它需要是可信的（你的故事必须是真实的，你必须要有数据来证明它）。它需要以故事形式来开展叙述，以符合我们大脑对理解和回忆的设计。

英雄是如何获得名字的

数据通常不会显示很多关于未购买产品的访问者。在示例中，数据显示的唯一信息是访问者的行为，这是一个很常见的情况。然而，一个引人注目的故事必须要有一个英雄，不是一般的"用户"，而是一个特定的人。

那么，你该如何给你的英雄起一个名字，同时又能保持故事的真实性呢？

1）**实例**。我们不允许在 GA 中存储个人身份识别信息（PII），但你或许能够识别出具有你描述的经验的真正的人。该如何识别？通过后端注册数据、客户服务记录或轶事证据。

2）**角色人物**（persona）。营销人员和开发人员经常使用"角色人物"来代表典型或目标细分的虚构客户或用户。角色人物通常有自己的名字，有些甚至是带有详细的行为和人口统计的描述。

3）**其他信息来源**。使用报告以外的来源去获取访问者的相关信息。这些可以是正规的定性输入（如调查或可用性测试），或者是询问同事对客户的了解的非正规形式。

在示例中，英雄名为苏尼尔。为什么？因为该产品是对年轻男人特别有吸引力的产品，并以吸引不同种族背景的买家而出名。

请记住，数据故事必须是真实的故事，你必须选择一个适合自己数据故事的英雄名称来代表一个最符合的迹象。

11.3 快捷方式

如前面的章节所述，自定义配置有很多，你甚至可以把它们应用到内置报告中：过滤、分类、不同的显示类型（如对比或数据透视表）以及细分。要保存报告配置，请单击内置或自定义报告顶部的"快捷方式"（shortcut），并提供快捷方式的名称。

快捷方式显示在左侧导航面板中。请注意，这里只有你自己的快捷方式。实际上，由于快捷方式的潜在依赖性，其他用户可能无法访问自定义报告和细分，因此你无法将快捷方式作为 GA 资源去共享。

11.4 智能提醒

单击左侧导航中的"智能事件"（Intelligence Events）可以访问智能事件的概述报告。（智能事件和智能提醒可作为术语交互使用。）此报告默认为自动提醒：你的数据更改已被 GA 检测为超出正常范围。每月快速查看一次"智能事件"报告是一个好主意，可以看看是否有一个峰值或谷值可能需要做出额外的调查，或者也许有一个来自引荐来源却没有被你抓住的影响者。

作为智能提醒最重要的方面，强烈建议你设置自定义提醒以主动监控特定的指标变化。这里是着手进行基本监控的一些建议，你可以创建以下一组提醒：

- 每周增加和减少 10% 会话的提醒。
- 每周增加和减少 10% 电子商务和每个目标的转化率的提醒。
- 每周增加和减少 10% 电子商务收入的提醒。
- 每周增加和减少 10% 目标达成次数的提醒。

要创建每周增加 10% 会话的智能提醒，可以执行以下步骤：

步骤 1：单击"智能事件 > 概览 > 自定义提醒 > 管理自定义提醒"（Intelligence Events > Overview > Custom Alerts > Manage Custom Alerts）⊖

步骤 2：配置智能提醒⊖，如图 11.7 所示。请注意以下选项：

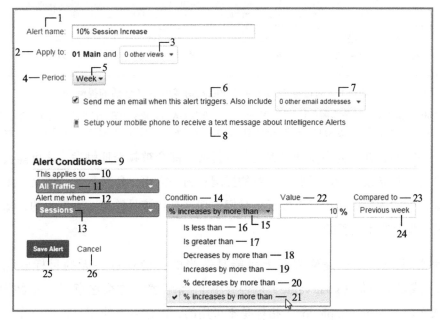

图 11.7　配置智能提醒来监视每周增加 10% 的会话

1—提醒名称　2—应用到　3—0 个其他数据视图　4—期间　5—周　6—在此提醒被触发时向我发送一封电子邮件。同时包含　7—0 个其他电子邮件地址　8—设置您的手机号以接收智能提醒的短信　9—提醒条件　10—应用范围　11—所有流量　12—出现以下情况时请提醒我　13—会话数　14—条件　15—增幅百分比超过　16—小于　17—大于　18—减量超过　19—增量超过　20—降幅百分比超过　21—增幅百分比超过　22—值　23—对比范围　24—前一周　25—保存提醒　26—取消

① 期间（Period）。

- 天（与前一天、上一周的同一天或上一年的同一天作对比）。
- 周（与上周作对比）。

⊖　智能提醒和智能事件现已被 GA 取消，进入"自定义提醒"的新版路径为左侧导航的"自定义 > 自定义提醒 > 管理自定义提醒"。——译者注
⊖　此处 GA 新版名为"+ 新提醒"。——译者注

- 月（与上一个月作对比，或上一年的同一个月）。

② 电子邮件（Email）：你登录的电子邮件地址以及你指定的其他电子邮件地址。当智能提醒被触发时，如图 11.8 中的电子邮件将被转发给你和你指定的其他电子邮件地址。

③ 过滤（Filtering）。

- 所有流量。

- 已定义的自定义细分。

- 仅应用于提醒的过滤器。

④ 指标（Metrics）：网站使用情况、目标、电子商务等。

⑤ 条件（Condition）：绝对阈值、绝对变化或百分比变化。

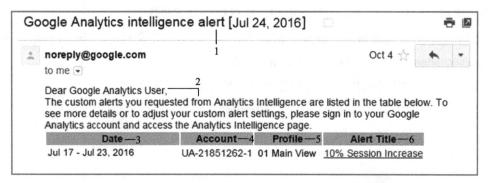

图 11.8　通过电子邮件发送功能收到增加 10% 会话的提醒

1—Google Analytics 智能提醒　2—尊敬的 GA 用户，下表中列出了您从 GA 智能提醒中设置的自定义提醒。要查看更多详细信息或调整自定义提醒设置，请登录您的 GA 账户并访问 GA 智能提醒页面　3—日期　4—账户　5—资料　6—智能提醒名称

注意，一方面，针对为小变动设置的每日提醒可能会被频繁地触发，这可能会减少你对提醒的注意力，并导致你错过了那些重要的提醒；另一方面，每月提醒可能又会太少。假设你用来跟踪目标的表单提交功能失效了，我们发现这是在该月的第一天发生的，却要等月底才收到提醒，那是很不明智的。

在这种情况下，每日提醒实际上可能是适当的：检查每一天的目标转化率（Goal completion）或目标价值（goal value）是否等于 1。请注意，你会注意到，智能提醒配置中的目标达成次数（Goal completion）指标是不可用的，但你可以使用目标价值作为目标达成次数的替代品（假设你已在目标设置中指定了目标价值），或者可以使用目标转化率（目标价值在第 8 章 8.1 节中讨论过）。

对于大多数智能提醒，最好使用百分比而不是绝对值，以便监视始终是基于相对和动态的比较。例如，如果我们针对特定每周的电子商务收入小于 10 000 美元设置提醒，当平均每周收入为 12 000 美元时；但一年后，你的平均每周收入为 25 000 美元，那么你就可以减少一半多的通常每周收入设置，这样就不会收到提醒了。换个角度说，如果你的平均每周电子商务收入随时间增加，则设置每周收入相对于前一周减少 2 000 美元的提醒可能会变成过于狭窄和敏感的边际范围。

如图 11.9 中的提醒，绝对值可能是适当的，这将在"网页标题"（Page Title）中的"找不到页面"（Page not found）的网页浏览量超过时间间隔的特定阈值时通知我们，在这种情况下，设置每天提醒是适当的。如果 URL 中直接显示 404 提示，则可以用"网页"维度去取代"网页标题"来创建提醒。（第 6 章中讨论了 GA 中的错误跟踪。）

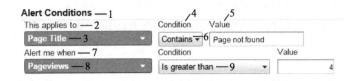

图 11.9　10%"找不到页面"的智能提醒配置

1—提醒条件　2—应用范围　3—网页标题　4—条件　5—值　6—包含　7—出现以下情况时请提醒我　8—网页浏览量
9—大于

重要提醒| 　不要只依赖于关键任务通知的智能提醒
重要的是要认识到，在发生一整天的数据处理之前，每日提醒可能不会被触发。如果你将每日智能提醒设置为"pageviews = 0"来监控你的网站是否可以访问，则停机时间可能会超过 24 小时还未被检测到，或者 GA 可能至少需要几个小时才能处理你的数据。将此类提醒配置为补充通知并不是一个坏主意，但进行每分钟监控的责任仍然在于 IT 部门。

智能提醒跟进

如果回想一下第 2 章中关于季节性的讨论，那么可能不会感到奇怪，因为我们收到的许多或大部分提醒仅指示正常的流量和使用情况的变化，但我们该如何区分正常趋势和实际异常到底是好还是坏，是否值得进一步分析呢？

我们可以从一些在季节性讨论中出现的技术开始。如果你使用相对固定的实施收集了超过一年的 GA 数据，则可以与上一年的同期时间段进行比较。如果你注意到上一年的趋势与上两周的趋势相同（见图 11.10），每周增加 10% 销售线索提交的提醒可能是出于季节性。当你继续深入挖掘报告（查看转化来源）时，你可能会确认此周的增加是出于每年的常规趋势。

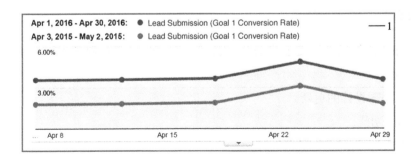

图 11.10　"目标 > 概览"报告中的时间比较可能表明，我们今年收到的每周提醒是由于季节性的趋势

1—销售线索提交（目标 1 的转化率）

如果我们在"目标＞概览"⊖报告中看到该提醒没有表明相同的年度趋势，则肯定需要进行深入的挖掘，那么我们就可以从以下步骤开始：

步骤1：访问"来源/媒介"报告。

步骤2：设置对比时间。

步骤3：在主要随时间变化的图表中，将指标设置为"目标1"。

步骤4：使用"绘制选定行"（Plot Rows）功能为特定"来源/媒介"行的指标值设置图表。

你可能会发现该增长是出于单个"来源/媒介"。图11.11显示，你的房地产公司的每周简报中，销售线索提交的峰值可能是一个例子。简报主要发送给提供了他们的电子邮件地址，但实际上没有成为潜在客户的网站访问者；作为分析师和优化师，你现在可以查看可能导致转化次数增长的消息传递的简报，而你的营销团队则可以旨在复制该消息并衡量其他营销渠道的影响。这份简报是否增加了改造旧住宅物业融资的销售线索提交？你可以在自己的PPC和社交广告系列中尝试类似的消息，并按点击次数和完成销售线索提交的目标来监控响应。

即使我们去年没有相同的固定数据，我们也可以在GA中执行这种类型的分析，但如果我们可以开始逐年的同期比较，它往往会变得更容易和更有效。

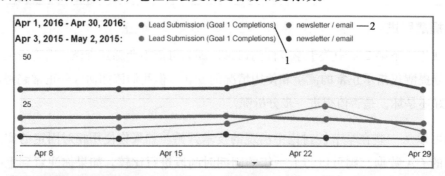

图11.11　"目标＞概览"报告（应用了"绘制选定行"）的时间对比显示，目标达成次数的一周增长是由于特定流量来源的效果提高，而不是季节性的趋势

1—销售线索提交（目标1的达成次数）　2—简报/电子邮件

11.5　注释

GA注释除了简单之外，更重要的是，它可让你整合可能影响使用情况和报告的许多因素的时间轴，例如：

- 网站和App设计的更新。
- 新内容或功能。
- 营销活动。
- 新闻提及和其他相关新闻事件。

⊖ 在个人GA账号中，目前只有在"流量获取＞概览"报告中才能找到"绘制选定行"，"目标＞概览"下并无"绘制选定行"展示。——译者注

- 天气。

- 计划维修窗口。

- 网络攻击和意外中断。

- GA 配置自身的更改，如排除内部流量或新的自定义维度的新过滤器。

可以创建如图 11.12 所示的注释。

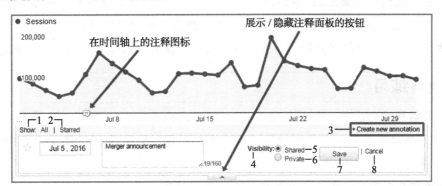

图 11.12 在任何 GA 报告中主要随时间变化的图表，都可以显示注释面板以创建新的注释

1—展示 2—所有|仅星标 3—创建新注释 4—对谁可见 5—共享的 6—私有的 7—保存 8—取消

一些附加说明：

1）注释显示在报告中，不显示在数据视图里。在一个报告中创建的注释将在同一数据视图中的其他报告中显示，不会显示在同一媒体资源中的其他数据视图中。如果你和你的团队经常使用多个 GA 数据视图，建议你们可以指定一个主要的数据视图，让团队中的每个人都能创建注释（如下所述，但是，他们需要"协作"权限才能创建共享注释）。

2）对于私有注释，只需要具备"阅读和分析"权限。你只需要"阅读和分析"权限即可创建私有注释，无须"修改"权限。如果你具有数据视图的"协作"权限，那么你的注释默认为"共享"可见，如图 11.12 所示。所有其他具有此数据视图访问权限的 GA 用户都会看到你的共享注释，并且拥有该数据视图的"协作"权限的那些 GA 用户将能够编辑或删除你共享的任何注释。

3）从"管理"（Admin）屏幕可以获得完整的列表。在"管理"屏幕的"数据视图"栏中，你可以单击"注释"（Annotations）以显示共享注释的完整列表以及在数据视图中创建的私有注释。

笔记| 维护时间排序

GA 注释功能特别有用，因为单个注释与主要报告图表一致显示。即使你不使用注释功能，也请确保你和你的团队保证有一个相当全面的时间轴，即使它是在单独的电子表格中。

如果你不记得设计更改或营销活动发生的时间，那么你又如何衡量设计更改或营销活动的影响呢？不要依赖记忆或回溯加扰：保持维护时间轴。在许多实例中，简单的日期可以使你的困惑和洞察产生差异。

本章要点回顾

1）你可以为同事、客户和其他利益相关者设置信息中心、自定义报告和内置报告的电子邮件自动发送选项。除了一次性选项，你也可以设置发送每天、每周、每月或每个季度的电子邮件。

2）**自定义报告具有灵活性和精简的特性。**自定义报告可让你以简化的格式去合并内置维度和指标以及自定义维度和指标，从而消除与收件人无关的所有数据。

3）**注释提供了重要的时间轴。**注释功能允许你记录可能影响 GA 数据的各种因素。

 实战与练习

1）**创建信息中心。**从"新手信息中心"（Starter Dashboard）创建一个信息中心，至少从 GA 解决方案库中导入一个信息中心。从头开始创建包含最多 12 个与你的 KPI 和分析相关的窗口小部件的信息中心。

2）**创建三个自定义报告。**至少创建三个自定义报告。

3）**配置自动发送报告的电子邮件。**向三位同事或客户请求权限，以便通过每月自动发送的电子邮件向他们发送信息中心或报告。确保电子邮件中的内置报告、自定义报告或信息中心只包含与收件人相关的数据。每个月至少定期安排几分钟与收件人回顾报告，以抓住未来进一步分析和优化操作的机会。

4）**创建智能提醒。**创建如上所述的一组基本的智能提醒，以及任何更专业的智能提醒，如"找不到页面"（Page Not Found）。

这是一个反复出现的主题：在 GA 的默认实施之外使用自定义设置更有助于优化分析和获取独到的见解。为了避免仅仅只是使用默认的数据收集和默认报告，我们已经做了关键的几步：用事件和虚拟页面浏览来跟踪无页面浏览的互动，用目标和电子商务配置来跟踪转化的达成，用广告系列参数来弄清流量获取，通过数据视图过滤器或者进行细分来放大数据子集内的变化趋势。

本章将探讨一些重要的附加自定义设置，它们将有助于 GA 更加贴切地反映组织情况及客户体验，从而使报告更加全面、更有意义、更能实现落地。

12.1　自定义维度

正如我们第一次在图 4.7 中所看到的，GA 在每一次匹配（hit）中都记录了许多维度信息，所以我们不需要明确地告诉 GA 诸如访问者操作系统或网页浏览标题等方面的信息。这对我们来说绝对是有益的，但我们需要考虑一个更加广泛的问题：默认情况下，GA 只能捕捉一系列事先定义好的维度信息，但这些默认数据集有时并不能总是提供你所需要的关于访问者、组织或者内容方面的信息。

通过使用自定义维度，你可以扩展 GA 默认数据集，使其包含关于组织、内容、产品，或客户方面的维度信息。

每个媒体资源的自定义维度是有上限的：GA 标准版最多允许设置 20 个，而 Analytics 360 最多允许设置 200 个。自定义维度的数量上限是指你能定义的不同自定义维度插槽（slot）的最大数量，而并非每个自定义维度能够计算的数值（这些限制同样适用于后面将要讨论的所有自定义指标）。

重要提醒	切勿在自定义维度里存储个人身份识别信息

在 GA 任何地方存储诸如名字、邮件、街道地址、社会安全号码或政府号码等个人身份识别信息将直接违反 GA 服务条款。也不推荐存储生日信息，虽然它本身并不是个人身份识别信息（PII），一旦它与其他存储的自定义维度数据相结合，就有可能推测出个人身份识别信息。

在第 15 章，我们将学习在 GA 中存储唯一且匿名的用户辨识信息的可行方法。利用这些方法，我们能够将 GA 的数据与 PII 数据合并（但只能在 GA 之外进行）。

12.1.1　自定义维度：文章作者和类别

作为自定义维度使用的经典案例，让我们看看用于发表文章的博客或者网站的情况。当我们分析这类网站时，按照文章作者或类别的网页浏览量等来报告指标是十分有效的。虽然我们可能以为 GA 以某种方式记录了文章类别和作者信息，但实际上 GA 并没有记录。这些数据点可以通过出现在请求 URI 上被 GA 自动抓取，否则 GA 将没有可靠的方法自行记录这些数据。你将自行决定是否需要给 GA 下指示去捕捉这些数据作为自定义维度以用作日后分析（见图 12.1）。

内置维度			自定义维度	
Page	(Source)	Screen Resolution	Author	Category
/plant-your-eggplant	google	1280x800	Carl	vegetables
/the-dirt-on-topsoil	google	1920x1080	Dean	supplies
/hoe-hoe-hoe	(direct)	1366x768	Sheryl	supplies
/peppers-mild-to-wild	gardenglobe.com	360x640	Carl	vegetables
/knot-not-hoses	yahoo	1366x768	Sheryl	supplies
/autumn-bulb-planting	t.co	2560x1440	Dean	flowers
/four-leaf-clover	main-email-list	1920x1080	Carl	flowers
/heirloom-rutabagas	turniptribune.com	1366x768	Dean	vegetables
/guard-your-gardenias	facebook.com	1440x900	Carl	flowers
/let-us-eat-lettuce	(direct)	1366x768	Sheryl	vegatables

图 12.1　可以使用自定义维度来记录诸如文章作者和类别等 GA 默认设置无法捕捉的信息

实施自定义维度包括以下两个基本步骤：

步骤 1：在媒体资源管理中设置自定义维度。

步骤 2：用匹配（hit）记录自定义维度的值。

正如下文所述，第 1 步十分直接，而第 2 步则可能需要一些前期思考和后续开发工作。

1. 在媒体资源管理中设置自定义维度

因为自定义维度会影响所有 GA 用户在媒体资源的任意数据视图中的所见数据，所以你必须要在媒体资源级上拥有"修改"权限才能完成以下步骤。

1）在"管理"界面上的"媒体资源"栏单击"自定义定义 > 自定义维度 > + 新建自定义维度"（Custom Definitions > Custom Dimensions > +New Custom Dimension）。

2）在"命名"文本框中输入"作者"（Author）。

3）在范围框中选择"匹配"（Hit）。

4）重复上述步骤，但在第 2 步的"命名"文本框中输入"类别"（Category）。

2. 自定义维度范围

在"管理"界面上设置自定义维度就是这样。在讨论更难的获取自定义维度之前，先探讨自定义维度范围可供选择的 4 个选项（有关自定义维度范围的附加说明，请参阅 GA 帮助页面的"自定义维度和指标"（*Castom Dimensions & Metrics*）：https://support.google.com/analytics/answer/2709828?hl=en）。

1）匹配（Hit）。如图 4.7 所示，匹配描述的是每个数据报文（packet of data）里的数据，如我们发送给 GA 的一个网页浏览（pageview）或一个事件（event）。在第一个例子中，我们的自定义维度与特定的博客文章页面相关，所以它们与网页浏览匹配（hit）相对应，因此我们需要把范围（Scope）设置成"匹配"。如果你指定的自定义维度与事件（event）相关，如你正在跟踪的事件（event）是作者的 PDF 下载，最好也把范围设置成"匹配"。

2）会话（Session）。会话范围适用于所设置会话的额外描述符（extra descriptor）。例如，如果你的屏幕可以向移动 App 用户显示法语、德语或英语，则可以在会话范围设置一个"选择语言"（Language Selected）的自定义维度（除了 GA 基于用户浏览器设置默认填充的内置语言维度）。每个会话只需设置一次自定义维度的范围。如果在一次会话中多次为自定义维度的会话范围赋值，则该会话之前的值会被新值所覆盖。

3）用户（User）。与匹配范围相比，会话（session）和用户（user）范围彼此之间在概念上更加接近。自定义维度的用户范围有助于指定跨越多个会话的状态。例如，在购买时，你可以为购买者的自定义状态设置一个用户范围的自定义维度；若访问者使用了相同的浏览器和设备，并且没有在会话之间删除 cookie，你将可以（为网站媒体资源）跟踪购买者的活动，甚至可以跟踪未曾购买的回访流量。

举另一个自定义维度用户范围的案例：假设你根据客户的首次购买日期在后台系统上存储了 4 个客户状态值：小于 1 个月、1~6 个月、6~12 个月、大于 1 年。每次用户登录时，你可以和开发人员一起从后台读取客户状态（或者根据首次购买日期从后台动态生成客户状态）。开发人员可以把客户状态记录到网页上的数据层中（或者把客户状态记录到一个简单的 JavaScript 变量中），这样你就可以把它读入 GTM 中 GA 网页浏览跟踪代码（tag）下的自定义维度插槽中，如本章后文所述。本例中用户范围优于会话范围的好处在于：即使用户在本次会话中没有登录，自定义维度也将会从上一次会话中延续下来（重申，在网站媒体资源的例子中，_ga cookie 已经被记录在了浏览器中）。

4）产品（Product）。产品范围与在基本或增强型电子商务交易环境下的产品直接相关。虽然增强型电子商务已经为"产品变量"（product variant）提供了可以通过任何产品数据填充的"通配符"（wildcard）变量，但你可能仍然需要额外的插槽。例如，如果你的网上商店出售汽车配件，你或许需要使用变量来存储汽车制造商信息（雪铁龙、现代或雪佛兰），因此你就可以使用自定义维度来存储汽车类型信息（四门轿车或双门跑车）。

3. 填充自定义维度

回到作者和文章类别的例子。我们已经在"管理"界面设置了自定义维度——这是相对容易的，现在需要填充自定义维度。

实施自定义维度最重要的一点是自定义维度并不会自动发送给 GA，而是作为匹配（hit）的一部分产生的 [即使自定义维度设置的范围超过了匹配（hit）]。自定义维度的记录方法与网页、流量来源以及屏幕分辨率数值的记录方法一致：通过一个匹配（hit）囊括许多维度。自定义维度扩展了记录在匹配（hit）里的数据集，但是它本身并不能构成匹配（hit）。

尽管如此，我们如何在匹配（hit）上添加自定义维度？之前的例子中你第一个想问的问题可能是：作者和文章类别信息已经出现在文本、页面标记或 URL 里了吗？如果答案是肯定的，你可以使用 GTM 变量来读取它们的数值。

如果作者和文章类别文字未曾出现在页面、页面代码或 URL 里的任何地方，则需要让开发人员把它从后台以数据层变量的形式提取到页面上来（见代码 12.1）（或以常规JavaScript 变量的形式提取）。

代码 12.1　我们将使用自定义维度里的变量来填充数据层

```
<script>
        dataLayer.push({'author': 'Sheryl', 'category': 'supplies'});
</script>
```

我们可以使用如图 12.2 或如图 12.3 所示配置的作者和文章类别变量在 GTM 的 GA 跟踪代码（tag）中填充自定义维度。

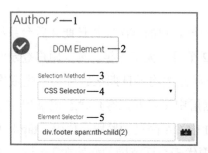

图 12.2　从页面文本里读取作者信息，就是在 div
标记里的第二个 span 标记包含"页脚"
（footer）作为类

1—作者　2—DOM 元素　3—选择方法
4—CSS 选择器　5—元素选择器

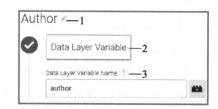

图 12.3　如果作者和文章类别信息没有在页面
中显示，除了和开发人员一起把它们
填充到数据层外，还可以通过简单的
GTM 数据层变量来读取它们

1—作者　2—数据层变量　3—数据层变量名称

笔记 |　在 WordPress 里检索作者和文章类别信息

我们首次在第 5 章中提到，由塔马斯·盖革为 WordPress 创建的 GTM 插件可以把"网页文章作者"（Pagepost Author）和"网页类别信息"（Page Category）的值填充到数据层中 [连同许多其他值，如"网页发布日期"（Pagepost Date）]，你可以使用类似图 12.3 的数据层变量来读取数据。

（1）当触发跟踪代码（tag）时，确保自定义维度的数值可以使用

如果我们把自定义维度作为网页浏览匹配的一部分发送出去，则需要确保代码 12.1 里的数据层引用（reference）会出现在页面 GTM 容器代码之上，因此当 GA 跟踪代码（tag）被触发时，数据层已被填充。

作为另一个选择，我们可以把 DOM Ready 触发器应用于代码（tag），正如我们在第 5

章和第 6 章所讲的那样。通过使用 DOM Ready 触发器类型，可以确保 GA 的网页浏览跟踪代码（tag）在将它们作为数据层变量进行读取之前（见图 12.4），就将作者和文章类别信息填充入数据层之中。如果我们想在页面文本或者标记（page text/markup）的任何地方读取作者和文章类别信息，则一定要确保使用 DOM Ready 触发器类型；否则，GA 的网页浏览跟踪代码（tag）会在浏览器呈现作者和文章类别这些页面文本信息之前，就将作者和文章类别文本填入到自定义维度中去。

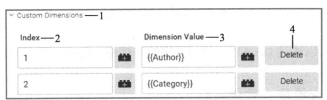

图 12.4　可以在 GTM 的 GA 跟踪代码（tag）里（通常是网页浏览或事件）填充自定义维度。索引与你在媒体资源管理窗口创建的自定义维度的顺序相对应。维度值通常设置为从数据层或者页面文本 / 标记中读取的 GTM 变量

1—自定义维度　2—索引　3—维度值　4—删除

（2）App 里的自定义维度

你为移动 App 实现总体 GA 跟踪代码的方式，将决定如何在 App 里填充所需的任意自定义维度。如果通过 GTM 跟踪 App，则可以利用 GTM 变量读取已填充到数据层的自定义维度，或作为函数调用返回值。如果通过 iOS 或者 Android SDK 跟踪 App，则可以把自定义维度包含在以编程方式记录的匹配里。我们将在第 13 章讨论移动 App 跟踪。

笔记｜　利用现有的分类系统和分类方法，"让 GA 为你发声"

　　虽然自定义维度看起来略显复杂，但是实际上在大多数情况下安装启用它们却非常简单。例如，为信息类网站上的所有文章创建实际分类，通常会比把该分类方法导入 GA 要花费更多的心思和精力。如果你已经为网站上的所有页面完成了分类，或者你已经为后台逻辑进行了编码以存储客户状态，你实际上已经做完了更为繁重的工作部分。

　　相对于终端代码编写和 GTM 设置，把该数据填充到 GA 中应该是一个相对容易的任务，而且它能带来巨大的好处，因为你将使 GA 更加清晰地反映出你的商业世界。如果同事和管理者询问卡尔（Carl）的博客文章的效果，或者 1 年以上的老客户在 App 里进行额外购买的情况，若你已经在 GA 里把本公司分为匹配层面、会话层面和用户层面的自定义维度，你将能够回答那些问题。通过这种方法，自定义维度超越了基础 GA 实施，代表着极有意义和有价值的一步。

---

4. 在 GA 报告里使用自定义维度

你无法直接在 GA 报告界面的左侧导航中找到自定义维度，可以通过以下三个途径使用自定义维度：

- 在自定义报告中使用自定义维度，如图 12.5 所示。
- 在内置（以及自定义）报告中使用次级维度。
- 在定义细分的地方。

Author —1	Pageviews —2 ↓	Bounce Rate —3
1. Carl	**117,511** (49.55%)	41.59%
2. Sheryl	**94,239** (39.74%)	55.30%
3. Dean	**25,410** (10.71%)	48.39%

图 12.5 在这个自定义报告中，把"作者"Author 定义为主要维度

1—作者 2—网页浏览 3—跳出率

自定义维度也可以通过 GA API（应用程序编程接口）导出，正如第 15 章所述。

12.1.2 自定义维度：登录状态

另一个 GA 不能靠自己决定的数据是登录状态——虽然它似乎看起来可以。通过把登录设置成会话范围的自定义维度，可以看见访客登录和未登录的行为差异。因为用户在一次会话中通常只登录一次，而且会话范围的自定义维度不需要在每次网页浏览匹配时都发送，所以可以考虑在每次登录时使用一次事件记录这个自定义维度。当用户登录时，可以与开发人员一起来执行代码 12.2 中的代码：这个代码将为"事件"（event）变量在数据层中填充 eventTracker（事件跟踪）数值，这将触发应用到"抓取所有"（catch-all）事件代码（tag）的自定义事件触发器，我们曾在第 6 章讨论过。填充到数据层的其他数值包括事件类别、事件操作和"登录状态"（Login Status），可以通过 GTM 数据层变量把它们读取到事件代码（tag）中 [事件标签（label）是可选填的，所以不需要在本例中填充它]。

代码 12.2 我们选择使用一次事件（event），而不是使用一个网页浏览（pageview）来记录自定义"登录状态"（Login Status）这个自定义维度

```
<script>
dataLayer.push({'event': 'eventTracker', 'eventCar': 'login',
'eventAct': 'log-in', 'loginStatus': 'loggedIns')});
</script>
```

可以执行以下三个附加步骤把自定义维度的数值填入 GA。

1）在"媒体资源"管理中设置自定义维度，将范围设置为会话（Session）。

2）设置 GTM 数据层变量来读取"登录状态"（Login Status）。

3）修改图 6.31 中"抓取所有"（catch-all）事件代码（tag），把读取"登录状态数据层"变量作为自定义维度，正如我们在图 12.4 中为作者和类别所做的修改一样。

如果只在登录发生时填充自定义维度，则这个数值将把所有未登录的会话（session）记录为"（not set）"。如果你这样选择，则可以使用第 9 章中描述的视图过滤器把登录状态的自定义维度从"（not set）"重写为"notLoggedIn"（未登录）。

你可以使用一个类似代码 12.2 的方法从终端系统登录的用户中读取客户状态 / 名称，并把它设置为自定义维度，如图 12.6 的自定义报告所示。正如我们先前所提到的，用户范围的自定

义维度更加适用于客户状态，这个范围甚至能让 GA 利用自定义维度记录那些间断登录的会话。

Customer Level (Back-End) —1	Sessions —2 ↓	Ecommerce Conversion Rate —3	Transactions —4	Revenue —5
1. silver	1,147,205 (46.72%)	0.45%	5,206 (24.42%)	$249,507.65 (25.05%)
2. gold	342,799 (13.96%)	1.33%	4,561 (21.40%)	$201,512.94 (20.23%)
3. platinum	331,551 (13.50%)	0.65%	2,143 (10.05%)	$96,261.86 (9.67%)
4. bronze	322,260 (13.12%)	0.91%	2,946 (13.82%)	$131,001.52 (13.15%)

图 12.6　在这个自定义报告中，我们按照客户状态（Customer Status）报告电子商务指标，该客户状态是从终端读取并作为用户范围的自定义维度存储在 GA 中的

1—客户级别（后台）　2—会话数　3—电子商务转化率　4—交易次数　5—收入

笔记 | 把企业统计数据作为自定义维度

　　Marketo 营销自动化平台能把企业统计数据（如特定组织或工作角色）导入 GA 中，把它作为自定义维度信息。想了解更多关于企业统计整合的信息，请参阅附录 A.4 中"营销自动化和个性化"。

12.1.3　自定义维度：表单选择

　　自定义维度另一个便捷用例是表单选择的存储。例如，网站上的购买意向表单可能包含丰富的下拉菜单、单选按钮或者文本字段，如下：

- 年龄分组。
- 性别。
- 职业。
- 行业。
- 感兴趣的产品或服务。
- 邮编。

　　生成记录行业选择的自定义维度，可以把代码 12.3 的脚本添加到 GTM 自定义 HTML 标记（tag）中。当所选数值变化时，这个脚本使用 jQuery 来查找和配置该"行业"下拉菜单中选择的值改变时写入数据层的维度，所以一定要把 DOM Ready 触发器应用在自定义 HTML 标记（tag）上，使下拉菜单的选项在自定义 HTML 标记触发它之前就已经完成解析。由于我们把 eventTracker（事件跟踪）作为事件变量，因此"抓取所有"（catch-all）事件基础构架将再次被激活。

代码 12.3　你可以在自定义 HTML 标注（tag）里添加本脚本作为 GA 的自定义维度，来记录"行业"下拉菜单选项

```
<script>
$("#ddIndustry").change(function () {
    var industry = $(this).find('option:selected').text();
    dataLayer.push({'event':'eventTracker','eventCat':'industry','eventAct':'select',
    'eventLbl':industry});
});
</script>
```

嘉宾观点 酒店预订的计算指标和自定义维度

马特·斯坦纳德（Matt Stannard）是 4Ps 营销的首席技术官。

1. 有效预订转化率的计算指标

如果唯一可以预订房间的访问者是在会话（session）期间进行房间搜索的人，那么基于房间搜索完成情况来报告有效预订转化率将比在 GA 里报告基于全部会话（session）的默认转化率更加有效。（这是计算指标的预览，本章将在稍后进行配置。）

基于搜索 sessions（会话）而不是全部 sessions（会话）报告预订情况，我们实现了第 10 章里提及的相同好处：放大数据点和趋势。例如，有效预订转化率的百分比越高（而非总体预订转化率），我们能更加容易发现 5 月 29 日的预订转化率下降，如图 12.7 的第 5 行所示，并且我们可能认为这次下降与预订引擎动态生成那天的价格上升相关。

计算指标稍后将在本章进行讨论。

	Date ? —1	↓ Sessions — 2	Room Search (Goal 1 — 3 Completions) ?	Booking Completed (Goal 2 — 4 Completions) ?	Effective Booking Conversion Rate | 5
		1,866,123 % of Total: 100.00% (1,866,123)	12,519 % of Total: 100.00% (12,519)	2,516 % of Total: 100.00% (2,516)	20.10% Avg for View: 20.10% (0.00%)
☐	1. **20160602**	66,546 (3.57%)	449 (3.59%)	99 (3.93%)	22.05%
☐	2. **20160601**	83,179 (4.46%)	560 (4.47%)	110 (4.37%)	19.64%
☐	3. **20160531**	49,217 (2.64%)	463 (3.70%)	91 (3.61%)	19.65%
☐	4. **20160530**	91,243 (4.89%)	749 (5.98%)	179 (7.11%)	23.90%
☐	5. **20160529**	34,568 (1.85%)	278 (2.22%)	24 (0.95%)	8.63%

图 12.7　这个自定义报告显示了基于房间搜索（Room Search）完成情况而非全部 session（会话）的有效转化（Effective Conversion），因此它可以放大转化率并且突出显示出 5 月 29 日的转化率下降

1—日期　2—会话数　3—房间搜索（目标 1 的完成）　4—完成预定（目标 2 的完成）　5—有效预定转化率

2. 用自定义维度跟踪搜索日期和入住日期之间的差别

入住日期（Check-In Date）的自定义维度能为得到"询价日期和入住日期的差别"（Quote-to-Check-in-Date Differentian）报告提供一个很好的方法，该差别报告显示了潜在客户在进行酒店搜索之后多少天会入住酒店。这个概念是绘制一张 365 天的入住预测图，它有助于告知房间定价和预订推广。

你需要导出用于捕捉每个事件（或目标完成）的默认日期维度，你可以把该默认日期维度用作自定义维度，用于记录搜索日期和入住日期。在电子表格程序（如 Google Sheets 或 MS Excel）中，你可以从提供的入住日期里减去房间搜索的事件日期或者目标日期来计算搜索和入住的时间差。

由于我们当前讨论的酒店是一家国际酒店，因此可以对比美国和欧洲用户的搜索模式，如图 12.8 和图 12.9 所示。由于美国和欧洲用户在搜索到入住的时间上存在显著差异，因此可以建议酒店（我们公司的客户）的管理部门和市场团队根据活动相应地调整价格和时间范围。

导出时请注意，如果你正在使用 Excel，Excel 的 SEO 工具（`http://tiny.cc/ga-seotools`）能让你从 GA API 里自动导入数据，若使用 Google Docs，在 Google Developer 帮助里名为"在 Google Sheets 里自动获取 GA 数据"（*Antomated Access to Googel Analytics Data in Google Sheets*）（`http://tiny.cc/ga-googledoc`）的文章中可以找到一个用于数据导出的自动脚本。

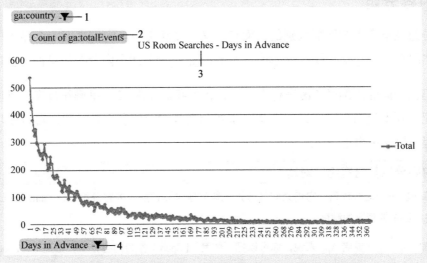

图 12.8 美国搜索趋势显示，搜索日期在入住日期之前高度集中

1—国家 / 地区 2—计数：事件总数 3—美国房间搜索–提前天数 4—提前天数

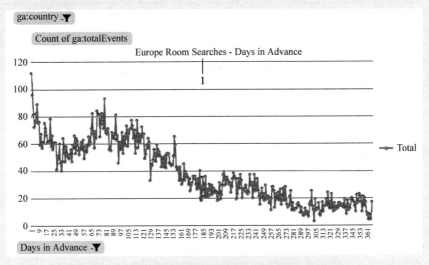

图 12.9 欧洲搜索趋势显示搜索日期远早于入住日期

1—欧洲房间搜索–提前天数

笔记｜ 使用自定义维度来衡量广告拦截

2015 年 10 月，在 marketingland.com 上发表的文章，“广告拦截器的蓝图：你如今所要知道的”（*The Ad Blocker Landscape: What You Need to Know Today*）指出仅在桌面端就有 1.18 亿网络用户屏蔽了广告。如果你的网站投放了广告，则最好了解有多少访问者没有看见所投放的广告，该广告有多少网页浏览被屏蔽了。在西莫·阿哈瓦（Simo Ahava）的博客上，他向我们展示如何在网页浏览跟踪里添加自定义维度来显示广告屏蔽量。[请参阅“衡量广告和内容拦截器的影响”[*Measure Ad and Content Blocker Impact*），`http://www.simoahava.com/analytics/measure-ad-content-blocker-impact-on-traffic/`]。

使用基于自定义维度（而非新事件）的方法有一个特殊好处，由于我们利用了 GA 里存在的匹配（hit），因此我们既没有增加发送给 GA 匹配（hit）的数量，也没有让匹配（hit）接近于第 18 章里提到的上限。

12.2 内容分组

内容分组在概念上与匹配级别的页面自定义维度相类似。它们之间一个显著的区别是内容分组在“网页”（Pages）和“着陆页”（Landing Pages）两个内置报告里都可使用。

让我们在相同的用例里考虑进行内容组，正如我们在图 12.1 里操作自定义维度一样——除了在匹配级别上使用自定义维度来获取作者和文章类别信息之外，我们可以使用如下所述的类似过程来填充内容组。

术语｜ 内容分组与内容组的对比

当你第一次看到这些词语，它们之间的区别可能有些难以理解。内容分组（Content Grouping）基本上就是描述组群主要情况的维度。

对于体育新闻网站或者 App 来说，你可以把“体育”（Sport）作为内容分组，把足球（Football）、棒球（Baseball）、篮球（Basketball）和曲棍球（Hockey）设置为在内容分组里的内容组（Content Group）。之后，在记录网页浏览量时，把网页和屏幕与特定内容组相联系，然后在如图 12.10 所示的“网页”报告中显示内容组。

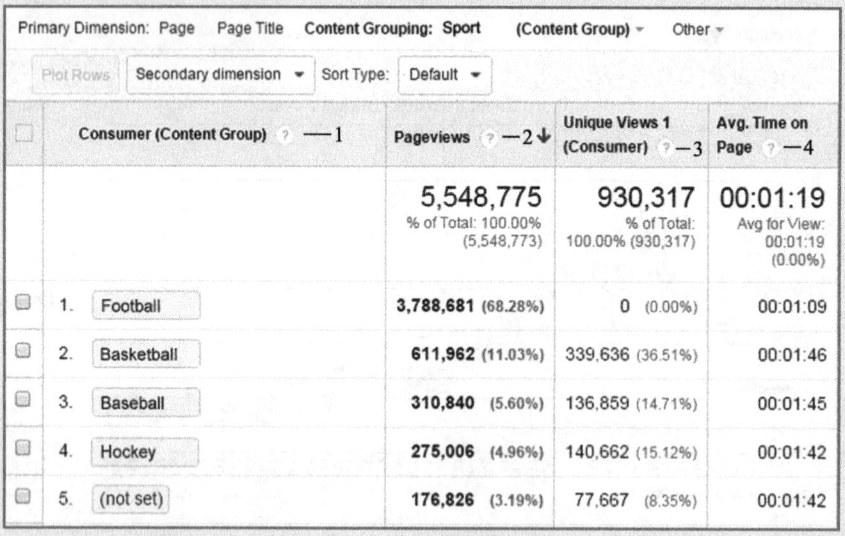

	Consumer (Content Group) —1	Pageviews —2	Unique Views 1 (Consumer) —3	Avg. Time on Page —4
		5,548,775 % of Total: 100.00% (5,548,773)	930,317 % of Total: 100.00% (930,317)	00:01:19 Avg for View: 00:01:19 (0.00%)
1.	Football	3,788,681 (68.28%)	0 (0.00%)	00:01:09
2.	Basketball	611,962 (11.03%)	339,636 (36.51%)	00:01:46
3.	Baseball	310,840 (5.60%)	136,859 (14.71%)	00:01:45
4.	Hockey	275,006 (4.96%)	140,662 (15.12%)	00:01:42
5.	(not set)	176,826 (3.19%)	77,667 (8.35%)	00:01:42

图 12.10 在“网页”报告中，把“体育”作为内容分组以显示已经完成填充的 4 个内容组的指标

1—客户（内容组） 2—网页浏览 3—唯一身份浏览 1（客户） 4—页面平均访问时间

你也可以设置另一个内容分组，如联赛或小组，在你把页面与体育内容组相关联的同时，也把页面与特定的联赛或小组相关联。

12.2.1　设置内容分组

有点让人吃惊的是，内容分组是在"视图管理"（View Admin）窗口设置的，而不是在"媒体资源管理"窗口设置的。建立一个内容分组，单击"内容分组 > + 新建内容分组"（Content Grouping > +New Content Grouping），给它命名 [如"体育"（Sport）]，然后单击"保存"（Save）按钮。

12.2.2　填充内容组

通常，按照与图 12.4 中填充自定义维度相类似的方法填充内容组，即把内容组添加到网页浏览匹配（pageview hit）中。

如上所述，对于文章类别或作者自定义维度而言，我们可以设置一个 GTM 变量从页面文本或标记中的任何位置读取"体育"。如果"体育"尚未出现在页面中的任何位置，则可以让开发人员将"体育"写入数据层，然后使用类似于图 12.3 的数据层变量来读取它。上述关于 DOM Ready 触发器所概述的相同考虑将适用于所有内容组填充。

基于规则或提取填充内容组

在视图管理窗口中创建内容分组时，你会看到如图 12.11 所示的内容组名称的直接填充并不是唯一选项——你还可以根据网页 URL、网页标题或者屏幕名称的匹配或提取来填充内容。

图 12.11　若把"体育"设置为视图管理（View Admin）窗口中第一插槽的内容分组，则可以将"体育"的值作为 DOM 元素或数据层变量读入网页浏览代码（Pageview tag）中，如图 12.2 和图 12.3 所示

1—索引　2—内容组

虽然这个方法很有用，但你可能需要考虑内容分组或许不是特别重要的情况。例如，你还可以通过过滤默认"网页"报告来查看与"篮球"相关的所有网页。此外，如果 URL 的结构已经层次鲜明，则内容分组可能会显得多余。如果网站上所有与篮球相关的页面都已位于"/ basketball"目录中，则"内容深入"（Content Drilldown）报告本质上将按内容组提供指标。

有关提取方法的详细信息，请参阅 GA 帮助页面中的"获取内容组和内容分组"（*Capture Groups and Content Grouping*）（https://support.google.com/analytics/answer/3333221?hl=en）。

笔记 | 你应该选择自定义维度还是内容组？

我们一直在考虑的网页分类示例中，从有利于报告的角度来看，使用匹配（hit）级的自定义维度的方法还是使用内容分组的方法都是旗鼓相当的。然而，内容组的一个优点在于，内容组在内置"网页""着陆页"和"行为流"报告中都可以使用。你仍然可以利用自定义维度设置一个自定义对比报告，但对于公司里（或客户中）经验尚浅的 GA 用户来说，内容组可能比自定义报告更易于观察。

一个视图内内容分组的上限是 5 个，而不是 5 个内容组。通常来说，5 个内容分组也已足够。但是，如果你刚好需要使用 5 种以上的不同方式对网页进行分类，则应该选择使用匹配（hit）级的自定义维度，因为你可以在 GA 标准版中为每个媒体资源配置多达 20 个自定义维度，在 Analytics 360 中可以配置 200 个。

（1）GA 外部的采样和使用

内容组在 GA 报告界面中也同样受抽样影响。此外，虽然内容组现在可通过"核心报告的 API"（Core Reporting API）被使用，但它们在 BigQuery 中却不能使用。

因此，如果你已有 Analytics 360 的账户并计划将非样本数据导出到 BigQuery（或其他环境），则自定义维度将为你提供更好的解决方案。

（2）两者都用

由于填充自定义维度和内容组的过程是相似的，并且它们各有优缺点，因此不妨同时填充这两个对象，自由挑选合适的使用方法。

12.3 自定义指标

可以说，如果没有使用至少若干个自定义维度（或内容组）来反映组织的真实情况，则 GA 的落地就没有完成。相反，自定义指标则更加专业化，而它们的用例则更有限。

也就是说，它们可以在某些跟踪场景中提供独特且关键的目的。例如，面向公众的加拿大卫生部（Health Ministry）数字服务机构——Health Canada，刚刚为加拿大人启动了一项名为"Canada Walks/Canada Se Promène"（加拿大徒步旅行）的项目，希望大家承诺每周步行若干千米进行锻炼。公民可以访问加拿大卫生部网站（Health Canada），注册接收每周电子邮件提醒来教促他们步行。

在注册表单上，潜在的步行者可以输入他们承诺每周步行的千米数。此详细信息将包含在提醒电子邮件中。如果你负责分析加拿大卫生部网站，则可以利用以下自定义指标来跟踪每周步行的千米数，然后设置如图 12.12 所示的自定义报告。

12.3.1 设置自定义指标

设置自定义指标来记录承诺千米数（Kilometers Pledged）：

	Region ?	Sessions ? ↓	Kilometers Pledged
	1	2	3
		50,028	2,090,778
		% of Total: 1.43% (3,506,570)	% of Total: 100% (2,090,778)
☐	1. Ontario	25,735 (51.44%)	996,081 (47.64%)
☐	2. British Columbia	5,868 (11.73%)	203,921 (9.75%)
☐	3. Quebec	5,231 (10.46%)	289,497 (13.87%)
☐	4. Alberta	4,460 (8.92%)	194,455 (9.30%)

图 12.12 "承诺千米数"在自定义报告中显示为自定义指标

1—区域　2—会话数　3—承诺千米数

1）在"媒体资源管理"窗口，单击"自定义定义">"自定义指标">"+新建自定义指标"（Custom Definitions > Custom Metrics > +New Custom Metric）。

2）在"名称"文本框中输入"承诺千米数"（Kilometers Pledged）。

3）在"范围"栏中选择"匹配"（Hit）。

4）在"格式设置类型"栏中选择"整数"（Integer）。

12.3.2　填充自定义指标

填充自定义指标与填充自定义维度类似：我们需要将其包含在 GA 代码中，通常我们把网页浏览（pageview）、事件（event）或电子商务交易作为自定义指标值。

在这个例子中，我们通过"自定义 JavaScript"变量直接从页面元素中读取自定义指标，但是如果 DOM 里没有提供"承诺千米数"，则必须与开发人员合作，先把"承诺千米数"写入数据层，再使用数据层变量来读取它。

1）变量。创建如图 12.13 所示的变量，从而在表单字段读取"承诺千米数"值。

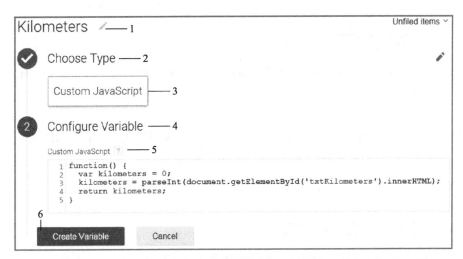

图 12.13 "自定义 JavaScript"变量从承诺步行的注册表单中读取步行千米数

1—千米数　2—选择类型　3—自定义 JavaScript　4—设置变量　5—自定义 JavaScript　6—创建变量

2）**代码（tag）**。创建如图 12.14 所示的 GA 事件（event）代码（tag）。该代码（tag）将变量作为自定义指标进行读取，并将其填充到媒体资源第一个自定义指标的索引中，我们在上文设置过。（你可以为事件类别、事件操作和事件标签进行任意适当的赋值。）

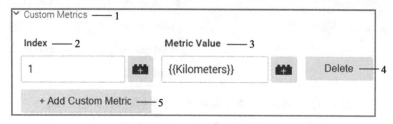

图 12.14　在 GA 代码（tag）中，把变量"千米数"作为自定义指标进行填充

1—自定义指标　2—索引　3—指标值　4—删除　5—添加自定义指标

3）**触发器**：启用内置"表单 ID"（Form ID）变量，并将如图 12.15 所示的表单触发器应用在事件代码（tag）中。

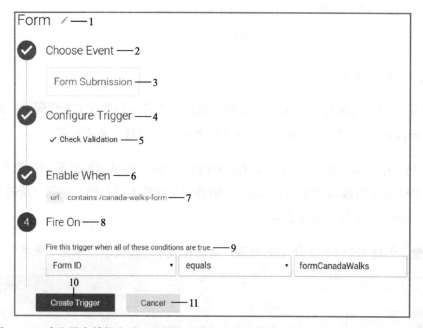

图 12.15　当注册表单提交时，此触发器将触发步行注册（Walk Signup）事件（event）

1—表单　2—选择事件　3—表单提交　4—设置触发器　5—检查验证　6—在该时间下启用　7—Url 包含"/canada-walks-form"
8—触发　9—当所有这些条件都为真时，触发此触发器　10—创建触发器　11—取消

作为另一种不同的方法，我们可以在自定义 HTML 代码（tag）中选择使用一些 jQuery 在表单提交时把"承诺千米数"和其他需要激活并填充到"抓取所有"（catch-all）事件（event）里的数据层变量写入到数据层。

12.3.3　格式设置类型和范围

除了整数，其他自定义指标"格式设置类型"（Formatting Types）[如"货币"（Currency）和"时间"（Time）] 也可以用于自定义指标设置。除了匹配（Hit）之外，"产品"

（Product）也可以用于"范围"（Scope）设置。在自定义指标的两个额外示例中，可以使用"匹配"（Hit）范围来设置"时间"自定义指标以记录视频的总观看时长，或者使用"产品"范围来设置"货币"自定义指标以记录在电子商务交易中的折扣金额。

注意，所有自定义指标的"格式设置类型"均为总计，而不是百分比或比例。如果我们想要计算每个用户或每个表单提交的"承诺千米数"，则需要在计算指标公式中使用自定义指标。计算指标如下节所述。

12.4　计算指标

除了按照 12.3 节所述直接设置和填充自定义指标之外，还可以根据现有指标（内置和自定义指标）以及数字常量计算新指标。以下自定义指标的许多示例都会涉及转化（目标和电子商务）和 / 或用户（而不是会话）。

12.4.1　基于用户的转化率

虽然我们可能倾向于把转化率视为完成目标的人数，但请务必记住，GA 内置报告中的转化率是基于会话而不是用户。如图 8.7 所示，特别是对于更晦涩或更复杂的转化，这个定义可以让管理者、客户等人觉得转化率看起来惊人地低。

"多渠道路径 > 路径长度"（Muti-Channel Funnel > Path length）报告显示了访问者在完成目标前返回的次数，但我们还可以基于用户创建一个计算指标，详情如下。在示例中，我们将计算提交了培训计划注册申请的用户的转化率。

1）在"管理"窗口的"数据视图"栏中，单击"计算指标"（Calculated Metrics）。

2）设置如图 12.16 所示的计算指标。

我们需要牢记，GA 报告的用户数仍然高于你网站的实际访问人数

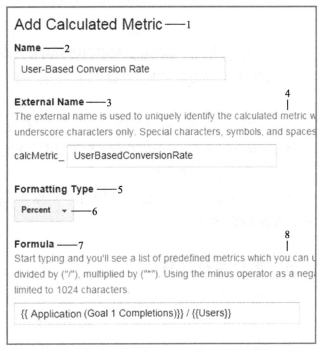

图 12.16　目标 1 的转化率的计算指标是基于用户而不是基于会话

1—添加计算指标　2—名称　3—外部名称　4—外部名称用于在通过 API 查询数据时独一无二地标识计算指标。外部名称只能包含字母、数字和下画线等字符。不允许使用特殊字符、符号和空格　5—格式设置类型　6—百分比　7—公式　8—开始输入内容，然后你就会看到可以用于创建公式的一系列预定义指标。可接受的运算符包括加号（＋）、减号（－）、除号（/）、乘号（＊）。不能使用减号来表示负数（即可以使用 A–B，但不能使用 –B+A）。公式的长度上限为 1 024 个字符

（由于删除 cookie 等原因），但是基于用户而不是会话的转化率可能显著高于内置的基于会话的转化率，并且将提供更接近于真人转化情况的百分比。在 GA 移动 App 媒体资源中，用户（Users）指标很可能准确地反映了实际使用 App 的人数，因此在移动 App 媒体资源中基于用户（Users）的内置指标应该相当准确地反映每个用户的指标。

更多关于基于用户转化率的信息，请参阅 www.e-nor.com/gabook。

12.4.2　非跳出的转化率

正如在第 10 章中讨论的"非跳出会话"中所看到的，评估基于非跳出会话的效果是非常有用的，特别是对于网站而言：因为我们的网站将总是经历一定程度的跳出，为什么不跟踪那些深度浏览网页的用户的指标，或完成你已设为事件跟踪的操作的指标？

我们当然可以把内置"非跳出会话"细分应用到任何一个目标报告中，但我们也可以创建一个如下所示的专门用于非跳出的转化率的计算指标。

```
{{Lead Submitted (Goal 1 Completions) }} / ({{Sessions}} - {{Bounces}})
```

有关计算指标的注意事项如下：

1）设置计算指标，必须在数据视图级别拥有"修改"权限。

2）在计算指标的定义里，可以把内置指标、你的自定义指标以及数字常量设置为计算指标。

3）"格式设置类型"包括整数、百分比、浮点数、货币和时间。

4）一旦你创建了一个计算指标，则不能重命名它，但可以删除它。

5）计算指标是有追溯性的。

6）计算指标不会显示在内置报告中，但你可以在自定义报告中使用它们（并通过 GA "核心报告 API"查询）。

12.5　受众特征和兴趣

正如第 2 章中所述，"受众特征和兴趣"报告默认未启用。要启用"受众特征和兴趣"报告，只需要在"媒体资源设置"（Property Settings）中将"启用受众特征和兴趣报告"（Enable Demographing and Interests Reports）切换到"开启"（on）位置即可。在每个数据视图中，还需要在首次访问时提示开启"受众特征和兴趣"报告。

如果出于其他原因，无法开始填充"受众特征和兴趣"报告（见图 5.4），你可以在 GTM 的 GA 代码中以及本书其他 GA 代码的复选框中选择"启用展示广告功能"（Enable Display Advertising Features），（当然，之后重新发布你的容器）。此设置在移动 App 容器的 GA 代码中显示为"启用广告 ID 功能"。

隐私政策

在启用"受众特征和兴趣"报告时要保持遵守 GA 的服务条款，你应该参考 DoubleClick cookie 以及受众特征和兴趣信息，按照以下方式更新你的隐私政策。

"本网站仅使用第一方 Google Analytics cookie 来跟踪你的回访，但不会通过姓名、电子邮件或任何其他数据来识别你的个人身份。此网站还使用第三方 DoubleClick cookie 来启用受众特征和兴趣信息（如年龄、性别和喜爱的产品类别）报告，但不会把这些信息以任何方式与个人身份识别信息（PII）相关联。"

如果你按照第 14 章中所述启用再营销，请参阅 GA 帮助文档中有关隐私权政策要求的"Google Analytics 广告功能的政策要求"（*Policy Requirements for Google Analytics Advertising Features*）。

同样，在 GA 中启用"受众特征和兴趣"报告或进行再营销之前，最好咨询你的法律或合规顾问。

如果你未启用"受众特征和兴趣"报告或再营销，服务条款仍需要你提供包含有关第一方 Google Analytics cookie 的基本信息，如上面的示例所示，以进行整体跟踪。

若进行移动 App 跟踪，请将隐私政策中的 cookie 引用更改为"匿名标识符"（anongmous identifiers）。

12.6　增强型链接归因

本书到目前为止，还没有讨论过"行为 > 网页内分析"（Behavior > In-Page Analytics）报告。该报告在某些情况下并不准确（特别是跨域和 http / https 页面），但总体来说，相对于 CrazyEgg、Hot-Jar 或 SessionCam，GA 并不是一个功能齐全的热力图报告工具。这样看来，网页内分析若要变得有用，就应在 GTM 的 GA 网页浏览代码中启用"增强型链接归因"（Enhanced Link Attribution），如图 12.17 所示。

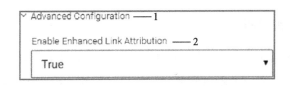

图 12.17　在 GTM 的 GA 网页浏览代码中，可以很容易地启用"增强型链接归因"

1—高级设置　2—启动增强型链接归因

增强型链接归因为"网页内分析"报告⊖和 Chrome 的网页分析插件带来了两个主要好处，它可生成与网页内分析非常相似的热力图报告（并且其工作会更加可靠）：

⊖　在 2017 年 4 月的更新中，GA 已经没有"网页内分析"报告了，不过 Chrome 的网页分析插件仍然可用。——译者注

1）为指向同一其他页面的两个或多个链接显示不同的百分比。例如，如果你在页眉和页脚中都有"关于我们"的链接，则增强型链接归因允许 GA 显示不同的点击百分比（如3.0%和0.5%），而不是两个链接都显示 3.5%。

2）在 JavaScript 驱动的页面元素上显示点击百分比。增强型链接归因还允许 GA 在JavaScript 下拉菜单和其他 JavaScript 驱动的网页元素中显示元素的单独点击百分比。

相关讨论请参阅附录 A 中嘉宾亚历克斯·哈里斯（Alex Harris）的观点，这些观点是关于如何使用量化 GA 数据和第三方热力图报告来快速获得目标网页的优化。

12.7　跟踪信息自定义

可以在"媒体资源管理"（Property Admin）窗口的"跟踪信息"（Tracking Info）里设置以下自定义信息。

12.7.1　会话超时

在"会话设置"（Session Settings）中，可以将会话超时时间从默认 30 分钟设为最少 1分钟，最多 4 小时。如果你的网站或 App 要求稳定的用户交互（如动态股票报价），即便 30分钟以内的活动中断，逻辑上来讲可能就代表会话结束了，那么你可以考虑减少会话超时的时间。如果你的用户体验是针对单个页面或屏幕的长持续时间而设计的，则可以增加会话超时以使其符合实际使用情况。

在之后的例子中，即使用户位于同一页面上，通过为页面滚动或视频观看百分比设置事件跟踪（如第 6 章所述），也可能需要向 GA 发送更多匹配（hits）。随着其他匹配被发送到GA，即使用户保持在单个页面或屏幕的互动的情况下，也不必增加会话超时时长，因为默认 30 分钟超时将会随着每次匹配进行刷新。

把会话超时默认值设置为 30 分钟很常见。如果在现有落地中更改此设置，请确保按第11 章中所述创建注释，以便在跨越更改的时间段内分析会话计数时方便参考。

12.7.2　广告系列超时

广告系列超时如图 7.23 所示。"广告系列超时"（Campaign Timeout）显示在"会话设置"（Session Settings）中，作为一个来自先前会话中更加具体的流量来源，它决定了直接会话出现在 GA 报告里的持续时间。虽然为了直接覆盖，可以将"广告系列超时"更改为更长或更短时长的窗口，但与会话超时一样，保持默认设置是常见的做法。

请注意，"广告系列超时"不会影响"多渠道路径"或"归因"报告，因为这些报告并不适用于直接覆盖。

12.7.3 自然搜索来源

GA 拥有一个用于比较输入流量的搜索引擎列表。如果发现该点击来自搜索引擎列表上的其中一个网站，则该会话将被归为"自然搜索"（organic）媒介，而不是"引荐"（referral）。此列表非常全面，但如果你想让 GA 把你引荐报告中的网站视为来自于搜索引擎，则可以将该域名（如 newsearchengine.com）添加为自然搜索来源。

1. 记录特定国家 / 地区的搜索引擎

默认情况下，来自 google.in 或 google.it 的点击在 GA 的来源值中仅显示为"google"，并且 fr.yahoo.com 只显示为"yahoo"。

要为特定国家 / 地区的搜索引擎标记它自己的来源，可以为其制作单独的"自然搜索来源"（Organic Search Sources）列表，如图 12.18 所示。

Search Engine Name ⌐1	Domain Name—2	Query Parameter ⌐3	Path—4	5	6
Google UK	google.co.uk	q		edit	delete
Yahoo UK	uk.yahoo.com	p		edit	delete
Google India	www.google.in	q		edit	delete
Google Canada	google.ca	q		edit	delete

图 12.18　在 GA 中显示特定国家 / 地区搜索引擎的来源，需要将其添加为自然搜索来源

1—搜索引擎名称　2—域名名称　3—查询参数　4—路径　5—修改　6—删除

2. 将 Google 图片搜索作为来源进行记录

从 Google 图片中记录点击的过程并不像显示特定国家 / 地区搜索引擎的过程那么简单：将"images.google.com"添加为"自然搜索来源"的方法不可行。

默认情况下，Google 图片点击会把"引荐"记录为媒介，把"google.com/imgres"或"google.co.uk/imgres"记录为来源。要想将媒介重新记录为"自然搜索"，把来源重新记录为"images.google.com"、"images. google.co.uk."　或其他特定国家 / 地区的 Google 图片搜索结果页，可以将图 12.19 和图 12.20 所示的过滤器应用到视图中。（如第 9 章所强调的，在把视图过滤

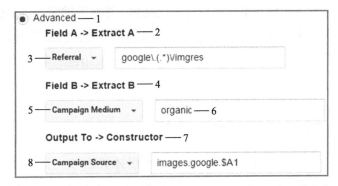

图 12.19　第一个过滤器与原始来源及 Google 图片点击的媒介值相匹配，并且把媒介重新设置为"自然搜索"

1—高级　2—字段 A→提取字段 A　3—引荐　4—字段 B→提取字段 B
5—广告系列媒介　6—自然搜索　7—输出到→构造器　8—广告系列来源

器应用于任何工作视图之前，应该首先在测试视图中进行验证）。

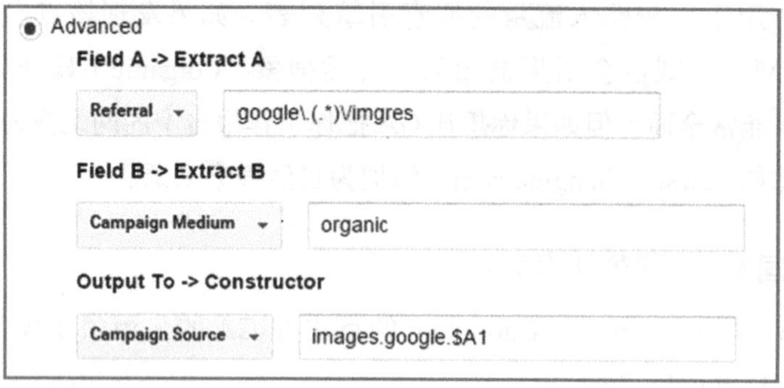

图 12.20　在把媒介重新设置为"自然搜索"的情况下，第二个过滤器仍然与原始来源相匹配，并且"输出到→构造器"将 com 或 co.uk 提取为字段 A 中的通配符⊖

12.7.4　引荐排除列表

当引荐排除列表（Referral Exclusion List）中包含的域名发生点击后，GA 不会开始一个新的会话，且保留当前会话的媒介和来源值。引荐排除通常有以下两种用例：

- **绕行到另一个域名**。例如，如果在你的结账路径下，用户在返回你的网站（确认等）之前，跳转到其他域名的第三方服务（如 PayPal）上，你需要确保把其他域名归入排除列表，否则当用户返回到网站上的确认页面时将开始一个新会话，该新会话就会把"引荐"来源作为媒介，把其他网站的域名作为来源。
- **跨网域跟踪**。如本章后面所述，我们也会使用引荐排除功能维持跨网域会话、媒介和来源（以及适用的广告系列），作为跨网域跟踪的一部分。

12.7.5　搜索字词排除列表

"搜索字词排除列表"（Search Term Exclusion List）可以使你明确地指出自然关键字——通常，我们在第 7 章中讨论的品牌 / 导航关键字，将促使 GA 把自然点击作为直接点击。对于大多数自然搜索点击而言，即使大多数自然品牌点击目前记录为"（not provided）"（未提供）关键字，"搜索字词排除列表"的效用也非常有限。（换句话说，把它留空，它的作用已经不明显了。）

12.8　跨网域和汇总报告

在大多数情况下，一个 GA 媒体资源与一个网站（或 App）相对应，但这不是绝对的。在一个媒体资源中跟踪多个网站大致上有以下两种用例：

1）**跨网域（或简称跨域，cross-domain）**。适用于你所管理的两个网域具有持续的用户体验，如"www.mysite.com"、"www.myblogsite.com"或"www.myproductsite.com"。

⊖　原书中图 12.19 与图 12.20 重复。——编者注

2）汇总（roll-up）。适用于当组织需要汇总从用户的角度出发整合两个或多个不相关的网域报告。要评估是否需要跨网域或汇总（roll-up）报告，可以询问以下问题：

① 我需要跟踪多个网域吗？如果不是，则既不需要跨网域，也不需要汇总（roll-up）跟踪。

② 这两个或多个网域是否提供持续的用户体验（在品牌、流程、导航等方面）？如果是，你应该实施跨网域跟踪。

③ 在用户体验方面，这两个或多个网域是否分离？如果是，在单独的 GA 媒体资源中跟踪每个网域是完全可行和常规的。但是，如果必须在组织内部（如向上级管理层）提供统一的多网域报告，汇总（roll-up）报告将为你提供正确的解决方案。

12.8.1　跨网域跟踪

在设置跨网域跟踪之前，我们必须考虑有关 GA 跟踪的下面几个基本但令人惊讶的事实。

惊人事实 1：任何媒体资源的跟踪 ID 将跟踪来自任何网域的数据。没错，情况属实。如果创建了一个新的媒体资源，并将网站 URL 设置为"http://www.abc123.com"，该媒体资源的媒体资源 ID 为 UA-12345678-1，我可以在 www.xyz456.com 的 GTM 中部署一个 GA 代码，并把媒体资源 ID 设置为 UA-12345678-1，即使跟踪是在完全不同的网域上进行，GA 仍会记录数据。

惊人事实 2：对跨网域跟踪来说，知道惊人事实 1 远远不够。既然任何跟踪代码都将记录任何网域上的数据，为了实施跨网域跟踪，我们需要在多个网域上使用相同的媒体资源 ID。这对于汇总（roll-up）报告而言基本正确，稍后将会讨论这一点，但是为了使跨网域跟踪能正常运行，还需要一些简单但重要的额外配置，如下所述。

1. 维持会话

维持会话是跨网域跟踪中的关键概念，也是与汇总（roll-up）报告的主要区别。在两个或多个相关网域（如 site.com、blogsite.com 和 productsite.com）上使用相同的默认 GA 跟踪会导致以下问题：

- **新会话**。一旦用户遍访网域，在第二个网域上的第一个网页浏览将会被视为是新用户的新会话的一部分（因为 GA 会为具有不同客户端 ID 的第二个网域创建单独的 cookie）。

- **原始来源 / 媒介丢失**。原始来源 / 媒介在第二个网域的新会话中丢失，用"site.com/referral"代替，这可以说是一个更加严重的问题。如果设计了从 site.com 到 productsite.com 跳转的用户体验（见图 12.21），把在 myproductsite.com 的用户操作（包括转化）归因于"mysite.com/referral"，这基本上是毫无用处的。如果在 myproductsite.com 上发生了购买转化，则需要把该转化归因于 AdWords 或电子邮件广告系列，或者归因于最初把流量带到 mysite.com 的那些来源 / 媒介。

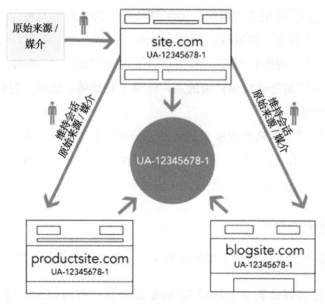

图 12.21 跨网域跟踪，必须更改设置以便在用户跨网域时维持会话

以下是需要为跨网域跟踪而采取的两个额外步骤（除了推荐的视图过滤器，见图 12.27）。

2. 跨网域设置

要在跨网域跟踪的过程维持会话，则需要更改如图 12.22 和图 12.23 所示的 GTM 中的 GA 网页浏览代码（tag）。通过将允许链接（allowLinker）设置为 true，当用户单击网域之间的链接时，GA 实际上会将来自第一个网域的客户端 ID 添加到 URL 中，然后，GA 会从 URL 中读取相同的客户端 ID 到第二个网域的 _ga cookie 中，从而识别跨越网域的同一用户。

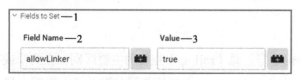

图 12.22 对于跨网域跟踪，在 GA 代码中把允许链接　　图 12.23 在"自动链接网域"中，列出你需要

（allowLinker）指定值设为 true　　　　　　　　　　跟踪的网域

1—字段设置　2—字段名称　3—值　　　　　　　1—跨网域跟踪　2—自动链接网域

除了对 GTM 中这些 GA 代码进行设置外，还需要将网域添加到上述"媒体资源管理"窗口中的引荐排除列表中。

3. 验证跨网域跟踪

可以执行以下步骤来验证跨网域跟踪是否正常运行。

1）检查 URL 中的客户端 ID。当单击从 site.com 到 productsite.com 或 blogsite.com 时，该 URL 应包含客户端 ID 以及散列时间戳（在下面的示例 URL 中为 1362114490410）。注意，

根据时间戳在两分钟后，GA 会使 URL 里的客户端 ID 部分过期；这可确保在用户共享 URL 时，不会重复使用相同的客户端 ID。

2）检查"实时"（Real-Time）报告。首先在"实时"报告中识别自己的会话，正如 6.2.4 小节的笔记"如何在'实时'报告中分离出我自己的会话？"中所述。在网域之间点击时，请验证以下内容：

- "活跃用户数"（Active Users）不会递增。
- "媒介"和"来源"不会更改。如果你将"引荐"视为媒介，而将"site.com"作为来源，那么跨网域跟踪将无法正常运行。

笔记| 跨网域跟踪与托管电子商务服务商

如第 8 章 8.4 节嘉宾观点中凡妮莎·萨比诺"应向电子商务服务商提出的与 GA 跟踪相关的问题"中所述，对于在独立的网域上跟踪托管电子商务平台来说，跨网域跟踪是一个重要因素。请一定向你当前的或任何你考虑合作的服务商询问。

12.8.2 汇总报告

如先前所述，汇总（roll-up）报告的概念适用于这种情况：当报告需要在一个媒体资源当中整合在品牌、报价和用户体验方面完全独立且不相互链接的网域时。假设联合涡轮公司维护着三个网站：windturbine.com、jetturbine.com 和 industrialfan.com。由于这些网站是针对完全不同的受众群体设计的，因此没有理由在这些网站之间建立链接或设置跨网域跟踪。

但是，经理和高管可能希望看到三个网站的合并报告：这就是汇总（roll-up）报告的目的。可以通过在这三个网站上加入完全相同的 GA 跟踪代码来安装实施汇总（roll-up）报告；汇总（roll-up）报告不需要使用上面提到的用于跨网域的额外设置。建议应用如图 12.24 所示的主机名过滤器。

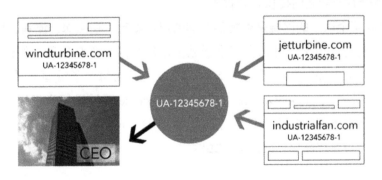

图 12.24　可以通过在两个或多个网站中安装相同的跟踪代码（无须修改）来实现汇总（roll-up）报告

作为汇总（roll-up）的另一个选项，你可以在每个网站上使用两组 GA 代码来配置 GTM 容器：一个跟踪汇总（roll-up）媒体资源，另一个只跟踪该网站的媒体资源，在这种情况下，不需要使用过滤器创建单独的视图，如图 12.29 所示。

12.8.3 移动 App 汇总

可以按照与网站相同的方式创建一个或多个 App 的汇总（roll-up）：在多个 App 中使用相同的媒体资源。注意，对于图 12.27 和图 12.29 中所推荐的过滤器，需要使用应用程序名称来代替主机名称。

理论上，可以把网站媒体资源和移动 App 媒体资源进行汇总（roll-up），但由于报告、指标和术语仅反映了一种媒体资源类型，因此将网站和 App 数据包含在一个媒体资源中会感觉十分怪异，通常不推荐这么做。

在本章之后，我们将了解跨设备跟踪。对于跨设备跟踪，强烈建议把网站媒体资源（通过桌面设备、平板电脑或智能手机访问）和移动 App 媒体资源（通过平板电脑或智能手机访问）进行单独维护。

> **笔记 | Analytics 360 中的汇总（roll-up）**
>
> 如果你有 Analytics 360 的使用权限，可以利用其特殊的汇总（roll-up）将来自多个"来源"的媒体资源数据汇总到"衍生"（derived）媒体资源中。更多详细信息参见第 18 章。

12.8.4 子域跟踪

如果需要跟踪多个子域（如 www.mysite.com 和 news.mysite.com），则可以从询问有关用户体验和报告需求的一些基本问题入手。

1）这两个或两个以上的子域是否提供单独的、未链接的用户体验？如果是，则可以把它们视为两个完全独立的媒体资源进行跟踪。另一种选择是，可以通过在两个子域的 GA 跟踪中嵌入相同的媒体资源 ID，实质上创建了一个子域的汇总（roll-up）。在 GTM 的 GA 代码"设置字段"（Fields to Set）中，可以通过指定"www.mysite.com"和"news.mysite.com"作为这两个网站各自对应的 cookieDomain 值，以确保为每个子域写入单独的 cookie。这样，当用户跨越子域（即会话不会被维持）时，子域将显示为彼此的引荐来源，但是汇总（roll-up）的媒体资源仍然会在子域之间提供整合报告。

2）这两个或两个以上的网域是否提供持续的用户体验（在品牌、流程、导航等方面）？对子域来说，这是普遍情况。可以在多个子域上使用相同的跟踪代码，但你需要将 cookie-Domain 设置为"mysite.com"（见图 12.25），以防止 GA 为每个子域写入单独的 cookie。注意，"自动"（auto）作为 cookieDomain 的值也将把 cookie 网域设置为根域，但由于 auto 在某些情况下可能会有不同的功能表现，特别是对于两部分顶级域名（如 .co.uk）来说，建议对 cookie 域名进行可靠编码以方便跨子域跟踪。

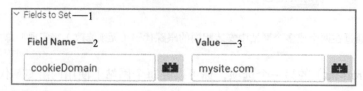

图 12.25　为了在跨子域时保留相同的 cookie，请将 cookieDomain 设置为根域

1—设置字段　2—字段名称　3—值

12.8.5 应用视图过滤器来消除域名的歧义

在单一媒体资源中包含多个网域或子网域的缺点是，在"网页"报告内，网页无法按网域或子网域进行区分，如图 12.26 所示，除非你将主机名添加为次级维度或者把单个主机名作为自定义细分。

为了使完整的域名显示为"网页"（也称为请求 URI）值，可以应用如图 12.27 所示的视图过滤器。注意，我们将提取全部主机名和原始请求 URI 作为（.*）获取分组的正则表达式，并将两者都输出到最终请求 URI 中。应用过滤器后，"网页"维度值将会消除歧义，如图 12.28 所示。

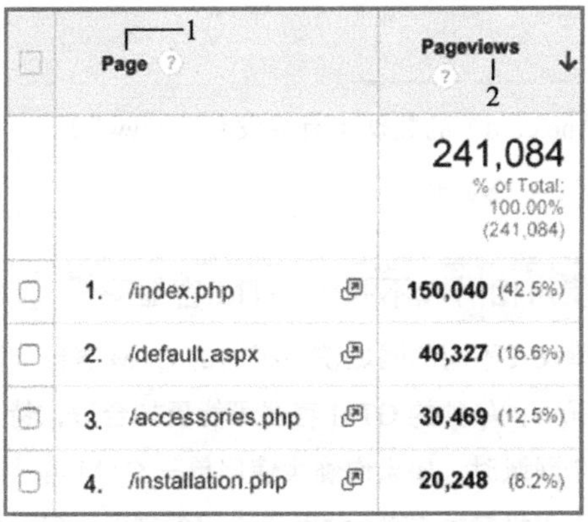

图 12.26　默认情况下，你将无法区分不同的网域或子域，除非把主机名添加为次级维度或把单个主机名设置为自定义细分

1—网页　2—网页浏览

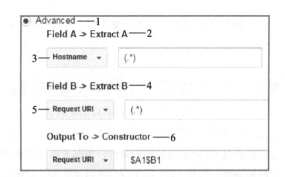

图 12.27　将主机名预置到请求 URI 的自定义视图过滤器中

1—高级　2—字段 A → 提取字段 A　3—主机名　4—字段 B → 提取字段 B　5—请求 URI　6—输出到→构造器

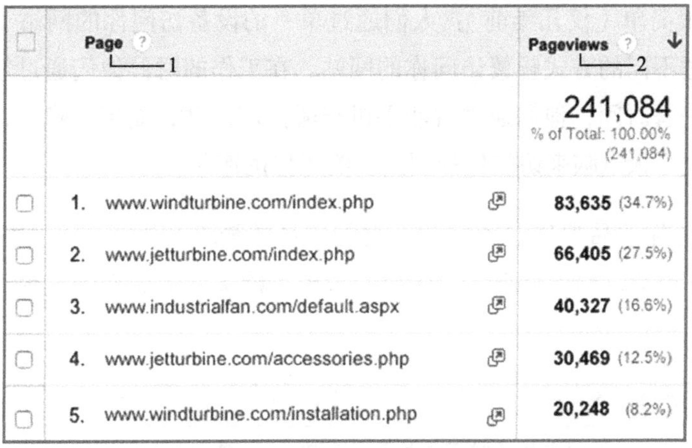

图 12.28　应用图 12.27 中的视图过滤器后，GA 在"网页"维度中包含了主机名

1—网页　2—网页浏览

12.8.6 每个网域或子域的专用视图

如果要在单个媒体资源中跟踪多个网域或子网域，另一个最佳实践方法是通过应用仅包

含单个主机名的视图过滤器，为每个网域或子域创建专用视图，如图 12.29 所示。通过把之前图 12.27 所展示的过滤器应用到我们的主视图中，并为每个域和子域创建专用视图，这样就获得了两方面的优势：跨网域和子域的整合报告（并消除歧义），并为每个网域创建了专用报告。在 App 汇总（roll-up）报告的例子中，可以使用应用程序名称来代替图 12.27 和图 12.29 所示的过滤器的主机名。

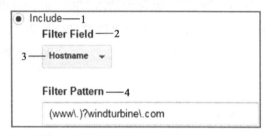

图 12.29　应用此视图过滤器后，将仅显示 "windturbine.com" 的数据（有或没有 "www"）

1—包含　2—过滤字段　3—主机名　4—过滤模式

笔记｜　在跨网域或汇总（roll-up）的情况下，应该使用相同或不同的 GTM 容器吗?

　　在跨网域跟踪的情况下（对于直接管理的网站），通常建议在不同的网域使用相同的 GTM 容器，因为它们代表了统一的用户体验。在汇总（roll-up）报告的情况下，单独的 GTM 容器可能更加合适，特别是如果通过 GTM 部署的许多其他分析和营销代码仅用于单个网域时。如果你确实使用单一 GTM 容器来进行跨网域、汇总（roll-up）或跨子网域跟踪，则可以把基于主机名的 GTM 触发器应用到其他任何代码中，以控制它们所触发的网站。对于移动 App 跟踪，你可以使用 GTM 触发器中的内置 App 名称变量来触发与其他 App 共享 GTM 容器的独立 App 中的代码。

12.9　使用 User ID 跨设备跟踪

以前的生活很简单（仅几年前）：人们通过单一的设备访问你的网站（即台式计算机）。现在，访问者通过不同的方式频繁访问你的网站，在工作的时候他们通过笔记本式计算机访问你的网站，在午餐时间，他们通过智能手机查阅推广活动，而到了晚上，他们说服有迫切需求的另一半通过平板电脑来访问你的网站，购买你的产品。

这些访问者与你的品牌建立了如此亲密的关系并最终产生了购买，这太棒了。通过在 GA 中配置跨设备跟踪，你可以跟踪"认识—考虑—购买"的周期全过程，只要用户是可识别的。

术语｜　User ID 和跨设备

　　在 GA 中，User ID 和跨设备始终被用在相同的环境中。"跨设备"（Cross-Device）报告只会显示在启用 User ID 的视图中，而你必须把 User ID 传送给 GA，才能填充如下所述的"跨设备"报告。

---

1. 认证要求

跨设备跟踪非常有效且设置十分简单，但它并没有魔法。如上所述，此功能适用于经过身份验证的用户体验（即用户已登录）环境。身份认证提供了启用跨设备跟踪的公共密钥。

2. 管理设置

与自定义维度、自定义指标和内容组的设置相似（你必须先在"管理"界面中设置，然后填充到你发送给 GA 的匹配中），跨设备跟踪也需要首先进行管理设置，然后把 User ID 值传送到 GA 匹配中。在"跨设备"报告的例子中，我们将为该媒体资源创建一个或多个启用了 User ID 的视图。当 GA 接收到包含 User ID 的匹配时，它将在启用了 User ID 的视图中填充"跨设备"报告。

创建显示"跨设备"报告的 User ID 视图：

1）在"媒体资源管理"窗口中，单击"跟踪信息 > User-ID"（Tracking Info > User-ID）。

2）同意禁止你把 PII 作为 User-ID 值传送给 GA 的 User-ID 政策。

3）把"会话统一"（Session Unification）设置为启用（ON）（这将允许 GA 在用户登录之前就能从已验证的会话中提取匹配）。

4）在创建启用了 User-ID 的视图下单击"创建"（Create）。

3. 填充 User ID

对于此步骤，你需要与开发人员合作，为每个登录用户检索唯一但匿名的 ID，然后把该 ID 从终端写入数据层，以便我们可以通过 GTM 将其导入 GA。注意，你需要把 User ID 包含在发送给 GA 的每个匹配中，因此你应该更新所有 GA 代码（网页浏览、事件、社交媒体和电子商务）以读取 User ID（见图 12.30），将这些匹配包含在已启用 User ID 的视图中。

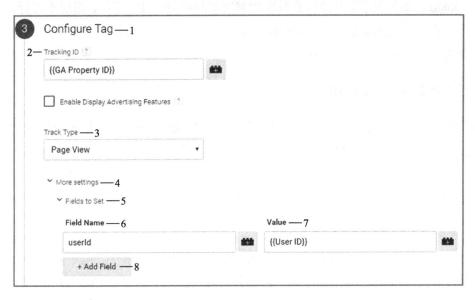

图 12.30　对于包含在启用了 User-ID 视图（以及"跨设备"报告）中的匹配，你需要使用唯一 User ID 填充
User ID 栏，你的开发人员通常会将唯一 User ID 从身份认证系统导入数据层

1—设置代码　2—跟踪 ID　3—跟踪类型　4—更多设置　5—字段设置　6—字段名称　7—值　8—添加字段

（1）虽然用户已通过身份验证，但每次匹配都要发送 User ID

每次匹配（hit）都将 User ID 发送给 GA 大致需要两个步骤，描述如下。

① 持续 User ID。

由于每个 GA 匹配都需要 User ID（以显示在"跨设备"报告中），因此在完成用户认证后，每个网页上都必须可以获取 User ID。当用户登录时，我们不能只是将 User ID 写入数据层，然后在后续页面上再次获取数据层中的 User ID。当用户访问另一页时，GTM 的数据层立即刷新。（相反，App 的 GTM 数据层确实会在屏幕上持续存在。针对移动 App 的跨设备跟踪讨论如下文所述。）根据你的身份认证系统，你可以定义 GTM {{User ID}} 变量，如图 12.30 所示。

- **数据层**：当已认证用户访问页面时，你可以与开发人员一起将 User ID 值导入数据层。如果你的组织不希望在网页、标记、URL 或 cookie 中显示 User ID 值，这可能是最常见并且能够提供的最佳选择方案。在数据层中，你可以使用数据层变量读取 User ID。
- **DOM 元素**：如果 User ID 显示在了网页或标记中，则可以通过 GTM 中的 DOM 元素变量来读取它。
- **URL**：如果 User ID 作为查询参数显示（如 http://www.mysite .com /? userid = 123xyz），则可以通过 GTM 中的 URL 变量解析它，将变量的"组件类型"（Component Type）设置为"查询"（Query）。如果 User ID 显示为片段（如 http://www.mysite.com/#123xyz），则将"组件类型"设置为"片段"（Fragment）。
- **cookie**：如果出于某些原因在每次加载网页时将 User ID 写入数据层不可行，那么你可以在用户首次认证后将 User ID 存储在 cookie 中，然后用 GTM 中的"Cookie"变量将 cookie 读入 GA 代码中。

② 登出时取消设置 User ID。

用户退出后，你将不再允许（根据 GA 服务条款）使用匹配发送 User ID，因此你必须确保不能再通过上面列出的任何变量读取 User ID。如果已将 User ID 存储在 cookie 中，则必须在用户登出时删除该 cookie。如果你已将其存储在移动 App 的 GTM 数据层中，只要用户登出，就将数据层中的 User ID 变量设置为"未定义"（undefined）。

（2）更新所有 GA 代码以发送 userId

如上所述，对于 GTM 中的每个 GA 代码，包括网页浏览、事件、电子商务和社交媒体，你应填充如图 12.30 所示的 userId 字段。此额外字段仅适用于启用了 User ID 的视图；在所有其他视图中，它将被忽略。

笔记｜ 在跨设备跟踪中的网站和 App

虽然理论上可以对不同设备之间已验证的网站和 App 的使用情况实施整体的跨设备跟踪，但缺点是每个启用了 User ID 的视图都位于已指定用于网络或移动 App 跟踪的媒体资源中，因此网页浏览将会被视为屏幕浏览（反之亦然），等等。

然而，你可以使用基本相同的步骤为已在多个移动设备上通过身份验证的用户设置跨设备跟踪。这样一来，你可以分别为移动 App 访问和网站访问设置单独的"跨设备"报告。

如上所述，移动 App 的 GTM 中的数据层是持续的，因此你可以只在登录时将 User ID 写入数据层，然后把它重复读取到 GA 屏幕浏览代码、事件代码等中。

12.9.1 跨设备跟踪的其他注意事项

请记住以下几点：

1）阅读并同意 User ID 政策。（你在启用它之前必须同意，具体细节请参阅上述步骤）。如果开发人员时间紧迫，请确保你的法律部门已准备好让开发人员参与其中。

2）再次声明，不要将 PII 用作 User ID。

3）对已启用了 User ID 的视图建立一个清晰且有意义的命名规则，如"主要 UserID"（User ID Main）或"仅欧洲 User ID"（User ID Europe Only）。

4）就像启用非 User ID 的视图一样，可以为启用了 User ID 的视图设置目标、视图过滤器、视图设置、内容分组、AdWords 关联和再营销（如第 14 章所述）。

5）"跨设备"报告的最长回溯期为 90 天。

12.9.2 "跨设备"报告

一旦完成了 User ID 的实施和配置后，就可以在启用了 User ID 的视图中享用三个"受众群体 > 跨设备"（Audience > Cross-Device）报告。

1. 设备重叠

如图 12.31 所示，"设备重叠"（Device Overlap）报告不仅可以显示已认证用户（在选定时间段内至少生成一个会话）会话之间的设备重叠；它还可以显示哪些跨会话的设备组合带来了收入。

2. 设备路径

与"设备重叠"报告相比，

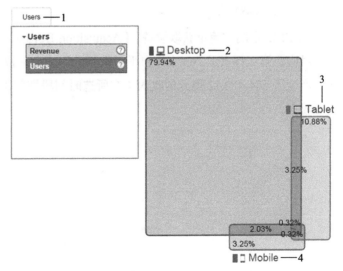

图 12.31 "设备重叠"报告不仅可以显示会话重叠，还可以显示各种跨设备会话的累计收入

1—用户 2—桌面 3—平板电脑 4—移动端

"设备路径"（Device Paths）报告更详细地显示了从一个设备到另一个设备的特定传递路径（在所选时间段期间或在此之前）。例如，如果检查图12.32中的第9行，可以看到112位用户（在选定的时间段内）在桌面上生成一个或多个会话，然后在移动设备上生成一个或多个会话，之后再在桌面上生成一个或多个会话，总共产生了1 641次会话和69 281.35美元的收入。

Steps in path ① 1	Users ② 2	↓ Sessions ③ 3	Average Duration of Sessions per User ④ 4	Revenue ⑤ 5
	36,133 % of Total: 100.00% (36,133)	171,766 % of Total: 100.00% (171,762)	00:07:30 Avg for View: 00:07:30 (0.00%)	$14,848,334.71 % of Total: 100.00% ($14,848,334.71)
1. Desktop	29,503 (81.69%)	133,951 (77.98%)	00:07:19	$12,171,148.87 (81.97%)
2. Tablet	4,009 (11.10%)	15,887 (9.25%)	00:07:11	$1,358,910.15 (9.15%)
3. Mobile	1,203 (3.33%)	4,603 (2.68%)	00:08:03	$328,555.80 (2.21%)
4. Tablet Desktop	178 (0.49%)	949 (0.55%)	00:07:43	$105,279.04 (0.71%)
5. Desktop Tablet	139 (0.38%)	698 (0.41%)	00:07:36	$124,632.54 (0.84%)
6. Desktop Tablet Desktop	128 (0.35%)	1,394 (0.81%)	00:10:12	$104,294.25 (0.70%)
7. Desktop Mobile	119 (0.33%)	690 (0.40%)	00:07:43	$79,453.66 (0.54%)
8. Mobile Desktop	113 (0.31%)	743 (0.43%)	00:07:38	$12,845.60 (0.09%)
9. Desktop Mobile Desktop	112 (0.31%)	1,641 (0.96%)	00:10:54	$69,281.35 (0.47%)
10. Tablet Desktop Tablet	77 (0.21%)	740 (0.43%)	00:08:19	$50,434.80 (0.34%)

图12.32 "设备路径"报告通过设备类别之间的传递，对用户、会话和电子商务指标进行了拆解细分

1—路径步骤　2—用户　3—会话　4—每个用户的平均会话持续时间　5—收入

3. 流量获取设备

图12.33中的"流量获取设备"（Acquisition Device）报告仅显示了三行，与三个设备类别一一对应。第2行表示763个来自平板电脑的用户在平板电脑上（在选定时间段期间或在此之前）产生了574 402.72美元的收入（在所选时间段期间），在其他设备上产生了158 868.20美元的收入。

Originating Device ① 1	New Users ② 2	↓ Sessions ③ 3	Revenue From Originating Device 4	Revenue From Other Devices ⑤ 5
	5,847 % of Total: 100.00% (5,847)	14,315 % of Total: 100.00% (14,315)	$4,322,366.49 % of Total: 100.00% ($4,322,366.49)	$1,299,246.19 % of Total: 100.00% ($1,299,246.19)
1. Desktop	4,827 (82.56%)	11,858 (82.84%)	$3,636,821.86 (84.14%)	$1,095,474.35 (84.32%)
2. Tablet	763 (13.05%)	1,910 (13.34%)	$574,402.72 (13.29%)	$158,868.20 (12.23%)
3. Mobile	257 (4.40%)	547 (3.82%)	$111,141.91 (2.57%)	$44,903.64 (3.46%)

图12.33 "流量获取设备"报告显示了设备源产生的收入或每个设备类别的其他设备所产生的收入

1—设备源　2—新用户　3—会话数　4—设备源收入　5—其他设备收入

根据"设备路径"和"流量获取设备"报告，可以将其他 PPC 或其他营销预算分配到对产生收入最有效的设备类别上（在同一设备或其他设备上）。如果某个设备类别相比于其他设备能带来更多的收入，则再营销时可以更多地定向该设备类别。

4. 高级会话拼接

在任何未认证的会话发生登录之前，当我们在发送给 GA 的匹配上创建启用了 User ID 视图时，会话拼接就在默认状态下启用了。关于将全部未认证的会话与已认证的会话相关联的高级技术，请参阅 E-Nor 博客上的"使用 Google Analytics 中的自定义维度进行高级会话拼接和跨设备归因"（*Advanced Session Stitching and Cross Device Attribution using Custom Dimensions in Google Analytics*）。

12.9.3 把 User ID 作为自定义维度

除了将用户的唯一匿名标识符传递到 GA 指定的 userId 字段以进行跨设备跟踪之外，还可以将其传递给自定义维度以启用其他分析。一旦在自定义维度中捕获此标识后，就可以在自定义细分定义或自定义报告中将其作为次级维度（无论你是否已经在视图中启用了用于跨设备跟踪的 UserID）。

例如，你可以查看应用在自定义细分中任何 User ID 的流量来源或设备类型。该类型的个人 ID 分析通常与该 ID 相关联的后台数据结合使用最为有效。

更重要的是，一旦把 User ID 作为自定义维度进行填充，User ID 也将通过 API 显示，这意味着我们可以把它从 GA 中导出并与 CRM 数据整合，从而进行长期的潜在客户甄别和客户价值分析，如第 15 章所述。（跨设备跟踪的指定 user Id 字段实际上可允许 Analytics 360 的用户将其导出到 BigQuery 中，但无法通过 API 访问。即使对于 Analytics 360，也建议将 User ID 变量存储在单独的自定义维度中。）

这样，我们可以让 User ID 执行双重任务：填充到用于跨设备跟踪的 user Id 字段，以及填充到自定义维度（称为 User ID、Visitor ID 或任何有意义的名称）作为 GA 用户界面使用，特别是可以用作 GA/CRM 整合的主键（key）。

即使必须在 hit-by-hit 的情况下填充用于跨设备跟踪的 User ID，并且只有在用户通过身份认证后才能使用，也可以选择在用户范围设置 User ID 的自定义维度，为 CRM 整合获得更完整的 GA 数据（包括已认证身份后未经身份认证的会话）。

嘉宾观点 **Google Analytics 与数据隐私**

霍格尔·坦普尔（Holger Tempel）是德国公司 webalytics GmbH 的创始人。

GA 使用设备的互联网协议（IP）地址从地理位置上定位访问 Web 服务器上页面的用户。在欧洲经济区（EEA）成员国家，许多人越来越关心数据隐私，特别是在互联网使用和可跟踪行为方面。这是因为他们认为 IP 地址本身已经是 PII。尽管 IP 地址在 GA 用户界面或 API 中不可见，但 GA 在默认情况下会存储访问者完整的 IP 地址，并用它来确定所处的位置信息。

无论 IP 地址是否确实构成 PII，欧洲的隐私法律都非常严格，而且欧洲几个国家的政府（特别是德国）迫使 Google 为这种困境整合解决方案。此外，他们还要求为用户提供能够自主选择完全退出跟踪的解决方案。

在 2010 年，Google 集成了一个名为 anonymizeIp 的函数。简而言之，此函数将 IP 地址的最后一个 8 位字节归零，从而确保任何访问者的 IP 地址将不再唯一。

与 anonymizeIp() 结合，Google 还为最常用的浏览器发布了一个浏览器插件工具，一旦安装，用户就可以选择自行退出 GA 的任何跟踪。但是随着移动设备使用率的增加和各种浏览器的出现，这些不可能都被这款浏览器插件工具所覆盖，因而需要再次改变方法。因此，Google 整合了单独选择停用每个网站的可能性。

实施 anonymizeIp() 和选择跟踪的方法如下所述。

1. 检查数据隐私合规性的需求

对于特定国家 / 地区的指导，你需要与数据保护专员联系以验证网站是否符合数据隐私法规。根据经验，如果满足以下条件之一，你的网站需要符合欧洲数据隐私法规：

① 你的网站在欧洲的服务器上运行。

② 你的网站内容专门针对欧洲公民（即使网站的服务器不在欧洲运行）。

③ 网站上列出的公司办事处中包含欧洲办事处。

若你的网站适用于上述任何条件，你可能需要完成以下步骤：

1）签署数据处理修正（Data Processing Amendment）条款，并将其发送给 Google。

2）安装 anonymizeIp 以确保网站访问者的 IP 地址将被匿名化。

3）校正你的数据隐私声明。

4）让每个用户都有选择自行退出跟踪的可能性，无论使用台式计算机、平板电脑、游戏控制台还是移动设备。

5）通过删除相应的媒体资源来删除非法收集的数据。

如果你想确保满足欧洲数据隐私法规的所有要求，你应确保遵守德国法律和法规（它是欧洲最严格的法规，涵盖数据隐私的方方面面）。

2. 签署数据处理修正条款

GA 数据处理修正条款适用于在欧洲经济区或瑞士成员国领土内建立的企业，或由于其他原因受国家实施管理的 95/46/EC 范围内的领土。它涵盖了所有包含媒体资源和数据视图的 GA 账户。

接受数据处理修正条款是一个可选过程，不会以任何方式影响 GA 的功能。但是匿名化用户设备的 IP 地址是在收集 IP 地址之后发生的，因此在欧洲使用 GA 时需要一个额外的合同，也就是所谓的数据处理修正条款。可以在"账户设置"（Account Settings）底部查看并接受数据处理修正条款。

在德国，你需要签署额外的数据处理合同。相应的文档链接将在设置账户时出现的服务条款上显示。如果你的网站符合德国的数据隐私法规，则需要下载该文档、填写表单、打印、签名，然后发送给 Google。

3. 安装 anonymizeIp

每个设备必须都分配了能够彼此通信的 IP 地址。因此，网上的每个 IP 地址是唯一的，并且由 4 个数字（所谓的 8 位字节）组成。如果更改 IP 地址，它将不再代表原始设备。在下面的示例中，你将看到 anonymizeIp 如何在 IPv4 地址上工作，但它将也能在 IPv6 地址上使用。

1）anonymizeIp 起什么作用？

现在，anonymizeIp 如何工作？以下是欧洲的德国某设备的 IP 地址。

173.194.113.191

IP 地址可用于建立网络设备之间的通信。如果更改设备的 IP 地址，它将不再代表此特定设备。

这正是 anonymizeIp 的工作原理：它通过将原始数字替换为零（0）来更改 IP 地址的最后一个 8 位字节。

这个方法也可以用于许多 IP 地址，无论它们是从哪个网络发起的。每个 IP 地址的最后一个 8 位字节将被该功能改为零。经过这个匿名化处理之后，第一、第二和第三组 IP 地址看上去都是相同的。

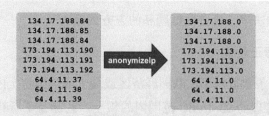

这种方法显然从两方面削弱了。一方面，识别一个特定的设备将变得不再可能，从而满足了这个监管要求；另一方面，它将模糊地理定位的数据准确性。

这是为什么呢？让我们假设上面例子中位于下方的 IP 地址组可以像这样地理定位：

64.4.11.37 → Sunnyvale（森尼韦尔）

64.4.11.38 → San Jose（圣何塞）

64.4.11.39 → Santa Clara（圣克拉拉）

现在让我们进一步假设 64.4.11.0 可以将地理位置定位到 Palo Alto（帕洛阿图）。如果现在使用 anonymizeIp，则来自此组 IP 地址设备的匹配将被匿名化为 64.4.11.0，因此地理定位都将变为 Palo Alto。

下面让我们仔细看看使用 anonymizeIp 具体需要做些什么。

2）使用 anonymizeIp 需要做哪些修改？

虽然可以将 anonymizeIp() 添加到原生 GA 跟踪代码中，但实现 anonymizeIp 最简单的方法是在 GTM 里的 GA 代码中启用此选项，如图 12.34 所示。

图 12.34 要匿名 IP，必须在 GTM 的 GA 代码中把 anonymizeIp 字段设置为 true。

1—字段设置 2—字段名称 3—值

4. 调整数据隐私声明

在欧洲经济区成员国家中（如德国），可能也需要调整网站的数据隐私声明。这意味着你必须通知用户在他们与网站进行互动时你将跟踪他们的用户行为。此外，你必须指出他们也有选择自行退出使用 GA 跟踪的可能性。

5. 安装 gaOptout（ga 自行退出）

除了使用 anonymizeIp 之外，还必须提供一个链接，以便访问者可以直接在你的网站上停止使用 GA 跟踪。因此，为该功能安装一个选项也非常有必要。

即使 Google 已经为最为常用的浏览器发布了浏览器插件，但如果用户通过不支持的浏览器、移动设备或游戏控制台访问网站，这样也将毫无作用。这就是为什么 Google 为数字媒体资源所有者发布了选择自行退出功能的原因。

1）gaOptout（ga 自行退出）有什么用？

gaOptout 可让用户通过单击网站上的链接，在特定网站上选择自行退出 GA。在网站上，一旦用户单击 gaOptout 链接，将创建一个 cookie 来告诉跟踪代码段不要再向 GA 发送数据。cookie 会在 2100 年到期，因此它将永久生效或直到用户清除浏览器中的 cookie 为止。

2）使用 gaOptout 需要做哪些修改？

实施 OPT-OUT 包含以下两个步骤。首先，你需要安装一个链接，使用户可以选择自行退出 GA 跟踪。其次，你必须在网站网页的源代码中安装一些附加代码。

---

① 创建 opt-out 链接

你可以直接从 GA 开发人员论坛 (https://developers.google.com/analytics/devguides/collection/gajs /#disable) 的示例中使用选择自行退出（opt-out）链接的脚本，并在网站页面的页脚创建一个相应的链接。

此链接的代码应如下所示：

```
<a href="javascript:gaOptout()">Click here to opt-out of GA</a>
```

---

② 安装 opt-out 脚本

上述提到称为选择自行退出的链接尚未在 GA 跟踪代码段中实现。因此，你需要在 GA 跟踪代码段之前将其插入到网站代码中。

自行退出的基本功能代码如下所示：

```
<script>
// Set to the same value as the web property used on the site     （设置为与网站上使用的网络媒体资源相同的值）
var gaProperty = 'UA-XXXXXX-YY';
// Disable tracking if the opt-out cookie exists.     （如果选择自行退出 cookie 存在，则取消跟踪）
var disableStr = 'ga-disable-' + gaProperty;
if (document.cookie.indexOf (disableStr + '=true') > -1) {
  window[disableStr] = true;
}
// Opt-out function（Opt-out 函数）
function gaOptout () {
  document.cookie = disableStr + '=true; expires=Thu, 31 Dec 2099
23:59:59 UTC; path=/';
  window[disableStr] = true;
}
</script>
```

要使此退出代码生效，你需要将第三行中的 UA 序号更改为你自己的 GA 账户。有关通过 GTM 实施 GA 选择自行退出的详情，请访问 www.e-nor.com/gabook。

6. 删除非法收集的数据

这是关于如何在欧洲经济区符合数据隐私的最后一个主题——也许也是对你公司最为

痛苦的主题。

如果发现由于上述原因，你必须为自己的 GA 账户签署数据处理修正条款，并且已经收集了此特定账户的数据，那么你可能已经遇到了麻烦。

在签署数据处理修正条款时，所有已经收集的数据都是非法获得的，因此需要删除。若要删除非法收集的数据，则需要删除相应 GA 账户上的所有 GA 媒体资源。这是因为数据处理修正条款是针对 GA 账户签署的，而不仅仅是针对某一媒体资源。

除了损失大量有价值和可操作的数据外，你还必须为新的媒体资源再次设置所有的过滤器、用户、权限等，这可能是非常昂贵和耗时的。在删除任何 GA 媒体资源或账户之前，请与你组织的律师取得联系。

 本章要点回顾

1）**自定义维度有助于让 GA 为你发声。** 自定义维度可让你扩展 GA 的默认数据集，让报告更加真实地反映组织、产品和用户情况。对进一步 GA 实践来说，它们是非常重要的定制。

2）**内容组与匹配级自定义维度类似。** 内容组对网页数据起到与匹配级自定义维度相类似的作用。设置过程也非常相似，可以在 GTM 代码（tag）中使用相同的数据来填充自定义维度和内容组。

3）**利用现有的分类法。** 如果你已经按照作者、类别等对网页进行了分类，那么你已经完成了大部分工作。读取现有分类法把它作为自定义维度和 / 或内容组的步骤非常简单，尤其是在文本已经显示在网页文本或标记的情况下。

4）**跨网域跟踪有利于统一的用户体验；汇总（roll-up）有利于整合报告。** 虽然跨网域跟踪和汇总（roll-up）报告都需要从多个网站（或移动 App 的汇总（roll-up））整合数据到单一的媒体资源中，但是跨网域跟踪适用于构成统一用户体验的多个网站，而汇总（roll-up）仅用于整合多个网站（或 App）的报告。

5）**可以为已登录的用户实施跨设备跟踪。** 通过在登录时将 User ID 传递给 GA，你可以在已启用了 User ID 的视图中填充专门的"跨设备"报告。可以使用相同但唯一的匿名后台用户标识符来填充"跨设备"报告的指定 User-ID 维度和用于整合 GA 和 CRM 数据的 visitor ID 自定义维度，如第 15 章所述。

 实战与练习

1）**评估对自定义维度和 / 或内容组的需求。** 如果你有现成的分类标准，或者如果管理人员（或经理）要求使用 GA 默认情况下没有的维度对指标进行细分，则应该把自定义维度和 / 或内容分组设置为优先级。

2）**启用"受众特征和兴趣"。** 启用"受众特征和兴趣"，并按照本章所述更新你的隐私政策（并事先与你的法律或合规部门联系）。

3）启用"增强型链接归因"。"网页内分析"报告可能有问题，但仍有必要在 GTM 的 GA 网页浏览中启用"增强型链接归因"，从而有益于此报告和 Chrome 的网页分析插件。

4）评估跨网域或为单独网域汇总（roll-up）的需要。如果你需要跟踪多个网域，请确定是需要实施跨网域还是汇总（roll-up），或在单独的媒体资源中跟踪是否合适。

5）评估在单个或单独媒体资源中跟踪多个子域的需求。如果你需要跟踪多个子域，请确定是否应在单个媒体资源中跟踪（作为统一的用户体验），或是否应在单独的媒体资源中跟踪。还可以选择在同一媒体资源中跟踪多个子域，通过在每个网域的 GA 代码中指定单独的 cookie，从而创建子域"汇总"（roll-up）（类似于单独网域的汇总）。

6）实施跨设备跟踪。如果你的网站提供用户登录，则可以按照本章中所述实施跨设备跟踪。

第 13 章
移动 App 的衡量

13.1　跟踪移动 App

移动分析虽然在概念上类似于 Web 追踪，但它无疑更加复杂。随着越来越多的线上世界转移到移动环境中，至关重要的是企业不仅要适应包括移动环境的线上环境，还要调整其衡量策略。

13.2　为什么移动设备非常重要

现在使用移动设备的用户多于使用桌面设备的用户。如图 13.1 所示，Marketing Land 最近的一项研究显示移动设备在过去几年快速增长。

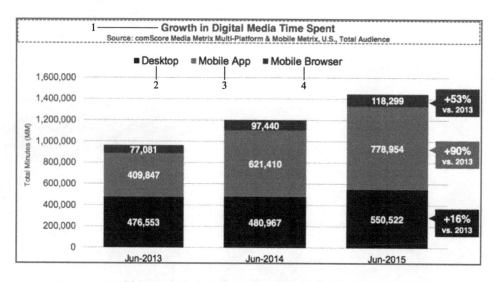

图 13.1　用户在移动 App 上花费的时间显著增长

1—数字媒体时间花费的增长　2—桌面　3—移动 App　4—移动浏览器

资料来源：http://marketingland.com/apps-eat-digital-media-time-with-top-3-capturing-80-percent-143555

趋势令人吃惊，并且这将会持续增长，特别是在新兴市场上移动设备增加的速度惊人。

移动分析对于你的整体营销策略至关重要，它可以帮助你了解：

- 用户与 App 的互动频率。
- App 中哪些信息对用户至关重要。
- 哪些设备是受欢迎的，因此你可以相应地优化该 App。
- 如何与客户进行最佳互动。

13.3　移动策略

移动的世界是独一无二的，它包含两个非常不同、但同样重要并互补的平台。用户通过移动设备上的浏览器和 App 与企业发生互动。提到移动分析时，指的是移动 App 和移动 Web。例如，像 Shazam 和 Maps，移动 App 理所当然的是一个个独立的应用程序，它们被下载，在与底层操作系统（iOS 或 Android）非常相似且一致的用户界面中执行特定功能。

移动 Web 是指在移动浏览器中浏览的网页（而不是已安装的应用程序）。大多数为桌面浏览器开发的网站在使用移动浏览器访问时并不招人喜欢或难以使用。公司通常选择以下两种方式之中的一种来解决这个问题，正如我们在第 4 章中讨论的：

1）将移动端用户重新引导到移动专用网站（该网站通常拥有不同的子网域，如 m.example.com）。

2）使用响应式设计使内容适应用户设备的屏幕尺寸。

从测量的角度来说，移动 Web 环境中的分析方法与标准网站中的分析方法相同，正如本书所探讨的。然而，移动 App 需要与 GA 移动软件开发工具包（SDK）集成，我们将在本章进行重点讨论。

13.4　衡量什么

在深入了解移动 App 的 GA 安装之前，让我们从移动应用的角度来考虑性能指标。通常，企业会把"下载量"作为全部和最终的移动端指标。虽然掌握下载量很有趣，而且它是一个很好的参考，但如果你的衡量策略只是围绕下载量，那么这就会给你和公司带来重大损失。你也应该了解其他更多有用的信息，它们会对你的业务产生巨大的影响。例如，了解 App 的使用方式、使用时间、使用位置和受众非常重要。它不仅能帮助确认用户是否正在按照你预想的方式使用 App（或者与你的预想背道而驰），而且还能提供非常重要的信息，因为它将为你改善 App 的表现持续地提供有价值的观点和可行的商业行为。

网上有很多现成的移动端指标列表。这里将重点介绍一些对移动衡量策略真正有效的指标，而不是一味重复使用那些信息。

为了掌握你的 App 脉搏（真切状况），获取关于它整体上和细分层面的表现，你需要注意一些非常基本的指标。表 13.1 拆解了 GA 中专门针对移动 App 监测所需的各种可用的报告 / 指标，我们可以专注于这些报告 / 指标。

细分

表 13.1 所提到的报告和指标只是移动分析策略的基础。只有当你把这些数据与更先进的分析技术结合使用后，才能显示真正关键的信息。

表 13.1　重点关注的关键移动指标

指　　标	描　　述
活跃用户	移动分析中最基本的指标，经常被忽略，但是它是所有移动端用户细分、参与和流量获取分析的基础
会话时长	用于测量 App 打开和关闭之间的时间跨度。表示用户在 App 中花费了多少时间。根据用户细分，你可以了解哪些受众群体在 App 中花费了最多时间
会话间隔	会话间隔可帮助你了解用户行为并优化 App 相应的表现。它衡量了用户的第一次会话与下一次会话之间的时间间隔，此指标可确定用户使用 App 的频率
用户获取	这实际上并不是一个指标，我们在这里提及以强调它的重要性。了解下载 App 的用户群来源，哪些广告系列效果显著，这对任何成功的移动策略至关重要
留存率	在某种意义上，留存率衡量了 App 的"黏性"。技术上，留存率是指初次打开 App 后在一定时间范围内重新打开 App 的用户所占的百分比。留存率分析也称为用户分群（cohort）分析，它不仅对分析 App 的成功发布非常有效，而且对分析广告竞争也非常有效
生命周期价值（LTV）	LTV 历来是最重要的移动指标，它衡量了用户在"生命周期"期间用 App 的实际货币价值。通过各种用户细分（分组）来查看 LTV 有助于确定对你最重要的最忠实的用户群体，也有助于帮你确定哪些群组最适用于追加销售机会
用户平均收入（ARPU）	该指标表示在特定时间段内从每位用户上所获得的平均收入。它是通过将特定时间范围内生成的总收入除以该时间范围内的活跃用户总数计算得出的。与基于成本的指标结合使用，它就可用于衡量广告营销的成效。例如，如果平均费用指标高于每个用户的平均收入，就要重新思考广告营销方案了
单次安装成本（CPI）	此指标是相对于自然搜索（没有成本）而言与广告花费相关的营销渠道。它衡量广告活动所产生的每次安装的成本
每位忠实用户成本（CPLU）	与 CPI 类似，此指标衡量了广告营销所带来的每位活跃用户的成本
App 崩溃	了解应用程序性能至关重要的指标。查看此指标以及其他效果不佳的特定用户 / 设备细分指标，可能有助于了解 App 中需要解决的问题
设备和操作系统	将这些归为一类并不意味着它们没有其他所提到的指标重要。虽然它们不是指标，但这些维度提供了与用户相关的特别有用的信息。例如，你的 App 在 iPhone 用户中最受欢迎吗？在使用最新设备的用户中最为畅销？你的 App 是否在特定的设备 / 操作系统版本中最容易崩溃
地理位置	地理位置数据可为 App 提供关于合理语言选项的见解。或者，你可能会了解到 App 可能在某些地区更容易崩溃或功能缓慢，导致使用率降低

如第 10 章所讨论的，细分对于更有效分析很有必要；它像网站分析的基础一样，适用于移动 App 分析。根据用户行为细分（分组），可以在地理位置、受众特征和技术（设备类型、应用版本等）维度中查看用户活动，并在每个用户组之间进行区分。还可以细分用户操作（例如，紧张的窗口购买者概念——是指那些多次进入应用商店内，但至少三次退出购买屏幕的用户）。

13.5　Google Analytics 中的移动设置

设置 GA 以从移动设备接收数据相当简单。此设置将启用几个移动设备的专用报告，以及我们已经为网站报告完成检测的一系列报告。

正如我们在第 9 章中所看到的，创建移动 App 媒体资源的要求与创建 Web 媒体资源相同：要拥有账户的"修改"权限。

第一步是创建一个移动 App 媒体资源，如图 13.2 所示。

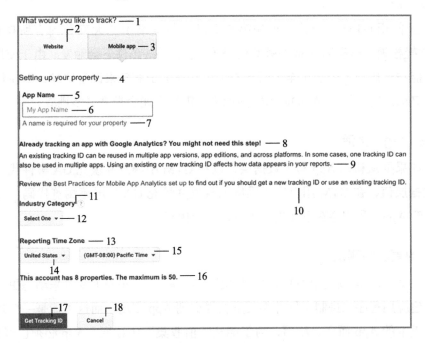

图 13.2　添加移动媒体资源

1—你想要跟踪什么内容？　2—网站　3—移动应用　4—设置你的媒体资源　5—移动应用名称　6—我的移动应用名称　7—必须为移动应用命名　8—已在使用 Google Analytics 跟踪应用？你可以跳过此步骤　9—现有跟踪 ID 可以用于多个应用版本、应用修订版，而且可以跨平台使用。在某些情况下，一个跟踪 ID 也可以用于多个应用。是使用现有跟踪 ID 还是新跟踪 ID？选择不同，数据在报告中的呈现方式也会不同　10—查看 Google Analytics 移动应用版最佳设置方法，了解你是应当获取新跟踪 ID，还是使用现有跟踪 ID　11—行业类别　12—请选择一项　13—报告时区　14—美国　15—（GMT-08:00 太平洋时间）16—本账号已有 8 个媒体资源。最多能设置 50 个媒体资源　17—获取跟踪 ID　18—取消

13.6　在 App 中设置 Google Analytics

实际上该如何设置 App 以向 GA 报告信息？该过程相对简单，但确实需要一定的开发背景。与网站分析的实施不同，移动分析需要更多的开发知识，并且理解如何与 Google 提供的 SDK 进行整合。

13.6.1　在应用程序中部署 Google Analytics

将 GA 部署到移动 App 有以下两个选项：

1）通过移动操作系统 SDK（Android 或 iOS）。

2）通过适用于移动 SDK（Android 或 iOS）的 GTM。

除了详细介绍具体的整合步骤外（可以在 Google 文档中找到），还将重点介绍为什么要选择这个选项而不是其他选项。

13.6.2　应该通过移动 SDK 还是 GTM SDK 部署

下面来看看 GTM 移动 App 追踪的一些潜在优势。

1. 容易审核

在网站上使用 GTM 的用途，正如第 5 章以及与本书中的大部分内容所探讨的一样，GTM 能使你轻松地审核移动 App 在哪些代码（tag）、哪些条件下会触发。由于使用 GA SDK 进行追踪仅能在代码级上安装（至少对于 GA 事件和电子商务来说是这样，即使你对屏幕浏览启用自动追踪选项），对 GA SDK 追踪落地进行审核可能会带来更多挑战。

2. 代码（tag）灵活

例如，如果要从移动 App 写入数据层，以在 GTM 中触发并填充 GA 事件代码，则可以使用同一数据层值，在 GTM 用自定义维度来触发并填充 GA 的屏幕浏览代码，所有这些都无须直接更新 App。我们会在下面进一步讨论这个优点。

3. 动态的更新和测试

如图 13.3 所示，可以使用 GTM "值收集"（Value Collection）变量来动态更新 App，而无须重新构建应用程序二进制文件并将其重新提交到 App 市场，而这可能是一个难题，尤其对于 Apple 版本的 App 而言。然而，为了能从 "值收集" 中读取，App 必须已经完成编码，你还可以基于一个 GTM 的 "函数调用"（Function Call）变量激活不同的 "值收集"，这个 "函数调用" 变量可以返回你的 App 中被编码的函数的值。

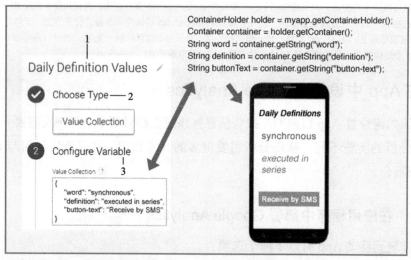

图 13.3　GTM "值收集" 变量让开发人员能够绕过 App 市场审核流程，轻松地更新 App 元素，为开发人员提供了巨大便利

1—日常定义值　2—选择类型　3—设置变量

可以通过 GTM 移动 App 设置类似的 GA 的 "内容实验"（Content Experiments）。有关通过 GTM 动态更新和测试 App 的更多信息，请访问 www.e-nor.com/gabook。

4. 把 GA SDK 内置于 GTM SDK

实际上，GA SDK 是内置在 GTM SDK 中的，因此你可以从 GTM 中获益。

移动应用与网站有所不同，因为你一旦更新网站后，所有访问网站的用户都会看到更新后的网站。发布新版本的 App 并不能保证你的用户群也一并将其升级。移动 App 本质上是静态的，用户需要同意更新。换句话说，你的用户群同时使用多个版本的 App 不仅很有可能，甚至十分常见。如上所述，移动端的 GTM 通过基于 Web 的 GTM 界面发布新容器的版本来使开发人员能够进行 App 配置和分析更新，从而帮助缓解此缺陷。

此外，可以利用 GTM 的功能，在 App 中动态部署其他追踪代码（tag）和像素，如 DoubleClick 再营销或第三方转化像素。开发人员可以将重要事件推送到数据层，然后通过"自定义事件"（Custom Event）触发器来决定应该触发哪些追踪代码或像素，如第 6 章所述。

注意，使用 GTM SDK 进行落地毫无疑问需要花费更多的时间，因为你实际上是在 App 和 GA 之间引入一个通信层，因此需要负责编码和代码（tag）方面的工作。

GTM 的落地也可能比选择移动 SDK 更加耗费精力，因为理论上你可以把捕获的每个点击、滑动或其他互动作为数据层事件，然后决定如何使用这些数据层事件作为"自定义事件"触发器来触发 GTM 里的 GA（或其他）代码（tag）。这里建议，只关注那些现在或在可预见的未来可能对测量很重要的用户操作，以让工作保持简洁。在任何情况下，GTM 确实能提供灵活之处，使你能够决定如何（以及是否）通过从移动 App 代码写入 GTM 数据层来使用触发器和数据。

例如，假设你正使用事件变量（"自定义事件"触发器）以及你本来打算读入 GTM 中的 GA 事件代码的 eventCat、eventAct 和 eventLbl 变量填充数据层。然而在 App 上线后，你发现自己更希望把追踪的操作作为屏幕浏览，以便将该操作作为目标转化渠道（funnel）中的一个步骤，这样你就可以在不重写任何用于填充数据层原始代码的情况下，触发 GA 屏幕浏览代码（tag）而不是触发在 GTM 中的 GA 事件代码（tag）。

对安卓而言，GA SDK 的一个优点是能够在 track_app.xml（适用于 Android）中配置 ga_autoActivityTracking（GA 自动活动追踪）。这样可免除明确屏幕浏览追踪代码的需要，而通过在 track_app.xml 中指定"屏幕名称"代码（Screen Name tags），将活动类别名称映射到更易读的 GA 报告屏幕名称之中。在 GTM 中，这种自动化屏幕追踪并不太容易获得，而是需要将 GTM 代码（tag）配置为针对每个屏幕进行触发。由于在一个典型 App 中没有那么多屏幕，因此单独的屏幕追踪并不麻烦，因而选择 GTM SDK，即对于额外的一层实施（以及潜在的调试）和缺乏 Android 屏幕追踪来说，是利远大于弊的。

作为参考，以下提供了针对每个 SDK 的完整说明链接，以了解发布时的发布版本，请确保根据需要参考更新版的文档：

1）通过移动 OS 的 SDK 部署 GA。

- Android：https://developers.google.com/analytics/devguides/collection/android/v4/。

- iOS：https://developers.google.com/analytics/devguides/collection/ios/v3/。

2）通过适用于移动 SDK 的 GTM 部署 GA。

- Android：https://developers.google.com/tag-manager/android/v4/。

- iOS：https://developers.google.com/tag-manager/ios/v3/。

有关在 Android 中初始化 GTM 容器对象的更多信息，请参阅在 Udacity 上的 Google Analytics 课程，其中适用于安卓的"加载容器的代码概述"（*Overview of Code to Load the Container*）。

崩溃和异常

有关在移动 App 中追踪崩溃和异常的详细信息，请参阅 www.e-nor.com/gabook。

笔记｜ 追踪非 Android 和非 iOS 的移动 App

如第 17 章所述，由于 GA 和 GTM SDK 仅适用于 Android 和 iOS，因此追踪在 Windows 和 BlackBerry 等操作系统上运行的移动 App 的一个选择可以是测量协议（Measurement Protocol）。

13.7 移动媒体资源中账户结构的最佳实践

2014 年 4 月，Google 宣布了一项新功能，它可以让你在单一的视图中追踪网页和 App 数据。这种类型汇总（roll-up）报告背后的逻辑是，理论上在已去重的跨设备上，你可以获得已登录用户的真实计数。Google 可以从两个不同的媒体资源中获取数据，并将它们聚合到一个视图中。

与其他任何事情一样，有能力做某事并不一定意味着你应该做。为了保持数据清晰的视图并且轻松实现可扩展性和报告功能，请使用以下准则，该准则是基于 GA 帮助文档中的"移动 App 分析的最佳实践"（*Best Practcces for Mobile App Analytics*）（网址为 https://support.google.com/analytics/answer/2587087）：

1）**在单独的媒体资源中追踪不同的 App。**每个 App 应该在它自己唯一的媒体资源中被追踪，从而避免数据被无意组合。这种方式也有助于避免抽样，因为单一的 App 视图所包含的数据少于汇总（roll up）视图所包含的数据。抽样已在第 10 章讨论过。

2）**在不同的媒体资源中追踪 App 的不同平台。**每个 App 平台也应该由它专属的媒体资源追踪。例如，Android 版本的 App 应该由它自己的媒体资源追踪，而 iOS 也同样应该由它自己的媒体资源追踪。组合这些通常不会产生除了总用户指标 [它可以很容易地在 GA 之外或者像之前讨论的类型那样的汇总（roll up）中计算获得] 之外的任何实际好处。在单一的媒体资源中组合 App 平台非常容易出现问题，如果它们十分不同将造成报告异常。

3）**根据功能相似性追踪 App 版本。**根据唯一性级别，可以在同一个或单独的媒体资源中追踪 App 版本。例如，如果你有一个名为"Crazy App"的应用程序，之后又有另一个名为

"Crazy App：Crazier 版本"，如果这些 App 的用户体验基本上一致，只是有少许功能差异，那么在同一个媒体资源中进行报告是可行的。如果它们存在显著差异，则最好将它们分开报告。

4）在同一媒体资源中追踪不同的 App 版本。版本追踪已经是 GA 获取的默认属性，因此无须在不同的媒体资源中报告不同的版本。将它们结合并让 GA 根据需要为你进行细分。此外，看到自己 App 的某一个版本的使用报告将会非常有趣！

13.8　App "实时" 报告

在针对 Web 的 GA 中，"实时"（Real-Time）报告会显示用户遍历网站的相关数据（有若干秒的延迟）。"实时"报告是如何在 App 中工作的？它与 Web 略有不同。以下示例单独列出数据以凸显差异。

在 "实时概览"（Real-Time Overview）报告中，可以看到有多少活跃用户，App 每分钟和每秒获得多少屏幕浏览。这些指标在以下几种方式中有效。

场景 1：

1）App 已发布，用户通过各种典型的屏幕、图标和链接进行浏览。此导航结果数据将在 GA 中生成。

2）当你检查 "实时" 报告的 "每秒"（Per Second）窗口时，若不显示任何内容，则一定出现了问题，不是吗？

3）你把情况告诉开发人员以便他们可以纠正这个问题。他们检查了代码和 GA 视图（view）配置，并报告 "找不到问题"（no Problem found）。

4）再次运行测试并仔细观察。大约两分钟后，两分钟前发生的活动在 "每分钟"（Per Minute）窗口中显示（见图 13.4）。刚才发生了什么？

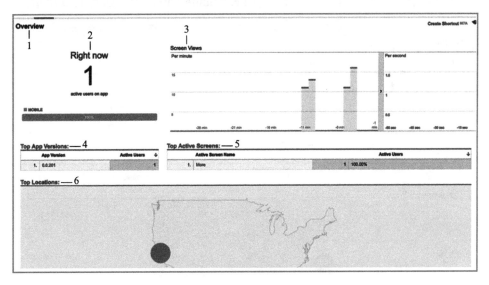

图 13.4　在实际发生大约两分钟后，实时数据开始显示

1—概览　2—当前　3—屏幕浏览量　4—热门 App 版本　5—热门活动屏幕　6—热门地点

5)这是你会得到的最近乎实时的结果。不满意?对不起,这是设计的原因。继续往下阅读,你会找出原因。

数据调度

数据调度(Data Dispatching)通常用于移动分析以及在 GA 具体实例中,它给我们耍了点小花招。根据 Google 定义:"当你的 App 在收集 GA 数据时,该数据就会添加到一个定期调度到 GA 的队列中。你的 App 在前台或后台运行时都可能发生定期调度。"由于移动设备必须管理由移动 App 造成的电池、CPU 处理和网络带宽的消耗,因此调度可用于减少设备上的消耗和压力,从而获得更顺畅的终端用户体验。

在 iOS 中,默认调度为 2 分钟——请参阅 GA 帮助文档中的"iOS 调度"(*iOS Dispatching*):https://developers.google.com/analytics/devguides/collection/ios/v3/dispatch。

对于 Android,默认调度时间为 30 分钟——请参阅 GA 帮助文档中的"Android 调度"(*Android Dispatching*):https://developers.google.com/analytics/devguides/collection/android/v4/dispatch。

虽然你可以调整数据调度延迟,从而更频繁地刷新"实时"报告,如帮助文档中所述,但不建议将数据调度率提高到可能影响 App 性能的程度:用户体验应始终比测量重要。

场景 2:

1)该 App 已经发布,并且访问者点击了若干屏幕和元素。

2)该 App 被关闭,所有这些都在不到两分钟之内发生。有趣的是,在"每秒"(Per Second)窗口中任何行为都是即时显示。

3)一两分钟后,行为显示在"每分钟"(Per Minute)窗口中,如图 13.5 所示。

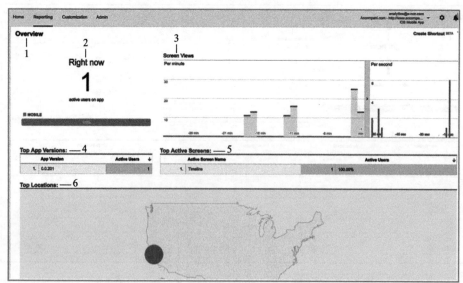

图 13.5 数据立即出现在"每秒"窗口中,而不是在有关调度延迟之后出现

1—概览 2—当前 3—屏幕浏览 4—热门 App 版本 5—热门活动屏幕 6—热门地点

为什么活动在"每秒"窗口和"每分钟"窗口中不到两分钟就显示了（尤其是在"每分钟"窗口中更是远少于两分钟）？

因为批量数据（batch）在设置延迟之后被发送。然而，如果 App 在该时间范围前终止，数据将立即被提交。在这种情况下，由于 App 在两分钟标记之前终止，因此批量数据就会被发送并（在一定处理时间之后）在"每秒"窗口中显示。在"每分钟"窗口中，经过了处理时间和分钟间隔，实时行为才能显现。

13.9　集成

GA 中有多种移动 App 集成。

13.9.1　AdMob 与 Google Play 和 iTunes 的集成

AdMob 是 Google 的移动广告平台，专门用于移动 App。虽然某些移动 App 用户可能会发现 App 内广告具有侵扰性，但 AdMob（见图 13.6）带来的收入可以使开发者有能力为用户提供免费的 App（或费用低于他们原本需要收取的费用）。

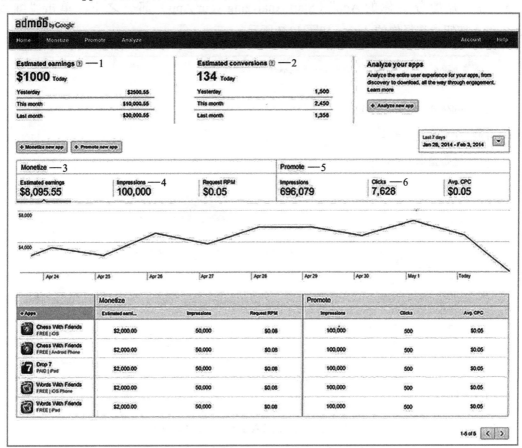

图 13.6　AdMob 用户界面显示了移动广告的效果

1—预计收入　2—预计转化　3—变现　4—展示次数　5—推广　6—点击次数

集成 AdMob 和 GA 的广告客户可以在 AdMob 界面中查看 AdMob 数据和 GA 数据，并相应地创建或优化 AdMob 广告活动。现在 AdMob 用户可以访问。

设置 AdMob 与 GA 进行集成是一个相当简单的过程：

1）访问 `https://www.google.com/admob/` 并登录到你的 AdMob 账户。

2）选择"分析"（Analyze）标签。

3）选择合适的账户信息：

① 如果你以前从未使用过 GA 或你希望创建新账户，请选择"新建"（New）。请务必查看数据共享设置和服务条款（Terms of Service），然后选中相应的复选框以示同意。

② 如果你已拥有用于分析 App 的 GA 账户，请选择"现有"（Existing）。从下拉菜单中选择账户，然后在账户级水平上启用"修改"权限。

③ 选择现有的 GA 账户后，将创建一个新汇总（roll-up）媒体资源和视图。新视图 [称为"所有 App"（All Apps）] 将为 AdMob 提供来自所有关联 App 媒体资源汇总数据的数据视图。此视图中的数据将显示在"分析"（Analyze）标签中。

4）单击"继续"（Continue）按钮。

5）在"开始分析你的 App"（Start Analyzing your App）部分之下，单击"继续"（Continue）按钮。选择你的 App，如图 13.7 所示。

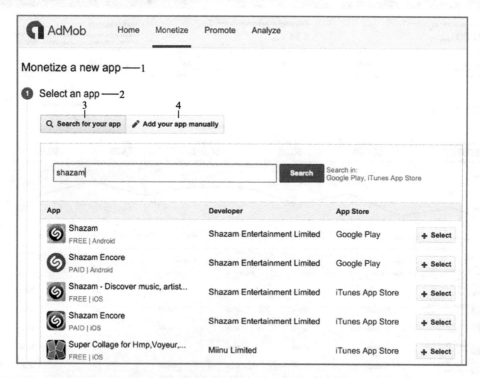

图 13.7　搜索 App 以连接到你的 AdMob 账户

1—通过新 App 变现　2—选择一个 App　3—搜索你的 App　4—手动添加你的 App

6）在"App 设置"（Apps Setup）弹出窗口中，你会看到一个应用列表。对于旁边没有

GA 追踪 ID 的那些应用，请单击"设置追踪 ID"（Set up Tracking ID）。

7）从这里开始，如果希望使用新的 GA 账户，则可以选择"创建新的追踪 ID"（Create a new tracking ID）或"使用现有追踪 ID"（Use an Existing Tracking ID）。

8）完成将追踪 ID 与 App 相关联后，单击"完成"（Done）。GA 数据通常需要长达 24 小时才会开始在 AdMob 中的"分析"（Analyze）标签中显示。

13.9.2 Google Play 和 Apple Store 的集成

将主要移动应用商店与你的 GA 账户集成可以回答以下问题：

- 用户如何发现你的 App？
- 他们使用什么设备？
- 他们多久回访一次？
- 你的应用被下载了多少次？

1. Google Play 集成

有关将 Google Play App 活动映射到 GA 媒体资源的说明，请按以下步骤操作：

1）登录你的 GA 账户。

2）单击"管理"（Admin）标签。

3）从每栏顶部的下拉菜单中，选择相应的"账户"（Account）和"媒体资源"（Property）。

4）选择"所有产品"（All Products）。

5）此页面将显示你的媒体资源当前链接到的产品。向下滚动到"未关联的产品"（Unlinked Products）部分，找到 Google Play 条目，如图 13.8 所示。

图 13.8 将 Google Play 与 GA 相关联的起始步骤

1—Google Play 管理中心让开发者发布和分发他们的 App。详细了解你的 App 用户，包括他们如何发现你的 App 以及他们使用什么设备

6）从这里，单击"关联 Google Play"（Link Google Play）按钮。

7）在下一个屏幕上（见图 13.9），选择要集成的 App，然后单击"继续"（Continue）按钮。

8）单击"启用链接"（Enable Link）以完成集成。

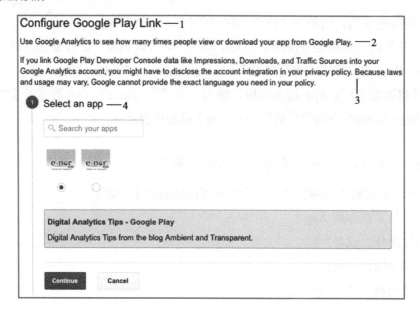

图 13.9　配置 Google Play / GA 的关联

1—配置 Google Play 的关联　2—使用 GA 查看人们从 Google Play 查看或下载你的 App 的次数　3—如果你将 Google Play 管理中心的数据（如展示次数、下载次数和流量来源）关联到你的账户，你可能必须在隐私政策中披露你的账户集成。因为法律和使用情况可能会有所不同，Google 无法在你的政策中提供你所需要的确切语言　4—选择一个 App

2. Apple App Store 与 Google Analytics 的集成

iOS 与 GA 的集成，与 Google Play 与 GA 的集成有很大不同。为了追踪安装，应用开发者通常使用广告网络（或多个广告网络）来设置应用下载活动。对于 iOS 上的安装追踪而言，GA 要依靠 Apple 的可重置广告标识符（IDFA）才能将应用会话与广告系列相匹配。为了达到这个目的，当 App 用户点击广告时，GA 依靠"广告网络"（Ad Networks）提供并传送 IDFA 和其他广告系列信息到 GA。

"广告网络"可以使用以下方法为客户在 GA 中启用 iOS 安装追踪：

■ 重定向（Redirect）。

■ 异步 ping（Asynchronous ping）。

两种方法都会产生相同的 iOS 安装数据；你的选择将在很大程度上取决于你的广告网络支持哪一种。下面总结了"重定向"和"异步 ping"的安装方法，详情请参阅 GA 帮助文档中的"iOS 安装追踪"（*iOS Install Tracking*）。

（1）重定向

"重定向"方法使用一个广告系列 URL，将用户指向 GA 点击服务器，然后会将用户重定向到该应用的 iTunes 页面。该 URL 类似于：`click.google-analytics.com/ redirect?param1=value1& param2 = value2`。

此方法的高水平解读步骤如下：

步骤 1："广告网络"形成了 URL，并设置查询字符串参数以包含广告系列信息和 IDFA。

步骤 2：当用户点击广告时，用户将被重定向到会收集 IDFA 和其他参数值的 GA。

步骤 3：然后用户又被重定向到应用程序的 iTunes 页面。

步骤 4：如果用户安装该 App，则该应用将与来自步骤 2 中点击的广告系列相匹配。

重定向 URL 示例：

```
http://click.google-analytics.com/redirect?
tid=UA-1234-1                                    // GA 跟踪 ID
&idfa=BBA44F63-E469-42BA-833A-2AC550310CB3       // 广告标识符 (IDFA)
&aid=com.bundle.myapp                            // App ID
&cs=network                                      // 广告系列来源
&cm=cpc                                          // 广告系列媒介
&cn=campaign_name                                // 广告系列名称
&url=https://itunes.apple.com/us/app/myApp/id123?mt=8
```

（2）异步 ping

ping 方法要求"广告网络"在用户点击广告时向 GA 服务器发出直接请求。ping URL 将与以下内容类似：

```
click.google-analytics.com/ping?param1=value1&param2=value2
```

此方法的高水平解读步骤如下：

步骤 1：用户点击广告，广告将其带到 App 中 iTunes 页面。

步骤 2："广告网络"通过已设置广告系列信息和 IDFA 的查询字符串参数，对 GA 服务器进行 ping。

步骤 3：GA 从 ping 请求中收集 IDFA 和其他参数值。

步骤 4：如果用户安装该应用，则该应用将与在步骤 1 中点击的广告系列相匹配。

13.10 移动广告系列跟踪

广告系列跟踪通常是最受忽视的分析领域之一，特别是移动 App，但它也是最有益处的分析领域之一。它当然需要一些工作，更重要的是一些思考和努力来实现，但它的好处是能提供准确的归因数据，如图 13.10 所示。以下概述了 Android 和 iOS 广告系列跟踪步骤，以便安装和再次参与，具体如 GA 帮助文档中所述。

移动应用程序可以接收来自与 Web 相同来源（引荐、直接搜索、电子邮件、社交）的入站链接，也可以接收来自其他 App 的链接。没有对引荐链接的正确追踪，公司将无从知晓用户从何而来，并且最终将无法有效地确定哪些营销渠道是有效的，哪些不是。

	Source / Medium ?	New Users ?	↓ Sessions ?	Avg. Session Duration ?
	1	2 292,067 % of Total: 92.75% (314,884)	3 1,815,648 % of Total: 92.39% (1,965,139)	4 00:06:32 Avg for View: 00:06:32 (-0.09%)
☐ 1.	(direct) / (none)	280,408 (96.01%)	1,741,483 (95.92%)	00:06:33
☐ 2.	cnn.com / banner	5,150 (1.76%)	28,205 (1.55%)	00:05:17
☐ 3.	facebook.com / social	3,879 (1.33%)	27,353 (1.51%)	00:06:59
☐ 4.	google / organic	2,428 (0.83%)	17,051 (0.94%)	00:06:05
☐ 5.	twitter.com / social	77 (0.03%)	463 (0.03%)	00:05:22

图 13.10　Google Play "来源"报告清楚地显示了哪些引荐来源带来了流量

1—来源 / 媒介　2—新用户　3—会话数　4—平均会话时长

13.10.1　安卓

Android 移动应用中，将 Android 广告系列和流量来源基于用户活动进行归因，有以下选择可供挑选。

1. 用于下载跟踪的 Google Play 广告系列归因

这个功能非常实用，它可让你查看哪些广告系列和流量来源将用户送到 Google Play 商店下载你的 App。Google Play 允许你查看的其他数据点之一是 App 下载次数。利用广告系列参数，你不仅可以查看下载总量，还可以查看按广告系列分发的下载量。

要通过广告系列的源头衡量 App 下载量，我们必须在 Google Play 提供的下载网址上添加广告系列参数；Google Analytics 接收器将解析此信息，并在应用被下载时将其传递给 GA。

GA 广告系列集成 Google Play 下载的步骤如下：

步骤 1：将 Google Analytics 接收器添加到 AndroidManifest.xml 文件中。接收器允许 App "接收"并解析广告系列参数并将其传递到 Google Play 中。

步骤 2：如上所述，将 GA 广告系列参数添加到你在广告系列中使用的 Google Play 下载 URL 中。

更多详情请参阅 Android 版 GA 帮助文档中的 "Google Play 广告系列归因"（*Google Play Compaign Attribution*）(`https://developers.google.com/analytics/devguides/collection/android/v4/campaigns`)。

2. 安装后跟踪的一般广告系列和流量来源归因

上述方法有助于跟踪 App 下载和安装归因。图 13.10 说明了用户如何找到并下载你的 App。

如何跟踪应用程序安装后的有效性？

一旦 App 安装完成，它就可以通过广告系列、网站，或你设备上安装的其他应用程序的链接启动。为了将此类型的 App 安装后（post-install）引荐来源正确归因，你必须通过使用

setCampaignParamsFromUrl 方法进行手动 App 配置来处理广告系列跟踪参数，如代码 13.1 所示。

代码 13.1　使用 setCampaignParamsFromUrl 为 Android 启用安装后广告系列跟踪

```
// 获取跟踪
Tracker t = ((AnalyticsSampleApp) getActivity () .getApplication ()) .
getTracker (
    TrackerName.APP_TRACKER) ;
// 设置屏幕名称
    t.setScreenName (screenName) ;
// 在此示例中，通过使用带有
// Google Analytics 广告系列参数的网址字符串来设置广告系列信息
// 注意：这是为了说明情况。在大多数情况下，广告系列信息将来自入站意图
String campaignData = "http://examplepetstore.com/index.html?"+
"utm_source=email&utm_medium=email_marketing&utm_campaign=summer" +"&utm_
content=email_variation_1";
// 通过这个匹配发送广告系列数据
t.send (new HitBuilders.ScreenViewBuilder ()
    .setCampaignParamsFromUrl (campaignData)
    .build ()
) ;
```

更多详情请参阅 Android 版 GA 帮助文档中的 "常规广告系列来源和流量归因"（*General Source Campaign & Traffic Attribution*）(https://developers. google.com/analytics/devguides/collection/android/v4/campaigns)。

3. Google Play 网址构建器

Google Play 网址构建器（见图 13.11）有助于构建一个 URL，它可以确保所有需要的参数都能被正确捕捉。

你可以在这里访问 Google Play 网址构建器：

https://developers.google.com/analytics/devguides/collection/android/v4/
campaigns#google-play-url-builder

上述 URL 构建过程的结果是：

https://play.google.com/store/apps/details?id=com.example.myapp&referrer=utm_
source%3Dgoogle%26utm_medium%3Dcpc%26utm_campaign%3Dback-to-school%26anid%3Dadmob.

请注意上面表单中的所有字段是如何自动附加到 URL 中的。可以想象手动操作起来很麻烦。

如第 10 章所述，可以使用实用程序（如 goo.gl 或 bit.ly）来缩短广告系列标记的网址（campaign-tagged URLS）。点击过的展开后的网址将包含原始的广告系列参数，并由 GA 进行相应处理。

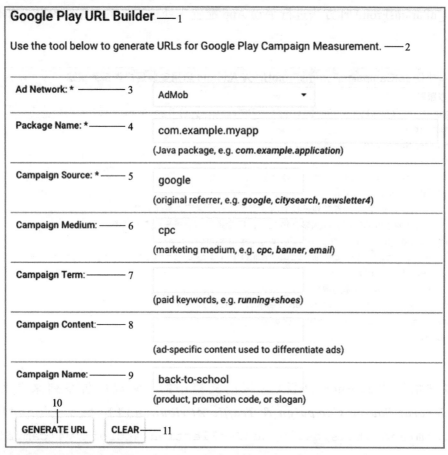

图 13.11　把所需的广告系列信息输入 Google Play 网址构建器中可以构建一个网址, 该网址日后可用于营销
素材

1—Google Play 网址构建器　2—使用下面的工具生成 Google Play 广告系列测量的网址　3—广告网络　4—包名称　5—广告系列来源　6—广告系列媒介　7—广告系列字词　8—广告系列内容　9—广告系列名称　10—生成网址　11—清除

13.10.2　iOS

以下选项可用于 App 中用户活动的广告系列和流量来源归因。

1. iOS 安装广告活动测量

与 Google Play 广告系列归因类似, iOS 安装广告系列可让你查看哪些广告系列、网站和 App 给 iTunes 导流, 下载你的 App。

GA 可以在 iTunes 中捕获流行的移动广告网络下载, 并为任何其他网络和引荐生成自定义 URL。

配置"iOS 安装广告系列测量"（iOS Install Campaign Measurement）:

1）确保 GA 已在你的 iOS App 中实施（至少要有一个屏幕被追踪）。

2）确认已启用 iOS 广告系列跟踪 [在 GA"管理"界面的"媒体资源设置"（Property Settings）下]。

3）确认 GA 报告的应用程序 ID 与你实际的 AppID 相符。可以通过选择把 App ID 作为维度，把"会话数"（Session）作为指标的自定义报告来查看 GA 中的应用程序 ID。

4）启用收集广告标识符（IDFA）。

5）检查"受众特征"报告以确认正在发送 IDFA（如果数据存在，则说明它是有效的）。

6）确保 iOS 广告系列跟踪 URL 正确无误。

此过程的完整说明可以在此找到：

```
https://developers.google.com/analytics/devguides/collection/ios/v3/campaigns#ios-install.
```

2. 安装后（Post-Install）的一般广告系列和流量来源归因

iOS 安装后的跟踪在概念上类似于在 Google Play 安装后跟踪中所讨论的内容。当然，这样做的目的是确保安装好的 App 在启动时被正确归因。

一旦 App 安装完成后，它就可以通过广告系列、网站或你设备上安装的其他应用的链接启动。为了将此类安装 App 后的引荐来源正确归因，必须直接在跟踪器中设置广告系列字段。

最简单的做法是使用 [GAIDictionaryBuildersetCampaignParametersFromUrl:urlString]，其中 urlString 是一个表示可能包含 GA 广告系列参数 URL 的字符串。

更多详细说明请参阅：`https://developers.google.com/analytics/devguides/collection/ios/v3/campaigns#general-campaigns`。

3. iOS 广告系列跟踪网址构建器

与 Google Play App 一样，强烈建议使用工具来帮助建立广告系列的跟踪网址。

可以在此处找到 iOS 广告系列跟踪网址构建器（见图 13.12）：

```
https://developers.google.com/analytics/devguides/collection/ios/v3/campaigns#url-builder
```

结果将获得下述链接：

```
https://click.google-analytics.com/redirect?tid=UA-1234561&url=https%3A%2
F%2Fitunes.apple.com%2Fus%2Fapp%2Fmyapp&aid=com.mycompany.app&idfa={idfa}&cs
=google&cm=cpc&cn=back-to-school&anid=admob&hash=md5
```

与 Google Play 广告系列跟踪网址类似，广告系列参数以及 Apple App Store 特有的其他信息被附加到了 URL 上 。

虽然广告系列参数没有采用简洁的网址并将其变得冗长，但可以通过使用普通的网址缩短工具来减少网址的占用空间并以更容易阅读的方法来使网址变得更为精炼。

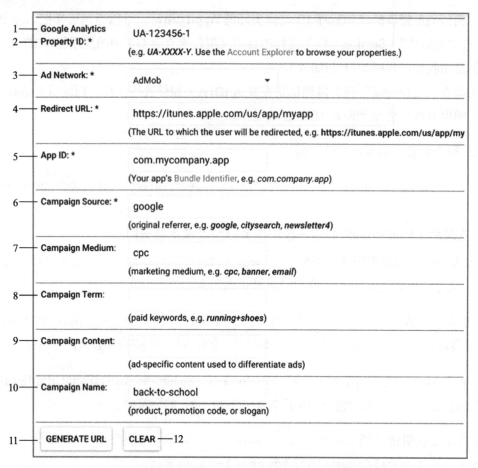

图 13.12　iOS 版本的网址构建器需要几个 iOS 特定字段，以确保数据正确映射到 GA

1—Google Analytics　2—媒体资源 ID　3—广告网络　4—重定向 URL　5—App ID　6—广告系列来源　7—广告系列媒介
8—广告系列字词　9—广告系列内容　10—广告系列名称　11—生成网址　12—清除

13.11　移动隐私

无论是阅读书籍、玩游戏、听音乐、拍照、获取路线、监控健康 / 健身活动、进行银行业务，还是远程启动我们的汽车，移动设备正成为我们控制和执行这些活动的中心。因此，移动设备包含关于其所有者的非常私密的信息，如他们使用的应用、消费的内容，以及访问的位置。

随着移动设备的普及和它们存储的数据数量和类型的增加，移动设备自然而然地受到了和 Web 相类似的隐私风险，以及移动领域特有的额外安全漏洞。

Google 有若干政策可以管理任何应用程序，该应用程序可以影响任意一个移动 SDK（甚至可以影响测量协议，将在第 17 章讨论）。列举如下：

1）你必须确保拥有使用此服务、上传数据并将其与 GA 账户一起使用的完整权限。

2）你必须明确告知最终用户使用 GA 的功能和特点。这是为了获得用户的同意，或为他们提供选择退出跟踪的机会。

3）在使用 SDK 安装受众群体报告（即在 GA 中显示"受众特征和兴趣"数据）或再营销 [或其他 Google Analytics 广告功能（Advertising Features）] 的情况下，必须遵守以下政策：

① Google Analytics 广告功能（Advertising Features）的政策：`https://support.google.com/analytics/answer/2700409`。

② Google Play 开发者计划政策（Developer Program Policies）：`https://play.google.com/about/developer-content-policy.html`。

正如本书所强调的，我们严禁在 GA 中获取个人身份识别信息（PII）。若任何 PII 上传到 GA（无意或其他）的事件中，你的 GA 账户可能会被关闭，或你的媒体资源在违规期间的所有数据都会被删除。

嘉宾观点 **改进 App 的 App 测量**

史密塔·杜加尔（Smita Dugar）是一位消费者洞察专家，领导 TiVo 的数字和营销分析计划。

Statista[⊖]研究预测 2017 年全球应用程序下载量将超过 2 680 亿次，收入（来自付费应用程序、应用内购买和广告）将超过 760 亿元。

作为 TiVo 的市场研究员和数字营销分析师，在这个快速发展、扩张、极具竞争力的 App 领域，我负责分析和优化我们移动 App 电视体验的采用和性能。以下是我使用 GA 移动 App 获得的一些关键优化分析见解。

App 墓地

上述引人注目的采用和收入统计引起了不可避免的必然结果：惩罚竞争。即使到了 2015 年 5 月，一些数字仍然是令人生畏的：

1）Google Play 中有 150 万个应用程序。

2）在 Apple App Store 中有 140 万个应用程序。

我在移动设备上安装的应用程序不计其数，我还安装了另外一个应用程序来跟踪我的使用情况。Android 用户在他们的手机上安装了大约 95 个应用程序，但只有约三分之一的用户会每月使用这些 App。考虑这些统计数据：

1）每个用户平均每月使用 27 个应用程序。

2）半数应用程序在三个月内会损失一半的高峰用户。

3）25% 的已安装应用程序仅使用过一次。

⊖ Statista 是一个集在线统计、市场调查和商业智能于一身的门户网站。

（1）重要的指标

表 13.2 中列出的指标包括了用户体验的不同阶段的关键应用程序指标。

表 13.2　App 跟踪的主要指标

采用	参与	表现	结果
安装 / 卸载	App 使用（MAU/DAU）	错误率	转化
App 访问者	频率	App 加载时间	收入 /LTV
增长率	深度	崩溃	广告获利
留存率	时间花费		应用内购买
流量获取渠道	屏幕行为、流程		支持（满意度 / 评价）
	地理 / 人口特征		

并非上述每个指标都与所有 App 相关。当然，最低要求是，你要去衡量对你的业务目标最重要的指标。这些指标大多数都可以在 GA 中找到，但也有一些例外。

1）支持：评论可以在应用商店内获得，满意度评分可通过应用内拦截调查收集。例如，Apptentive、Surveymonkey、Polljoy、Helpshift 和大量其他工具都可以支持应用内反馈。

2）广告获利：如果你使用 AdMob 等广告网络进行应用内广告，则可以从它们的报告中获取广告收入数据。

下面详细介绍几个 KPI。

1）**留存率**：留存率是在特定时间段内下载 App 后依旧使用此 App 的人数。留存率是 App 成功的一个关键指标，因为保留现有用户的成本远远低于获取新用户的成本。

留存率 =（一个期间内开始时的初始客户 – 在该期间流失的客户）/ 初始客户

因此，如果你在月初共有 50 000 个用户，并且卸载了 20 000 个用户，则留存率将是（50 000−20 000）/ 50 000 = 60%（这是非常好的结果）。

根据 App 种类和行业类型的不同，移动 App 留存的差异很大，一个月后留存率最高的是 50%，最低为 10% 左右（来源：Mixpanel）。一些月度留存率的一般基准如下。

① 新闻类 App：45%。

② 音乐 / 娱乐类 App：30%。

③ 游戏类 App：15%。

2）**参与率（DAU/MAU）**：每日平均用户与每月平均用户的比例是衡量黏性的一个很好的指标。换句话说，它能告诉你你的 App 是否是用户首选。对于游戏和大多数应用程序来说,DAU/MAU 为 15% 被认为是相当不错的（大多数应用程序很难获得这个数字）。对于社交应用软件来说（如信息应用软件），DAU/MAU 的值接近 50% 被认为是一个成功的 App。在 2015 年年初，Facebook 的整体比例为 64%。

① 用 iOS 设备划分"受众群体概览"，如图 13.13 所示。

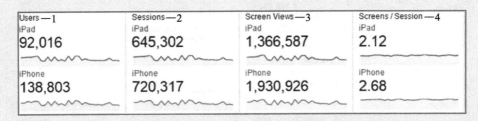

图 13.13　"受众群体概览"报告显示 iPad 上每个用户拥有更多会话

1—用户　2—会话　3—屏幕浏览量　4—屏幕 / 会话

通过为 iPad 和 iPhone 定义两个基本自定义细分，我们可以注意到，两个设备之间的整体 App 使用模式存在一些有趣的差异。虽然在所选时间段内 iPad 的唯一身份用户较少，但每个用户的会话却更久。看起来令人惊讶的是，iPhone 用户在大约相同数量的会话中产生了更多的屏幕浏览，但由于 iPhone 较小的外形尺寸，一些较大的 iPad 屏幕元素，必须被拆分到 iPhone 两个屏幕中，因此在相同的事件中，iPhone 需要更多的屏幕浏览。

② App 版本。

你的设计师和开发人员在 App 版本升级上投入了大量的时间和精力。新版本需要多长时间被采用呢？我们非常高兴地看到绝大多数的 App 用户在发布后一周内就升级到了新的 App 版本，如图 13.14 所示。

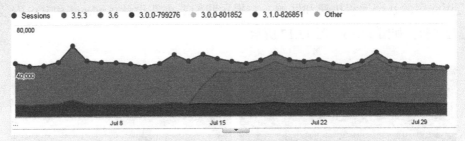

图 13.14　App 版本报告显示新发布的版本快速地被采用了

③ 事件跟踪。

对于一个新的安装，你需要确保为重要的互动配置事件，而不是把事件作为屏幕浏览进行追踪，"重要"是关键。如果用户互动不会对你的分析造成影响或不能为你带来可执行的见解，那就不要跟踪它。如前面所述，衡量对你来说重要的东西，如图 13.15 所示。

（2）基于屏幕和事件数据的设计更改

我们的 GA App 跟踪功能促进了一系列的设计改进，包括基于 App 的远程改进。

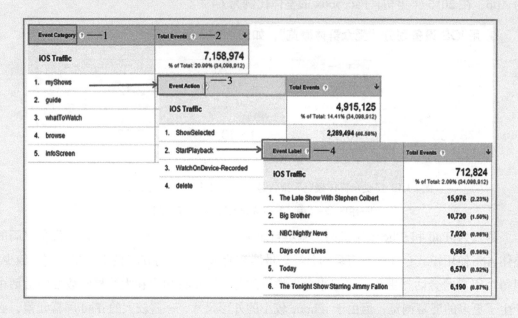

图 13.15　事件跟踪安装成功后，可以看到哪些屏幕产生的视频播放次数最多

1—事件类别　2—事件总数　3—事件操作　4—事件标签

重新定位按钮和消除远程声音指令

关于 Web、App 和软件开发的问题，我们有时开发我们认为有趣、有用和广泛使用的功能，但是，我们必须利用数据来验证期待和假设是否有效。GA 表明，用户很少使用 TiVo 应用程序的几个远程按钮和区域，它提示我们要重新设计 Android 和 iOS 安装过程中的远程体验，如图 13.16、图 13.17 所示。

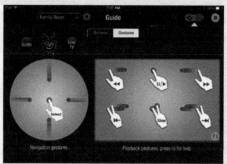

图 13.16　在重新设计之前的 iPad 远程屏幕。GA 显示，

相对于左侧远程按钮，右侧远程手势的使用量非常低

图 13.17　基于 iOS 数据重新设计了 Android 版本

（3）测试和调查

尽管分析在优化中起着核心作用，但是在你持续改进的过程中纳入定性分析也很重要。在 TiVo，我们通过分析、可用性测试和调查的协同作用获得了重要的见解，如图 13.18 所示。行为、定性和观察数据这三重测量有助于提高 App 的留存率和参与率。

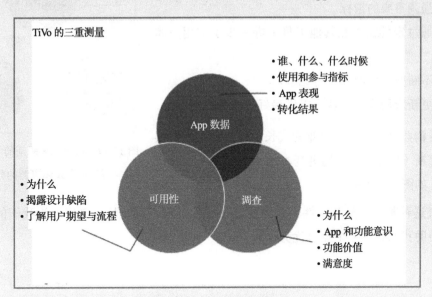

图 13.18　TiVo 的三重测量

如上文所述，分析（的结果）有时会反驳我们的假设，所以在开发之前我们要定期测试原型阶段的重要特征变化。

我们根据可用性做出了很多决策：在哪里放置按钮，怎么称呼它们，字体大小，导航层次，可承受性等。在测试早期版本的 Android App 时，我们发现大多数用户喜欢使用景观版本的指南（Guide），无论平板电脑的尺寸大小如何 [即使是在 7in（1in=2.54cm）

平板电脑上]。这个见解在我们修改 App 设计时有助于我们做出更好的决定。

如果内部没有可用性的研究人员，有几家公司可以在一个适度的预算内进行可用性测试（Usertesting、Userlytics、Applause、UserZoom 等）。

使用调查问卷进行反馈收集和满意度测量

App Store 中包含了丰富评论信息的同时，使用调查问卷来进行反馈收集和满意度测量，能让我们细致衡量用户是否了解某些 App 功能以及他们认为哪些功能更加重要。在开发之前我们还通过调查来扩展功能概念。

我们的调查通常由订阅者（App 用户和非 App 用户）完成，有时还由潜在客户（来自调查研究小组）完成。

（4）学习循环

我们如何避免葬送一款应用程序？在大多数情况下，需要坚持分析和优化的基本要求：

1）一个全面但聚焦的落地。

2）强调重要的指标。

3）通过定性输入和其他工具来进一步了解用户体验。

4）不断努力学习并获得见解。

5）更新应用程序为客户提供最好的服务。

在《精益创业：新创企业的成长思维》一书中，埃里克·莱斯（Eric Ries）用更基本的术语描述了这种良性循环，如图 13.19 所示。

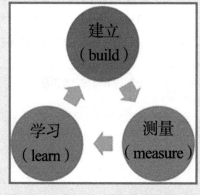

图 13.19　埃里克·莱斯的学习循环可以应用于数字媒体资源的分析和优化

通过这种基于定量和定性输入的稳定、迭代过程，我们可以更好地为我们的用户服务，并帮助我们建立一个竞争优势。

🔑 本章要点回顾

1）**移动应用策略比 App 下载量更重要。**查看你的活跃用户、会话时长、会话时间间隔、生命周期价值以及其他可用指标来评估 App 和广告系列的效果。

2）**报告应用崩溃和异常情况。**实现对崩溃和异常的跟踪，以便立即洞察问题区域。

3）**考虑使用 GTM 将 GA 部署在你的 App。**它所带来的好处远远超过了把它安装到 App 上额外花费的时间。

4）**配置你的 GA 账户，以分别查看移动（Mobile）和网络（Web）媒体资源。**避免在同一媒体资源中组合这两个数据集。虽然你可以设想将其汇总为汇总（aggregate）报告，但最好将它们分开显示。

5）**利用与 AdMob、Google Play 和 iTunes 的集成。**设置这些集成可为了解下载来源，以及哪些广告系列效果最优提供大量重要的见解。

6）**移动广告系列跟踪。**启用你的 App，将必要的广告系列参数传递给 Google Play 或 iTunes，让你能够为下载和点击回到使用者已安装的 App 维持准确的引荐来源。

实战与练习

1）**记录清单。**如果你还没有安装 App 跟踪，请记录你需要跟踪的屏幕和操作，然后决定使用 GA 还是 GTM SDK。如前所述，建议使用 GTM SDK。

2）**设置广告系列跟踪。**按照本章列出的步骤，为初始下载和安装后点击返回启用广告系列跟踪。

3）**使用 GA 报告进行优化。**虽然本章重点介绍落地实施，但前几章的讨论 [关于自定义报告、细分、目标和渠道（funnel）配置及分析，以及其他报告功能] 同样适用于 GA 移动媒体资源。

第 14 章
Google Analytics 的数据集成：整合的力量

尽管 Google Analytics 对于在你的网站和移动端 App 上的用户行为中获取切实可行的洞察力是不可或缺的，但我们的分析不应当只是依靠这个工具闭门造车。营销人和分析师都使用很多其他的系统，这些系统都有着各自不同的侧重和数据。在本章中，我们将研究 Google Analytics 与其他 Google 服务项目之间的整合，以及与 Google 生态系统之外的几个比较实用的整合。

请记住，数据整合的主要目标不是匹配或协调来自两个不同来源的数据，而是提供额外的分析线索，连接难以捉摸的事物并获得更具可行性的见解。下面来看一个简单且常见的例子。假设你发现从付费搜索带来了巨大的流量，而且更多的转化也随之而来，这绝对是好事一件。但是，如果这种搜索流量增加的成本明显高于你愿意支付的成本呢？ 如果这些额外转化费用过高，怎么办？ 在 Google Analytics 报告中随时提供 AdWords 费用数据，可以帮助你更快地做出决策，并且可以节省你登录 AdWords、搜索特定兴趣的营销活动，以及为某个具体报告深挖以获取仅仅一条信息所花费的时间。

本章将介绍以下三个主要集成：Google AdWords（包括再营销）、Google AdSense 及第三方平台和应用。

考虑到 Google AdWords 平台的复杂性和强大的功能，本章将用较大的篇幅来介绍 AdWords 集成，突出 AdSense 广告发布商和媒体网站整合的主要优点，然后展示一些对大家比较有帮助的第三方平台集成案例（如电子邮件、社交和数据可视化）。

笔记 | 关于集成的思考：数据差异

在使用 GA 和其他平台时，有时很难决定从哪里提取报告，特别是对于常见的指标和维度。总体来说，从纯粹的报告和趋势的角度来看，你希望有一个系统的报告，即一个"真实的数据来源"，并且使用其他系统来提供附加线索，同时能够在一些情况下提供数据验证。

在使用不同的数据来源时，由于许多因素 [包括工具配置（如一个系统可能正在过滤该流量的某个子集）或数据收集的方法及收集时的错误，术语和定义等因素]，报告将不会 100%一致。

使用多个数据来源时的另一个普遍的准则是在各个数据来源中查找一致性。当数据来源不一致时，你仍然可以依靠每个数据来源中的趋势和比较来进行有效和可行的分析，而不是将精力集中于协调误差。如果一个数据来源表现出更大的波动，建议对具有更多恒定性和较小变异性的报告的数据来源多一些信心。

14.1 AdWords

据 Google 介绍，"超过一百万家企业依靠 Google AdWords 与客户建立联系。"无论小型或大型企业都接受并认可了 AdWords。它给营销带来更多的责任感，使得营销人员能够在正确的时间通过正确的设备精准定向目标受众。

AdWords 平台能够提供详细的报告，包括大量的报告以帮助 AdWords 用户衡量和改善其付费搜索广告系列的效果。AdWords 原生的指标和维度主要针对广告系列的点击前（preclick）方面提供详尽的报告：展示量（你的广告展示次数）、点击量（你的广告获得点击的次数）和每次点击费用（cpc）等。还可以在 AdWords 中添加"转化量"（conversion）报告（通过添加某些配置）。AdWords 拥有丰富的用户行为数据，一旦用户点击了你的广告，就会被 GA 记录，同时将你的 AdWords 账户与 GA 账户关联，从而将用户行为及浏览路径（user journey）一览无余地展现出来。

> **笔记｜ 关联 AdWords 和 GA 的好处**
>
> 1）在 AdWords 中将 GA 目标和电子商务交易视为转化。
>
> 2）能够查看 AdWords 指标旁边的 GA 用户行为/参与度。
>
> 3）能够在 Google Analytics 中创建再营销列表，以便在 AdWords 受众群体定向中使用。
>
> 4）能够查看预先点击的数据，如 GA 中的展示量（Impressions）和消费（Costs）。
>
> 5）能够查看 AdWords 广告系列对 GA 转化路径的贡献 [在第 8 章讨论的"多渠道路径"（MCF）报告中有详细讲述]。

14.1.1　Google Analytics 中的 AdWords 数据

如图 14.1 所示，在 GA Acquisition（获取）的 AdWords 下，你会看到一个可用于报告和细分的重要的 AdWords 维度列表。

14.1.2　AdWords 中 的 Google Analytics 数据

账户关联完成后，你可以在 AdWords 界面中查看 GA 数据。你的角色和职能将决定你用于做报告的系统类型。如果你是媒体代理商或个人，在 AdWords 界面即可看到 GA 数据（如跳出率和会话时长），可以帮助你更好地分析 AdWords 广告系列的效果，而无须频繁登录 GA。

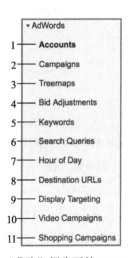

图 14.1　"获取"报告下的 AdWords 报告

1—账户　2—广告系列　3—树图　4—竞价调整　5—关键词
6—搜索查询　7—时段　8—目标 URL　9—展示广告定向
10—视频广告系列　11—购物广告系列

也就是说，你可以在 AdWords 报告中显示以下 GA 指标：

1）跳出率（Bounce Rate）。

2）平均会话时间（Average Session Duration）。

3）访问页数 / 会话量（Pages/Session）。

4）新会话百分占比（% New Session）。

5）目标达成数（Goal Completions）和转化率（Conversion Rate）。

6）电子商务交易量（Ecommerce Transactions）和转化率（Conversion Rate）。

14.1.3　关联 AdWords 和 Google Analytics

Google AdWords 帮助文档中的"关联 Google Analytics 和 AdWords"（*Link Google Analytics and Ad words*）提供了分步操作说明，网址如下：`http://support.google.com/adwords/answer/1704341?h1=en`。

关联过程非常简单。对于大型机构而言，最需要解决的问题通常是在两个系统中查找谁拥有修改 / 管理员权限，因为你需要管理员权限（Administrative）进入 Google AdWords 账户和 GA 媒体资源的"修改"（Edit）访问权限。

1. 自动标记

在第 7 章中，我们介绍了向入站链接添加广告系列参数（utm_medium、utm_source 和 utm_campaign）的重要性和过程。Adwords 广告系列也需要被标记，好消息是通过"自动标记"（Auto-tagging）可以让 Google 为你完成所有繁重的标记工作。通过在 Adwords 账户设置中保留"自动标记"，AdWords 广告系列会在 GA 中恰当展现（见图 14.2）。

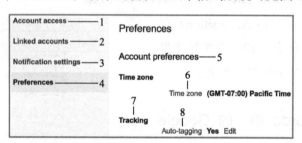

图 14.2　在 Google AdWords 设置（Google AdWords Settings）的 Preferences（偏好设置）配置中，确保"自动标记"设置为"是"

1—账户访问权限　2—关联账户　3—通知设置　4—偏好设置　5—账户偏好　6—时区设定　7—监测跟踪　8—自动标记

在 AdWords 配置的"偏好设置"（Preferences）部分中，请确保你的时区设定反映了你的业务需求，并与你在相应 GA 媒体资源的"视图设置"（View Settings）中所显示的时区一致。在 AdWords 中设置的时区偏好设置会覆盖账户关联后在 GA 中的设置。

2. 手动设置广告系列参数

对于特定情况，先将自动标记（auto-tagging）关闭或许更好（如 CMS 与 AdWords 的 gclid 参数相冲突），在这种情况下，你应该遵循第 7 章中讨论的手动设置广告系列代码（campaign tagging）的惯例。如果你启动了一个名为"back-to-school"的广告系列，则可以按如下所示设置广告系列参数：

- utm_medium=cpc
- utm_source=google
- utm_campaign=20170801-back-to-school

3. 遇到"Not Set"该怎么办

如果你在 GA 中没有看到 AdWords 数据，或者在 GA 中的 AdWords 报告中看到"not set"，该怎么办？这可能在自动标记或者账户关联中出了错误。以下是 4 种可能出错的情况：

1）类型一：AdWords 账户和 GA 账户未关联。

① 自动标记是关闭状态：你无法看到消费数据，如果你手动标记广告系列 URL，则会在 GA 中看到 AdWords 广告系列的数据。

② 自动标记是开启状态：你看不到消费数据。

2）类型二：AdWords 账户和 GA 账户已关联。

① 自动标记是关闭状态：消费数据将显示在 GA 的"点击量"（Clicks）报告中，如果你是手动标记，则会在 GA 报告中看到 AdWords 广告系列数据。

② 自动标记是开启状态：消费数据将显示在 GA 的 AdWords 广告系列报告中（这是 AdWords 与 GA 的最佳集成方法）。

大型机构（企业）可能有一个或多个 AdWords 管理账户（简称 MCC），或者针对不同市场或产品投放各种广告系列的多样的 AdWords 账户，或由不同代理机构运营的不同广告系列。GA 与 AdWords 的集成可以让多个 AdWords 账户和 MCC 与一个 GA 媒体资源整合在一起。与其他 AdWords 账户关联绑定的过程与前面提到的关联一个 AdWords 账户的过程是相同的。

14.1.4 Google 展示广告网络广告系列

许多广告主利用 Google 展示广告网络（Google Display Network，以下简称 GDN）来扩大其用户覆盖面，并向新的潜在客户展示自己的信息。你可以从一组主题、关键字或特定的网页和网站中进行选择，Google AdWords 会在这些网站或 App 上投放你的广告。也可以使用 GA 受众群体在 GDN 上进行再营销，如下所述。

在 GA 和 AdWords 报告中，可以看到一组相关性较高且容易得到的 GDN 维度，包括关键词、网站（展示位置）、主题、兴趣、年龄和性别（见图 14.3）。

注意，在 AdWords GDN 中设置定向选项以定向 Google 展示广告网络上的广告时，GA 会使用与你在 AdWords 中看到的相同的年龄、性别和兴趣的类别设置。因此，例如，你对特定年龄组或性别的分析和洞察可以与 AdWords 展示广告系列配合使用。举例来说，你设置的年龄段（如 55~64 岁）或兴趣类别（如旅游爱好者）已经产生了最高的电子商务转化率，则该设定可以相应地应用到 Google 展示广告网络（GDN），以吸引更多相同类型的用户。

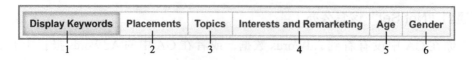

图 14.3　GA AdWords 报告可支持"展示广告定向"（Display Targeting）维度

1—展示关键词　2—展示位置　3—主题　4—兴趣与再营销　5—年龄　6—性别

14.1.5　最后一次触达以外的归因

AdWords 和 GA 集成中的另一个隐藏的好处是能够在"多渠道路径"（MCF）报告中查看 AdWords 广告系列（搜索和 GDN）。你不仅可以查看哪个渠道或广告系列直接促成了转化访问，而且还会看到促成此类转化的所有接触点（touch points），以评估和优化你的渠道路径是如何支持广告系列目标达成的。

如果你的广告被展示给用户但未点击，则"展示次数"（Impressions）会显示在 MCF 报告中。如果有人看到你的广告，之后直接访问了该网站，则他们的互动方式会显示"直接"（Direct），如果你有富媒体广告，则可以在转化路径中添加与富媒体（rich media），以及 YouTube 视频的交互（见图 14.4）。

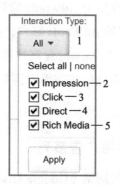

图 14.4　在 MCF 报告中，你可以选择要包括在报告和分析中的交互行为

1—交互类型　2—展示次数　3—点击　4—直接　5—富媒体

举例：显示所有互动行为的 MCF 报告——"热门转化路径"（Top Conversiopp Paths）报告。它包括所有提到的交互行为类型，即有人点击广告时标记为"Display"，而"Display"带有眼睛标识的是指其仅仅获得了展示（用户并未点击广告），或"Display"标记有电影符号的表示用户与富媒体广告进行过互动。

在图 14.5 中所示的 10 个路径中，有 6 个路径的组合中包含"Display"标记，并且它们贡献了相当数量的转化。

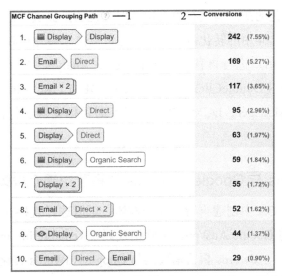

图 14.5　MCF 报告中的展示广告网络（Display Network）广告系列

1—MCF 渠道组路径　2—转化（率）

14.1.6　Google Analytics 的转化与 AdWords 的转化的比较

"我是否还应该选用 AdWords 监测代码？"这是我们在 GA 用户和培训研讨会中听到的一个比较普遍的问题。答案是"是"，请将 AdWords 转化代码（conversion tag）添加到你的网站或移动端 App 中（通过 GTM），或通过适用于 Android 或 iOS 的 AdWords API 或 AdWords SDK 记录你的 App 的转化。它可以让管理 AdWords 广告系列的人员同时对广告系列的效果进行优化，尤其是在他们习惯于在 AdWords 中生成报告而不考虑 GA 指标的情况下。

可能有些朋友想了解，从 Adwords 记录的点击到 Adwords 监测到的网站（或 App）中的转化，这种转化的追踪和统计方式与 GA 监测的会话数（sessions）与转化数的统计方式有何不同，有关此问题的详情请参阅"AdWords 与 GA 之间的数据差异"（*Data Discrepancies between Adwords and Analytics*），网址为 `https://support.google.com/analytics/answer/1034383`。

14.1.7　通过利用 Google Analytics 受众群体进行 AdWords 再营销

AdWords 再营销的原则（通常被称为在非 Google 的同等平台上进行的重定向）是合理且简洁明了的：

1）访客来到你的网站。

2）访问者没有产生转化。

3）访问者随后访问了另一个网站，这个网站是广告主参与的庞大的 Google 展示广告网络（GDN）中的一个网站。

4）此时，该访问者可能会点击广告，并通过你的再营销广告系列设置中的着陆页返回你的网站。

5）理想情况下，访问者现在完成了以前未被发现、忽略或放弃的转化过程。

你还可以对产生转化的访问者进行再营销，但我说的是提供额外的产品或信息资源，而不是硬要鼓励他们达成已弃用的转化流程。同样你可以向未转化或在某段时间内没有与你的App 互动的移动端 App 用户进行再营销。如果你已被 Analytics 360 授予了权限，也可以在DoubleClick 竞价管理器（DoubleClick Bid Manager，DBM）和 DoubleClick 广告系列管理器（Doublelick Campaign Manager，DCM）中使用 GA 对目标受众进行再营销，详细内容如第18 章所述。

14.1.8　AdWords 与 Google Analytics 的再营销受众群体比较

你实际上不需要在 GA 中创建再营销受众群体，可以选择直接在 AdWords 中创建它们。[在 GTM 中，你可以将 Google AdWords 再营销代码（Remarketing tag）添加到网站或移动端 App 的容器中（注意，Adwords 再营销代码与 Google AdWords 转化代码（Conversion tag）不同）。] 然而，在 GA 中创建再营销受众群体具有以下优势：

1）**丰富的细分选项**。由于你可以在 GA 中根据任何细分定义创建再营销受众群体，因此你可以利用 GA 定义的再营销受众群体的所有 GA 细分选项（请参阅第 10 章）。

2）**基于电子商务或者自定义渠道（funnel）的流失情况建立的受众群**。作为上一点的扩展，如果你在 GA 中实施了增强型电子商务，则可以根据购物行为（Shopping Beharior）或交易行为（Checkout Behavior）渠道中的任何流失（或延续）点创建再营销受众群体（或仅仅是细分）。如果你已有 Analytics 360 的使用授权，则可以根据你定义的任何自定义渠道中的任何步骤，类似地创建再营销受众群体（或仅仅是细分），如第 18 章所述。

3）**单一跟踪代码**。要直接在 AdWords 中创建再营销受众群体，必须在网站上添加 AdWords 再营销代码。如果使用 GA 创建再营销受众群体，则不需要使用 AdWords 代码进行再营销，只需将 GA 与 AdWords 关联。

术语｜　受众群体的细分与再营销

可以将"细分"（Segments）和"再营销受众群体"（remarketing audiences）视为不同语境（context）下的同义词。例如，可以为所有的会话创建一个"放弃者"（Abandoner）的细分（访问者在交易流程中只访问了第一个页面，没有访问第二个页面），然后将其应用于你的"流量获取"（Acquisitions）报告，以查看是哪些流量来源造成最多的"放弃者"。

你可以按照同样的方式定义再营销受众群体，"受众群体构建器"（Audience Builder）屏幕与新的细分屏幕大致相同，甚至可以直接从已定义的细分中创建再营销受众群体；此再营销受众群体将会屏蔽掉相同的用户，但仅实时作用在 Google 展示广告网络中而非 GA 报告中。

---

1. 为 AdWords 创建 GA 再营销受众群体

当你在为 AdWords 创建 GA 再营销受众群体时（将 GA 与 AdWords 关联之后），你可以使用内置细分条件之一 [如"回访用户"（Returning users）]，但在多数情况下，内置细分过于宽泛，需要根据完成或未完成的特征（如流量获取、设备或位置）或行为（网页浏览量、事件、目标或电子商务交易）来定义更多特定的受众群体。如上所述，你还可以将再营销受众群体置于任何现有细分上，无论是内置细分还是自定义细分。

注意，你必须拥有 GA 媒体资源的"修改"权限，才能完成将 GA 受众群体与 AdWords 关联的以下过程：

1）如本章前面所述，将你的 GA 媒体资源与 Google AdWords 相关联。

2）在"媒体资源管理"（Property Admin）栏中，单击"再营销 > 受众群体"（Remarketing > Audiences），然后同时开启"再营销"（Remarketing）和"广告报告功能"（Advertising Reporting Features）设置。

3）在"媒体资源管理"栏中，单击"再营销 > 受众群体"（Remarketing > Audiences）。

4）选择目标 AdWords 账户。

5）此时，对于再营销受众群体，有以下三个选项：

① 选择一般内置受众群体。

② 导入一个细分（内置或自定义）。

③ 从头开始定义更具体的受众群体，如图 14.6 所示。

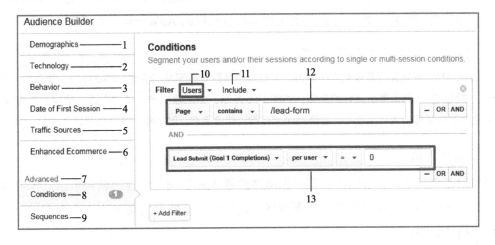

图 14.6　在"受众群体构建器"中，我们定向了那些查看购买意向表单但并未在任何会话中提交购买意向的访问者

1—人群统计　2—技术　3—行为　4—首次会话日期　5—流量来源　6—增强型电子商务　7—高级的　8—条件　9—顺序
10—用户　11—包括（过滤条件）　12—页面包括"/lead-form"　13—购买意向提交（目标 1 的完成量）　每个用户

6）成员资格有效期默认为 30 天。将有效期延长到更长的时间段可能是有用的，特别是对于更复杂或更昂贵的转化。有效期最长为 540 天，搜索广告再营销列表（Remarketing Lists for Search Ads, 简称 RLSA）最多为 180 天，这些将在后面讨论。

7）还可以将回溯窗口从默认值 7 天更改为 14 或 30 天。回溯窗口涉及"用户范围"内多个会话的多个操作，如网页浏览量（Page Views）> 10。

8）当保存新的再营销受众群体后，系统会提示你创建一个使用此受众群体的 AdWords 广告系列。可以选择此时创建广告系列，也可以选择在稍后创建再营销列表时定向该再营销受众群体，如图 14.7 所示。

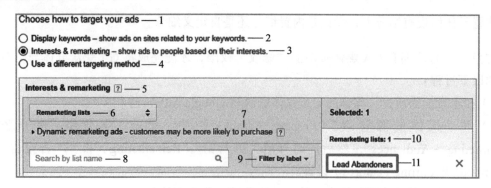

图 14.7　在 GA 中创建再营销受众群体之后，系统会提示你创建关联的 AdWords 广告系列。你也可以为稍
后配置的 AdWords 广告系列选择再营销受众群体

1—为你的广告选择定向方式　2—展示关键词—基于关键词相关网站展现广告　3—兴趣 & 再营销—基于用户兴趣展现广告
4—使用其他不同的定向方法　5—兴趣 & 再营销　6—再营销列表　7—动态再营销广告—客户更有可能购买　8—根据列表名
称搜索　9—根据标签过滤　10—再营销列表　11—购买意向放弃者

当你的再营销列表包含 100 位用户（或者更准确地说是 100 个独立的 cookie）后，
Google 展示广告网络将开始向再营销受众群体投放相应的 AdWords 广告系列。

> **笔记｜"会话"范围与"用户"范围的比较**
>
> 与细分一样，在定义再营销受众群体时，可以选择将默认范围从"会话"（Sessions）更改为"用户"
> （Users）。"用户"范围通常是更好的选择，如图 14.6 所示。如果我们选择了"会话"范围，则会重新定
> 向所有查看过购买意向表单但在同一会话期间未进行转化的用户，即使他们在回访会话中进行了转化。

2. 动态再营销

通过动态再营销，你可以向浏览过你网站或者 App 的访问者在再营销展示广告中展示更
多与产品或服务相关的详细信息。如下所述，动态再营销的设置明显比迄今为止讨论的"静
态"再营销更复杂。

步骤 1：初步链接和功能启用。将 GA 与 Google AdWords 相关联，并启用上文介绍过
的"再营销"（Remarketing）和"广告报告功能"（Advertising Reporting Features）。

步骤 2：动态再营销的自定义维度。要通过 GA 启用动态再营销，需要根据业务类型
（Business type）向基本网页浏览跟踪设置中添加至少一个自定义维度（如"产品 ID"）（自
定义维度在第 12 章中讨论过）。

步骤 3：动态属性。要让 Google AdWords 将上述自定义维度映射到下面介绍的产品或
服务 feed 中的记录，请转到 GA"媒体资源管理"（Property Admin）中的"再营销>动态属性"
（Remarketing>Dynamic Attributes），然后创建"动态属性链接"（Dynamic Attribute Linking），
如图 14.8 显示了根据前面的步骤填充的自定义维度。

步骤 4：再营销受众群体。我们可以使用与静态再营销相同的方式定义动态再营销的
实际再营销受众群体，这样再营销的动态主键（dynamic key）将通过上述动态属性送达到
AdWords。

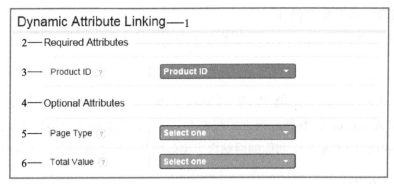

图 14.8　在媒体资源中配置的"动态属性链接"将自定义维度值与产品或服务 feed 中的记录相关联，然后，
AdWords 可以读取该记录，以动态显示广告中的特定内容

1—动态属性链接　2—必选属性　3—产品 ID　4—可选属性　5—页面类型　6—总计值

步骤 5：产品或服务 feed。此 feed 包含完整的产品详细信息，如列表名称、价格、图片
URL 和点击 URL。你在步骤 3 中提供给 AdWords 的动态属性将用于匹配 feed 中的列表信息，
从而将动态内容植入 AdWords 再营销广告中。AdWords 可以针对不同业务类型（如房地产、
机票或本地优惠）为你提供 feed 模板，然后在 AdWords "共享库"（Shared Library）中将其
上传到"业务数据"（Business Data）中。注意，对于零售业，你必须将 feed 上传到"交易
中心"（Merchant Center），并将"交易中心"（Merchant Center）与 AdWords 相关联。

步骤 6：广告系列和动态广告。创建一个 Google AdWords 广告系列，其业务类型设置
与前面的步骤中指定的自定义维度和"动态属性"（Dynamic Attribute(s)）一致。将广告系列
定向到上面定义的再营销受众群体，然后制作动态广告。

有关动态再营销的详情，请参阅 AdWords 帮助中的"动态再营销，分步操作"（*Dynamic
Remarketing, Step-by-Step*）和"通过 GA 进行动态再营销"（*Dynamic Remarketing with GA*）。
注意，上述使用 GA 进行动态再营销的自定义维度和动态属性配置这两个步骤取代了第一篇
帮助文档中的"标记你的网站"（*Tag Your Website*）的步骤（使用 AdWords 代码进行动态再
营销）。

笔记｜　谷歌交易中心（Google Merchant Center）

如上所述，对于动态再营销，你必须直接在 AdWords "共享库"（Shared library）中的"业务数
据"（Business Data）中为房地产、旅游和大多数商业类型创建产品或服务 feed，但对于零售产品，你可
以在"谷歌交易中心"（Google Merchant Center）中创建 feed，然后将 AdWords 链接到交易中心，以便
AdWords 根据你在 GA 网站或 App 媒体资源中配置为自定义维度和"动态属性"的"产品 ID"来检索动
态广告内容。

除了作为零售动态再营销广告的存储库服务之外，交易中心也为 Google Shopping（购物）和
AdWords 产品列表广告（Product Listing Ads, 简称 PLAs）提供支持。有关详情请参阅 AdWords 帮助文档
中的"关于 Merchant Center"（*About Merchant Center*）。

3. 智能列表和相似受众群体

在配置再营销活动时，可以利用两种特定类型的算法协助。

（1）智能列表

可以在 GA 中选择"智能列表"（Smart List）作为内置的"推荐受众群体"（Recommended Audience）。在智能列表的配置下，再营销覆盖的对象会是那些最有可能在回访时进行转化的用户（GA 基于和你的网站内容类似的其他网站的历史访问数据判断）。

（2）相似受众群体

作为机器帮助的另一个示例，你可以在 AdWords 广告系列中启用"相似受众群体"（Similar Audiences），定向那些访问了相同类型的网站但尚未访问你的网站的网络用户。"相似受众群体"是通过 Google AdWords 直接启用的，而不是 GA。

4. 在移动端 App 进行再营销

你可以按照上述相同的步骤为 App 配置再营销。例如，你可以对曾查看过某个屏幕，是否完成目标或者只是打开 App [会话次数（Count of Sessions）> 0] 的用户进行再营销。当你的再营销受众查看参与 Google 展示广告网络的 App 时，会看到你的 AdWords 移动端 App 广告系列中的广告。

注意，App 再营销是基于移动广告 ID 的（而不是仅适用于 Web 环境的 cookie）。

如果 Google 认为某台设备（如台式计算机）上的转化与另一台设备（如平板电脑）上的广告点击相关联，AdWords 就会提供"预估转化次数"（Estimated Conversion）指标，以证明转化数据；请参阅"关于'所有转化'"（About "All Conversions"）和 AdWords 帮助页面（网址为 https://support.google.com/adwords/answer/3419678?hl=zh-CN）。

5. 在 YouTube 上进行再营销

对于 YouTube，你可以根据之前的 YouTube 视频观看记录进行再营销，也可以根据 GA 中定义的再营销受众群体（或使用在 AdWords 中定义的 AdWords 跟踪代码）进行再营销。

6. 搜索广告再营销列表（RLSA）

目前讨论的再营销广告系列已在 Google 展示广告网络上投放。现在，你还可以为搜索广告系列使用再营销列表，作为更新的再营销选项，RLSA 通过结合以下两个因素来优化你的搜索广告系列：

1）意图。在 Google 搜索引擎中输入的搜索字词。

2）行为信号。你网站上的历史用户行为，被捕捉在再营销受众的数据中。

RLSA 提供以下两个基本选项：

1）**定向和竞价**。你可以定义一个广告系列，只针对你的部分再营销受众群体的关键字搜索者（即他们已经访问过你的网站）展示。作为广告系列配置的一部分，你可以对以下内容进行自定义：

① 广告文字。回访和转化（Come back and convert）。

② 关键字和关键字匹配。由于你只会向已浏览过你网站的搜索者进行出价，因此你可能需扩展关键字或扩大匹配类型。

③ 出价。由于上述相同的原因，你可能希望在 RLSA 广告系列上比在非 RLSA 广告系列上提高出价。

2）**只可竞价（Bid Only）**。无论再营销受众成员属性如何，广告系列都可以向所有搜索者展示，你可以通过提高竞价出价来提高广告向再营销受众群体的曝光率，设置如图 14.9 所示。

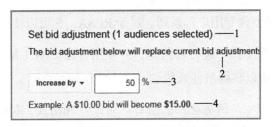

图 14.9　对于 Bid-Only 的 RLSA，你只需为再营销受众群体增加出价

1—设置出价调节器（1 组受众已被选中）　2—出价调节器中的最新出价会取代之前的出价　3—增加 50%
4—10 美元的出价增加 50% 会变为 15 美元

注意，并非所有 GA 再营销受众群体都符合使用 RLSA 的条件，只有在相应的再营销受众群体包含 1 000 个 cookie 后，RLSA 才会启用。有关 RLSA 的详情请参阅 "使用 YouTube 的 RLSA 优化搜索广告系列"（*Improving Your Search Campaigns with Remarketing Lists for Search Ads*）。

嘉宾观点　**再营销的最佳实践和专家提示**

丹·斯通（Dan Stone）是 GA 以用户为中心的分析和受众群体营销的主要产品经理。

通过 GA 再营销是一种非常强大的方式，可通过 Google 展示广告和搜索广告（我们称作搜索广告再营销列表或 RLSA）重新与你的用户互动，并在转化过程中的每个微小时刻向他们传达恰到好处的信息。

首次启动时，从 GA 250 多个维度和指标构建受众群体的策略可能会有点吓人。以下是一些最佳实践，可以帮助你顺利开展再营销活动，还有一些专业提示，以备你在准备好进行升级再营销活动之前参考。你也可以访问 www.thinkwithgoogle.com/products/remarketing-with-google-analytics.html，详细了解通过再营销客户成功的案例。

1. 为成功设立

1）确保你的整个 App、PC 网站和移动网站都已使用 GA 进行跟踪，你已在 GA 媒体资源的数据收集设置中启用了"再营销"功能，并且你已经将转化从 GA 导入 AdWords，以便使用"转化优化工具"（Conversion Optimizer）。AdWords 中的"转化优化工具"可让你专注于单位获客成本（cost per acquisition，CPA），而不仅仅是每次点击费用（CPC）或千次展示费用（CPM）。有关"转化优化工具"的详情请参阅 AdWords 帮助页（`https://goo.gl/kQtllc`）中的"关于转化优化工具"（*About Conversion Optimizer*）。

2）在收窄之前先放宽。在进一步细分之前，首先应设置为面向所有的用户受众群体，以及转化渠道（funnel）中各个阶段的受众群体（如分类网页浏览者、产品或优惠页面浏览者、购物车放弃者和过去的转化者）。

3）为 GDN 再营销创建专用广告系列。对于 RLSA，你可以使用现有的搜索广告系列。

4）使用"转化优化工具"进行再营销，并使用目标 CPA（每次获取费用）或 ROAS（广告投资回报率）竞价以获得最佳效果。

5）在"展示广告"中，请务必添加所有广告尺寸和格式，包括文字广告、移动广告和 HTML5 广告。此外，请留意你选定的任何语言、位置或你正在使用的展示位置排除规则，这个规则可能会进一步降低你的覆盖率——请记住，这些用户已经对你的品牌表现出了一定的亲和力。

6）在"展示广告"中，尽可能将受众群体与优质的广告素材进行匹配。如果你有许多不同的产品或服务，请考虑在 Google 展示广告网络上使用动态再营销功能来展示最具个性化的广告，而无须为每个独立产品创建受众群体。你可以在 GA"管理"界面中，将现有的 GA 数据匹配至 AdWords 动态再营销。

7）使用"相似受众群体"和自动定向功能来扩展你的再营销列表，以触达新客户。

2. 专家提示

1）一般来说，GA 中的任何数据都可以在再营销中使用。这包括原生 GA 数据，如语言、位置、流量来源、广告系列、购买，以及你通过自定义变量、维度、指标（无论是通过跟踪器、测量协议或处理时间数据导入等途径设置）导入 GA 的任何数据。

2）这里有一些最为成功的再营销应用，包括将你自己的客户数据与你的 GA 网站数据相结合。有关如何从 CRM 系统导入数据的指导说明，请查看 `https://goo.gl/nVc4ew`。

3）虽然大多数定义工作在再营销中（如同在"细分"中），但是使用排除过滤器（Exclude filter）的定义（如"非购买者"或者"在 30 天内未看到过广告的用户"一类的定义）是无法实现预期效果的，因为再营销始终是实时评估，并且如果条件不再是真的，则不会返回并检查。我们应在 AdWords 界面中创建自定义的列表组合。例如，"非购买者"可以通过从"近 540 天的所有用户"受众群体中减去"最近 540 天购买过的"受众群体来创建。

4）GA"解决方案库"（Solutions Gallery）中有一个"再营销"部分，适用于众包（crowd-sourced）再营销创意（https://goo.gl/blk2OQ）。

5）使用"用户范围"定义时，你可能会看到"回溯日期"（Lookback days）选项框。你可以告诉 GA 用于评估受众群体定义的时间。使用此下拉菜单，可以为过去 7 天或过去 30 天内购买两次的用户创建受众群体，具体取决于你的需求。

6）注意，每个细分受众群都会增加复杂性，因此只有当你希望与受众群体进行不同的互动（如对更有可能产生购买的客户在展示广告上使用更强烈的号召行动用语）或者当你可以在某类受众（高竞价成本）中赚更多的钱（如你可以在 RLSA 上出高价，以获取一些对价格不怎么敏感的客户）时，可以对受众进行细分。一般来说，我们分析细分受众群时会通过两个维度：行为信号（如渠道（funnel）阶段）和人口学信号（如客户细分）。例如，你可能有两个细分客户群（商务旅客、休闲旅客）和 5 个渠道（funnel）阶段（访问者、产品浏览者、购物车放弃者、首次购买者、重复购买者），从而导致 10 个受众代表每个不同的客户群（"谁"）在每个购买阶段（"什么时候"）。在你完善策略时，注意每个列表在投放前都需要覆盖 100 个展示广告受众用户和 1 000 个搜索用户。如果你使用"转化优化工具"，则每个列表在"转化优化工具"可以开始学习使用之前，每 30 天至少有 15 次（理想状态为 50 次）转化。

7）最佳"相似受众群体"通常来自最具精准定向的列表。记得要在 AdWords 共享库部分查找这些内容，尤其是"商务旅客"或"高级客户"等高价值列表。

术语|　程序化广告和以用户为中心

"程序化广告"（programmatic advertising）这一术语一般是指经过一些规则辅助（特别是算法辅助）的广告。我们可以将 AdWords 再营销视为程序化广告的第一阶段，也就是说，我们可以使用之前的访客行为来动态控制广告展示。通过 RLSA，我们将进一步通过参考访客行为来更改竞价，更改广告创意或扩展搜索字词的匹配。

如果你拥有 Analytics 360 使用许可，则可以进一步玩转程序化广告：通过 DoubleClick 竞价管理器（Doubleclick Bid Manager, DBM），使 GA 既能够在 AdWords 中利用再营销受众群体实现实时定向人群和实时竞价，也能够在 DBM 能够覆盖到的其他的广告网络实现同样的功能。DBM 和 DoubleClick 与 GA 的集成在第 18 章中将讨论。

无论如何，所有这些类型的程序化广告都代表了以用户为中心的演进：分析和营销不再孤立，而是协同工作，将最有价值的信息传递给终端用户和潜在客户。

14.2 AdSense

本章详细介绍了 Google AdWords，如果你的商业模式是基于广告服务内容（如媒体和广告发布商网站），该如何做呢？

如果你是广告发布商，你的收入主要来自在你的网站或 App 中的展示广告。你产生的展示次数越多，那些展示广告的点击次数就越多，你所赚取的收入就越多——AdSense 是 Google 的产品，可以帮助你做到这一点。

要衡量你的发布商网站或移动端 App 的广告效果，AdSense 提供了一系列报告，如图 14.10 所示为进入方式，包括展示次数、网页浏览量和广告创意尺寸点击量（Clicks to Creative sizes，即所投放的广告尺寸），以及参与度和预估收入指标等一系列指标。此外，根据美国互动广告局（Interactive Advertising Bureau, IAB）关于"至少 50% 的广告在浏览器窗口中持续一秒可见"的说法，广告发布商可以访问广告"可见性"的数据。广告发布商可以使用此数据提高广告被查看和点击的可能性。

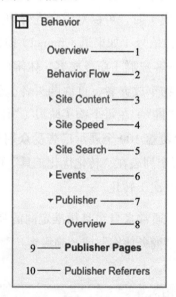

图 14.10　AdSense 报告可在 GA 的"行为 > 发布商"（Behavior > Publisher）栏目下查看使用

1—概览　2—行为流　3—网站内容　4—网站速度　5—网站搜索　6—事件　7—广告发布商　8—概览　9—广告发布商页面
10—广告发布商引荐

14.2.1　Google Analytics 集成的好处

为什么要集成？这一切都是为了更好的变现。通过查看 AdSense 原生指标旁边的网站效果指标，你可以查看与用户互动的网页和内容。此外重要的是，可以看到带来高互动用户的流量来源，这些用户在消费你的内容，并与你的赚钱广告互动。

该集成的另一个主要优点是可以根据地理位置、流量来源和其他 GA 维度（见图 14.11）来分析你的 AdSense 效果指标和收入能力。

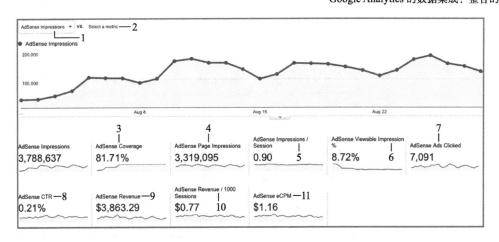

图 14.11 "AdSense 概览"报告显示了"收入"和 eCPM（每千次展示收入）等主要指标

1—AdSense 展示量　2—选择一个指标　3—AdSense 覆盖率　4—AdSense 网页展示量　5—AdSense 展示量 / 会话数
6—AdSense 可见曝光率　7—AdSense 广告点击量　8—AdSense 点击率　9—AdSense 收入　10—AdSense 千次会话收入
11—AdSense 每千次展示收入

14.2.2 链接账户

由于 Google 拥有 AdSense 和 GA，因此两个平台的集成非常简单（与 AdWords / GA 集成一样）。

只需确保使用的 Google 账户在 AdSense 中具有"管理员"（Admin）权限，并且在 GA 中拥有"修改"权限。在 GA"媒体资源设置"面板中，你可以按照 AdSense 帮助文档中的"关联 GA 和 AdSense"（*Link Analytics and Adsense*）中所述的几个步骤启用此集成：

```
https://support.google.com/adsense/answer/6084409
```

14.2.3 报告示例

一旦账户集成后，你将会在 GA 界面中看到 AdSense 指标。

另一种获得数据的方法是按网页类别查看你的收入。假设你是《纽约时报》的流量变现经理，并希望按"内容类别"（政治、商业、科学、体育、艺术等）报告 AdSense 收入；如果你已按照第 12 章中的说明设置了用于标识每个网页类型的"自定义维度"（Custom Dimension），则可以按内容类别（Content Category）调用关联的 AdSense 指标，如图 14.12 所示。

你可以轻松地创建自定义报告，以纳入你感兴趣的 GA 维度，并将其与 AdSense 收入（包括流量来源、广告系列和其他促成网站流量的方案）相关联，并衡量其变现有效性。

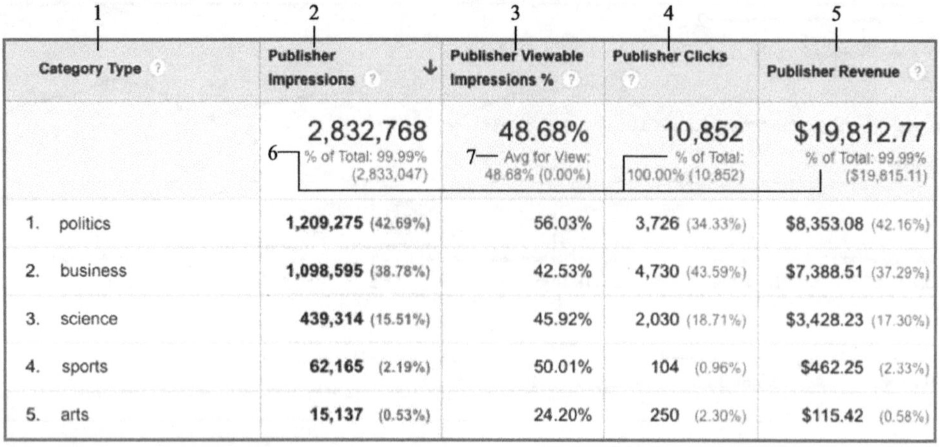

Category Type	Publisher Impressions	Publisher Viewable Impressions %	Publisher Clicks	Publisher Revenue
	2,832,768 % of Total: 99.99% (2,833,047)	48.68% Avg for View: 48.68% (0.00%)	10,852 % of Total: 100.00% (10,852)	$19,812.77 % of Total: 99.99% ($19,815.11)
1. politics	1,209,275 (42.69%)	56.03%	3,726 (34.33%)	$8,353.08 (42.16%)
2. business	1,098,595 (38.78%)	42.53%	4,730 (43.59%)	$7,388.51 (37.29%)
3. science	439,314 (15.51%)	45.92%	2,030 (18.71%)	$3,428.23 (17.30%)
4. sports	62,165 (2.19%)	50.01%	104 (0.96%)	$462.25 (2.33%)
5. arts	15,137 (0.53%)	24.20%	250 (2.30%)	$115.42 (0.58%)

图 14.12 AdSense 指标按“内容类别”细分。“政治”和“商业”类别（第一行和第二行）共带来超过 77% 的收入

1—类别类型 2—广告发布商展示量 3—广告发布商可见曝光率 4—广告发布商点击量 5—广告发布商收入 6—于总量的百分比 7—平均可见量

14.2.4 DoubleClick 广告发布管理系统与 DoubleClick Ad Exchange

对于广告发布商，GA 提供了以下两种类型的 DoubleClick 集成：

1）如果你是 DoubleClick Ad Exchange（包含所有 Google AdSense 广告资源以及其他广告联盟和代理机构）的用户，你还可以与 GA[在 GA“管理 > Ad Exchange 关联”（Admin>Ad Exchange Linking）中] 进行集成。

2）如果你是 DoubleClick 广告发布管理系统（DoubleClick for Publisher，DFP）的用户，并且具有 Analytics 360 资格，则会享有原生集成支持（如第 18 章所述）。

14.3 YouTube 在 Google Analytics 中的应用

无论你处于什么垂直行业，视频都是你的营销组合的一部分（如果还不是，则应该将其纳入营销策略）。大大小小的品牌都建立了自己的 YouTube 渠道，制作有关其品牌、产品和服务的吸引人的内容。

与其他数字营销渠道一样，视频是非常可衡量的，而你一定希望能够找到衡量用户如何与你的视频内容互动的方法。

在第 6 章中，介绍了报告视频消费（跟踪播放、完成百分比等）的技术和最佳实践。此外，通过创建第 10 章中所述的行为细分，你不仅仅能够报告视频播放和结束这些表面的数据，还可以深入了解视频交互对你的转化的影响。本节将介绍 YouTube 与 GA 之间的原生集成。

14.3.1　YouTube 数据分析

YouTube 提供自己的一组指标，即"YouTube 数据分析"（YouTube Analytics）。你可以轻松地获取视频观看次数、订阅人数和观看时长的报告，喜欢、不喜欢和评论等参与度指标，以及性别和地理位置等人口特征信息。YouTube 一直在改进这些报告，还允许渠道所有者将数据导出为逗号分隔值（CSV 格式）报告，并支持通过 YouTube 应用程序编程接口（API）获取数据。

14.3.2　Google Analytics YouTube 渠道网页

除了"YouTube 数据分析"本身以外，一种简单的获取渠道网页访问次数报告的方法是将你的渠道与 GA 集成。

设置方法非常简单，如下所示：

1）在 GA 中创建一个新的媒体资源。（你可以使用现有的媒体资源，但建议为 YouTube 提供单独的专用媒体资源。）

2）在"高级设置"（Advanced Settings）下的 YouTube 中，将跟踪 ID 粘贴到 GA 媒体资源的 Tracking ID 字段中。

3）单击"保存"按钮，完成操作。

> **笔记 | YouTube GA 集成，集成不了什么**
>
> 当你将 GA ID 添加到 YouTube 渠道时，你跟踪的并不是所有的视频和 YouTube 渠道的各种集成。该集成仅仅是报告你渠道网页访问次数的一种方式。如果谷歌能够启用完全集成将是再好不过，但现在，我们只可以使用当前集成提供的有限数据。
>
> 最佳做法是为 YouTube 渠道网页跟踪创建单独的 GA 媒体资源。否则，如果你使用主要网站或 App 媒体资源，则会混合来自两个不同渠道（你的网站和 YouTube 渠道网页）的数据，在大多数情况下不建议这样做。

14.4　Analytics 360 集成

Analytics 360 提供了以下 Google 产品独特的附加集成：

1）DoubleClick 广告系列管理器（DCM）。

2）DoubleClick 竞价管理器（DBM）。

3）DoubleClick 搜索（DoubleClick for Search，DS）。

4）DoubleClick 广告发布管理系统（DFP）。

这些集成的详情在第 18 章中会有讨论。

14.5　附加集成

到目前为止，我们已涵盖与其他 Google 产品（即 AdWords、AdSense）和 YouTube 的集成。但数字营销生态系统是远大于谷歌系统的。

由于 GA 几乎是一个默认的网站分析平台，因此可以说许多与营销相关的平台和工具都可以与 GA 集成。不同平台之间的集成水平各不相同，但一般来说，第三方平台旨在在自己平台的报告和用户界面中提供更多关于用户行为的路径（以 GA 数据的形式）。因此 GA 合作伙伴服务和技术门户（Google Analytics Partner Services and Technologies）网站列出了一系列与 GA 集成的平台和工具：

```
https://www.google.com/analytics/partners/search/apps
```

大多数平台都提供了有关如何与 GA 集成的详细说明。下面我们对一些常用平台的集成示例做个简要说明。

笔记│　在平台选择方面，考虑 GA 集成
在你选择的第三方数字营销平台和工具中，考虑与 GA 的集成作为供应商的选择标准之一。

14.5.1　电子邮件服务供应商

电子邮件服务供应商（如 ExactTarget、Responsys、MailChimp 及其他）会针对一些指标（如电子邮件打开次数、电子邮件点击量、订阅者数量、取消订阅数量等）提供自己的分析服务。

与 GA 有关，请验证供应商是否提供了简单易行的广告系列参数设置机制（如第 7 章 7.2.1 小节的 "3. 电子邮件自动广告系列代码" 中所述），以及你是否可以将 GA 目标和电子商务数据动态地并入电子邮件平台上的报告。此外，一些电子邮件服务提供商允许你传递专用参数，如电子邮件链接中的 "订阅者 ID"（Subscriber ID）。之后，你可以将 "订阅者 ID" 作为 GA 自定义维度进行抓取，并对内容消费和转化进行访客级分析，并将导出的 GA 数据与电子邮件数据进行合并。在第 15 章将讨论 GA 数据与其他数据源的集成。

当然，你必须确保作为自定义维度捕获的 "订阅者 ID" 不包含任何个人身份识别信息（PII）。此外，如果你的电子邮件平台中的任何点击链接到达的 URL 包含 PII（如个人邮件地址），则必须按照第 9 章 9.3.3 小节中所述，在 GA 中的 "网页"（Page）维度中去除 PII。

14.5.2　社交媒体平台

众多的社交媒体插件、工具和平台提供了不同的专业技术。有的平台专注于内容发布和工作流技术（如 HootSuite），有的专门从事社交分享（如 ShareThis 和 AddThis）；有的专注于测量和报告（如 SimplyMeasured）；还有的专注于用户情绪和意见挖掘的定性报告（如 CrimsonHexagon）。

许多社交平台在某种意义上提供了与 GA 的集成，你可以在社交媒体平台的用户界面中看到 GA 指标。其优点是，你可以在转发次数、新订阅数或分享次数（社交分析指标）旁边看到你的网站参与度指标（如 GA 监测下的会话次数），以便更好地关联你的社交活动和网站活动。

14.5.3 测试

如附录 A 所述，测试应该是你的数字优化策略的关键组成部分。Optimizely 是一个具有巨大市场份额的强大的测试平台。复杂的统计分析支持像 Optimizely 这样的平台提供 A/B 测试报告，但是 Optimizely 平台还为营销人员提供了简化的用户界面，以及关于正在运行的实验的易用的报告。

当你将 GA 与 Optimizely 集成时，你将获得根据所属实验细分用户的附加优势。例如，如果你正在运行 A/B 测试，其中变量 A 写有"立即购买"号召行动用语（call to action），而变量 B 使用了更加有激励性的"立省 20%"号召行动用语，则可以为基于保存于 GA 中的变量参照目标的每一个变量在 GA 中轻松地创建一个自定义细分，并作为一个自定义维度。之后，你可以比较两个（或更多）变量的效果，不仅在实验目标方面，GA 中的其他指标也一并可以比较。

作为 GA 360 体系的一部分，新的 Optimizely 测试平台提供了与 GA 受众群体、目标和电子商务跟踪的紧密集成的附加优势，并且可以利用 GTM 的数据层进行定向。

14.5.4 客户之音——客户反馈

除了定量数据外，营销人员想要更好地了解为什么用户以某种方式行为，则可以利用提供调查工具的定性分析平台，即"客户之音"（Voice of Customer, VoC）。这个领域的一些领先系统包括 ForeSee Results、OpinionLab、iPerceptions、Qualaroo 等。

VoC 平台提供了诸如调查回复率和调查完成率等数据，当然也会抓取客户提供的所有答案和长表单反馈。这些平台很多还会与 GA 集成。VoC 的一个强大但可能未被充分利用的集成是，为在使用你的网站或 App 时向用户提出的问题和答案创建 GA 事件的能力。要详细了解如何在优化计划中使用 VoC 并将 VoC 与 GA 集成，请参阅附录 A.1 中达夫·安德森（Duff Anderson）所述的"通过访问者调查增强 Google Analytics"一文。

14.5.5 营销自动化

像 Marketo、Eloqua 和 Pardot 等平台也能够与 GA 集成。

例如，来自 Marketo 的数据 [包括用户个人资料信息和"企业信息"（firmographics，即关于定向公司的特征）] 可以以 GA 自定义维度的形式展现。企业信息的示例包括行业垂直、公司名称或公司规模。根据 GA 中的这些新数据，营销人员现在可以按行业垂直（如软件、零售）细分其流量，还可以确定是否吸引了来自其指定账户或定向公司的流量。

要详细了解如何将企业信息集成到 GA 中，请参阅附录 A.4 中由迈克·泰勒姆（Mike Telem）撰写的"营销自动化与 Google Analytics：集成和个性化"一文。

14.5.6 付费搜索管理平台

通过诸如 Acquisio 和 Marin Software 等平台，可让你管理、报告和优化付费搜索广告系列和付费社交广告系列的效果，这些广告系列都可以在单一界面中进行，你还可以在其中显示 GA 效果数据（如每个广告系列的目标达成数）。

14.5.7 商业智能 / 数据可视化

最领先的数据可视化和商业智能（BI）平台（如 Tableau、QlickView、PowerBI 及其他）都具备与 GA 直接对接的能力。有关这些工具的更多详细信息请参见第 16 章。

🔑 本章要点回顾

1）**我们并非生活在孤岛，数据也不应该如此。**连接不同来源的数据可为报告和分析增加更多上下文环境，并为更广泛的洞察提供更多可能性。

2）**如果你没有实行再营销策略，则会错过这一点。**正确的做法是，通过再营销策略重新吸引用户，有助于提高广告系列的投资回报率（ROI），因为你可以根据用户特征和行为设置定向，还可以在再营销广告创意中动态展示特定产品或服务详情。

3）**在比较不同系统的数据时，不要过于担忧数据的微小差异。**如果在多个数据源之间存在一致的偏移，则可以定向使用所有数据源，而不是完全解读它们中的某一个。如果一个数据源显示出比另一个更多的变异性，请考虑将更稳定的数据源作为你的数据"参考标准"。

🏃 实战与练习

1）**检查你的 GA 报告和"管理"部分，**并确保启用所有适用的 Google 集成，并相应地在 GA 报告中展示相关数据。

2）**在选择电子邮件营销、社交媒体、营销自动化等数字营销平台时，**可以了解可用的 GA 集成以及确保集成正确设置所需的工作水平。

第 15 章

将 Google Analytics 与 CRM 数据集成

　　Web 分析数据是如此重要，但它无法提供客户分析的完整图景。通过成本数据的导入和 Google AdWords 自动标记功能，我们可以知道每个潜在客户（销售线索）的转化成本，但我们如何知道这些潜在客户是否符合我们的标准？ GA 电子商务跟踪可以轻易地显示我们的电子邮件和社交广告产生的收入，但我们如何评估每个渠道所带来的长期价值？ 我们如何确定我们网站上的内容是推动我们最佳客户参与的？

　　Web（或移动端 App）分析与在公司机构的客户关系管理（CRM）系统中存储的数据的集成，是了解我们的数字媒体资源和营销渠道的完整性以及长期投资回报率（ROI）的关键。

15.1　长期观察

　　如上所述，集成 GA 和 CRM 数据的主要目的是为营销渠道和内容互动（如通过访问你的网站或者下载使用你的移动端 App 进而吸引客户首次参与的互动）提供一个更全面的和长远的视角。此集成在以下情况下尤其有用：

　　1）企业对企业（B2B）。客户互动从网站或移动端 App 互动转移到与销售团队直接联系需要经历漫长的销售周期。

　　2）软件即服务（SaaS）。基于订阅的营销模式（其中客户可取消订阅或续订）。

　　3）电子商务。客户只能在线或离线交易一次或多次。

　　在本章中，我们将测量合格的 B2B 销售线索的单位获客成本（cost per acquisition, CPA），并考察客户的长期或生命周期价值。

15.2　计算每个合格销售线索的成本

　　任何曾经负责过生成销售线索相关工作的人都知道，销售线索的价值是参差不齐的。许多销售线索仅作为一般性的查询提交信息，并不能反映出任何参与度的级别。在下面的案例中，我们将把关注点从销售线索切换到合格销售线索，并获取更加真实的营销 ROI 计算方法。

15.2.1　B2B 案例：内存芯片制造商的合格销售线索

　　说到 B2B 案例，假设你是 Pro Processors 公司企业产品的需求生成（Demand Generation）管理者，主要负责服务器内存芯片的销售。你的销售目标不是个体消费者，而是像 Google、Facebook 和亚马逊这样的公司。这像是"下一笔很大的赌注"。因为一项典型的交易可能会带来数千万美元的收入，同时也会让你公司的销售人员花费大量的时间（3~6 个月）和精力在这项交易上。

1. 保持 CPA 在 500 美元以下

在需求信息方面，营销经理要求你提供合格的潜在客户，并保持单位获客成本（CPA）在 500 美元以下，这就是问题所在。你或许会将"单位获客成本"解释为"每个潜在客户成本"（Cost Per Lead, CPL），但是若从"每个合格潜在客户成本"（Cost Per Qualified Lead）角度考虑的话，则可以帮助业务更加聚焦，从而进一步降低成本。

不管怎样，你的内存芯片刚刚在行业报告中被审查并顺利通过，所以你决定将报告作为一个多渠道（multi-channel）营销活动。生成报告的研究机构不会直接在自己的网站上提供报告，但你已默认拥有在 proprocessors.com 上下载报告并发布的权利。

图 15.1　要下载报告，访问者必须提交销售线索表单

你和你的设计团队合作创建了一个专门的着陆页（见图 15.1），其中包含报告，并设置以下广告系列以提高流量：

- AdWords 搜索广告。
- LinkedIn 赞助广告。
- Twitter 宣传推文。
- Facebook 付费广告。

2. CPA 基于总销售线索，包括合格与不合格

在你设置并初步评估广告系列时，你可以完成自己应该做的一切。对于初学者，请务必在入站广告系列（inbound campaign）链接中添加表 15.1 中的 GA 广告系列参数（对于 AdWords，你已启用自动标记功能）。例如，你的 LinkedIn 广告系列的链接的格式为

```
http://www.proprocessors.com/chip-report?utm_source=linkedin&utm_medium=social-paid&utm_campaign=2016q2-chip-li
```

表 15.1　销售线索生成渠道的广告系列参数

广告系列渠道	广告系列媒介（utm-medium）	广告系列来源（utm-source）	广告系列名称（utm-campaign）
AdWords	cpc	google	Memory Chip Report（内存芯片报告）
LinkedIn	social-paid	linkedin	2016q2-chip-li
Twitter	social-paid	twitter	2016q2-chip-tw
Facebook	social-paid	facebook	2016q2-chip-fb

注：UTM 是 Urchin Tracking Module 的简写，指跟踪模块。

你还设置了提交销售线索的目标。你指定"/chip-report-thank-you"作为你的"芯片报告"（Chip Report）的最终目标，同时指定"/ chip-report"作为最终目标的前一个渠道步骤。

接下来启动广告系列。在它们工作了一个月后，你开始第一次分析结果。由于你已使用了广告系列参数，图 15.2 中显示的 GA "广告系列"（Campaigns）报告会清楚显示每个广告

系列渠道的销售线索生成的目标完成数。

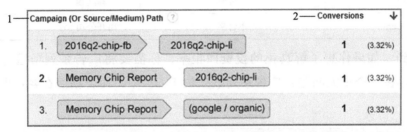

图 15.2 "广告系列"报告会显示你的 4 个广告系列渠道的目标完成数

1—广告系列 2—转化 3—目标 2：芯片报告 4—芯片报告（目标 2 的转化率） 5—芯片报告（目标 2 的完成量）

注意，"广告系列"（Campaigns）报告仅基于最终点击归因，并注意到如图 15.3 所示的"多渠道路径 > 热门转化路径"（Multi-Channel Funnel>Top Conversion Paths）报告中的"芯片报告"目标的两个辅助功能，你可以将通过 Facebook 和 Google AdWords LinkedIn 转化的最终点击的功劳分成两份。

图 15.3 "热门转化路径"报告指出哪些广告系列渠道也可能为转化提供了重要帮助

1—广告系列（或者来源 / 媒介）路径 2—转化量

你还会发现，之后 Google AdWords 广告系列点击链接促成了 Google 自然流量回访及转化。由于这次回访可能是由于初次付费访问所带来的品牌导航搜索流量，因此你也可以将此潜在客户的转化归功于 Google AdWords。

你打开电子表格，分别插入花费数据和潜在客户转化数见表 15.2。你似乎已达到自己的目标：每个渠道的每个潜在客户成本（CPL）低于 500 美元，但还不能庆祝。（注意，本章中的所有数据都是虚构的，不反映出此案例引用的任何营销渠道的比较效果）。

表 15.2 按广告系列渠道划分计算的每个潜在客户成本（合格与不合格）

广告系列渠道	花费 / 美元	潜在客户	潜在客户成本 / 美元
AdWords	1 458	8.5	172
LinkedIn	1 678	10	168
Twitter	908	6	151
Facebook	1 193	6.5	184
所有	5 237	31	169

3. 每个合格潜在客户的成本

在与经理分享 CPA 之前，你在 CRM 系统中生成报告。你很失望地看到销售团队只将极少数的销售线索（潜在客户）标记为合格。当你检查表 15.3 展示的报告中的备注字段时，你会发现，有些潜在客户正在寻找消费品，有些客户则是没有预算，有些是供应商尝试宣传自己的产品，有些只是垃圾邮件。

表 15.3　缺少广告系列渠道数据的 CRM 记录示例

名　　称	合格程度	备　　注
Dolores Grant	不合格	只对消费品感兴趣
Heather Quinn	合格	2~4 月期限
Ray Ramirez	不合格	供应链不兼容
Keith Hansen	不合格	垃圾邮件
Sonny Carter	不合格	想卖给我们人寿保险
Bruce Kozar	合格	迫不及待
Ellen Tedesco	不合格	预算问题
Larry Cahill	不合格	离开公司

你意识到，如果你想了解真正的投资回报率，你需要将广告系列渠道与合格潜在客户匹配，但存在一个重大问题：广告系列数据位于 GA 中，而合格潜在客户数据位于你的 CRM 中。

> **笔记｜　CRM 集成和 PII**
>
> 你可能已经发现了一个潜在问题：一旦集成了 GA 和 CRM，就可以将任何 GA 数据（如访问者来源、设备和行为）与个人身份识别信息（PII）（如姓名和电子邮件地址）进行匹配。
>
> 但是，只要 GA 数据和 PII 之间的集成不是直接在 GA 中发生，就没有违反 GA 服务条款。在下面第一个集成示例中，我们将直接把访问者来源信息写入 CRM。在其他示例中，我们为 GA 和 CRM 同时编写了一个唯一但匿名的标识符，之后根据该标识符加入 GA 之外的数据集。在这两种情况下 PII 都不会直接存储在 GA 中。

15.2.2　将广告系列渠道与合格潜在客户相关联

要关联广告系列和潜在客户资格数据，可以采取以下两种方法中的一种：

1）**直接在 CRM 中记录广告系列数据**。当将网站的潜在客户提交给 CRM 时，就可以将广告系列信息传递给 CRM 中的每个潜在客户。

2）**在 GA 和 CRM 中存储"访问者 ID"（visitor ID）**。可以在 GA 和 CRM 中存储唯一但非个人身份识别的 ID。此 ID 可以作为导出的 GA 和 CRM 数据的主键。这种方法将在本章后面详细讨论，允许将 CRM 数据与其他类型的 GA 数据（不包括获取数据）集成。

笔记｜ 客户端 ID、用户 ID 和访问者 ID

如下所述，每一个术语在 GA 中都具有特定的含义。

（1）客户端 ID

客户端 ID（client ID，通常称为 cid）表示特定的浏览器。当访问者访问 GA 跟踪的网站时，GA 跟踪代码会将 _ga cookie 写入浏览器，浏览器会以 1589402201.1369649169 的格式存储 cid。跟踪代码读取每个后续匹配（hit）的 cid，从而将多个匹配（hit）关联到同一个会话，并将多个会话关联到同一个用户。对于移动端 App，客户端 ID 是基于在单独设备上运行的特定 App 的。

（2）用户 ID

GA 会为你指定用户 ID（user ID）维度，通过销售线索或你的 CRM 中的顾客 ID（customer ID）填充，从而在多个设备上识别同一登录用户。第 12 章中曾讨论过用户 ID 和跨设备跟踪的内容。

（3）访问者 ID（或其他自定义维度的命名）

由于客户端 ID 和用户 ID 在 API 中不可用，因此不能依赖它们进行 CRM 集成。必须确保在用户登录或提交表单后存储通用主键，以便我们稍后可以将 GA 中的会话与 CRM 中的记录相关联。可以将此主键存储在名为"访问者 ID"（visitor ID）的自定义维度中或你选择的任何名称。

当填充访问者 ID 时，有以下三个选项可供选择：

1）在销售线索提交或完成交易后创建记录时，从 CRM 中读取潜在客户或联系人 ID，并将其作为自定义维度记录在 GA 中。如第 12 章所述，可以使用相同的后端值填充用户 ID 和访问者 ID 自定义维度，以启用跨设备跟踪和 CRM 集成。

2）从 _ga cookie 中读取客户端 ID，并将其作为自定义维度记录在 GA 和 CRM 中。如果在身份验证或表单提交之前开始存储客户端 ID，之后也可以将以前未验证的会话与 CRM 数据关联。

3）随机生成唯一的文本字符串，并将其作为自定义维度记录在 GA 和 CRM 中。

有关实施检查的清单请访问 www.e-nor.com/book，查看有关集成 GA 和 CRM 数据的这些选项和最佳做法。

阿拉埃丁·伊兹丁（Allaedin Ezzedin）提供的 Salesforce 示例采用混合方法：将广告系列数据直接传递到 CRM 中，同时传递访问者 ID，以便进一步对 GA 和 Salesforce 数据进行集成分析。虽然此示例关注的是潜在客户，但可以使用相同的流程来记录已完成的电子商务交易的广告系列或其他流量来源。

嘉宾观点 **在 Salesforce 中记录 Google Analytics 广告系列数据**

阿拉埃丁·伊兹丁是 E-Nor 的数字分析经理。

注意，在检查在 Salesforce 中记录 GA 广告系列数据的过程之前，如果使用的是非 Salesforce 的 CRM 系统，大多数步骤也适用。从 cookie 读取广告系列数据、生成和存储访问者 ID 以及填充隐藏的表单字段的过程应该是相同的（无论是何种 CRM）。创建和填充自定义字段的步骤将因 CRM 而异。

1. 创建自定义 Salesforce 字段

在 Salesforce 中为广告系列媒介、广告系列来源、广告系列名称和访问者 ID 创建自定义字段，如图 15.4 所示。

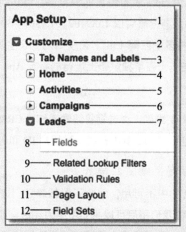

图 15.4　在 Salesforce 中创建字段，以存储广告系列字段和访问者 ID

1—App 设置　2—自定义　3—标签名称及备注　4—首页　5—活动　6—广告系列　7—销售线索
8—字段　9—相关查询过滤器　10—验证规则　11—网页布局　12—字段设置

2. 在潜在客户表单中创建隐藏字段

你在潜在客户表单中创建的隐藏字段将会向 Salesforce 传递广告系列和访问者 ID 值：

```
<form name="leadForm" action="/scripts/sfleadform.php"
method="POST">
    <input type="hidden" name="medium" id="medium">
<input type="hidden" name="source" id="source">
<input type="hidden" name="campaign" id="campaign">
<input type="hidden" name="visitorID" id="visitorID">
    ......
    </form>
```

还应配置任何必要的逻辑，以便在提交表单时将隐藏字段的值传递到 Salesforce 中的相应字段。

3. 将 salesforce.js 代码添加到 GTM 中

要读取将要添加到 Salesforce 的 GA 广告系列值，请从 www.e-nor.com/gabook 下载 gasalesforce.js，并将其作为在所有网页上触发的自定义 HTML 代码（tag）保存到 GTM 中。或者，你可以将文件上传到 Web 服务器，并从自定义 HTML 代码（tag）中引用它。

如果你观察一下代码，可以看到它引用了 ga.js（GA classic 版的跟踪器）。然而 analytics.js（GA Universal 版的跟踪器）只会写入单一的 _ga cookie，ga.js 则会写入多个 cookie（包括 __utmz cookie）。gasalesforce.js 代码就是从 __umtz 来解析广告系列媒介、广告系列来源和广告系列名称的。

注意，此代码还会读取直接流量、自然流量及引荐流量的媒介与来源值。如果流量不是来自包含广告系列参数的入站链接，则不会有广告系列值。还需要注意的是，gasalesforce.js 中的代码可以读取额外的 cookie 值（如会话计数和网页浏览量计数），当然这些并不直接关系到我们的内存芯片制造商的潜在客户资格案例。

4. 将广告系列值填充到隐藏表单字段中

在复制的 salesforce.js 脚本的自定义 HTML 代码（tag）中，需要添加一些额外的代码，以将广告系列值填充到隐藏表单字段中，其中包含脚本已从 __utmz 读取的媒介、来源和广告系列值，因此这些值将在表单提交时传递到 Salesforce，如图 15.5 所示。

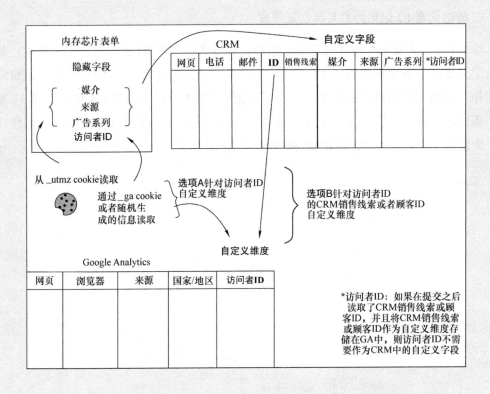

图 15.5　销售线索表单包含隐藏字段，我们用要传递到 Salesforce 自定义字段的广告系列值来填充。
　　　　要在两个数据集中存储公共 ID，一共有两个选项：在客户端生成并传递到 Salesforce 或从
　　　　Salesforce 读取

5. 生成访问者 ID

尚未确定的一个值是访问者 ID。如前所述，不需要访问者 ID（无论是在 Salesforce 或 GA 中），只需 Salesforce 存储广告系列值即可。然而，通过在 Salesforce 和 GA 中记录访问者 ID，将能够在其他时间对数据集执行其他集成。

可以使用任何逻辑来生成访问者 ID，只要它是唯一的，并且不是可识别个人身份的 ID。如果你的网站已经编码为在会话开始时为每个访问者生成一个唯一的 ID，最好使用现有的唯一 ID 作为你传递到 Salesforce 的访问者 ID。

作为另一个选项，你可以使用 _ga cookie 的客户端 ID 值（如 1355402211.1434649167），GA 用它识别从同一浏览器客户端生成的匹配和会话。默认情况下，此客户端 ID 不会存储在 GA 中，但你可以将其用作访问者 ID 值，以便于 GA 和 Salesforce 数据之间的连接。还可以生成随机的唯一 ID，不过通过客户端 ID 可以轻松实现此目的。

一旦获取访问者 ID 后，需要将其与广告系列值一起存储在相应的隐藏表单字段中，同时存储在 GA 自定义维度中，如下文所述。

6. 将访问者 ID 记录为 GA 自定义维度

在 GTM 的主要 GA 网页浏览跟踪器中，可以将访问者 ID 填充为自定义维度。最好将自定义维度的范围设置为"用户范围"，而不是"会话范围"，以便能够使用此自定义维度作为识别所有用户会话的主键，进而方便将 CRM 数据合并到 GA 中，如第 17 章所述。需要注意的是，图 15.6 中的 {{visitorID}} 不可用作内置的 GTM 变量，必须使用与用于为隐藏表单字段生成访问者 ID 相同的逻辑来定义它。

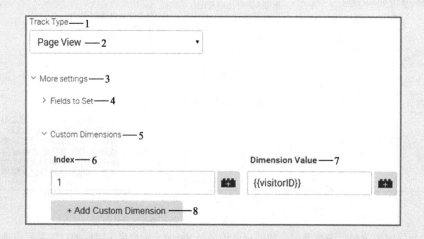

图 15.6　将访问者 ID 作为自定义维度记录在主要 GA 网页浏览跟踪代码中

1—跟踪类型　2—网页浏览　3—更多设置　4—字段设置
5—自定义维度　6—索引　7—维度值　8—添加自定义维度

7. 了解数据的含义

现在，我们已成功收集了 GA 中的广告系列（和访问者 ID）数据，可以使用它来做更加智能的事情。在前面的内存芯片的销售线索案例中，将更方便我们计算广告系列渠道的真正投资回报率，如图 15.7 所示。

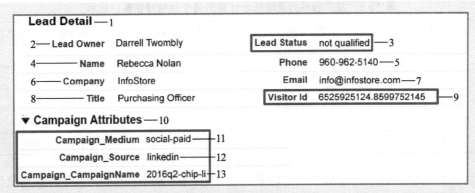

图 15.7 存储在自定义 Salesforce 字段中的广告系列数据和访问者 ID。销售团队可以将"销售线索状态"（Lead Status）字段更新为有保证的"合格"状态

1—销售线索详情 2—销售线索所有人 3—销售线索状态 4—姓名 5—电话 6—公司 7—邮件 8—标题 9—访问者 ID 10—广告系列归因 11—广告系列媒介 12—广告系列来源 13—广告系列名称

在内存芯片销售线索的案例中，你现在直接在 CRM 中存储广告系列数据（在我们的示例中是 Salesforce）。现在你的 CRM 记录包含营销和潜在客户资格字段，你可以开始根据合格潜在客户（而不是所有潜在客户）计算营销投资回报率。

让广告系列再运行一个月，然后从 CRM 中提取一个新报告，见表 15.4。

表 15.4 包含广告系列渠道数据的 CRM 记录示例

姓名	合格状态	备注	广告系列
Nicholas Prince	不合格	想要太多的定制化	2016q2-chip-li
Laura Kwon	不合格	分配给另一个项目	2016q2-chip-fa
Jason Peralta	不合格	垃圾邮件	2016q2-chip-tw
Amy Burnett	合格	需要加快	Memory Chip Report
Deepa Kumar	不合格	独立行业	2016q2-chip-tw
Greg Hodges	合格	多重运输	2016q2-chip-fa
Reid Porter	不合格	只想读报告	Memory Chip Report
Brian Apfel	不合格	正寻找我们的竞争对手	2016q2-chip-li

现在，可以列出合格潜在客户，并为每个营销渠道计算更有参考价值的单位获客成本（CPA），见表 15.5。

现在，你可以向营销经理报告，基于合格潜在客户的整体 CPA 低于 500 美元，可以考虑将更多的正在进行的预算转向更高投资回报率的广告系列。

表 15.5　按广告系列渠道划分计算的每个合格潜在客户成本

广告系列渠道	花费 / 美元	合格潜在客户	合格潜在客户成本 / 美元
AdWords	1 458	4	364
LinkedIn	1 678	3	559
Twitter	908	2	454
Facebook	1 193	2	596
总计	5 237	11	476

然而，我们以前的分析中缺少一个因素。由于存储在 Salesforce 中的广告系列值仅基于最终点击归因，因此之前的访问不会带来任何功劳，然而最终导致一个销售线索的提交可能来自不同广告系列渠道的回访，我们将在之后解决此缺失的因素。

15.3　在 Google Analytics 和 CRM 数据中加入访问者 ID

在 Salesforce 示例中，可以通过为每个销售线索提交的订单直接在 Salesforce 中记录广告系列数据，来将营销渠道与合格潜在客户做匹配。然而，如上文所述，还可以使用如下所示的另一种方法来集成 GA 和 CRM 数据：

1）在 GA（作为自定义维度）和 CRM（或许作为自定义字段）中存储相同的匿名但唯一的访问者 ID。

2）使用加入的访问者 ID，将 GA 和 CRM 数据合并到以下三个环境之一。

① CRM：从 GA 导入到 CRM。

② GA：从 CRM 导入（仅限匿名数据）到 GA。

③ 单独的环境：从 GA 和 CRM 导入到第三个环境，如电子表格、关系型数据库或 BigQuery。

15.3.1　导出 Google Analytics 数据

可以从任何 GA 表格报告中直接导出多达 5 000 行数据 [以逗号分隔值（CSV）和其他数据格式]。如果需要导出更多（大于 5 000 行），则可以分批导出，从第 1 行开始，然后是第 5 001 行，然后是第 10 001 行，依此类推。

如果使用 GA 电子表格插件（Spreadsheet Add-on），则可以一次将多达 10 000 行导出到 Google 工作表文档中，并轻松导出为 CSV 格式文件。这个插件还支持计划自动化。

作为用于从 GA 自动导出的两个附加选项，可以使用 ShufflePoint 或 Analytics Canvas，这些都在第 16 章中将进行讨论。

15.3.2　将 Google Analytics 数据导入 CRM

将 GA 数据导入 CRM 后，可以将任何 GA 维度与任何 CRM 栏合并。在之前的潜在客户资格示例中，取代用每一个销售线索提交将 Google 广告系列直接写入 Salesforce 这一方法，我们或许只需将访问者 ID 写入 CRM 中（并将其作为自定义维度存储在 GA 中），然后再加入 GA 广告系列数据和 Salesforce 潜在客户资格数据，见表 15.6。

表 15.6　将 GA 广告系列名称导入到 CRM 同时连接访问者 ID

姓名	合格状态	访问者 ID	广告系列
Nicholas Prince	不合格	1355402211.1434649167	2016q2-chip-li
Laura Kwon	不合格	1584125471.5412645325	2016q2-chip-fa
Jason Peralta	不合格	6521425124.8541252145	2016q2-chip-tw
Amy Burnett	合格	9852541414.5412548589	Memory Chip Report

如果已将客户端 ID 存储为访问者 ID 自定义维度，即使对于未经身份验证的会话，如本章后面和 www.e-nor.com/gabook 中的实施检查清单所述，在销售线索提交的回访会话产生之前，可以运行一份报告以显示以前的会话，这些会话来自同一个广告系列或不同的广告系列。如表 15.7 所示，一位合格潜在客户首次点击了 LinkedIn 广告系列，然后在 Ad-Words 广告系列和转化的第二天进行了回访。因此，我们对我们的广告系列效果有了更细致的了解，而且我们实际上是模拟了 GA "多渠道路径" 报告中提供的多会话范围，但在这种情况下，我们还会从另一个角度（即由 CRM 资格字段提供的）受益。

表 15.7　用于转化点击次数（Converting click）与上一次会话次数（Previous Sessions）的 GA 广告系列数据，并加入了 CRM 合格潜在客户数据

姓名	合格状态	访问者 ID	广告系列	会话时间标记
Nicholas Prince	不合格	2514258565.2511425474	2016q2-chip-tw	2016-06-02
Nicholas Prince	不合格	2514258565.2511425474	2016q2-chip-li	2016-06-07
Laura Kwon	不合格	2548169369.2478968569	2016q2-chip-fa	2016-05-31
Laura Kwon	不合格	2548169369.2478968569	2016q2-chip-fa	2016-06-01
Jason Peralta	不合格	6521425124.8541252145	2016q2-chip-tw	2016-06-01
Nicholas Prince	不合格	2514258565.2511425474	2016q2-chip-li	2016-06-07
Amy Burnett	合格	9652312125.5747425369	2016q2-chip-li	2016-06-05
Amy Burnett	合格	9652312125.5747425369	Memory Chip Report	2016-06-06

15.3.3　借助 CRM 数据将 Google Analytics 行为和受众群体数据合并

媒介、来源和广告系列并非是能够与 CRM 数据合并的唯一 GA 数据类型。作为其他示例，可以将网页浏览量、事件或自定义维度数据与 CRM 数据合并，以衡量其对销售线索质量或订单价值的影响。还可以合并 GA 受众群体特征（如设备类别）。

如果想要将 CRM 销售线索质量与之前在图 15.1 中所示内存芯片着陆页的视频交互关联起来，只要将视频交互作为 GA 事件抓取，就可以将事件数据与潜在客户资格数据进行合并（见表 15.8）以衡量其潜在影响。

表 15.8　与 CRM 潜在客户资格字段合并的视频交互事件数据

姓名	合格状态	访问者 ID	事件类别	事件	事件标签
Glen Garcia	合格	3652154012.3256201845	视频	25%	chip-choices-video
Glen Garcia	合格	3652154012.3256201845	视频	50%	chip-choices-video
Glen Garcia	合格	3652154012.3256201845	视频	完成	chip-choices-video
Dan Khan	不合格	3251012458.2215425489	（未设置）	（未设置）	（未设置）
Teresa Baron	不合格	2545814247.3625212045	（未设置）	（未设置）	（未设置）
Brett Jordan	不合格	2548756523.8563220212	视频	25%	chip-choices-video
Kim Clarke	不合格	3621875456.8541024579	（未设置）	（未设置）	（未设置）
Natalie Pham	合格	2145841233.8569874124	视频	25%	chip-choices-video
Natalie Pham	合格	2145841233.8569874124	视频	50%	chip-choices-video
Keith Halstrom	合格	9865851201.8412026958	视频	25%	chip-choices-video
Keith Halstrom	合格	9865851201.8412026958	视频	50%	chip-choices-video
Keith Halstrom	合格	9865851201.8412026958	视频	完成	chip-choices-video

　　视频交互似乎与潜在客户资格的鉴定密切相关。当然，质量最高的访问者极有可能是查看过至少 50% 的视频的人，但作为分析师和优化师，你依然可以建议你的设计师对如图 15.1 所示的内存芯片着陆页上的视频进一步优化。

　　表 15.9 中的示例显示了按设备类别 [包括桌面设备、平板电脑或移动设备（智能手机）等] 划分的订单价格，以便于之后通过销售团队来完成潜在客户交易。平板电脑的平均订单价格最高，因此将更多的 AdWords 和 Facebook 广告预算倾斜到平板电脑是合理的。还可以添加来源、媒介和广告系列栏以进行进一步分析。

表 15.9　设备类别的订单价值

姓名	订单价值 / 美元	访问者 ID	设备类别
Todd Melchior	390	5154945989.6545125541	移动设备
Pamela Fischer	1 230	8575125426.7414512124	平板电脑
Brenda DiMaio	209	8636954159.2541259632	桌面设备
Tom Krantz	890	1478524569.5264585856	平板电脑
Oliver Despres	750	2356265365.5965636415	桌面设备
Helen Matsui	768	2548698585.5874514868	平板电脑
Cedric Nejame	439	2321245236.9856541472	桌面设备
Alice Danielson	387	2541256985.6985681245	移动设备

15.3.4　在 Google Analytics 中使用 CRM ID 作为访问者 ID

　　在前面的示例中，在客户端生成访问者 ID，并将其作为自定义维度填充到 GA 中，同时作为自定义字段填充到 CRM 中。对于访问者 ID 值，实际上不会创建任何新的 ID 值，只是读取 GA 存储在 _ga cookie 中的客户端 ID。

作为另一个选项，可以从 CRM 中检索销售线索或顾客 ID，将其传回网页（或许是作为 GTM 数据层变量或纯 JavaScript 变量），以便将其一起与网页浏览或事件作为 GA 自定义维度记录。此选项在图 15.5 中也有说明。

例如，在内存芯片案例中，并非是将客户端生成的访问者 ID 作为销售线索表单中的隐藏字段传递给 CRM，可以改为在创建销售线索时立即读取 CRM 销售线索 ID，将其保存到网页作为变量，并将此值填充到 GA 中作为访问者 ID 自定义维度。

如果销售线索提交重定向到单独的感谢页面，则可以将访问者 ID 在一个新的网页浏览匹配（hit）中填充为自定义维度，只需确保将网页上的变量值设置为高于 GTM 容器的值。

但是，如果销售线索提交并未重定向到新的网页，而只是在未重新加载网页的情况下在同一网页上显示确认消息，那么仍可以在 GTM 中的 GA 事件代码中将访问者 ID 作为自定义维度传递，方法如下：

1）当在 CRM 中创建销售线索时，从新的 CRM 记录中检索销售线索 ID 值，并将其设置为 GTM 数据层变量（见代码 15.1），同时写入其他数据层变量，这些变量是最早在第 6 章中介绍的"抓取所有"（Catch-All）事件代码发挥工作所必须依赖的。

代码 15.1　使用 CRM 销售线索或顾客 ID 填充 GTM 数据层变量

```
function myLeadSubmssion () {
// 销售线索创建的服务器端逻辑已完成
var crmLeadID = getLeadID () ; // 用从 CRM 中获取销售线索 ID 需要的代码部署这一函数
 dataLayer.push ({'event':'eventTracker',
 'eventCat':'lead', 'eventAct':'submit',
 'eventLbl':'memory-chip','visitorID':crmLeadID}) ;
}
```

2）将访问者 ID 设置为自定义维度，如第 12 章所述。

3）重新配置"抓取所有"事件代码（catch-all event tag）以检查作为数据层变量的访问者 ID（见图 15.9），然后将其填充到自定义维度（见图 15.8）。如果访问者 ID 不存在于数据层中，则会使用"抓取所有"事件代码，而自定义维度将不会被填充。

通过将 CRM 销售线索或顾客 ID 作为自定义维度记录在 GA 中，当从客户端生成访问者 ID 并将其传递到 CRM 时，将执行本章前面演示的所有相同的连接。无论是从网站还是从 CRM 开始，目标是在两个数据集中存储公共访问者标识符。

需要注意的是，如果要将之前的未经身份验证的会话与我们的 CRM 记录相关联，并为访问者 ID 自定义维度使用后端值，那么还需要将客户端 ID 存储为独立的自定义维度（验证和未验证的会话），如本章后面和 www.e-nor.com/gabook 中的实施检查清单所述。

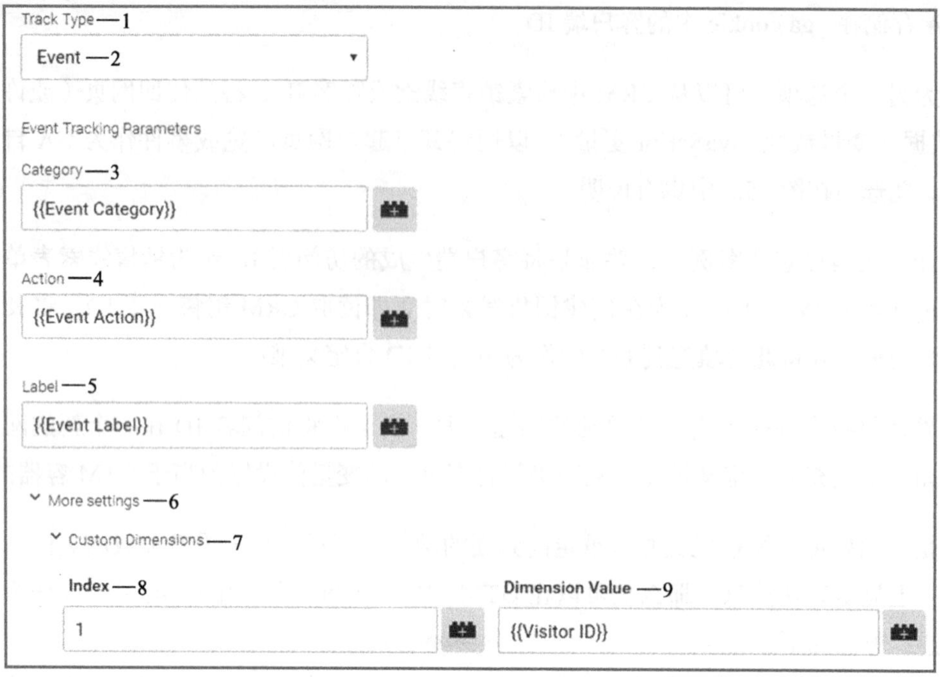

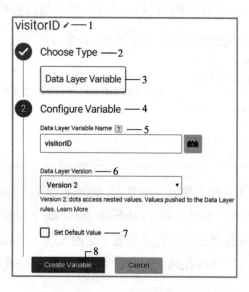

图 15.8 此 GTM 中的 GA 事件代码会设置访问者 ID 自定义维度

1—跟踪类型 2—事件 3—类别 4—操作 5—标签 6—更多设置 7—自定义维度 8—索引 9—维度值

图 15.9 你可以配置这个 GTM 变量来读取从 CRM 中检索到的 visitorID 值，以便我们能将访问者 ID 的自定义维度填充到图 15.8 中的"抓取所有"事件代码中

1—访问者 ID 2—选择类型 3—数据层变量 4—配置变量 5—数据层变量名称
6—数据层版本 7—设置默认值 8—创建变量

1. 将未验证的会话与 CRM 相关联

如图 15.5 所示，一旦用户提交表单或以其他方式认证，用于将 GA 与 CRM 相关联的选项之一是将 CRM ID 作为自定义维度读入 GA。虽然这种方法是完全有根据的且被反复实施

验证过的，但它却有一个微妙但又重大的缺点。

GA 通过相同的客户端 ID 来识别多个会话中的回访用户，而与在任何会话期间用户是否验证无关。不过，由于客户端 ID 未通过 API 显示为可导出的维度，因此无法将已验证会话的后端访问者 ID 自定义维度与已验证和未验证会话的任何客户端 ID 维度相关联，因此我们将无法将原始未认证的会话（以及生成这些会话的渠道）与 CRM 指标（如长期价值）相关联。后端访问者 ID（作为自定义维度存储在 GA 中）将允许我们仅将身份已验证（或之后经过身份验证）的会话与 CRM 数据相关联。

为了解决这个问题，可以采取以下两种方法：

1）即使对于未经验证的会话，也可以在 GA 中将客户端 ID 存储为自定义维度（名为"客户端 ID"或"访问者 ID"），并在提交表单或进行验证后将相同的值传递到 CRM。

2）即使对于未经验证的会话，也可以在 GA 中将客户端 ID 存储为自定义维度（名为"客户端 ID"），并在表单提交或验证后将后端 ID 存储在 GA 中作为单独的自定义维度（名为"访问者 ID"）。表 15.10 说明了基于这两个自定义维度的分析，这两个自定义维度都包含在连接中。

无论哪种方式，无论用户在该会话期间是否通过验证，都可以将 CRM 长期价值或潜在客户的有效情况一直追溯到首次点击归因。

表 15.10 广告系列中与 12 个月自定义值相关联的会话（包括已验证或未验证）的首次点击情况

姓名	12 个月销售额 / 美元	访问者 ID（后端）	客户端 ID	首次点击的广告系列
Glen Garcia	430 000	gg094329843	3652154012.3256201845	2016q2-chip-fa
Natalie Pham	445 000	pn432094328	2145841233.8569874124	2016q2-chip-tw
Keith Halstrom	930 000	hk439029384	9865851201.8412026958	2016q2-chip-li
Amy Burnett	200 000	ba394302489	9652312125.5747425369	Memory Chip Report
Greg Hodges	390 000	hg832742938	2514585101.2584575632	2016q2-chip-fa

---

笔记 | 开始在 GA 和 CRM 中存储常见的访问者 ID

尽管你可能还没有合并 GA 和 CRM 数据的迫切需求，但随着你了解每个营销渠道的单位获客成本（CPA）、网站内容与客户生命周期价值（CLV）的相关性，以及需要加入数据集的洞察，合并 GA 和 CRM 数据的需求将激增。通过将 CRM 的顾客 ID 作为自定义维度存储在 GA 中，可以很好地分析未来两个连接的数据集。

为了能够在发生提交或登录后将未验证和已验证的会话与 CRM 数据关联，从而报告导致最终转化的所有流量来源，可以将 _ga cookie 中的唯一 ID 为未验证的会话存储为自定义维度。有关详情请参阅 www.e-nor.com/gabook 上的"GA 和 GTM 实施检查清单"（*Google Analytics and Google Tag Manager Implementation Checklist*）。

2. 在第三方工具和 GA 中加入 GA 和 CRM 数据

可以在 CRM、存储环境或 GA 中执行 GA/CRM 数据连接。在第 16 章中，在 BigQuery 存储中合并 GA 和 CRM 数据。在第 17 章中，将来自 CRM 的一些非个人身份数据合并回 GA 中。

嘉宾观点 **实施长期价值（LTV）和单位获客成本（CPA）以获得竞争优势的案例**

安德鲁·达尔夫〔Andrew Duffle〕是 APMEX 的财务分析经理、分析和优化总监。

传统上，营销成功是基于 CPA 模型或即时 ROI 投资。现代营销已经把重心转移到关系构建和创造体验上，以求在客户群中产生长期价值。

利用 CRM 与 GA 的合并对 LTV 模型进行队列化。

在客户生成的初始订单只是来自特定来源的一部分价值的假设下，应当应用长期价值（Long-Term Value, LTV）模型。传统上，营销部门只通过 CPA 管理媒介支出，对获客后关系的创建几乎没有好处。在一个有利于你的特定业务的市场中，你的媒介支出的效率在短期内可能令人惊讶，但在过去几年里，在激烈的竞争环境中，传统电子商务公司维持高效的媒介支出变得更加困难。

作为一个营销商，你总是试图了解一些你的竞争对手没有的东西。现在你将有能力量化今天的投资对于公司未来发展可能产生的影响。采用管理 CPA 的方法（但要侧重于 LTV）将带来对媒介管理的长期稳定和更高的重视程度。

1. 假设

1）**电子商务交易 ID**。在 GA 中，你已设置电子商务（Ecommerce）或增强型电子商务（Enhanced Ecommerce）（如第 8 章中所述），并且你在 GA 中将 CRM 交易 ID 记录为电子商务交易 ID（Ecommerce transaction ID）。由于电子商务交易 ID 存储在两个数据集中，因此可以将其用作连接来比较原始流量来源（来自 GA）和长期价值（来自 CRM）。

2）**CRM 可以将订单与客户相关联**。你有一个 CRM 系统，它可以将第一个订单和后续订单关联到同一个客户，并确定客户的购买日期。建议使用客户的第一个订单的月份作为购买日期，以做到在整个模型的整个生命周期内持续跟踪客户。

3）**利润计算**。在 CRM 系统中，可以获得对特定订单的利润的准确的（或者说至少公平合理的）预估。

4）**长周期**。需要有一个商定的较长的周期来关注。每个公司都必须确定适合它们的周期：很多时候，这最终会变成一种定性的研究。我一般倾向于选择在大约 18 个月后结束。以我的经验，18 个月后的趋势是：购买模式已变得不可预测，并且平均订单价值也变得比较低。

2. 创建自定义报告

当你确定你有能力记录和获取上述信息时，请在 GA 中创建自定义报告，如图 15.10 所示。在该模型中，与初始交易相关联的“来源 / 媒介”将接收到客户的 LTV 的所有信用数据。之后，我们可以将 CRM 利润（margin）数据加入此导出，如图 15.11 所示。

Source —1	2— Transaction ID	3— Product Revenue
1. dfa / cpm	10216820	$4,116.00 (0.69%)
2. (direct) / (none)	10212194	$3,010.46 (0.58%)
3. google / organic	10249817	$2,978.00 (0.37%)
4. google / cpc	10212032	$2,558.00 (0.34%)
5. newsletter / email	10250414	$2,358.00 (0.33%)

图 15.10　导出此 GA 自定义报告，并基于“交易 ID”加入 CRM 数据。在此模型中，客户的长期价值（LTV）将与客户初始在线交易的“来源 / 媒介”相关联

1—来源　2—交易 ID　3—产品收入

	A (1)	B (2)	C (3)	D (4)	E (5)
1	Source / Medium	Transaction ID	Product Revenue	Acquired Date	Margin Dollars
2	dfa / cpm	10216820	4116.00	3/31/2016	36.77
3	(direct) / (none)	10212194	3010.46	4/20/2016	26.32
4	google / organic	10249817	2798.00	8/12/2015	106.39
5	google / cpc	10212032	2558.00	12/23/2015	80.27
6	newsletter / email	10250414	2358.00	4/2/2016	30.14

图 15.11　加入 CRM 获取日期（acquired date）和利润美元（margin dollars）的 GA 自定义报告导出的电子表格

1—来源 / 媒介　2—交易 ID　3—产品收入　4—获取日期　5—利润美元

注意，最多可以从 GA 标准模式下导出 5 000 行数据。如果在 Analytics 360 级别使用 GA，则可以通过“非抽样导出”（Unsampled Export）功能导出最多 300 万行数据。

注意，“获取日期”字段对于客户永远不变，并且“利润美元”（margin dollars）与订单 ID（order ID）相关。每当客户增加新订单时，相应的初始访问者来源的利润将会增加。

1）构建 LTV 模型。

有了这些数据，你可以开始构建你的 LTV 模型。我鼓励公司构建一个类似于下面提出的模型。

下面是关于构建模型的一些快速注释，如图 15.12 所示。你可以从 www.e-nor.com/gabook 下载相应的模板。

① 标有“月份”（Month）的列是获取客户的月份或分配给组的同类群（cohort）期间。

② 此示例中的媒介 / 营销成本与传统的 CPA 模型相同：在获取客户的当月中获得这

些客户相关的营销费用是多少?

③"每个用户在月份 0 的利润"(Month 0 profit per user)表示在获取月份客户的利润。这也是非常普遍的,并且是新客户最能产生利润的时期。

④"单位获客成本"(CPA)是一种传统的营销 KPI,它会将每个新客户的媒介费用考虑在内。将 CPA 和每个用户在月份 0 的利润考虑在一起是最好不过的。作为营销人员,能够快速为业务收回的投资越多越好,而且它确实说明了一个 LTV 模型的重要性(如果投资不能迅速收回而满足业务需求)。

⑤"新客户"(New Customers)仅仅是指在特定时期内新获取客户的数量。这个数字对于同类群永远不会改变。它直接参考了你在一个生命周期中一同跟踪的客户数量。

⑥ 标有 0~17 的列表示 18 个月或周期内将要跟踪的客户,其中 0 列代表所获取客户的当月。

⑦ 在模型底部,标记为 LTV 中"每个用户利润"(Profit per User)的行通过将月份 0~17 的垂直总和除以与"利润美元"(profit dollars)相关联的用户的数量来计算。示例:列 0 的"每个用户利润"是该列中所有"利润美元"(profit dollars)的总和除以"新客户"(New Customers)列中所有客户的总和。在列 17 中,只需要用总的 444 美元的利润除以产生该利润的 550 个客户即可得出最终的利润。⊖

Month	Media Cost	Month 0 Profit / User	CPA	New Customers	0	1	2	3	4	5	6
Dec-14	$38,897	$140	$52	744	$104,394	$16,303	$9,115	$8,002	$3,118	$7,158	$5,656
Jan-15	$47,010	$159	$66	717	$114,109	$25,361	$9,053	$8,249	$9,407	$2,822	$4,782
Feb-15	$47,029	$123	$42	1,127	$139,143	$21,841	$9,145	$8,449	$5,516	$3,996	$6,395
Mar-15	$43,679	$166	$51	856	$142,349	$26,451	$9,377	$7,275	$7,812	$4,033	$5,855
Apr-15	$36,896	$121	$52	710	$85,723	$25,568	$9,575	$7,950	$8,081	$6,555	$4,222
May-15	$44,000	$125	$60	729	$90,850	$16,540	$9,246	$5,328	$8,012	$5,305	$2,513
Jun-15	$37,017	$154	$57	650	$100,122	$21,208	$8,263	$8,826	$7,563	$3,081	$2,853
Jul-15	$12,007	$408	$34	350	$142,666	$10,271	$9,441	$5,555	$4,919	$7,116	$3,306
Aug-15	$44,087	$165	$66	667	$110,049	$15,590	$9,207	$6,591	$4,537	$4,176	
Sep-15	$34,785	$124	$59	591	$73,503	$15,552	$9,355	$6,114	$6,289	$6,619	$4,490
Oct-15	$31,538	$102	$35	910	$93,233	$34,812	$15,941	$11,724	$4,991	$2,443	$3,362
Nov-15	$13,459	$120	$28	483	$57,797	$19,860	$14,051	$6,107	$5,966	$6,288	$6,880
Dec-15	$14,227	$106	$26	537	$57,087	$18,681	$8,684	$4,759	$4,320	$6,681	
Jan-16	$27,460	$116	$37	744	$86,458	$17,358	$11,775	$10,804	$16,350		
Feb-16	$26,214	$112	$43	613	$68,921	$26,830	$20,823	$14,596			
Mar-16	$23,885	$128	$35	674	$86,044	$25,344	$25,133				
Apr-16	$23,368	$100	$35	660	$65,779	$28,414					
May-16	$38,226	$147	$35	1,086	$159,406						
				Profit per User	$138.36	$31.12	$16.87	$11.79	$10.08	$7.35	$6.39
				Adj. for Time Value	$138.36	$30.66	$16.37	$11.27	$9.50	$6.82	$5.84

图 15.12　18 个月价值模型中的 6 个月的数据截图(可在 www.e-nor.com/gabook 下载此电子表格模板)

1—月份　2—媒介费用　3—每个用户在月份 0 的利润　4—单位获客成本　5—新客户

从你的数据集中,"获取日期"将成为你继续添加新数据的组。示例:在 2014 年 4 月完成第一笔订单并在 6 月 14 日再次订购的客户将为 6 月的标有 2 的列中增加相应利润。在上述模型中,2014 年 4 月获得的客户与 2015 年 9 月获得的客户相比,前者有 18 个月的价值,而后者只有 1 个月的价值。

⊖ 这是英文原书上写的数据,但表格模板中列 17 的实际利润数据是 2336 美元,对应的新客户数为 744。——编者注

在大多数像这里展示的 LTV 模型的实施中，我们的模型维持着三角形的形状特征。为了在每个周期都保持这种效果，你需要有一个同类群（cohort）来满足特定的生命周期以及获取一个新的同类群。在确定数据限制并开始实施后，最佳实践将是为每个获客渠道构建 LTV 模型。在大多数情况下，模型将针对包括点击付费（Pay Per Click, PPC）、广告展示和自然搜索渠道而构建。当你对获客渠道进行比较时，你将能够快速识别不同渠道和不同同类群的效率趋势。

2）LTV 渠道。

经过多个周期的跟踪定义良好的同类群后，一个直接且非常有洞察效果查看你的 LTV 数据的方法，就是用如图 15.13 所示的图表。注意，图 15.13 中的营销渠道与之前的示例有所不同。你可以看到投资回收期（Payback Period）被突出显示为我们愿意投资在获取新客户上的总金额。长期价值（LTV）部分作为当前营销支出的补充说明，以获得未来收益。

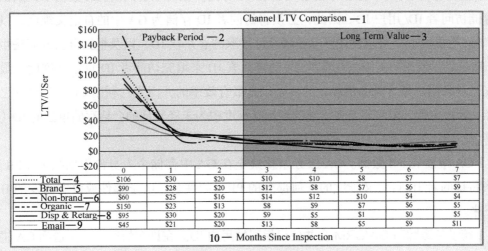

	0	1	2	3	4	5	6	7
Total —4	$106	$30	$20	$10	$10	$8	$7	$7
Brand —5	$90	$28	$20	$12	$8	$7	$6	$9
Non-brand —6	$60	$25	$16	$14	$12	$10	$4	$4
Organic —7	$150	$23	$13	$8	$9	$7	$6	$5
Disp & Retarg —8	$95	$30	$20	$9	$5	$1	$0	$5
Email —9	$45	$21	$13	$8	$5	$5	$9	$11

10 — Months Since Inspection

图 15.13　营销渠道的投资回收期和生命周期价值

1—LTV 渠道对比　2—投资回收期　3—长期价值　4—总计　5—品牌　6—非品牌　7—自然　8—展示和重定向　9—电子邮件　10—月度观察

持续改进和分析 LTV 模型将会带来与流量来源关联的客户质量的额外发现。虽然公司或许不应该将所有的营销支出都集中在一个模型上，但是可以考虑采用更现代的 LTV 方法进行媒介支出管理，并确定哪些渠道最终表现更好之后，再快速去看投资于更昂贵的获客计划的价值。

 本章要点回顾

1）**潜在客户的有效性**。在计算开发潜在客户生成广告系列的投资回报率（ROI）/ 单位获客成本（CPA）时，需要考虑到你的销售团队在 CRM 中更新的潜在客户的有效性状态。这可以特别适用于 B2B 和其他销售周期比较长的行业。

2）**生命周期价值**。通过合并 GA 和 CRM 数据，可以开始计算重复电子商务交易数（复购）或 SaaS / 周期续订数的长期价值（LTV）。

3）**直接向 CRM 记录广告系列信息**。使用 Salesforce 示例中概述的过程，可以通过提交销售线索或电子商务交易将 GA 获取数据直接写入 CRM。尽管一个普通的访问者 ID 本身就允许将任何 GA 数据与 CRM 数据合并，将 GA 获取数据直接记录到 CRM，将使这些数据立即显示在 CRM 销售线索或客户记录中。但请注意，这种情况下的获取数据仅基于最终点击归因：在发生转化的那个会话之前所有渠道带来的其他会话（如回访），将不计入为这个转化贡献了功劳。

4）**在 GA 和 CRM 中记录访问者 ID**。可以在 GA 和 CRM 中记录一个常见的访问者 ID，这将允许你在 CRM 内部、GA 内部或单独的环境中加入 GA 和 CRM 数据。即使没有立即计划合并 GA 和 CRM 数据，也可以开始在两个环境中记录相同的访问者 ID，以便日后可以追溯加入数据。

5）**默认情况下，GA 数据中的访问者 ID 不可用**。在可以访问的 GA 数据中，默认情况下不存储访问者 ID/ 用户 ID。因此，必须将访问者 ID 存储为 GA 中的自定义维度，以便能够与 CRM 数据合并。可以使用从 _ga cookie 读取的客户端 ID，以及根据自己的算法生成的随机 / 唯一值，或来自 CRM 的顾客 ID/ 销售线索 ID 来填充访问者 ID 自定义维度。最后一种情况是登录用户最常见的情况，并且可以是最有效率的，因为它利用 CRM 记录中已经存在的唯一客户主键，但它需要在单独的自定义维度中为未经验证的会话存储单独的 ID（如果还要将未经验证的会话与 CRM 数据相关联）。

6）**GA 中没有 PII 数据**。GA 服务条款禁止在 GA 中存储个人身份识别数据（PII），因此无法将访问者 ID 自定义维度的任何部分的 PII（如姓名、电子邮件或政府颁发的 ID 号）记录下来。

7）**跨设备跟踪和 GA/CRM 合并使用相同的用户 ID**。在许多情况下，传送到 GA 进行跨设备跟踪的登录用户 ID 也可以作为常规访问者 ID 存储为用于加入 CRM 数据的 GA 自定义维度。

🏃 实战与练习

1）**访问 CRM**。如果你尚未访问你机构下的 CRM，请获取读取 / 报告访问权限，以查看客户和销售线索记录。

2）**与销售和客户关系团队沟通**。与熟悉销售周期、重复业务等的经理和其他同事进行沟通。

3）**在 GA 和 CRM 中存储常见的访问者 ID**。使用本章中的示例，为在 GA 和 CRM 中存储的通用访问者主键设定相应的步骤和计划。在许多情况下，记录到 GA 的访问者 ID 将是 CRM 中的顾客 ID 或销售线索 ID。

4）**决定如何将未经验证的会话与 CRM 数据相关联**。要将未验证的会话（以及相应的首次点击流量来源）与 CRM 数据相关联，请确定以下两种方法中哪一种最适合你所在的机构：将 GA 客户端 ID（或你生成的 ID）存储为 GA 自定义维度，并且在用户认证时作为 CRM 中的字段；或者在 GA 中维护两个自定义维度，一个用于客户端 ID（在所有会话期间填充在 GA 中），另一个用于 CRM ID（在已验证的会话期间和之后填充在 GA 中）。

5）**将 GA 广告系列数据直接写入 CRM。**使用在 Salesforce 示例中引用的 gasaleforce.js 代码，还可以计划将 GA 广告系列 / 获取数据直接写入 CRM，以便可以立即访问（无须基于访问者 ID 的合并。）

第 16 章
使用第三方工具制作高级报告和可视化

本章将重点转向高级报告技术，包括数据提取和清理以及报告自动化。这里还将继续讨论第 15 章中的数据集成。

简单来说，高级报告，特别是报告自动化，有点像一回事。高级报告是一系列有时非常需要手动操作的步骤，合并起来最终形成报告、图表、信息中心（又叫仪表板）或启用更深入的专门（ad hoc）分析。最终产品可能看起来简单而优雅，但它却是由一个复杂过程得出的结果。

在收集所有数据以及 GA 中提供的所有不同细分功能之后，你会认为报告和仪表板数据很可能是一个早已解决了的问题。然而，高级报告仍然是今天组织机构面临的最大挑战之一。当然，GA（与其他工具相比）使得构建基本报告变得容易。然而，设计一个报告解决方案，将数据抽样和自动化用于决策是一件性质完全不同的事情。有效报告具有以下特点：

- 它将数据精度用于决策（无抽样）。
- 它有一个优雅和简单的演示。
- 它是自动化的，因此不需要漫长的操作时间。
- 以简单易用的格式及以战略性的间隔周期发表。
- 最重要的是，它能为你提供业务洞察力。

生产在所有上述领域都擅长的报告或仪表板对于许多组织机构来说可能是一个艰巨的任务。分析人员通常花费很多时间手动从各种分析工具复制数据，将其粘贴到 Excel 或 Power-Point 中，重新梳理一遍，然后构建了一个用处不大且不怎么美观的报告，然后通过电子邮件发送给利益相关者，通常也不需要提供有关数据的附加上下文。

现实是，需要大量的时间和精力来处理分析工具中包含的数据，将其提取为我们可以使用的格式，使报告变得更加"友好"以便报告查看者能够读懂它，然后通过自动化的方式将其和我们的用户共享。请记住，将前 10 个着陆页的报告放在一起的时候，第 1 个浏览页面是"/"，分析师当然知道"/"代表你的主页，但不代表大多数人，特别是高管，将知道或甚至应该知道这个含义。如果你尚未在 GA 视图设置中重写"/"，如第 9 章所述，现在将其重写为一个更易于报告的名称，并且管理人员将很容易解释这个名称，这一做法将产生深远的影响。作为报告解决方案的架构师，我们有责任以容易为目标受众使用的方式构建报告。听起来很简单？或许是有那么一点，但将这与许多其他类似的但同时存在不一致的数据合并来看，就并不是那么容易的一件事了，更不会让它们以一种自动化的方式做到这一点。

在最近一次关于体育分析的会议上，其中一位演讲者是 NBA（美国国家篮球协会）团队的分析总监。除了提供许多有价值的分析洞察外，他说，"你认为我花 90% 的时间做什么？我基本上是在清理电子表格中的数据。"这个故事在我心中留下了深深的烙印，对于我们来说，利用自动化进行数据提取、清理和可视化过程的工具有多重要！分析师不应该花时间复制和粘贴数据、重命名数据，以及构建图形和图表。分析师应该花时间挖掘洞察力，发现可能影响业务的趋势和模式。

本章将介绍如何从 GA 中获取数据，每种方法的限制以及帮助我们解决谜题的考虑因素。在本章结尾处，我们讨论了用于提取和可视化 GA 数据的三个高级案例。

16.1　聚焦问题：如何从 Google Analytics 获取数据

从 GA 获取数据的方法有几种。这里将专注于能够高效支持自动化报告目标的方法。

16.1.1　核心报告 API

GA 核心报告（Core Reporting）API（https://developers.google.com/analytics/devguides/reporting/core/v3/）提供了一个基础查询系统，可以通过 GA 以表格式数据的形式请求指标和维度。它可以访问 GA 中包含的大多数报告数据。返回的数据看起来和你在界面中看到的相似，并使你能够构建仪表板，并自动执行 GA 界面的报告任务。例如，你可以利用 API 提取并将 GA 数据集成到网页、Excel 或任何其他应用程序中。注意，核心报告 API 是 GA 标准用户可用的唯一的自动提取方法。

以下是对核心报告 API 的查询示例。在此示例中，我们正在查询最近 30 天内前 10 个渠道。

```
https://www.googleapis.com/analytics/v3/data/
ga?ids=ga%3A73156703&start-date=30daysAgo&end-date=yesterday&metric
s=ga%3Asessions%2Cga%3AbounceRate&dimensions=ga%3AchannelGrouping&s
ort=-ga%3Asessions&max-results=10
```

此查询的结果如下一页的图 16.1 所示。

16.1.2　非抽样请求 API

非抽样请求（Unsampled Request）API 与核心报告 API 不同，它允许访问非抽样数据。核心报告 API 允许动态地合并指标和维度，而非抽样请求 API 允许以逗号分隔值（CSV）的格式访问预定义的"非抽样"（Unsampled）报告。

16.1.3　第三方工具

1. Analytics Canvas

Analytics Canvas（分析画布）是一种可用于自动执行提取、转换、加载（数据仓库技术，

ETL）过程的工具。它可以通过核心报告 API 以及非抽样请求 API 直接连接到 GA，也可以通过 BigQuery 存储到 GA 数据。它可以连接到许多类型的数据库和 Excel 文件，然后根据需要修改数据，并自动上传到选择的数据库。

Default Channel Grouping —1	Sessions —2	Bounce Rate —3
Organic Search ————4	27637	41.003003220320586
Direct ————5	10562	50.77636811209998
Social ————6	9960	63.32329317269077
Referral ————7	7534	23.7191398999123974
Branded Paid Search —8	4145	34.571773220747886
Other Paid Search ——9	2461	60.05688744412841
Display ————10	1730	78.90173410404624
Generic Paid Search —11	1045	70.23923444976077
(Other) ————12	20	65
Email ————13	14	57.14285714285714

图 16.1　将典型查询输出到核心报告 API

1—默认渠道分组　2—会话数　3—跳出率　4—自然搜索　5—直接访问　6—社交访问　7—引荐　8—品牌付费搜索　9—其他付费搜索　10—展示　11—一般付费搜索　12—其他　13—电子邮件

该软件需要一个基于 Windows 的计算机，需要访问所有数据源。需要设置 Analytics Canvas 来连接处理，然后自动将数据推送到所需的输出位置。

在 Analytics Canvas 中提供更高级但功能概念类似的其他工具，包括 Informatica、SQL Server 集成服务（SSIS）、IBM InfoSphere、SAP 数据服务（Data Services）以及其他许多工具。Analytics Canvas 主要用于处理分析和营销数据源，非常适用于 GA。

诸如 SSIS 之类的工具可以很好地从内部数据库中提取和转换，但是不提供与 GA / BigQuery 的连接，或只是提供部分功能（相对于 GA 而言）。

Analytics Canvas 可以使用以下三种方法连接到 GA 数据：

1）核心报告 API。

2）非抽样请求 API。

3）BigQuery。

Analytics Canvas 不仅仅可以直接连接到 GA，由于它主要用于分析数据，因此它提供了提取非抽样数据的能力，而其他 ETL 工具通常不具备这样的能力。

对于仅限使用核心报告 API 的 GA 标准（Standard）用户，Analytics Canvas 利用一种称为"查询分区"（Query Partitioning）的寻址数据抽样的创意方法。这有效地将查询分割成更小的块以减少每个块内的会话数。例如，如果你的报告周期为一年，则"查询分区"会将查询拆分为 12 个较小的子查询。该过程对用户是透明的，除了执行查询需要花费更长时间这一缺点之外。它是一种减轻抽样效应的聪明方法，但正如"减轻"（mitigate）的字面意思，它只能减少抽样的影响，不能消除。根据报告的数据量，"查询分区"可能对你的数据有重大或可能的边际效应。

"Canvas"的一个示例如图 16.2 所示。

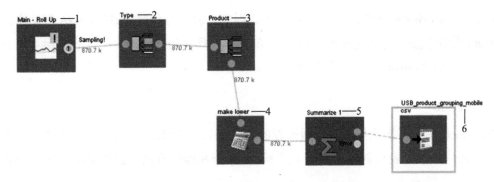

图 16.2　Canvas 中的视觉块使你可以非常容易地跟踪数据集中发生的提取和转换

1—主要 - 汇总　2—类型　3—产品　4—减弱　5—总结　6—USB_ 产品 _ 分组 _ 手机

（1）BigQuery

BigQuery 是一种查询工具，利用 Google 云基础架构的功能和速度，可在几秒内存储和查询数十亿行数据。最初它被开发作为一个内部工具来服务于 Google 的内部技术堆栈，它的工作速度惊人，并能进行复杂的数据处理和分割。

BigQuery 是完全不同于 GA 的产品——两者不直接相关。Analytics 360 和 BigQuery 之间有一个集成。作为集成的一部分，GAP 每晚会将数据导出到 BigQuery。BigQuery 不仅可以使用大多数现有 GA 数据，而且 BigQuery 的强大结构使我们能够查看更深入、更细粒度的匹配（hit）级数据。附加的数据层使我们能够理解和分析关于序列和在会话中执行活动的顺序的用户行为。

BigQuery 是谷歌云平台（Google Cloud Platform）中的几个存储选项之一，如图 16.3 所示。

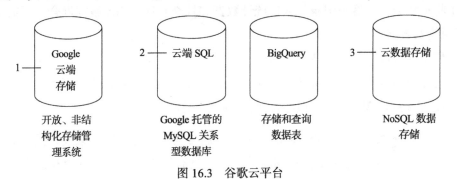

图 16.3　谷歌云平台

（2）BigQuery 是一个关系型数据库？

虽然 BigQuery 是为运行类似 SQL 的查询而设计的，但我们不能将其看作关系型数据库管理系统。诸如 Oracle、SQL Server、DB2 或 MySQL 之类的关系型数据库管理系统（RDBMS）

旨在高效执行所有 CRUD 操作（reate, read, update, delete，创建、读取、更新和删除），Big-Query 主要用于存储和读取非常大的数据集所需的运行更快的查询操作，同时避免 RDMBS 可能应用的抽样。

本章稍后将会探讨一些 BigQuery 的高级案例。

对于导出到 BigQuery 的 GA 数据可用的数据集、表、行和列，请参阅 GA 帮助文档中的"BigQuery 导出模式"（*Big Query Export Schema*），网址为 `https://support.google.com/analytics/answer/3437719?hl=en`。

2. Tableau

Tableau 是用于可视化报告的强烈推荐的一款工具。Tableau 是当今市场上领先的数据可视化工具之一，在仪表板创建、专门（ad hoc）分析和构建自助式报告解决方案方面非常强大。

杰夫·冯（Jeff Feng）是 Tableau 软件的产品经理。

Tableau 是一种交互式数据可视化工具，通过提供易于使用的拖放界面帮助人们了解他们的数据。数据分析应该能够帮助人们发现问题，所以我们努力帮助那些对数据最为了解的人能够快速轻松地找到自己发现的数据问题的答案。

Tableau 通过使用其核心报告 API（Core Reporting API）为用户提供与 GA 的原生连接，以创建其数据的内存提取。如图 16.4 所示，Tableau 证明了很多 GA 数据分析的独特优势，包括以下能力：

1）将离线数据、客户记录、人口统计数据和社交媒体与 GA 数据混合而不需要从其他数据源调取数据。

2）使用拖放操作来构建高动态和交互式的自定义仪表板。

3）通过指向点击（point-and-click）高级分析或新功能，更深入地了解你的数据。

特别地，将 GA 数据与其他数据源混合的能力尤其强大。

GA 是非常强大的，而 Tableau 的目标是通过与其他企业数据源集成，提供更丰富的洞察力，并快速、动态地呈现数据问题的答案，具有极强的视觉吸引力和最大限度的清晰度。

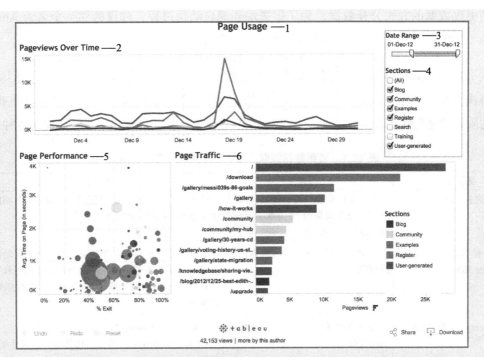

图 16.4　使用灵活的、风格化和交互式的格式化选项在 Tableau 中将 GA 和其他数据源进行集成

1—网页使用　2—网页总浏览量　3—时间跨度　4—部分　5—网页表现　6—网页流量

Tableau 有以下三个组件。

1）Tableau Reader：可免费下载和安装。其唯一的功能是使用户能够查看 Tableau 报告文件，类似于 Adobe Reader for PDF 文件。如果使用文件共享报告分发系统，终端用户必须安装 Tableau Reader 才能打开原生格式（native-format）的 Tableau 文件。Tableau Reader 具有 Windows 和 Mac 版本。

2）Tableau Desktop：这是 Tableau 系列的报告构建环境。在 Tableau 中受过良好培训的用户通常可以访问此软件，并且可以查看来自每个数据源的原始数据。在此环境中，报告构建器可以执行专门（ad hoc）分析，也可以构建要作为文件共享的报告、仪表板、可视化文件（由 Tableau Reader 打开）或发布到基于 Web 的 Tableau Server（如下所述）。Tableau Desktop 提供 Windows 和 Mac 版本。

3）Tableau Server：基于 Web 的 Tableau Server 像 Tableau 报告的发布环境一样。此软件将安装在网络中的中央 Web 服务器上。报告构建器将构建报告并发布到此服务器供最终用户使用。终端用户可以登录（在其浏览器中，因为它是基于 Web 的，无须使用 Tableau Reader），并查看根据角色的权限模型允许的报告、仪表板、可视化。Tableau Server 当前仅适用于 Windows 服务器。

3. 使用哪种工具由哪些因素决定

制定报告解决方案的一个必要因素是解决许多不同数据源的问题，这些数据源不能以允许自动提取数据的方式公开数据。为了促进端到端自动化过程，建议购买一个名为 Analytics Canvas（又名 Canvas）的中间交互层工具，如前面所述。

现有这些工具都可以用，当然就很难确定使用哪个工具了。有几个因素影响我们应该使用的解决方案，但主要因素之一是抽样（在第 11 章中讨论过）。由于 GA 中的抽样直接影响数据的质量和完整性，表 16.1 可能有助于确定使用哪种工具，或至少不该考虑使用哪种工具。

表 16.1　可用数据提取方法 / 工具和理想用途的摘要

提取方法	抽样	备　注
核心报告 API	受 GA 标准接口的相同抽样阈值所限（报告周期内 50 万次）。每次查询返回 10 000 行	Canvas 等工具可以通过使用"查询分区"功能来减少（但不能消除）抽样效果的影响
非抽样请求 API（仅限 Analytics 360）	提供对预配置的非抽样报告的访问权限	非抽样数据较理想的导出方式，但由于有限的访问造成了一定的不便。非抽样的报告必须从工具（或电子邮件）手动下载，或通过 Google 云端存储账户以 CSV 文件方式访问
BigQuery（仅限 Analytics 360）	提供非抽样的匹配（hit）级数据访问权限	可用于以下两种模式： 1）作为数据中心，可以上传其他数据源并加入 GA 数据 2）作为访问非抽样的匹配（hit）级 GA 数据的工具
Analytics Canvas	可以连接到核心报告 API，以及非抽样请求 API 以获得完全非抽样数据及 BigQuery	让可视化工具协助你工作。它本身只能提供一个提取、转换数据的功能
Tableau	包含访问 GA 数据的连接器，但容易出现重大抽样问题	更好的解决方案是通过与 Analytics Canvas 的集成将数据提供给 Tableau 或使用从 Analytics 360 到 BigQuery 的自动导出，并从 Tableau 连接到 BigQuery

16.2　ETLV——完整的报告自动化周期

ETL 的意思是提取、转换和加载。它是一个双向的过程，将数据从源系统加载到定向系统，以支持业务报告。我们在 ETL 后添加了一个"V"使这个过程更加"现时"一点和完整一点。当然，这里的"V"（visualize）代表可视化功能。

整体解决方案的功能如下：

1）提取数据。

2）转换数据。

3）将数据加载到报告平台。

4）可视化。

该过程的说明如图 16.5 所示。

在 ETLV 过程中需要考虑几个因素来从异构数据源提取 / 获取数据、修改（转换）数据，然后将其加载到数据报告工具中以便以自动化的方式实现可视化。我们在表 16.2 中拆解了一些因素。

　　在决定采用某种解决方案或任何工具之前，建议先评估一下组织机构的报告需求。通过表 16.2，更好地了解你的数据源和需要多少数据清理，你的组织机构将更有可能做出一个可靠的商业决策，并构建一个报告解决方案来为自己提供高效、敏捷和深度需求的洞察。

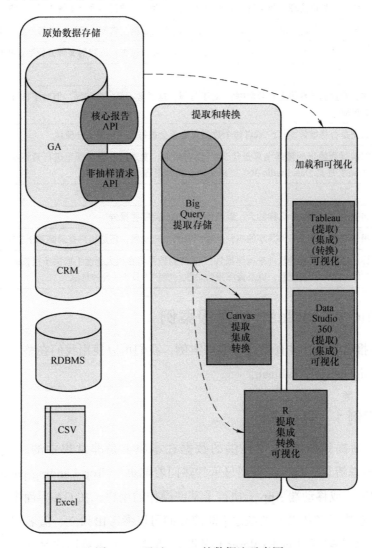

图 16.5　通过 ETLV 的数据流示意图

表 16.2　自动化 ETLV 报告解决方案的每个阶段的因素

因素	注意事项
1. 阶段：提取	
数据源	典型的业务可能需要从诸如 GA、WebTrends、Adobe Site Catalyst 等平台，Marketo 或 Eloqua 等营销自动化工具，SalesForce 等 CRM 工具，AdWords、DoubleClick、AdMob、电子商务数据、App 数据（来自 Apple Store 或 Google Play）等展示广告数据，或任何数量的内部数据库中提取数据
格式	存储数据的格式是什么以及它是如何展现的，将决定我们用来提取数据的方法
频率	数据提供或刷新的频率如何
时间范围	是以增量块（每日、每周或每月提取）的方式提供数据还是作为完整提取

（续）

因素	注意事项
2. 阶段：转换	
清理	需要多少数据清理、数据过滤和重命名（使数据可以被目标受众了解以及增加报告友好度）
结构	此步骤负责任何计算（如计算跳出率、取消重复数据、求和 / 汇总）或基于业务逻辑的其他计算
数据集成	是否有公共主键可用于将数据源连接在一起，或通过查找或映射文件方便数据扩展
3. 阶段：加载	
频率	多新的数据才算得上有效数据？ 对于月报，这通常不是一个问题，但对于日报，它可能带来一个巨大的挑战
导入类型	数据是否将增量加载？ 或者整个数据集是否会被每个周期所完全覆盖
格式	加载过程输出的最终结果是什么？ 换句话说，发送的数据在哪里进行最终报告？ 是 Excel ？ 还是 Tableau ？ 还是 Data Studio 360 ？ 还是一些其他报告或可视化工具
4. 阶段：可视化	
治理	将查看数据的是什么样的人，以及他们应该访问哪些报告
分发	报告是通过电子邮件共享的吗？是在网络共享驱动器，还是用户登录到基于 Web 的系统并查看报告
软件	你已经投入了哪些软件来构建报告？ 软件的选择将在很大程度上取决于报告的需求，还取决于终端用户学习新工具的意愿，以及资深报告员执行特定工具 / 平台的意愿

16.3 BigQuery / Tableau 的高级案例

让我们远离报告架构，并查看一些报告案例，我们可以使用我们在整个 ETLV 堆栈中使用的两个工具：BigQuery 和 Tableau。

16.3.1 案例 1：路径分析

正如我们前面提到的，GA 中提供的数据在本质上是非常集中的。可以按广告系列（Campaign）查看总流量，按广告系列显示"热门着陆页"（Top Landing pages）等。还可以深入了解在你的网站或移动端 App 上执行了某些操作的用户。在 GA 界面中无法轻松做的事情是确定用户汇总执行某些操作的顺序 [即使我们可以参考由独立、匿名用户完成的一系列操作的"用户分层图表"（User Explorer）报告]。例如，大多数用户是选择先查看视频还是在销售线索提交目标发生转化之前下载 PDF 文档？目前在 GA 中可用的流报告虽然有一定的用处，但并不总是能够解决关于我们的网站和 App 的汇总级、匹配（hit）级流量等遇到的问题。

进入 BigQuery。

作为与 Analytics 360 集成的一部分，呈现给 BigQuery 的数据包含一个在 GA 界面中不可用的数据层。该匹配（hit）级数据包括时间 / 序列信息，因此可以进行这种类型的信息流分析。在 BigQuery 中，可以针对特定用户（基于用户 ID）甚至是一个特定的用户会话（类似于 GA 中的"用户分层图表"报告）来掌握此数据。

为了做到这一点,先找一个相当活跃的用户。为了让结论看起来简单明了,我们只将一天的数据作为观察对象。

下面是一个简单的查询,它可以让我们找到更深入的用户会话。

```
SELECT CONCAT (fullVisitorID,STRING (visitID)) AS userSession,totals.
hits FROM [8839142.ga_sessions_20150920] order by totals.hits desc
LIMIT 100
```

结果如图 16.6 所示。

Row	userSession	totals_hits
1	81455779727669634261442740881	80
2	58181865585942738431442755338	40
3	27328100088140737481442756504	17
4	56931057507440682961442768534	16
5	52465718007105126291442810155	13
6	75537273304561498571442815847	12
7	17268076316175367251442792084	12
8	81455779727669634261442737263	11
9	10756412833193996981442809110	10
10	72196124314062243551442808697	9

图 16.6 通过 visit ID 提取总匹配数的一条简单查询的结果

1—行号 2—用户会话 3—总计匹配数

在 80 次匹配(hit)中,第 1 行的会话显示出高水平的参与度。下面来看看这个用户在这个特定会话中查看的网页。进一步结合这一点和网页的查看顺序来观察。

以下是查询:

```
SELECT hits.hitNumber,hits.page.pagePath FROM [8839142.ga_
sessions_20150920] where visitID=1442740881 and hits.type='PAGE'
LIMIT 100
```

此查询的结果如图 16.7 所示。

Row	hits_hitNumber	hits_page_pagePath
1	1	/blog/social-analytics/3-steps-to-track-social-media-in-google-analytics
2	16	/index.jsp
3	17	/blog
4	20	/blog/google-analytics/google-analytics-account-configuration
5	25	/blog
6	27	/blog/google-analytics/benchmarking-reports
7	31	/blog
8	32	/blog/google-analytics/creating-remarketing-audiences-from-google-analytics

图 16.7 查看单独用户会话期间生成的匹配(hit)

1—行号 2—匹配数 3—匹配网页路径

现在可以看到此用户在其会话中查看的网页的顺序：

1）查看"Social Analytics"博客文章。

2）浏览回主页（可能是为了了解公司更多信息）。

3）去主博客页面。

4）阅读 GA 账户配置博客文章。

5）返回主博客页面。

6）阅读基准（Benchmarking）报告博客文章。

7）返回主博客页面。

8）阅读广告创意再营销（Creative Remarketing）博客文章。

9）返回主博客页面。

你还可以在汇总路径分析（aggregate path analysis）中查看此数据，以了解用户在你的网站或移动端 App 中查看的内容（因为此方法可用于屏幕和页面）。有关汇总可视化的示例，请访问 www.e-nor.com/gabook。

16.3.2 案例 2：电子商务

假设你经营电子商务商店，并想了解更多用户与你产品互动的信息。这里将从一个简单的查询开始：哪些产品在某一天购买？本案例将使用一个虚拟的体育用品商店。

```
SELECT hits.item.ProductName as Product, hits.item.itemQuantity as
Quantity, hits.item.itemRevenue as Revenue
FROM [hockeystore:049725.ga_sessions_20150901] where hits.item
.ProductName!='null' and totals.transactions>0 order by hits.item
.itemRevenue DESC LIMIT 100
```

结果如图 16.8 所示。

叫"滑冰鞋"（Skates）的产品，在这一天赚了很多。如果现在让我们回答以下商业问题：对于购买了滑冰鞋的用户，他们还购买了哪些其他产品？

以下是显示此信息的查询语句：

```
SELECT
    hits.item.productName AS other_purchased_products,
    COUNT (hits.item.productName) AS quantity
FROM [hockeystore:049725.ga_sessions_20150901]
WHERE
    hits.item.productName IS NOT NULL
    AND hits.item.productName !='Skates'
    AND fullVisitorID IN (
SELECT
    fullVisitorID
FROM [hockeystore:049725.ga_sessions_20150901]
WHERE
    hits.item.productName CONTAINS 'Skates'
```

```
        AND totals.transactions >= 1
GROUP BY
    fullVisitorID
    LIMIt 100)
GROUP BY
    other_purchased_products
ORDER BY
    quantity DESC;
```

Row	Product	Quantity	Revenue
1	Helmets	5	58374.5
2	Skates	2500	40675
3	Sticks	4	37980
4	Gloves	25	29122.25
5	Pucks	1	23925.8
6	Jersey	20	23795.8
7	Shoulder Pads	20	23681.8
8	Knee Pads	20	23615.8
9	Elbow Pads	20	23589.8
10	Hockey Pants	20	23373.8
11	Socks	11	21690.79
12	Equipment Bags	15	20998.95
13	Hockey Tape	16	19116.64
14	Skate Laces	1000	18960
15	Mouthguards	1000	18310
16	Skate Tools	15	17542.35
17	Training DVDs	10	15780

图 16.8　显示在一天内从体育用品商店购买的产品的查询结果

1—行号　2—产品　3—数量　4—收入

　　忽略查询本身的复杂性，关键是它向我们展示了"购买了滑冰鞋产品的人也购买了以下产品"，如图 16.9 和图 16.10 所示。这是非常有用的数据，并且可以形成推荐引擎交叉销售其他产品的基础。

Row	other_purchased_products	quantity
1	Helmets	16
2	Shoulder Pads	13
3	Jersey	5
4	Hockey Tape	3

图 16.9　查询的结果显示购买滑冰鞋的客户购买的其他产品

1—行号　2—其他已购买产品　3—数量　4—头盔　5—护肩　6—运动衫　7—胶带

图 16.10　对于其他购买的产品的查询可以作为推荐引擎的基础

1—滑冰鞋　2—你也许会感兴趣　3—头盔　4—护肩　5—胶带　6—鞋带　7—运动衫

16.3.3　案例 3：先进的渠道（funnel）分析

渠道（funnel）[⊖]是 GA 的一个经常被提及的功能。GA 中的渠道（funnel）功能很有用，但缺少一些关键功能，如能够即时细分渠道（funnel），或者将正在运行的渠道（funnel）追溯到历史数据。通常，此类型的分析可以在 GA 之外完成。

以下是来自 Analytics Canvas 的创始人詹姆斯·斯坦登（James Standen）的一篇文章，讨论如何通过利用 Analytics Canvas 进行此类渠道（funnel）分析。

<table>
<tr><td>**嘉宾观点**</td><td>**高级渠道（funnel）分析——下一级**</td></tr>
</table>

詹姆斯·斯坦登是 nModal Solutions 公司的创始人兼首席执行官。

通过使用 GA 集成功能，可以超越 GA 的内置渠道（funnel）功能，对渠道（funnel）进行更精细的查看。

GA 中的渠道（funnel）报告有以下一些主要限制：

⊖　funnel，GA 中文版界面上对应的是"渠道"，行业内通用的叫法是"漏斗"，为确保读者阅读体验及理解，本书用"渠道（funnel）"表示。——编者注

■ 难以使用细分。

■ 难以看到随着时间推移的变化。

■（GA 标准版）——无法对历史数据进行渠道（funnel）分析。

然而，通过使用 GA 中提供的强大集成，可以从 GA 中提取数据，并执行更高级的渠道（funnel）分析。在整个期间内，我们不仅可以创建渠道（funnel）的单一视图，还可以随着时间的推移逐步查看退出率（exit rate），并对渠道（funnel）进行细分，因此可以看到渠道（funnel）效果如何随着时间、流量来源等改变。

下面看看以下两种先进的技术：

1）核心报告 API（Core Reporting API）。适用于 GA 标准账户和 Analytics 360 账户，通过进行大量查询并将结果组合在一起，可以构建更高级的渠道（funnel）分析。

2）BigQuery。仅适用于 Analytics 360 账户，使用某些奇妙的 SQL 脚本几乎任何事情都可以用 BigQuery 实现。

这两种技术均可在 Google 合作伙伴 nModal Solutions 创建的第三方工具 Analytics Canvas 中使用。Analytics Canvas 提供了一种可视化环境，允许用户以复杂的方式从 GA 提取数据，然后清理、合并以及将此数据与其他数据源结合，然后将其传递到数据库、报告或可视化工具（如 Tableau）。

1. 使用核心报告 API

通过对核心报告 API 进行多次查询，可以获取 GA 界面中提供的高级渠道（funnel）信息，但只能通过 Analytics 360 中的"自定义渠道"（Custom Funnel），并且实际上可以通过任何给定渠道（funnel）获取更细致和细分的数据。

每个查询都是通过使用获取一定数量的具有某些特征的会话的细分来创建的。放在一起时，可以查看渠道（funnel）活动的完整体系。

首先，必须定义一系列渠道（funnel）步骤。在 Analytics Canvas 中，这是通过使用渠道（funnel）查询用户界面完成的（见图 16.11）。在这种情况下，只使用"网页路径"（pagePath），但也有一些其他的选项可供选择。需要注意的是，有一个"细分"（Segment）选项卡，有了它就可以将一个细分叠加到渠道（funnel）上，而这在 GA 标准账户中是不可能实现的。

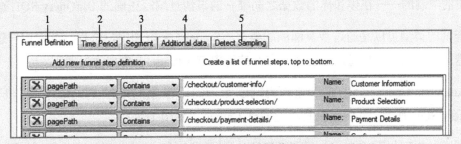

图 16.11　Analytics Canvas 中的渠道（funnel）配置

1—渠道（funnel）定义　2—时间期限　3—细分　4—附加数据　5—监测抽样

定义了这些步骤之后，在后台相应的每个步骤都会有三个核心报告 API 查询完成。具体如下：

1）进入步骤且没有进入过之前步骤的会话数。可以得到直接在此步骤进入渠道（funnel）的会话数。

2）进入该步骤和上一步骤的会话数。可以得到从前面的步骤到这个步骤的会话数。

3）进入步骤但未进入任何后续步骤的会话数。这是一个非常重要的查询，可以从中知道在这一步退出了多少会话。

这三个查询的结果给出了结果数据集中的一行——当我们对渠道（funnel）中的每个步骤运行它们时，我们得到以下结果：完整的逐步递进的渠道（funnel）分析（见图 16.12）。此处示例数据集将需要 12（3×4=12）个核心报告 API 调用。

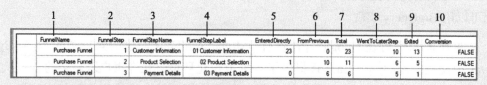

图 16.12　渠道（funnel）分析

1—渠道（funnel）名称　2—渠道（funnel）步骤　3—渠道（funnel）步骤名称　4—渠道（funnel）步骤标签　5—直接进入　6—来自前一个步骤　7—总计　8—进入下一个步骤　9—退出　10—转化

它变得真正强大的地方在于，如果我们添加了日期，那么可以看看随着时间推移渠道（funnel）中的变化。通过添加细分，可以了解不同细分与渠道（funnel）的互动情况，并识别流量来源问题或技术问题 [如浏览器可能会造成特定步骤的渠道（funnel）退出率升高]。

例如，我们甚至可以按照细分或者按照一周中不同日期的时段来查看渠道（funnel）的效果，所有这些类型的查询都是由使用此方法的核心报告 API 支持的。

2. Analytics 360—BigQuery，终极渠道（funnel）分析

终极渠道（funnel）分析仅适用于 Analytics 360。这可以通过 BigQuery 与 Analytics 360 集成，这一点本章前面讨论过。当 Analytics 360 账户的 BigQuery 集成设置完成后，所有详细的匹配（hit）级数据都会每天传输到 BigQuery 的表格中。因此，潜在分析是没有实质的限制的——在你和你的数据之间唯一的事情是编写正确的 BigQuery SQL 查询。

查询的类型可以是通过涉及回溯的渠道（funnel）来识别用户旅程，其中用户感到困惑或错过了什么，并且通过分析这些交互使得渠道（funnel）更加清晰明了。

Analytics Canvas 会生成实施我们刚刚看过的增强版的渠道（funnel）报告所需的 BigQuery SQL 查询，并将数据直接返回到 Canvas（见图 16.13）。

同样，由于使用 BigQuery，因此可以添加尽可能多的列，这些列对维度或指标没有限制。在 SQL 中，WHERE 子句为细分提供了大量选项。从而可以生成表现渠道（funnel）性能的

数据集（在维度模型中设置，你可以根据需要进行切片和切块）。实际上，BigQuery 可以处理许多数据，可以创建细分表格（数百万个会话或满足指定条件的用户的列表），然后将此表格连接到渠道（funnel）表，以获取完整的渠道（funnel）细分集以供分析。

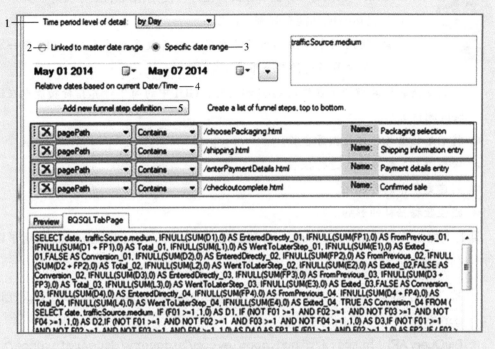

图 16.13　Analytics Canvas 能够生成 BigQuery SQL

1—时间周期：天　2—关联以随时调整时间范围　3—设定具体时间范围　4—相关日期以当前日期 / 时间为主　5—添加新的渠道（funnel）步骤定义

SQL 结构的关键是使用 FLATTEN 获取所涉及匹配（hit）的表，然后进行一系列测试，并总计每个测试的会话总量。在上面的示例中，通过媒介查看渠道（funnel），因此已经将 visit ID 聚合在一起。如果已将其留下并将结果写入 BigQuery 表格，则可以在单个会话的水平下生成完整的渠道（funnel）分析。虽然对涉及的 SQL 的详细分析超出了此概述的范围，但是该工具中提供了由 Analytics Canvas 生成的完整 SQL 查询，因此可以查看其结构并根据需要进行修改。

最后，最终目标是创建一个这样的数据集，并在诸如 Tableau 之类的工具中实现可视化，其中可以在多个级别探索多方面的数据集及其渠道（funnel）性能，甚至是面向单个会话 / 用户级别。

无论你使用的是 GA 标准版或 Analytics 360，这些技术和工具（如 Analytics Canvas 和 Tableau）都可以显著增强对渠道（funnel）的访问权限，并提供新的洞察和机会来让你优化。

注意，如果已获得 Analytics 许可，则可以利用第 18 章中讨论的"自定义渠道"（Custom Funnel）功能。

嘉宾观点　使用 R 访问 Google Analytics 数据

埃里克·戈德史密斯（Eric Goldsmith）是 TED 会议的数据科学家。

GA 图形用户界面（GUI）在许多使用情况下工作良好。如果你发现自己运行的功能有限制，比如：

- 使用两个以上的维度（自定义报告最多允许 5 个，API 在一次查询中最多允许 7 个维度）。

- 生成复杂的计算指标（在编写 GUI 的同时，GUI 中的简单计算指标功能也在进行 beta 测试）。

- 将 GA 数据与外部数据源合并。

- 跨多个 GA 媒体资源进行报告。

- 创建更复杂的可视化。

- 减轻数据抽样的影响。

通过专用工具或以编程方式访问 GA 数据是合乎逻辑的下一步。Google 规定了以下两种程序化访问方法：

- **核心报告 API**：https://developers.google.com/analytics/devguides/reporting/core/v3/)

- **BigQuery API**：https://cloud.google.com/bigquery/docs/reference/v2/

两者都是通用的，几乎任何编程语言都可以使用。其中比较出色的一种能够进行数据操作的语言是 R 语言（https://www.r-project.org/about.html）。

以下部分将重点介绍使用 R 访问和可视化 GA 数据的机制。有关学习使用 R 的信息，有如下很多在线帮助：

```
http://tryr.codeschool.com/
https://www.datacamp.com/
http://dss.princeton.edu/training/RStudio101.pdf
https://support.rstudio.com/hc/en-us/sections/200107586-Using-RStudio
```

你可以下载未经删节的"使用 R 访问 GA 数据"（*Aceessing GA Data With R*），包括如何借助核心报告 API 使用 R，详情请参阅 www.e-nor.com/gabook。

1. 使用 BigQuery

如果你是 GAP 客户，则可以将 GA 数据导出到 Google 的 BigQuery（https://support.google.com/analytics/answer/3437618），并获得对未进行抽样以及未汇总的原始数据的访问权限。

使用 BigQuery 与使用核心报告 API 的区别还是很大的：各有利弊，但是这种讨论超出了本文的范围。

1）安装所需的软件包。

bigrquery 包（https://cran.r-project.org/web/packages/bigrquery/index.html）可从 CRAN 获取。

```
install.packages ("bigrquery")
```

2）GA 数据查询。

BigQuery 使用类似 SQL 的语言（https://cloud.google.com/bigquery/query-reference），通常称为 BQL。例如，要获取美国不同设备类型的首页浏览量（过去 30 天内的趋势），如图 16.14 所示，代码如下所示：

```
library (bigrquery)

project <- "xxxxxxxxx"
dataset <- yyyyy

query <-
    "SELECT DATE (date) AS date, device.deviceCategory AS
deviceCategory, COUNT (hits.type) AS pageviews
    FROM (TABLE_DATE_RANGE ([%s.ga_sessions_], TIMESTAMP('%s'),
TIMESTAMP ('%s')))
    WHERE hits.type = 'PAGE'
        AND hits.page.pagePath = '/'
        AND geoNetwork.country = 'United States'
    GROUP BY date, deviceCategory
    ORDER BY date, deviceCategory;"

bql <- sprintf (query, dataset, startDate, endDate)
data.bq <- query_exec (bql, project = project)
```

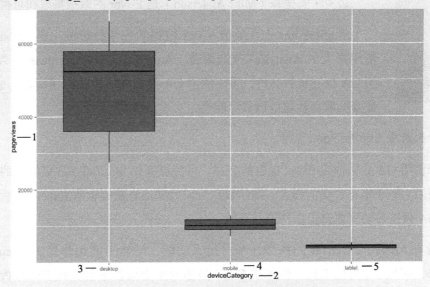

图 16.14　按设备类型显示的浏览量

1—网页浏览　2—设备类别　3—桌面　4—移动　5—平板电脑

上述项目和数据集的值是在 BigQuery Export（导出）（https://support. google.com/analytics/answer/3416092）设置过程中获取的。

3）可视化。

框图有助于可视化数据分布：

```
# Boxplot
ggplot (data.bq, aes (x = deviceCategory, y = pageviews, group =
deviceCategory, fill = deviceCategory)) +
  geom_boxplot () + guides (fill = FALSE)
```

2. 下一步骤

上面的介绍只是对 GA 数据和 R 做了一些粗浅的研究。

R 可用于数据的交互式探索或脚本程序执行。R 脚本可以用于数据操作管道（data manipulation pipelines）的任何操作，通过 knitr（http://yihui.name/knitr/）等工具自动生成报告，甚至可以通过诸如 Shiny（http://shiny.rstudio.com/）建设 Web 应用程序。

通过这些工具，将 GA 数据与其他数据集（例如，来自外部 MySQL 数据库的内容或客户数据）连接变得容易，并且可以探索、报告和可视化可能保持隐藏的更广泛的视角。

嘉宾观点 ShufflePoint

迈克·安德森（Mike Anderson）是 E-Nor 的数据集成和可视化专家。

ShufflePoint 一直是访问 GA 数据的一个很好的工具。ShufflePoint 使用强大的 Analytics 查询语言（Analytics Query Language，AQL）访问 GA 核心报告 API，无须使用 GA 界面即可进行数据提取。这证明了数据提取自动化的诸多可能性。

为什么选择 ShufflePoint？

对于使用 GA 数据构建 Excel 报告的公司，可能没有比 ShufflePoint 更好用的工具了。它易于使用、易于学习、功能强大。原始数据可以轻松地直接提取到 Excel，然后可视化，以便为 GA 数据自动生成报告，快速且高效。

它没有 Analytics Canvas 的稳健性和自定义功能，当然不能用作像 Tableau 或 Data Studio 360 一样的可视化工具，但如果 Excel 是你的主要报告平台，则 ShufflePoint 是从 GA 提取数据的最佳选择。

1）使用 ShufflePoint。

ShufflePoint 提供了以下两种访问 GA 数据的方法：

■ 一张漂亮的图表（基于浏览器的 Web 界面）。

■ 直接从 Microsoft Excel 连接和运行查询的功能。

2）Web 界面。

使用 ShufflePoint 的主要方法是通过它们的 Web 界面（见图 16.15）。它提供了一个直观的拖放方法来创建查询。只需将维度和指标拖放到列和行，即可编写 AQL 查询。同时，它还能助聪明的用户使用 AQL 直接编辑查询语句。

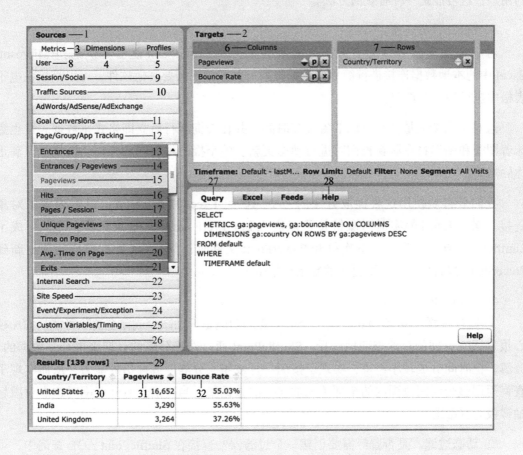

图 16.15　Shufflepoint 基于 Web 的用户界面支持轻松拖放查询构建的能力

1—来源　2—目标　3—指标　4—维度　5—配置文件　6—列　7—行　8—用户　9—会话／社交　10—流量来源　11—目标转化　12—网页／组/App 跟踪　13—入口　14—入口／网页浏览　15—网页浏览　16—匹配　17—网页／会话　18—唯一身份网页浏览　19—页面访问时长　20—页面平均访问时长　21—退出　22—内部搜索　23—网站速度　24—事件／实验／例外　25—自定义变量／时间　26—电子商务　27—查询　28—帮助　29—结果（139 行）　30—国家／地区　31—网页浏览量

32—跳出率

AQL 查询示例如下：

```
SELECT
    DIMENSIONS ga:Month ON COLUMNS
    METRICS ga:sessions, ga:pageviews, ga:bouncerate,
ga:pageviewsPerSession, ga:avgSessionDuration ON ROWS
FROM 45076979
WHERE
    TIMEFRAME lastMonth
```

在 Web 界面中，可以运行查询并实时返回结果，也支持从"结果"窗口复制和粘贴提取的数据。对于只需运行几个查询，然后将数据复制、粘贴到电子表格或电子邮件中的用户，这可能是一种有效的方法。

3）Excel 数据连接。

对于涉及大量查询的更大、更复杂的报告，ShufflePoint 能够提供通过 Microsoft Excel 中的本地数据连接进行简单的数据提取。此连接不需要其他软件，可以直接在电子表格中执行和刷新查询。

这对于刷新大量查询可以节省很多时间，并在查询运行后立即格式化数据。这也意味着图表和图形将在刷新查询时进行动态更新。整个报告可以刷新并自动格式化以满足你的需要。

我们最喜欢使用这种提取方法的一个原因是 Excel 和 PowerPoint 已经内置了对象链接。来自 Excel 的实时对象链接可以嵌入到 PowerPoint 中。这意味着，一旦完成了 ShufflePoint 查询的运行，下次打开 PowerPoint 文件时，所有 GA 数据都会立即更新到 PowerPoint 报告中。不需要更多的复制和粘贴。

4）ShufflePoint 的特点。

① **减少抽样**。ShufflePoint 的一个最重要的功能是帮助减少或完全消除可能从 GA 核心报告 API 返回的总的查询抽样量。ShufflePoint 通过选择分隔的日期来进行（数据的）分解，把时间分成较小组块，实现了按周、月或年"分隔"或遍历的能力，从而实现了查询返回整个时间范围内的全部（无抽样）的数据集。当查询长时间范围时这点对减轻抽样极为有帮助。

② **动态过滤**。是否曾经需要创建一个过滤器？直接在 ShufflePoint AQL 查询中，可以定义自己的自定义过滤器，而无须首先在 GA 界面中设置"细分"（Segment）。可以轻易地在逐个查询的基础上编辑过滤器，这样不影响其他查询的过滤器也不需要去设置多个细分部分。

③ **时间范围比较**。在构建 GA 报告时，时间范围非常有用，有助于轻松确定从一周到下一周、一个月到下一个月等的变化百分比。在定义查询的时间范围时，ShufflePoint 提供了比较时间范围的功能，并且能立即返回时间范围之间的变化百分比。这在使用 Excel 集成时非常有用，因为你可以在时间比较列上使用"条件格式"设置，轻松地将更改的百分比从红色更改为绿色，从而为时间范围比较添加良好的可视化情境，而无须太多工作。

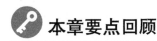 **本章要点回顾**

1）**数据可视化补充了 GA 用户界面中提供的报告。** 虽然 GA 具有强大的界面，但许多高级用例需要将数据从 GA 中提取出来并导入数据可视化工具，特别是当我们需要与其他数据集成时。

2）**抽样可能严重影响数据质量。** 抽样是应该注意的事情，因为它会影响数据的质量。请注意导致抽样的原因，以及哪些报告可能会受到影响。

3）**BigQuery 中的匹配（hit）级数据打开了一个新的分析世界。** BigQuery 有助于在 GA 中提供 GA 本身不具备的非常详细的数据分析。学习这款产品，这是未来的产品。

4）**为报告自动化的路线图做计划。** 真正的报告自动化技能提升只有在仔细思考，以及注意到环境中驱动报告的各种因素后才能实现。

 实战与练习

1）**你的数据是否被抽样？** 请在 GA 中查看几个报告，看看哪些报告是抽样报告，哪些报告没有抽样。可以通过查看每个报告顶部的抽样指示来检查这一点。

2）**从 GA 之外提取数据。** 使用本章中定义的方法，尝试使用可用的导出或 API 功能（或通过工具）获取 GA 之外的数据。

3）**可视化。** 使用此数据通过在任何可视化工具（Excel、Tableau 等）中构建图表来创建视觉效果。

第 17 章
数据导入和测量协议

到目前为止，本书有关 GA 数据捕获的讨论都围绕 GA JavaScript 跟踪代码、analytics.js 进行。无论是直接在页面部署还是通过 GTM——正如我们已经阐释和建议的，跟踪代码实施是我们最基本的 GA 数据捕获范式（Paradigm）。在 13 章，我们也利用 Android 和 iOS 的 SDK，将移动端 App 数据记录到 GA。

本章将介绍除了 analytics.js 和 SDK 外的两种 GA 数据导入方法：数据导入（通过 GA 的用户界面或者 API）和测量协议（Measurement Protocol，MP），允许在任何编程、网络环境下，将匹配（hit）以基本的 HTTP 请求形式计入 GA。

在多数情况下使用数据导入功能来给 analytics.js 和 SDK 的匹配（hit）增加维度，或使用测量协议来统计新的匹配（hit）。

17.1 数据导入

在 GA 中的数据导入功能，一眼看上去似乎有点复杂，但其实相当直接，也非常灵活。在每一个案例中，会生成一个 .csv（逗号间隔值）格式的数据文件，然后利用一个 GA 中的通用主键（common key）导入内置（built-in）或自定义维度。

下面简述多种数据导入场景。

笔记 | 处理时间、查询时间、回溯性（Retroactivity）

GA 中的数据导入通常意味着只有在数据采集正在进行中的时候才会被捕捉计入匹配（hit），"处理时间"（processing-time）数据导入只能应用在现在往后（now-forward）的基础上（除非你从数据导入设置上移除导入配置）。

这意味着，有些类型的数据导入会比另一些更有帮助和实用，宜早不宜迟，你应该以设置数据导入为目标，尽早扩充你的匹配（hit）数据。

如下面所讨论的，成本数据可以进行可回溯的导入。如果你有 Analytics 360，你也可以利用"查询时间"（Query-Time）的数据导入功能，动态地将数据补充进已有的匹配（hit）中。

17.1.1 将 CRM 数据导入 Google Analytics

在第 15 章中，我们直接记录 GA 广告系列信息到 CRM（Salesforce）当中，这样可以使我们的媒介、来源、广告系列值与销售线索状态（lead status）进行关联，销售线索状态是由我们销售团队在 CRM 中指定的。我们还会在 GA 和 CRM 中都记录通用访问者 ID，以保留这两个数据集之间的额外的连接，无论是在 CRM 中或是在单独的环境下，或者在 GA 中。

我们能够利用 GA 的数据导入功能来完成与 GA 的连接。因为导入的数据需要能够被回溯，这种情况下需要利用 Analytics 360 提供的"查询时间"导入（query-time import）功能。本章后面将出现的内容、产品，以及地理位置的导入既适合使用"处理时间"（processing-time）导入，也适合使用"查询时间"导入，因此也能够适用于 GA 的标准版。在这个例子中，我们会采取以下的步骤来从 CRM 中导入一个销售线索状态，以便能够实现和 GA 数据的进一步协同。注意，需要在媒体资源层级上的"修改"权限，才能执行下面的步骤。

步骤 1　在 GA 中创建一个销售线索状态自定义维度

从 Salesforce 中提取的数据反映了销售团队分配给每个销售线索时，这些销售线索的靠谱程度。因为 GA 中没有现成的插槽（slot）给这个数据，我们需要像图 17.1 中那样创建一个自定义维度，把这些数据对象导入进去。

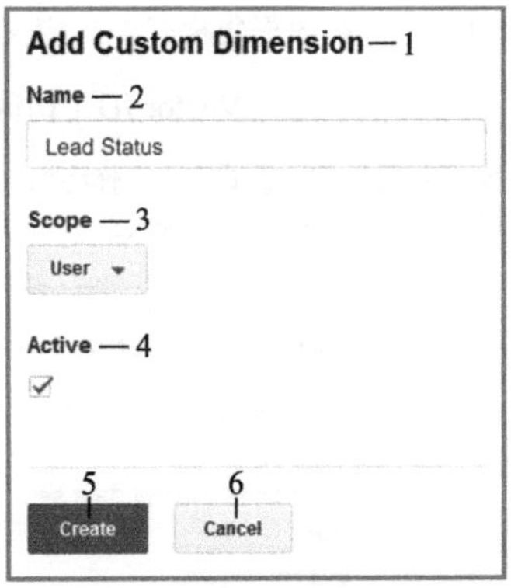

在之前 GA 媒体资源中创建了其他 5 个自定义维度后，这将是第 6 个。将 CRM 中的数据导入 GA 时，需要在"销售线索状态"（lead status）栏中添加"ga:dimension6"作为"销售线索状态"这一栏数据的表头，来匹配销售线索状态自定义维度。

图 17.1　创建自定义维度，以便在数据导入时接收销售线索状态的值

1—添加自定义维度　2—名称　3—范围
4—激活　5—创建　6—取消

步骤 2　在 GA 中创建数据集模式

在将 CRM 数据导入 GA 之前，需要先创建一个数据集用来接收数据，并且定义一个模式（schema）来匹配数据导入。在大多数情况下，你需要指定一个独立关键字段作为数据集和一个或更多目标字段的关联，以便从导入的数据中填充进 GA。

1）在"媒体资源管理"（Property admin）下，单击"数据导入"（Data Import）。

2）在"导入行为"（Import Behavior）下，选择"查询时间"（Query Time）。

3）在"数据集类型"（Data Set Type）下，选择"用户"（User），单击"下一步"（Next Step）。

4）在接下来的界面上，命名数据集（Data Set）为"销售线索状态"（Lead Status），选择一个或多个数据视图来导入客户关系管理（CRM）的相关数据（建议先导入一个测试数据视图，在测试当中调整，再导入更多的工作数据视图。

5）下一步，在数据导入处定义要用到的常用字段 / 维度，并且在"已导入数据"（Imported Data）下面，定义多个目标维度，把新数据复制进来，如图 17.2 和图 17.3 所示。

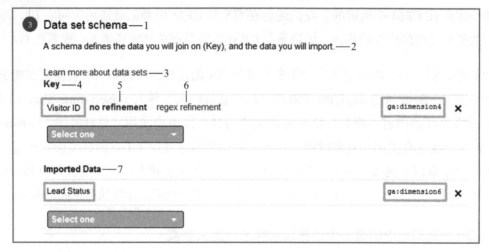

图 17.2　在数据集模式中，定义一个 key（主键），通常包含一个独立维度，如作为自定义维度创建的

Visitor ID（访问者 ID），以及一个或更多的使用主键导入的目标字段

1—数据集模式　2—模式定义了你将加入的数据（作为主键），以及导入的数据　3—了解更多数据集　4—主键　5—不细化
6—正则表达式细化　7—已导入数据

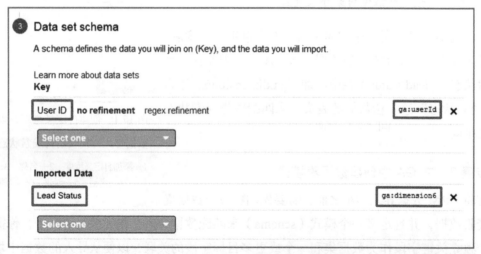

图 17.3　这个模式和图 17.2 相似，这里使用了 User ID（用户 ID）维度作为主键，这个维度能够跨设备跟踪，
而且还能同时服务于 CRM 和 GA 数据

　　6）在"覆盖匹配数据"（Overwrite Hit Data）下，可以选择 No，因为目前销售线索状态数据没有任何和访问者 ID 相关的。在未来，数据导入"销售线索状态"（lead status）或许会有访问者 ID 这一项，那时就可以在"覆盖匹配数据"下选择 Yes 了。

　　7）单击 Get Schema 确认表头的名称，需要在第 3 步中增加到导出 CRM 数据中。在销售线索状态例子当中，将配置设置为 ga:dimension4、ga:dimension6 或者 ga:userId、ga:dimension6，这取决于你将 CRM 中的访问者 ID 存储在哪（假设在第 6 个自定义维度跟踪中创建了销售线索状态自定义维度）。如果之前将 CRM 里的访问者 ID 同时存储为用户 ID（跨设备）和访问者 ID 自定义维度下的 CRM 集成，就可以在设置的模式中使用用户 ID 或者访问者 ID 的任何一个作为主键（key）。

术语 | 主键（Key）、目标对象（Targets）和模式（Schemas）

大部分的 GA 数据导入 [指所有延展性数据（Extended Data）这类型的导入] 需要和已经录入的数据相匹配。主键（Key）包含一个或多个通用数据点，这些数据点会把导入数据和已记录、将被记录的 GA 数据匹配起来。主键通常由一个独立字段组成，以下 3 种为例：作为自定义维度的访问者 ID（Visitor ID）和用户数据（User data）导入的用户 ID（User ID），如图 17.2 和图 17.3 所示，内容数据（Content data）导入的页面 / 请求 URI，以及用于广告系列数据（Campaign data）导入的广告系列 ID。

目标对象（Targets）指的是一个或多个 GA 自定义维度，能够通过通用主键接收其他导入数据集的数据点。作为一个目标对象，可以在广告系列数据导入中指定一个内置维度，如广告系列媒介、来源、名称，或者自定义一个维度，如图 17.2、图 17.3 中的销售线索状态（lead status）。

总体来说，主键（Key）和一个或多个的目标对象（Targets）共同组成了模式（Schema），或者我们导入的映射进 GA 的数据的预期结构。

步骤 3　导出 CRM 数据

举个例子，在 Salesforce 中，可以创建一个包含两个字段集合的报告，如图 17.2 和图 17.3 中的模式所示。

1）访问者 ID 和销售线索状态。如果存储在 GA 和 Salesforce 中的通用主键是客户端生成的 ID（如 GA _ga cookie 的客户端 ID 值），则需要通过一个内存芯片销售线索表单（memory chip lead form）上的隐藏字段，将填充到 Salesforce 销售线索中的访问者 ID 自定义字段导出。

2）销售线索 ID / 顾客 ID 和销售线索状态。如果最初提交销售线索或购买表单时，不是将客户端生成的访问者 ID 传递到 CRM，则可以从新的 CRM 记录中检索销售线索或顾客 ID，并将其作为访问者 ID 自定义维度或跨设备用户 ID 记录进入 GA，导出此销售线索 / 顾客 ID 和销售线索状态。

当你把 CRM 报告以 CSV 格式导出后，会生成一个文件类似于代码 17.1，作为示例，将其命名为 "sf-export-lead-status.csv"。

注意，必须添加原始表头。这个模式例子对应于图 17.2。

代码 17.1　访问者 ID 和销售线索状态从 CRM 中导出为 CSV 格式

```
ga:dimension4,ga:dimension6
8575125426.7414512124,qualified
2351526532.8748574856,unqualified
3625325410.3621014101,qualified
8547512450.6958215485,unqualified
5693210174.6958745615,unqualified
5235651548.2514548845,qualified
5645461021.8645456120,unqualified
4561230223.7845613123,unqualified
8564612310.8964564103,qualified
4564613123.7841312301,unqualified
```

步骤 4　上传这个 .csv 格式文件

1）在"媒体资源管理"栏中，单击"数据导入"（Data Import）。

2）对于以前定义的图 17.4 中列出的"销售线索状态"（lead status）数据集，单击"管理上传"（Manage uploads）。

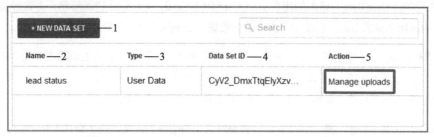

图 17.4　将 CRM 数据导入到步骤 2 定义的数据集中

1—创建新数据集　2—名称　3—类型　4—数据集 ID　5—操作

3）单击"上传文件"（Upload file），选择"sf-export-lead-status.csv"，然后单击"上传"（Upload）。

一旦导入完成，就会看到一个确认页面，如图 17.5 所示。

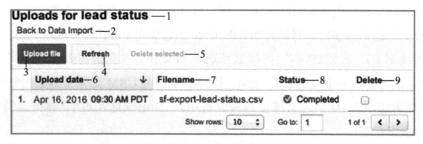

图 17.5　销售线索状态数据集的数据导入确认

1—上传销售线索状态　2—回到数据导入　3—上传文件　4—刷新　5—删除所选　6—上传日期　7—文件名称　8—状态
9—删除

17.1.2　通过管理 API 上传

注意，还可以通过 GA"管理 API"（Management API）而不是通过 GA 用户界面导入数据。在需要自动化的情况下，"管理 API"将是更好的选择。如果数据基于一个特定（adhoc）或偶尔的情况上传到 GA，那么这种在界面上操作的方式（interface method）能够完美运行。如果上传频繁或者如果需要手动上传，那么"管理 API"功能就变得更有吸引力。

17.1.3　在 Google Analytics 报告中使用导入数据

在许多情况下，例如 17.1.1 小节中列出的销售线索状态示例，新数据会被导入一个或多个自定义维度。虽然在任何内置 Google Analytics 报告中，默认情况下不会显示自定义维度，但可以在内置报告中应用自定义维度作为次级维度，并使用自定义维度定义一个自定义细分或者自定义报告，如同在第 10 章和第 11 章中讨论过的一样。

可以在"广告系列"（Campaign）报告中将导入的"销售线索状态"数据用作自定义维度，如图 17.6 所示。此报告显示与表 15.4 相同的数据，但此处 CRM 和 GA 数据之间的合并发生在 GA 中，而不是在 CRM 或单独的环境中。

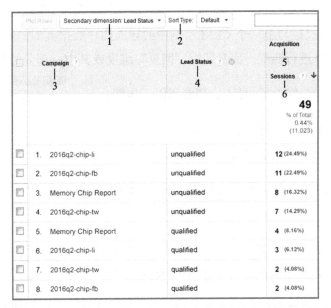

图 17.6　销售线索状态在"广告系列"报告中被应用为次级维度

1—次级维度　2—排序类型　3—广告系列　4—销售线索状态　5—获取　6—会话数

17.1.4　导入内容数据到 Google Analytics

在第 12 章中，首先讨论的典型内容维度示例是，GA 无法在没有你帮助的情况下记录博客或文章页面上的作者和类别。GA 无法在默认情况下捕获此数据，因此使用内容管理系统（CMS）中的作者和类别变量填充数据层，因为它们尚未显示在页面上，我们将作者和类别记录为网页浏览匹配（hit）的自定义维度。

如果，出于任何原因，你的开发人员无法将后端数据写入数据层，以便可以把每次匹配（hit）作为自定义维度进行记录，则可以针对"网页"为作者和类别执行数据导入。

如上所述，Google Analytics 标准版仅支持处理时间导入，不支持电子商务退款和成本数据导入，因此如果你使用的是 GA 标准版，则最好尽早导入此数据。借助 Analytics 360，可以利用"查询时间"导入功能将数据添加到已处理的匹配（hit）中。

> **笔记|　扩展数据导入和匹配数据导入**
>
> 几乎所有类型的 GA 数据导入都用于向正在处理的匹配（hit）添加新的维度值。因此，此功能之前称为维度拓展（dimension widening）：你不是创建新的匹配（hit），而是向现有匹配（hit）添加维度。
>
> 电子商务退款数据除外，因为对它可以进行实际匹配（hit）数据导入。这两种类型的数据导入在 Google 帮助文档中的"关于导入数据"（*About Import Data*）中有介绍。

> 如前所述，"扩展数据导入"仅适用于数据正在采集中（除非你有 Analytics 360，在这种情况下，可以利用"查询时间"导入来应用于已捕获的数据）。成本数据导入在 GA 标准版或 Analytics 360 中具有回溯性。

导入内容数据的过程与上一个 CRM 示例中的导入用户数据类似，但不是根据访问者 ID 自定义维度或用户 ID 进行匹配，而是匹配"网页"维度或其中一部分的内容。

要执行"作者"和"类别"导入，请参照以下步骤：

1）创建两个新的自定义维度，一个用于作者，一个用于类别，范围设置为 Hit（匹配），如图 17.7 所示。

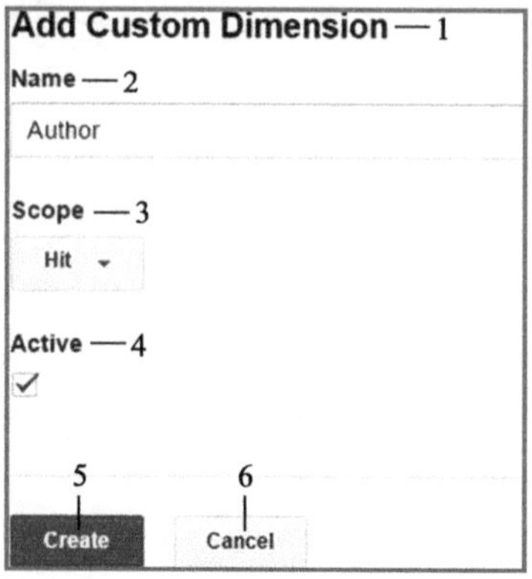

2）分析和 GA 网页维度相关的内容管理系统（CMS）主键（page key）值。

在 GA 中创建数据集和关联模式之前，先考虑 CMS 导出，尤其是主键（key），以及主键在页面 URL 中的表示方式。

图 17.7 当创建作者和类别自定义维度时，指定范围为 Hit

1—添加自定义维度 2—名称 3—范围 4—激活 5—创建 6—取消

CMS 本质上是一个将内容注入页面的数据库。网站上的每个网页都作为 CMS 中的记录存在。当 Web 访问者请求网站上的页面时，CMS 先从 URL 中读取页面主键，再将对应的字段从 CMS 拉入页面模板，然后向请求的浏览器发出页面的 HTML。

举个简单的例子，假设你的气象网站新闻部分的三个 URL 以以下格式出现：

```
/news/article.php?articleId=3293
/news/article.php?articleId=4588
/news/article.php?articleId=5214
```

CMS 相应行结构见表 17.1，其中 URL 中的 articleId 参数作为 CMS 唯一主键。

表 17.1 内容管理系统（CMS）记录示例

articleId	标题	元描述	主要内容	作者	类别
3293	Winter Outlook 2017	Long-range forecast for winter 2017	It appears that winter in the northern hemisphere ……	Andrew Cullen	forecasts
4588	Worldwide Water Update	Comprehensive water study	As we analyze hydrological data from around the world ……	Stacy Hamida	hydrology
5214	Typhoon Watch	Latest tracking for Pacific cyclones	This typhoon season in the Pacific is proving to be very active ……	Andrew Cullen	cyclones

3）定义数据集和 GA 中关联模式。

① 在"管理"（Admin）界面"媒体资源"（Property）一栏，单击"数据导入"（Data Import）。

② 在"数据集类型"（Data set type）中，选择"内容数据"（Content Data）。

③ 选择一个或更多视图，导入数据。

④ 在"主键"（key）选择"网页"（Page），在多数情况下，导入数据集的主键将只对应于"网页"（Page）值的一部分，而不是表 17.2 中详细描述的完整"网页"值。

⑤ 在"已导入数据"（Imported Data）下，将新定义的"作者"（Author）和"类别"（Category）自定义维度作为导入目标。这样一来，"作者"和"类别"是你在"媒体资源"下定义的第四和第五个自定义维度，因此你将在 .csv 导入文件的标题行中指定"ga：dimension4"和"ga：dimension5"。

⑥ 保持覆盖（Overwrite）选项设置为"否"（No）。

表 17.2　"网页"维度的主键细化（key refinements）

GA 中"网页"维度	/news/article.php?articleId=5214
CMS 中的主键	5214
细化	查询细化：articleId
GA 中的"网页"维度	/news/typhoon
CMS 中的主键	typhoon
细化	正则表达式细化：\ /news\ /([^\ /]+)

由于之前在表 17.1 中列出的主键值仅与"网页"维度中 articleId 查询参数的值相对应，因此可以指定 articleId 作为查询细化。仅当 CMS 主键显示为"name = value"对中的值时，此细化才适用。图 17.8 中配置的数据集中的主键使用 articleId 的查询细化。

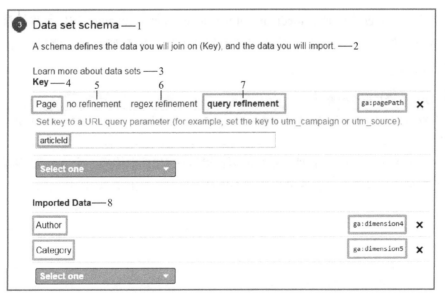

图 17.8　在 CMS 数据导入模式下，查询细化只被应用在匹配"网页"维度中的 articleId 值

1—数据集模式　2—模式定义了你将加入的数据（作为主键），以及导入的数据　3—了解更多数据集　4—主键　5—不细化
6—正则表达式细化　7—查询细化　8—已导入数据

如果 CMS 记录使用文本主键（如 typhoon）标识，并且该文本已并入"网页"值，但不

以"name=value"的格式，则可以使用正则表达式细化（regex refinement）来隔离 URL 模式（URL pattern）下的主键。在表 17.2 的正则表达式细化示例中，"\ / news \ /"标识"网页"值的静态模式，"[^ \ /] +"表示与 CMS 键对应的"网页"值的动态部分。

还可以使用正则表达式将单个 CMS 主键与多个网页变量（如"/news/article.php?articleId=5214"和"/news/article.php?articleId=5214&sessionId=12374"）进行匹配，但是，理想情况下，应该使用第 9 章 9.3.2 小节中讨论的"排除 URL 查询参数"视图设置，合并"网页"值。

4）从 CMS 导出 articleId、作者和类别列，并添加标题行以匹配模式。

5）上传代码 17.2 中所示的 .csv 文件，同上面销售线索状态的例子。

代码 17.2 从 CMS 导出了三列的行示例，已向其中添加了一个标题行，以与在 GA 中定义的数据集模式相匹配

```
ga:pagePath,ga:dimension4,ga:dimension5
3293,Andrew Cullen,forecasts
4588,Stacy Hamida,hydrology
5214,Andrew Cullen,cyclones
```

此数据导入会填充作者和类别，就像我们在气象网站上通过每个网页浏览记录自定义维度一样，现在可以创建自定义报告来按作者和类别显示效果。

17.1.5 导入广告系列数据到 Google Analytics

在第 7 章，讨论过使用 utm_medium、utm_source、utm_campaign URL 参数的重要性，以便更准确地记录我们的流量来源，并使用准确的结构化广告系列数据，填充广告系列报告，如代码 17.3 所示。

代码 17.3 URL 包含广告系列参数

```
http://www.mysite.com/?utm_source=main-list&utm_medium=email&utm_campaign=20150501-
newsletter
```

还有一个 GA 中填充广告系列参数的选项：可以在 URL 中传递一个 utm_id 参数，然后导入此广告系列参数（以及自定义维度作为一个选项），将这个 ID 作为主键，如代码 17.4 所示。

代码 17.4 URL 包含一个单一的 utm_id 参数

```
http://www.mysite.com/?utm_id=198
```

为什么你可能会用到代码 17.4 中简化的广告系列参数格式呢？一方面，向网站访问者直观明确展现广告系列参数会有点不妥。在大多数情况下，直接的营销描述指示，只会使得用户和你本想要给用户创造出的品牌体验相背离。另一方面，你可能会遇到只允许一个广告系列 ID 的广告平台。

导入广告系列数据的步骤如下：

1）创建新的数据集，然后选择"广告系列数据"（Campaign Data）作为数据集类型（Data set type）。

2）定义模式，如图 17.9 所示。注意，这里创建了一个"广告系列组"（Campaign Group）自定义维度，可以使用该维度（在自定义报告或细分中或作为次级维度）来区分产品（product）广告系列和信息资源（infor-resource）广告系列。此外，如第 7 章所述，广告系列名称实际上不强制要求进行广告系列跟踪，建议始终作为最佳实践。

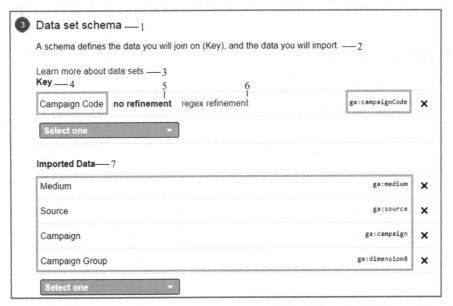

图 17.9　把 utm_id 填充为 ga:campaignCode 主键自定义维度，就可以导入广告系列媒介、来源和姓名，以及自定义维度，如广告系列组

1—数据集模式　2—模式定义了你将加入的数据（作为主键），以及导入的数据　3—了解更多数据集　4—主键　5—不细化　6—正则表达式细化　7—已导入数据

3）填充如表 17.3 所示的 .csv 文件。

4）导入 .csv 文件，如前面章节中的销售线索状态和作者 / 类别示例。

表 17.3　主键、广告系列参数、自定义维度的表示，与图 17.9 相匹配

ga:campaignCode	ga:medium	ga:source	ga:campaign	ga:dimension8
198	email	asia-list	20160701-newsletter	info-resource
199	qa-code	catalog	20160705-spring-discount-code-qa	product
200	email	europe-list	20160708-newsletter	info-resource
201	social	facebook	20160709-spring-discount-code-fb	product
202	social	linkedin	20160710-spring-discount-code-li	product

17.1.6 导入成本数据到 Google Analytics

如在第 14 章中所述，关联 Google AdWords 和 GA，并且启动 AdWords 自动标记功能，能够在 GA 中查看 AdWords 的成本数据。尽管 GA 不能直接和其他付费广告平台集成，但是可以从其他平台人工导入成本数据，如 Bing 或 Facebook。

导入成本数据和在本章之前回顾的数据导入极其相似，但是仍然会有以下几个特殊事项：

1）创建一个新的数据集，选择"成本数据"（Cost Data）作为数据集类型（Data set type）；

2）定义好模式，如图 17.10 所示。

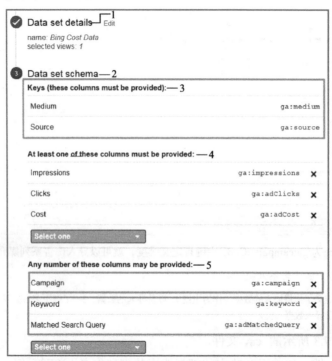

图 17.10 成本数据导入模式。Campaign（广告系列）属于非必需的导入值（nonrequired import values），但对于许多成本数据的导入而言，它将作为事实上的主键（de facto key）

1—数据集详细信息　2—数据集模式　3—主键（必须提供这些列）　4—必须至少提供这些列中的一个　5—可以提供任意数量的这些列

① 注意，主键将自动定义为媒介和来源自定义维度。在大多数情况下，广告系列将成为特定的事实上的主键，即图 17.10 的图题中所述。

② 必须导入以下三个指标之一：展示次数、点击次数和费用。在许多情况下（如 Bing Ads），导入这三个指标都是有意义的。不过，即使你要导入的数据不包含这三个值，也可以使用此模式。

3）从广告平台导出 .csv 文件，如图 17.11 中的 Bing 所示。

① 虽然日期没有显示在模式中，但需要确保在导入之前，ga：date 显示为 .csv 中的第一列。每个日期必须以 YYYYMMDD 格式显示。

② 可以手动将 ga：medium 和 ga：source 列添加到导出中，每行的相应值为 cpc 和 bing。

③ AdWords 导出中的 Search Term（搜索字词）一栏和 GA 中的 Matched Search Query（匹配搜索查询）维度相对应。

4）如前面示例导出 .csv 文件。

> **笔记 | 广告系列作为成本数据导入的事实主键（De Facto Key）**
>
> 　　既然在入站链接中（或根据上述的广告系列数据导入中所述，针对单个 utm_id 值导入 ga：campaign 参数）包含 utm_campaign 参数，你肯定想要导入的广告系列值与你在每次广告系列点击进行记录时的广告系列值完全匹配。因此，如果广告系列的主键只是包含媒介和来源这种默认配置就不足够了，在大多数情况下还是需要把 utm_campaign 引入到主键中以实现上面所需的匹配。

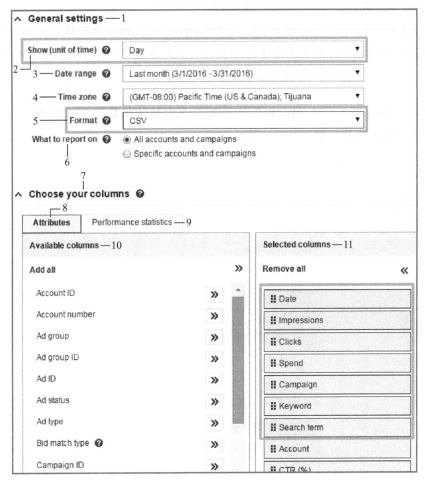

图 17.11　从 Bing Ads 中导出的广告系列成本数据

1——一般设置　2—显示（以时间为单位）3—日期范围　4—时间区域　5—格式　6—要报告的内容　7—选择你的列　8—归因　9—效果统计　10—可选列　11—已选列

17.1.7 对比广告系列成本和效果

导入成本数据后，就可以访问“广告系列 > 成本分析”（Campaigns>Cost Analysis）报告，如图 17.12 所示。

Campaign	Source / Medium	Sessions	Cost	Cost per Conversion
1. dining room sale	bing / cpc	20,769 (21.50%)	$2,998.64 (37.86%)	$0.40 (140.21%)
2. carpet liquidation	bing / cpc	7,065 (7.32%)	$1,067.48 (13.38%)	$0.65(233.20%)
3. upholstered chairs	bing / cpc	5,160 (5.34%)	$748.18 (9.38%)	$0.54(195.22%)
4. no-stain guarantee	facebook / social-paid	3,804 (3.94%)	$501.00 (6.28%)	$0.42 (145.09%)
5. bamboo coffee table	bing / cpc	2,589 (2.68%)	$412.00 (5.17%)	$0.64 (229.92%)

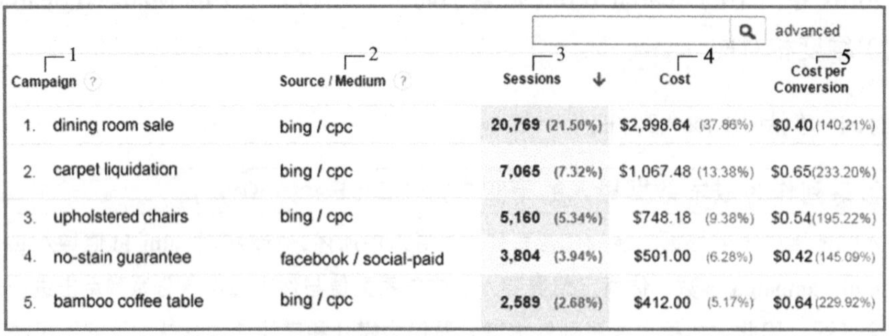

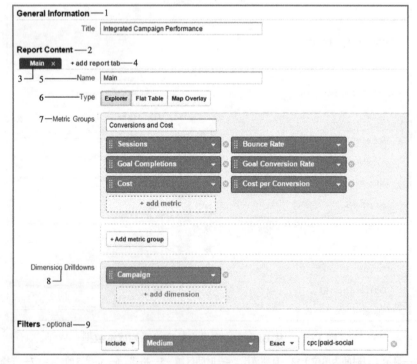

图 17.12 已导入的付费广告系列成本数据的“成本分析”报告

1—广告系列 2—来源 / 媒介 3—会话 4—成本 5—每次转化成本

注意，“成本分析”报告不包含以下两种类型的数据：

1）点击后的效果数据（Postclick performance data）（如跳出和转化）不会出现。

2）虽然 AdWords 广告系列数据中也会在“所有广告系列”（All Campaigns）报告出现，AdWords 成本数据却不会在“成本分析”报告中显示。

为了合并 AdWords、非 AdWords 广告系列的成本和效果数据到一个报告当中，可以轻松地创建一个自定义报告，如图 17.13 所示。

图 17.13 这个自定义报告的配置包含了 AdWords 和非 AdWords 的效果和成本数据

1—一般信息 2—报告内容 3—主要 4—添加报告标签 5—名称 6—类型 7—指标组 8—维度挖掘 9—过滤器 - 可选

> **笔记 | 自动化成本数据导入**
>
> 要自动化从 Facebook 和 Bing 导入成本数据或从其他来源导入自定义数据，可以使用 analyze.ly（作为付费解决方案）。

17.1.8 将产品数据导入 Google Analytics

产品数据导入非常简单，你可以使用产品 SKU 作为主键，添加或覆盖多个电子商务和增强型电子商务维度，以及价格指标。

产品 SKU（Stock-keeping unit，保存库存控制的单位），或者说，你在为网站上的实际增强型电子商务交互编码时需要提供的唯一产品详情；你可以仅在交易时间提供 SKU，并与导入的电子商务维度匹配。

除了一些专用的电子商务维度，还可以导入自定义维度（如尺寸、颜色、保修等级或任何其他产品或服务描述项）——每个 SKU，如图 17.14 的自定义报告所示。要记住在用户通过 Web 浏览或者打开移动端 App 时，可以填充任何内置或者自定义维度。产品数据导入是将这些额外的数据和每个 SKU 关联起来的不同选择。

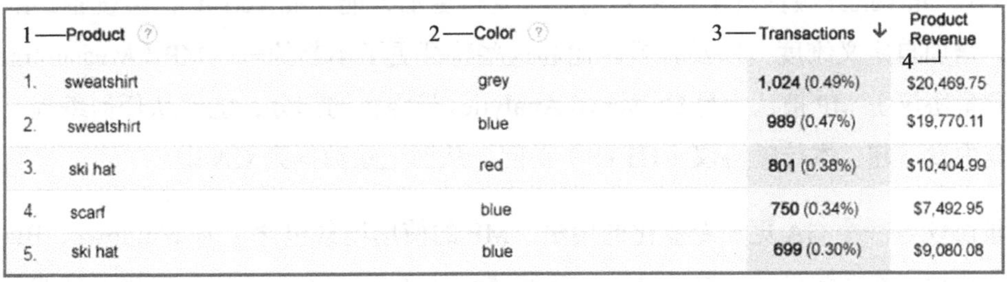

1——Product ⑦	2——Color ⑦	3——Transactions ↓	Product Revenue 4—┘
1. sweatshirt	grey	**1,024** (0.49%)	$20,469.75
2. sweatshirt	blue	**989** (0.47%)	$19,770.11
3. ski hat	red	**801** (0.38%)	$10,404.99
4. scarf	blue	**750** (0.34%)	$7,492.95
5. ski hat	blue	**699** (0.30%)	$9,080.08

图 17.14 这个自定义报告会根据内置 Product（产品）维度和导入的 Color（颜色）这一自定义维度，对效果进行拆解

1—产品　2—颜色　3—交易次数　4—产品收入

17.1.9 导入 Google Analytics 地理数据

除了 GA 默认提供的地理层次结构，还可以通过导入城市、区域（通常对应于省或者州）、国家 / 地区或者次大陆，创建自己的地理维度。

例如，可以创建名为"美国地区"（US Regional）的自定义维度，对应内置的美国各个区域 ID（Region ID）维度值建立 [如 Northeast（东北区）、Southeast（东南区）等]，然后按照这个导入维度值来报告效果，如图 17.15 所示。

US Regional	Sessions ↓	Bounce Rate	Lead Submit (Goal 1 Completions)
	7,197 % of Total: 100.00% (7,197)	53.86% Avg for View: 53.86% (0.00%)	898 % of Total: 100.00% (898)
1. Mountain	2,579 (35.83%)	56.57%	273 (30.40%)
2. West Coast	2,193 (30.47%)	51.76%	302 (33.63%)
3. Midwest	2,084 (28.96%)	50.77%	300 (33.41%)
4. Southeast	189 (2.63%)	58.73%	11 (1.22%)
5. Northeast	127 (1.76%)	74.02%	6 (0.67%)

图 17.15　按照导入 US Regional（美国地区）自定义维度呈现的目标转化自定义报告

1—美国地区　2—会话　3—跳出率　4—销售线索提交（目标 1 的完成数）

17.2　测量协议

当 Google Universal Analytics 第一次公开问世投入使用以来，我们作为 GA 的用户发现，大部分 GA 的功能都是相同的。只是多了一些管理设置，原生跟踪的语法变成了更简单的格式。但是在一天天给出的报告里，没有太多有改变的东西。

我们让 Universal 版拥有了许多新功能，变得更加万能（universal），跨设备跟踪、自定义指标，增加自定义维度，以及，或许比起这些特征更了不起的——MP（Measurement Protocol，测量协议）。MP 被认为是 Universal Analytics 最强大的部分，能够从任何编程、网络设备或环境中发送超文本传输协议（HTTP）访问，从而记录数据到 GA 中。

测量协议是一个 GA 更加专业化的用法。MP 的使用场景包含了为 Windows、Blackberry或者其他移动操作系统设计的移动 App，这些 App 上 GA SDK 不可用。在接下来的部分，哈齐姆·马素卜（Hazem Mahsoub）将会带来 MP 的重要观点，马特·斯坦纳德（Matt Stannard）将会带我们领略两个创新的、关注结果的实际运用 MP 的例子。

嘉宾观点　对于测量协议的技术考量

哈齐姆·马素卜是 E-Nor 的解决方案分析工程师。

测量协议并不是向 GA 服务器发送匹配（hit）的另一种技术。它更像是分析所使用的底层低级语言。使用 JavaScript、Android 和 iOS 的SDK，与 GA 服务器进行通信。

在以下两种情况下，你会最常使用 MP：

1）平台无法运行 JavaScript、Android 或 iOS。绝佳例子是，那些运行 WindowsMobile 的设备或 POS（销售点）机。

2）当需要从服务器到服务器发送匹配（hit）的时候。一个很好的例子是当 Web 应用程序通过 API 与另一个系统集成时。也就是说，这种集成支持服务器到服务器，并且没有浏览器。但是，我们希望 Google Analytics 跟踪此 API 的调用时间，并将相关信息发送给 GA。使用 MP，可以通过 Web 应用程序与必要的数据一起发送匹配（hit）。

开发人员应该记住这一点：analytics.js 和移动 SDK 提供了一个更加友好的界面，以配置匹配（hit）和自动化幕后的大量工作，使从业者或开发人员更轻松。使用 MP，开发人员必须编写代码来完成所有的自动化工作。

当将匹配从网络服务器发送到 GA 服务器时，GA 会自动将服务器 IP 视为客户端 IP。幸运的是，MP 提供了几个参数来覆盖 GA 服务器自动检测的值。非常重要的是编写读取用户的 IP 和用户代理的代码，并使用适当的参数重新发送给它们，否则所有匹配（hit）将显示为来自服务器的 IP，并且不会在报告中显示操作系统、浏览器或设备信息。地理信息以及运营商 /ISP 是从 IP 派生的。发送服务器 IP 而不是客户端 IP 将在报告中损坏此数据。

在某些情况下，跟踪解决方案将部分依赖于 analytics.js，在客户端的浏览器上运行，部分依赖于 MP 从服务器发送匹配。这在不同情况下会不尽相同。如果希望从服务器发送的匹配包括在用户启动 Web 的同一会话中，则必须写代码从 cookie 读取客户端 ID 并与从服务器发送的匹配（hit）发送它。这同样可以应用于用户 ID，就可以从服务器而不是客户端发送了。

"GA 测量协议概述"（*Google Analytics Measurement Protocol' Overview*）文档（https://developers.google.com/analytics/devguides/collection/protocol/v1/?hl=en）列出了每种匹配类型的必填参数。但是，最好是包含更多的信息。例如，在"热门活动报告"（Top Events report）中，将网页添加为次级维度是非常常见的。如果开发人员忘记在事件匹配时包含网页信息，则无法进行此操作。GA 不会拒绝匹配，因为它包含着所有的强制参数。但是，信息缺失会让报告失去许多重大意义。

嘉宾观点 **测量协议的两个案例**

马特·斯坦纳德是 4Ps 营销的 CTO。

1. 通过测量协议进行线下追踪

作为一个存储设备企业的 CEO——我们姑且称之为 Space Manager 所面临的问题是：缺乏报价和预定全过程的可视性。尽管他能够看到报价和预定需求，但他却不能轻松看到这些如何转化，或者设备进一步的动态；然而这些线上产生的初始购买意向，后续跟进和转化都发生在线下。

Universal Analytics 最激动人心的特性之一就是能够追踪这些线下发生的交互。这对于那些将个人网站作为销售线索产生工具的企业尤其有帮助。

在这个例子中，GA 测量协议被用作记录这个存储设备的线下转化过程，给 CEO 提供了用户购买过程的洞察和可视化。

（1）概述

图 17.16 显示了一个潜在顾客和这个存储设备企业交互的全过程。初始互动都发生在报价和预订查询的节点上，然后顾客互动就转移到了线下。

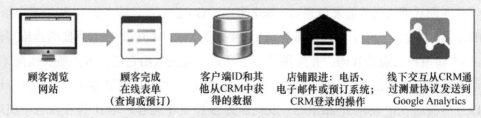

| 顾客浏览网站 | 顾客完成在线表单（查询或预订） | 客户端ID和其他从CRM中获得的数据 | 店铺跟进：电话、电子邮件或预订系统；CRM登录的操作 | 线下交互从CRM通过测量协议发送到Google Analytics |

图 17.16 用户旅程，包括线上和线下交互

如第 15 章中所述，可以将唯一匿名的访问者识别号记录为 GA 中的自定义维度，与 CRM 中对应使用同一个。对于"存储设备"，客户端 ID（从 _ga 读取的）适合作为访问者识别号存储，如以下步骤所述：

1）当用户提交存储设备报价时，会将客户端 ID 记录为 GA 自定义维度，还将存储设备的位置、存储大小和存储持续时间记录为补充的 GA 自定义维度。

2）一旦存储设备报价表单提交，就会把相同的客户端 ID 记录为隐藏字段，作为自定义字段和客户详细信息一起存储在 Space Manager 的 CRM 系统中（但没有 PII）。

3）配置 CRM，如图 17.17 所示，以便在存储设备中每当员工打电话或发送电子邮件时，CRM 就使用测量协议将数据发送到 GA 上。存储在 CRM 中的客户端 ID（上一步骤）现在作为测量请求（M request）的一部分发送，存储设备位置的自定义维度也是。

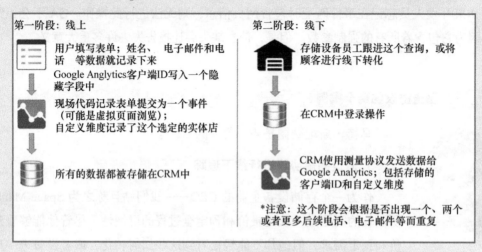

第一阶段：线上

用户填写表单；姓名、电子邮件和电话等数据就记录下来。Google Anglytics客户端ID写入一个隐藏字段中

现场代码记录表单提交为一个事件（可能是虚拟页面浏览）；自定义维度记录了这个选定的实体店

所有的数据都被存储在CRM中

第二阶段：线下

存储设备员工跟进这个查询，或将顾客进行线下转化

在CRM中登录操作

CRM使用测量协议发送数据给Google Analytics；包括存储的客户端ID和自定义维度

*注意：这个阶段会根据是否出现一个、两个或者更多后续电话、电子邮件等而重复

图 17.17 线上和线下过程

4）当顾客去办理存储设备业务时，员工就会在 CRM 系统中记录整个交易完成，这就会触发 CRM 在 GA 中记录一个匹配（hit）（包括客户端 ID 和存储位置）通过 MP 发出去。

（2）从 Space Manager 的 CRM 系统中调用测量协议请求

由于 CRM 现在包含客户端 ID，因此可以使用测量协议（MP）跟踪互动，如代码 17.5 所示。CRM 允许创建并附加自定义脚本，以便在发生特定事件（如呼叫、电子邮件、访问或预订）时触发。脚本语言是基于 XML 的，允许创建 HTTP POST；这可以从 CRM 读取数据以构建必要的 MP 匹配并在 GA 中触发浏览量。虽然使用网页浏览，但也可以使用事件。

代码 17.5　当存储设备的员工把线下交易记录进 CRM 时，在 CRM 中配置基于 XML 的脚本，构建测量协议请求

```
<Job xml:space="preserve" breakpoint="No">
<Message text="(V31032014) - Google Analytics - Contact Event, Please Wait..."/>
<Parameters>
  <Parameter name="ContactEventID"/>
  <Parameter name="ClassCode"/>
  <Parameter name="CustomerID"/>
  <Parameter name="ContractID"/>
</Parameters>
<SQLQuery xml:space="preserve">
    <SQLSelect>select ClientID, REPLACE(ClassDescrip,' ','%20') AS ClassDescripNew, REPLACE(Site.SiteName,' ','%20') as TheStore from Site join Customer join ContactEvent join ContactClass where contacteventid='{ContactEventID}'</SQLSelect>
    <IfAnyRows>
      <ForEachRow>
        <HTTPRequest operation="post" url="http://www.google-analytics.com:80/collect" dumpfolder="c:\temp\t.html">
        <HTTPRequestData><![CDATA[v=1&cm1=1&cd11={ClientID}&cd3={TheStore}&cid={ClientID}&tid=UA-21639967-4&t=pageview&dp=/offline/{ClassDescripNew}&dt={ClassDescripNew}&cs=Space%20Manager&cm=Offline]]></HTTPRequestData>
        </HTTPRequest>
      </ForEachRow>
    </IfAnyRows>
</SQLQuery>
</Job>
```

代码 17.6　从代码 17.5 中显示的 CRM 脚本中生成的测量协议请求

```
http://www.google-analytics.com:80/collect?v=1&cm1=1&cd11=5000.1234&cd3=Cambridge&cid=5000.1234&tid=UA-21639967-4&t=pageview&dp=/offline/Telephone%20Call&dt=Telephone%20Call&cs=Space%20Manager&cm=Offline
```

（3）结果

线下交互一旦提交给 GA，就能够使用实时报告、信息中心（仪表板）和标准 GA 报告，来把可视化的东西呈现给 CEO 了。我们创建一个信息中心（仪表板），展现通过存储设备位置（用自定义维度）过滤出的效果，如图 17.18 所示。

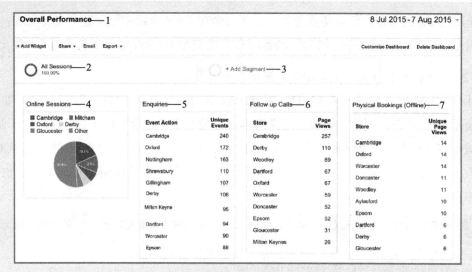

图 17.18　GA 信息中心展现线下活动，包括完成的存储设备预订和转化路径

1—总体表现　2—所有会话　3—添加细分　4—在线会话　5—查询　6—跟进电话　7—实体店预订（线下）

"多渠道路径"报告（见图 17.19）可以用于显示在线下转化中涉及的在线渠道——在这种情况下，可以选择在互动中增加 First Touch（首次互动）的权重。

图 17.19　"多渠道路径"报告表明，哪些渠道带来的流量最终实现了线下转化

1—来源／媒介路径

2. GA 中实时 Twitter 测量

（1）概述

GA "实时"报告实际上提供了一个非常友好的方式，能够测量 Twitter 上的互动，以及能够报告话题（hashtags）、分享的链接，或者互动最多的 Twitter 用户。在下面的例子中，我们在 GA 中使用测量协议来演示实时推文数据。

（2）步骤 1：从 Twitter Phirehose 中拉取

注册为 Twitter Developer（开发者），然后使用优秀的 140dev 库（`http://140dev.com/`）关联到 Twitter Phirehose，这允许添加一段 PHP 脚本，来提及特定用户或话题标签（即"##"），将它们存储在 MySql 数据库里。

除了配置文件，还有以下两个核心部分用于判断库使用哪个数据库并包含有关 Twitter 凭据信息。

1）get_tweets.php：检索推文并将它们存储在本地 MySql 数据库中。在此脚本中，你可以定义应跟踪的内容，如特定的话题标签或用户。这个"缓存"推文以便稍后处理。

2）parse_tweets.php：它读取存储的推文并提取信息，将其存储在本地 MySql 数据库中。

（3）步骤 2：通过测量协议更新脚本，将推文数据写入 GA

可以按照自己的需要修改 parse_tweets.php。在这个案例中，使用 PHP file_get_contents 函数读取用 MP 和 HTTP 的 GET 请求发送给 GA 的 Twitter 数据。

代码 17.7 摘录了 parse_tweets.php 文件，该文件读取推文并提取推文中提到的 Twitter 用户名，通过加黑突出显示的几行代码，我们能通过 MP 将数据推送到 GA 中。

代码 17.7　我们修改了 parse_tweets.php 以使用 file_get_contents 函数读取 Twitter 数据，并用 MP 请求在 GA 中记录网页浏览匹配（hit）数

```
// 实体对象的提及（mentions）、标记（tag）和 URL 也被解析成单独的表格，以便它们可以稍后被挖掘
foreach ($entities->user_mentions as $user_mention) {
$where = 'tweet_id=' . $tweet_id . ' ' .
'AND source_user_id=' . $user_id . ' ' .
'AND target_user_id=' . $user_mention->id;
if(! $oDB->in_table('tweet_mentions',$where)) {
$field_values = 'tweet_id=' . $tweet_id . ', ' .
'source_user_id=' . $user_id . ', ' .
'target_user_id=' . $user_mention->id;
$oDB->insert('tweet_mentions',$field_values);
}
$strUA = "http://www.google-analytics.com/collect?v=1&tid=UA-43297900-1&cid=" .
$user_id. "&t=pageview&dp=/mentions/" .
$user_mention->screen_name;
$strData = file_get_contents($strUA);
}
```

该代码为网页浏览创建一条 HTTP MP 请求。Twitter Username（用户名）是从 MySql 数据库中读取的（通过 parse_tweets.php 文件提取）并附加到 dp 参数中，这会在 GA 中记录为一次网页浏览 /mentions/[Twitter Username]。可以使用类似的方法记录关键字或话题标签的例。

（4）步骤 3：从命令行启动脚本

由于脚本是 PHP，因此必须从命令提示符（Command Prompt）中调用它们（见图 17.20）。需要两个提示：一个是运行 get_tweets.php 脚本，另一个是运行 parse_tweets.php 脚本。

一旦这两个脚本运行，就可以看到出现在 Real-Time Analytics（实时分析）中的推文浏览量（包含你在 parse_tweets.php 中使用的 Twitter 句柄或话题标签），如图 17.21 所示。

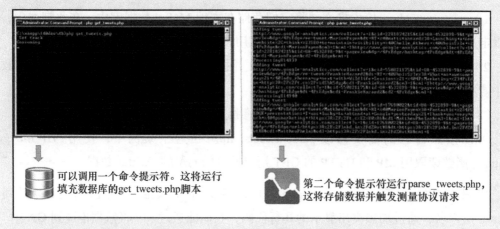

图 17.20　从命令提示符运行 PHP 脚本

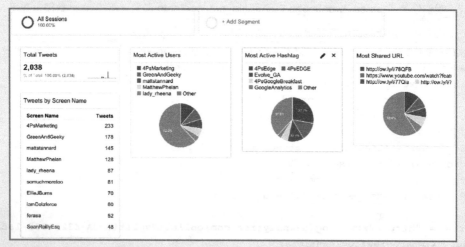

图 17.21　Google Analytics 中的实时推文报告

（5）接下来的步骤

测量 Twitter 的概念可以进一步扩大。如果在 CRM 中存储了用户的屏幕名称，则理论上可以通过客户端 ID 或用户 ID（也存储在 CRM 和 GA 中）查找 Twitter 活动，然后将 Twitter 数据传递给 GA 以跟踪销售前或销售后的 Twitter 互动。

其中的一个用例可能是关于 Competition（竞争），用户必须发送特定的话题标签才能获得优惠券，然后兑换该优惠券。理想情况下，CRM 中的客户记录将存储我的电子邮件和 Twitter 用户名：

ID（User-Id）：123456。

名称：Matt Stannard。

电子邮件：matt.stannard@4psmarketing.com 。

Twitter：mattstannard。

当使用 #competition 话题发送信息时，我的 User ID 将会从 CRM 中检索出来，并且发送使用测量协议的请求到 GA，包含我的 User ID: 123456。如果在现场购买，当用电子邮件地址 matt.stannard @4psmarketing.com，则可以通过现场 GA 代码检索并捕获相同的 User ID: 123456，如图 17.22 所示。

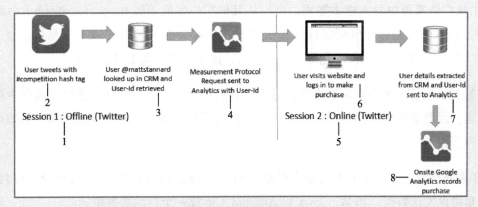

图 17.22　Twitter 集成

1—会话 1：线下（Twitter）　2—用户使用含 #competition 标记的推文　3—用户 @mattstannard 在 CRM 中查找，User-Id 被检索到　4—使用 User-Id 测量协议请求被发送到 GA　5—会话 2：线上（Twitter）　6—用户访问网站并登录进行购买　7—从 CRM 提取的用户详细信息和 User-Id 发送到 GA　8—现场 GA 记录购买

这能允许我们监测 Twitter 上的小竞赛或者其他线下活动的影响力，并且能够看到特定的广告系列是否带来销售前或销售后的互动。

本章要点回顾

1）**数据导入是基于主键和目标的**。在 GA 中，根据通用主键和上传的 .csv 文件导入数据，然后基于匹配的主键在 GA 中填充维度和指标。

2）**导入自定义维度（和指标）**。除了导入内置维度（如产品类别）外，还可以导入自定义维度（如产品尺寸或者文章作者）。自定义维度的导入以前称为"维度拓展"（dimension widening），因为该过程会将维度添加到已记录的用户、匹配和产品数据中。

3）**数据导入的回溯性**。如果使用 Analytics 360，为了可回溯，就有进行"查询时间"（query-time）导入的选择。在 GA 标准版中，数据导入是在处理时间（processing time）下执行的，也就是说，只能基于从现在往后的时间。成本数据导入是能够进行回溯的，在 GA 标准版中也可以。

4）**内容导入的主键细化**。"网页"维度通常作为内容导入的主键，但在许多时候，在 .csv 文件中主键的值只和"网页"维度值的一部分相匹配。这种情况下，你可以应用一个正则表达式或者查询细化，抽取"网页"值中的一部分值作为与导入文件中的主键相匹配的值。

5）**基于广告系列 ID 导入广告系列参数**。如果倾向于不直接在 URL 中展示 utm_medium、utm_source 和 utm_campaign 这些参数，或者如果你工作在只允许一个参数的广告平台，则需要添加一个单独、严谨的 utm_id 参数来填充 ga:campaignCode 维度，这样你就能把它作为导入媒介、来源和广告系列的主键了。

6）**从广告渠道中导入成本数据。**可以从其他广告渠道（如 Bing、Facebook）中导入成本数据，并且比较指标，包括每次转化成本，或者每个渠道的电子商务交易量。至于 AdWords，可以使用自动标记自动化导入成本数据，而不用任何人工导入。

指标和来源值的组合作为成本数据导入模式的主键，广告系列的值在很多案例中都作为事实主键，因此必须保证任何从 .csv 中导入的广告系列值都要精确匹配已经填充到 GA 里的广告系列值。

7）**测量协议。**在任何 GA 跟踪代码或者 SDK 不能运行的环境下，可以通过 HTTP 请求使用测量协议发送数据，如 Windows 和 Android App 或一个自助服务机。

实战与练习

1）**复习本章中的数据导入场景。**为能够对你的分析有所帮助的人和导入方式制定一个计划。因为这和许多使用 GA 的人息息相关，成本数据导入或许是首要执行的导入。

2）**复习 12 章中的 12.1 节自定义维度。**你可能会用到的一些自定义维度（如作者和类别），通过导入方式填充数据到 GA，比通过开发团队去填充在 GTM 中读入 GA 代码的数据层变量这一方式，要容易得多。如果导入的方法事实上提供了一个更简单、更快捷的选择，即使是在短期内，那么你也可以相应地计划起来。

第 18 章
Analytics 360

Google 是一家独一无二的公司，做事标新立异，充满变革。2005 年，Google 收购了一家相对不那么知名的名叫 Urchin 的公司，将它们的产品更名为 Google Analytics（GA），并且向市面上免费提供，使得曾专属于精英阶层的产品变得人人触手可得。GA 迅速发展至今，数以百万的网站和 App（从初创企业到财富 500 强公司所有的商业和组织）都在使用 GA。

随着这个免费工具被广泛采用，Google 做出进入企业 Web 和移动分析市场的战略决策，并提供企业版的 GA。于是 Google Analytics Premium 在 2011 年诞生了。2016 年 3 月，这个产品更名为 Analytics 360，是 Google Analytics 360 套件 6 个集成产品之一。

18.1　为什么要用 Analytics 360

尽管 GA 标准版（GA 免费版本）功能丰富，但它也有局限性。例如，根据 GA 公开服务条款，GA 标准版免费向每个账户每月提供最多 1 000 万次点击，"Google 可能会时不时地更改服务费用和支付政策，其中包括地理数据的额外花费、搜索引擎数据的导入成本，或者其他在服务报告中涉及的第三方数据服务机构向 Google 收取的其他费用。在你接受这些更改后，变化的费用或付款政策才将生效，这些更改将发布在 www.google.com/analytics。

过去，Google 非常慷慨地允许 GA 标准版的账户每月产生超过千万的匹配（hit），但是企业组织或许不该将这种慷慨视为理所应当，相反应该去评估测量和数据需求，看看是否该升级到 Analytics 360 了。

Google 可以轻松监控你发送到服务器的匹配（hit）次数并且监测你离或者超过千万点击还差多少。在"管理 > 媒体资源设置"（Admin>Property Settings）下，你会找到一个部分叫作"媒体资源匹配（hit）数量"，在这里罗列了你昨天、过去 7 天、过去 30 天的匹配（hit）。如果你的组织有多个媒体资源，那么你需要将所有媒体资源中的所有匹配（hit）相加，因为 1 000 万的匹配（hit）上限是以每个账户为基础计算的，而不是基于每个媒体资源。

要获得更多有关匹配（hit）数量的信息，可以参考特蕾西·拉博尔德（Tracy Rabold）的文章 "GA 中的匹配计算"（*Hit Count in Google Analytics*）（https://www.e-nor.com/blog/google-analytics/hit-count-in-google-analytics）。

下面将介绍使用 Analytics 360 的三大优势：

- 提升（数据）容量。
- 服务级协议。
- Analytics 360 独有的功能。

18.2　提升数据容量

大型组织及那些拥有大量数据的机构都会发现 GA 标准版的门槛限制使得他们不能看到用户访问旅程的全貌。有了 Analytics 360 后，这个阈值就会被极大地提升：我们已经看到 Analytics 360，满足了若干最苛刻的数据收集和报告需求。

18.2.1　10 倍以上的自定义维度和自定义指标

使用 Analytics 360，可以访问 200 个自定义维度和 200 个自定义指标，而 GA 标准账户却只有 20 个自定义维度和 20 个自定义指标。200 个维度和 200 个指标对自定义字段来说可能看起来已经很多了，但是企业级分析、数据上下文和数据挖掘所需的自定义设置可以轻松超出 GA 标准版可供使用的 20 个自定义维度和指标的限制。

18.2.2　以 12 倍速度更新数据

使用 Google Analytics 标准版，可能需要长达 24 小时或更长时间才能在报告中查看数据，更别说具有高匹配（hit）数量（每秒数千万次匹配）的网站或应用获得当天更新了。对于许多企业，包括媒体、出版商和电子商务零售商来说，这个更新速度是不够的。Google Analytics 360 通过提供 4 小时的数据更新解决了这个问题。

18.2.3　提升数据量的上限

根据你的网站或 App 匹配（hit）的数量和你正在查看的报告类型，在 GA 标准版中，抽样可能会导致数据不可靠（有时不可用）。Analytics 360 通过为其用户提供整个数据集来解决此问题。

如第 10 章所述，在以下情况下，GA 标准版中将进行抽样：

- 报告时间段包括 500 000 个及以上会话。
- 使用细分或次级维度，或访问自定义报告时。

Analytics 360 为访问非抽样数据提供了以下优势。

图 18.1　Analytics 360 能够允许导出一个非抽样版本的报告

1—电子邮件　2—导出　3—添加到信息中心　4—快捷方式

1. 非抽样导出

如果你运行报告并返回了抽样数据，则可以选择将报告以逗号分隔值文件（CSV）或制表符分隔值文件（TSV）的形式导出。可以通过访问图 18.1 所示的菜单选项，仅执行一次非抽样导出，或为每天、每周、每月或者季度的报告分发设置一个定期发送的电子邮件。

可以在"自定义 > 非抽样报告"（Customization>Unsampled Reports）中访问计划导出，如图 18.2 所示。在你完成配置大约一小时后，它将能一次性导出。

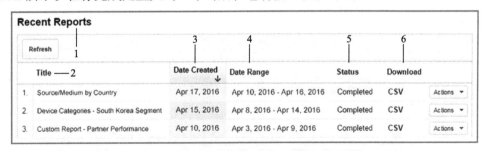

图 18.2　在"自定义 > 非抽样报告"中的计划和一次性导出

1—近期报告　2—标题　3—日期创建　4—日期范围　5—状态　6—下载

2. 用户界面中更高的采样阈值

除了 Google Analytics 标准版的 500 000 个会话阈值之外，Analytics 360 只有在日期范围包含 5000 万及以上会话数时才会进行数据抽样。

3. 更高的导出行数

在"网站内容 > 所有网页"（Site Content > All Pages）报告中，如果你在标准版报告中看到"（other）"（其他），也就是说，你的报告超出了每日允许的最大行数，则所有这些行的数据都会汇总到名为"其他"的行中。在 Google Analytics 标准版中，用户界面中允许的最大行限制为 50 000，在 Analytics 360 中为 75 000。使用 Analytics 360，可以通过非抽样报告导出访问 300 万行。Google 继续改进 Analytics 360 产品。有关增加的阈值的最新信息请参阅 GA 帮助文档中的"非抽样的报告"（*Unsampled Reports*）：

```
https://support.google.com/analytics/answer/ 2601061?hl=en&ref_topic=2601030&vid=1-
635783051712655749-3523100256
```

4. 自定义数据表格

如果你发现自己经常使用各种过滤器和细分受众群体来报告一组指标和维度，从而导致抽样，则可以借助 Analytics 360 功能——称为"自定义数据表格"（Custom Table），来请求此组合的每日非抽样过程。

GA 帮 助（`https://support.google.com/analytics/answer/2774517`）给出了关于自定义数据表格的如下说明：

> 使用自定义数据表格，你可以指定指标、维度、细分和过滤器的组合，让 `Google Analytics` 每天处理非抽样数据。符合自定义数据表格配置子集的任何报告，就会默认访问这个表格，从而为你提供快速、非抽样的数据。

这就意味着如果一个自定义报告，一个具有了次级维度的标准报告或应用了细分的标准报告满足自定义数据表格的定义，你就可以访问这个非抽样报告，如图 18.3 所示。这样一来，自定义数据表格是极其省时方便的。

图 18.3　借助此自定义数据表格，你无须进行抽样就可以将来源 / 媒体应用为次级维度，也可以添加任意细
　　　　分，或访问包含自定义数据表格配置子集的自定义表格

1—创建新自定义数据表格　2— 一般信息　3—标题　4—视图　5—描述　6—内容　7—维度　8—指标　9—细分—可选项
10—注意，稍后对细分受众群体进行的任何更改都不会反映在此自定义数据表格的配置中　11—过滤器—可选

　　注意，在请求自定义数据表格后，可能需要两天的时间才能显示非抽样的数据，可以访问创建自定义数据表格前 30 天的数据。此外，流可视化（Flow Visualization）、搜索引擎优化（SEO）、多渠道路径（MCF）和归因（Attribution）等报告在自定义数据表格中无法使用。

18.3　服务级协议

　　Analytics 360 提供了服务级协议（Service Level Agreements，SLA）、保证和支持，就像你在企业级软件投资时所期望的那样。

　　1）数据采集 SLA：Analytics 360 保证至少 99.9% 的数据采集，按照每个日历月来计算。

　　2）报告 SLA：Analytics 360 报告界面保证至少在 99% 的时间内可用，按照每个日历月来计算。

　　3）数据处理 / 更新 SLA：对于每月收到 20 亿次或更少匹配（hit）的媒体资源和媒体资源汇总（roll-up），Analytics 360 会保证在 98% 的情况下收到后 4 小时内处理收集的数据。对于每月收到超过 20 亿次匹配（hit）的媒体资源和媒体资源汇总（roll-up），服务保证在 98% 的情况下在午夜 24 小时内（太平洋时间）处理收集到的客户数据。这种情况下都是按照日历月来计算。

　　4）代码（tag）管理容器传送 SLA：在按日历月计算的 Analytics 360 中，代码容器在

99.99％的情况下用于启用媒体资源。

5）代码（tag）管理配置 SLA：代码（tag）容器配置界面作为 GTM 的一部分，按日历月计算在 99％的情况下可供使用。

18.3.1　支持、升级和条款

除了 SLA 之外，Analytics 360 合约还包括客户支持和问题升级机制。Google 不时地更新这些条款；请与 Analytics 360 联系人或经销商联系，了解最新的 SLA 条款，并确保支持条款符合你的分析和报告需求。

18.3.2　自定义渠道（funnel）

GA 标准版自引入以来就提供目标渠道（funnel）。尽管这些渠道（funnel）是很有用的，你也需要提前思考渠道（funnel）规划，因为渠道（funnel）数据只在渠道（funnel）创建之日显示；目标的"渠道可视化"（Funnel Visualization）并不能可回溯地填充。在 Analytics 360 中，自定义渠道（funnel）（见图 18.4）允许即建即用的路径（on-the-fly pathing）和渠道（funnel）创建，从某种程度上来说，与第 10 章研究的即建即用的自定义细分相类似。

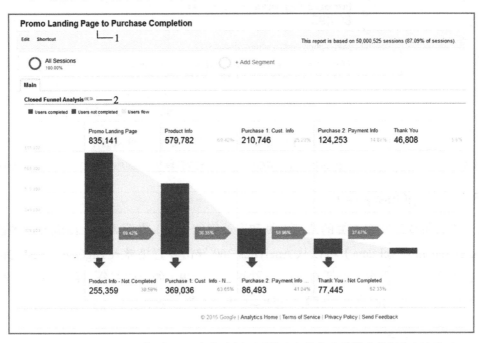

图 18.4　"自定义渠道"（funnel）报告展现了你定义的各个阶段中的留存和流失

1—从推广着陆页到购买完成　2—封闭渠道分析

自定义渠道（funnel）可以通过"自定义 > 新建自定义报告"（Customization>New Custom Report）来获取。

1）5 个阶段。可以在任何渠道（funnel）中定义最多 5 个阶段。

2）网页浏览或事件。每个阶段由一个或多个通常基于网页或事件的过滤器组成，还可以在其他维度上进行过滤（如流量来源）。基于一个事件来创建阶段的选项是非常有用的，因为 GA 标准版只允许为实际网页或虚拟网页的网页浏览定义渠道（funnel），而不支持为事件（events）定义渠道（funnel）步骤。

3）**单个或多个会话**。可以选择将"自定义渠道"限制为单个会话，或允许该阶段跨越多个会话。多会话选项对于超越会话范围和实现以用户为中心的分析（有点类似于用户范围自定义细分）非常有用。

4）**入口**。可以在任意 5 个阶段中进入渠道（funnel），或者仅仅记录第一阶段的入口。

5）**序列**。可以将自定义渠道（funnel）配置为仅记录直接连续完成的阶段，也可以允许（记录）中间阶段。

6）**再营销受众群体**。如图 18.5 所示，可以将自定义渠道（funnel）中的任何流失或留存点配置为再营销和 RLSA（适用于 AdWords 或 DoubleClick）的受众群体，如第 14 章所述。

7）**回溯性**。与传统的 GA 目标渠道（funnel）不同，自定义渠道（funnel）是可回溯的。

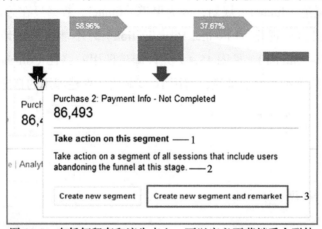

图 18.5　在任何留存和流失点上，可以定义再营销受众群体

1—在这个细分上采取措施　2—在所有会话的细分中采取措施，包括在这个阶段放弃渠道的用户　3—创建新的细分和再营销

18.3.3　BigQuery 导出

对于不害怕深度数据挖掘的营销人员和商业智能（BI）专业人士，细颗粒度的匹配级数据（granular hit-level data）可以从 Analytics 360 导出并直接导入 BigQuery。BigQuery 是 Google 的大数据分析平台，也是 Google 云端平台（GCP）的组成部分。它是一个完全管理、无基础架构、即付即用的平台（有关 BigQuery 集成的更多细节请参见第 16 章）。

18.3.4　汇总报告

汇总（roll-up）报告是针对具有多个网站和移动端 App 的组织机构的常见报告请求。你可能对不同国家，或不同的品牌和产品线有不同的网站，因此你可能想把它作为一个整合的 GA 媒体资源进行报告。在 Google Analytics 标准版中，如第 12 章所述，一种常见做法是，通过在所有网站或所有 App 中添加常见的 Google Analytics 跟踪代码，"手动"创建汇总（roll-up）GA 媒体资源。无须进行代码级更改，Analytics 360 提供了一种更加简单的机制来提供数据的执行级视图。

Analytics 360 汇总（roll-up）选项提供的主要优点如下。

1）不需要通用跟踪 ID：可以在一个 Google Analytics 账户下为任意组合或所有 GA 媒体资源 [也称为"来源媒体资源"（Source Properties）] 设置汇总媒体资源。

2）会话重复数据删除：在 Analytics 360 汇总（roll-up）媒体资源中，会话在用户跨"来源媒体资源"访问时合并。注意，如果会话超时，会话不会合并。默认会话超时为 30 分钟。

3）节省成本：在汇总（roll-up）媒体资源中，匹配（hit）以 50% 计算。因此，如果你在汇总（roll-up）媒体资源中获得了 1 亿次匹配（hit），它将计为 5 000 万次匹配（hit）（计入 Analytics 360 层）。

如果要导入数据或关联其他 Google 产品（如 AdWords），则必须为汇总（roll-up）媒体资源设置导入和链接，无论是否为"来源媒体资源"设置过。

18.3.5 DoubleClick 集成

如果你使用 GA 标准版，则可能会熟悉 GA 和其他 Google 产品（如 Google AdWords、Google 搜索控制台和 Google AdSense）之间的一些集成。下面介绍与 Google DoubleClick 产品系列的集成，这些集成仅适用于 Analytics 360 账户。

1. DoubleClick Campaign Manager 集成

DoubleClick Campaign Manager（DoubleClick 广告系列管理器，DCM）（以前称为 DoubleClick for Advertisers 或 DFA）是 Google DoubleClick 数字营销平台的一部分。它允许广告商管理各网站和移动 App 的展示广告系列。

虽然 DCM 提供了强大的内置报告功能，但 DCM 与 Analytics 360 的集成允许 Analytics 360 用户在 GA 界面中查看和分析广告系列数据，如图 18.6 所示。如果你熟悉 AdWords 与 GA 的集成，DCM 集成同样能为营销人员提供从展示（用户看到展示广告横幅）开始到转化为止的所有客户旅程的可视化过程。

图 18.6　可以在 Analytics 360 "流量获取"报告中获得集成的 DCM 报告

1—DoubleClick 广告系列管理器　2—广告商　3—广告系列　4—网站　5—展示位置　6—广告　7—广告创意　8—泛光灯

如图 18.7 所示，Analytics 360 的 DCM 报告向直接点击广告的访客 [Click-through（点击 - 进入）] 和看到广告展示但通过其他渠道访问网站的访客 [View-through（浏览 - 进入）] 展示了指标。

DFA Site (DFA Model)	DFA Attribution Type (DFA Model)	Sessions	Pages / Session	Avg. Session Duration	% New Sessions	Bounce Rate	Goal Completions	Revenue
	View-through	182,802 % of Total: 47.08% (388,320)	5.77 Avg for View: 5.67 (1.69%)	00:04:54 Avg for View: 00:04:53 (0.19%)	2.36% Avg for View: 2.92% (-18.98%)	46.18% Avg for View: 46.70% (-1.12%)	64,691 % of Total: 47.22% (136,990)	$4,483,414.02 % of Total: 39.26% ($11,420,532.89)
	Click-through	130,716 % of Total: 89.26% (146,445)	5.66 Avg for View: 5.66 (0.00%)	00:04:29 Avg for View: 00:04:28 (0.38%)	2.17% Avg for View: 4.73% (-54.19%)	45.70% Avg for View: 45.03% (1.48%)	79,627 % of Total: 91.93% (86,619)	$1,695,295.62 % of Total: 86.11% ($1,968,835.94)
1. Criteo	View-through	155,149	5.81	00:04:55	2.05%	46.72%	54,189	$3,936,296.61
	Click-through	128,998	5.66	00:04:30	1.92%	45.67%	78,707	$1,600,186.80
2. Adroll	View-through	27,653	5.52	00:04:50	4.12%	43.13%	10,502	$547,117.41
	Click-through	1,718	5.85	00:03:59	21.01%	48.08%	920	$95,108.82

图 18.7 在此示例中，总会话数的 89.26% 来自查看和点击 DCM 广告的用户（Click-through），47.08% 来自在展示（但未点击）DCM 广告后访问过该网站的用户（View-through）

1—DFA 网站（DFA 模型） 2—DFA 归因类型（DFA 模型） 3—会话 4—网页 / 会话 5—平均会话持续时间 6—新会话百分比 7—跳出率 8—目标达成数 9—收入

笔记 | DCM 自动标记

要完成集成，必须在 DCM 管理中启用自动标记功能，这与 AdWords 自动标记（Auto tagging）过程类似。对于 AdWords，你的目标 URL 将标记有 GA 解释的"gclid"参数，对于 DCM，你的 URL 将使用"dclid"参数标记。如果使用多个 URL 标记模式，则适用以下规则：

1）DCM 自动标记覆盖任何手动标记。

2）AdWords 自动标记覆盖 DCM 自动标记。

如图 18.8 所示，DCM 有自己的转化归因模型（DFA 模型），类似于 AdWords 有自己的转化模型。DFA 模型仅考虑 DCM 流量而不考虑其他渠道。如第 14 章中关于 AdWords 广告系列的 AdWords 对比 GA 转化所述，你可以参考 DCM 广告系列的 DFA 和 GA 转化，更多地关注趋势，而不是两个转化模式之间的差异。

DFA Advertiser (DFA Model)	DFA Attribution Type (DFA Model)	DFA Conversions	DFA Revenue
	View-through	2,932 % of Total: 100.00% (2,932)	$1.00 % of Total: 100.00% ($1.00)
	Click-through	119,571 % of Total: 373,659.38% (32)	$62.00 % of Total: ∞% ($0.00)
1. Google Store US	View-through	2,932	$1.00
	Click-through	119,571	$62.00

图 18.8 根据 DFA 模型，对于 Google Store 的所有 DCM 广告系列，View-through（浏览型）转化次数为 2 932 次，Click-through（点击型）转化次数为 119 571 次

1—DFA 广告商（DFA 模型） 2—DFA 归因类型（DFA 模型） 3—DFA 转化 4—DFA 收入

有关在 GTM 中配置 DoubleClick 代码的详情，请访问 www.e-nor.com/gabook。

DCM 集成的另一个好处是，可以将 MCF 报告中的 DCM 数据视为"dfa/cpm"的"来源 /

媒介"，从而对渠道和广告系列的营销效果提供了更多的可见性，如图 18.9 所示。

有时，Google 会更新其隐私权政策要求。建议查看 Google Analytics 帮助文档中的"GA 广告功能的政策要求"（*Policy Requirements for GA Advertising Features*），并确保你的隐私权政策符合 Google 条款：

```
https://support.google.com/analytics/answer/2700409?hl=en
```

Source/Medium Path —— 1	Conversions —— 2 ↓	Conversion Value —— 3
1. dfa / cpm › google / organic	96,206 (44.37%)	$225,202.81 (36.77%)
2. google / organic › dfa / cpm	17,155 (7.91%)	$49,095.78 (8.02%)
3. (direct) / (none) × 2	7,070 (3.26%)	$19,075.93 (3.11%)
4. dfa / cpm › google / organic › (direct) / (none)	5,702 (2.63%)	$13,024.60 (2.13%)
5. google / organic › (direct) / (none)	3,768 (1.74%)	$15,691.46 (2.56%)
6. dfa / cpm × 2 › google / organic	3,103 (1.43%)	$6,424.00 (1.05%)

图 18.9　从这里可以看出，dfa/cpm 来源 / 媒介存在于多个转化路径中

1—来源 / 媒介路径　2—转化　3—转化价值

2. DoubleClick Bid Manager 再营销集成

DCM 与 Analytics 360 的集成使你可以在 GA 用户界面（User Interface）中查看和细分 DCM 数据，而 DoubleClick Bid Manager（Doubleclick 竞价管理器，DBM）集成允许在 Analytics 360 中创建"再营销受众群体"（Remarketing Audiences），并在 DBM 中使用这些受众群体。请参见 GA 中的 DBM 菜单，如图 18.10 所示。

DBM 是一个复杂的需求方平台（DSP），旨在提供精确和强大的展现购买。该平台允许实时出价（Real-Time Bidding, RTB），并且据 Google 称："我们的算法评估多达 40 个变量，在不到 40 毫秒计算每个出价"，使广告商能够跨渠道（移动、视频、显示器等）连接到他们的目标受众。

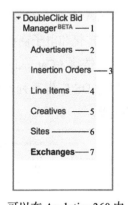

图 18.10　可以在 Analytics 360 中"流量获取"报告下获取集成的 DBM 报告

1—DBM　2—广告商　3—订单　4—限制条款　5—创意　6—网站　7—交易

从概念上来说，DBM 与 Analytics 360 的集成非常类似于广告商如何以编程方式利用 AdWords 和 GA 标准版集成，来使用细分在 AdWords 中创建再营销列表，详见第 14 章。

笔记	DBM 配置

联系你的 Analytics 360 客户经理或 Analytics 360 经销商，他们会在你同意条款和电子邮件协议后，管理 DBM 的启用。

如前面对 DCM 集成所述，建议查看 Google Analytics 帮助文档中的 "GA 广告功能的政策要求" 一文，以确保合规性。

3. DoubleClick 搜索

下面介绍的另外一个 DoubleClick 集成是 DoubleClick 搜索（Double Click for Search, DS）。

DS 是一个统一的界面，可用于在多个引擎（如 Google AdWords、Microsoft adCenter、Yahoo Search Marketing）中管理 "搜索广告系列"（Search Campaign）。DS 可简化搜索广告系列管理，并提供集成报告、自动出价和归因（在没有 DS 的情况下，必须分别单独管理每个引擎上的广告和关键字）。

Analytics 360 中的 DS 报告可在 "流量获取" 报告中使用，如图 18.11 所示。

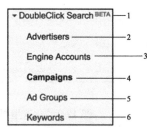

要跟踪 DS 广告系列的转化，请将 DoubleClick 的 Floodlight 代码添加到转化页 [如购买确认页（Purchase Confirmation Page）]。由于 DS 是 DoubleClick 数字营销系列的一员，因此可以使用与 DCM 相同的代码。

图 18.11　可以在 Analytics 360 "流量获取" 报告下获取所有集成 DS 报告

1—DoubleClick 搜索　2—广告商　3—引擎账户
4—广告系列　5—广告组　6—关键词

要查看 GA 指标（包括与 DC 广告系列相关联的 GA 定位目标转化和电子商务交易），请单击 DS 报告中的广告系列链接（Campaigns Link），并评估各种搜索引擎广告系列的效果，如图 18.12 所示。同样，可以为 DS 广告系列参考 Floodlight 和 GA 转化，更多地关注趋势，更少地关注两个模型之间的偏差。

DS Campaign —— 1	Acquisition —— 2			Behavior —— 3			Conversions eCommerce 4		
	Sessions 5	% New Sessions 6	New Users 7	Bounce Rate 8	Pages / Session 9	Avg. Session Duration 10	Ecommerce Conversion Rate 11	Transactions 12	Revenue 13
	2,014 % of Total: 0.76% (266,362)	78.75% Avg for View: 79.04% (-0.37%)	1,586 % of Total: 0.75% (210,540)	56.85% Avg for View: 50.55% (12.46%)	5.49 Avg for View: 6.30 (-12.78%)	00:01:50 Avg for View: 00:02:19 (-20.93%)	0.45% Avg for View: 0.69% (-35.69%)	9 0.49% (1,851)	$327.07 % of Total: 0.13% ($248,462.12)
1. AW - Accessories	968 (48.06%)	69.32%	671 (42.31%)	44.83%	8.25	00:02:53	0.52%	5 (55.56%)	$180.12 (55.07%)
2. AW - Wearables	440 (21.85%)	86.36%	380 (23.96%)	63.64%	3.83	00:01:08	0.91%	4 (44.44%)	$146.95 (44.93%)
3. BA - Wearables	180 (8.94%)	91.67%	165 (10.40%)	68.89%	2.37	00:00:40	0.00%	0 (0.00%)	$0.00 (0.00%)
4. BA - Accessories	125 (6.21%)	75.20%	94 (5.93%)	67.20%	3.87	00:01:28	0.00%	0 (0.00%)	$0.00 (0.00%)

图 18.12　报告中的所有转化 / 交易都来自 AdWords 广告系列（前两行），而 Bing 广告系列（最后两行）可以进行一些优化

1—DS 广告系列　2—获取　3—行为　4—转化　5—会话　6—新会话百分比　7—新用户　8—跳出率　9—网页 / 会话　10—平均会话持续时间　11—电子商务转化率　12—交易　13—收入

4. DoubleClick 广告发布管理系统

虽然到目前为止讨论的 DoubleClick 集成都集中在广告商，但发布商（拥有广告资源并投放展示广告的广告客户）也可以利用 GA 报告功能。Analytics 360 与 DFP 广告发布管理系统（DoubleClick for Publishers, DFP）集成，如图 18.13 所示。

DFP 是一种 DoubleClick 平台，可在所有需求来源、形式和渠道中实现广告和收入管理。

DFP 与 Analytics 360 的集成允许发布商创建目标受众群体，并向广告客户提供这些受众群体。细分示例如下：

■ 查看特定内容类别的访问者。

■ 参与的访问者（根据网站访问时间、访问的页数等）。

■ 响应特定广告系列的访问者。

Analytics 360 中的 DFP 报告包含"行为 > 广告发布商报告"（Behavior>Publisher Reports）。示例报告如图 18.14 所示。

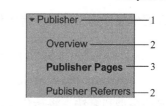

图 18.13 "发布商页面"（Publisher Pages）和"引荐"（Referrers）的 DFP 报告，可以在"行为"（Behavior）部分中的"发布"（Publish）报告下找到

1—广告发布商 2—概述 3—发布商页面 4—发布商引荐

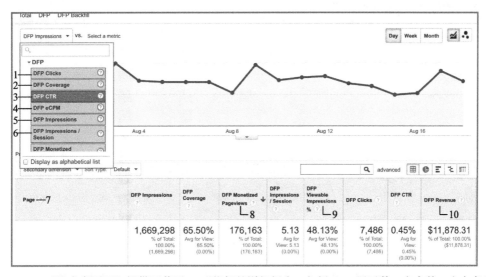

图 18.14 DFP "发布商页面"提供了若干 DFP 指标的详细报告，包括 DFP 展示数、点击数、点击率和收入

1—DFP 点击数 2—DFP 覆盖 3—DFP 点击率 4—DFP 千次展示广告收入 5—DFP 展示数 6—DFP 展示数/会话 7—网页 8—DFP 变现网页浏览量 9—DFP 可见展示数 10—DFP 收入

笔记丨 DFP 配置
联系你的 Analytics 360 客户经理或 Analytics 360 经销商，启用 GA 的 DFP 报告。

5. 数据驱动归因

Google 将"数据驱动归因"（Data-Driven Attribution）定义为"使用 Analytics 账户的实

际数据生成自定义模型，将转化功劳分配给整个客户旅程中的营销接触点"。

Google Analytics 提供了所有重要的功能，并在模型中纳入了各种来源的所有数据，包括已通过 AdWords 和 DCM 关联的数据，以及你在 Analytics 360 中导入的数据。然后，GA 通过概率模型和算法，将转化归功于转化路径中的各种渠道。

笔记|数据驱动归因的配置
当你在"管理标签 > 视图设置"（Admin Tab>View Settings）中启用数据驱动的归因建模时，7 天之内你会在报告中看到数据。

可以从 GA 的"转化 > 归因"（Conversions>Attribution）部分访问图 18.15 中显示的数据驱动归因模型分层图表。

使用此报告验证你对渠道效果的假设。在图 18.15 的特殊示例中，此业务正在运行"展示广告"（Display）重定向广告系列。你会发现，在转化路径的最后一次接触点位置，Display（展示广告）的总体权重为 68%。这说明 Display（展示广告）有助于最后一环触达用户，而对上层渠道无效。如第 7 章所述，我们可以选择把重定向 / 再营销的流量分配到"归因"（Attribution）报告中"默认渠道分组"（Default Channel Grouping）下的单独渠道中。

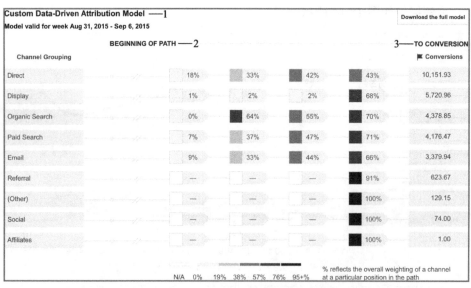

图 18.15　归因模型分层图表显示每个营销渠道转化前路径位置的加权平均值

1—自定义数据驱动归因模型　2—路径开始　3—转化

6. Google 生态系统之外的归因

如果营销组合主要由 Google 产品（无论是 AdWords，还是 DoubleClick）构成，则 MCF 报告和 Analytics 360 归因报告都很可能为你的多渠道分析提供良好的基础。

但是，如果在 Google 生态系统之外使用广告投放平台或程序化购买，这些系统的数据无法在 Google Analytics 或 Analytics 360 中无缝使用。可以考虑使用跨渠道营销归因解决方案（如 Google Attribution 360、Visual IQ 或 Convertro 等），带来来自线下（如电视）和线上的所有来源，以优化营销费用、用户流量获取和参与。

如果你正在考虑高级归因，特邀嘉宾琼·德尚维茨（June Dershewitz）提供了你应该回答的 4 个基本问题，并帮助你梳理了一些复杂情况。

琼·德尚维茨是 Twitch（亚马逊子公司）的数据治理和分析部门主管。

你可能想知道，什么时候才能将公司从标准的"末次点击"方法（或以 Google 为中心的"多渠道路径"报告）转移到营销归因以支持更高级的技术上。在你太执迷于这个问题前，请问自己以下 4 个问题，并确保这是你的企业真正需要解决的问题。

1. 你的营销策略是否非常复杂？

如果你只使用几个付费营销渠道，则使用高级归因可能会太浪费了。如果你认为某些最重要的营销活动在"末次点击"模式中的代表性不足，则高级归因可能是值得的。要考虑的包括你的销售周期的长短、线下投资的重要性（如电视广告支出），以及你的营销预算的总体规模。

2. 你能描述从高级归因中获得的附加值吗？

如果你设法做浮于表面的高级归因，并且你所做的一切都是为了做报告，那么你已经失败了。成功的归因计划应该推动你的营销实践中的策略和战术变革。如果你知道每一个营销战术的真正价值，你会采取什么不同的措施？这也是一个很好的有关归因平台供应商的讨论话题，看看它们是不是具有可操作性。

3. 你是不是下定决心投入资源来上线和维护这个项目？

上线和维护高级归因要花费巨大努力——需要数据流畅、市场营销的专业知识、沟通能力和非常大的耐心。一旦你度过了初始设置阶段，就必须准备好长期致力于发掘洞察。如果你没有做好这种决心，你的项目从一开始就处于危险之中。

4. 你的主管是否也认同它很重要？

营销渠道经理可能拥有特定的战术，但是高管往往看大局。归因应该具有整体效益，因此需要跨多个渠道进行协调。作为一个基层举措它将起不了作用。为了让高级归因取得成功，决定整个营销项目和预算的高管需要将其当作先决条件进行考虑。

如果你能够对所有这些问题回答"是"，那么你绝对就该探索高级归因解决方案了。当一切完美完成的时候，它应该能促进整个营销的持续改进。

18.4 Analytics 360 独有的功能

使用 Analytics 360，你不再是孤军奋战。在 Google 和你的 Analytics 360 经销商之间，你应该立即开始利用分析投资的优势。下面介绍营销资源的 MCF 报告。

18.4.1 门户

对于拥有数十个（如果不是数百个）网站和 App 的大型组织机构来说，管理 Analytics 360 账户可能是一项繁重的工作。

Google 提供了（作为 Google Analytics 360 套件的一部分）一个 Analytics 360 门户，作为 Analytics 360 经销商和客户的管理界面。

通过该门户，你可以查看结算信息，并在 GA 媒体资源上启用 Analytics 360。虽然 Analytics 360 是一个公司范围内的许可，但你可以完全控制将 GA 媒体资源添加到 Analytics 360，这可以通过 Analytics 360 门户轻松完成。

此外，作为门户网站管理员，你可以将用户添加到门户，并查看匹配（hit）数量和使用情况。

一旦为你的组织激活了 Analytics 360，该门户就会被启用。

18.4.2 培训资源

如果你是 Analytics 360 的客户，则可以在 "关于 Analytics 360"（*About Analytics 360*）帮助页面上访问 Analytics 360 帮助文档和一些培训视频：

```
https://support.google.com/analytics/answer/3437434?hl=en
```

要在浏览器中访问此网页，必须作为 Analytics 360 的用户登录。

18.4.3 发布版和测试版功能

Google 非常频繁地推出新功能。跟进你的经销商或 Google，以确保你将收到的 Analytics 360 的更新以及可以访问早期 Beta（测试）版。

18.4.4 账单和层

Analytics 360 通常以费用为基础进行销售，并采用分层费用结构以获得更高的匹配量。在 Analytics 360（2016 年 3 月）推出之前，Analytics 360 的零售年度价格为 150 000 美元、105 000 欧元或 90 000 英镑。这个价格每月包含 0 次 ~10 亿次匹配（hit）。如果你的每月总匹配（hit）数超过 10 亿次，则会向你收取额外的每月费用。

新的 Analytics 360 客户端将对以下两个选项二选一：

1）每月少于或等于 5 亿次匹配（hit）。每月超过 5 亿的匹配（hit）将以 1 亿的增量计费。

2）每月小于或等于 15 亿次匹配（hit）。每月超过 15 亿的匹配（hit）将以 5 亿的增量计费。

当你的匹配（hit）量波动时，就像季节性业务那样，你每月的流量超过了两个月的 5 亿次匹配（hit）或 15 亿次匹配（hit），因此你将被收取两个月的超额费用。

随着新定价的推出，请参阅 www.e-nor.com/gabook 以获取更新。

如果你是现有的 Analytics 360 客户、非营利组织、教育机构或政府机构，请与你的经销商或 Google 联络，以获取适用的或大额的折扣。除了对 Analytics 360 平台本身的投资之外，组织机构还应分配资源以保证进行定制、集成、咨询和培训。

18.5　在哪里买——是通过经销商还是 Google 直接购买

Analytics 360 可以直接从 Google 购买，也可以从以下列出的 Analytics 360 授权经销商（Authorized Resellers）处购买：

https://www.google.com/analytics/partners/search/services

我们从 Analytics 360 潜在客户处经常听到的一个问题，是否从 Google 直接购买或经销商处购买许可。Analytics 360 的功能和 SLA 是相同的，与你如何购买 Analytics 360 无关，因此这不需要考虑，但以下因素可能会有很大的不同，具体取决于供应商的选择。

Analytics 360 需要大量投资，因此建议仔细询问供应商。做一个谨慎的买家：检查技术、过程和人际方面。（免责声明：E-Nor 是 Analytics 360 授权经销商。）

1. 技术方面

1）数据录入和数据迁移（migration）支持的级别（来自 GA 标准版或其他分析平台）。

2）针对 Analytics 360 的定制支持级别以及包含实施支持的媒体资源和 / 或 App 数量。

3）在初始实施之后不断进行咨询。

4）与其他 Google 产品（如 DCM、DBM、DFP、AdWords 和 BigQuery）的集成专业性。

5）与非 Google 产品，如 CRM（如 SalesForce）、电子邮件平台、营销自动化平台等的集成专业性。

6）数据集成和报告自动化。

7）数据可视化支持。

2. 过程方面

1）广告系列代码（tag）的支持。

2）开发和 QA 支持。

3）路线图和评估。

4）用于自动报告、标记、QA 和验证的工具。

5）支持不同的时区。

3. 人员方面

1）你将与之合作的 Analytics 360 客户团队的专业性。

2）你会被分配一个专门的客户经理（Account Manager）吗？

3）知识转移和培训。

① 你需要并将接受现场培训吗？

② 你会得到虚拟训练吗？

③ 你还能获得哪些其他教育资源？

4）访问 Analytics 360 会议和早期 Beta 版。

Google 坚持透过全面而严格的程序，吸纳 Analytics 360 授权经销商加入 Analytics 360 授权经销商计划，但所有经销商都不相同。下面介绍评估 Analytics 360 经销商的其他注意事项。

4. 经销商评估的其他注意事项

1）有些经销商专门从事特定行业（如电子商务）。

2）一些可能更侧重于媒体、SEM 和其他领域，而不是分析。

3）一些专注于分析，并提供策略、实施、培训和集成。

4）有些按照每小时收费，有些收取固定价格。

5）一些与其他分析供应商合作（例如，如果你从 Adobe 迁移到 Analytics 360，拥有 Adobe Analytics 专业知识的代理商可能会有好处）。

6）分析越来越复杂，它不仅仅是跟踪访问次数和网页。一些实施需要高级标记（tag）技术，包括但不限于移动 App 和（如第 17 章所述）测量协议与 CRM、BigQuery、数据可视化等的集成。

7）基于当今普遍的线上工作环境，在地理上和物理上的邻近，似乎不是选择供应商的关注点了，但至少确保供应商可以在你的时区为你提供服务。

🔑 本章要点回顾

1）监控你的总匹配（hit）量。如果你是 GA 标准版用户，并且你收集的数据已接近 1 000 万次匹配（hit）/ 每月标记，那么现在是时候审核你的需求和分析要求，并评估一次 Analytics 360 升级。

2）充分利用所有 Google 产品集成。我们讨论了许多 DoubleClick 集成，以便你更快速地访问有关用户的深入分析。请花时间设置这些集成，请与你的 Analytics 360 客户经理联系，他们会指导你完成整个过程。

3）**归因要认真考虑**。熟悉归因概念和归因建模。使用 GA 标准版和 Analytics 360 提供的功能开始评估用户访问的旅程。

4）**成为一个聪明的买家**。记录你的要求，与你的供应商分享，并在你承诺签订长期合同之前进行全面的尽职调查。

🏃 实战与练习

1）**生成总匹配（hit）自定义报告**。如果你是 GA 标准版用户，请使用"总匹配数"（Total Hits）指标构建自定义报告，并每周将其发送到收件箱。

2）**查看所有广告系列的所有 UTM 代码**。在进入归因大联盟之前，请确保你的广告系列和渠道跟踪基础是稳定的。

3）**开发分析路线图**。技术不会解决所有的优化挑战。请与你的分析团队和 / 或咨询机构联系，并制定一份为期 12 个月的路线图，了解如何最佳利用所有 Analytics 360 功能，成为一家更多数据驱动的公司。

附　录

附录 A　扩充你的优化项目

本书涵盖了我们之前在图 3.1 优化金字塔中的策略、实施、报告和分析的各个阶段。在我们的讨论中，已经给出基于 Google Analytics 的数据所能采取的具体优化步骤，但仍然有些优化的方面没有直接探讨。

定量网站和移动端数据分析的本质是为了获得见解与展开行动，一定要记住，全面的优化项目要包含定量数据录入、重叠可视化（热图分析）（overlay visualizations）以及测试策略。到了优化的更高水平后，个性化（功能）将超越（基础）分析，向特定细分用户呈现不同的体验。

在本附录部分，关于如何组建优化项目，专家们会分享他们的重要观点和策略。

A.1　定性输入

在优化环境中，定量（quantitative）指基于数字的网站及移动端 App 分析数据，这些数据由用户产生，但却不能直接获取；定性（qualitative）指由最终用户或测试人员直接提供的见解或评价。

定性输入有时候能够识别出分析工具分析不出来的转化问题。举个例子，如果你的用户希望在支付页面看到一个付款退回保障，该怎么办？如果你在 Google Analytics 为你的购物支付流程设置一个目标渠道或者增强型电子商务，你将会识别出支付页面上存在很高的用户流失，但通过一条用户评价或可用性测试，这个特定的问题就能被轻而易举地反映出来了。

在本节中，iPerceptions 的达夫·安德森（Duff Anderson）讨论了调查的力量（以及 iPerceptions 与 GA 的集成），UserTesting 的汉娜·阿尔瓦雷斯（Hannah Alvarez）提供了关于可用性测试的重要见解。注意，Google 消费者问卷调查（Consumer Surveys）可作为 GTM 中的标记模板，用于部署基本调查功能。

当你考虑定性投入时，请记住积极寻求机会与组织机构的潜在客户和当前客户以及组织机构中与客户群最频繁接触的人员（如销售团队、呼叫中心代表和客户/技术支持专家）对话。不要低估这些对话的重要性。

嘉宾观点　通过访问者调查增强 Google Analytics

达夫·安德森是 iPerceptions 的高级副总裁和联合创始人。

1. 只靠 Google Analytics，你无法知道你的访问者心里在想什么

点击流数据可以充分了解访问者体验，但对于从 Google Analytics 可以收集的所有洞察，如"你的访问者在做什么？""他们什么时候在你的网站上？"和"他们从哪里来"？跟"为什么"有关的问题还没有得到解答。

Google 的数字营销传播专家阿维纳什·考希克表示，"无论你怎么折腾你的数据，它（网站分析）都不能告诉你有些事情为什么会发生。"[⊖]

若你想知道为什么着陆页只有 0.5% 的转化率，或者 3.34 次网页／会话代表访问体验是好或是坏，则需要收集和解释定性输入以及定量数据。只有通过定性输入你才能进入访问者心智，你才真正看到访问者体验的全局。

2. 你如何进入你的访问者心智

理解访问者行为的唯一方法是通过询问他们并收集定性反馈数据 [通常称为客户之音（VoC）数据]。有多种方式可以吸引访问者并收集定性数据，从被动持续反馈按钮到随机主动请求应有尽有，如图 A.1 所示。

被动持续型	触发型	随机主动型
评论卡	设定	研究架构
持续地	针对性地	随机地
补救措施	优化措施	策略指导

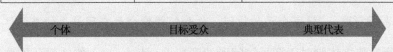

| 个体 | 目标受众 | 典型代表 |

图 A.1　客户之音数据

① 被动持续参与。被动反馈或评论卡是一个持续按钮，可供访问者单击以留下他们的反馈。iPerceptions 研究表明，使用被动接触方法的用户更有可能留下负面反馈。因此，被动持续型方法更多的是一种补救工具，可以帮助修复断开的链接，给访问者一个退出出口。

② 定向参与。定向参与基于一个目标标准（如浏览的网页数量或网站停留时间）向特定受众展示调查，来收集定性数据。它通常用于优化网站的部分或特定网站功能。例如，通过触发调查来收集仅访问你网站在线支持（Support）部分的访问者的反馈，你可以了解你的在线支持工具如何有效满足访问者的需求，以及如何优化这些资源。

⊖　http://www.kaushik.net/avinash/4q-the-best-online-survey-for-a-website-yours-free/。

③ 随机前 / 后的主动参与。另一类定性数据具有代表性，并且利用随机前 / 后抽样方法。该方法通过在访问早期邀请一部分网站访问者在访问结束时进行调查来收集定性数据。这提供了被抽样群体的代表性信息，创建内部校准，并有助于推动策略决策。

重要的是要明白，并非所有定性数据都是一样的。你选择的方法将最终影响你收集的数据类型（从代表到个人）以及如何使用（从策略到战术）。

3. 如何询问获取反馈

你提问的方式也将会对收集结果的质量产生重大影响。以下是你应该始终遵循的一些基本原则：

① 邀请访问者提供反馈意见，是一种延伸品牌的做法。这意味着必须设计和品牌相一致的调研；从调查邀请到感谢页面，确保以品牌为首要和中心。

② 在如今多屏幕的世界中，收集跨设备的客户反馈很重要。无论是在台式计算机、平板电脑、手机或 App 内，都必须确保问卷调查或留言卡能够反映出客户设备。

③ 保持你的研究目标集中。在一个调查中尝试和回答一切是我们会犯的最大错误之一。进行具有明确目标的多项研究，从提高网站可用性到增加营销效率、增加转化率，将有助于提升你的回复和收集的数据质量。

4. 你应该问什么

重要的是收集各种定性指标，将 Google Analytics 数据融合在一起，并全面了解你满足访问者需求的情况。如上所述，将研究重点放在目标上是至关重要的，但是很少有指标应该成为任何定性研究的支柱。

① 访问者满意度。"根据今天的访问，你如何评价今天在网站上的整体体验？"

了解和测量整体体验对于衡量访问者端到端（end-to-end）的体验至关重要。访问者以 0~10（0 表示非常糟糕的体验，10 是优秀的体验）的分数为你的网站体验评分，你可以快速评估网站表现，然后了解你的网站如何随时间的推移而改进。

② 访问者意图。"以下哪一项最能说明你来访的主要目的？"

用户为什么访问你的网站？他们在访问期间试图做什么？访问者意图（Visitor Intent）（也称为访问目的），对于了解你的访问者的需求很有必要。一旦你知道为什么有人访问你的网站，你就可以更好地将内容与访问者尝试获取的内容对应起来。

③ 任务完成。"你在今天完成了想在网站上做的一切了吗？"

对任务完成进行调研，会告诉你访问者能否成功完成访问的原因。如果访问者无法完成访问，这将影响他们对你的网站的满意度，以及他们回访的可能性和他们推荐你的网站的可能性。

5.Google Analytics 和定性数据的强大组合

利用正确的数据并采取集中的方法收集定性数据，你可以填补网站分析无效的部分，并更好地了解你的客户，最终优化访问者体验。

有赖于供应商，集成过程应该是一个简单的事。通常，收集的数据会使用事件发送到 GA，因此你可以创建一个细分（segment），如图 A.2 和图 A.3 所示。细分在第 10 章中进行过详细讨论。

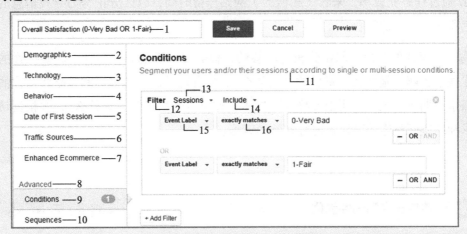

图 A.2 如果你的定性数据作为事件集成到 GA 中，则可以根据事件数据，对定性调查中总体满意度非常低的访问者（0 - 非常差或 1- 还不错）创建 GA 细分

1—总体满意度（0- 非常差或 1- 还不错） 2—受众特征 3—技术 4—行为 5—首个会话日期 6—流量来源 7—电子商务 8—高级 9—条件 10—序列 11—根据单个或多个会话条件细分您的用户和 / 或其会话 12—过滤器 13—会话 14—包含 15—事件标签 16—完全匹配

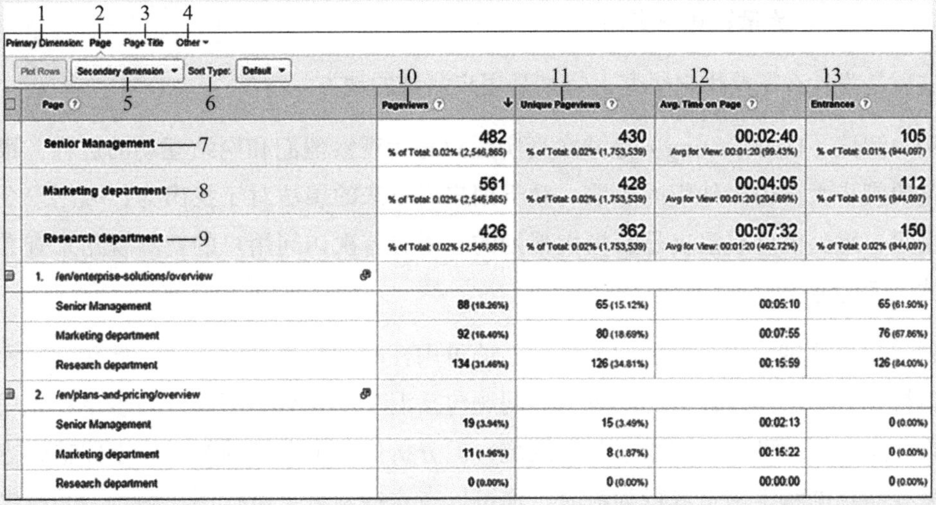

图 A.3 基于在 GA 中作为事件显示调查回复的细分示例。上面的"网页"报告根据工作角色应用了三个细分：高级管理（Senior Management）、市场营销（Marketing）和研究（Research）

1—主要维度 2—网页 3—网页标题 4—其他 5—次级维度 6—排序类型默认 7—高级管理层 8—市场营销部门 9—研究部门 10—网页浏览量 11—唯一网页浏览量 12—平均页面停留时长 13—进入量

一旦根据定性事件数据设置 Google Analytics 细分后，你可以：

① 通过定性的访问者满意率（Visitor Satisfaction rate），更好地评估着陆页、退出页、关键字、流量来源和广告系列。

② 比较 Google Analytics 目标转化率和定性任务完成率（Task Completion rate）（"你是否完成了任务"的问题），以便更好地了解转化周期。

③ 根据网站停留时间、访问的网页、访问的版块以及地理区域来比较访问者满意率。

④ 通过任务完成率，来看（相似的）网站停留时间，以区分正努力寻找信息的和在网站上积极参与的访问者。

为了理解你的客户，网站分析是不够的，你需要知道他们在想什么。确保你的优化策略专注于了解"是什么"背后的"为什么"。只有这样，你的目标和策略将与你的访问者的需求和期望一致。使用上面概述的技术，你可以开始了解"为什么"，并根据访问者的需求和期望调整你的设计、内容和营销策略。

嘉宾观点 **用户研究和定性优化**

汉娜·阿尔瓦雷斯领导了 UserTesting（用户测试）的内容营销团队。

当你进行深入数据分析时，你可能会发现自己有很多疑惑的地方。

为什么一个产品页的跳出率高于其他产品页？为什么过去两个月的平均停留时间减少了？为什么来自 Twitter 的流量比来自 LinkedIn 的流量转化率更高？

这就是为什么需要用户研究，特别是用户测试的地方。

用户测试（User Testing）是站在真实用户身后观察他们和网站互动的过程，跟随用户浏览的脚步大声说出他们的想法。倾听用户说出来的想法对于找出为什么用户会在网站上受阻、感到困惑或沮丧是有极大帮助的。通过首次访问用户的新鲜视角来查看自己的网站，机会绝佳。

通过用户测试，你会发现你的网站上的可用性问题导致高跳出率、低转化率和异常的会话持续时间。一些最常见的可用性问题包括混乱的导航、不清楚的表单和无用的搜索结果。这些问题可能很难通过分析发现，但分析是一个不错的开始。当你精确定位到看起来有问题的特定网页或行为流时，你可以在这些网页上运行用户测试，并找出用户放弃的原因。在你的用户测试中，你将选择观察哪些用户任务，以及你想让他们回答有关体验的哪些问题。

用户测试也不限于网站。同样重要的是，如果你的公司有用户反馈，你可以在移动

App 上收集用户反馈。你可以使用下面列出的相同过程测试移动 App。确保测试你的 iOS 版本和 Android 版本，如果你两个都有的话。

1. 面对面用户测试与远程用户测试的比较

用户测试可以是面对面或远程的，这两种测试都有其优缺点。

① 面对面用户测试。通常需要一个可用性实验室和一个主持人（尽管它可能发生在一个办公室、一个会议室，甚至一个咖啡店）。你可以在室内研究中获得非常丰富和深入的见解。研究人员可以观察测试参与者的身体语言和面部表情，以及他们在屏幕上的操作和言语反馈。如果参与者突然停顿或需要提问，主持人可以帮助指导他们。面对面会话通常比远程会话运行时间更长，因此它们更适用于需要很长时间完成的活动（如申请健康保险）。

换个角度看，设置用于面对面用户测试会话通常是昂贵且耗时的，并且招募准确地代表目标市场的测试参与者会很有挑战。此外，初次测试的参与者可能会感到紧张或过分期待，所以全靠主持人促使他们给出公开和诚实的反馈。

② 远程用户测试。远程用户测试往往比面对面测试更快更容易。你可以通过用户在线面板从世界任何地方招募参与者，或者你可以招募自己的用户并邀请他们参与。因为远程用户测试不要求参与者在某个时间处于某个地方，所以通常更容易迅速地让人们参加测试，并且你可以更轻松地运行大规模研究。

在远程用户测试会话中，测试参与者在与你的网站交互时记录他们的屏幕和语音，并在完成后观看视频记录。根据你使用的平台和研究的复杂性，你可以在几小时、几天或几周内获得结果。大多数远程用户测试不涉及主持人，因此有必要编写一个清晰的测试计划，引导参与者完成你需要完成的任务。（然而，一些远程用户测试平台确实允许进行主持下的测试。）由于通常没有看到参与者的面部表情和身体语言，因此测试参与者能够持续大声地说出他们的想法，这一点至关重要。

2. 如何运行成功的用户测试研究

你不必成为一个专业研究员才能进行研究。你需要做的是遵从步骤。

① 确定你的测试目标。你想获得什么？如果你只是试图找出网站上最明显的可用性问题，则你的测试计划将与你想要知道为什么在一个特定的着陆页上跳出率高这一原因有所不同。这是你来确立你要优化的目标的机会。

② 考虑你的测试观众。你可能希望针对目标市场运行用户测试。如果你有一个小众的观众，招募过程可能会更加耗时。对于面对面测试，你需要找到这些用户，并安排他们进入你的实验室。对于远程测试，当你在平台中设置研究时，你将指定你的人口统计方面对测试者的要求。

　　记下你想要在测试中包含哪些设备。你的移动网站上的用户体验与桌面版网站一样重要，因此请不要忘记对使用 iPhone、Android 和平板电脑的用户进行测试。

　　如果你打算发现可用性问题，你不需要很多测试参与者。5~8 个用户就将揭示最严重的问题。

　　如果你想了解用户意见的趋势（如他们会多大程度信任你的公司），那么你将需要一个更大的数据集。要至少 20~30 名参与者，并确保包含每个不同细分受众的用户。

　　③ 编写测试计划。专注于写出任务和问题，以揭示你需要的洞察。请确保你的问题保持中立，这样你就不会使测试参与者的答案带有偏见。

　　当你写任务时，确保你不要太多地控制参与者，或带领他们以"正确"方式完成任务。例如，如果你说，"找到一双 10 号的男士礼服鞋"，你会发现更多关于参与者如何自然地去寻找鞋子，以及在这个过程中他们遇到的任何困难，这比你说"单击标为'男士'的标签，然后向下滚动，直到你看到鞋类别……"要更好。让一个参与者来检验你的测试是个好方法，以确保没有任何混乱的说明会导致研究偏离主题。

　　④ 研究起来。如果在室内测试，则需要确保主持人已准备就绪，并且已预先设置了音频和视频录制工具。主持人需要全程提出、阐释问题，带领参与者一个接一个地完成测试任务。如果使用的是远程测试工具，则可以在线进行测试，并等待视频完成。

　　⑤ 分析结果。当你观看用户与网站进行互动时，请记住任何使他们停住或困惑的地方。这些见解将帮助你回答有关你的数据问题。使用你的远程测试平台或传统的视频编辑软件，可以创建测试当中的有趣片段剪辑，专注于最重要的发现。

3. 如何处理你的结果

　　现在你已经收到了用户的反馈，你可以组织并根据轻重缓急排序你所发现的问题。你可能已创建了用户遇到的问题列表。这就是你的优化机会。这当中任何一个都可以成为你下一个 A/B 测试。

　　首先为找到的每个问题分配优先级。有多少客户这样做？如果改进它会产生多大的影响？需要分配多少资源才能进行更改？

　　如果你发现，说服股东做出改变总是一项挑战，那么不如尝试向股东展示用户测试会话视频片段。这是一个很好的方式来说服你的团队做出改进。

　　从用户测试中获得的定性洞察能够完美地将数据变得有人情味儿，并完整勾勒出网站上所发生的事情。分析和定性反馈的组合可以是你的秘密优化武器。作为一个额外的好处，这些真实的用户故事可以帮助你在你的公司建立以客户为中心的文化。

4. StubHub 如何使用定性优化来提高百万收入

在线票务市场 StubHub 的团队注意到，很多客户进入他们的购票渠道，但却没能最终完成购买。分析显示，票券搜索结果页面上存在着严重的用户流失，这个页面提示用户"查看详细信息"，就能转到每个可用票券的购买页面。他们进行用户测试，试图找出为什么会出现这种流失，发现用户认为"查看详细信息"将他们带到票面印刷详情，而不是购买页面。

有了这一洞察，小组将"查看详细信息"链接更改为带有"Go"字样的橙色按钮。完成更改后，他们看到转化次数增加了 2.6%，从而增加了数百万美元的收入（见图 A.4）。

图 A.4　在用户研究之后，对 StubHub 的票券搜索结果页面上的按钮文本和样式的改变，带来了显著的转化增加

A.2　叠加热图报告

如第 12 章所述，GA 网页浏览代码中的增强型链接归因（Enhanced Link Attribution）设置可帮助 GA 网页内分析（In-Page Analytics）报告以叠加格式显示更有意义的数据，即数字数据或叠加到网页本身的数据可视化（热图分析）。但是，网页内分析功能目前受到限制（有时根本无法显示）。

有几个工具可以提供更丰富的热图报告（和会话记录），如 CrazyEgg、SessionCam 或 HotJar，这几个工具，亚历克斯·哈里斯（Alex Harris）将其与 GA "着陆页"报告结合使用，以实现分析的"快速制胜"。

嘉宾观点　快速获得显著结果

亚历克斯·哈里斯是一名转化率优化经理，在电子商务、产生销售线索和用户体验方面拥有超过 15 年的经验。

多年以来，作为专注于优化转化的网络设计师，我发现最大的机会从了解如何获得快速胜利开始，包括确定最重要的着陆页，这些网页上的互动，以及为什么访问者完成或未完成目标行为。

假设你要优化网站，以提高转化率。下面是如何开始这些快速的胜利：

1）查看你的热门着陆页。

在"行为"（Behavior）下的"网站内容"（Site Content）中找到 GA "着陆页"（Landing Pages）报告。

查看产生最多流量的前 5~10 个着陆页。

2）了解访问者与着陆页的互动方式。

使用 HotJar 等工具，可以创建热图、滚动图、表单完成跟踪和访问者记录。这些数据收集操作可让你调整用户体验。观看访问者的会话，因为他们从一页到另一页，将给你宝贵的洞察以形成一个假设。

3）确定访问者完成（或者无法完成）转化的原因。

要收集这种定性洞察，还可以使用 Qualaroo 投票和调查。如果在你的着陆页上，他们单击"后退"按钮，你可能想要弹出一个问卷调查，问问他们"这个页面缺少了什么？

结论

多年来，我已将所有新项目都应用了同样的流程，以有效帮助我的客户提高转化率，了解访问者和网站上的互动，并使他们的网站更加赚钱。

A.3　测试

你的旅行网站上前往马丘比丘（Machu Picchu）旅游的潜在客户生成表单在 GA 中显示 70% 的退出率，因此你将表单上的主图从山景更改为徒步者。次月退出率降至 50%。是徒步者的照片带来的这种变化，是吗？

在你的医疗保健网站上的一个主要着陆页的可用性评估中，测试人员建议你在网页顶部添加保险信息。在接下来的一周，"与我们联系"（Contact-us）的目标转化率从 0.9% 提高到 1.5%。我们可以确信保险信息促使转化提升吗？

在这两种情况下，更改可能会产生积极影响，增加可能是由于在你的网页更新的同时，一些外部因素改变了。作为一种更加数据驱动的方法，你可以针对相同的绩效指标（如跳出、目标转化或电子商务收入）来相互测试两个或多个并发变化，从而确保更准确的比较。

接下来，克里斯·高尔德（Chris Goward）引导我们通过假设生成测试，鲍比·休伊特（Bobby Hewitt）分享了测试文档和测试结果分析的最佳实践，塔拉·邓恩（Tara Dunn）提供了成功测试的技巧以及通过 Optimizely 进行移动 App 测试的框架。

嘉宾观点　利用 LIFT 模型创建强有力的实验假设

克里斯·高尔德是优化机构 WiderFunnel 的创始人和《测出转化率：营销优化的科学与艺术》（*You Should Test That!*）的作者。

A/B 测试项目可以为任何营销活动带来最大投资回报。许多公司正在从他们优化实验提供的见解中获得收益，但其他公司并没有这么幸运。

成功和失败项目之间的差距是什么？从 2007 年以来，我们从 WiderFunnel 模型出发创建这些项目的经验，显示出强烈的一致性。最优秀公司的特点之一，就在于这些公司使用这个模型框架解决业务问题的决心。

找到转化优化技巧的列表，一个简单的 Google 搜索就能完成，但是这些技巧和秘诀对你有用吗？更可能的情况是，他们忽视了你的现实状况。因此它们几乎没用。

使用模型框架来帮助你回答问题会更加强大。它给你的答案，即便当其中一个变量改变时也不会无效。

LIFT 模型[⊖]是一个你可以用它来创建强大的实验假设的框架模型。首先看看 LIFT 模型如何工作，然后展示如何在适当的假设结构中使用它。

1. 使用 LIFT 模型

当我开发 LIFT 模型作为创建 A／B 测试假设的框架时，我没有意识到它会变得像现在这样流行。它现在已被全球数百家公司和大学使用，你也可以使用该模型来改善营销。

LIFT 模型显示了目前影响转化率的 6 个因素，如图 A.5 所示。通过测试假设来改善这些因素，你可以改善所有市场接触点的结果。

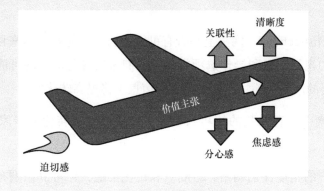

图 A.5　WiderFunnel 的 LIFT 模型

① 价值主张（Value Proposition）。给转化率提供动力的引擎是"价值主张"，这让它

⊖　LIFT 模型是 WiderFunnel Marketing Inc. 公司的注册商标。

成为 6 个转化因素中最重要的一个。你可以将其视为一种方程，当访问者在下意识地考虑是否对你的网页采取行动（即转化）时，它就会出现在该访问者的脑海里。

如果觉察到的利益大于采取行动的感知成本，则他们就会有行动动机。如果成本超过利益，他们会立即反弹。

所有其他因素只是增强或减损价值主张。

② 关联性（Relevance）。着陆页是否与访问者认为他们会看到的内容相关？

流量来源媒介的价值主张和上下文的相关性至关重要。信息页必须使用和访问者相关的用语，并与上一个进来的链接一脉相承，否则访问者将会迷惑，并离开页面。

③ 清晰度（Clarity）。着陆页是否清楚地表达了价值主张和行动号召？

清晰明确是我们发现营销人员长期争取的六大常见因素之一。清晰明确必须分析的两个方面是设计（Design）和内容（Content）。清晰明确的设计能创造出流畅的"视觉流"。内容清晰度确保图像和文本结合，最大限度地减少用户理解时间。

④ 迫切感（Urgency）。对于访问者，他有动机现在就采取行动吗？

迫切行动有两个组成部分：内部（或访问者在抵达时感觉如何）和外部（或营销人员给访问者创造的影响）。虽然当访问者到达页面时迫切行动通常是预先存在的，但是展示的语调、提供的内容和期限都会制造外部的迫切行动。

⑤ 焦虑感（Anxiety）。访问者对采取下一步行动，会有什么潜在疑虑？焦虑是你的潜在客户考虑采取行动时的任何不确定感。页面上是否有可能带来这种感觉的内容，或页面上缺少了什么？焦虑和你与访问者之间建立的信誉，以及想要访问者给予你的信任成反比。

⑥ 分心感（Distraction）。网页上是否有可能使访问者与自己本来目标偏离的条目？访问者必须处理的视觉信息和操作选项越多，他们做出转化决定的可能性就越小。最小化干扰（如不必要的产品选项、链接和无关的信息）将提高转化率。

在这 6 个因素中还有无数的技巧和子因子，能被专业转化率专家用来建立并检验假设。

从你潜在客户的角度评估网站、着陆页和转化渠道，你可以识别有待测试和改进的转化问题。

虽然还有其他不错的转化框架可用，但 LIFT 已经具有了自己的知名度，因为它易于使用和显而易见的简单性会让人们忽视掉它强大的结果。框架模型本身就说明最大化"清晰度"和最小化"分心感"是如何获得认可的。

一个 LIFT 模型分析示例

WiderFunnel 的优化专家每天使用 LIFT 模型来分析用户界面并创建实验假设（见图 A.6）。例如，当国际救援委员会（IRC）需要从其主要的付费搜索着陆页增加捐款时，他们引入了 WiderFunnel 以进行一系列实验。我们的优化策略师确定了几十个副本和设计元素，以增加关联性、清晰度和迫切感，同时减少焦虑感和分心感，并加强 IRC 令人信服的工作。

在另一些问题中，双栏布局的表格带来了焦虑感，显得完成起来比它实际上要难得多。表单还位于网页的"fold"下方，行动号召用语（CTA）按钮没有悬停状态。在副本方面，捐赠项目支持的对象缺乏清晰度，没有积极的信息支撑来做出捐赠的决定。

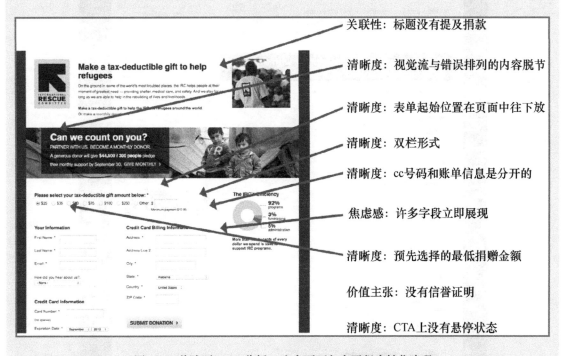

关联性：标题没有提及捐款

清晰度：视觉流与错误排列的内容脱节

清晰度：表单起始位置在页面中往下放

清晰度：双栏形式

清晰度：cc号码和账单信息是分开的

焦虑感：许多字段立即展现

清晰度：预先选择的最低捐赠金额

价值主张：没有信誉证明

清晰度：CTA上没有悬停状态

图 A.6　着陆页 LIFT 分析：这个页面包含了很多转化障碍

一旦确定了转化的障碍，就能够创建一个优化计划，来为 IRC 带来最大限度的提升和学习。早期测试令人惊讶地显示，使用更多的说服性文案和内容提升了捐赠额。

WiderFunnel 的一系列实验因为使用了他们的 LIFT 分析，带来了 30% 的转化率提升。你知道最棒的是什么吗？不仅捐赠者的数量增加，而且他们也更慷慨：捐赠收入增长了 94.6%——IRC 在全世界可以做的事更多了！（见图 A.7）

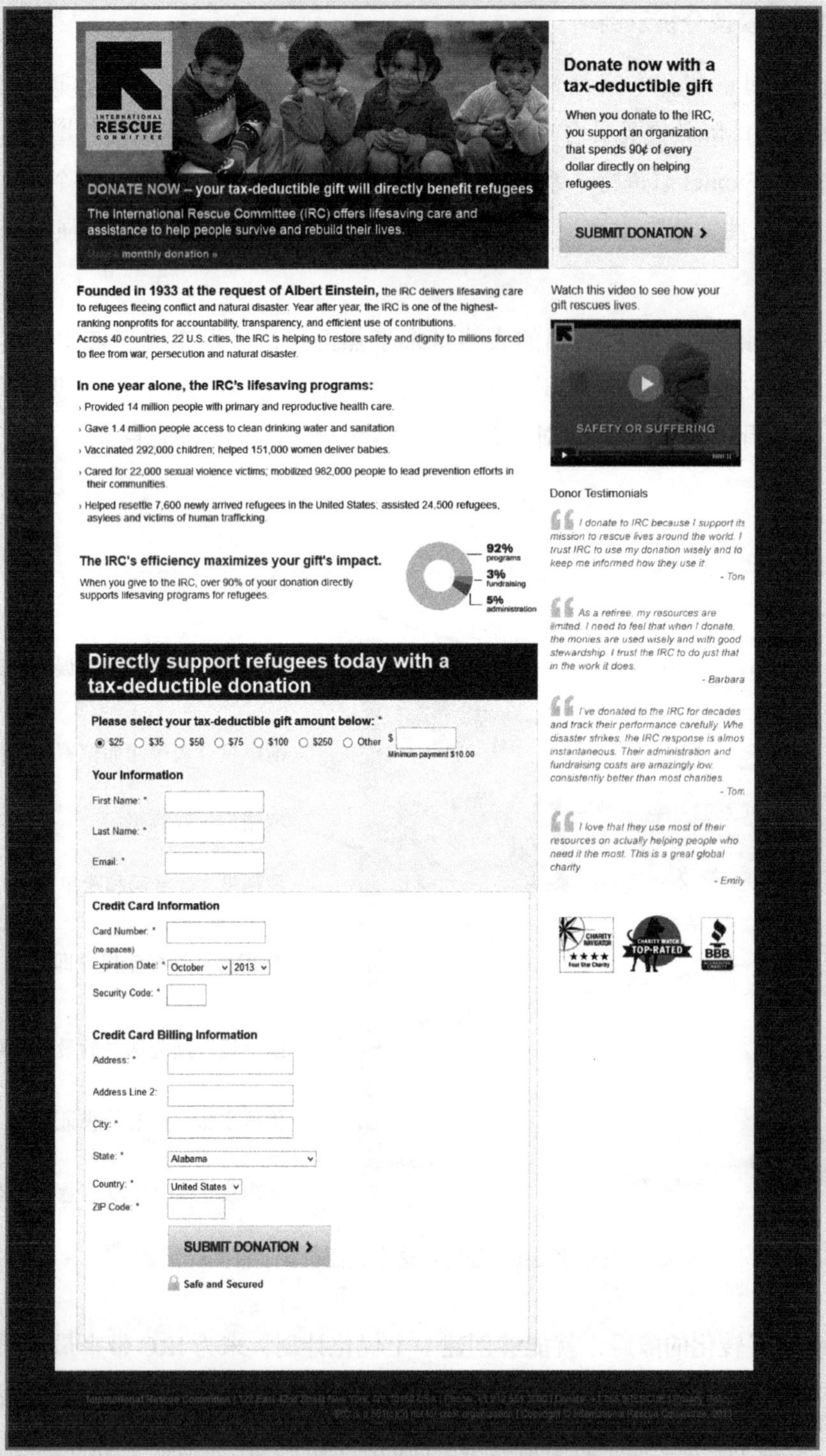

图 A.7　着陆页胜出的方案：测试 LIFT 识别的假设，带来了 30% 的转化率提升和 94.6% 的捐赠额增长

2. 创建假设

一旦你使用 LIFT 模型确定接触点上的问题后，就可以从中创建假设。这是一个将你的劣势改变为优势的可测试过程。

创造一个强有力的假设是任何科学实验的重要组成部分。你的假设的强大决定了你的测试的结果。

一个假设需遵循以下结构：

将"想要改变的内容"更改为"要将它变成的内容"会提高"转化目标"的转化率。

例如，你可能认为你的标题不会影响你的购物者的内在迫切感。一个假设如图A.8所示。

你可以创建关于6个转化因子中的任何一个的假设，做一些有洞察力的测试，能聚焦LIFT模型的核心——你的价值主张。

| 将我们现在的标题： |
| **高品质邮件，始于 1997 年** |
| 变成： |
| **邮件次日送达！超过50美元免运费** |
| 将会提升我们 _____ 的转化率 |
| **电商销售** |

图 A.8　一个强有力的假设，能够清晰化你的实验目标

3.测试你的价值主张

找出你最好的价值主张，将有最好的机会完成（close）最多的销售。强调你的价值主张的最重要的地方，将最大化你的转化率。

当你进行实验来发现你的最佳价值主张时，你获得的不仅仅是单个页面上转化率的提升。你获得的是有价值的洞察，可以在其他营销活动中使用。

那么，你如何知道哪些功能对你的客户最重要？

营销人员传统上仅仅依靠自己的想法来创造和强调正确的功能。他们可能会做一些客户研究、焦点小组或调查。

今天，有一个更好的方法。通过测试不同的价值主张方法，你可以在做出一个假设性的主张之前，找出最符合统计学确定性的。

我喜欢使用从乔尔 E. 厄尔班尼（Joel E. Urbany）和詹姆斯 H. 戴维斯（James H. Davis）改编的框架（https://hbr.org/2007/11/strategic-insight-in-three-circles）。以下维恩图鼓励你考虑你的平等点（Points of Parity, POP）、差异点（Points of Difference, POD）和不相关点（Points of Irrelevance, POI），如图 A.9 所示。

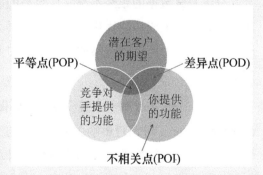

图 A.9　识别你的价值主张中的"差异点"可以给你强大的测试用假设

1）平等点（POP）：这些是对你的潜在客户很重要的特点，但你的竞争对手也拥有这些特点。将它们作为入局的基本入门要求。你的潜在客户需要知道你的 POP，但强调这些特点并不会打动任何人。

2）差异点（POD）：这里是你可以赢得局面的地方。这些是对你的潜在客户很重要的功能，而不是你的竞争对手能提供的。

3）不相关点（POI）：所有的你提供的其他功能，但不会引起潜在客户兴趣的点叫作"不相关点"。

你的 POD 是你最应该关注的地方。这些是你可以强调的功能，它们会使潜在客户采取行动，是你的特色。

一旦你发现你所认为的自己最好的 POD，你的工作其实还没有完成。你只是有一些好的想法而已。现在，你应该测试它们。

着陆页是衡量价值主张方法的一些最佳领域。创建页面的独立版本，每个版本强调不同的 POD，并运行受控的 A / B 测试，找到胜出的方案。之后，就可以用你发现的 POD 来打败你的竞争对手了。

嘉宾观点 **通过文档和测试后分析，更好地使用分组测试**

鲍比·休伊特是 Creative Thirst 的总裁和创始人，Creative Thirst 是一家转化率优化机构，专门服务于面向消费者的健康产品和自然保健品公司，以提升收入和平均订单价值。

如果我们不明白我们到过哪，很难知道我们要去哪。我们从哪里开始呢？从系统文档开始。

分组测试数据的跟踪不是一件容易的事，这就是为什么文档经常被忽视的原因。然而，这对于一个成功的优化项目至关重要。如果执行正确，则它能作为过往表现的信息源，并提供一个跨时间洞察的知识库。加上你可以从过去的灵感中为未来的测试开发许多新的假设。

作为一个具体的例子，假设我们想要做 A / B 测试，看哪些对证言的处理（treatment of testimonials）对销售影响更大。对于这个测试，我们将在控制页面上使用现有的客户证言，并重新设置类似 Facebook 类型的外观设计，如图 A.10 所示。

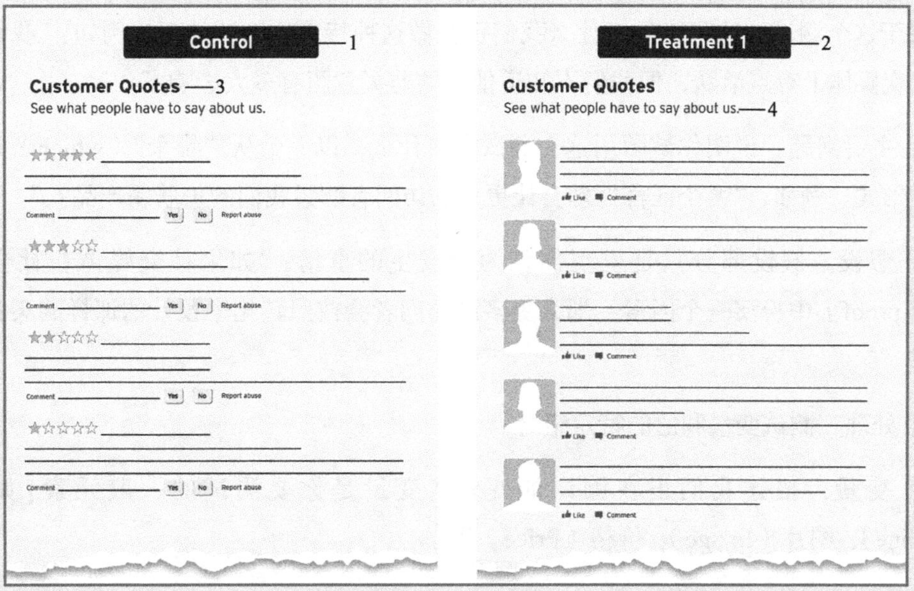

图 A.10 控制页（Control）和处理页（Treatment）1 的测试，显示正在测试的证言（testimonials）的视觉方案的差异

1—控制页 2—处理页 1 3—顾客评价 4—看看人们对我们的看法

1. 测试的命名约定

首先，给测试一个描述性名称，其中包括我们正在测试的内容、产品或页面类别，以及测试 ID 号，如图 A.11 所示。

图 A.11 测试名称示例

① 测试类型：A / B、多变量等。

② 目标：用一句话陈述目标。例如："增加护肤霜 xyz 的销售"。

③ 主要指标。你将用于衡量成功的指标：转化率（Conversion Rate）、平均订单价值（Average Order Value）等。如果有两个指标，则还将记录第二个指标。

④ 背景：提供上下文的任何具体信息。这是一个后续测试吗？这个测试是由于特殊原因启动的吗？这个测试是在季节性低谷还是高峰期运行？背景需要包括我们在今后一年回顾这项测试时可能需要了解的任何信息。

对于这个测试，这可能是为什么我们正在做这种特殊的测试处理。例如："我们的受众在社交媒体上有点活跃，但我们不知道他们的购买意图有多大影响。"

⑤ 主要问题：说明你试图用这个测试完成什么，以一个从"哪个"（which）开始的问题的形式。例如，"哪个证言处理会让更多的访问者购买我们的护肤霜产品？"

⑥ 假设。假设部分只是呈现你认为会发生的事情："如果社交媒体在社会证明（social proof）中扮演一个因素，那么更多的访问者会按照转化率预计的那样购买我们的护肤霜。"

⑦ 处理：测试变量和值的特定组合。

⑧ 变量：描述我们正在测试的变量。变量是你要测试的一般元素 [如标题（Headline）、图片（Image）、价格（Price）等]。

在这个测试中的变量是证言（testimonials）部分。

⑨ 值：描述我们正在测试的值。值是你正在测试的特定变量。如果你的变量是标题，那么你的值将是该标题的不同版本。

这个测试的值是不同证言部分的样子："控制变量是所有文本。变量 1 以模仿 Facebook 会话外观的方式呈现。"

⑩ URL：列出测试页的 URL [如果是 A / B 测试，例如控制 URL（Control URL）、变量 1URL（Variation1 URL）等]，包括主要目标 URL 和任何次要目标 URL（如果有的话）。

⑪ 流量来源：因为不同的流量类型转化不同，我们想要纳入能够进行测试的基础流量种类，如冷流量（cold traffic）、电子邮件推广流量（email promo traffic）、折扣流量（affiliate traffic）等。

■ 备注：定位特定的流量来源 某些分组测试供应商可提供针对特定的流量来源。但是，你也可以通过将特定流量推送到作为测试目标的着陆页来细分流量来源。

2. 测试期

一旦测试结束，记录测试开始的日期以及结束日期。

3. 最终结果

记录每次处理页接收的访问次数和转化次数以及每次处理的转化率。此外，记录达到的统计置信水平和改进的百分比（见表 A.1）。处理页 1 是最终赢家。

表 A.1　控制页和处理页关键指标的最终对比

	控制页	处理页 1
转化	235	294
访问者	5276	5283
转化率	4.45%	5.56%

注：统计置信水平：95%。
　　总计：转化率提升 25%。

4. 洞察

洞察部分是在你完成测试后分析保留的，我们将在一分钟内解压。你将使用该区域写出你从测试中以及访问者中习得的内容。

5. 附录

附录部分是每个测试处理的截屏的集合，以便你可以在测试期间参考页面实际上的情况。

一旦你的分组测试有结论性的结果，你就会知道是否有提升，但你的工作还没有结束，彻底进行最大化转化优化，不只是需要知道哪种处理更胜一筹。

使用决策洞察测试后分析框架（Decision Insight Post-Test Analysis Framework）（见图 A.12），你可以回答以下问题，最大化你的优化计划："此测试的结果告诉我关于访问者的什么信息？"

当你了解发生了"什么"的背后原因后，你可以获得客户洞察的根本，并在整个组织机构中整合优化优势。

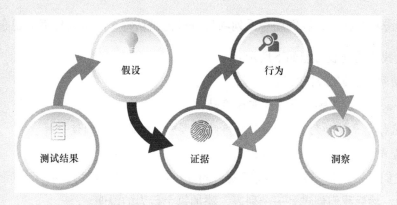

图 A.12　决策洞察测试后分析框架（Creative Thirst 公司注册商标）

1. 测试结果

框架中的第一步是检查你的测试结果。其中一个处理页是胜出了还是失败了？

2. 假设

回到你的初始假设，寻找支持证明的证据。

在你的假设已被否认的情况下，是否有证据表明不同的假设？

为了找到这样的证据，这个框架采取多步骤方法。

3. 证据

在第一步分析中，我们使用 Crazy Egg 查看点击图和滚动到达的数据，从大范围观察用户行为。

点击图显示访问者点击 Facebook 风格的证言处理页，也许他们期望它链接 Facebook，或者他们期望评论 / 点赞某些证言。

页面的平均滚动范围支持访问者滚动到我们的证言处理页被呈现的区域。

4. 行为

在第二步中，我们会更深一层，通过使用 HotJar 或 Inspectlet 等工具查看在测试期间收集的单个屏幕录制。并且观察访问者的行为，注意鼠标移动、暂停、点击和滚动。

■ 专业提示：细分记录　我们将细分记录分成两组——转化了的和没转化的。你甚至可以根据桌面设备或移动设备进一步细分。

5. 洞察

从观看访问者屏幕回放，我们观察到，购买我们的护肤霜的访问者更多地与 Facebook 风格证言页交互。一般情况下，在带有产品的页面顶部，两种处理下的用户行为是相同的。但是，我们确实看到滚动通过 Facebook 风格时，鼠标移动暂停的行为。

在每个分析步骤中，我们用一系列项目符号记录从每个测试处理页中观察到的行为。

例如，我们的列表可能如下所示：

■ 滚动到证言部分时暂停。

■ 在 Facebook 风格的处理页部分滚动较慢。

■ 将鼠标水平移动到 Facebook 风格的证言中，就像是在阅读一样。

■ 在查看证言后，滚动返回购买。

一旦我们有一个精细列表，我们就会问这个问题，这个行为表明了访问者采取了什么样的行动？然后我们创建另一个列表，添加每个行为的说明。

例如：

行为	这个行为表明
① 滚动到证言部分时暂停。	① 证言像一个减慢阅读速度的减速装置。
② 在 Facebook 风格的处理页部分滚动较慢。	② 访问者正在消费内容。
③ 将鼠标水平移动到 Facebook 风格的证言中，就像是在阅读一样。	③ 更多证据表明访问者阅读了证言。
④ 在查看证言后，滚动返回购买。	④ 证言处理页正影响购买。

通过这种方式分析每个行为，我们可以看到潜在客户的心理决策过程。

将这些揭示"为什么会发生"（Why of what）的点连起来，我们可以将我们的测试结果映射到特定访问者行为表现中去，在测试中收集洞察。换句话说，来自更优转化组的访问者是这样表现的。来自失败一组又是另一种表现。这有助于我们回答最终洞察问题："这告诉了我们访问者的什么信息？"

这个测试的洞察可能类似于这样：如果访问者比 Facebook 控制页更多地参与 Facebook 风格的证言，那也许这意味着他们更受证言的影响。然后，我们将其添加到测试文档的洞察部分。

这告诉我们有关访问者的信息是，**Facebook 风格会对购买决策产生影响。**

如果是这种情况，那么我们作为一个企业应该追求的一些关键机会可能是：

1）增加我们的 Facebook 赞助商营销。

2）创建 Facebook 特定广告系列渠道。

你永远不知道你能从测试后分析中发现什么"金子"。但无论如何，对访问者行为的更深入了解可以用来开发新的假设进行测试、创建新的产品线、改变管理客户服务方式等。机会无穷，对整个组织机构进行真正的优化，就能让一切变成可能。

6. 可下载资源

下载 Creative Thirst 测试文档（Test Document）模板，以在你下次分组测试时使用，下载网址为 www.e-nor.com/gabook。

嘉宾观点　**A/B 测试成功的技巧**

塔拉·邓恩是 E-Nor 的数字分析顾问。

在日益丰富的 Web 优化世界中，我们现在可以奢侈得在几个可视化编辑器/（所见即所得）的测试工具之间进行选择。这些工具使得规划、实施和监控测试都变得比以往更方便。市场营销人员现在发现的挑战是，通过这样一个友好的测试界面，很容易过度兴奋，迅速创建一个并不会成功优化的测试。

除了由克里斯·高尔德和鲍比·休伊特两位嘉宾在上文中提供的生成假设、测试文档和测试分析的策略之外，下面将介绍一些使用技巧，以避免创建无效测试，并能更深层次地利用大部分基于可视化编辑器的测试工具。

1. 在测试中包含至少一个设计师、一个开发人员和一个利益相关者

通常，基于可视化编辑器的测试工具会遇到的问题是，与关键销售点紧密相关使得任何人都能参与测试。这可能意味着营销人员负责优化自己的着陆页，或者数据分析师突然直接参与网络开发。

重要的是记住，当你测试时，你正在对网站进行更改。尽管测试可以（并且应该）与正常 Web 发布按照不同的时间表进行迭代，但仍然需要将其视为 Web 开发过程的一部分。设计师参与有助于确保测试广告素材与品牌保持一致，开发人员参与有助于确保测试进行并能在 CMS（内容管理系统）网站范围内工作。利益相关者参与确保测试符合总体业务目标。

2. 在创建和编辑测试时，确保选择要更改的元素

当有许多元素都在一起时，可能很难选择要编辑的元素。一个相当普遍的情况可能是，你想选择一个链接，但这个链接被 div 容器包裹，又包裹在一个图像周围。你可能选择的是图像本身，而不是链接。

大多数基于可视化编辑器的工具提供了一种查看和编辑由可视化编辑器生成的代码的方法。这通常需要 jQuery 和 / 或 CSS 的基础知识。

3. 检查所有浏览器和设备的兼容性

虽然大多数工具都会尝试防止出现跨浏览器兼容性方面的问题，但你应该始终在各种浏览器和设备上进行预测试。测试一个行动号召图片时，它可能在 PC 端上看起来很棒，但在响应式移动设计上这张图片会移位或者完全消失。

如果你不喜欢测试版本在移动设备中显示的方式，则可以使用一些高明的 CSS 来调整这个测试版本的变化响应，或者选择使用受众群体定位设置，从移动设备中排除该测试。

此外，大多数工具可以生成某种形式的预览链接，以帮助你在推送之前在内部讨论 A / B 测试和 QA（质量检查）。这是一个让你的团队参与测试并获得利益相关者签字同意的好方法。

4. 始终测试至少两个版本

在这一点上，我经常试着忽视我自己的规则，但我保证，这一点很有价值！测试一个版本只会回答"这个变化有影响吗？"所以你只会得到一个是或否的答案。测试两个版本使你能够回答更广泛的问题和开发新的假设。"与替代品相比，这种变化有多大影响？为什么一个变量优于另一个变量？这些选项中哪个是提高转化率的最佳方式？"

幸运的是，通过允许你复制现有的版本，大多数工具都可以帮助你快速制作其他版本。这样，你无须每次都从头开始。复制版本后，你可以根据需要调整副本版本。

5. 沟通，沟通再沟通

想想看谁会受到这个测试影响。我已经遇到过许多次这样的状况，一个令人兴奋的测试因为一些外部因素不受掌控，这些外部因素原本是能够通过更好的沟通避免的。假设你的设计团队已经启动了一个新的测试，但是营销团队不知道。结果发现，营销团队当时正在发送一封包含推广活动的电子邮件，但着陆页在测试版本中并未显示这一推广活动。随着所有这一切的发生，不论是市场推广活动还是测试，都必须停下来。

记录并与你的小组分享：

1）测试的目的。我们为什么要这样做呢？

2）此测试的影响。哪些受众会看到测试，为什么？

3）测试的运行日期。我们什么时候预期出来结果？什么时候开始和停止测试？

4）测试是什么样的，这样他们知道预期得到什么，包括屏幕截图或发送预览链接。

你可以利用分析工具的某些功能，通常使用测试报告工具，为此添加更多的控制。可以使用自定义报告和消息来设置日程邮件，以提醒内部团队测试并轻松地共享进度。

在测试工具中定位测试受众群体时，通常可以选择包含或排除某些营销活动。例如，可以通过去除带有表明来自邮件的 URL 查询参数，来排除来自电子邮件广告系列的用户。通常，你也可以阻止某些 IP 地址的测试，如你的内部团队。不过，对内部团队来说，了解测试可能是有益的。

如果你遵循这些技巧，你的测试或许仍然会失败，但却一定能从中获取可操作的见解。

嘉宾观点　使用 Optimizely 测试移动 App

塔拉·邓恩是 E-Nor 的数字分析顾问。

创建移动 App 本身就是一项巨大的工作。对于每个新版本发布，你的团队必须经过计划、文档、设计、代码、质量检查，并最终提交到 Apple 或 Android 商店进行审核。如果有人想在未来的任何时候进行调整，则整个过程就会重新开始。在移动 App 程序开发中引入另一个元素——测试，这种想法似乎是进展中的一步。

1. 为什么要对移动 App 进行 A / B 测试

最重要的一个原因是与移动 App 的发布方式有关。网站的变更可以在几分钟甚至几秒内推送，但移动 App 与网站不同，实际上是由用户下载到他们的设备上。它就类似于将 Microsoft Word 安装到 Mac 或 PC 上。因此，新功能的推出或 bug 的修复，只能通过提交 App 的新版本到应用商店审查，再等待发布。

测试可让你试用 App 的测试版本，而不必每次都完成整个 App 的开发程序。如果测试失败，你可以将其还原，而开发人员不必将其构建到已发布的版本中。还可以进行分阶段推出，只有一小部分用户能在你的实验第一次推出时看到测试版本。最重要的是，测试使你能够做出数据驱动的决策。不仅知道一个新功能是否有影响，而且知道影响的大小，随着时间的推移，将帮助你对 App 做出关键性设计和开发改变。

Optimizely 提供了 iOS 和 Android 设备的 A / B 测试。注意，Optimizely 目前不支持 Unity，建议您查看 Splitforce 或 Leanplum 进行 Unity 的 App 测试。Optimizely 以其巨大的测试社区（test community）、出色的文档和杰出的客户支持而闻名。

接下来，使用 Optimizely 作为具体示例，不过要注意，这里面许多技巧和原理也适用于其他移动 App 测试工具。

2. 提前规划

虽然你会发现 Optimizely 这样的工具可能会节省一些时间，但是你需要投入一些时间来进行初始规划和实施。你要考虑这些问题：

1）我的 App 功能的关键是什么？示例:添加到购物车、创建账户、订阅用户、发布、共享、列出产品、更新推送通知。

2）我的 App 的独特功能是什么，能使我区别于竞争对手？示例：频繁的推广活动、简单的导航、轻松的退货政策。

3）我想将我的测试定位到哪些不同类型的用户？示例：新用户、高频用户、高收入用户、特定业务类别用户。

4）我的 App 生命周期中的不同阶段是什么？

5）我会进行测试的分阶段发布吗？如果是，我的推出计划是什么？

有了这些问题的答案，你就能安排好在下一个发布的 App 版本中包含测试工具。例如，你可能会发现折扣百分比是以后会经常测试使用的。

3. 测试想法

一个不错的着手点是，用户的第一印象。通过改进你的"忘记我的密码"提示，你可以提高你的成功登录率。也可以通过测试 App 内请用户提交评论的通知，提升 App 在应用商店的影响力。

对于现有用户，目标是让他们定期回来使用你的 App。测试推送通知的频率和性质，是一个影响留存率的好方法。你还可以测试用户创建账户背后的不同动机，例如是不是因为想要访问新内容，这样你也可以从其他平台上，重新吸引用户的登录。

为了测试你的转化过程，建议你评估任何表单填写流程，以确保它们易于理解和简明易读。你可以尝试你的折扣和推广活动，以找出良好的动机 / 边际利润平衡。

4. 创建实验

Optimizely 提供了三个功能，以帮助你在移动 App 上实施测试。第一个是可视化编辑器，它易于使用，理解直观。你可以单击元素并选择选项以修改其位置、颜色、大小等。

第二个功能是 Optimizely 的实时变量（Live Variables）。使用此功能，你可以在 App 中识别与折扣百分比相关的所有元素。在未来，你可以使用 Optimizely 根据需要尝试不同的折扣级别。

最后一个功能是 Optimizely 的代码块（Code Blocks）。通过此功能，你可以确定要在实验变量中运行哪一段代码。此功能能在多种使用场景下运行良好，例如测试整个新表单，或通过使用分阶段方法向用户推出测试版本的实验。

请注意，这些功能你可以组合使用。例如，你可以使用代码块来为表单的不同变量服务，然后使用可视化编辑器来调整表单样式。

5. 质检你的工作

总是也逃不过质检（QA）！幸运的是，Optimizely 通过启用预览模式来帮助简化 QA，如有需要，可以与其他开发人员共享。Optimizely 也提供了一些开发人员调试工具，如 Optimizely 的数据对象。

Optimizely 的一个很好的功能是，默认情况下 Optimizely 数据文件由 SDK 每两分钟下载一次。因此，如果用户访问 App 并进入实验，但随后去了手机断网的地方，那么他们可以继续查看此变量，因为该变量的数据现在已存储在其设备上。

6. 启动和分析

这通常是在任何实验中我最喜欢的一部分。数据导入时监测数据是会上瘾的，还能看出你的测试想法实际上运行得如何。如果没有那么好的效果，你可以在 Optimizely 中快速将实验转变到 100％ 的用户身上。

Optimizely 提供了一个清晰、友好的报告界面，数据由其令人印象深刻的统计引擎支持。统计引擎经过精心调整，为用户提供尽可能准确可靠的效果数据，以便知道变量在实验中是成功还是失败。

虽然我已经看到统计引擎在多年来变得越来越可靠，我还会继续鼓励质疑数据的文化，以及进行更深入的分析，以更好地了解实验影响的深度和广度。与其他分析工具的集成，能够真正帮助数据的挖掘。Optimizely 的移动 App 测试解决方案与 Universal Analytics、Mixpanel、Amplitude 和 Localytics（后两个是移动专用分析平台）相集成。与 Universal Analytics 的集成包括一系列用于分析的附加维度，如登录屏幕和自定义事件。

Optimizely 将来可能会继续扩大其集成功能。同样地，具有能够与 Optimizely 实验进行集成能力的产品也将变得更多。

7. 综述

之前没有提到的一个优点是，测试能帮助你为实现个性化的 App 奠定基础。例如，如果你发现针对新产品购物者的精准通知提高了转化率，则可以利用该信息，甚至可以使用测试工具本身，在移动 App 中针对特定受众群体实施该功能。

如果你有一个移动 App，而你没有测试它，是时候开始了！

A.4　营销自动化和个性化

本书的主要主题之一是细分：根据受众群体子集而不是汇总（aggregates）来分析数据，以扩大趋势，更快地获得洞察。我们还了解了如何使用细分（也称为受众群体）根据特定访问者的特征和行为进行再营销。

如果我们对特定的受众群体进行分析和推广，那么下一步就是为不同类型的访问者提供定制的体验。下面，迈克·泰勒姆（Mike Telem）将介绍一个 RTP（实时个性化）平台，能够使我们基于之前的行为和（匿名）CRM 数据，呈现不同的图像和消息。他还讨论了公司的 "firmographics"（企业图谱）数据的集成，用于个性化和分析。

嘉宾观点　营销自动化与 Google Analytics：集成和个性化

迈克·泰勒姆是 Marketo 负责产品营销、实时个性化的副总裁，Marketo 是数字营销软件和解决方案的领导者。

作为你的营销工具箱中的两个主要支柱——营销自动化（MA）和 Web 分析，可以共同协作，为你的潜在客户和客户之间的互动提供有价值且可操作的信息，任何平台只靠自己都无法做到。一个 MA 平台（如 Marketo）可以从互动报告和 Web 分析提供的灵活细分中获益，而如 Google Analytics 这样的 Web 分析平台则可以从 MA 提供的更广泛的站外、线下获取数据，包括匿名、非 PII 访问者企业图谱、电子邮件活动、社交媒体活动和互动、贸易展和会议参与，以及在一定程度上通过 CRM 数据进行的面对面交互。

然而，这两种技术资产之间的集成并没有得到充分利用，除非你拥有在其中流通的所有相关数据。利用 GA 中能使用的 MA 数据，你可以根据包含线下交互和企业图谱的丰富的数据来细分 GA 报告，这反过来又提供了更聚焦在优化上的机会。例如，如果你为金融服务行业创建了一个细分，并注意到在"行为流"或"目标流"报告中某一个很高的用户流失点，则可以利用 MA 平台中的个性化功能在该高用户流失点上向该细分用户显示自定义内容，而不是更通用的默认内容，如图 A.15 所示。

实时 Web 个性化（基于自己的属性动态地改变用户体验的能力）是能够进一步提高这种集成的潜力的，因为不仅对交互进行报告监测，还能实时优化。这就不仅仅是基于细分来出报告了，而是基于这些细分实时呈现不同的消息和图像。

现代营销人员正在利用 MA 以及 GA 中存在的功能和数据（特别是如果 MA 包括实时个性化功能）来实现以下目标：

- B2B 数据丰富和高级分析。
- 个性化 Web 体验和效果数据。
- 个性化再营销广告。

对于那些提供与 GA 的现成集成的 MA 平台（是的，我必须承认 Marketo 就可以），它只是字面上的一个变换开关：发送数据到 GA 的同样的 JavaScript 代码，之后通过 GA 带有的营销自动化平台（MAP）上提供的匿名和已知访问者相关信息的 GA API，来丰富 GA 的数据。

1. B2B 数据丰富和高级分析

B2B 营销人员关心很多人员在哪个公司工作，公司有多大，以及它们属于什么行业。营销人员更愿意关注针对性的账户列表里特定的公司组，对这些公司组营销人员可以通过更多的收入或更快的结束交易而更成功 [一种通常被称为 ABM（Account-Based Marketing, 基于账户的营销）的方法]。营销人员还非常关心人们的职位、角色，以及他们在销售周期或销售线索积分的阶段。所有这些信息存在于选定的营销自动化平台中，但不在 GA 中。通过匿名企业图谱数据 [如访问者的公司、行业、规模和收入（是的，即使该访问者仍然是匿名的）] 丰富 GA 数据，为 B2B 营销人员提供更精确的分析，以及利用 GA 的广泛报告功能让人了解哪些广告不仅带来最多的点击次数，而且知道哪些广告吸引的目标账户的点击次数和转化次数最多，或者哪些引荐渠道更有效地将 C 级别的执行官（如 CEO、COO 等）吸引来到网站。

通过将销售线索数据和企业图谱数据作为次级维度添加到你的"流量获取"报告中，还可以匹配关联哪些渠道和广告系列在不同的受众群体细分中能够吸引更多的机会和交易，并在那些最终影响更多收入的流量上投入更多预算（见图 A.13~ 图 A.15）。

1—Industry	2—Sessions ↓	Lead Submission (Goal 1 Conversion Rate)	Lead Submission (Goal 1 Completions)
	24,449 % of Total: 13.00% (18,841)	3 0.69% Avg for View: 0.82% (-15.62%)	4 177 % of Total: 10.97% (155)
1. Education	5,641 (23.03%)	0.53%	30 (17.65%)
2. Telecommunications	2,888 (11.76%)	0.00%	40 (23.53%)
3. Software & Internet	2,839 (11.56%)	0.71%	19 (11.76%)
4. Business Services	2,372 (9.68%)	2.11%	—8 50 (29.41%)
5. Retail	1,850 (7.55%)	0.54%	11 (5.88%)

图 A.13   这个自定义报告展现了按行业的表现，是 Marketo 能够提供给 GA 作为自定义维度的多种企业

图谱数据种类中的一种

1—行业   2—会话   3—销售线索提交（目标 1 的转化率）   4—销售线索提交（目标 1 的达成数）

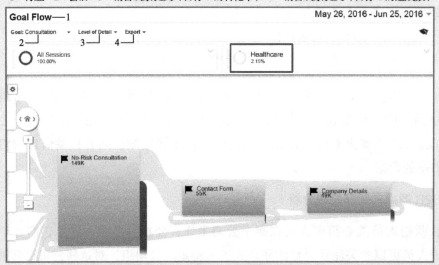

图 A.14   你可以基于销售线索状态和企业图谱数据，应用细分到你的流量报告中，以此来鉴别这些受众

群体细分是从哪里流失的

1—目标流   2—目标：咨询   3—细节水平   4—导出

Top 10 Orgs—1		
Organization—2	3—Visits	4 Pages / Visit
Samsung	10	2.60
Panasonic	8	1.20
Microsoft Corporation	6	1.67
Yale University	5	2.20
HITACHI DATA SYSTEMS	5	4.00
ACADEMY OF ART UNIVERSITY	4	1.25
Amazon.com	4	1.00
Google	4	2.00
Bank of America	4	4.50
SALESFORCE.COM	4	1.50

ABM		7
Event Action—5	6—Unique Visitors	Pages / Session
ABM	Dream Accounts	1,231	2.90
ABM	Existing Customers	329	1.77
ABM	Lost Opportunities	195	2.17

Job Role / Product from CRM		
Event Action	Unique Visitors	Pages / Session
Software & Internet / Product A	2,785	2.46
CRM	Score 50+	662	2.60
Persona	CTOs	527	2.62
Persona	CIOs	410	2.92
Financial Services / Product B	358	2.49

图 A.15   GA 信息中心展现了销售线索状态和企业图谱数据

1—排名前十的组织   2—组织名称   3—访问   4—网页／访问   5—事件操作   6—唯一身份访问数   7—网页／会话

2. 个性化的网络营销效果数据

基于各种属性（如位置、行为和已知潜在客户数据）来个性化 Web 体验正在成为普遍做法。无论是对卖汽车、手表、服务器或软件生意的商家，都已经没有必要再解释为什么在正确的时间为正确的人提供正确的信息对商家有好处。想象一下，有人从保险公司访问你的网站：他们不应该在首页和访问网站时看到相关的案例研究和视频，并且访问你的网站吗？如何让访问者，或者之前已经从你那里购买过的用户返回到你的网站：他们应该和新用户有相同的体验，看到相似的内容吗？当然不是。

实时 Web 个性化的原因是明显的。不过，将这些目标页面的测试版本表现与你的主要 Web 分析平台相关联，对于了解对参与水平 [如访问次数、浏览的网页、网站停留时间等、目标（点击率、销售线索转化、购买等）] 以及最低收入的整体影响非常重要。由于 GA 中的个性化测试变量作为事件出现，因此可以根据这些测试变量创建细分，并针对看到该变化的访问者和看到默认值的访问者，衡量目标达成和电子商务结果，如图 A.16 所示。（第 10 章 10.1.2 小节的"行为细分"部分讨论了基于事件的细分）。

图 A.16　营销自动化平台（如 Marketo）允许你按行业（如本示例）或其他企业图谱数据对着陆页进行个性化设置，并在 GA 中报告个性化测试变量的表现

3. 个性化再营销广告

再营销广告已经有一些时间了，与常规展示广告和其他广告方法相比，已经被证明是非常有效的。但是，这些广告仍然不太个性化，因为它们主要基于在网站上浏览过的

网页或产品上，或者基于地理位置和其他信息。

通过与 GA 共享有价值的营销自动化信息，除了可以使用其他内置 GA 维度之外，还可以根据企业图谱和潜在客户 / 联系人数据来定义你的 Google 再营销广告。定义再营销受众群体的详情请参阅第 14 章的 14.1.7 小节部分。想象一下，如果广告能够只面向那些你最关注的受众群体展现该多么棒，如使用竞争对手的软件的潜在用户，或者来自金融行业的个人，或者之前购买了特定产品并在你的数据库中标记为 VIP 的购物者。利用你的广告发挥这些数据的强大力量，意味着在更高的预算下，获得更高的 ROI（投资回报率）。

集成的好处

作为以用户为中心的营销、销售和 Web 分析方法的持续发展的一部分，营销自动化和 GA 的集成提供了一个巨大的飞跃。有关详细信息请参阅 Marketo 的 "Web 个性化定义指南"（*Definitive Guide to Web Personalization*），网址为 https://www.marketo.com/software/web-personalization/。

附录 B　资源

1. 清单和代码

以下资源可在网站 www.e-nor.com/gabook 获得。

（1）GA 实施清单

包含本书中介绍的所有实施步骤，并且会随着 GA 和 GTM 保证的变动而更新。

（2）GA 报告清单

报告清单能帮助重点关注各个行业的重要指标，包括零售、媒体、医疗保健、保险、金融和政府。

（3）脚本

事件自动跟踪器、YouTube 和这本书中讨论过的滚动跟踪脚本（scroll tracking scripts）。

2. Google 文档、学习资源和工具

（1）Google Analytics 学院

从初级到中级，有 5 个课程。数字分析基础课（Digital Analytics Fundamentals）是对 GA 核心概念和技术的有用回顾。其他的课程包括 GTM、GA 电子商务和移动 App 分析。

（2）Google Analytics 和 GTM 帮助中心

关于 GA 和谷歌跟踪代码管理器功能范围的结构化文档。

（3）Google Analytics YouTube 频道

提供关于 GA、GTM 和 AdWords 的广泛的教学和信息视频。

（4）Android 版 Google Analytics（在 Udacity 上）

这个出色的课程由 Google 设立并托管在 Udacity（优达学城）上，通过适用于 Android 的 GA 原生代码（native-code）SDK 或通过 Android 版 GTM，检查 Android 版 GA 的实施。

（5）Google Analytics 更新日志

GA 更新的 RSS feed 内容请见网址：https://developers.google.com/analytics/changelogs/xml/analytics.xml。

（6）Google Analytics 开发者中心

链接到各种文档和工具。

（7）Google Analytics 维度和指标分层图表（Explorer）

列出可通过核心报告 API（Core Reporting API）提供的所有维度和指标 [与 GA 网络用户界面（Web UI）中显示的大多数维度和指标相对应]。

（8）Google Analytics 查询分层图表（Query Explorer）

有趣和实用的工具，用于构建对核心报告 API 的查询。

（9）Google Analytics 匹配构建器（Hit Builder）

允许构建和验证测量协议（MP）的匹配（hit）。

（10）Google Analytics 电子表格插件

轻松访问 Google 电子表格中的 GA 数据。

（11）Google 网页速度的洞察（Google PageSpeed Insights）

提供桌面和移动端网页速度优化的建议，这将有益于用户体验以及自然搜索排名（organic ranking）。

（12）谷歌搜索控制台（Google Search Console）

通过可以在 GA 中整理的自然点击和网址查询参数的报告，Google Search Console 对 GA 来说是非常实用和强烈推荐的补充。

3. 社交

（1）Google Plus 上的 Google Analytics 群组

各种各样新的、有趣的帖子（由 Google Analytics 团队直接管理）。

（2）Google Plus 上的 GTM 群组

以 GTM 为焦点的活跃监控组。

（3）GA 在 LinkedIn 上的群组

它是一个相当活跃的论坛，讨论一系列与 GA 相关的主题。

（4）Twitter 上的 Google Analytics

关注 @googleanalytics 上的更新。

4. 博客

1）analytics.blogspot.com。

2）www.e-nor.com/blog。

3）gademos.com。

4）brianclifton.com/blog。

5）lunametrics.com/blog。

6）cardinalpath.com/blog。

7）analyticspros.com/blog。

8）plus.google.com/+StephaneHamel-immeria。

9）simoahava.com。

10）optimizesmart.com。

11）kaushik.net/avinash。

12）marketingexperiments.com/blog。

5. 播客

1）数字分析 Power Hour（Digital Analytics Power Hour）。

2）着陆页优化（Landing Page Optimization）。

3）营销优化（Marketing Optimization）。

4）Jeffalytics。

6. 书籍

（1）*Successful Analytics*（《流量的秘密：Google Analytics 网站分析与商业实践》），布莱恩·克利夫顿（Brian Clifton）著

这本书是布莱恩在他最初三版的重要著作 *Advanced Web Metrics* 之后，延续的重要书卷，从更高层次的商业和专家经验角度而写。

（2）*Practical Google Analytics and Google Tag Manager for Developers*，乔纳森·韦伯（Jonathan Weber）著

这本书是关于通过 Google 跟踪代码管理器部署 Google Analytics 的非常有用的策略和敏锐的见解。

（3）*Google Analytics Integrations*（《Google 分析应用实践》），丹尼尔·维斯伯格（Daniel Waisberg）著

关于 Google Analytics 与大量其他环境的集成（如 AdSense、电子邮件和线下数据），这本书包含了许多有趣的讨论和重要提示。

（4）*Google BigQuery Analytics*，乔丹·蒂加尼（Jordan Tigani）和西达尔特·奈杜（Siddharth Naidu）著

如果你需要一本有关 BigQuery 写得好、技术层面思考深入的书，这本可以为你提供丰富的信息资源。

（5）*Web Analytics 2.0*（《精通 Web Analytics 2.0》），阿维纳什·考希克（Avinash Kaushik）著

这本是永恒的经典，并且是分析和优化标准的基础。

（6）*Landing Page Optimization*（《Landing Page 优化权威指南》），蒂姆·阿什（Tim Ash），莫拉·金蒂（Maura Ginty）著

这本书不容错过，它为你的着陆页（以及网站上的每个网页）提供了一个优化原则和技术方面很好的基础。

（7）*Don't Make Me Think*（《点石成金：访客至上的 Web 和移动可用性设计秘笈》），史蒂夫·克鲁格（Steve Krug）著

史蒂夫这个观点深入人心：我们必须永远把我们的终端用户放在第一位。一本简短、有趣的读物，将会影响你对可用性和优化的思考。

（8）*Mobile Usability*（《贴心设计：打造高可用性的移动产品》），雅各布·尼尔泰（Jakob Nielsen），拉卢卡·布迪欧（Raluca Budiu）著

一本来自尼尔森诺曼集团（Nielsen Norman Group）的可用性思想领军人物的书：移动产品的可用性因素。

（9）*You should Test That*（《测出转化率：营销优化的科学与艺术》），克里斯·高尔德（Chris Goward）著

有关测试项目的专家观点和策略，写得非常好，并且很具有可操作性。

（10）*Buyer Legends: The Executive Storyteller's Guide*，布莱恩·艾森伯格（Bryan Eisenberg），杰弗里·艾森伯格（Jeffrey Eisenberg）著

作为在优化研究和指导方面主要贡献的补充，布莱恩和杰弗里绘制了一个业务流程，将讲故事的情感力量与硬数据相结合，开辟了新的机会。

（11）*Building a Digital Analytics Organization: Create Value by Integrating Analytical Progesses, Technology, and People into Business Operations*，犹大·菲利普斯（Judah Phillips）著

这是一本启发性的、独立于工具的策略指南，适用于在企业中建立和推动分析。

（12）*Measuring the Digital World: Using Digital Analytics to Drive Better Digital Experiences*（《衡量数字世界：使用数字分析达成更好的数字体验》），加里·安杰尔（Gary Angel）著

这是一本有价值的、可操作的、引人深思的作品，可以在许多垂直领域实现可衡量的改进。

7. 事业

（1）谷歌分析个人认证资格考试（Google Analytics Individual Qualification，GAIQ）

完成本书之后，查看 Google 提供的 GAIQ 学习指南，并在 Google Analytics 账户中实践所有内容，那么你为通过 GAIQ 考试做好了准备。

（2）数字分析协会（Digital Analytics Association）

利用学习资源、职业发展指导、认证和现场活动，你可以直接与分析师同行建立联系。